# Steck-Vaughn

## GED

## ESTUDIOS SOCIALES

### ASESORES DEL PROGRAMA

**Liz Anderson, Director of Adult Education/Skills Training**
Northwest Shoals Community College
Muscle Shoals, Alabama

**Mary Ann Corley, Ph.D., Director**
Lindy Boggs National Center for Community Literacy
Loyola University New Orleans
New Orleans, Louisiana

**Nancy Dunlap, Adult Education Coordinator**
Northside Independent School District
San Antonio, Texas

**Roger M. Hansard, Director of Adult Education**
CCARE Learning Center
Tazewell, Tennessee

**Nancy Lawrence, M.A.**
Education and Curriculum Consultant
Butler, Pennsylvania

**Pat L. Taylor, STARS Consultant for GEDTS**
Adult Education/GED Programs
Mesa, Arizona

**Harcourt Achieve**
Rigby • Saxon • Steck-Vaughn

www.HarcourtAchieve.com
1.800.531.5015

# Agradecimientos

**Desarrollo editorial:** Learning Unlimited, Oak Park, Illinois

**Traducción:** The GTS Companies, Boston, Massachusetts

**Desarrollo de producción:** The GTS Companies, Los Angeles, California

**Cartografía:** epic/QYA Design

**Fotografía:** P.32a ©Hulton-Deutsch Collection/CORBIS; p.32b ©Reagan Bradshaw; p.94 ©Reuters New Media, Inc./CORBIS; p.134a ©Reuters/Jim Bourg/Archive Photos; p.134b ©Rick Friedman/Black Star; p.176 ©Walter Hodges/Stone.

## Revisor

Carlos Vásquez Cruz, Profesor de Español
American University of Puerto Rico
Bayamón, Puerto Rico

ISBN 0-7398-6913-2

# Contenido

# ¿Qué son las Pruebas de GED?

Al decidir tomar las Pruebas de GED, ha dado un paso muy importante en su vida. Al momento de abrir este libro, habrá tomado ya la segunda decisión más importante: dedicar su tiempo y esfuerzo a prepararse para las pruebas. Es posible que se sienta nervioso por lo que está por venir, lo cual es totalmente normal. Relájese y lea las siguientes páginas que le darán más información acerca de las Pruebas de GED en general y de la Prueba de Estudios Sociales en particular.

Las Pruebas de GED son las cinco pruebas que conforman el programa de Desarrollo Educativo General, GED (*General Educational Development*). El Servicio de Pruebas de GED del *American Council on Education* pone estas pruebas al alcance de todos aquellos adultos que no terminaron la escuela superior. Si pasa las Pruebas de GED, recibirá un certificado que se considera como el equivalente a un diploma de escuela superior. Los patronos de la industria privada y del gobierno, así como el personal de admisiones de instituciones de estudios superiores y universidades, aceptan el certificado de GED como si fuera un diploma de escuela superior.

Las Pruebas de GED abarcan cinco asignaturas que se estudian en escuela superior. Estas cinco asignaturas son: Lenguaje y Redacción, Lenguaje y Lectura (estas dos asignaturas, en conjunto, equivalen al Español de escuela superior), Estudios Sociales, Ciencias y Matemáticas. No es necesario que usted sepa toda la información que normalmente se enseña en escuela superior; sin embargo, en las cinco pruebas se evaluará su capacidad para leer y procesar información, resolver problemas y comunicarse eficazmente.

Cada año, más de 800,000 personas toman las Pruebas de GED. De las personas que terminan todas las pruebas, el 70 por ciento recibe su certificado de GED. La *Serie GED de Steck-Vaughn* le ayudará a pasar las Pruebas de GED, ya que le proporciona instrucción y práctica de las destrezas que necesita aprobar, práctica en preguntas de evaluación parecidas a las que encontrará en la Prueba de GED, sugerencias para tomar las pruebas, práctica para cronometrar las pruebas, así como tablas de evaluación que le ayudarán a llevar un control de su progreso.

Hay cinco Pruebas distintas de GED. La tabla que aparece en la página 2 le da información sobre el contenido, el número de preguntas y el límite de tiempo para cada prueba. Debido a que cada estado tiene requisitos distintos en cuanto al número de pruebas que se pueden tomar en un mismo día o período, consulte con su centro local de educación para adultos para averiguar los requisitos de su estado, provincia o territorio.

# Pruebas de Desarrollo Educativo General, GED

| Prueba | Áreas temáticas | Preguntas | Límite de tiempo |
|---|---|---|---|
| Lenguaje y Redacción, parte I | Organización 15%<br>Estructura de las oraciones 30%<br>Uso 30%<br>Mecánica 25% | 50 preguntas | 80 minutos |
| Lenguaje y Redacción, parte II | Composición | | 45 minutos |
| Estudios Sociales | Historia de los Estados Unidos 25%<br>Historia del mundo 15%<br>Educación cívica y gobierno 25%<br>Geografía 15%<br>Economía 20% | 50 preguntas | 75 minutos |
| Ciencias | Ciencias biológicas 45%<br>Ciencias de la Tierra y del espacio 20%<br>Ciencias físicas 35% | 50 preguntas | 85 minutos |
| Lenguaje y Lectura | Textos de no ficción 25%<br>Textos literarios 75%<br>• Ficción en prosa<br>• Poesía<br>• Obra dramática | 40 preguntas | 70 minutos |
| Matemáticas | Operaciones numéricas<br>  y sentido numérico 25%<br>Medidas y geometría 25%<br>Análisis de datos, estadística,<br>  y probabilidad 25%<br>Álgebra 25% | Parte I: 25 preguntas con uso opcional de una calculadora | 50 minutos |
| | | Parte II: 25 preguntas sin uso de calculadora | 50 minutos |

Además de estas áreas temáticas, en las cinco pruebas se le pedirá que responda a preguntas extraídas de textos relacionados con el campo laboral o de consumo. Estas preguntas no requieren poseer conocimientos especializados, pero sí exigen que recurra a sus propias observaciones y experiencias personales.

En las Pruebas de Lenguaje y Lectura, Estudios Sociales y Ciencias se le pedirá que responda a preguntas mediante la interpretación de textos de lectura, diagramas, tablas, gráficas, mapas, caricaturas y documentos prácticos e históricos.

En la Prueba de Lenguaje y Redacción se le pedirá detectar y corregir errores comunes dentro de un texto publicado en español y decidir la mejor manera de organizar un texto. En la sección de Composición de la Prueba de Redacción, deberá redactar una composición en la que dé su opinión o una explicación acerca de un solo tema de cultura general.

En la Prueba de Matemáticas, tendrá que resolver una serie de problemas (muchos de ellos con gráficas) mediante el uso de destrezas básicas de cálculo, análisis y razonamiento.

## Calificación en las Pruebas de GED

Después de terminar cada una las Pruebas de GED, recibirá la calificación correspondiente a esa prueba. Una vez que presente las cinco pruebas, se le dará su calificación total, la cual se obtendrá promediando todas las demás calificaciones. La calificación máxima que puede obtenerse en una prueba es de 800. La calificación que debe obtener para aprobar la Prueba de GED varía dependiendo del lugar donde viva. Consulte con su centro local de educación para adultos para averiguar la calificación mínima para aprobar la Prueba de GED en su estado, provincia o territorio.

## ¿Adónde puede acudir para tomar las Pruebas de GED?

Las Pruebas de GED se ofrecen durante todo el año en Estados Unidos, en sus posesiones, en bases militares estadounidenses del mundo entero y en Canadá. Si desea obtener mayor información sobre las fechas y los lugares en que puede tomar estas pruebas cerca de su domicilio, comuníquese a la línea de ayuda de GED al 1-800-626-9433 o diríjase a una de las siguientes instituciones en su área:

- Centro de educación para adultos
- Centro de educación continua
- Institución de estudios superiores de su comunidad
- Biblioteca pública
- Escuela privada comercial o técnica
- Consejo de educación pública de su localidad

Además, tanto la línea de ayuda de GED como las instituciones antes mencionadas, pueden darle información acerca de las identificaciones que deberá presentar, las cuotas que deberá pagar para tomar la prueba, los materiales que necesitará para escribir y la calculadora científica que usará en la Prueba de Matemáticas de GED. Asimismo, revise las fechas en que cada institución ofrece las pruebas, ya que, aunque hay algunos centros de evaluación que abren varios días a la semana, hay otros que sólo abren los fines de semana.

## Otros recursos de GED

- www.acenet.edu  Éste es el sitio oficial del Servicio de Pruebas de GED. Para obtener información sobre las Pruebas de GED, simplemente seleccione los enlaces que hagan referencia a "GED" en este sitio.

- www.steckvaughn.com  Seleccione el enlace "*Adult Learners*" (Estudiantes en la edad adulta) con el fin de aprender más sobre los materiales que están disponibles para prepararse para las pruebas de GED. Este sitio también proporciona otros recursos relacionados con la educación para adultos.

- www.nifl.gov/nifl/  Éste es el sitio del Instituto Nacional de Alfabetismo de Estados Unidos, NIL (*National Institute for Literacy*) y en él se proporciona información acerca de la enseñanza, las políticas federales y las iniciativas nacionales que afectan la educación para adultos.

- www.doleta.gov  El sitio de la Administración para el Empleo y la Capacitación del Departamento del Trabajo de Estados Unidos (*Department of Labor's Employment and Training Administration*) ofrece información sobre programas de capacitación para adultos.

# ¿Por qué debe tomar las Pruebas de GED?

Un certificado de GED se reconoce ampliamente como equivalente de un diploma de escuela superior y puede ayudarle de las siguientes maneras:

## Empleo

Las personas que han obtenido un certificado de GED han demostrado que están decididas a triunfar al seguir adelante con su educación. Generalmente, estas personas tienen menos dificultades para conseguir un mejor trabajo o para ascender dentro de la compañía donde trabajan. En muchos casos, los patronos no contratan a personas que no cuenten con un diploma de escuela superior o su equivalente.

## Educación

Es posible que en muchas escuelas técnicas, vocacionales o en otros programas educativos le pidan un diploma de escuela superior o su equivalente para poder matricularse. Sin embargo, si desea ingresar a una institución de estudios superiores o a una universidad, indudablemente necesitará contar con dicho diploma de escuela superior o su equivalente.

## Superación personal

Lo más importante es cómo se siente consigo mismo. Ahora tiene la oportunidad única de lograr una meta importante. Con un poco de esfuerzo, puede obtener un certificado de GED que le servirá en el futuro y que le hará sentirse orgulloso de sí mismo en el presente.

# Cómo prepararse para las Pruebas de GED

Cualquier persona que desee prepararse para tomar las Pruebas de GED puede asistir a las clases que se imparten con este fin. La mayoría de los programas de preparación ofrecen instrucción individualizada y asesores que pueden ayudarle a identificar las áreas en las que puede necesitar apoyo. También hay muchos centros de educación para adultos que ofrecen clases gratuitas en horarios matutinos y vespertinos. Estas clases por lo general son informales y le permiten trabajar a su propio ritmo y en compañía de otros adultos que también están estudiando para tomar las Pruebas de GED.

Si prefiere estudiar por su cuenta, la *Serie GED de Steck-Vaughn* se ha diseñado para guiar sus estudios a través de la enseñanza de destrezas y de ejercicios de práctica. Además de trabajar con destrezas específicas, podrá hacer las Pruebas de práctica de GED (como las que aparecen en este libro) para verificar su progreso. Si desea obtener mayor información sobre clases que se impartan cerca de su domicilio, consulte con alguno de los recursos mencionados en la lista de la página 3.

# Lo que debe saber para aprobar la Prueba de Estudios Sociales

La Prueba de Estudios Sociales de GED evalúa su capacidad para comprender y usar la información correspondiente a los Estudios Sociales. Se le solicitará que piense en lo que está leyendo. Esta no es una prueba de conocimientos anteriores sobre Estudios Sociales. Esta prueba dura 80 minutos y tiene 50 preguntas. Las preguntas se han extraído de cinco áreas básicas de contenido de Estudios Sociales: historia de Estados Unidos, historia del mundo, educación cívica y gobierno, economía y geografía. (Los contenidos de ciencias del comportamiento, psicología, sociología y antropología ya no se tratan como áreas temáticas separadas, sino que se han incorporado en las preguntas en otras áreas temáticas).

## Áreas temáticas

### Historia de Estados Unidos

El veinticinco por ciento de las preguntas de la prueba se basan en la historia de Estados Unidos y evalúan la comprensión de las influencias históricas en el desarrollo del gobierno, las tradiciones, ideas e instituciones de Estados Unidos. En algunas preguntas se incluirá un pasaje de al menos uno de los siguientes documentos históricos fundamentales: Declaración de Independencia, *Federalist Papers* (*El Federalista*), Constitución de Estados Unidos y casos importantes del Tribunal Supremo.

### Historia del mundo

El quince por ciento de las preguntas evalúan la comprensión de los patrones mundiales de desarrollo urbano y rural en la historia.

### Educación cívica y gobierno

El veinticinco por ciento de las preguntas evalúan la comprensión de los objetivos, organización y funcionamiento del gobierno de Estados Unidos, del papel que desempeñan los ciudadanos en la forma en que se conduce el país y de los posibles efectos a nivel mundial de las decisiones que toman los individuos, las comunidades y las naciones. Se incluirá por lo menos un documento práctico, que se trata de una fuente de información utilizada por muchos adultos al ejercer sus facultades como ciudadanos, consumidores y trabajadores, como por ejemplo una guía para el votante, formularios de impuestos o encuestas.

### Economía

El veinte por ciento de las preguntas evalúan la comprensión de los efectos que tienen las decisiones de carácter económico para lograr objetivos económicos (qué productos y servicios se producen, cómo se producen, comercializan y cómo los utilizan el gobierno, las empresas y los consumidores) y el papel de la competencia en una economía de libre empresa. Como fuentes, se utilizarán documentos prácticos como estadísticas, presupuestos y documentos laborales.

### Geografía

El quince por ciento de las preguntas evalúan la comprensión de las relaciones entre la ubicación de las actividades humanas y el medio ambiente, las influencias de los individuos y las culturas sobre y desde el medio ambiente natural.

### Destrezas de razonamiento

Las preguntas de la Prueba de Estudios Sociales de GED se basan en cuatro tipos diferentes de destrezas de razonamiento.

### Comprensión

Las preguntas de comprensión requieren de una comprensión básica del significado y la intención de los materiales gráficos y escritos. Miden la capacidad de reconocer un replanteamiento, una paráfrasis o un resumen o de identificar lo que se insinúa en el texto. El viente por ciento de las preguntas miden destrezas de comprensión.

### Aplicación

Las preguntas de aplicación requieren de la capacidad de usar la información y las ideas dadas o recordadas de una situación en un contexto nuevo. Requieren de la capacidad de identificar una ilustración de una generalización, principio o estrategia y de aplicar el concepto abstracto adecuado a un problema nuevo. El veinte por ciento de las preguntas miden destrezas de aplicación.

### Análisis

Las preguntas de análisis requieren de la capacidad de descomponer la información con el fin de sacar una conclusión, hacer una deducción, distinguir un hecho de una opinión y las conclusiones de los detalles de apoyo, identificar las relaciones de causa y efecto, hacer comparaciones y contrastes y reconocer suposiciones implícitas. El cuarenta por ciento de las preguntas miden destrezas de análisis.

### Evaluación

Las preguntas de evaluación requieren de la capacidad de determinar la validez o exactitud de información gráfica y escrita, realizar juicios, sacar conclusiones, reconocer lógica incorrecta e identificar valores y creencias. El veinte por ciento de las preguntas miden destrezas de evaluación.

# Texto y preguntas de muestra

Lo siguiente es una muestra de un párrafo y preguntas de prueba. Aunque el párrafo es mucho más corto que los que se utilizan en la Prueba de GED, las preguntas que siguen son parecidas a las que aparecen en la prueba. A continuación de cada pregunta hay una explicación de la destreza que mide la pregunta así como también una explicación acerca de la respuesta correcta.

Instrucciones: Elija la respuesta que mejor responda a cada pregunta.

Las preguntas 1 a 4 se refieren al siguiente párrafo.

La Gran Depresión de 1929 a 1939 comenzó el día 29 de octubre de 1929, el Martes Negro. Ese día, los precios de la bolsa de valores de Nueva York cayeron drásticamente al venderse 16 millones de acciones. Más tarde, el mercado de valores se recuperó pero la actividad económica en Estados Unidos siguió en descenso. Gran parte de las riquezas del país estaban en manos de unos pocos. Mucha de la gente común no podía comprar productos manufacturados. A medida que se acumulaba el inventario de las fábricas, éstas cerraban y se despidieron a los trabajadores. A medida que aumentaba la cantidad de personas desempleadas, bajaba la demanda de productos. Los bancos comenzaron a quebrar y las personas perdieron los ahorros de toda su vida, fondos que habrían servido para gastar en artículos de consumo. La depresión industrial provocó una depresión agrícola, puesto que los desempleados ni siquiera podían comprar alimentos. En California, las cosechas de naranjas se botaron al océano porque con la venta de las naranjas, no se podrían costear los costos de transporte. Las personas pobres morían de hambre mientras se desperdiciaba comida.

1. ¿Cuál enunciado resume mejor este párrafo?

   (1) La Gran Depresión comenzó con la caída del mercado de valores.
   (2) La Gran Depresión fue un período de pérdidas económicas y personales.
   (3) Muchas personas murieron de hambre durante la Gran Depresión.
   (4) La Gran Depresión fue un período de derroche.
   (5) Las personas adineradas fueron los responsables de la Gran Depresión.

Respuesta: **(2) La Gran Depresión fue un período de pérdidas económicas y personales.**

Explicación: Éste es un ejemplo de una pregunta de comprensión. Se le pide que comprenda la intención del párrafo completo. Las opciones (1) y (3) son detalles de apoyo, mientras que las opciones (4) y (5) son generalizaciones no respaldadas.

2. ¿Cuál de los siguientes enunciados muestra una relación de causa y efecto?

   (1) Los bienes estaban disponibles y las personas no los podían comprar.
   (2) Los bancos quebraron y las personas perdieron los ahorros de toda su vida.
   (3) Las personas pobres morían de hambre y se desperdiciaba comida.
   (4) Los precios cayeron y el mercado de valores se recuperó.
   (5) El mercado de valores se recuperó y la actividad económica descendió.

Respuesta: **(2) Los bancos quebraron y las personas perdieron los ahorros de toda su vida.**

Explicación: Ésta es una pregunta de análisis. Cuando busque el resultado de un acontecimiento, replantee las opciones comenzándolas con debido a: Debido a que los bancos quebraron, las personas perdieron los ahorros de toda su vida. Si lo intenta con las opciones (1), (3), (4) y (5), la oración no tendrá sentido en términos de lo que usted sabe acerca del mundo.

3. ¿Cuáles de estos acontecimientos tratan probablemente de predecir los economistas modernos, prestando atención a las cifras del mercado de valores y de desempleo?

   (1) la destrucción de las cosechas de naranjas
   (2) la quiebra de los bancos
   (3) el futuro de la actividad económica
   (4) los tipos de productos que se deben manufacturar
   (5) la forma en que las personas deben tratar sus desechos

Respuesta: **(3) el futuro de la actividad económica**

Explicación: Éste es un ejemplo de una pregunta de aplicación. Usted debe comprender la información específica del párrafo y aplicarla a otra situación con el razonamiento de que los economistas, en general, deben prestar atención a determinadas señales económicas. Las cifras del mercado de valores y de desempleo pueden indicar cuánto gastan los consumidores y cuánto pueden gastar. El gasto de los consumidores influye en la actividad económica. Las opciones (1) y (2) fueron consecuencias de la Depresión pero no serían una preocupación importante de los economistas modernos. Las opciones (4) y (5) no tienen nada que ver con el mercado de valores ni con el desempleo.

4. ¿Cuál de los enunciados está apoyado por la información en el párrafo?

   (1) Las personas comunes no sabían cómo lidiar con la Gran Depresión.
   (2) La pobreza es un problema serio en Estados Unidos.
   (3) El exceso de producción de los fabricantes fue, en parte, responsable de la Gran Depresión.
   (4) El único trabajo seguro durante una depresión económica es el trabajo agrícola.
   (5) Lo que ocurre en los demás sectores de la economía puede afectar en forma negativa a los granjeros.

Respuesta: **(5) Lo que ocurre en los demás sectores de la economía puede afectar en forma negativa a los granjeros.**

Explicación: Ésta es una pregunta de evaluación. Usted debe utilizar varias destrezas para llegar a la respuesta. Debe comprender la idea principal y el significado de los detalles. Luego, debe reconocer la relación entre un detalle específico y la idea principal. Finalmente, debe decidir cuál de las opciones dadas es exacta. Nada del texto apoya la opción (1). La opción (2) es verdadera pero no se comenta. La opción (3) es incorrecta porque el problema tenía que ver con el poder adquisitivo y no con el exceso de producción. El párrafo desmiente la opción (4).

Para ayudarle a desarrollar sus destrezas de razonamiento y de lectura, cada una de las preguntas de este libro cuenta con su respuesta y con una explicación de por qué es correcta y por qué son incorrectas las demás opciones. Si estudia estas explicaciones, aprenderá estrategias para comprender y razonar acerca de los estudios sociales.

# Destrezas para tomar la prueba

La Prueba de Estudios Sociales de GED evaluará su capacidad de aplicar sus destrezas de lectura y de razonamiento crítico en un texto. Este libro le servirá de ayuda para prepararse para la prueba. Además, hay algunas maneras específicas en las que puede mejorar su desempeño en ella.

## Cómo responder a las preguntas de la prueba

- Nunca vea superficialmente las instrucciones. Léalas con detenimiento para que sepa exactamente qué es lo que tiene que hacer. Si no está seguro, pregúntele al examinador si le puede explicar las instrucciones.

- Lea todas las preguntas detenidamente para cerciorarse de que entiende lo que se le está preguntando.

- Lea todas las opciones de respuesta con mucha atención, aun cuando piense que ya sabe cuál es la respuesta correcta. Es posible que algunas de las respuestas no parezcan incorrectas a primera vista, pero sólo una será la correcta.

- Antes de responder a una pregunta, asegúrese de que el problema planteado contenga la información necesaria para sustentar la respuesta que elija. No se base en conocimientos que no estén relacionados con el contexto del problema.

- Conteste todas las preguntas. Si no puede encontrar la respuesta correcta, reduzca el número de respuestas posibles eliminando todas las que sepa que son incorrectas. Luego, vuelva a leer la pregunta para deducir cuál es la respuesta correcta. Si aún así no puede decidir cuál es, escoja la que le parezca más acertada.

- Llene la hoja de respuestas con cuidado. Para registrar sus respuestas, rellene uno de los círculos numerados que se encuentran a la derecha del número que corresponde a la pregunta. Marque solamente un círculo como respuesta a cada pregunta. Si marca más de una respuesta, ésta se considerará incorrecta.

- Recuerde que la Prueba de GED tiene un límite de tiempo. Cuando empiece la prueba, anote el tiempo que tiene para terminarla. Después, vea la hora de vez en cuando y no se detenga demasiado en una sola pregunta. Responda cada una lo mejor que pueda y continúe. Si se está tardando demasiado en una pregunta, pase a la siguiente y ponga una marca muy discreta junto al número que corresponda a esa pregunta en la hoja de respuestas. Si termina antes de que acabe el tiempo, regrese a las preguntas que se saltó o de cuya respuesta no estaba seguro y piense un poco más en la respuesta. No olvide borrar cualquier marca extra que haya hecho.

- No cambie ninguna respuesta a menos que esté completamente seguro de que la que había marcado está mal. Generalmente, la primera respuesta que se elige es la correcta.

- Si siente que se está poniendo nervioso, deje de trabajar por un momento. Respire profundamente unas cuantas veces y relájese. Luego, empiece de nuevo.

# Destrezas de estudio

## Estudie con regularidad

- Si puede, dedique una hora diaria a estudiar. Si no tiene tiempo de estudiar todos los días, haga un horario en el que incluya los días en que sí pueda estudiar. Asegúrese de escoger horas en las que sepa que estará más tranquilo y que será menos probable que lo molesten distracciones externas.

- Comunique a los demás cuáles serán sus horas de estudio. Pídales que no lo interrumpan a esas horas. Es conveniente explicarles el motivo por el cual esto es importante para usted.

- Cuando estudie debe sentirse tranquilo, por lo que deberá hacerlo en un lugar donde se sienta cómodo. Si no puede estudiar en su casa, vaya a una biblioteca. Casi todas las bibliotecas públicas cuentan con áreas de lectura y de estudio. Si hay alguna institución de educación superior o una universidad cerca de su domicilio, averigüe si puede usar la biblioteca. Todas las bibliotecas tienen diccionarios, enciclopedias y otros recursos que puede utilizar en caso de que necesite más información cuando esté estudiando.

## Organice sus materiales de estudio

- Asegúrese de tener bolígrafos, lápices con punta y papel por si desea tomar apuntes.

- Guarde todos sus libros en el mismo sitio. Si está tomando una clase de educación para adultos, es probable que pueda pedir prestados algunos libros u otros materiales de estudio.

- Asigne una libreta o carpeta para cada asignatura que esté estudiando. Las carpetas con funda son muy útiles para guardar hojas sueltas.

- Guarde todos sus materiales en un solo lugar para que no pierda tiempo buscándolos cada vez que vaya a estudiar.

## Lea con regularidad

- Lea el periódico, lea revistas, lea libros. Lea cualquier cosa que le interese, ¡pero lea! Leer con regularidad, diariamente, es la mejor manera de mejorar sus destrezas de lectura.

- Busque material en la biblioteca que le interese leer. Consulte la sección de revistas para buscar publicaciones de su interés. La mayoría de las bibliotecas se suscriben a cientos de revistas cuyos intereses cubren noticias, autos, música, costura, deportes y muchos otros más. Si usted no está familiarizado con la biblioteca, pídale ayuda al bibliotecario. Consiga una tarjeta para la biblioteca de modo que pueda sacar material y usarlo en casa.

## Tome apuntes

- Tome apuntes de las cosas que le interesen o de las que crea que pueden resultarle útiles.

- Cuando tome apuntes, no copie el texto directamente del libro; vuelva a plantear la misma información, pero con sus propias palabras.

- Tome apuntes a su manera. No es necesario que use oraciones completas, siempre y cuando pueda entender sus apuntes después.

- Use cuadros sinópticos (resumidos), tablas o diagramas que le ayuden a organizar la información y a facilitar su aprendizaje.

- Si lo desea, puede tomar apuntes en forma de preguntas y respuestas, como por ejemplo: *¿Cuál es la idea principal? La idea principal es…*

## Enriquezca su vocabulario

- Al leer, no se salte ninguna palabra desconocida. Mejor, trate de deducir el significado de esa palabra aislándola primero del resto de la oración. Lea la oración sin la palabra y trate de colocar otra palabra en su lugar. ¿El significado de la oración es el mismo?

- Haga una lista de palabras desconocidas, búsquelas en un diccionario y escriba su significado.

- Como una misma palabra puede tener varios significados, es mejor que busque la palabra mientras tenga el texto frente a usted. De esta manera, podrá probar los distintos significados de una misma palabra dentro del contexto.

- Cuando lea la definición de una palabra, vuelva a expresarla en sus propias palabras y haga una o dos oraciones con ella.

- Utilice el glosario que aparece al final de este libro para repasar el significado de algunos términos clave. Todas las palabras que vea en **negritas** se definen en el glosario, el cual también incluye las definiciones de otras palabras importantes. Utilice el glosario para repasar el vocabulario importante relacionado con el área temática que esté estudiando.

## Haga una lista de sus áreas problemáticas

A medida que avance en este libro, tome apuntes cada vez que no entienda algo. Pida a su instructor o a otra persona que se lo explique y, luego, vuelva al tema y repáselo.

# Presentación de la prueba

## Antes de la prueba

- Si nunca ha estado en el centro de evaluación, vaya un día antes de tomar la prueba. Si se va a ir manejando, busque dónde estacionar el auto.

- Prepare todo lo que necesite para la prueba: su pase de admisión (en caso necesario), identificación válida, lápices No. 2 con punta y goma de borrar, reloj, anteojos, chaqueta o suéter (por si hace frío) y algunos refrigerios para comer durante los recesos.

- Duerma bien. Si la prueba va a empezar temprano en la mañana, ponga el despertador.

## El día de la prueba

- Desayune bien, vístase con ropa cómoda y asegúrese de tener todos los materiales que necesita.

- Trate de llegar al centro de evaluación 20 minutos antes de la prueba. De esta manera, tendrá tiempo adicional en caso de que, por ejemplo, haya un cambio de salón de último minuto.

- Si sabe que va a estar en el centro de evaluación todo el día, puede llevarse algo para comer. Si se ve en la necesidad de buscar un restaurante o esperar mucho tiempo a que lo atiendan, podría llegar tarde a la parte restante de la prueba.

# Cómo usar este libro

- Empiece por hacer la Prueba preliminar. Esta prueba es idéntica a la prueba verdadera tanto en formato como en duración y le dará una idea de cómo es la Prueba de Estudios Sociales de GED. Luego, con la ayuda de la Tabla de análisis del desempeño en la prueba preliminar que se encuentra al final de la prueba, identifique las áreas en las que salio bien y las que necesita repasar. La tabla le dirá a qué unidades y números de página dirigirse para estudiar. Asimismo, puede usar el Plan de estudio de la página 31 para planificar su trabajo después de hacer la Prueba preliminar y también después de hacer la Prueba final.

- Al estudiar, use el Repaso acumulativo y su respectiva Tabla de análisis del desempeño que aparecen al final de cada unidad para determinar si necesita repasar alguna de las lecciones antes de seguir adelante.

- Una vez que haya terminado el repaso, use la Prueba final para decidir si ya está listo para tomar la verdadera Prueba de GED. La Tabla de análisis del desempeño le dirá si necesita un repaso adicional. Finalmente, utilice la Prueba simulada y su respectiva Tabla de análisis del desempeño como una última evaluación para saber si está listo para hacer la prueba verdadera.

## ESTUDIOS SOCIALES

### Instrucciones

La Prueba preliminar de Estudios Sociales consta de una serie de preguntas de selección múltiple destinadas a medir conocimientos generales de Estudios Sociales.

Las preguntas se basan en lecturas breves que con frecuencia incluyen un mapa, un gráfico, un cuadro, una tira cómica o un diagrama. Primero estudie la información que se proporciona y luego conteste la pregunta o preguntas que siguen. Al contestar las preguntas, consulte la información dada cuantas veces considere necesario.

Se le darán 70 minutos para contestar las 50 preguntas de esta prueba. Trabaje con cuidado, pero no dedique demasiado tiempo a una sola pregunta. Asegúrese de haber contestado todas las preguntas. No se descontarán puntos por respuestas incorrectas. Cuando se agote el tiempo, ponga una marca en la última pregunta que haya contestado. Esto le servirá de guía para calcular si podrá terminar la verdadera Prueba de GED dentro del tiempo permitido. A continuación, termine la prueba.

Registre sus respuestas en la hoja de respuestas separada en la página 361. Asegúrese de incluir toda la información requerida en la hoja de respuestas.

Para marcar sus respuestas, en la hoja de respuestas rellene el círculo con el número de la respuesta que considere correcta para cada una de las preguntas de la prueba.

---

**Ejemplo:**

Para asentarse, los primeros colones de América del Norte buscaron lugáres que tuvieran suficiente agua y acceso por barco. Por este de las primeras ciudades fueron construidas cerca de

(1) bosques
(2) praderas
(3) ríos
(4) glaciares
(5) océanos

La respuesta correcta es ríos; por lo tanto, en la hoja de respuestas debería haber rellenado el círculo con el número 3 adentro.

---

No apoye la punta del lápiz en la hoja de respuestas mientras piensa en la respuesta. No haga marcas innecesarias en la hoja. Si decide cambiar una respuesta, borre completamente la primera marca. Rellene un solo círculo por cada respuesta: si señala más de un círculo, la respuesta se considerará incorrecta. No doble ni arrugue la hoja de respuestas.

Una vez terminada esta prueba, utilice la Tabla de análisis del desempeño en la página 30 para determinar si está listo para tomar la verdadera Prueba de GED. Si no lo está, use la tabla para identificar las destrezas que debe repasar de nuevo.

Adaptado con el permiso del *American Council on Education*.

Instrucciones: Elija la respuesta que mejor responda a cada pregunta.

Las preguntas 1 a 3 se refieren a la información y mapa siguientes.

El clima de la Tierra ha cambiado paulatinamente durante miles de años. Cuando aumenta la temperatura promedio de la Tierra, se derriten pedazos de las capas de hielo polar, con lo que aumenta el nivel del mar en todas partes. Este mapa muestra las regiones que se verían afectadas por un aumento del nivel de mar.

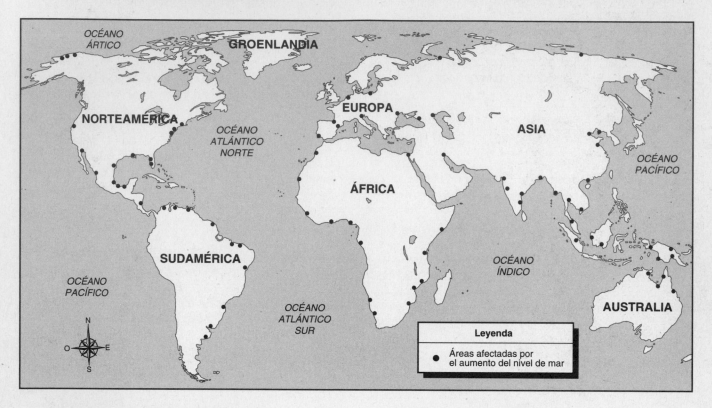

1.  ¿Cuál sería el resultado más probable de un calentamiento climático gradual?

    (1)  un aumento paulatino del nivel del mar ✗
    (2)  un aumento repentino del nivel del mar
    (3)  inviernos más fríos por todo el mundo
    (4)  marejadas en las costas
    (5)  más hielo atrapado en las capas polares

2.  ¿En cuáles dos continentes se asemeja más la amenaza de inundación debido al aumento en el nivel del mar?

    (1)  Norteamérica y Sudamérica
    (2)  África y Sudamérica
    (3)  Norteamérica y África ✗
    (4)  África y Australia
    (5)  Australia y Norteamérica

3.  ¿Los habitantes de qué zonas estarían más interesados en la información del mapa?

    (1)  Europa
    (2)  las ciudades costeras ✗
    (3)  Australia
    (4)  la costa occidental de Sudamérica
    (5)  cerca del Polo Norte

Las preguntas 4 a 6 se refieren al párrafo y gráfica siguientes.

El 1 de enero de 1994 entró en vigencia el Tratado de Libre Comercio de América del Norte (TLCAN). El acuerdo contemplaba la eliminación paulatina de las barreras comerciales entre México, Estados Unidos y Canadá. Esto significa que los productos elaborados en cualquiera de estas naciones se podrán vender en cualquiera de las otras dos sin pagar los impuestos que se cobran normalmente a los productos extranjeros. La gráfica muestra los efectos del TLCAN en el comercio de Estados Unidos con México.

COMERCIO DE ESTADOS UNIDOS CON MÉXICO

Comercio anual de Estados Unidos con México hasta 1998

Exportaciones a México

Importaciones desde México

Fuente: Departamento de Comercio

Productos más comercializados en 1994, en miles de millones de dólares

| Exportaciones a México | | Importaciones desde México | |
|---|---|---|---|
| Maquinaria eléctrica | $6.9 | Maquinaria eléctrica | $7.4 |
| Vehículos | $5.0 | Vehículos | $7.3 |
| Diversos artículos elaborados | $2.4 | Productos derivados del petróleo | $4.5 |
| Equipo industrial | $2.3 | Equipo de sonido y de telecomunicaciones | $4.4 |
| Equipo de sonido y de telecomunicaciones | $2.0 | Vestuario | $1.7 |

4. ¿Cuál de los siguientes fue el producto más comercializado en 1994?

(1) maquinaria eléctrica
(2) vehículos
(3) equipos de telecomunicaciones
(4) productos derivados del petróleo
(5) vestuario

5. ¿Cuál de los siguientes enunciados sobre el TLCAN está apoyado por la información?

(1) El TLCAN convirtió a Estados Unidos en el principal socio comercial de México.
(2) El TLCAN revirtió la relación comercial entre Estados Unidos y México.

(3) El TLCAN convirtió a México en un socio comercial de Estados Unidos más importante que Canadá.
(4) Las exportaciones a México aumentaron fuertemente en el primer año de vigencia del TLCAN.
(5) Debido al TLCAN, México se ha convertido en el proveedor principal de vestuario para Estados Unidos.

6. De acuerdo con la información del párrafo y la gráfica, ¿cuál de los siguientes enunciados sobre el comercio de Estados Unidos con Canadá desde 1994 es más probable que sea cierto?

(1) Las exportaciones de Estados Unidos a Canadá han aumentado, pero las importaciones desde Canadá han disminuido.
(2) Las importaciones desde Canadá a Estados Unidos han aumentado, pero las exportaciones estadounidenses a Canadá han disminuido.
(3) Las exportaciones de Estados Unidos a Canadá y las importaciones desde Canadá han aumentado.
(4) Tanto las importaciones desde Canadá como las exportaciones de Estados Unidos a Canadá han disminuido.
(5) Las importaciones desde Canadá y las exportaciones a Canadá no han variado.

La pregunta 7 se refiere al siguiente párrafo.

Después de la Segunda Guerra Mundial, Estados Unidos y sus aliados adoptaron una política hacia el comunismo denominada "contención". Esta política se basaba en la idea de evitar que el comunismo se extendiera más allá de los países donde ya existía.

7. ¿Cuál de los siguientes sucesos mundiales es un ejemplo de contención?

(1) la creación de la Organización de las Naciones Unidas para ayudar a las naciones del mundo a trabajar colectivamente
(2) la creación de la Unión Europea para ayudar a mejorar la economía de Europa
(3) la independencia de la India y Paquistán
(4) la limitada guerra en Corea para llevar a los invasores comunistas de Corea del Sur hacia Corea del Norte
(5) la revolución en Cuba que llevó a un gobierno comunista al poder

Las preguntas 8 y 9 se refieren a la siguiente caricatura de 1871.

"¿QUIÉN SE ROBÓ EL DINERO DEL PUEBLO?" – HABLEN. *N.Y. Times.*  **FUE ÉL.**

8. A fines del siglo XIX, el gobierno de la ciudad de Nueva York se controlaba por una organización llamada la Sociedad Tammany. ¿A quién representan los hombres de esta caricatura?

   (1) inmigrantes que vivían en la ciudad de Nueva York
   (2) trabajadores capacitados y sin capacitación
   (3) los votantes de la ciudad de Nueva York
   (4) los funcionarios elegidos en la ciudad de Nueva York
   (5) los miembros de la Sociedad Tammany

9. ¿Qué supone el dibujante que sabe la gente cuando ve esta caricatura?

   (1) Saben que la Sociedad Tammany se considera corrupta.
   (2) Creen que todos estos hombres son inocentes.
   (3) Nunca han oído hablar de la Sociedad Tammany.
   (4) Piensan que todos los hombres en la caricatura están presos.
   (5) No reconocerán a los hombres bien vestidos en el primer plano en la caricatura.

---

La pregunta 10 se refiere al siguiente texto de la Declaración de Independencia.

"Sostenemos que estas verdades son evidentes por sí mismas: que todos los hombres han sido creados iguales, que ellos están dotados por su Creador de ciertos derechos inalienables, que entre estos están la vida, la libertad y la búsqueda de la felicidad. Que, para asegurar estos derechos, los gobiernos son instituidos por los hombres, derivando sus justos poderes del consentimiento de los gobernados…"

10. ¿Qué acontecimiento en la historia de Estados Unidos mejor refleja los principios y valores expresados en este texto?

   (1) el establecimiento de las primeras escuelas públicas gratuitas
   (2) el desplazamiento hacia el oeste de los pioneros
   (3) la enmienda a la Constitución que deroga la esclavitud
   (4) la admisión de nuevos estados a la Unión
   (5) la restricción de la inmigración a Estados Unidos

Las preguntas 11 a 13 se refieren al texto y gráficas siguientes.

En 1995, el Congreso votó en contra de una enmienda constitucional propuesta para fijar límites a los mandatos de los parlamentarios. La Constitución no limita el número de períodos de seis años para el cargo de senador o el número de períodos de dos años para el cargo de representante de la Cámara.

La idea de fijar límites de mandato era popular entre el público. La gente a favor de fijar límites de mandato argumentaba que el Congreso debía conformarse por ciudadanos comunes más que por políticos profesionales. Los oponentes señalaban que el límite de mandato provocaría que en el Congreso la experiencia fuera mínima.

Tanto los demócratas como los republicanos votaron en contra de la enmienda propuesta. Un vistazo a la antigüedad en el cargo de los miembros del Congreso ayudaría a explicar el porqué.

**AÑOS DE SERVICIO DE LOS MIEMBROS DEL CONGRESO EN 1995**

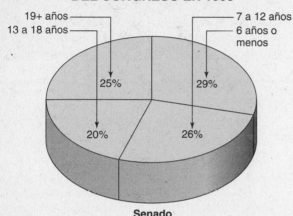

**Senado**

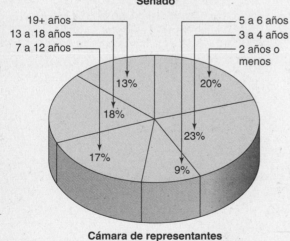

**Cámara de representantes**

Fuente: Congressional Directory

11. ¿Qué porcentaje representan los senadores con más de dos períodos en el cargo del total de la senaduría en 1995?

   (1) 20 por ciento
   (2) 25 por ciento
   (3) 26 por ciento
   (4) 29 por ciento
   (5) 45 por ciento

12. ¿Qué suposición implícita hace el escritor para explicar por qué no tuvo éxito la propuesta de fijar límites de mandato?

   (1) El público estadounidense se opuso a los límites de mandato.
   (2) Los límites de mandato harían que el Congreso se conformara de ciudadanos comunes.
   (3) Los límites de mandato disminuirían el nivel de experiencia de los legisladores.
   (4) Los senadores tienen mandatos más largos que los miembros de la Cámara.
   (5) Los miembros del Congreso no querían que se les aplicaran los límites de mandato.

13. ¿Cuál de los siguientes enunciados está apoyado por la información?

   (1) La Cámara de Representantes tiene más miembros que el Senado.
   (2) Los senadores y los representantes de la Cámara se eligen en cada estado.
   (3) Los senadores y representantes pueden desempeñar el cargo por un máximo de doce años.
   (4) En el Congreso de 1995, había una mayor proporción de miembros que desempeñaban el cargo por más de doce años en el Senado que en la Cámara.
   (5) Los miembros de la Cámara desempeñan el cargo de cinco a seis años, y la mayoría de los senadores trece a dieciocho años.

La pregunta 14 se refiere al siguiente mapa.

### ESTADOS UNIDOS COLONIAL EN 1750

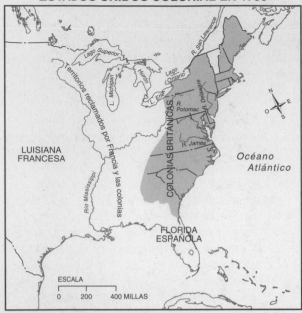

14. ¿Qué desarrollo se puede predecir a partir de la información del mapa?

   (1) Surgirían disputas por la tierra entre los colonos y Francia.
   (2) Habría conflictos entre los colonos y los indios americanos.
   (3) Los colonos lucharían contra Gran Bretaña por la independencia.
   (4) La esclavitud se volvería más común en las colonias del sur.
   (5) Francia vendería Luisiana a Estados Unidos.

Las preguntas 15 y 16 se refieren al siguiente aviso.

### TENEDURÍA DE LIBROS/ NÓMINA DE PAGOS

Una empresa de North Shore busca una persona para llevar la nómina de pagos y la teneduría de libros. El candidato o candidata ideal posee su bachillerato y tiene 2 años de experiencia en computación y teneduría de libros. La experiencia en nómina de pagos es una ventaja, pero se brindará capacitacion. Ofrecemos un horario flexible, un salario competitivo y beneficios, incluyendo atención dental. Una oficina pequeña, prohibido fumar. Envíe su currículum con historial de sueldos a:

Barr & Co. 500 North Shore, Chicago, IL 60604

Un empleador que ofrece igualdad de oportunidades de empleo

15. Miguel se postula para el puesto que se describe en el aviso. ¿Qué factores deberá resaltar en la entrevista?

   (1) Que habla dos idiomas.
   (2) Que es casado y tiene dos hijos.
   (3) Que ha trabajado como tenedor de libros.
   (4) Que tiene un excelente estado de salud.
   (5) Que tuvo promedio B en la secundaria.

16. ¿Cuál oración sobre el trabajo expresa una opinión más que un hecho?

   (1) La empresa se ubica en un vecindario de North Shore en Chicago.
   (2) El empleo ofrece un plan de atención dental.
   (3) Se pueden acordar un horario flexible.
   (4) Una persona sin experiencia en nómina de pagos probablemente no será contratada.
   (5) No se permite fumar en la oficina.

La pregunta 17 se refiere al siguiente mapa.

## LA SITUACIÓN MILITAR EN BOSNIA-HERZEGOVINA EN 1995

La pregunta 18 se refiere al siguiente párrafo.

Una ciudad pequeña no cuenta con un sistema de transporte público. Además de caminar o andar en bicicleta, los residentes de esta ciudad que no tienen automóvil sólo pueden moverse solicitando los servicios de la Cooperativa de Taxis ABC. La ciudad no tiene leyes que regulen los precios de las carreras.

18. ¿Cuál de los siguientes enunciados es más probable que sea cierto sobre la Cooperativa de Taxis ABC?

   (1) El precio de una carrera de taxi es alto.
   (2) El precio de una carrera de taxi en bajo.
   (3) El servicio de la cooperativa es bueno.
   (4) La ciudad comprará la cooperativa de taxis.
   (5) La cooperativa quebrará.

La pregunta 19 se refiere a la siguiente gráfica.

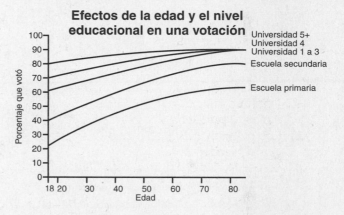

19. De acuerdo con la gráfica, ¿cuál grupo votará con más probabilidad?

   (1) personas jóvenes con algún grado de educación universitaria
   (2) personas mayores con educación primaria
   (3) personas mayores con educación secundaria
   (4) personas mayores con algún grado de educación universitaria
   (5) personas de edad media de todos los niveles de educación

17. A mediados de la década de 1990, la pequeña nación de Europa occidental llamada Bosnia-Herzegovina aparecía en las noticias a menudo. ¿Cuál de los siguientes enunciados replantea lo que muestra el mapa sobre Bosnia-Herzegovina a mediados de la década de 1990?

   (1) Bosnia-Herzegovina había declarado su independencia de Yugoslavia.
   (2) Bosnia-Herzegovina estaba ocupada por varios ejércitos.
   (3) La Organización de las Naciones Unidas (ONU) había invadido Serbia.
   (4) La Infantería de Marina de Estados Unidos estaba invadiendo Bosnia-Herzegovina.
   (5) El conflicto se limitaba a Bosnia-Herzegovina.

Las preguntas 20 y 21 se refieren al siguiente texto.

Durante gran parte del siglo pasado, la mayoría de los votantes eran leales a un partido político específico. Sin embargo, desde 1960 esa lealtad fue declinando. Se han especulado sobre muchas razones para este cambio en la actitud del votante.

Muchas personas piensan que la decadencia a esta lealtad se debe a la creciente debilidad en el sistema de partidos estadounidenses en sí. Los dirigentes de los partidos políticos ya no disponen de la lealtad de los miembros del partido de que gozaron una vez. Pocas son las personas que se inscriben para votar y más votantes lo hacen como independientes que como demócratas o republicanos. Además, muchos de los que se inscriben como demócratas o republicanos no votan estrictamente dentro de las líneas de sus partidos.

Otras personas creen que las razones para dicha decadencia radican en los acontecimientos de los últimos 30 ó 40 años. Problemas como los derechos civiles y la intervención militar en el extranjero, así como un cambio en los valores culturales, han conducido a que cada vez más votantes ignoren a los partidos como tales y voten por candidatos que comparten sus opiniones, sin importar si esos candidatos están en las filas de un partido importante o de cualquier otro.

20. ¿Qué supone el escritor que ya saben los lectores cuando leen este texto?

(1) Muchos votantes no votan estrictamente dentro de las líneas de sus partidos.
(2) En la década de 1980, la mayoría de los republicanos apoyaron al presidente republicano Reagan.
(3) Muchos votantes se inscribieron como independientes en vez de como partidarios de algún partido político.
(4) Los problemas políticos y sociales hicieron que muchos votantes se salieran de las líneas de sus partidos.
(5) Estados Unidos tiene un sistema bipartidista.

21. ¿A cuál de los siguientes enunciados apoya la información del texto?

(1) Los problemas sociales y políticos que crean desacuerdos tienden a causar que los votantes voten dentro de las líneas de los partidos.
(2) La tendencia a votar a favor de problemas más que de acuerdo a las líneas de los partidos continuará indefinidamente.

(3) Los candidatos independientes y de partidos alternativos se benefician con la erosión de la lealtad al partido.
(4) El presidente George Bush, republicano, perdió ante un desafiante demócrata, Bill Clinton, en la elección de 1992.
(5) Se eligen mejores personas cuando los votantes escogen candidatos basándose más bien en los problemas que en su pertenencia a un partido.

La pregunta 22 se refiere a la siguiente gráfica.

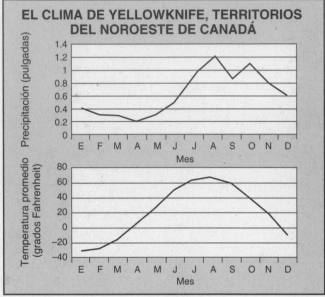

Fuente: Atlas of World and Environmental Issues

22. ¿Cuál de los siguientes enunciados sobre Yellowknife (Canadá) está apoyado por la información de la gráfica?

(1) Las temperaturas varían con la estación y hay poca lluvia y nieve.
(2) Más personas viven allí durante los veranos templados que durante el frío invierno.
(3) La temperatura es constante y las precipitaciones varían según la estación.
(4) Yellowknife goza de días cálidos y noches frías con frecuentes lluvias durante todo el año.
(5) La mayor parte de las lluvias en Yellowknife ocurren en las horas de la tarde y la noche.

Las preguntas 23 a 24 se refieren al siguiente mapa.

**DERECHO AL VOTO PARA LAS MUJERES EN ESTADOS UNIDOS DE 1890 A 1919**

Igualdad en los derechos al voto (fecha otorgada)
Derechos parciales al voto
Sin derecho al voto

23. De acuerdo con este mapa, ¿en qué se diferenciaban Oregón y Virginia en 1918?

(1) Las mujeres podían votar en todas las elecciones de Virginia pero en ninguna elección de Oregón.
(2) Las mujeres podían votar en todas las elecciones de Virginia pero sólo en algunas elecciones de Oregón.
(3) Las mujeres podían votar en todas las elecciones de Oregón pero en ninguna elección de Virginia.
(4) Las mujeres podían votar en todas las elecciones de Oregón pero sólo en algunas elecciones de Virginia.
(5) Las mujeres obtuvieron el derecho al voto en Virginia, pero ya tenían el derecho a voto en Oregón.

24. ¿Cuál de las siguientes conclusiones está apoyada por el mapa?

(1) Los hombres del Sur estaban más dispuestos que los del Norte a aceptar la igualdad de derechos de las mujeres.
(2) Las mujeres obtuvieron plenos derechos al voto en el Oeste antes de hacerlo en el Este o en el Sur.
(3) Un menor porcentaje de mujeres del Sur trabajaban fuera del hogar que de mujeres del Norte.
(4) Las mujeres del Sur estaban menos interesadas que las del Norte en obtener el derecho al voto.
(5) Los estados del Oeste concedieron a las mujeres derechos parciales a voto antes que lo hicieran los estados del Norte.

La pregunta 25 se refiere al siguiente párrafo.

La geografía y la historia se apoyan la una a la otra. La comprensión de la historia de una región específica requiere el conocimiento de su geografía. Para entender cómo influye la geografía en el desarrollo de una región, es necesario estudiar las características físicas de la tierra, las rutas disponibles para viajar, la ubicación de los centros urbanos y las particularidades económicas y políticas.

25. ¿Cuál enunciado resume mejor este párrafo?

(1) Un geógrafo también debe ser un historiador.
(2) La geografía influye en el desarrollo político de una región.
(3) La geografía afecta al desarrollo económico.
(4) La geografía influye en las rutas comerciales y la ubicación de las ciudades de una región.
(5) La comprensión de la historia de una región requiere la comprensión de su geografía.

Las preguntas 26 a 28 se refieren al texto y diagrama siguientes.

El gobierno federal se divide en tres ramas: la ejecutiva, la legislativa y la judicial. Cada rama tiene ciertos poderes que sólo ella puede ejercer. Los poderes de cada una actúan como un freno de las acciones de las otras dos ramas. El propósito de este sistema, llamado de frenos y equilibrios, es justamente mantener el equilibrio del poder entre las tres ramas del gobierno. El siguiente diagrama muestra los poderes específicos de cada rama del gobierno federal.

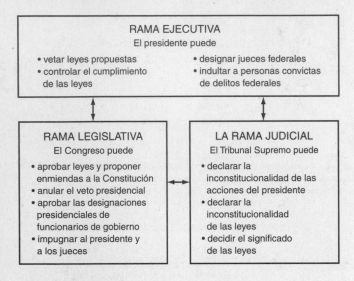

26. ¿Cuál de los siguientes enunciados es un poder del ejecutivo con el que puede frenar a la rama judicial?

   (1) el poder de aprobar leyes
   (2) el poder de interpretar la Constitución
   (3) el poder de decidir la inconstitucionalidad de las leyes
   (4) el poder de designar los jueces federales
   (5) el poder de vetar nuevas leyes

27. Suponga que el Congreso aprueba la ley contra la quema de la bandera de Estados Unidos, pero El Tribunal Supremo decide que esa ley es inconstitucional porque viola el derecho a la libertad de expresión. ¿Qué medida puede tomar el Congreso para frenar la acción del Tribunal en contra de esta ley?

   (1) El Congreso puede proponer una enmienda a la Constitución para hacer que quemar la bandera sea considerado un delito.
   (2) El Congreso puede vetar la medida del Tribunal.
   (3) El Congreso puede negarse a hacer cumplir la decisión del Tribunal y seguir arrestando a quienes quemen la bandera.
   (4) El Congreso puede anular la medida del Tribunal aprobando la misma ley nuevamente.
   (5) El Congreso no tiene un poder que equilibre el poder del Tribunal de declarar una ley inconstitucional.

28. ¿Cuál de los siguientes enunciados es una conclusión basada en el párrafo y el diagrama?

   (1) El Congreso debe aprobar la designación del presidente de muchos funcionarios del gobierno.
   (2) La división de poderes y el sistema de frenos a dichos poderes mantiene un equilibrio entre las tres ramas del gobierno.
   (3) El gobierno federal está dividido en tres ramas separadas (ejecutiva, legislativa y judicial).
   (4) El Tribunal Supremo puede decidir el significado de las leyes.
   (5) El presidente puede controlar el cumplimiento de las leyes.

Las preguntas 29 y 30 se refieren a las siguientes gráficas.

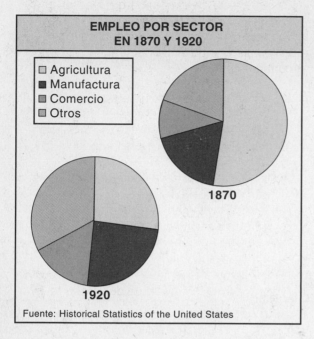

**EMPLEO POR SECTOR EN 1870 Y 1920**

☐ Agricultura
■ Manufactura
▩ Comercio
▨ Otros

1870

1920

Fuente: Historical Statistics of the United States

29. ¿En cuál sector trabajaba el mayor número de estadounidenses en 1870?

(1) la manufactura
(2) el comercio
(3) la agricultura
(4) los puestos de servicio
(5) todos los demás oficios

30. ¿Cuál de los siguientes enunciados es una conclusión que se puede sacar a partir de la información entregada en las gráficas?

(1) Más del 50 por ciento de los trabajadores estadounidenses trabajaban en las granjas en 1870.
(2) Más del 50 por ciento de los trabajadores estadounidenses trabajaban en la manufactura y otros empleos en 1920.
(3) A fines del siglo XIX y a principios del siglo XX, las personas dejaban las ciudades para convertirse en granjeros.
(4) El porcentaje de las personas que trabajaban en el comercio aumentó de 10 a 14 por ciento entre 1870 y 1920.
(5) A medida que disminuía la importancia de la agricultura, más personas se dedicaban a la manufactura y a otros empleos.

La pregunta 31 se refiere al siguiente párrafo.

Las empresas de todo el mundo usan variadas formas de publicidad para dar a conocer sus productos y servicios entre los consumidores. Una campaña publicitaria efectiva puede aumentar enormemente las ventas.

31. ¿Cuál de los siguientes enunciados sobre la publicidad es un hecho indicado por el párrafo?

(1) Los consumidores no saben lo que quieren.
(2) Los productos verdaderamente dignos de atención se venden por sí mismos sin necesitar publicidad.
(3) Los consumidores deben ser informados sobre los productos que compran.
(4) La publicidad puede aparecer en formatos electrónicos o impresos.
(5) Los consumidores reconocen buenos productos cuando los ven.

La pregunta 32 se refiere a la siguiente gráfica.

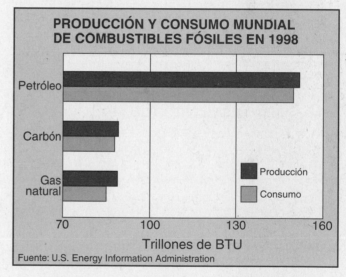

**PRODUCCIÓN Y CONSUMO MUNDIAL DE COMBUSTIBLES FÓSILES EN 1998**

Petróleo

Carbón

Gas natural

■ Producción
▨ Consumo

70    100    130    160

Trillones de BTU

Fuente: U.S. Energy Information Administration

32. ¿Cuál interpretación de la información de la gráfica muestra una lógica incorrecta?

(1) Cada año la producción de carbón, petróleo y gas natural excede al consumo.
(2) En 1998 el mundo produjo más petróleo que el consumido.
(3) La mayor porción de la energía combustible fósil del mundo en 1998 vino del petróleo.
(4) En 1998, se consumía menos energía proveniente del carbón y el gas natural combinados que del petróleo.
(5) En 1998, la producción y consumo del gas natural fueron menores que las del resto de los combustibles fósiles.

La pregunta 33 se refiere al párrafo y mapas siguientes.

A mediados del siglo XIX, el debate sobre la esclavitud produjo una reestructuración del sistema político bipartidista de la nación. Los miembros de los partidos opuestos Whig y Demócrata que no estaban satisfechos con la posición de sus partidos sobre la esclavitud unieron fuerzas para crear el Partido Republicano en 1854. Los mapas contrastan la plataforma republicana respecto a la esclavitud con la situación legal de esclavitud a fines de la década de 1850.

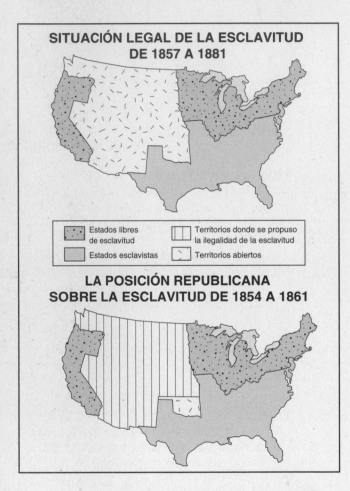

SITUACIÓN LEGAL DE LA ESCLAVITUD
DE 1857 A 1881

- Estados libres de esclavitud
- Estados esclavistas
- Territorios donde se propuso la ilegalidad de la esclavitud
- Territorios abiertos

LA POSICIÓN REPUBLICANA
SOBRE LA ESCLAVITUD DE 1854 A 1861

33. De acuerdo con el párrafo y los mapas, ¿en qué se diferencia la posición republicana sobre la esclavitud con la situación legal de la misma a finales de la década de 1850?

(1) Los republicanos estaban de acuerdo con la mayoría de los demócratas y los whigs sobre la esclavitud.
(2) Los republicanos se opusieron a la esclavitud por todo Estados Unidos.
(3) Los republicanos estaban a favor de la esclavitud en todo Estados Unidos.
(4) Los republicanos se opusieron a la esclavitud en la mayor parte del territorio oriental del país.
(5) Los republicanos no creían que la esclavitud era un problema de importancia política.

La pregunta 34 se basa en la siguiente tabla.

| CINCO PROFESIONES CON MÁS CRECIMIENTO ENTRE 1998 Y 2008 | |
|---|---|
| Profesión | Crecimiento (%) |
| Ingenieros de computación | 108 |
| Especialistas en asistencia de computación | 103 |
| Análisis de sistemas de computación | 93 |
| Administradores de bases de datos | 77 |
| Especialistas en publicación mediante computadoras | 73 |

Fuente: U.S. Department of Labor *Occupational Outlook Handbook*

34. ¿Cuál de los siguientes enunciados es la razón más probable de los cambios que se muestran en la tabla?

(1) mejoras en el sistema educacional de Estados Unidos
(2) una fuerza de trabajo que carece de educación superior
(3) el traslado al extranjero de muchos trabajos de manufactura
(4) un aumento en la edad de la población
(5) el aumento en el uso de la tecnología de computación

Las preguntas 35 a 39 se refieren al texto y caricatura siguientes.

A mediados del año 1998, el líder de la Unión Soviética Mijail Gorbachev lanzó una política de reformas llamadas "glásnost" que daba a los ciudadanos soviéticos más libertades en sus vidas. Con esta política, Gorbachev esperaba transformar el gobierno soviético y establecer instituciones de larga duración que la gente apoyase.

Sin embargo, como la autoridad de los soviéticos en su propio pueblo y en otros pueblos perdió fuerza, afloraron movimientos de liberación en la URSS y en la Europa Oriental dominada por los soviéticos. En 1989, los residentes de Berlín Oriental y Occidental derribaron el muro que había dividido la parte comunista de la libre durante décadas. Gorbachev renunció en 1991 y la Unión Soviética dejó de existir como nación. La democracia se transformó en la nueva forma de gobierno de los antiguos países comunistas.

Sin embargo, no todos los movimientos de libertad en los países comunistas tuvieron éxito. Cuando, en 1989, miles de estudiantes se congregaron en la plaza de Tiananmen en Beijing en demanda de una democracia en China, el gobierno envió al ejército, el cual mató a cientos de estudiantes. El comunismo continúa, pero la Guerra Fría que dividió al mundo ha terminado.

"Unión Soviética" © 1986 Joe Szabo. Reproducido con autorización.

35. Para entender completamente este texto, ¿qué información implícita usted necesita saber?

(1) Berlín está en la Unión Soviética.
(2) La Unión Soviética controlaba férreamente al gobierno de China.
(3) El colapso de la Unión Soviética no terminó con el comunismo.
(4) La Guerra Fría enfrentó a Estados Unidos y sus aliados con la Unión Soviética y sus aliados.
(5) China tiene un gobierno comunista.

36. ¿Qué efecto tuvieron las reformas de Gorbachev del gobierno soviético en la política mundial?

(1) Llevaron a la represión en la Unión Soviética.
(2) Llevaron a la represión en China.
(3) Aumentaron las tensiones de la Guerra Fría.
(4) Llevaron al inicio de los movimientos democráticos en muchos países.
(5) Llevaron al aumento de ejércitos más poderosos en muchos países.

37. Esta caricatura se publicó en 1986. De acuerdo con el texto, ¿qué representa la vía intravenosa que va hacia la tumba?

(1) la política del glásnost
(2) los movimientos de libertad que brotaron en Europa oriental
(3) la caída del Muro de Berlín
(4) la renuncia de Gorbachev como líder soviético
(5) la ayuda soviética a los estudiantes chinos en la plaza Tiananmen

38. ¿Cuál de los siguientes enunciados es una conclusión que el dibujante quería que sacaran los lectores?

(1) A mediados de la década de 1980, la Unión Soviética tenía un gobierno comunista.
(2) La Unión Soviética era una fuerza importante en los asuntos mundiales.
(3) A mediados de la década de 1980, la Unión Soviética estaba al borde del colapso.
(4) Gorbachev instauró nuevas políticas para tratar de evitar la caída de la Unión Soviética.
(5) Gorbachev no podría salvar a la Unión Soviética.

39. ¿Qué sugieren los acontecimientos de la plaza de Tiananmen sobre lo que era más importante para los líderes chinos?

(1) la opinión pública mundial
(2) el creciente comercio con Occidente
(3) la libertad de expresión
(4) una mejor educación para los estudiantes
(5) el control del gobierno

La <u>pregunta 40</u> se refiere al párrafo y mapa siguientes.

Poco después de conseguir el derecho al voto, las mujeres comenzaron a trabajar para garantizar la igualdad ante la ley. En 1972, el Congreso propuso finalmente la enmienda sobre la igualdad de derechos, ERA *(Equal Rights Amendment)*. La enmienda propuesta garantizaba la ausencia de discriminación debido al sexo. Sin embargo, la ERA no fue ratificada por suficientes estados en el plazo establecido para su adopción y desapareció en 1982.

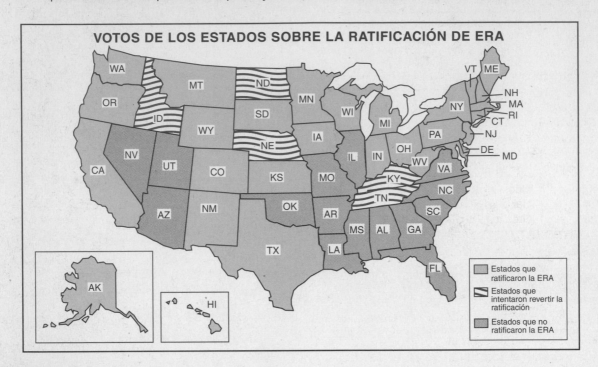

**VOTOS DE LOS ESTADOS SOBRE LA RATIFICACIÓN DE ERA**

40. De acuerdo con la historia de la ERA, ¿en qué región estarían los miembros del Congreso <u>menos</u> dispuestos a apoyar otro intento de introducir una enmienda para garantizar los derechos de las mujeres?

    (1) Nueva Inglaterra
    (2) las Grandes Llanuras
    (3) el Sur
    (4) el Noroeste
    (5) la región de los Grandes Lagos

La <u>pregunta 41</u> se refiere a la siguiente información.

El mundo ha experimentado muchos ejemplos de desplazamiento: grupos de personas que se establecen en un área y desplazan a otros grupos. Un ejemplo de ello es la colonización del Oeste estadounidense.

41. ¿Cuál de los siguientes enunciados es otro ejemplo de desplazamiento?

    (1) el envío de vuelos espaciales tripulados de Estados Unidos a la Luna
    (2) grandes cantidades de personas que desde Gran Bretaña emigraron hacia Australia
    (3) las grandes industrias privadas que se desarrollan en la China comunista
    (4) el aumento del turismo en Marruecos debido a las mejoras en el transporte
    (5) el envío de las tropas de paz de las Naciones Unidas a Somalia

Las preguntas 42 a 44 se refieren a la siguiente tabla.

| TIPOS DE SISTEMAS POLITICOS | |
|---|---|
| **Sistema** | **Descripción** |
| dictadura | una persona posee todo el poder |
| monarquía | un miembro de la familia real hereda el derecho a regir; las monarquías modernas tienen, por lo general, poco poder |
| oligarquía | un pequeño grupo, por lo general una clase privilegiada o rica, mantiene el poder |
| democracia representativa | todos los votantes eligen a otros para representarlos en la elaboración de las leyes |
| democracia pura | todos los ciudadanos proponen y elaboran leyes al votarlas directamente |

42. ¿Cuál de los siguientes enunciados es una opinión basada en la información de la tabla?

 (1) El pueblo tiene menos poder en una oligarquía que en una democracia pura.
 (2) La mayoría de los monarcas en la actualidad tienen poco poder verdadero.
 (3) Las oligarquías y las dictaduras son formas de gobierno similares.
 (4) En una democracia representativa, el pueblo no se gobierna directamente.
 (5) La democracia pura es una mejor forma de gobierno que la democracia representativa.

43. Las cartas de los ciudadanos persuaden a los senadores a votar a favor de una ley para usar el dinero del gobierno nacional con el fin de mejorar las carreteras del estado. ¿Qué tipo de sistema político se refleja en este escenario?

 (1) dictadura
 (2) monarquía
 (3) oligarquía
 (4) democracia representativa
 (5) democracia pura

44. Cuando un gobierno toma la forma de dictadura ¿cuál será el principal valor que probablemente atesorarán los líderes del gobierno?

 (1) el deseo de control
 (2) la crueldad frente al débil
 (3) la libertad para elegir nuevos líderes
 (4) el progreso en la actividad económica
 (5) la riqueza de un pequeño grupo

La pregunta 45 se refiere a la siguiente gráfica.

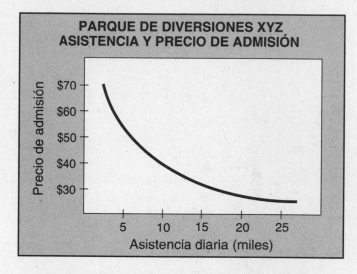

45. De acuerdo con la gráfica, ¿qué ocurriría si el parque de diversiones XYZ establece un precio bajo de admisión especialmente para niños menores de 12 años?

 (1) Menos niños menores de 12 años irían al parque.
 (2) La asistencia al parque disminuirá.
 (3) La asistencia de los adultos al parque declinará.
 (4) Quienes van al parque gastarán más dinero en productos dentro del parque.
 (5) La multitud que visita el parque aumentará.

La pregunta 46 se refiere a la siguiente gráfica.

**CRECIMIENTO DE LA POBLACIÓN HISPANA EN ESTADOS UNIDOS:
DE 1970 A 2050 (EN MILLONES)**

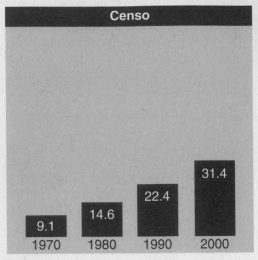
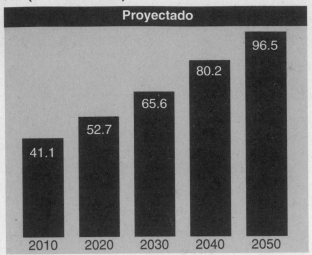

Fuente: U.S. Bureau of the Census

46. ¿Cuál de los siguientes enunciados sería una predicción razonable sobre el crecimiento de la población hispana en la nación después de 2050?

(1) Continuará creciendo.
(2) Empezará a disminuir.
(3) Disminuirá y luego aumentará.
(4) Aumentará y luego disminuirá.
(5) Permanecerá igual.

La pregunta 47 se refiere al siguiente párrafo.

La Decimoctava Enmienda, convertida en ley en 1919, prohibía la fabricación y venta de bebidas alcohólicas en Estados Unidos. El apoyo a la Prohibición era fuerte en las zonas rurales y pueblos pequeños de Estados Unidos, pero débil en las ciudades. La negativa general a obedecer la ley llevó a la venta ilegal de bebidas alcohólicas y a la deshonestidad entre los funcionarios públicos. La prohibición se revocó por la Vigésimo Primera Enmienda en 1933.

47. De acuerdo con el párrafo, ¿cuál fue un efecto de la Prohibición?

(1) la corrupción de los pequeños pueblos en Estados Unidos
(2) el aumento de la delincuencia urbana
(3) un sistema judicial más eficiente
(4) la aprobación de la Decimoctava Enmienda
(5) el fin de toda venta de bebidas alcohólicas en Estados Unidos

La pregunta 48 se refiere al párrafo y tabla siguientes.

La Constitución de Estados Unidos creó un sistema federal en el cual se concedían algunos poderes gubernamentales al gobierno nacional, algunos se conservaban por los estados y los demás se compartían por ambos. Los poderes que existen en ambos niveles de gobierno se denominan "poderes concurrentes".

| ALGUNOS PODERES DEL GOBIERNO NACIONAL | ALGUNOS PODERES DE LOS GOBIERNOS ESTATALES |
|---|---|
| Prestar dinero | Prestar dinero |
| Recaudar impuestos | Recaudar impuestos |
| Acuñar moneda | Convocar a elecciones |
| Declarar la guerra | Fundar escuelas |
| Establecer oficinas y rutas postales | Construir caminos |
| Elaborar y hacer cumplir las leyes | Dar licencia a los profesionales |
| Regular el comercio entre los estados | Elaborar y hacer cumplir las leyes |
| | Regular el comercio dentro del estado |

48. ¿Cuál de los siguientes enunciados es un resultado de los poderes concurrentes?

   (1) el sistema de elecciones primarias presidenciales
   (2) el sistema de carreteras de la nación
   (3) las universidades estatales en cada nación del estado
   (4) el sistema monetario nacional
   (5) el sistema bipartidista de la nación

La pregunta 49 se refiere a la siguiente gráfica.

49. ¿Cuál de las siguientes conclusiones sobre las empresas de Estados Unidos está apoyada por la información de la gráfica?

   (1) Las asociaciones tienen menos probabilidades de éxito financiero que las empresas unipersonales.
   (2) La sociedad anónima es la forma menos común de organización empresarial en Estados Unidos.
   (3) La mayoría de las empresas estadounidenses son empresas unipersonales, pero las sociedades anónimas tienen los ingresos más altos.
   (4) La mayoría de las empresas nuevas creadas en Estados Unidos son empresas unipersonales.
   (5) Los ingresos más altos se obtienen cuando un vendedor es también el dueño de la empresa.

La pregunta 50 se refiere al siguiente párrafo.

En 1776, el Congreso Continental declaró a las colonias estadounidenses libres e independientes de Gran Bretaña. Con el fin de instar a los delegados del Congreso a firmar la Declaración de Independencia, Benjamin Franklin emitió la siguiente advertencia: "Debemos permanecer unidos o, sin duda alguna, nos colgarán a todos por separado"

50. ¿Cuál de los siguientes enunciados es un ejemplo de lógica incorrecta?

   (1) La Declaración de Independencia estaba dirigida a Gran Bretaña.
   (2) Las colonias se unieron para formar un Congreso Continental.
   (3) Algunos de los delegados al Congreso Continental estaban en contra de declarar la independencia.
   (4) Benjamín Franklin era un delegado ante el Congreso Continental.
   (5) Benjamín Franklin fue el autor de la Declaración de Independencia.

**Las respuestas comienzan en la página 275.**

# Tabla de análisis del desempeño en la prueba preliminar Estudios sociales

Las siguientes tablas le servirán para determinar cuáles son sus puntos fuertes y débiles en las áreas temáticas y destrezas necesarias para aprobar la Prueba de Estudios Sociales de GED. Consulte la sección Respuestas y explicaciones que empieza en la página 275 para verificar las respuestas que haya dado en la Prueba preliminar. Luego, en la tabla, encierre en un círculo los números correspondientes a las preguntas de la prueba que haya contestado correctamente. Anote el número total de aciertos por área temática y por destreza al final de cada hilera y columna. Vea el número total de aciertos de cada columna e hilera para determinar cuáles son las áreas y destrezas que más se le dificultan. Use como referencia las páginas señaladas en la tabla para estudiar esas áreas y destrezas. Utilice una copia del Plan de estudio de la página 31 como guía de estudio.

| Destreza de razonamiento / Área temática | Comprensión (Lecciones 1, 2, 7, 16, 18) | Análisis (Lecciones 3, 4, 6, 9, 10, 11, 12, 19) | Aplicación (Lecciones 14, 15) | Evaluación (Lecciones 5, 8, 13, 17, 20) | Número de aciertos |
|---|---|---|---|---|---|
| Historia de Estados Unidos (*Páginas 32 a 93*) | **8, 29** | **9, 23, 30, 33,** 47 | 10, **14, 40** | **24,** 50 | _____/12 |
| Historia del mundo (*Páginas 94 a 133*) | **17, 37** | 35, 36, **38** | 7 | 39 | _____/7 |
| Educación cívica y gobierno (*Páginas 134 a 175*) | **11, 19, 26** | 12, 20, **28, 42, 48** | **27, 43** | **13,** 21, **44** | _____/13 |
| Economía (*Páginas 176 a 207*) | **4,** 18 | **16,** 31, **34, 45** | **6, 15** | **5, 49** | _____/10 |
| Geografía (*Páginas 208 a 238*) | 25 | 1, **2, 46** | **3,** 41 | **22, 32** | _____/8 |
| Número de aciertos | _____/10 | _____/20 | _____/10 | _____/10 | _____/50 |

> 1 a 40 → Use el Plan de estudio de la página 31 para organizar su trabajo en este libro.
> 41 a 50 → Use las pruebas de este libro para practicar para la Prueba de GED.

Los **números en negritas** corresponden a preguntas que contienen tablas, gráficas, diagramas y dibujos.

# Plan de estudio de estudios sociales

Las siguientes tablas le ayudarán a organizarse para estudiar después de haber hecho la Prueba preliminar y la Prueba final de Estudios Sociales. Al terminar cada una de estas pruebas, use los resultados que obtuvo en la columna Número de aciertos de su respectiva Tabla de análisis del desempeño para llenar el Plan de estudio. Ponga una marca en la casilla que corresponda al área en la que necesite más práctica. Analice sus hábitos de estudio llevando un control de las fechas en que empiece y termine cada práctica. Estas tablas le ayudarán a visualizar su progreso a medida que practica para mejorar sus destrezas y prepararse para la Prueba de GED.

**Prueba preliminar** (págs. 13 a 29): Use los resultados de la **Tabla de análisis del desempeño** (pág. 30).

| Área temática | Número de aciertos | ✓ | Números de página | Fecha en que inició | Fecha en que terminó |
|---|---|---|---|---|---|
| Historia de Estados Unidos | _____/12 | | 32 a 93 | | |
| Historia del mundo | _____/7 | | 94 a 133 | | |
| Educación cívica y gobierno | _____/13 | | 134 a 175 | | |
| Economía | _____/10 | | 176 a 207 | | |
| Geografía | _____/8 | | 208 a 238 | | |
| **Destrezas de razonamiento** | | | **Números de las lecciones** | **Fecha en que inició** | **Fecha en que terminó** |
| Comprensión | _____/10 | | 1, 2, 7, 16, 18 | | |
| Análisis | _____/20 | | 3, 4, 6, 9, 10, 11, 12, 19 | | |
| Aplicación | _____/10 | | 14, 15 | | |
| Evaluación | _____/10 | | 5, 8, 13, 17, 20 | | |

**Prueba final** (págs. 239 a 255): Use los resultados de la **Tabla de análisis del desempeño** (pág. 256).

| Área temática | Número de aciertos | ✓ | Números de página | Fecha en que inició | Fecha en que terminó |
|---|---|---|---|---|---|
| Historia de Estados Unidos | _____/12 | | 32 a 93 | | |
| Historia del mundo | _____/8 | | 94 a 133 | | |
| Educación cívica y gobierno | _____/12 | | 134 a 175 | | |
| Economía | _____/10 | | 176 a 207 | | |
| Geografía | _____/8 | | 208 a 238 | | |
| **Destrezas de razonamiento** | | | **Números de las lecciones** | **Fecha en que inició** | **Fecha en que terminó** |
| Comprensión | _____/10 | | 1, 2, 7, 16, 18 | | |
| Análisis | _____/20 | | 3, 4, 6, 9, 10, 11, 12, 19 | | |
| Aplicación | _____/10 | | 14, 15 | | |
| Evaluación | _____/10 | | 5, 8, 13, 17, 20 | | |

# Historia de Estados Unidos

En 1964, miles de estadounidenses se congregaron en Washington, D.C., en una marcha a favor de la igualdad de derechos civiles para todos los estadounidenses. En esta concentración, el Dr. Martin Luther King Jr. pronunció su famoso discurso "I Have a Dream" ("Tengo un sueño"). Como consecuencia del movimiento por los derechos civiles, se aprobaron leyes para asegurar que todas las personas en Estados Unidos tuvieran los mismos derechos fundamentales en cuanto al voto, la vivienda y la educación.

La historia de Estados Unidos ha sido una búsqueda continua de "libertad y justicia para todos". El estudio de nuestra historia nos ayudará a comprender los derechos que los estadounidenses valoran y las responsabilidades de nuestra democracia. La historia documenta la forma en que las personas han luchado por estos derechos en su dicho país y en el extranjero. La historia de Estados Unidos constituye una parte importante de la Prueba de Estudios Sociales de GED, y representa el 25 por ciento de las preguntas de la prueba.

El movimiento por los derechos civiles cambió el curso de la historia para muchos estadounidenses.

**Las lecciones de esta unidad son:**

**Lección 1:** **La colonización europea de Norteamérica**
Los primeros en colonizar Norteamérica fueron personas provenientes de Asia, que actualmente se conocen como indígenas americanos, y después llegaron los europeos.

**Lección 2:** **La Revolución Estadounidense**
La insatisfacción de los colonos condujo a la Revolución Estadounidense. Surgió una nueva nación que luchaba para establecer un gobierno duradero.

**Lección 3:** **La expansión hacia el oeste**
Luego de la guerra de la Independencia estadounidense, varias olas de colonos provenientes del este de Estados Unidos comenzaron a moverse hacia el oeste, cruzando el río Mississippi, hacia el Océano Pacífico.

**Lección 4:** **La Guerra Civil**
La nueva nación fue casi totalmente desgarrada por la lucha sobre la esclavitud. La unión prevaleció al finalizar la Guerra Civil, y se sentaron las bases para una nueva era.

**Lección 5:** **La industrialización**
La Revolución Industrial transformó una economía agrícola en una economía de manufactura. Este cambio creó, al mismo tiempo, oportunidades y dificultades en las condiciones laborales y de vida de los trabajadores.

**Lección 6:** **Estados Unidos y el mundo**
Durante el siglo XX, Estados Unidos se convirtió en un líder internacional. El país se ha concentrado en la lucha por difundir la democracia, la prosperidad y la igualdad de oportunidades.

**DESTREZAS DE RAZONAMIENTO**

○ Identificar la idea principal

○ Resumir ideas

○ Reconocer suposiciones implícitas

○ Analizar causas y efectos

○ Reconocer valores

○ Distinguir entre conclusiones y detalles de apoyo

# DESTREZA DE GED **Identificar la idea principal**

**idea principal**
tema sobre el cual trata un párrafo o un artículo, la idea más general e importante

**oración temática**
oración que indica al lector sobre qué trata el párrafo.

¿Le ha ocurrido alguna vez que alguien le hace un cuento y usted se pregunta "¿De qué trata esta historia?". La **idea principal** es la idea más importante o de lo que trata un cuento o un párrafo. Usted debe buscar la idea principal cuando lea y estudie, y también cuando haga la Prueba de GED.

¿Cómo puede encontrar las ideas principales de un texto? Primero, observe cuántos párrafos tiene el texto. Debe buscar una idea principal en cada párrafo. El análisis de todas estas ideas principales en conjunto le indicará la idea principal del texto completo.

Cada párrafo se concentra en un solo tema: la idea principal. La idea principal se presenta en la **oración temática**, la cual a menudo aparece como la primera o la última oración del párrafo. Todas las demás oraciones en el párrafo apoyan esta idea principal. A veces, la idea principal no se presenta de manera obvia en una sola oración. En ese caso, pregúntese "¿Qué es lo que comenta el autor a lo largo del párrafo?".

**Lea el texto y responda las preguntas que se presentan a continuación.**

El término *iroqués* tiene varios significados. Tiene que ver con un grupo de indios americanos, su idioma y su forma de vida. El pueblo que hablaba el idioma iroqués vivía en una región de Norteamérica denominada los Bosques Orientales. Hace más de 500 años, el pueblo iroqués practicaba la agricultura y vivía en viviendas comunales rectangulares que albergaban una docena o más de familias.

En el siglo XV, el pueblo iroqués formó una alianza o consejo de cinco tribus para mantenerse unidos contra la invasión. Los jefes de las aldeas asistían a las asambleas del consejo. El consejo tenía sistemas complejos para elegir a sus líderes y para tomar las decisiones importantes. Posteriormente, ellos convencieron a los gobiernos **coloniales** de que usaran estos sistemas en las negociaciones conjuntas.

Escriba una *P* al lado de la oración que expresa mejor la idea principal del texto.

_____ a. El término iroqués se refiere a un grupo de indios americanos que practicaban la agricultura y que vivían en viviendas comunales.

_____ b. El pueblo al que se denominaba Iroqués hablaba el idioma del mismo nombre, tenía una forma de vida definida y un sistema avanzado de autogobierno.

Usted acertó si escogió la *opción b*. La idea expresada por esta opción es suficientemente amplia como para incluir la información de ambos párrafos. La *opción a* es un detalle que se menciona pero que no contiene la cantidad suficiente de información como para ser la idea principal del texto.

**SUGERENCIA**

Para encontrar la idea principal de un párrafo, observe la primera o la última oración. Con frecuencia, una de éstas es la oración temática. Si no puede encontrar una oración temática, observe los detalles. ¿A qué idea principal apuntan o apoyan?

**Lea el texto, estudie el mapa y responda las preguntas.**

Los indios americanos, el pueblo que primero habitó Norteamérica, adaptaron su forma de vida a las regiones donde vivían. Sus **culturas** eran muy diversas, y dependían sobre todo del terreno físico y de los recursos naturales de las diversas regiones.

Los siguientes son ejemplos de culturas de indios americanos de dos regiones distintas. En el Ártico, los pueblos inuit y aleutano pescaban y cazaban en el hielo y la nieve. Las viviendas de invierno eran estructuras redondas y bien aisladas cubiertas con pieles y pacas de hierba. La población era pequeña porque los recursos eran muy limitados. En el árido suroeste, los pueblos hopi y zuni cultivaban maíz, frijoles y calabazas. Vivían en estructuras de varios pisos parecidos a los edificios de departamentos modernos. Varias familias vivían juntas en una organización social compleja.

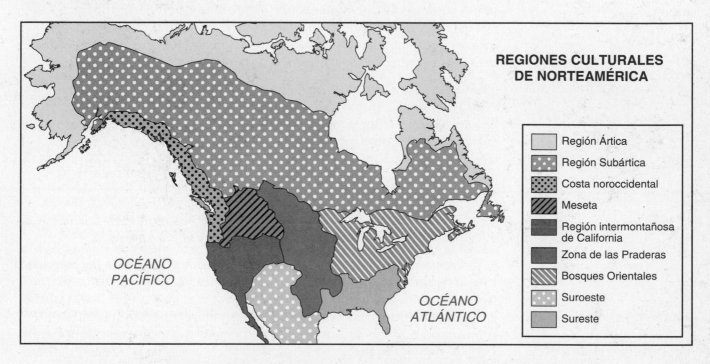

**REGIONES CULTURALES DE NORTEAMÉRICA**

OCÉANO PACÍFICO

OCÉANO ATLÁNTICO

- Región Ártica
- Región Subártica
- Costa noroccidental
- Meseta
- Región intermontañosa de California
- Zona de las Praderas
- Bosques Orientales
- Suroeste
- Sureste

1. Escriba una *P* al lado de la oración que expresa mejor la idea principal del primer párrafo.

_____ a. Las diferencias en las culturas de los indios americanos se explican por diversos factores.

_____ b. Los indios americanos fueron el primer pueblo que habitó Norteamérica.

2. Escriba una *P* al lado de la oración que expresa mejor la idea principal del segundo párrafo.

_____ a. Los indios americanos desarrollaron varios tipos de viviendas.

_____ b. Las culturas de los indios americanos presentan grandes diferencias de una región a otra.

3. Escriba una oración que explique cómo determinó cuál es la idea principal del segundo párrafo.

_____

4. Escriba una *P* al lado de la oración que expresa mejor la idea principal del mapa.

_____ a. El desarrollo de la cultura de los indios americanos se inició en las regiones orientales de Norteamérica.

_____ b. Existen nueve regiones culturales de indios americanos en Norteamérica.

Las respuestas comienzan en la página 280.

Muchos navegantes europeos del siglo XV buscaban una ruta marítima a Asia y a sus riquezas de especias y oro. Los primeros navegantes se dirigieron hacia el sur, rodearon la punta extrema de África y luego se dirigieron hacia el este a Asia. Cristóbal Colón, sin embargo, buscó una ruta más corta. Él creía que el mundo era redondo y que podría llegar a Asia si navegaba hacia el oeste. Convenció a la reina Isabel de España para que financiara su viaje y zarpó. Cuando él y su tripulación avistaron tierra, asumieron que habían llegado a la India y llamaron "indios" a las personas que encontraron ahí.

Las exploraciones posteriores convencieron a España y al resto de los países europeos de que Colón había llegado a un nuevo territorio, no a Asia. Los europeos determinaron que podían sacar provecho si exploraban este lugar al que llamaron el Nuevo Mundo. Actualmente, estas tierras se conocen como los continentes de Norteamérica y Sudamérica.

Muchos países europeos enviaron exploradores en viajes de **colonización** y conquista. La colonización ocurre cuando un país descubre una parte del mundo, se establece en ella y la explota. El país colonizador toma el control político y económico de la nueva zona y de sus pueblos.

Los europeos tenían muchas razones para colonizar las Américas. En primer lugar, deseaban obtener riquezas al encontrar oro y otros recursos valiosos; además, deseaban presentar el cristianismo a los indios americanos. También deseaban nuevos mercados para vender sus productos, además de la gloria que implicaría la expansión de las fronteras de sus países.

Los españoles fueron los primeros europeos que colonizaron las Américas. Establecieron asentamientos en Norteamérica en las áreas que ahora se conocen como Florida, Texas, Nuevo México, Arizona, California y México, en Centroamérica y Sudamérica y en las islas del Caribe. Los franceses colonizaron regiones de Norteamérica en lo que ahora corresponde al este de Canadá y a lo largo del río Mississippi hacia el sur donde éste se une al Golfo de México. Ellos comerciaban con los indios americanos para obtener pieles que se podían vender a altos precios en Europa. Los holandeses se asentaron principalmente en lo que hoy son Nueva York y Nueva Jersey. Los ingleses se asentaron en otras partes del este de Estados Unidos y en lo que hoy es Canadá. Los holandeses y los franceses perdieron con el tiempo sus colonias norteamericanas frente a Inglaterra.

La colonización por parte de los europeos fue trágica para los indios americanos. Los colonos asesinaron a muchos indios americanos y esclavizaron a otros. También los despojaron indios de sus tierras. Además, miles de indios americanos, a veces comunidades enteras, murieron por enfermedades traídas por los europeos, como la viruela y el sarampión.

Instrucciones: Elija la respuesta que mejor responda a cada pregunta.

Las preguntas 1 a 3 se refieren al texto de la página 36.

1. ¿Cuál es la idea principal de los tres primeros párrafos?

   (1) la forma en que llegó Colón al Nuevo Mundo
   (2) los motivos por los cuales España financió los viajes al Nuevo Mundo
   (3) las maneras en que los europeos se interesaron en el Nuevo Mundo
   (4) los efectos de la colonización
   (5) los motivos por los cuales los europeos querían llegar a Asia

2. ¿Cuál es la idea principal del quinto párrafo?

   (1) Cada país europeo tenía un motivo diferente para colonizar las Américas.
   (2) Los asentamientos españoles dominaron las Américas.
   (3) Los países europeos competían unos contra otros por los territorios de América.
   (4) Los colonizadores europeos se enriquecieron comerciando con los indios americanos.
   (5) Los países europeos colonizaron diferentes regiones de las Américas.

3. ¿Cuál es la idea principal del texto completo?

   (1) La colonización del Nuevo Mundo benefició a muchos países europeos pero tuvo un efecto trágico en los habitantes originales de esas tierras.
   (2) Los viajes de Cristóbal Colón cambiaron el mundo.
   (3) Los colonos europeos maltrataron a los indios americanos a tal punto que apenas sobrevivieron unos pocos.
   (4) La colonización ocurre cuando un país descubre una parte del mundo, se establece en ella y la explota.
   (5) Los motivos de los países europeos para colonizar el Nuevo Mundo incluían encontrar oro y otros recursos, propagar el cristianismo y expandir las fronteras de sus países.

Las preguntas 4 y 5 se refieren a la gráfica siguiente.

**POBLACIÓN DE INDIOS AMERICANOS Y COLONOS EUROPEOS EN LAS COLONIAS DE NUEVA INGLATERRA, 1620 A 1750**

Fuente: U.S. Bureau of the Census

4. ¿Cuál es la idea principal de la gráfica?

   (1) La población de indios americanos de Nueva Inglaterra disminuyó de alrededor de 80,000, a casi cero entre los años 1620 y 1750.
   (2) La población de colonos europeos en Nueva Inglaterra aumentó de cero en el año 1620 a 350,000 en 1750.
   (3) Los colonos europeos en las colonias de Nueva Inglaterra expulsaron o asesinaron a la población de indios americanos.
   (4) Entre los años 1620 y 1750, la población de indios americanos disminuyó a casi cero, mientras que la población de colonos europeos creció.
   (5) Los indios americanos y los colonos europeos eran incapaces de convivir en las colonias de Nueva Inglaterra.

5. ¿Cuál es el tema central de la gráfica y del último párrafo del texto en la página 36?

   (1) el descenso de la población de indios americanos
   (2) el aumento en el número de colonos
   (3) la vida en Nueva Inglaterra
   (4) el motivo del descenso en la población de indios americanos
   (5) la manera en que los colonos trataban a los indios americanos

**Las respuestas comienzan en la página 280.**

# Práctica de GED • Lección 1

Instrucciones: Elija la respuesta que mejor responda a cada pregunta.

Las preguntas 1 a 3 se refieren al texto y al pasaje siguientes.

Los peregrinos pertenecían a un grupo religioso que era perseguido en Inglaterra debido a que sus creencias eran distintas a las enseñanzas de la iglesia anglicana. Para huir de esta situación, los peregrinos fueron en primer lugar a Holanda. Como no encontraron felicidad allí, obtuvieron autorización para establecerse en Norteamérica, cerca de la primera colonia inglesa en Virginia. En 1620, un grupo de colonos inició el viaje a bordo del *Mayflower* para establecer la segunda colonia en los territorios ingleses del Nuevo Mundo. Sin embargo, su barco fue desviado por el viento y llegaron más al norte de su destino inicial. Antes de desembarcar, los colonos redactaron y firmaron el siguiente acuerdo, que se conoce como el *Pacto del Mayflower.*

pasaje del *Pacto del Mayflower*

"Nosotros, cuyos nombres están suscritos, leales súbditos de nuestro temido soberano, el Rey James[…] habiendo emprendido, por la gloria de Dios y la propagación de la fe cristiana y el honor de nuestro Rey y de nuestro país, un viaje para establecer la primera colonia en la parte norte de Virginia[…] solemne y mutuamente[…] nos unimos en una política de cuerpo civil, para nuestra mejor organización y supervivencia[…] para promulgar, constituir y formular, de tiempo en tiempo, leyes, ordenanzas, decretos, constituciones y agencias justas y equitativas según se estime[…] conveniente para el bienestar general de la colonia: y a las cuales prometemos toda la sumisión y obediencia debidas".

1. ¿Cuál era la idea principal del *Pacto del Mayflower*?

   (1) dividir las tierras entre los colonos
   (2) honrar a Dios y al rey James
   (3) prometer obediencia a todos los oficiales ingleses
   (4) formular planes para gobernar la colonia
   (5) formular planes para buscar a los colonos de Virginia

2. ¿Por qué piensa usted que los peregrinos firmaron el *Pacto del Mayflower*?

   (1) Estaban perdidos y atemorizados.
   (2) Los indios americanos en las cercanías se negaron a prestarles ayuda.
   (3) No había gobierno inglés en el lugar donde se instalaron.
   (4) El rey así lo había exigido.
   (5) Estipulaba la libertad de religión.

3. ¿Cuál ideal de la historia de Estados Unidos se expresa en el *Pacto del Mayflower*?

   (1) el establecimiento de la libertad de religión
   (2) el desarrollo del autogobierno
   (3) el fin de la esclavitud
   (4) la cooperación entre las colonias
   (5) la independencia de Inglaterra

La pregunta 4 se refiere al párrafo siguiente.

En la colonia de la bahía de Massachusetts, el gobierno y la iglesia tenían una estrecha relación. Los hombres tenían que ser miembros de la iglesia para poder participar en el gobierno. Se expulsaba a aquellas personas que no estaban de acuerdo con el gobierno o con la iglesia. Cuando Roger Williams fue expulsado de Massachusetts, fundó Rhode Island, donde se garantizaba la libertad de religión a todas las personas.

4. ¿Cuál detalle apoya la idea principal del párrafo de que la iglesia y el gobierno estaban estrechamente relacionados en Massachusetts?

   (1) El gobierno de Rhode Island garantizó la libertad de religión.
   (2) Se expulsaba a las personas que no estaban de acuerdo con el gobierno o con la iglesia.
   (3) Roger Williams fundó Rhode Island después de salir de Massachusetts.
   (4) Massachusetts expulsó a Roger Williams, y él tuvo que irse a Rhode Island.
   (5) Los hombres tenían que pertenecer a la iglesia para poder participar en el gobierno.

Las preguntas 5 a 8 se refieren al párrafo y al mapa siguientes.

En la década de 1730 había trece colonias inglesas en lo que hoy es Estados Unidos. Debido a las diferencias geográficas, las personas que vivían en estas colonias se ganaban la vida de varias formas diferentes. Las colonias de Nueva Inglaterra tenían una tierra estéril e inviernos fríos, pero contaban con excelentes puertos. Las colonias que se encontraban en el centro del territorio tenían tierra adecuada para el cultivo de granos, como el trigo. Las colonias del sur contaban con un clima cálido y tierra fértil, condiciones que permitieron cultivar el tabaco y el algodón, productos que eran cosechados en enormes granjas llamadas plantaciones.

COLONIAS INGLESAS EN NORTEAMÉRICA, 1750

6. ¿Cuál es la idea principal que muestra la información del mapa?

(1) Las colonias inglesas en Norteamérica estaban agrupadas en tres categorías.
(2) Francia, Inglaterra y España tenían colonias en lo que hoy se conoce como Estados Unidos.
(3) Inglaterra tenía trece colonias en lo que hoy se conoce como Estados Unidos.
(4) El río Mississippi se encontraba mucho más al oeste de las colonias inglesas.
(5) Los ingleses y los franceses reclamaban las tierras al oeste de los Montes Apalaches.

7. ¿Cuál información del mapa apoya la conclusión de que en Nueva Inglaterra era mucho más difícil cultivar la tierra que en otras colonias?

(1) Las colonias de Nueva Inglaterra tenían conflictos territoriales.
(2) Las colonias del sur eran las más grandes.
(3) El cultivo de la tierra era más lucrativo en las colonias del centro y del sur.
(4) Las colonias de Nueva Inglaterra eran las más pequeñas.
(5) Las colonias de Nueva Inglaterra eran las que se encontraban más al norte.

8. Según la información del mapa y del párrafo, ¿en cuáles colonias era más probable que las personas vivieran de la pesca?

(1) New Hampshire
(2) Carolina del Norte
(3) Pensilvania
(4) Massachusetts
(5) Virginia

5. ¿Cuál es la idea principal del párrafo?

(1) Había trece colonias inglesas.
(2) Las diferencias geográficas hicieron que las personas que vivían en las colonias se ganaran la vida de diferentes maneras.
(3) Los tres grupos de colonias contaban con diferentes tipos de tierra.
(4) Las colonias del centro y del sur contaban con tierra fértil, pero no era así en Nueva Inglaterra.
(5) El algodón y el tabaco eran cultivos importantes en las colonias del sur.

SUGERENCIA

A menudo, el título de un mapa y la información que se encuentra en su clave proporcionan pistas acerca del objetivo o la idea principal del mapa. Los rótulos y la información resaltada en el mapa también señalan la idea principal.

Las respuestas comienzan en la página 280.

**Instrucciones:** Ésta es una prueba de práctica que dura diez minutos. Después de que transcurran los diez minutos, ponga una marca en la última pregunta que haya respondido. A continuación, termine la prueba y revise sus respuestas. Si la mayoría de sus respuestas fueron correctas, pero no terminó la prueba, trate de responder las preguntas más rápidamente la próxima vez. Elija la respuesta que mejor responda a cada pregunta.

Las preguntas 1 a 4 se refieren al siguiente texto.

A principios del siglo XVI, los exploradores militares, denominados conquistadores, vencieron al pueblo nativo de los aztecas en México y establecieron la primera colonia española en Norteamérica. A medida que los asentamientos españoles se expandían lentamente hacia el norte, los sacerdotes católicos fundaban misiones. Cada misión estaba compuesta de un pueblo construido alrededor de una iglesia. Los españoles fundaron alrededor de 150 misiones en lo que hoy es Estados Unidos. La mayoría de estas misiones se encontraban en los actuales estados de Florida, Texas, Nuevo México, Arizona y California.

El objetivo de una misión era desarrollar la región que la rodeaba y convertir a los indios americanos al cristianismo. Paulatinamente, grandes comunidades indios americanos se formaron alrededor de las misiones. La mayor parte del trabajo de la misión era realizado por los habitantes de estas comunidades. La vida de los "indios de las misiones" era muy dura. Trabajaban en talleres donde fabricaban telas y otros productos. En los campos cercanos, vigilaban el ganado y cultivaban diversas cosechas. Estaban obligados a obedecer las órdenes de los sacerdotes y también a renunciar a sus propias religiones. Aquellos que se resistían a menudo eran azotados.

1. ¿Cuál es la idea principal del primer párrafo?

   (1) las obligaciones de los sacerdotes en las colonias españolas
   (2) la exploración española de Estados Unidos
   (3) la conquista de los aztecas por los conquistadores
   (4) el establecimiento del sistema de misiones
   (5) el asentamiento español en México

2. ¿A la vida de cuál otro grupo sugiere el texto que era similar la vida de los indios en las misiones?

   (1) obreros de las fábricas
   (2) granjeros
   (3) sacerdotes católicos
   (4) colonos españoles
   (5) esclavos

3. ¿Cuál enunciado apoya la opinión de que la vida de los indios en las misiones era muy dura?

   (1) Los sacerdotes católicos fundaron las misiones.
   (2) Los indios de las misiones vigilaban el ganado y cultivaban la tierra.
   (3) Alrededor de las misiones se formaron comunidades de indios americanos.
   (4) Los indios de las misiones estaban obligados a obedecer las órdenes de los sacerdotes y también a renunciar a sus propias religiones.
   (5) A principios del siglo XVI, los conquistadores vencieron al pueblo azteca en México.

4. ¿Cuál oración acerca de las misiones españoles sería más fácil de confirmar como verdadera?

   (1) Los indios de las misiones que desobedecían las órdenes eran azotados.
   (2) Uno de los objetivos de la misión era desarrollar una región y convertir a los indios que vivían allí al cristianismo.
   (3) La mayor parte del trabajo en la misión era realizado por indios.
   (4) La mayoría de las misiones en Estados Unidos se encontraban en Florida, Texas y en el suroeste.
   (5) Los indios de las misiones tejían telas y realizaban el trabajo de granja.

5. Los franceses expandieron sus territorios en Norteamérica a través del comercio de pieles que realizaban con los indios. Los comerciantes se trasladaron más allá de los Grandes Lagos hacia los valles de los ríos Ohio y Mississippi. Se expandieron a lo largo de los afluentes del Mississippi y viajaron hacia las Montañas Rocosas.

A partir de esta información, ¿qué conclusiones se pueden sacar acerca de la colonización francesa?

   (1) Los franceses vendían pieles a los indios americanos.
   (2) Las colonias francesas llegaron a la costa del Pacífico.
   (3) Los comerciantes franceses viajaban principalmente por agua.
   (4) Los franceses fundaron grandes ciudades en el valle del río Ohio.
   (5) Los franceses vendían pieles a los colonos ingleses.

Las preguntas 6 y 7 se refieren a la siguiente gráfica.

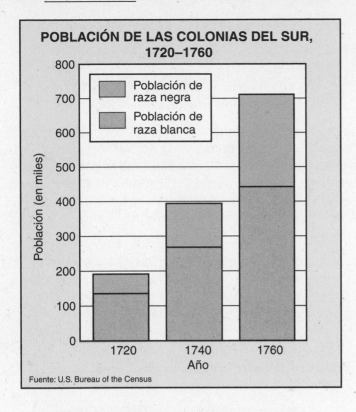

POBLACIÓN DE LAS COLONIAS DEL SUR, 1720–1760

Población de raza negra
Población de raza blanca

Población (en miles)

Año

Fuente: U.S. Bureau of the Census

Las preguntas 8 y 9 se refieren al siguiente texto.

Democracia significa que los pueblos se autogobiernan. Mientras mayor voz tiene el pueblo, más democrático será el sistema. En una verdadera democracia, todas las personas tienen voz en el gobierno. Sin embargo, los sistemas de gobierno pueden ser democráticos de diferentes maneras.

Antes del estallido de la Revolución Estadounidense en 1776, las trece colonias británicas se gobernaban fundamentalmente de tres formas: como colonias reales, como colonias con gobierno propietario o como colonias autónomas. Cada uno de estos sistemas aplicaba en forma diferente los principios democráticos.

Nueve de las colonias eran colonias reales. En las colonias reales, era el Rey de Inglaterra quien designaba al gobernador. En las colonias con gobierno propietario, era el propietario o dueño de la colonia quien elegía al gobernador. Maryland y Pensilvania eran colonias con gobierno propietario. Connecticut y Rhode Island eran colonias autónomas. En estas últimas, eran los propios colonos los que elegían al gobernador y a todos los miembros del poder legislativo.

El poder legislativo durante la Colonia tenía dos secciones o cámaras. En la mayoría de las colonias reales y con gobierno propietario, los colonos elegían a los miembros de una cámara. El propietario o el Rey designaba a los miembros de la otra. En Pensilvania, sin embargo, los colonos elegían a los miembros de las dos cámaras del poder legislativo.

6. ¿Cuál era la población de raza blanca de las colonias del sur en el año 1740?

(1) aproximadamente 250
(2) cerca de 400
(3) aproximadamente 25,000
(4) más de 250,000
(5) cerca de 400,000

7. ¿Cuál de las siguientes afirmaciones puede deducirse a partir de esta gráfica?

(1) La población aumentó más rápidamente en las colonias del sur que en cualquier otra región entre los años 1720 y 1740.
(2) En las colonias del sur, la mayor parte de la población de raza negra estaba esclavizada en el año 1760.
(3) La población de raza negra aumentó más que la población de raza blanca entre los años 1720 y 1760.
(4) En 1720, vivían más personas de raza negra que de raza blanca en las colonias del sur.
(5) En las colonias del norte había más personas de raza blanca que en las colonias del sur.

8. ¿Cuál de los siguientes títulos expresa mejor la idea principal de este texto?

(1) Las colonias con gobierno propietario en América
(2) El desarrollo de la democracia colonial
(3) Sistema de gobierno colonial en América
(4) El verdadero significado de la democracia
(5) Comparación entre colonias reales y colonias con gobierno propietario

9. Según la información del texto, ¿cuál de las siguientes colonias era la más democrática en 1776?

(1) Georgia
(2) Maryland
(3) Pensilvania
(4) Rhode Island
(5) Virginia

Las respuestas comíenzan en la página 281.

# Lección 2

## DESTREZA DE GED **Resumir ideas**

Alguna vez, alguien le ha preguntado: "¿De qué se trataba la película?". Por lo general, en vez de explicar toda la trama de la película, sólo damos una breve descripción o resumen de los protagonistas y de los sucesos principales.

Resumir también es una destreza importante a la hora de leer y comprender materiales sobre Estudios Sociales. Un **resumen** es una descripción breve y precisa de los temas principales de un texto o de una gráfica. Siempre incluye la idea principal del material, la cual a menudo está en el título. Al resumir un texto, usted vuelve a plantear los temas principales de una manera más corta. Estos son, por lo general, las oraciones temáticas o puntos principales de todos los párrafos que apoyan la idea principal.

Para resumir materiales visuales, como mapas y gráficas, observe el título y las claves, encabezados y etiquetas. Luego, vuelva a plantear la información en una o dos oraciones. Para escribir un resumen, debe responder la mayor cantidad posible de estas preguntas: *¿quién?, ¿qué?, ¿cuándo?, ¿dónde?, ¿por qué?* y *¿cómo?*

**Lea el texto y responda las preguntas que se presentan a continuación.**

Durante muchos años, los colonos protestaron contra las leyes tributarias británicas. Los **colonos** no querían pagar impuestos a los británicos, puesto que no tenían voz en la elaboración de las leyes. El gobierno británico envió soldados a Boston para mantener el orden y hacer cumplir las leyes. Sin embargo, los colonos se burlaban de estos soldados y les arrojaban bolas de nieve.

Un día durante el invierno de 1770, la situación se salió de sus límites. Los colonos no sólo les arrojaron bolas de nieve, sino que también les lanzaron piedras. De entre ellos, un hombre arrojó un garrote de madera que golpeó a un soldado y lo derribó. De repente, los soldados dispararon contra la multitud y murieron cinco colonos. Este hecho se conocería como la Matanza de Boston.

Marque con una "X" la oración que resuma mejor todo el texto.

_____ a. Los colonos, quienes se sentían maltratados por el gobierno británico, lanzaron bolas de nieve a los soldados británicos.

_____ b. La Matanza de Boston ocurrió en 1770, cuando las tropas británicas enviadas a Boston dispararon contra los colonos rebeldes.

Usted acertó si escogió la *opción b.* Esta oración le indica *quién, qué, dónde, cuándo* y *por qué.* La *opción a* solamente brinda la información del primer párrafo.

---

**resumen**
descripción breve de la idea principal de una sección de un texto o de una gráfica

SUGERENCIA

Para resumir un texto, busque la idea principal de cada párrafo. Pregunte *quién, qué, cuándo, dónde, por qué* y *cómo.*

**Lea el texto, estudie los mapas y responda las preguntas.**

En Norteamérica, los británicos y los franceses eran rivales. En 1754 se declararon la guerra por las tierras de Norteamérica. Este conflicto se conoce con el nombre de Guerra Franco-Británica. Los colonos, algunos encabezados por el joven George Washington, se unieron a la armada británica y combatieron a su lado. En 1763, Francia perdió frente a Gran Bretaña y entregó las colonias que poseía en Norteamérica.

Los colonos estaban orgullosos de su contribución a la victoria. Esperaban que los británicos valoraran sus sacrificios. Sin embargo, la corona tenía que enfrentar nuevos problemas después de la guerra. Tenían enormes deudas a causa de la guerra, que intentaron pagar cobrando impuestos a los colonos. Estos se rehusaron a pagar dichos impuestos y protestaron a veces con violencia. Entonces la victoria de los británicos en la Guerra Franco-Británica llevó, paso a paso, a la Revolución de las colonias inglesas.

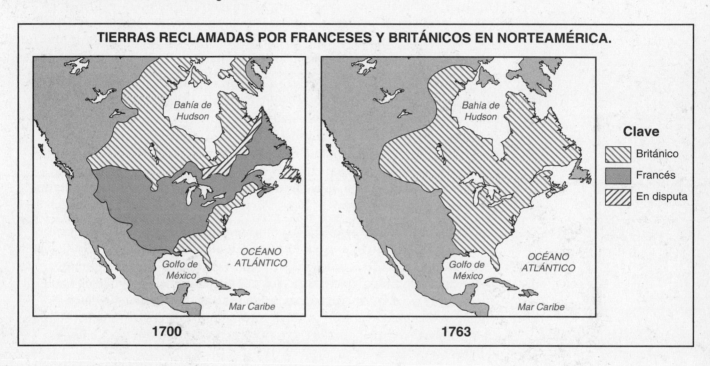

**TIERRAS RECLAMADAS POR FRANCESES Y BRITÁNICOS EN NORTEAMÉRICA.**

1. Escriba *R* al lado de la oración que resume mejor el primer párrafo.

   _____ a. Después de nueve años de enfrentamientos, Francia perdió la mayoría de sus territorios en América.

   _____ b. En 1754, Francia y Gran Bretaña pelearon una guerra por las colonias en Norteamérica.

2. Escriba dos o tres oraciones que resuman el punto principal de todo el texto. Recuerde responder a las preguntas *¿quién?, ¿qué?, ¿cuándo?, ¿dónde?, ¿por qué?* o *¿cómo?*

   _____

3. Complete la siguiente oración para resumir la información de los mapas.

   Estos mapas muestran que los _____ perdieron la mayoría de sus tierras en

   _____ entre los años _____ y

   _____. Todo lo que los _____ mantuvieron fue un

   pequeño territorio en _____.

Las respuestas comienzan en la página 281.

Después de la Guerra Franco-Británica, aumentaron las dificultades de los ingleses para gobernar a las colonias americanas. Los colonos se negaron a pagar los impuestos **decretados** por el Parlamento (el principal cuerpo gubernamental británico). Puesto que los colonos no podían votar para elegir representantes en el Parlamento, concluyeron que el Parlamento no tenía derecho a exigirles impuestos. "Impuestos sin representación es una tiranía" se convirtió en un grito de protesta en las colonias.

Los colonos apoyaron sus palabras con acciones. Cuando el Parlamento decretó los impuestos, los colonos boicotearon (se negaron a comprar) los productos británicos. Estos **boicoteos** afectaron a la economía británica y convencieron al Parlamento de **derogar** algunas de esas leyes tributarias. Sin embargo, los británicos se mantuvieron firmes en su intento de controlar las colonias y enviaron soldados a quedarse en los hogares de los colonos. La presencia de los soldados británicos durante tiempos de paz enfureció a los colonos. Se agruparon e ignoraron las leyes británicas.

Posteriormente, los británicos disolvieron el poder legislativo de Massachusetts, su colonia más rebelde. Con esta acción, los británicos despojaron a los colonos de uno de los derechos más valiosos y fundamentales, el derecho de **gobernarse a sí mismos.** Los colonos no soportarían este atropello, por lo que se unieron y, en 1775, declararon la guerra contra Gran Bretaña. En 1776, se separaron formalmente de Gran Bretaña y proclamaron su derecho de hacerlo en la Declaración de Independencia. *(Ver cuadro).*

La guerra de la Independencia, como se denominó al conflicto entre los colonos y los británicos, duró siete años. Ésta fue una contienda muy desigual: un grupo de colonos alborotadores en contra del ejército más poderoso del mundo. No obstante, los colonos obtuvieron ayuda de Francia, que contribuyó con dinero, barcos, soldados con experiencia y líderes militares. Con esta ayuda, el general Washington rodeó a la armada británica en Yorktown, Virginia, en 1781. Los británicos se rindieron y los colonos ganaron la guerra.

## DOCUMENTO CLAVE

Pasaje de la Declaración de Independencia

"Sostenemos que estas verdades son evidentes: Que todos los hombres han sido creados como iguales; que ellos han sido dotados por su Creador de ciertos derechos inalienables; que entre éstos están la vida, la libertad, y la búsqueda de la felicidad; que, para asegurar estos derechos, los gobiernos son instituidos por los hombres, derivando sus justos poderes del consentimiento de los gobernados; que siempre que cualquier forma de gobierno se vuelve destructiva de estos fines, es derecho del pueblo… instituir un nuevo gobierno… La historia del actual Rey de Gran Bretaña es una historia de repetidos agravios…

Él nos ha… sometido a una jurisdicción extranjera a nuestra constitución y desconocida por nuestras leyes… acuartelando grandes cantidades de tropas armadas entre nosotros… exigiéndonos impuestos sin nuestro consentimiento… privándonos, en muchos casos, de los beneficios de un juicio por un Jurado;… suspendiendo nuestros propios poderes legislativos y declarándose a sí mismos [Parlamento] investidos del poder para legislar por nosotros en cualquiera y todos los casos".

Instrucciones: Elija la respuesta que mejor responda a cada pregunta.

Las preguntas 1 a 4 se refieren al texto y al documento clave en la página 44.

1. ¿Cuál es la idea principal del primer párrafo del texto?

   (1) Gran Bretaña tenía dificultades para gobernar las colonias americanas después de la Guerra Franco-Británica.
   (2) Los colonos estaban enfadados porque no tenían representación en el Parlamento.
   (3) Los colonos encontraban que los impuestos británicos eran más altos de lo que podían pagar.
   (4) Ningún gobierno puede gravar con impuestos sin dar voz al pueblo para aprobar las leyes tributarias.
   (5) Los colonos protestaron en contra de las leyes tributarias británicas y boicotearon sus productos.

2. ¿Qué oración resume mejor el tercer párrafo de este texto?

   (1) Gran Bretaña se mantuvo firme en su intento de hacer cumplir todas sus leyes en las colonias en América.
   (2) Los colonos estaban enfurecidos por la disolución de la legislatura de Massachussets.
   (3) Los colonos valoraban el derecho a gobernarse a sí mismos y a decretar sus propias leyes.
   (4) La reacción de los colonos por la pérdida del derecho a tener un gobierno propio condujo a la Guerra de Independencia.
   (5) Al firmar la Declaración de Independencia, los colonos se separaron del gobierno británico.

3. ¿Qué oración resume mejor el primer párrafo del documento clave?

   (1) Todos deben ser tratados con igualdad.
   (2) El Creador otorga el derecho a rebelarse.
   (3) Los pueblos estarían mejor sin ningún gobierno.
   (4) Los hombres constituyen los gobiernos.
   (5) Los gobiernos que no protegen los derechos del pueblo deben ser reemplazados.

4. Tanto en el texto como en la Declaración de Independencia se enumeran las injusticias que los colonos sentían que estaba cometiendo el gobierno británico en contra de ellos. ¿Cuál injusticia consideraban los colonos que era la peor ofensa?

   (1) El boicoteo británico a los productos de los colonos.
   (2) Los británicos decretaron impuestos sin el consentimiento de los colonos.
   (3) Los británicos alojaron entre ellos un gran número de soldados durante la época de paz.
   (4) Los británicos rehusaron ofrecer un juicio con jurados a las personas acusadas por delitos.
   (5) Los británicos abolieron el poder legislativo de una o más colonias.

La pregunta 5 se refiere a la reproducción de la siguiente pintura.

Colección Granger, Nueva York

5. En 1783, el Tratado de París, firmado por Estados Unidos y Gran Bretaña, terminó con la Guerra de Independencia. La delegación británica se negó a posar para la pintura que sellaba la redacción de este tratado. ¿Qué conclusiones puede sacar sobre este gesto de los británicos?

   (1) Ellos no participaron en la redacción del tratado.
   (2) No estaban contentos con este tratado.
   (3) No firmaron el tratado.
   (4) No les agradaban los estadounidenses.
   (5) No les agradaba el pintor.

**Las respuestas comienzan en la página 282.**

# Práctica de GED • Lección 2

Las preguntas 1 a 4 se refieren al siguiente texto.

Durante la Guerra de Independencia, los representantes de cada una de las trece antiguas colonias británicas se unieron para designar un nuevo gobierno nacional. Redactaron un acuerdo que llamaron Artículos de la Confederación. Según los Artículos, cada una de las trece colonias se convirtió en un estado independiente. Cada nuevo estado escribió su propia constitución que describía su propia forma de gobierno y los derechos fundamentales de sus ciudadanos. Estos derechos incluían la libertad de expresión, libertad de prensa, libertad religiosa y el derecho a un juicio con jurado. También se alentaban la manufactura y el comercio.

En los Artículos de la Confederación, la unión entre los estados no era muy sólida. El país no poseía un verdadero gobierno nacional. Pronto hubo problemas inesperados que provocaron conflictos entre los estados. Algunos problemas surgieron debido a que los estados no tenían leyes uniformes sobre acuñar o manufacturar su moneda. Cada estado tenía el poder para cobrar **tarifas** (impuestos) por los bienes traídos desde otro estado. En 1787, muchos estadounidenses sentían que la nación necesitaba un nuevo plan de gobierno.

1. ¿Qué conclusión sobre los estadounidenses durante la guerra de la Independencia apoya este texto?

   Les importaba

   (1) estipular los derechos de los ciudadanos.
   (2) que todos los estados tuvieran las mismas leyes.
   (3) formar un nuevo gobierno central fuerte.
   (4) establecer buenas relaciones con los indios americanos.
   (5) establecer buenas relaciones con Gran Bretaña.

2. ¿Qué frase resume el objetivo de los Artículos de la Confederación?

   (1) un acuerdo para acuñar monedas
   (2) un acuerdo para formar una nueva nación
   (3) un acuerdo para permitir la libertad de expresión
   (4) una declaración de la independencia de Estados Unidos de Gran Bretaña
   (5) una decisión para cobrar tarifas por los bienes comerciales

3. ¿Qué problemas podían surgir si los diferentes estados acuñaban cada uno su propia moneda?

   (1) Al país le podría faltar el metal precioso necesario para fabricar las monedas.
   (2) La gente de diferentes estados podría no ser capaz de identificar sus propias monedas.
   (3) Sería difícil para los estados con diferentes sistemas monetarios efectuar comercio.
   (4) Estados Unidos se podría quedar sin dinero por completo.
   (5) Algunos estados se podrían negar a comerciar con naciones fuera del continente.

4. ¿Cuál organización actual se parece más a Estados Unidos bajo los Artículos de la Confederación?

   (1) El Tratado de Libre Comercio de América del Norte (TLCAN), el cual fija reglamentos para formentar el comercio entre Estados Unidos, Canadá y México
   (2) La organización del Tratado del Atlántico Norte (OTAN), en la que Estados Unidos y otras naciones se ponen de acuerdo para defenderse en caso de ataque
   (3) El Interpol, que se preocupa de asegurar la cooperación entre las autoridades policiales de sus naciones miembros
   (4) El Fondo Monetario Internacional (FMI), que realiza préstamos con un fondo central para las naciones con problemas económicos.
   (5) La Organización de las Naciones Unidas, donde cada país se representa en una Asamblea General de naciones independientes

Las preguntas 5 y 6 se refieren al texto y al diagrama siguientes.

Después de la Revolución Estadounidense, Estados Unidos adquirió control sobre el territorio que ahora forman los estados de Ohio, Indiana, Michigan, Illinois y Wisconsin. Estas tierras se conocían como el "territorio del noroeste". La organización de los territorios del noroeste fue uno de los mayores logros para el gobierno de EE.UU. bajo los Artículos de la Confederación. El diagrama muestra la forma en que se dividió el territorio en municipios. El gobierno de Estados Unidos midió la tierra para establecer los límites de los municipios. Cada municipio se dividió en 36 secciones cuadradas que se vendieron a los pobladores por unidad completa o por parcelas más pequeñas.

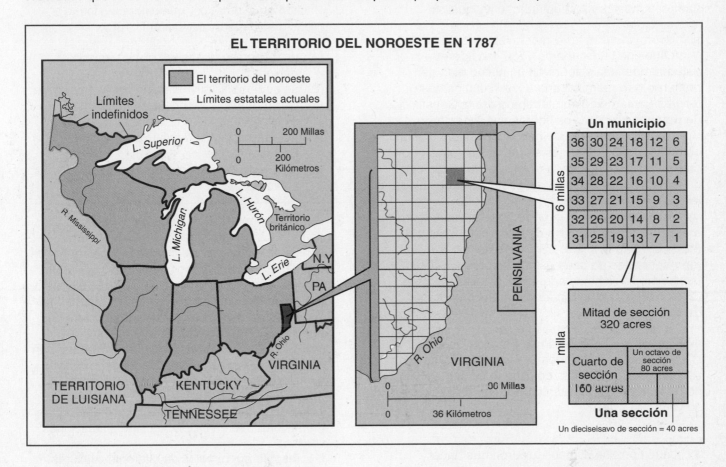

**EL TERRITORIO DEL NOROESTE EN 1787**

5. ¿Cuál es la razón principal por la que el diagrama se centra en la sección 13 del cuadro del municipio?

    (1) para mostrar cuántas mitades de secciones se pueden aprovechar del total
    (2) para mostrar la diferencia de tamaño entre las diferentes secciones
    (3) para presentar un ejemplo de cómo votaban las personas de cada municipio para dividir la tierra
    (4) para presentar un ejemplo de cómo se podían dividir todas las secciones en un municipio
    (5) para mostrar que ciertas secciones pueden ser cantidades de tierra menos deseables

6. Según la ley, una sección de cada municipio en el territorio del noroeste tenia que reservarse para apoyar la educación. ¿Qué indica esto sobre los valores de los estadounidenses a finales del siglo XVIII?

    (1) La tierra no era valiosa puesto que no se iba a usar toda para la agricultura.
    (2) La educación era valorada sólo en el territorio del noroeste, debido a que sólo allí se apartaba la tierra para esos fines.
    (3) La educación no tenía valor, ya que sólo en el territorio del noroeste había tierras para escuelas.
    (4) La educación era apreciada debido a que el gobierno construyó todas las escuelas de la nación.
    (5) La educación era apreciada debido a que el gobierno apartaba tierras para las escuelas.

**Las respuestas comienzan en la página 282.**

**Instrucciones:** Ésta es una prueba de práctica que dura diez minutos. Después de que transcurran los diez minutos, ponga una marca en la última pregunta que haya respondido. A continuación, termine la prueba y revise sus respuestas. Si la mayoría de sus respuestas fueron correctas, pero no terminó la prueba, trate de responder las preguntas más rápidamente la próxima vez. Elija la respuesta que mejor responda a cada pregunta.

Las preguntas 1 y 2 se refieren a la siguiente información.

A fines de la década de 1780, los líderes estadounidenses elaboraron un nuevo plan de gobierno que reemplazaría a los Artículos de la Confederación. El plan elaborado era la Constitución de Estados Unidos. Los líderes que redactaron la Constitución tuvieron que hacer concesiones para complacer a las personas de todos los estados. Una concesión se relacionaba con la composición del poder legislativo, la parte del gobierno que dicta las leyes.

En la Constitución, el poder legislativo se divide en dos partes: la Cámara de Representantes y el Senado. En la Cámara, el número de los representantes de cada estado se basa en la población de dicho estado. Lea esta sección de la Constitución para aprender sobre la composición del Senado.

extracto de la Constitución de Estados Unidos
"El Senado de Estados Unidos consiste de dos senadores provenientes de cada estado, elegidos… por seis años; y cada uno de ellos tendrá derecho a un voto".

1. ¿Qué tipos de estados tuvieron que hacer concesiones para estar en acuerdo con el plan para la Cámara de Representantes y el Senado?

   (1) los estados con grandes extensiones de tierras y estados que tenían extensiones pequeñas
   (2) estados con grandes poblaciones y estados que tenían poblaciones pequeñas
   (3) estados en que la esclavitud era legal y estados en que era ilegal
   (4) estados de gran riqueza y estados de poca riqueza
   (5) estados con impuestos altos y estados con impuestos bajos

2. Basado en el párrafo, ¿qué valoraban los redactores de la Constitución?

   (1) un Congreso dominado por los estados mayores
   (2) un poder legislativo dirigido por el presidente
   (3) los límites de períodos para todos los legisladores.
   (4) la representación equitativa en la Cámara de Representantes
   (5) un gobierno que funcione para todos los estados

3. Los indios americanos de la parte sureste de Estados Unidos se desempeñaban como agricultores y criadores, cientos de años antes de que llegaran los europeos a colonizar sus tierras. Pero ya a finales del siglo XVIII algunos grupos de indios americanos, como los cheroquíes, habían adoptado los patrones europeo-americanos de agricultura. Algunos de sus líderes eran propietarios de grandes plantaciones que usaban esclavos para cosechar algodón y otros cultivos comerciales.

   ¿Qué valores motivarían a los líderes cheroquíes a transformarse en propietarios de plantaciones?

   (1) respeto por pueblos de diferentes culturas
   (2) admiración por el aprendizaje
   (3) deseo de riqueza y prestigio
   (4) sentido de justicia para todos los pueblos
   (5) lealtad a Estados Unidos

4. De lo siguiente, ¿cuál es una opinión, más que un hecho, sobre los seminoles, una tribu indígena americana que vivió en lo que hoy corresponde a Florida?

   (1) Cazaban y pescaban para obtener sus alimentos.
   (2) Daban refugio a los esclavos fugitivos.
   (3) Estados Unidos capturó a su líder Osceola en 1837 en medio de negociaciones de tregua.
   (4) Eran guerreros valientes y aguerridos.
   (5) En la década de 1820, fueron forzados a trasladarse a lo que en la actualidad es el estado de Oklahoma.

Las preguntas 5 a 8 se basan en el texto y la tabla siguientes.

Después de redactada la Constitución, los estados tenían que aprobarla. Algunos de ellos no querían ratificar la Constitución a menos que se hicieran cambios o enmiendas. Ellos deseaban que la Constitución incluyera una lista con los derechos de los ciudadanos. De este modo, en 1791, se agregó una Declaración de Derechos a la Constitución con sus primeras diez enmiendas.

---

### DECLARACIÓN DE DERECHOS CONSTITUCIONALES

| | |
|---|---|
| Enmienda 1 | Garantiza la libertad religiosa, libertad de expresión, libertad de prensa, derecho a reunión y a elevar peticiones al gobierno |
| Enmienda 2 | Protege los derechos de la milicia ciudadana para tener y portar armas |
| Enmienda 3 | Prohíbe forzar el acuartelamiento de los soldados en tiempo de paz y tiempo de guerra, salvo como lo regula la ley |
| Enmienda 4 | Prohíbe los allanamientos y confiscaciones irrazonables y el allanamiento sin orden escrita emitida por una causa probable |
| Enmienda 5 | Garantiza que un individuo no puede: ser llevado a juicio dos veces por un mismo delito; ser obligado a hablar en contra de sí mismo en un juicio; perder la vida, la libertad o la propiedad sin un proceso legal justo |
| Enmienda 6 | Da, a las personas acusadas de delitos, el derecho a un juicio público y expeditivo con jurado, de solicitar y hacer preguntas a testigos y de obtener asesoría legal |
| Enmienda 7 | Garantiza un juicio con jurado en casos civiles |
| Enmienda 8 | Protege a las personas de fianzas no razonables; prohíbe castigos cruentos o inusuales |
| Enmienda 9 | Otorga a las personas derechos no mencionados en la Constitución |
| Enmienda 10 | Todos los poderes que no se conceden al gobierno nacional ni se niegan a los estados son otorgados a los estados o al pueblo |

---

5. ¿Qué oración resume mejor la idea que hay detrás de las Enmiendas Cuarta a la Octava?

  (1) Las personas acusadas de delitos tienen derechos específicos.
  (2) La policía tiene el derecho a registrar a las personas cuando le plazca.
  (3) La policía puede prohibir las reuniones de protesta política.
  (4) Las personas tienen derecho a un juicio con jurado.
  (5) No se puede juzgar a alguien dos veces por un mismo delito.

6. Si la policía viene a allanar su casa sin una orden escrita, ¿cuál enmienda lo protege?

  (1) la Primera Enmienda
  (2) la Segunda Enmienda
  (3) la Tercera Enmienda
  (4) la Cuarta Enmienda
  (5) la Quinta Enmienda

7. Imagine que el gobierno impide por la fuerza la publicación de su revista preferida. ¿Cuál enmienda estaría violando el gobierno?

  (1) la Primera Enmienda
  (2) la Segunda Enmienda
  (3) la Cuarta Enmienda
  (4) la Novena Enmienda
  (5) la Décima Enmienda

8. A usted se lo lleva a juicio y decide no responder las preguntas que el abogado fiscal le formula. ¿Cuál enmienda le garantiza este derecho?

  (1) la Primera Enmienda
  (2) la Tercera Enmienda
  (3) la Quinta Enmienda
  (4) la Novena Enmienda
  (5) la Décima Enmienda

**Las respuestas comienzan en la página 283.**

# DESTREZA DE GED **Reconocer suposiciones implícitas**

"Te veré esta noche en la fiesta de Elena", podría decir alguien. Esta persona acaba de hacer al menos dos suposiciones implícitas: (1) que a usted ya le han invitado a la fiesta y (2) que usted piensa ir. Los escritores también hacen **suposiciones** implícitas. Usted debe leer atentamente para reconocer suposiciones implícitas y para entender el material en su totalidad.

A menudo, los escritores hacen suposiciones acerca de lo que usted ya sabe, de modo que no le dicen todo. Por ejemplo, usted lee un informe en el periódico que menciona que el presidente dará una fiesta en la Casa Blanca. Sin que se lo hayan dicho, usted sabe que la narración es acerca del presidente de Estados Unidos debido a que la Casa Blanca es la residencia oficial del presidente en Washington, D.C. A veces, los escritores suponen que ciertos principios son verdaderos. Por ejemplo, un escritor puede suponer que los europeos que colonizaron Norteamérica tenían el derecho a quitar a los indios americanos de su camino. Otros pueden estar fuertemente en contra de esta suposición.

Para reconocer suposiciones implícitas en un texto, lea despacio y con atención. Pregúntese: "¿Qué es lo que este escritor supone como verdadero?"

**suposición**
una idea, teoría o principio que una persona toma como verdadera

**SUGERENCIA**

Una suposición es algo que el escritor da por sentado y que no explica. Lea atentamente para reconocer suposiciones implícitas.

### Lea el texto y responda las preguntas que se presentan a continuación.

Luego de la Guerra de Independencia, oleadas de colonos del este de Estados Unidos comenzaron a trasladarse hacia el oeste. La vida en los territorios fronterizos era difícil y peligrosa. Se necesitaba valor y persistencia para establecer granjas y viviendas en una tierra sin despejar, tratar con los indios que habitaban el territorio y formar nuevas comunidades en condiciones adversas.

En 1890, el director del Censo de Estados Unidos *(U.S. Census)* indicó que el Oeste estaba lleno de colonos. La frontera, dijo, había desaparecido, y la civilización ahora reinaba.

Marque con una "X" la oración que es una suposición implícita del director del Censo.

_____ a. En el Oeste no había civilización antes de la llegada de los colonos.

_____ b. El Oeste estaba lleno de colonos y la frontera había desaparecido.

Usted acertó si escogió la *opción a*. El director suponía que los indios americanos que vivían en el Oeste antes de la llegada de los colonos no eran civilizados, una suposición que muchas personas discuten. La *opción b* es incorrecta porque no es una suposición implícita. El segundo párrafo es un replanteamiento directo de la afirmación del director del Censo.

**Lea el texto, estudie la cronología y responda las preguntas.**

Al final de la Revolución, Gran Bretaña entregó a Estados Unidos toda la tierra que había reclamado desde los Montes Apalaches, al oeste, hasta el río Mississippi. En 1803, Estados Unidos compró a Francia el área desde el Mississippi hasta las Montañas Rocosas. Esta transacción fue conocida como la Compra de Luisiana.

El presidente Thomas Jefferson financió un grupo dirigido por Meriwether Lewis y William Clark para hacer un mapa del territorio recién adquirido por Estados Unidos al oeste del río Mississippi. Este viaje fue llamado la expedición de Lewis y Clark. El grupo partió en 1804 desde un lugar cerca de San Luis y navegó río arriba por el río Missouri. La expedición demoró más de dos años. Ésta recogió información científica, estableció contactos con los indios americanos de la región y permitió la expansión hacia el oeste.

A mediados del siglo XIX, Estados Unidos obtuvo California y otras tierras al suroeste de México. Cuando comenzó la Guerra Civil, Estados Unidos mantenía una extensión ininterrumpida de territorio desde la costa del Atlántico al este hasta la costa del Pacífico al oeste.

### LÍNEA CRONOLÓGICA: 1780–1860

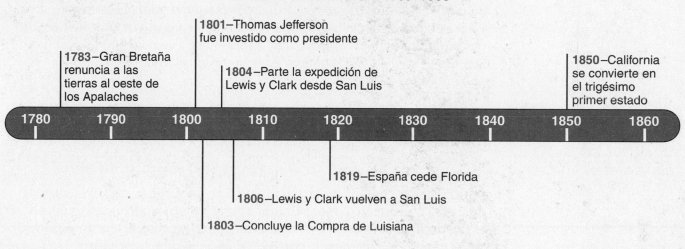

1. Marque con una "X" el enunciado en el primer párrafo que el escritor supone que el lector sabe.

   _____ a. dónde están los Montes Apalaches y el río Mississippi

   _____ b. qué es la Compra de Luisiana

2. Escriba *A* al lado de una suposición implícita en el primer párrafo.

   _____ a. Estados Unidos se expandió hacia el oeste luego de la Revolución.

   _____ b. Los países europeos tenían el derecho de regalar o vender las tierras en Norteamérica.

3. Marque con una "X" la oración que es una suposición que usted puede hacer basándose en la línea cronológica.

   _____ a. California fue el último estado en entrar a la Unión.

   _____ b. Lewis y Clark se recibieron como héroes cuando regresaron.

   _____ c. La Compra de Luisiana abrió las puertas a la expansión hacia el oeste.

**Las respuestas comienzan en la página 283.**

En la década de 1840, los estadounidenses se desplazaron hacia el oeste, muchos con un sentido de **destino manifiesto,** es decir, que creían que su derecho y deber era colonizar todo el continente. Llenos de esperanzas, se formaron largas filas de carretas en que llevaban a sus familias y sus pertenencias. Se enfrentaron con los peligros de cruzar ríos y arrastrar las carretas sobre empinadas crestas rocosas con cuerdas y cadenas. Otros peligros eran la exposición al clima, accidentes en el camino y ataques por parte de indios americanos.

En 1821, Texas, que en aquel momento pertenecía a México, sólo estaba escasamente colonizado. Para atraer gente que pudiera desarrollar el área, México ofrecía donaciones de tierras. La única condición era que los colonos de Texas tenían que acatar las leyes mexicanas. A medida que el número de colonos creció, también aumentaron las objeciones a vivir según las leyes mexicanas. En 1836, el pueblo tejano declaró su independencia de México y, en 1845, se unieron a Estados Unidos como un estado. Las tensiones acerca de esto y otras disputas de propiedades condujeron a una guerra entre Estados Unidos y México en 1846. El resultado de la guerra fue que México perdió California y otras tierras que conforman la actual región llamada el Suroeste. Estados Unidos obtuvo estas tierras mediante un tratado, aumentando su tamaño en un tercio.

En 1848 se descubrió oro en California, y en 1849 ya había comenzado la fiebre del oro. Tantas personas emprendieron viaje al Oeste que los mineros las compararon con un ejército en marcha. El descubrimiento del oro creó demandas por varios otros bienes y servicios. Se necesitaba de constructores, granjeros, comerciantes y proveedores para las minas. También se necesitaba transporte. Barcos de navegación rápida, llamados clíper, hacían el viaje desde la costa este de Estados Unidos hasta California circunnavegando el extremo de Sudamérica. Se estableció una línea de diligencia entre Missouri y San Francisco. Finalmente, en 1869, se abrió el primer ferrocarril **transcontinental.**

En todo el Oeste, los colonos blancos querían la tierra que los indios americanos ocupaban para poder cavar minas, hacer granjas y construir ranchos. Estos colonos creían que los indios americanos eran un obstáculo para el progreso. Los colonos presionaron al gobierno federal para obligar a los indios americanos a que abandonaran su tierra natal. En la década de 1850, Estados Unidos comenzó a reubicar a los indios americanos en reservas. Cuando las tribus se resistieron, se llamó al ejército de Estados Unidos para obligarlos a que se retiraran.

El gobierno firmó tratados con las tribus de indios americanos para mantenerlos dentro de las reservas. Sin embargo, los tratados tenían muy pocos beneficios para ellos y fueron expulsados de sus tierras mediante artimañas o la fuerza. Entre 1853 y 1857, los indios americanos perdieron 174 millones de acres de tierra en beneficio del gobierno federal. En California, entre 1849 y 1859, la enfermedad y los ataques a los indios americanos cobraron la vida de 70,000 personas. En 1890, los sobrevivientes vivían en reservas que constituían una décima parte del tamaño de la tierra que había sido su hogar.

Instrucciones: Elija la respuesta que mejor responda a cada pregunta.

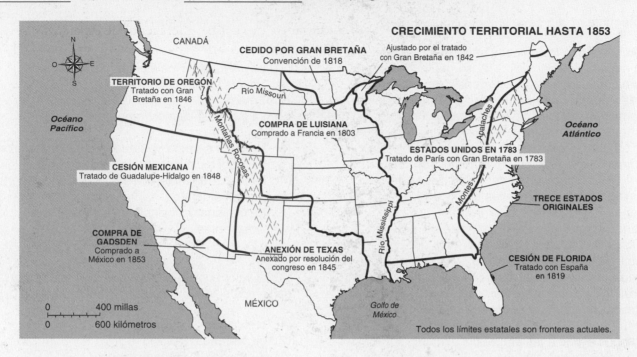

**CRECIMIENTO TERRITORIAL HASTA 1853**

CANADÁ

**CEDIDO POR GRAN BRETAÑA**
Convención de 1818

Ajustado por el tratado
con Gran Bretaña en 1842

**TERRITORIO DE OREGÓN**
Tratado con Gran
Bretaña en 1846

Río Missouri

*Océano
Pacífico*

**COMPRA DE LUISIANA**
Comprado a Francia en 1803

*Océano
Atlántico*

**ESTADOS UNIDOS EN 1783**
Tratado de París con Gran Bretaña en 1783

**CESIÓN MEXICANA**
Tratado de Guadalupe-Hidalgo en 1848

Montañas Rocosas

Apalaches

**TRECE ESTADOS
ORIGINALES**

**COMPRA DE
GADSDEN**
Comprado a
México en 1853

**ANEXIÓN DE TEXAS**
Anexado por resolución del
congreso en 1845

Río Mississippi

Montes

**CESIÓN DE FLORIDA**
Tratado con España
en 1819

0        400 millas
0        600 kilómetros

MÉXICO

*Golfo de
México*

Todos los límites estatales son fronteras actuales.

---

La pregunta 1 se refiere al mapa de esta página.

1. ¿Qué le indica el mapa acerca de la mayoría de las tierras adquiridas por Estados Unidos?

    (1) Estaban deshabitadas hasta 1853.
    (2) Las adquirió principalmente mediante conflictos bélicos.
    (3) Habían sido propiedad de otros países.
    (4) Habían sido propiedad de los indios americanos.
    (5) Estaban pobladas principalmente por europeos.

Las preguntas 2 a 4 se refieren al texto en la página 52.

2. ¿Qué supusieron los tejanos cuando declararon su independencia de México?

    (1) Por el tratado, el territorio de Texas pasó oficialmente a formar parte de Estados Unidos.
    (2) Que no debían honrar su acuerdo de vivir bajo las leyes mexicanas.
    (3) Que era su destino manifiesto ser independientes de México.
    (4) El territorio de Texas pertenecía a los indios americanos y no a los mexicanos.
    (5) El oro descubierto en California podría financiar una guerra contra México.

3. ¿Qué oración resume mejor el tercer párrafo de este texto?

    (1) El descubrimiento de oro en California hizo inevitable que se convirtiera en estado.
    (2) Para el desarrollo del Oeste, se necesitaba un sistema de transporte que fuera bueno, rápido y confiable.
    (3) La fiebre del oro estimuló el crecimiento de la población, el desarrollo de los negocios y un mejor sistema de transporte.
    (4) Después de que California se convirtió en estado, las personas se precipitaron a la zona en busca de oro o trabajo.
    (5) Las personas llegaron a California llenas de esperanzas, pero pronto se desalentaron por la escasez de bienes y servicios.

4. ¿Qué posición tomada por los indios americanos llevó a algunos colonos de raza blanca a creer que los indios eran un obstáculo para el progreso?

    (1) resistencia a la reubicación en reservas
    (2) aceptación de tratados con el gobierno
    (3) temor a las enfermedades si se trasladaban de su tierra natal
    (4) oposición a la confiscación de sus tierras
    (5) descontento por la pérdida de 70,000 vidas

**Las respuestas comienzan en la página 283.**

# Práctica de GED • Lección 3

Las preguntas 1 a 3 se refieren al siguiente texto.

A medida que los colonos se desplazaban hacia el oeste a mediados del siglo XIX, surgía la necesidad de caminos, canales y vías férreas para que las granjas y pueblos que construían pudieran prosperar. Al mismo tiempo, la nación se tornaba más industrializada. Todo esto creó una gran necesidad de mano de obra. Como resultado, Estados Unidos experimentó una gran ola de **inmigración.** Entre 1830 y 1880 llegaron más de diez millones de personas. La mayoría de ellos eran irlandeses, alemanes, ingleses o escandinavos.

Para desarrollar la región al oeste del río Mississippi, el congreso aprobó el Acta de Ferrocarriles del Pacífico en 1862. El gobierno donó **terrenos públicos** a las empresas Union Pacific Railroad y Central Pacific Railroad. Como retribución, las empresas acordaron construir una vía férrea al Océano Pacífico. La venta de algunas de sus tierras a los colonos ayudó a las empresas a financiar la construcción de la vía férrea.

Cada empresa contrató miles de trabajadores para ese trabajo agotador y a menudo peligroso. La mayoría de los 10,000 trabajadores de Union Pacific eran inmigrantes irlandeses. La fuerza de trabajo mayor de Central Pacific se componía sobre todo de trabajadores chinos. Algunos de estos chinos habían llegado a California durante la fiebre del oro de 1849, pero la mayoría fueron contratados en China y llevados a Estados Unidos específicamente para trabajar en la vía férrea.

Union Pacific empezó en Omaha, Nebraska y comenzó a instalar rieles hacia el oeste. Central Pacific empezó en Sacramento, California y comenzó a instalar rieles hacia el este. Debido a que las donaciones de tierras del gobierno se basaban en el avance del proyecto, cada empresa quería ser la que colocara más rieles. Luego de un esfuerzo de siete años, ambas vías se encontraron en Promontory, Utah. El 10 de mayo de 1869, mientras una multitud de políticos, trabajadores y funcionarios del ferrocarril daban vivas, el presidente de Central Pacific colocó un clavo de oro para conectar los rieles y completar la primera vía férrea transcontinental de la nación.

**SUGERENCIA** Una suposición implícita puede ser un hecho o una opinión que el escritor cree que el lector comparte con él.

1. ¿Cuál es la suposición implícita que contiene el primer párrafo del texto?

   (1) La mayoría de los inmigrantes a Estados Unidos entre 1830 y 1880 llegaron desde Europa.
   (2) La industria es más importante que la agricultura.
   (3) Un buen sistema de transporte es importante para el crecimiento económico de una región.
   (4) La industrialización crea la necesidad de mano de obra.
   (5) La mayoría de los colonos del oeste eran inmigrantes.

2. ¿Cuál valor sugiere el texto que más ayudó a los inmigrantes a tener éxito en Estados Unidos?

   (1) sus ganas de trabajar duro
   (2) su profunda fe religiosa
   (3) su deseo de libertad personal
   (4) su entusiasmo por participar en un gobierno democrático
   (5) su respeto por la cultura y los tradiciones de sus países de origen

3. ¿Cuál ley era la más parecida al Acta de Ferrocarriles del Pacífico de 1862?

   (1) la ley de Derechos Civiles de 1866, que otorgó la ciudadanía a todos aquellos nacidos en Estados Unidos
   (2) la ley de Exclusión China de 1882, que prohibió la inmigración de los trabajadores chinos
   (3) la ley de Comercio Interestatal de 1887, que creó una institución gubernamental para supervisar los ferrocarriles
   (4) la ley de Carreteras de 1956, que autorizó la construcción de un sistema de carreteras interestatales
   (5) la ley de Inmigración de 1990, que aumentó la cantidad de inmigrantes permitida en Estados Unidos

Las preguntas 4 a 5 se refieren al siguiente mapa.

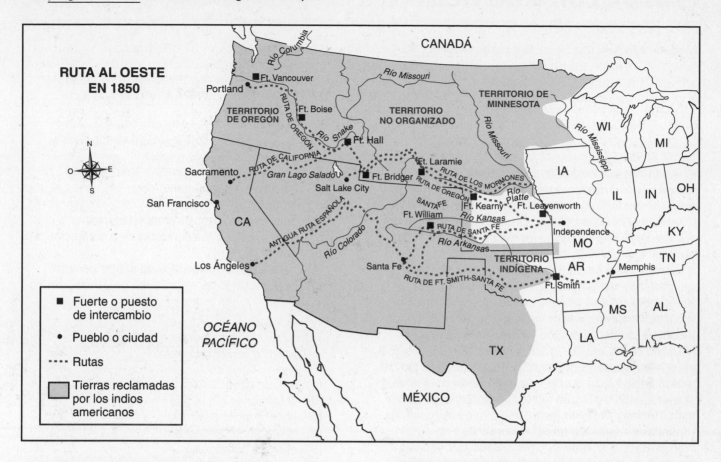

4. ¿Cuál ruta habría tomado más probablemente una persona del sur para ir a California?

   (1) las rutas de Oregón y California
   (2) las rutas de Santa Fe y Ft. Smith-Santa Fe
   (3) las rutas de los mormones y de California
   (4) la ruta de Santa Fe y la antigua ruta española
   (5) la ruta de Ft. Smith-Santa Fe y la antigua ruta española

5. ¿Qué suposición se puede hacer a partir de la información de este mapa?

   (1) En lo posible, las rutas seguían los ríos debido al agua que ellos proporcionan.
   (2) Algunas rutas al oeste no cruzaban territorios indios.
   (3) Las tribus de indios americanos luchaban entre ellas por tierras.
   (4) Había más fuertes a lo largo de la ruta de Santa Fe que de la ruta de Oregón.
   (5) Los indios americanos trataban de vender tierras a los colonos que pasaban.

6. En 1851, los funcionarios del gobierno de Estados Unidos y representantes de varias tribus de indios americanos firmaron un tratado en el fuerte Laramie en la ruta de Oregón. Acordaron que las caravanas de carretas podrían pasar por tierras indios sin ser molestadas. El tratado también permitió que el gobierno construyera caminos y fuertes militares en territorio indígena. A cambio, Estados Unidos prometió entregar a las tribus $50,000 en provisiones anualmente durante cincuenta años. Sin embargo, más tarde el senado estadounidense cambió esta suma a $70,000 anuales durante quince años.

¿Qué suposición puede usted hacer acerca del tratado?

   (1) Los negociadores estadounidenses del tratado mintieron a los indios americanos.
   (2) Había conflictos entre los indios americanos y los viajeros en la ruta de Oregón.
   (3) Los indios americanos no tenían intenciones de respetar el tratado.
   (4) Las tribus estaban muriendo y necesitaban provisiones.
   (5) Éste fue el primer tratado entre el gobierno y las tribus de indios americanos.

Las respuestas comienzan en la página 284.

**Instrucciones:** Ésta es una prueba de práctica que dura diez minutos. Después de que transcurran los diez minutos, ponga una marca en la última pregunta que haya respondido. A continuación, termine la prueba y revise sus respuestas. Si la mayoría de sus respuestas fueron correctas, pero no terminó la prueba, trate de responder las preguntas más rápidamente la próxima vez. Elija la respuesta que mejor responda a cada pregunta.

Las preguntas 1 a 5 se refieren al siguiente texto.

En la década de 1850, los funcionarios del gobierno comenzaron a buscar modos de conectar mejor la vasta región al oeste del río Mississippi con el resto de Estados Unidos. Una solución a la que recurrieron fue el telégrafo, perfeccionado por su inventor Samuel F. B. Morse en 1837.

El congreso había financiado la primera línea telegráfica entre Washington, D.C., y Baltimore, Maryland, en 1844. Diez años después, el aparato había revolucionado la vida en Estados Unidos. Con el código Morse de puntos y rayas, un operador de telégrafo podía enviar y recibir mensajes desde sitios lejanos en cuestión de minutos. Esta nueva forma de comunicación hizo que el comercio fuera más eficaz. La instalación de líneas telegráficas a lo largo de las líneas férreas también les permitió a los ferrocarriles administrar mejor los trenes y horarios.

En 1860, el congreso ofreció $400,000 a cualquier empresa que quisiera instalar una línea telegráfica desde Missouri a California. La empresa telegráfica Western Union Telegraph rapidamente comenzó a instalar líneas hacia el este desde San Francisco y al oeste siguiendo la ruta de Oregón. Las dos líneas se encontraron en Salt Lake City en 1861. Un importante juez de California envió el primer telegrama. Se dirigía al presidente Abraham Lincoln y decía que la nueva línea telegráfica fortalecía la lealtad del pueblo californiano hacia Estados Unidos, que estaba en plena Guerra Civil.

1. ¿De qué manera podría lograr el telégrafo que el comercio fuera más eficaz?

   (1) Las empresas podían funcionar con menos empleados.
   (2) Las empresas podían trasladar bienes por tren en vez de vagones o botes.
   (3) Las empresas podían mandar y recibir pedidos más rápidamente que por carta.
   (4) Las máquinas podían reemplazar la producción manual.
   (5) Los telegrafistas también podían trabajar fabricando productos.

2. ¿En qué situación podría ayudar el telégrafo al funcionamiento del ferrocarril?

   (1) para que los inmigrantes compren sus boletos de tren
   (2) para evitar que los trenes se pierdan
   (3) para ayudar a los vendedores a comercializar boletos
   (4) para dirigir a los pasajeros al tren correcto
   (5) para avisar a las estaciones del retraso de un tren

3. ¿Qué invento estuvo más estrechamente relacionado con el telégrafo?

   (1) el automóvil
   (2) el teléfono
   (3) el generador eléctrico
   (4) la máquina de escribir
   (5) el disco compacto

4. ¿Cuál suposición implícita se relaciona con el texto?

   (1) Western Union construyó la primera línea telegráfica.
   (2) El Congreso quería conectar de mejor manera el Oeste con el resto de Estados Unidos.
   (3) El pueblo de California no quería una línea telegráfica.
   (4) Antes de 1861, la comunicación entre California y los estados del este era muy lenta.
   (5) Los $400,000 del gobierno bastaron para financiar la construcción de una línea telegráfica para el oeste.

5. ¿Cuál enunciado resume mejor la idea principal de este texto?

   (1) Samuel F. B. Morse fue un inventor brillante.
   (2) El telégrafo ayudó a conectar la nación.
   (3) El comercio estadounidense era ineficiente en la década de 1850.
   (4) Western Union era la empresa de telégrafos más grande de la nación en la década de 1860.
   (5) El telégrafo fue más importante que el ferrocarril para el desarrollo de la nación.

Las preguntas 6 a 8 se refieren al texto y al mapa siguientes.

EL SUROESTE DE ESTADOS UNIDOS EN 1853

Territorio de Oregón
Territorio no organizado
California se convierte en estado: 1850
Territorio de Utah
Río Gila
Territorio de Nuevo México
Compra de Gadsden
Texas se convierte en estado: 1845
MÉXICO

Cesión mexicana adquirida en 1848
Territorio
Estado

En 1853, el presidente de Estados Unidos Franklin Pierce envió a James Gadsden a México a modificar la frontera entre ambas naciones. El tratado de Guadalupe Hidalgo, que terminó con la guerra con México in 1848, estableció la frontera en el río Gila, actualmente Arizona. Sin embargo, la gente del sur quería un ferrocarril transcontinental desde Nueva Orleans a Los Ángeles. El terreno más apropiado para construir dicha vía estaba al sur del río Gila, en territorio mexicano.

Las negociaciones no fueron difíciles. México se encontraba en una situación financiera desesperada tras la guerra con Estados Unidos. El presidente Antonio López de Santa Anna temía perder su poder, a menos que consiguiera fondos, y rápidamente acordó entregar cerca de 29 millones de acres a Estados Unidos a cambio de $10 millones. Pero debido a la Guerra Civil, que absorbió a Estados Unidos desde 1861 a 1865, el proyecto ferroviario fue pospuesto hasta la década de 1880.

6. ¿Cuál de los siguientes enunciados puede deducirse de la información del mapa y el texto?

   (1) El pueblo mexicano estaba descontento por la pérdida de más territorio.
   (2) En la Compra de Gadsden vivía poca gente.
   (3) La tierra que conformó la Compra de Gadsden quedaba al sur del río Gila.
   (4) Santa Anna perdió poder en México.
   (5) En la Compra de Gadsden no había pueblos.

7. ¿Cuál de estos enunciados sobre la Compra de Gadsden es verdadero?

   (1) Se transformó en parte del territorio de Nuevo México.
   (2) Su superficie era mayor que la de California.
   (3) Tenía las vías férreas necesarias para construir un ferrocarril transcontinental.
   (4) Los principales defensores de la compra provenían del norte de Estados Unidos.
   (5) Se agregó a Estados Unidos poco antes de que California se convirtiera en estado.

8. ¿Cómo se denominaba la tierra que Estados Unidos obtuvo por el tratado de Guadalupe Hidalgo?

   (1) la Cesión mexicana
   (2) el territorio de Nuevo México
   (3) el territorio de Utah
   (4) California
   (5) la Compra de Gadsden

9. Cuando el control de California y del Suroeste pasó de México a manos de Estados Unidos, casi 80,000 hispanohablantes de la región se transformaron en ciudadanos de Estados Unidos. Sin embargo, muchos de ellos se sintieron como "extranjeros" en su propio país. Los pobladores que inundaron la región impugnaron los derechos de propiedad de la tierra de los mexicanos estadounidenses. Los derechos de propiedad a menudo se basaban en antiguas donaciones de tierras españolas del tiempo en que México era colonia de España. Los tribunales de Estados Unidos no reconocían estos títulos como prueba de propiedad. Como resultado, las familias perdieron las tierras en que habían vivido por generaciones. Muchos antiguos terratenientes fueron obligados a aceptar trabajos mal pagados en las minas o las granjas para sobrevivir.

De acuerdo con el texto, ¿cuál fue el resultado de la adquisición de California y el Suroeste por parte de Estados Unidos?

   (1) El fin de la guerra entre México y Estados Unidos.
   (2) Los tribunales de Estados Unidos cambiaron el método de reconocer los títulos de propiedad.
   (3) Muchos extranjeros se mudaron al Suroeste.
   (4) Los antiguos residentes sufrieron pérdidas bajo la ley estadounidense.
   (5) Las familias se dividieron.

**Las respuestas comienzan en la página 284.**

## DESTREZA DE GED **Analizar causas y efectos**

causa
lo que hace que algo ocurra

efecto
lo que ocurre como resultado de una causa

"Apenas puedo mantener los ojos abiertos hoy", dice alguien. "Mi bebé estuvo tosiendo toda la noche". Esa persona ha identificado la razón o la causa de su cansancio: su bebé la tenía despierta toda la noche. Una **causa** es lo que provoca que algo ocurra. Un **efecto** es lo que ocurre como resultado de una causa. En este caso, el efecto es que la persona está cansada.

La escritura a menudo se organiza en un patrón de causa y efecto. Por ejemplo, un escritor podría investigar las causas que se encuentran detrás de un acontecimiento específico digamos, la guerra entre México y Norteamérica. O un texto podría explorar los efectos de un evento en especial, como la fiebre del oro de California en 1849. La historia se ocupa de las causas y los efectos de los acontecimientos.

Para reconocer las causas y los efectos cuando usted lea, fíjese en los vínculos entre los acontecimientos. Pregúntese, "¿Explica el texto cómo o por qué ocurrió un acontecimiento (las causas)?", "¿Se concentra en los resultados (efectos) de un acontecimiento?"

**SUGERENCIA**

Las palabras y expresiones *porque, puesto que, por lo tanto* y *como consecuencia* son pistas que indican una relación de causa y efecto.

### Lea el texto y responda las preguntas que se presentan a continuación.

En 1854, el Congreso aprobó la Ley de Kansas-Nebraska, la que permitió que los colonos de esos estados votaran con respecto al tema de la **esclavitud.** Inmediatamente, surgieron disputas acerca de si Kansas debía ingresar a la Unión como un estado libre de esclavitud o como un estado esclavista. Como consecuencia, Kansas y Nebraska se convirtieron en lugares donde se llevaron a cabo violentas contiendas entre grupos a favor y en contra de la esclavitud.

Debido a estos violentos incidentes, el territorio se hizo conocer como "Bleeding Kansas" (Kansas la Sangrienta). La severidad de la lucha intensificó las diferencias entre el Norte y el Sur y aceleró la tendencia a la guerra civil.

1. Marque con una "X" el enunciado que indica un efecto de la lucha en Kansas.

    _____ a.  texto de la Ley de Kansas-Nebraska

    _____ b.  tendencia a la guerra civil

2. Haga una lista de las causas de las violentas contiendas en Kansas.

    _____

Usted acertó si escogió la *opción b* para la pregunta 1. Esto se encuentra explícitamente formulado en la última oración del texto. La *opción a* es una causa, no un efecto. Para la pregunta 2, la causa que el texto proporciona para la violenta contienda es *el conflicto acerca de si el territorio de Kansas debía ingresar a la Unión como un estado libre de esclavitud o un estado esclavista.*

**Lea el texto, estudie el mapa y responda las preguntas.**

En 1819, Missouri trató de ingresar a la unión como un estado esclavista. Los norteños se opusieron porque querían mantener el equilibrio existente en el Senado entre los estados libres de esclavitud y los esclavistas. Al Norte también le preocupaba que la totalidad de la Compra de Luisiana pudiera permitir la esclavitud. Como respuesta, el Congreso estableció una línea que dividió las tierras de la Compra de Luisiana. La esclavitud estaría permitida al sur de la línea, pero no al norte de ella. Este acuerdo se conoce como el Acuerdo de Missouri.

En 1850, el Congreso impulsó un segundo gran acuerdo que afectó el tema de la esclavitud en California, Utah, Nuevo México y Washington D.C. El acuerdo contaba con una ley que ayudaba a los dueños de esclavos a capturar a los que se escapaban. Como ocurre con todos los acuerdos, cada lado ganó y cedió algo al mismo tiempo.

EL ACUERDO DE 1850

1. Escriba *C* al lado de una causa que haya conducido al Acuerdo de Missouri.

_____ a. La Compra de Luisiana se dividió en norte y sur.

_____ b. En 1819, Missouri trató de ingresar a la Unión como un estado esclavista.

2. Use el mapa para explicar el efecto que tuvo el Acuerdo de Missouri de 1850 en los siguientes.

California: _____

Utah y Nuevo México: _____

3. Complete los espacios con la palabra *causa* o *efecto*.

La preocupación que existía en el Norte con respecto a la esclavitud, era un(a) _____ importante del Acuerdo de Missouri.

Un(a) _____ del Acuerdo de 1850 fue que la vida se tornó más difícil para los esclavos fugitivos.

**Las respuestas comienzan en la página 285.**

En la mitad del siglo XIX, la economía del Sur era dramáticamente diferente a la del Norte. La estabilidad financiera de los estados sureños dependía principalmente de la agricultura. Los estados del Norte desarrollaban más la industria. El Norte poseía más fábricas y el Sur importaba productos manufacturados sobre todo del Norte y de Europa. Como resultado, el Sur favorecía el libre comercio con Europa, mientras que el Norte quería imponer aranceles a los productos importados.

La esclavitud también se había convertido en un problema entre el Norte y el Sur. Las personas de raza negra, en su mayoría traídas desde África, eran compradas y vendidas como propiedad y obligadas a trabajar para las personas de raza blanca. Los hijos de los esclavos se convertían automáticamente en esclavos. La esclavitud había estado prohibida en el Norte desde principios del siglo XIX. Algunos norteños, llamados **abolicionistas,** querían que la esclavitud también se prohibiera en el Sur. Instituyeron el *Ferrocarril Subterráneo*, un sistema de rutas de escape para ayudar a los esclavos fugitivos a alcanzar la libertad en el Norte. Las plantaciones sureñas necesitaban mano de obra esclava para la cosecha. Acabar con la esclavitud significaría que los dueños de esclavos perderían sus inversiones y su estilo de vida.

La esclavitud fue el tema que definió la carrera presidencial de 1860. El nuevo Partido Republicano estaba en contra de la expansión de la esclavitud. El Partido Demócrata estaba dividido en facciones norteñas y sureñas según el tema. Con este marco de división política, el republicano Abraham Lincoln fue elegido con mucho menos de la mitad del voto popular. El Sur vio la elección de Lincoln como una clara señal de que su economía y su estilo de vida estaban en peligro.

En febrero de 1861, siete estados sureños se habían **separado** de la Unión y habían fundado los Estados Confederados de América., con Jefferson Davis como presidente. La **Guerra Civil** comenzó cuando los soldados confederados abrieron fuego contra el Fuerte Sumter, que pertenecía a la Unión, en California del Sur. El Sur quería tener el control de este fuerte ya que simbolizaba el poder de la Unión. De inmediato, cuatro estados más abandonaron la Unión, sumando así once estados en la Confederación.

Durante los primeros años de la Guerra Civil, la Confederación se desempeñó bien en la batalla. Tenían mejores generales que la Unión, y los soldados mostraban ese fervor adicional que surge al defender el hogar y la familia. En 1863, sin embargo, los **recursos** superiores del Norte y las victorias de la Unión en Gettysburg y Vicksburg, comenzaron a desgastar a la Confederación. En 1865, el general confederado, Robert E. Lee se rindió ante el general de la Unión, Ulysses S. Grant, poniendo fin a la cruel y costosa Guerra Civil. Casi todo estadounidense conocía a alguien que había perecido o que había sido lesionado en la guerra.

La Guerra Civil tuvo un efecto devastador en el Sur. Las ciudades estaban en ruinas, las vías férreas habían sido destruidas, y miles se encontraban hambrientos, desamparados y amargados debido a sus pérdidas. Los esclavos fueron liberados, pero no tenían tierra ni trabajo; muy pocos poseían habilidades fuera del campo de la agricultura.

Instrucciones: Elija la respuesta que mejor responda a cada pregunta.

Las preguntas 1 y 2 se refieren al siguiente mapa.

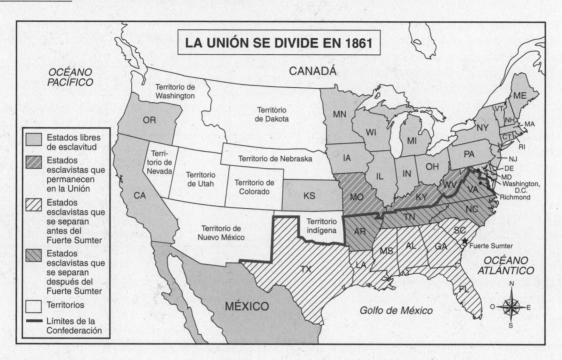

1. ¿Cómo afectó el ataque al Fuerte Sumter a los estados de Arkansas, Tennessee, Virginia y Carolina del Norte?

   (1) Se separaron de la Unión.
   (2) Votaron para convertirse en estados esclavistas.
   (3) Votaron para permanecer en la Unión.
   (4) Votaron para convertirse en estados libres de esclavitud.
   (5) Se separaron de la Confederación.

2. ¿Qué muestra el mapa acerca de los estados de Missouri, Kentucky, West Virginia, Maryland y Delaware?

   (1) Que se separaron de la Unión antes del ataque al Fuerte Sumter.
   (2) Que se separaron de la Unión durante el ataque al Fuerte Sumter.
   (3) Que se separaron de la Unión después del ataque al Fuerte Sumter.
   (4) Que entraron a la Unión después del ataque al Fuerte Sumter.
   (5) Que permanecieron en la Unión a pesar de ser estados esclavistas.

Las preguntas 3 y 4 se refieren al texto de la página 60.

3. ¿Cómo afectó a los sureños el hecho de tener pocas industrias?

   (1) Tuvieron que comenzar a sembrar plantaciones y a comprar esclavos para que trabajaran en ellas.
   (2) Tuvieron que importar la mayor parte de los productos manufacturados desde el Norte y desde Europa.
   (3) Decidieron separarse de la Unión.
   (4) Decidieron formar los Estados Confederados de América.
   (5) Tuvieron que acudir a Abraham Lincoln para que les sirviera de líder en la construcción de industrias.

4. ¿Cuáles fueron las dos causas principales de la Guerra Civil?

   (1) hambre y escasez de viviendas
   (2) las victorias de Gettysburg y Vicksburg
   (3) la abolición y el *Ferrocarril Subterráneo*
   (4) la elección de 1860 y la separación de los estados del Sur
   (5) las tensiones económicas y la escasez de tierras

**Las respuestas comienzan en la página 285.**

# Práctica de GED • Lección 4

Las preguntas 1 y 2 se refieren al siguiente párrafo.

Durante la Guerra Civil, el presidente Lincoln anunció que todos los esclavos que se encontraran en áreas que se estuvieran rebelando contra Estados Unidos debían considerarse libres. Esta afirmación, fechada el 1 de febrero de 1863, se conoce como la Proclamación de Emancipación. Lincoln demostró una gran sabiduría política al hacer este anuncio. El Norte se vio beneficiado de cuatro maneras. La proclamación alentó a los norteños que se oponían a la esclavitud a apoyar la guerra. Al mismo tiempo, despojó a los sureños de los trabajadores que necesitaban para llevar a cabo la guerra. También ayudó a asegurar que Inglaterra no continuara favoreciendo la independencia del Sur; Inglaterra había abolido la esclavitud en 1833 y no prestaría apoyo a quienes quisieran preservarla. Finalmente, cerca de 200,000 afroamericanos libres se unieron al ejército de la Unión para liberar a los esclavos del Sur.

1. ¿Cuál de las siguientes afirmaciones fue un efecto de la Proclamación de Emancipación?

   (1) El apoyo a la guerra disminuyó en el Norte.
   (2) Los afroamericanos libres se unieron al ejército confederado.
   (3) El Sur ganó el apoyo de Inglaterra.
   (4) Los sureños liberaron a sus esclavos voluntariamente.
   (5) El esfuerzo del Sur para llevar a cabo la guerra se vio debilitado.

2. De acuerdo con el párrafo, ¿por qué los ingleses se negaron a ayudar al Sur durante la Guerra Civil?

   (1) Porque libraban una guerra en Europa.
   (2) Porque no iban a ayudar a proteger la esclavitud.
   (3) Porque aún estaban disgustados por la independencia de Estados Unidos.
   (4) Porque no querían enfurecer al presidente Lincoln.
   (5) Porque no tenían un ejército que pudiera luchar fuera del país.

Las preguntas 3 y 4 se refieren a la siguiente tabla.

| ENMIENDAS CONSTITUCIONALES PRODUCTO DE LA GUERRA CIVIL | | |
|---|---|---|
| Año | Enmienda | Objetivo |
| 1865 | 13 | hizo ilegal la esclavitud en Estados Unidos |
| 1868 | 14 | garantizó los derechos civiles a todas las personas |
| 1870 | 15 | otorgó el derecho a voto a todos los ciudadanos, sin considerar raza, color o condición previa de esclavo |

3. ¿Qué conjeturas puede usted hacer a partir de la información que se entrega en la tabla?

   (1) La esclavitud era ilegal en todos los demás países del mundo.
   (2) Los afroamericanos fueron los que más lucharon en la Guerra Civil.
   (3) Abraham Lincoln no fue reelegido presidente.
   (4) Sólo en el Norte tenían derecho a voto todos los hombres y mujeres de raza blanca.
   (5) La Proclamación de Emancipación de 1863 no acabó con toda la esclavitud existente en Estados Unidos.

4. ¿Qué sugieren los términos de la Décimoquinta Enmienda?

   (1) Los ciudadanos deben poseer tierras para tener derecho a voto.
   (2) La esclavitud aún existía en algunas partes del Sur.
   (3) En algunos estados no se les permitía votar a los que habían sido esclavos.
   (4) La edad para tener derecho a voto era de 18 años.
   (5) No se habían llevado a cabo elecciones desde el fin de la Guerra Civil.

Las preguntas 5 y 6 se refieren al siguiente texto.

Al término de la Guerra Civil, las ciudades, las granjas y los sistemas de transporte de todo el Sur se destruyeron casi por completo. Pocos líderes políticos del Sur sentían lealtad hacia Estados Unidos. Lincoln y otros líderes norteños se dieron cuenta de que la economía y el gobierno del Sur necesitaban ser reconstruidas. Los antiguos esclavos también necesitaban ayuda para encontrar su papel en la sociedad. Las acciones del gobierno entre los años 1865 y 1877 para alcanzar estas tres metas y reunificar a la nación se conocieron como la **Reconstrucción.**

Lincoln esperaba reunificar a la nación del modo menos doloroso posible. Perdonó a casi todos los sureños por rebelarse e hizo posible que, si el 10 por ciento de los votantes de un estado juraran lealtad a la Constitución, el estado podía volver unirse a la Unión. Sin embargo, los miembros **radicales** del Congreso querían castigar al Sur por la guerra. También temían que los antiguos esclavos sufrieran debido al plan de Lincoln. Después del asesinato de Lincoln en abril de 1865, los radicales tomaron rápidamente el control de la Reconstrucción. Estaban decididos a proteger a los sureños de raza negra y a evitar que los políticos "rebeldes" regresaran alguna vez al poder.

5. ¿Qué significa el término *Reconstrucción*?

(1) un plan para castigar al Sur por la muerte de Lincoln
(2) un sistema de plantaciones sin esclavitud
(3) los miembros radicales del Congreso
(4) el esfuerzo para reunificar a la nación y reconstruir el Sur
(5) un plan para restituir la esclavitud en el Sur

6. ¿Cuál de estos detalles del texto apoya mejor la conclusión de que los norteamericanos no estaban de acuerdo en cómo tratar al Sur después de la guerra?

(1) Los congresistas radicales se hicieron cargo de la Reconstrucción.
(2) Los antiguos esclavos necesitaban ayuda.
(3) La reconstrucción duró de 1865 hasta 1877.
(4) La economía del Sur necesitaba ser reconstruida.
(5) El presidente Lincoln fue asesinado.

7. Poco antes del fin de la Guerra Civil, el Congreso creó la *Freedmen's Bureau* (Oficina de Libertos) para proveer alimentos, ropa, atención médica y otras ayudas a los esclavos liberados por la Unión. Después de la guerra, su papel se amplió. Se encargó de supervisar los acuerdos salariales que los empleadores blancos hicieron con los antiguos esclavos. También fundó cerca de 3,000 escuelas a lo largo del Sur.

¿Cómo cuál institución moderna funcionó *Freedmen's Bureau* durante la Guerra Civil?

(1) como un sistema de educación pública
(2) como una clínica de salud y hospital públicos
(3) como una agencia de socorro federal
(4) como una oficina de empleo estatal
(5) como una institución de beneficencia religiosa privada

8. A pesar de que al final alcanzaron su libertad, la mayoría de los antiguos esclavos no poseían tierras y tenían muy poco dinero. Por lo tanto, muchos trabajaron en las plantaciones como empleados de quienes antes habían sido dueños de esclavos. En un principio se les pagó un salario. Pero la mayoría de los terratenientes tenían poco dinero en efectivo, de modo que pronto se desarrolló un nuevo sistema llamado **aparcería.** Con este sistema, los terratenientes aportaban viviendas, herramientas y semillas y los aparceros aportaban la mano de obra y las habilidades para cultivar. Después de la cosecha, el terrateniente se quedaba con la mitad o hasta dos tercios de la cosecha.

De acuerdo con el texto, ¿cuál de los siguientes enunciados impulsó el desarrollo del sistema de aparcería?

(1) La mayoría de los antiguos esclavos ahora eran dueños de tierras.
(2) El gobierno de Estados Unidos no protegió los derechos de los antiguos esclavos.
(3) Los sureños de raza blanca eran dueños de la mayor parte de la tierra pero tenían poco dinero para pagar a los trabajadores agrícolas.
(4) Muchos de los antiguos esclavos pudieron finalmente dejar las plantaciones.
(5) La mayoría de los antiguos esclavos se trasladaron a las ciudades del norte y necesitaban un lugar donde vivir.

**SUGERENCIA**

Una causa puede tener más de un efecto y un efecto, por sí mismo, puede ser la causa de otro efecto.

**Las respuestas comienzan en la página 285.**

**Instrucciones:** Ésta es una prueba de práctica que dura diez minutos. Después de que transcurran los diez minutos, ponga una marca en la última pregunta que haya respondido. A continuación, termine la prueba y revise sus respuestas. Si la mayoría de sus respuestas fueron correctas, pero no terminó la prueba, trate de responder las preguntas más rápidamente la próxima vez. Elija la respuesta que mejor responda a cada pregunta.

Las preguntas 1 y 2 se refieren al párrafo y al documento clave siguientes.

El 19 de noviembre de 1863, el presidente Lincoln dedicó un cementerio nacional a los caídos en el campo de batalla de Gettysburg. Su discurso se hizo conocido como el *Discurso de Gettysburg.* En él, Lincoln analiza los ideales democráticos y la meta de reunificar a la nación.

*Gettysburg*

pasaje del *Discurso de Gettysburg*
Hace "Ochenta y siete años, nuestros padres crearon en este continente una nueva nación concebida bajo el signo de la libertad y consagrada al principio de que todos los hombres nacen como iguales. Estamos ahora involucrados en una gran guerra civil que pone a prueba la idea de que esta nación o cualquier otra así concebida y consagrada pueda subsistir por largo tiempo".

1. La Guerra Civil se había extendido por más de dos años cuando Lincoln dio el *Discurso de Gettysburg.* ¿Cuál fue el objetivo principal de su discurso?

    (1) exaltar al ejército de la Unión por su victoria
    (2) dar esperanzas a los prisioneros de guerra de la Unión atrapados en los campos de prisión del Sur
    (3) criticar a los sureños por continuar con la guerra
    (4) recordar a los norteños los ideales por los cuales estaban luchando
    (5) recordar a los norteños la falta de progreso de la Unión durante la guerra

2. Cuando Lincoln dijo que la nación se había fundado bajo el principio de que "todos los hombres nacen como iguales"¿a cuál documento anterior se refería?

    (1) a la Declaración de Independencia
    (2) a los Artículos de la Confederación
    (3) a la Constitución de Estados Unidos
    (4) al Pacto del Mayflower.
    (5) a la Proclamación de Emancipación

Las preguntas 3 y 4 se refieren al siguiente texto.

El ejército de la Unión del general Ulysses S. Grant y el ejército confederado del general Robert E. Lee continuaron enfrentándose hasta abril de 1865. El 9 de abril, al ver que las líneas de suministro estaban cortadas y que estaba rodeado, Lee envió a un jinete portando una bandera blanca de tregua para llegar a un acuerdo con el general Grant. Grant sugirió que el ejército abatido y en retirada de Lee debería rendirse. Lee respondió solicitando a su enemigo las condiciones de rendición. Grant ofreció a Lee estas generosas condiciones de rendición, que Lee aceptó:

"… que oficiales y soldados sean liberados bajo palabra… que se entregue el armamento y los materiales de guerra… que los oficiales se queden con su arma portátil (pistola) y que todo hombre que declare ser dueño de un caballo o una mula se lleve sus animales a casa para trabajar en su pequeña granja".

Luego de rendirse, Lee regresó a su casa en Virginia e instó a todos los sureños a trabajar por la paz y la armonía en un país unido.

3. ¿Cuál es el efecto más probable que tuvieron sobre Lee las condiciones de rendición de Grant?

    (1) Causaron que Lee se sintiera humillado.
    (2) Hicieron que Lee generara aversión por Grant.
    (3) Hicieron que para Lee fuera más fácil rendirse.
    (4) Alentaron a Lee a seguir luchando.
    (5) Hicieron que Lee sintiera amargura hacia la Unión.

4. ¿Qué puede usted concluir de la segunda oración del primer párrafo de este texto?

    (1) Grant le tenía miedo a Lee.
    (2) Lee quería pelear contra el ejército de Grant.
    (3) Grant tenía la intención de reabastecer al ejército de Lee.
    (4) Lee sabía que su ejército estaba en apuros.
    (5) Lee tenía la esperanza que su ejército pudiera escapar.

Las preguntas 5 y 6 se refieren al siguiente texto.

Incluso antes de que finalizara la Reconstrucción en 1877, muchos norteños de raza blanca se cansaron de preocuparse por el Sur. Convencidos de que el gobierno federal no los detendría, algunos sureños de raza blanca emplearon la violencia para intimidar a los votantes de raza negra para que votaran por ellos a fin de ganar las elecciones en 1875 y 1876. Estos nuevos líderes de raza blanca se hacían llamar los "Redentores", porque alegaban que iban a recuperar, o redimir, los poderes que su clase había perdido como resultado de la Reconstrucción. A principios de la década de 1880, ellos controlaban la mayoría de los estados y gobiernos locales del Sur.

Una vez que recuperaron el poder, estos sureños de raza blanca mostraron muy poco respeto por los ciudadanos de raza negra y les negaron sus derechos. Los Redentores fijaron pruebas de alfabetización e impuestos como requisitos para votar. Esto sirvió para negar el derecho a voto a muchos afroamericanos, ya que no podían leer o eran demasiado pobres para pagar impuestos. Otras leyes nuevas, llamadas leyes de Jim Crow, establecieron y reforzaron la segregación de las razas. En la década de 1890, todos los estados del sur tenían escuelas y transportes públicos segregados. Muy pronto la segregación se extendió a los parques, los teatros, los cementerios y otros lugares públicos.

A pesar de que los Redentores retrocedieron en lo referente a gobierno y sociedad, eran muy adelantados en otras áreas. Vieron que no les convenía depender de la antigua economía de cultivo del algodón y del tabaco. La producción industrial creció bajo su liderazgo. Hacia el año 1900, el Sur era un importante centro de manufactura de textiles de algodón y de productos derivados del tabaco.

5. ¿Por qué los afroamericanos del Sur perdieron sus derechos tras la Reconstrucción?

   (1) Porque los del Norte hicieron presión para mejorar el bienestar de los afroamericanos del Sur.
   (2) Porque el gobierno federal perdió el interés en el bienestar de los afroamericanos del Sur.
   (3) Porque los políticos de raza blanca renunciaron al poder en el Sur.
   (4) Porque los estados del Sur aprobaron las leyes de Jim Crow que prohibían la segregación.
   (5) Porque los afroamericanos del Sur perdieron las ganas de votar.

6. A partir de la información dada, ¿qué puede usted suponer acerca del desarrollo del Sur?

   (1) Que los Redentores trataron de evitar que la economía del Sur se fortaleciera.
   (2) Que la agricultura del Sur no tuvo ningún papel en el desarrollo industrial de la región.
   (3) Que los afroamericanos del Sur no compartieron equitativamente la creciente prosperidad de la región.
   (4) Que el tabaco y el algodón dejaron de ser cultivos importantes en el Sur.
   (5) Que las fábricas textiles del Norte se beneficiaron del desarrollo industrial del Sur.

Las preguntas 7 y 8 se refieren a la gráfica siguiente.

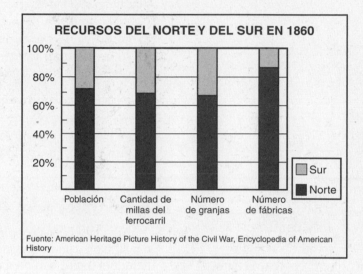

RECURSOS DEL NORTE Y DEL SUR EN 1860

Fuente: American Heritage Picture History of the Civil War, Encyclopedia of American History

7. ¿En qué área tenía el Norte la mayor ventaja sobre el Sur?

   (1) en la población
   (2) en la cantidad de millas del ferrocarril
   (3) en el número de granjas
   (4) en el número de fábricas
   (5) el Norte no tenía ventaja de ningún tipo

8. ¿Por qué es importante la información de la gráfica para comprender el período de la Guerra Civil?

   (1) Porque ayuda a explicar por qué la esclavitud era un problema entre el Norte y el Sur.
   (2) Porque muestra por qué la guerra duró tanto tiempo.
   (3) Porque ayuda a explicar por qué el Norte ganó la guerra a final.
   (4) Porque ayuda a explicar por qué ocurrió la Reconstrucción.
   (5) Porque muestra por qué tardó tanto la Reconstrucción.

**Las respuestas comienzan en la página 286.**

# Lección 5

## DESTREZA DE GED **Reconocer valores**

La sociedad está unida por los valores comunes. Los **valores** son las metas y los ideales que dan sentido a la vida. Los valores abarcan lo que las personas creen importante, bueno, bello, valioso o sagrado. Reconocer los valores nos ayuda a entender el comportamiento humano. A menudo, los seres humanos tomamos decisiones sobre lo que debemos hacer en base a nuestros valores.

La mayoría de los escritos expresan algún valor, ya sea del autor o de quienes se habla en el texto. Por ejemplo, un autor puede decir que la construcción del ferrocarril transcontinental de fines del siglo XIX fue un logro magnífico para el pueblo de Estados Unidos. Otro autor podría decir que el ferrocarril transcontinental se construyó con el sudor y la sangre de pobres obreros. Ambos enunciados se basan en hechos históricos, pero expresan valores distintos. El primero se centra en los valores del progreso y los logros, mientras que el segundo se centra en los valores relacionados con el sufrimiento humano y la preocupación por éste.

Para reconocer los valores que se manifiestan en un escrito, lea con atención y busque más allá de las palabras. ¿Cuál es la actitud del autor sobre el tema? ¿Cómo se comportan las personas descritas en el texto? Pregúntese: "¿Qué es lo más importante para el autor o las personas descritas en el texto?"

**Lea el texto y haga el ejercicio que se presenta a continuación.**

En 1848, cuando tenía 13 años, el inmigrante escocés Andrew Carnegie consiguió su primer empleo trabajando 12 horas al día en una fábrica de algodón, 6 días a la semana. Había ido poco a la escuela y ganaba sólo unos $2 semanales. Como era inteligente y ambicioso, Carnegie progresó de un trabajo a otro decidido a labrarse un futuro mejor. Con el tiempo, como hombre de negocios, llegó a dominar la industria siderúrgica estadounidense. En 1881, el hombre que no había tenido un centavo en su juventud vendió su empresa siderúrgica por cerca de $500 millones. Carnegie pensaba que los ricos tenían una responsabilidad social. Donó millones de dólares a la educación, la investigación y las artes.

Marque con una "X" los enunciados que expresan un valor de vida de Carnegie.

_____ a. Las personas deben aceptar la vida que les corresponde por nacimiento.

_____ b. El trabajo arduo y la ambición pueden llevar a la fortuna.

_____ c. Los ricos tienen la responsabilidad de ayudar a los demás.

Acertó si escogió las *opciones b* y *c*. Ambos eran ideales o valores de vida de Carnegie. La *opción a* estaría equivocada, porque Carnegie pudo triunfar aunque al principio no tuviera estudios ni mucho dinero.

**valores**
objetivos e ideales; lo que las personas creen importante, bueno, bello, valioso o sagrado

SUGERENCIA

Para entender los valores de un texto, pregúntese: "¿Qué es lo que el autor o las personas descritas en el texto creen importante?"

**Use el texto y la gráfica para responder las preguntas.**

El término **Revolución Industrial** describe el paso de la economía agrícola a la economía industrial. Este cambio comenzó en Gran Bretaña a comienzos del siglo XVIII y llegó a Estados Unidos unas décadas más tarde. Como consecuencia de la Revolución Industrial, la mano de obra fue reemplazada por locomotoras y máquinas de vapor. Se empezaron a usar productos manufacturados en vez de hacerlos en casa.

El paso al sistema de fábricas conllevó muchos cambios adicionales. Por ejemplo, no se requerían destrezas especiales ni fuerza para operar las nuevas máquinas, por lo que a los dueños de las fábricas les interesaba más contratar gente que trabajara por menos dinero en vez de personal muy capacitado. Contrataban a mujeres, niños e inmigrantes recién llegados que aceptaban los salarios más bajos. Estos obreros trabajaban muchas horas, siempre con presión para aumentar la producción. No se habían diseñado las máquinas ni los métodos de trabajo con perspectivas de seguridad, y muchas personas sufrían accidentes laborales, a veces fatales. La gente aceptaba este trabajo por necesidad. Muchas familias no habrían podido sobrevivir sin que trabajaran todos sus miembros.

1. Marque con una "X" el enunciado que describa un valor de los dueños de fábricas durante la Revolución Industrial.

    _____ a. Los dueños de fábrica valoraban la producción eficaz.

    _____ b. Los dueños de fábrica valoraban las destrezas que los obreros aportaban al trabajo.

2. Marque con una "X" el enunciado que representa un valor que tanto el texto como la gráfica apoyan.

    _____ a. A fines del siglo XIX, aumentó el número de mujeres que se empleaban para darle sentido a sus vidas.

    _____ b. A fines del siglo XIX, aumentó el número de mujeres que se empleaban para ayudar a sobrevivir a sus familias.

    _____ c. Unas 300,000 mujeres tenían trabajos remunerados a fines del siglo XIX.

3. Escriba *V* si el enunciado es verdadero y *F* si es falso.

    _____ a. Después de la Revolución Industrial, la sociedad apreciaba más la industria que la agricultura.

    _____ b. Después de la Revolución Industrial, los productos confeccionados a mano eran más preciados que los fabricados.

**Las respuestas comienzan en la página 287.**

Antes de la Guerra Civil, las fábricas se concentraban en la industria "ligera", de manufactura de artículos relativamente pequeños y livianos, como textiles, vestimenta y productos de cuero. También procesaban **recursos naturales** o agrícolas, como granos y madera. Después de la Guerra Civil, las innovaciones tecnológicas permitieron producir nuevos materiales resistentes, como el acero. Luego se fabricaron rieles de acero para los ferrocarriles, cables para colgar puentes y vigas para los primeros rascacielos del país. El desarrollo de sistemas eléctricos conllevó también muchos avances económicos. Los tranvías eléctricos ayudaron a crecer a las ciudades. El telégrafo eléctrico impulsó las comunicaciones. La nueva iluminación eléctrica aumentó las horas laborales de comercios e industrias.

Los avances tecnológicos no podían hacer crecer la industria por sí solos. El desarrollo industrial requería también de personas que financiaran y organizaran los negocios y las fábricas. Puesto que la mayoría no tenía suficiente dinero para construir fábricas por su cuenta, se reunieron en complejos organismos, como corporaciones. Las corporaciones podían reunir grandes sumas de dinero y reducir el riesgo financiero personal. Para recaudar fondos, las corporaciones vendían acciones a accionistas, los que recibían el pago de dividendos cuando las empresas tenían utilidades. Con los nuevos avances (maquinaria, ferrocarriles y suministros eléctricos), estas corporaciones podían aprovechar los recursos naturales que se encontraban en todo el territorio estadounidense.

Es evidente que también se requerían obreros para las fábricas, por lo que, hacia el año 1900, 5,300,000 personas se dedicaban a este oficio. La maquinaria pesada y dinámica hacían peligroso el trabajo; no obstante, los empleados que sufrían accidentes laborales no recibían compensación alguna. La jornada típica era de doce horas al día, seis días a la semana. Los salarios semanales promedio por estas largas y peligrosas jornadas eran de $3 a $12. No había vacaciones ni ausencias permitidas por enfermedad, como tampoco había compensación por desempleo.

En el sistema de **explotación de los trabajadores,** algunos productos se fabricaban en las casas. Por ejemplo, una fábrica de confecciones proporcionaba la tela, pero el trabajador tenía que poner la máquina de coser y demás herramientas. Entre seis y veinte personas, trabajaban juntas en el mismo cuarto en que vivían, haciendo entonces las vestimentas. Se les pagaba por la cantidad de prendas que confeccionaban.

No se les dejaba otra opción que aceptar estas condiciones o perder sus empleos, por lo que los trabajadores empezaron a congregarse contra los empleadores y formar **sindicatos,** organizaciones destinadas a mejorar las condiciones laborales, los salarios y beneficios sociales de sus miembros. Los obreros se dieron cuenta de que la fuerza de un grupo era mayor cuando se trataba de exigir a los empleadores. Estos esfuerzos conjuntos se llegaron a conocer como **negociaciones colectivas.** Los obreros sindicados acordaban hacer huelga y cerrar así la producción de la fábrica hasta que se cumplieran sus exigencias.

Instrucciones: Elija la respuesta que mejor responda para cada pregunta.

Las preguntas 1 a 3 se refieren al texto de la página 68.

1. De acuerdo con el texto, ¿qué papel desempeñaron las corporaciones en el desarrollo industrial?

    (1) Empleaban a grandes cantídades de personas que trabajaban en casa.
    (2) Tenían suficiente dinero para contratar a inventores y generar nuevas tecnologías.
    (3) Tenían mucho poder, lo que les permitía oponerse a las exigencias de los sindicatos.
    (4) Promovían el uso de la electricidad para mejorar el transporte urbano.
    (5) Recaudaban grandes cantidades de dinero para crear industrias y reducir el riesgo financiero personal.

2. De acuerdo con el texto, ¿cuáles de los enunciados siguientes fueron causas importantes del crecimiento económico de mediados del siglo XIX?

    (1) los sindicatos y las negociaciones colectivas
    (2) el desarrollo de las industrias textiles y de artículos de cuero
    (3) las innovaciones de fabricación y el uso de la electricidad
    (4) las condiciones laborales peligrosas y los dividendos de participación de los inversionistas
    (5) la Guerra Civil y el descubrimiento de recursos naturales

3. De acuerdo con el texto, ¿qué valor importante defendía el movimiento sindical?

    (1) Los salarios más altos podían compensar las condiciones laborales peligrosas.
    (2) Los empleadores debían proporcionar mejor capacitación a los empleados.
    (3) Las fábricas en que se explotaba a los obreros debían pagar salarios en vez de hacerlo por prenda terminada.
    (4) Los obreros que negociaban en grupo obtenían mejores resultados que los que lo hacían individualmente.
    (5) Los trabajadores debían convertirse en accionistas de las corporaciones que los contrataban.

La pregunta 4 se refiere a la siguiente gráfica.

4. Una patente es un documento gubernamental que entrega al inventor derechos exclusivos para producir, usar o vender una invención.

    ¿Qué valor en crecimiento explica la tendencia que ilustra la gráfica?

    (1) apoyo a las grandes empresas
    (2) interés por la innovación tecnológica
    (3) preocupación por la segurIdad laboral
    (4) mejoras en la capacitación y educación obrera
    (5) apoyo a la regulación gubernamental

PATENTES OTORGADAS EN EE.UU. ENTRE 1850 Y 1890

Número de patentes (en millones)

Año

Fuente: U.S. Patent and Trademark Office

**Las respuestas comienzan en la página 287.**

Instrucciones: Elija la respuesta que mejor responda a cada pregunta.

Las preguntas 1 a 3 se refieren al texto y gráfica siguientes.

A fines del siglo XIX, dos organizaciones sindicales trataron de mejorar la vida de los obreros. Un grupo llamado *Knights of Labor* (Caballeros Laborales), bajo la dirección de Terence Powderly, se organizó en sindicatos distintos para cada industria. Todos los obreros de una industria podían sindicarse, sin importar el tipo de trabajo que realizaran. Capacitados o no, los trabajadores pertenecían al mismo sindicato. Entre 1880 y 1886, los miembros de los Caballeros aumentaron de 10,000 a 700,000.

Los Caballeros pedían un aumento salarial, una jornada de trabajo de ocho horas y que se pusiera fin al trabajo infantil. Powderly prefería negociar que ir a huelga, pero no tenía mucho control sobre los sindicatos locales. La reputación de los Caballeros decayó luego de una serie de **huelgas** infructuosas y una bomba en 1886. La cantidad de miembros decreció rápidamente, y ya en la década de 1890 los Caballeros habían sido sobrepasados por la Federación Laboral Estadounidense (*American Labor Federation*).

La Federación Laboral Estadounidense, o AFL, se fundó en 1886 por el fabricante de cigarros Samuel Gompers. Le fue bien por muchas de las mismas razones que fallaron los Caballeros. Cada sindicato miembro de la AFL consistía en cuatro obreros con la misma maestría o capacitación. Las huelgas de los obreros capacitados podían ser más efectivas que las de los no capacitados, quienes eran más fáciles de reemplazar. Sin embargo, más que promover las huelgas, Gompers concentró mucho esfuerzo en cooperar con los empleadores que permitían que sus empleados estuvieran sindicados. Bajo su dirección, los obreros capacitados terminaron por conseguir una jornada laboral más corta y mejor pagada.

Hubo muchos episodios de violencia laboral a fines del siglo XIX y comienzos del XX. Puesto que los tribunales consideraban por lo general a los sindicatos como **monopolios** ilegales, con frecuencia los empleadores rompían las huelgas con fuerzas policiales o guardias particulares. En 1914, el Congreso aprobó la Ley de Clayton, que declaraba que los sindicatos no eran monopolios, pero los tribunales siguieron fallando en contra de ellos. No fue hasta la aprobación de la Ley Nacional de Relaciones Laborales en 1935 que los trabajadores consiguieron el derecho legal de sindicarse y embarcarse en negociaciones colectivas con sus empleadores.

**OBREROS SINDICADOS, 1890 A 1940**

Fuente: U.S. Bureau of the Census

1. Por medio del texto, prediga lo que ocurriría si el sindicato de obreros de la industria automotriz *(United Auto Workers)* perdiera varias huelgas contra los fabricantes de automóviles del país.

   (1) Subirían los salarios de los trabajadores.
   (2) Se sindicarían más obreros no capacitados.
   (3) El sindicato perdería miembros.
   (4) Los salarios perderían importancia para los obreros sindicados.
   (5) Los trabajadores se preocuparían por su seguridad laboral.

2. ¿Cuál es la causa más probable del cambio en la cantidada de trabajadores sindicados entre 1935 y 1940?

   (1) la fundación de la FLE
   (2) el fracaso de varias huelgas destinadas a obtener mejores salarios
   (3) la aprobación de la Ley de Clayton
   (4) el término del trabajo infantil en Estados Unidos
   (5) la aprobación de la Ley Nacional de Relaciones Laborales

3. ¿Qué sugiere la historia de los Caballeros y la FLE acerca de los valores obreros de fines del siglo XIX?

   (1) Su único objetivo era obtener mejores salarios.
   (2) Seguían a ciegas al liderazgo sindical.
   (3) No tenían respeto por los demás trabajadores.
   (4) Estaban desanimados por las huelgas violentas.
   (5) Eran flojos y no les gustaba trabajar mucho.

Las preguntas 4 a 7 se refieren al texto y la gráfica siguientes.

A fines del siglo XIX, la gente llegaba en multitudes a las ciudades para buscar trabajo. Éstas servían de mercados para los granjeros vecinos y de centros para la nueva industria. El comercio, la industria, la inmigración y las mejoras en el transporte contribuyeron al desarrollo de las grandes ciudades como Nueva York y Chicago. Las ciudades de todo el Norte siguieron creciendo durante la Primera Guerra Mundial y hasta fines de la década de 1920, porque más de un millón de afroamericanos dejaron el Sur durante lo que llega a llamarse la Gran Migración. La industria bélica conllevaba muchas oportunidades laborales y había menos inmigrantes a causa de leyes aprobadas después de la guerra. Hubo una migración afroamericana parecida a fines de la década de 1940, durante la Segunda Guerra Mundial.

El rápido crecimiento urbano creó problemas, como el hacinamiento. La gente vivía hacinada en **casas de vecindad** sin las necesidades mínimas de salubridad. Muchos de los problemas que surgieron en los vecindarios urbanos pobres siguen vigentes en la actualidad.

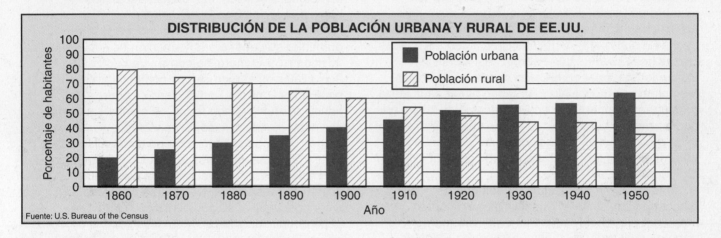

4. ¿Cuál de los siguientes enunciados contribuyó al crecimiento de las grandes ciudades?

   (1) la recesión económica
   (2) las oportunidades laborales
   (3) las leyes para restringir la inmigración
   (4) las condiciones insalubres de las casas de vecindad
   (5) la invención del automóvil

5. ¿Cuál fue el primer año en que más estadounidenses vivían en las ciudades que en las zonas rurales?

   (1) 1860
   (2) 1900
   (3) 1920
   (4) 1930
   (5) 1950

**SUGERENCIA**

Para reconocer los valores, busque claves que indiquen lo que pudiera haber influenciado las acciones de una persona o grupo.

6. De acuerdo con el texto, ¿cuál es uno de los probables factores del cambio en la distribución de la población que nos muestra la gráfica entre los años 1940 y 1950?

   (1) el aumento en la inmigración
   (2) la Gran Migración
   (3) el desarrollo de las casas de vecindad
   (4) la Segunda Guerra Mundial
   (5) las leyes de extrema restricción de la inmigración

7. De acuerdo con el texto, ¿qué valores se reflejaron en la migración masiva?

   (1) Los trabajos eran importantes para los afroamericanos.
   (2) La salubridad era importante para los inmigrantes después de la Primera Guerra Mundial.
   (3) La gente no quería vivir hacinada en casas de vecindad.
   (4) Venir a Estados Unidos era importante para los inmigrantes después de la Primera Guerra Mundial.
   (5) Los estadounidenses apreciaban los buenos sistemas de transporte.

**Las respuestas comienzan en la página 287.**

# Prueba corta de GED • Lección 5

**Instrucciones:** Ésta es una prueba de práctica que dura diez minutos. Después de que transcurran los diez minutos, ponga una marca en la última pregunta que haya respondido. A continuación, termine la prueba y revise sus respuestas. Si la mayoría de sus respuestas fueron correctas, pero no terminó la prueba, trate de responder las preguntas más rápidamente la próxima vez. Elija la respuesta que mejor responda a cada pregunta.

Las preguntas 1 y 2 se refieren al siguiente texto.

En la década de 1790, un joven maestro llamado Eli Whitney lanzó dos ideas importantes para mejorar la fabricación: las nociones de producción en masa y de piezas intercambiables. Whitney propuso que siempre que fuera posible los obreros debían hacer los artículos a máquina. Cada ejemplar de las piezas hechas a mano era un poco distinto, mientras que las piezas hechas a máquina serían casi idénticas. Cualquier ejemplar de la pieza cabría en cualquier ejemplar del artículo. No tenían que hacer cada pieza para caber exactamente en un artículo dado, sino que podían montar un artículo tomando cualquier pieza de cada pila de piezas del artículo. Esto permitió a los obreros producir muchos ejemplares del artículo rápidamente.

Más tarde, se perfeccionó el enfoque de fabricación de Whitney asignando a cada obrero una etapa del proceso de montaje. Este sistema de trabajo en cadena contribuyó a hacer de Estados Unidos el principal fabricante de mercadería hacia fines del siglo XIX.

1.  ¿Qué enunciado resume mejor la idea principal de este texto?

    (1) La vida de Eli Whitney
    (2) Hacer piezas justas
    (3) El crecimiento de la industria estadounidense
    (4) Mejorar la vida obrera
    (5) El surgimiento de la producción en masa

2.  ¿Qué valores quedaron demostrados por los dueños de fabricas cuando adoptaron los métodos de Whitney?

    (1) Los productos hechos a mano eran mejores.
    (2) La eficacia era importante.
    (3) Los obreros no eran importantes.
    (4) Los productos de calidad no eran importantes.
    (5) La jornada laboral era demasiado corta.

Las preguntas 3 y 4 se refieren al siguiente texto.

La mayoría de los industriales de fines del siglo XIX eran ciudadanos honestos y con conciencia pública. No obstante, algunos empleaban prácticas poco ortodoxas y maltrataban a otros con el fin de enriquecerse.

John D. Rockefeller empleó métodos drásticos para sobresalir en la industria de la refinería de petróleo. Para robarle un cliente a la competencia, a veces vendía su petróleo más barato que el costo de producción. Si su competidor se negaba a venderle la compañía, Rockefeller lo forzaba a la quiebra con bajas de precios y otras medidas.

Otra manera que tenían los industriales de aumentar su poder era la formación de sociedades de fideicomiso[1]. Primero, se convencía o forzaba a los accionistas de corporaciones competidoras para que pasaran el control a un fiduciario[2]. Luego, este fiduciario administraba todas las compañías de la sociedad de fideicomiso. Si la sociedad llegaba a crecer bastante, el fiduciario podía controlar toda la industria y tener enormes utilidades. Con frecuencia, las sociedades de fideicomiso creaban monopolios de la industria respectiva. De ese modo, Rockefeller llegó a controlar casi el 90 por ciento de la industria petrolera nacional hacia fines de la década de 1890.

---

[1]fideicomiso: disposición por la que la empresa se encomienda a alguien para que la invierta de un cierto modo

[2]fiduciario: persona en la que se confía el fideicomiso

3.  Según las acciones de Rockefeller descritas en el texto, ¿qué era lo más importante para él?

    (1) el poder
    (2) la sabiduría
    (3) la competencia
    (4) la amistad
    (5) la honestidad

4.  ¿Cuál de las siguientes conclusiones se basa en el texto?

    (1) Rockefeller robaba el petróleo de sus competidores.
    (2) El monopolio es la única manera de enriquecerse.
    (3) Todas las corporaciones eran monopolios.
    (4) Rockefeller fundó una sociedad petrolera de fideicomiso.
    (5) Sociedad de fideicomiso es otra manera de designar una corporación.

5. En la década de 1840, el inventor Elías Howe perfeccionó una máquina de coser para materiales resistentes. ¿Para aumentar más la producción de qué tipo de artículos serviría la máquina de Howe?

(1) blusas
(2) cuellos de encaje
(3) artículos de papel
(4) hilo
(5) zapatos

6. Esta caricatura política, hecha en 1886 por el famoso caricaturista Thomas Nast, muestra la estatua de la Libertad hundiéndose bajo las sociedades de fideicomiso que la cubren. ¿Qué trata de decir Nast?

(1) Hay que reparar la estatua de la Libertad.
(2) El poder de las sociedades de fideicomiso amenaza la vida en el país.
(3) Formar sociedades de fideicomiso es el sistema empresarial de Estados Unidos.
(4) Las sociedades de fideicomiso salvarán al país del desastre económico.
(5) El país sobrevivirá a pesar de los fideicomisos.

___

Las preguntas 7 a 9 se refieren al siguiente texto.

El rápido desarrollo industrial y urbano de fines del siglo XIX y principios del XX produjo graves problemas sociales. Un grupo de escritores llamados "muckrakers" (reveladores de escándalos) exigieron reformas. En 1904, Ida Tarbell terminó *La historia de la Compañía Standard Oil*, que exponía las despiadadas tácticas de la sociedad petrolera de fideicomiso. El mismo año, *La vergüenza de las urbes* por Lincoln Sheffens ponía al descubierto la corrupción que plagaba muchas municipalidades.

Probablemente el libro más leído de este género fuera la novela de Upton Sinclair *La selva,* publicado en 1906. Las gráficas descripciones que hace Sinclair de la suciedad de la industria de embalaje de carnes instaron a que el Congreso aprobara la Ley de Pureza de Alimentos y Medicamentos ese mismo año. El libro de John Spargo *El llanto amargo de los niños*, también publicado en 1906, exponía los horrores de la vida de los niños obreros. No obstante, la cruzada para eliminar el trabajo infantil no logró imponerse a escala nacional hasta 1938.

7. ¿Qué problema presenta el libro *La selva*?

(1) las exigencias de los "muckrakers"
(2) las condiciones de los niños mineros
(3) las prácticas insalubres de embalaje de carnes
(4) las prácticas monopólicas de la sociedad carnicera de fideicomiso
(5) las despiadadas tácticas de la sociedad petrolera de fideicomiso

8. ¿Cuál de las siguientes afirmaciones es un efecto de los relatos de los "muckrakers"?

(1) obstaculizar la reforma social
(2) concientizar a la gente sobre problemas graves
(3) corromper a muchos funcionarios municipales
(4) promover disturbios por los altos precios
(5) mostrar el peligro del periodismo invetigativo

9. ¿Cuál sería un ejemplo moderno de "muckraking"?

(1) una investigación de un contaminador importante por parte de un noticiero
(2) una investigación policial de sospechosos criminales
(3) un artículo de revista médica sobre una nueva enfermedad
(4) el retiro de circulación de un producto defectuoso por parte del fabricante
(5) el retiro de circulación de un producto defectuoso por parte del gobierno

**Las respuestas comienzan en la página 288.**

# Lección 6

## DESTREZA DE GED **Distinguir entre conclusiones y detalles de apoyo**

**conclusión**
juicio o decisión basada en hechos y detalles

**detalles de apoyo**
pruebas o hechos que conducen a una conclusión

Un niño escucha a su maestra. Él abre su libro cuando ella se lo pide. Su tarea está hecha. Al parecer, este niño tiene un buen comportamiento en la escuela. Este último enunciado es una **conclusión** (un juicio o una decisión basada en hechos y detalles). Los **detalles de apoyo** (sacar el libro, terminar su tarea) son pruebas que conducen a la conclusión. A veces, el escritor indica al lector la conclusión empleando palabras como *por lo tanto* o *por ello*. Otras veces, el lector debe distinguir entre la conclusión y los detalles sin esas pistas.

Un modo de identificar la conclusión de un escritor es que usted saque una propia. Sume los detalles del texto y vea cuál es la idea más amplia que se le ocurre. Por ejemplo, considere estos detalles acerca de los inmigrantes europeos hacia Estados Unidos a principios del siglo XX: Dejaron atrás sus hogares y familias. Su viaje por mar fue difícil. Las autoridades de aduana de Estados Unidos los podían mandar de vuelta a Europa por muchas razones. ¿Qué conclusiones puede sacar? Los inmigrantes debían tener valor y decisión.

Lea atentamente para distinguir entre los detalles y la conclusión en un texto. Hágase dos preguntas: "¿Qué hechos y detalles se presentan en el texto? ¿Qué idea más amplia señalan?"

### Lea el texto y responda las preguntas que se presentan a continuación.

Jeannette Rankin fue la primera mujer que participó en el Congreso. Ella representó al estado de Montana en dos períodos consecutivos, de 1917 a 1919 y de 1940 a 1942. Rankin fue una de cincuenta miembros del congreso que se opuso a la declaración de guerra de Estados Unidos contra Alemania durante la Primera Guerra Mundial. Cuando la llamaron a votar se puso de pie y dijo "Deseo apoyar a mi país, pero no puedo votar por la guerra". Fue el único miembro del congreso que votó en contra de la guerra con Japón cuando ese país atacó Pearl Harbor, Hawai, en 1941. En 1968, a la edad de 87 años, convocó a una marcha de 5,000 mujeres en la sede del Congreso de Estados Unidos *(Capitol Hill)* para protestar contra la guerra de Vietnam. Rankin fue una valiente activista por la paz.

Marque con una "X" la oración que contiene la conclusión del texto.

_____ a. Rankin se opuso a la participación de Estados Unidos en la Primera Guerra Mundial.

_____ b. Rankin fue una valiente activista de la paz.

La *opción b* es una conclusión sacada del texto. La *opción a* es sólo un ejemplo de su activismo por la paz.

A veces, una conclusión comienza con palabras como *por ello*, *por lo tanto* y *así*, o *lo que podemos aprender de esto*. Use estas palabras como guías para identificar la conclusión

**Lea el texto, estudie la tabla y responda las preguntas.**

Estados Unidos ganó su reputación como potencia mundial en 1898 con la Guerra Hispano-Estadounidense, una guerra declarada para liberar a Cuba del dominio español. Estados Unidos mostró su fortaleza militar en el mar, venciendo a las fuerzas españolas en el Mar Caribe y en el Mar de China Meridional y adquiriendo tierras fuera de sus fronteras. La guerra sólo duró tres meses. John Hay, Secretario de Estado de Estados Unidos, la llamó una "guerrita espléndida".

La primera batalla tuvo lugar en mayo en las Filipinas. Ahí, la armada de Estados Unidos perdió sólo un soldado y obtuvo una impresionante victoria sobre España. El 3 de julio, las tropas estadounidenses destruyeron la fuerza naval española en la bahía de Santiago de Cuba. Nuevamente, sólo un soldado estadounidense murió. Santiago de Cuba se rindió ante las fuerzas estadounidenses en tan solo unas semanas. Otra fuerza estadounidense prontamente ocupó la colonia española de Puerto Rico y el 18 de julio el gobierno de España solicitó un acuerdo con Estados Unidos.

| CAUSAS Y RESULTADOS DE LA GUERRA HISPANO-ESTADOUNIDENSE | |
|---|---|
| **¿Qué causó que Estados Unidos declarara la guerra?** | **¿Cuáles fueron los resultados de la guerra?** |
| • La simpatía por la lucha de Cuba por la independencia<br>• El maltrato que España ejercía sobre el pueblo cubano<br>• El deseo de expandir los mercados de exportación y encontrar nuevas materias primas<br>• La publicación de una carta del ministro español en la que insultaba al presidente de Estados Unidos<br>• El hundimiento del barco estadounidense *Maine* en la bahía de La Habana (por causas aún desconocidas) | • Cuba se independizó de España, pero fue dominada por Estados Unidos<br>• Estados Unidos tomó Puerto Rico, Guam y las Filipinas<br>• Estados Unidos pagó a España $20 millones por las Filipinas<br>• Estados Unidos expandió sus mercados de importación y exportación<br>• Estados Unidos se dio a conocer como una potencia mundial |

1. Marque con una "X" la oración que contiene una conclusión basada en el texto.

    _____ a. Estados Unidos ganó la Guerra Hispano-Estadounidense en 1898 y se dio a conocer como potencia mundial.

    _____ b. Estados Unidos ocupó Puerto Rico tres meses después de comenzada la Guerra Hispano-estadounidense.

2. Marque con una "X" la oración que apoya la conclusión de Hay que dice que la Guerra Hispano-estadounidense fue una "guerrita espléndida".

    _____ a. Estados Unidos mostró su fortaleza militar en el mar y consiguió tierras fuera de sus fronteras.

    _____ b. La guerra duró sólo tres meses y murieron pocos soldados estadounidenses.

3. Enumere dos detalles de la tabla que apoyan la conclusión de que Estados Unidos se hizo conocido como una potencia mundial luego de la Guerra Hispano-Estadounidense.

    _____

    _____

**Las respuestas comienzan en la página 288.**

Muchos estadounidenses del siglo XX querían seguir el consejo de George Washington de permanecer alejados de los asuntos de países extranjeros. Pero como "la Gran Guerra" ardía en Europa desde 1914 a 1917, Estados Unidos decidió que permanecer neutral no era simple. Muchos estadounidenses simpatizaban con Gran Bretaña y Francia en su lucha contra Alemania y estaban horrorizados por los años de guerra sangrienta y los millones de muertos. Además, Estados Unidos tenía importantes relaciones comerciales con las naciones europeas, de modo que la guerra interfería con sus intereses financieros. Los submarinos alemanes comenzaron entonces a hundir barcos de pasajeros estadounidenses, precipitando la entrada de Estados Unidos a la guerra y la eventual derrota de la armada alemana en 1918. Éste fue el fin de lo que se denominó "la guerra para terminar todas las guerras", más tarde llamada la Primera Guerra Mundial.

La guerra dejó a Alemania en condiciones económicas deplorables. Pronto la inestable situación política condujo a la llegada al poder del dictador Adolfo Hitler y el partido Nazi. Hitler quería convertir a Alemania en la potencia dominante de Europa. Incluso adoptó una política racista orientada a asesinar a todos los judíos europeos y otras minorías étnicas. En 1936 formó la alianza del Eje con el dictador italiano Benito Mussolini. En 1939, Alemania atacó a Polonia. Francia y Gran Bretaña habían prometido ayudar a Polonia y, por consiguiente, declararon la guerra a Alemania, dando inicio a la Segunda Guerra Mundial. Nuevamente, Estados Unidos quería permanecer alejado de los asuntos europeos, pero muchos estadounidenses estaban en contra de la agresión de los dictadores del Eje.

Al mismo tiempo, la agresión de Japón en Asia creó una tensión entre Estados Unidos y Japón. Mientras que los estadounidenses debatían su respuesta, Japón atacó Pearl Harbor, Hawai, el 7 de diciembre de 1941. Al día siguiente, Estados Unidos declaró la guerra a Japón y sus aliados, las potencias europeas del Eje. En 1945, los aliados británicos, estadounidenses, franceses y soviéticos derrotaron a la Alemania Nazi. Más tarde durante ese año, Estados Unidos puso término a la guerra con Japón al dejar caer bombas atómicas en Hiroshima y Nagasaki, que causaron una destrucción masiva.

La paz que llegó en 1945 no arregló realmente los asuntos mundiales. Había tensión entre Estados Unidos y la Unión Soviética. **El comunismo** era el sistema político y económico de la Unión Soviética, mientras que la **democracia** era el sistema que regía en la mayoría de los países europeos y Estados Unidos. Bajo el sistema comunista, había sólo un partido político; el gobierno era propietario de todos los negocios, fábricas, tierras y recursos, y las personas tenían pocos derechos. Tanto Estados Unidos como la Unión Soviética trataron de expandir su influencia donde podían. Competían en una carrera por las armas nucleares. La tensión entre ambas naciones se denominó como la **Guerra Fría.** Una guerra fría involucra hostilidad entre naciones pero no una verdadera pelea.

A comienzos de 1988 y hasta principios de la década de 1990, el comunismo se derrumbó en la Unión Soviética y en Europa del Este, constituyendo el término formal de la Guerra Fría. Estados Unidos, económicamente poderoso, se convirtió en la nación más influyente del mundo.

Instrucciones: Elija la respuesta que mejor responda a cada pregunta.

Las preguntas 1 a 4 se refieren al texto en la página 76.

1. ¿Qué explican los detalles del primer párrafo?

   (1) cómo la llegada de las tropas estadounidenses condujo a la derrota de Alemania
   (2) por qué muchos estadounidenses simpatizaban con Gran Bretaña y Francia
   (3) por qué era difícil para Estados Unidos permanecer neutral durante la Primera Guerra Mundial
   (4) por qué Gran Bretaña y Francia estaban en guerra con Alemania
   (5) cómo ocurrieron millones de muertes durante el curso de la guerra

2. ¿Cuál de las siguientes es una conclusión acerca de la Primera Guerra Mundial apoyada por los detalles del texto?

   (1) Alemania atacó a Polonia en 1939.
   (2) Japón atacó Pearl Harbor, Hawai.
   (3) Estados Unidos bombardeó Hiroshima y Nagasaki.
   (4) La guerra causó destrucción masiva.
   (5) Hitler y Mussolini formaron la alianza del Eje.

3. De acuerdo con el texto, ¿qué valores motivaron a Estados Unidos a entrar a la Primera Guerra Mundial?

   (1) conflictos de largos años con Alemania y la necesidad de probar nuevas armas
   (2) intereses comerciales y preocupaciones acerca de las vidas humanas
   (3) la preocupación de que Alemania agredía a Polonia y otras naciones
   (4) el deseo de convertirse en el poder dominante en Europa
   (5) las tensiones entre el comunismo y la democracia

4. ¿Qué suposición implícita sugiere el texto que subyace a las tensiones de la Guerra Fría?

   (1) Estados Unidos quería permanecer neutral.
   (2) Las inestables condiciones económicas tanto en Estados Unidos como la Unión Soviética podían conducir a una verdadera guerra.
   (3) Alemania podría tratar de dominar Europa nuevamente y comenzar una tercera guerra mundial.
   (4) Estados Unidos y la Unión Soviética creían que su sistema político era el mejor.
   (5) Hitler y Mussolini fueron aliados de la Unión Soviética durante parte de la Segunda Guerra Mundial.

La pregunta 5 se refiere al siguiente mapa.

5. Luego de la Segunda Guerra Mundial, Alemania fue dividida en zonas ocupadas por las naciones aliadas que ganaron la guerra. Berlín, la antigua capital de Alemania fue dividida en Berlín Occidental y Berlín Oriental.

   ¿Qué conclusiones apoyan los detalles de este mapa?

   (1) En conjunto, las naciones aliadas controlaron Berlín.
   (2) Francia controló Alemania Occidental.
   (3) Bretaña y Francia controlaron Berlín Occidental.
   (4) Estados Unidos dominó Berlín Occidental.
   (5) La Unión Soviética controló todo Alemania Oriental.

**Las respuestas comienzan en la página 288.**

Durante el siglo XX, el gobierno de Estados Unidos se enfrentó a los problemas, a menudo interconectados, de la pobreza, los **derechos civiles,** el medio ambiente y el desarrollo urbano. El gobierno federal hizo su primer intento importante por remediar la pobreza en manos del presidente Franklin Roosevelt. Su tarea fue sacar al país de la Gran Depresión de 1929, que había dejado a muchos estadounidenses, tanto en granjas como ciudades, sin comida, viviendas, trabajo ni esperanza. Décadas más tarde, en 1964, el presidente Lyndon Johnson organizó la "Guerra contra la pobreza". Impulsó al congreso a establecer nuevos programas contra la pobreza, asignando recursos para estampillas alimenticias, viviendas públicas y Medicare, un programa de seguro médico.

El presidente Johnson también firmó la Ley de Derechos Civiles de 1964. El pueblo afroamericano había estado trabajando por la igualdad de los derechos y terminar con la segregación en el país. Por ejemplo, en 1909, W.E.B. Du Bois fundó la Asociación para el Desarrollo de Personas de Color, NAACP (*National Association for the Advancement of Colored People*), prometiendo luchar contra "el problema de la barrera del color". Esta organización buscaba obtener el derecho a voto para el pueblo afroamericano e igualdad de protección ante la ley. Luego, en 1964, la ley de Derechos Civiles hizo ilegal toda **discriminación** basada en raza, color, religión, o país de origen. La ley protegía los derechos a voto de todos los ciudadanos y otorgaba a todos el derecho de entrar en bibliotecas, parques, restaurantes, teatros y baños.

La idea de la protección medioambiental comenzó a fines del siglo XIX, cuando la nación comenzó a darse cuenta de que sus recursos naturales no eran ilimitados. El presidente Theodore Roosevelt retiró millones de acres de la venta de tierras públicas y los convirtió en santuarios de la naturaleza, parques nacionales y monumentos nacionales. En 1908, convocó en la Casa Blanca una conferencia acerca de la **conservación.** Cuarenta y seis estados crearon instituciones de conservación. En la década de 1960, a la gente le importaba cada vez más la contaminación del medioambiente. En 1970, el presidente Nixon creó la Agencia de Protección del Medio Ambiente (*Environmental Protection Agency*), o EPA, para hacer cumplir las leyes de protección del medio ambiente.

A fines del siglo XIX, la población de las ciudades había crecido a causa de la migración desde los pueblecitos y granjas y la llegada de inmigrantes extranjeros. Las áreas suburbanas se desarrollaron a la llegada de los tranvías eléctricos, posibilitando que las familias vivieran a diez millas del centro de la ciudad y viajaran en tranvía al centro de la ciudad para trabajar o comprar. En la década de 1950, en respuesta a la escasez de viviendas, los urbanizadores construyeron millones de viviendas familiares en tierras abiertas en las afueras de la ciudad. A principios de la década de 1960, cada gran ciudad en Estados Unidos estaba rodeada por poblados anillos de comunidades de clase media y alta en las que prácticamente todo dueño de casa poseía un automóvil. Este modelo ha contribuido a la congestión, la contaminación y a la segregación de las personas de acuerdo a sus ingresos.

Instrucciones: Elija la respuesta que mejor responda a cada pregunta.

Las preguntas 1 a 4 se refieren al texto de la página 78 y a la tabla de esta página.

| MUESTRA DE PROGRAMAS DE LA AGENCIA DE PROTECCIÓN DEL MEDIO AMBIENTE | |
| --- | --- |
| • Ley de planificación de emergencias y el derecho de la comunidad a la información *(Emergency Planning and Community Right-to-Know Act)* | • Requiere el informe industrial de desechos tóxicos y fomenta la planificación de emergencias químicas |
| • Ley de conservación y recuperación de recursos *(Resource Conservation and Recovery Act)* | • Regula los desechos sólidos y peligrosos |
| • Ley de prevención de la contaminación *(Pollution Prevention Act)* | • Busca la prevención de la contaminación a través de la reducción de la generación de contaminantes donde se originan |
| • Ley de aire limpio *(Clean Air Act)* | • Requiere que la Agencia de Protección Ambiental de Estados Unidos, *(Environmental Protection Agency)* EPA, por sus siglas en inglés, establezca las normas de calidad del aire para concentrarse en las áreas que no los acatan |
| • Ley de agua limpia *(Clean Water Act)* | • Establece un programa de creación de tratamiento de aguas servidas y descarga de desechos |
| • Ley contra vertimientos en los océanos *(Ocean Dumping Act)* | • Regula la eliminación intencional de materiales en las aguas del océano |
| • Ley integral de respuestas, compensación y responsabilidad ambiental (Fondos) *(Comprehensive Environmental Response, Compensation, and Liability Act)* | • Establece un fondo para limpiar los sitios abandonados con desechos peligrosos |

1. En su conjunto, ¿qué sugieren los detalles de la tabla?

    (1) por qué el gobierno se preocupa de la contaminación del aire y el agua
    (2) por qué los desechos sólidos y peligrosos se han convertido en un problema tan grave
    (3) qué estrategia se usa para limpiar los sitios con desechos peligrosos
    (4) por qué la contaminación del aire y el agua es el problema más grande del país
    (5) cuáles son algunos de los problemas del medio ambiente más grandes del país

2. ¿Cuál de los siguientes es una conclusión acerca del crecimiento suburbano apoyada por el texto?

    (1) Los urbanizadores construyeron millones de casas en tierras baldías fuera de la ciudad.
    (2) El crecimiento suburbano contribuye a la congestión, contaminación y segregación económica.
    (3) Comunidades más pequeñas y altamente pobladas ahora rodean cada gran ciudad de Estados Unidos.
    (4) La mayoría de los residentes de los suburbios pertenecen a la clase media o alta.
    (5) La mayoría de los dueños de casa suburbanos tienen uno o más automóviles.

3. ¿Qué valores promueve la Ley de Derechos Civiles y la Guerra contra la pobreza?

    (1) la creencia del presidente Franklin Roosevelt que la gente necesitaba tener esperanza
    (2) la creencia de que el medio ambiente debía preservarse para las futuras generaciones
    (3) la creencia de que todas las personas son iguales y merecen atención médica, refugio y alimentación dignas
    (4) el principio de que bibliotecas, parques y teatros debían estar abiertos a todos los ciudadanos
    (5) la creencia de que la gente debe unirse para resolver "el problema de la barrera del color"

4. De acuerdo con el texto y la tabla, ¿cuál de las siguientes preocupaciones provocó que el presidente Nixon creara la EPA?

    (1) aire, agua y tierra contaminados
    (2) desarrollo suburbano
    (3) parques nacionales
    (4) superpoblación de las ciudades
    (5) leyes ineficaces sobre el medio ambiente

**Las respuestas comienzan en la página 289.**

# Práctica de GED • Lección 6

Instrucciones: Elija la respuesta que mejor responda a cada pregunta.

Las preguntas 1 a 4 se refieren al siguiente texto.

La década de 1920 causó un crecimiento industrial rápido y una expansión de la prosperidad en Estados Unidos. Pero el auge económico terminó con el hundimiento del mercado de valores de 1929. Debido a ello, el comercio sufrió pérdidas económicas, y muchos tuvieron que reducir sus operaciones o cerrar, dejando a muchas personas sin trabajo. Estos trabajadores cesantes compraban pocos bienes, lo que provocó que otras empresas cortaran la producción y despidieran a los trabajadores. Para el año 1933, la nación se encontraba en una **depresión.** Uno de cada cuatro trabajadores estaba sin trabajo.

Durante la mayor parte de la década de 1930, millones de estadounidenses dependían de limosna para sobrevivir. Cientos de miles quedaron sin hogar, y otros miles deambulaban por la nación buscando trabajo. Mucha gente perdió la esperanza de que ellos mismos o el gobierno pudieran hacer algo para terminar con este sufrimiento. Algunos acudieron a ideas radicales, como el comunismo, para intentar restablecer la prosperidad.

A medida que la depresión se extendía en el extranjero, las personas de otras naciones también se desesperaron. En Japón, los tiempos difíciles posibilitaron que la milicia obtuviera el control del gobierno. En parte de Europa, la gente aún estaba sufriendo los efectos de la Primera Guerra Mundial, de modo que estaban dispuestos a apoyar a dictadores como Benito Mussolini en Italia y Adolfo Hitler en Alemania, quienes ofrecieron soluciones extremas para los problemas de sus naciones. A mediados de la década de 1930, los planes de estos líderes para restaurar la prosperidad a expensas de otros países condujeron al mundo a otra guerra. La Gran Depresión, como se la denominó, no terminó hasta que Estados Unidos entró a la Segunda Guerra Mundial en 1941.

1. ¿Qué detalle apoya la conclusión de que Estados Unidos se encontraba en depresión en la década de 1930?

   (1) La década de 1920 fue una de prosperidad.
   (2) Europa aún sufría a causa de la Primera Guerra Mundial.
   (3) El comunismo era una idea radical.
   (4) Algunos estadounidenses se volvieron comunistas.
   (5) Uno de cada cuatro trabajadores estaba sin trabajo.

2. ¿Qué detalle del texto apoya la conclusión del escritor de que las soluciones que Hitler y Mussolini ofrecieron eran "extremas"?

   (1) Europa aún sufría los efectos de la Primera Guerra Mundial.
   (2) Hitler y Mussolini planeaban restaurar la prosperidad a expensas de otros países.
   (3) La milicia obtuvo el poder en Japón.
   (4) Otras naciones buscaban soluciones a la depresión.
   (5) La depresión se expandió al extranjero desde Estados Unidos.

3. De acuerdo con el texto, ¿cuál de las siguientes fue una causa importante de la Gran Depresión en Estados Unidos?

   (1) el comienzo de la Segunda Guerra Mundial
   (2) el colapso económico de Alemania e Italia
   (3) un descenso importante en los gastos de los estadounidenses
   (4) el sufrimiento del pueblo estadounidense
   (5) el crecimiento de la popularidad del comunismo

4. ¿Por qué el ingreso de Estados Unidos a la Segunda Guerra Mundial ayudó a terminar con la Gran Depresión?

   (1) La guerra necesitaba de tropas y fabricación de bienes, lo que creó muchos empleos.
   (2) La lucha en Europa y Asia alejó a los estadounidenses de sus problemas internos.
   (3) El esfuerzo del gobierno para derrotar a Italia, Alemania y Japón unió a los estadounidenses.
   (4) La guerra causó que los estadounidenses rechazaran el comunismo.
   (5) La guerra causó el hundimiento del mercado de valores.

Las preguntas 5 a 8 se refieren al texto y a la tabla siguientes.

Cuando el presidente Franklin D. Roosevelt asumió su cargo en 1933, prometió un "nuevo trato" para el pueblo estadounidense. Su meta era sacar a la nación de la peor crisis económica de su historia. Como los reformistas de principios del siglo XX, la tarea de Roosevelt era conservar los recursos naturales, regular el comercio, disolver los monopolios y mejorar las condiciones laborales. Al aumentar la participación del gobierno en el comercio y la economía, Roosevelt creía que estaba actuando a favor de la nación. Sus críticos, sin embargo, vieron su Nuevo Trato como una peligrosa ruptura con la tradición estadounidense de independencia. Temían que las limosnas del gobierno pudieran debilitar el carácter de los estadounidenses.

Muchos programas regulatorios del Nuevo Trato continúan afectando a la nación en la actualidad. Por ejemplo, la Comisión de Valores, SEC (*Securities and Exchange Commission*), que regula el mercado de valores, y la Corporación Federal de Seguros de Depósitos, FDIC (*Federal Deposit Insurance Corporation*), que asegura los ahorros de los inversionistas, fueron creadas mediante el Nuevo Trato. Muchos parques estatales se construyeron por el Cuerpo de Conservación Civil. La Asociación de Electrificación Rural, REA (*Rural Electrification Association*) llevó la electricidad a regiones que no tenían energía eléctrica antes del Nuevo Trato.

| PROGRAMAS PRINCIPALES DEL NUEVO TRATO | | |
|---|---|---|
| **Programa** | **Año** | **Objetivo** |
| Administración Federal de Ayuda de Emergencia | 1933 | Proporcionó dinero y ayuda a personas necesitadas |
| Cuerpo de Conservación Civil | 1933 | Empleó a hombres jóvenes en proyectos de conservación |
| Administración de Ajuste Agrícola | 1933 | Ayudó a los granjeros y criadores y reguló la producción de las granjas |
| Administración de Recuperación Nacional | 1933 | Estableció códigos de competencia justa para las industrias |
| Administración de Trabajos Públicos | 1933 | Creó proyectos de trabajo público para dar empleos |
| Administración de Progreso del Trabajo | 1935 | Creó proyectos gubernamentales para emplear a las personas |
| Administración de Seguro Social | 1935 | Pagó beneficios a trabajadores desempleados y jubilados |
| Ley Nacional de Relaciones Laborales | 1935 | Le dio a los trabajadores el derecho de unirse a sindicatos |
| Ley de Normas Razonables de Trabajo | 1938 | Estableció una semana laboral de 40 horas y un salario mínimo |

5. ¿Qué programa del Nuevo Trato refleja la meta de Roosevelt de disolver los monopolios?

   (1) la Administración de Ajuste Agrícola
   (2) el Cuerpo de Conservación Civil
   (3) la Corporación Federal de Seguros de Depósitos
   (4) la Ley Nacional de Relaciones Laborales
   (5) la Administración de Recuperación Nacional

6. ¿Qué conclusión acerca del Nuevo Trato se basa en la información del texto y la tabla?

   (1) El Nuevo Trato no abarca todas las metas de Roosevelt.
   (2) Muchos de los programas del Nuevo Trato eran tan eficaces que fueron conservados después de la Gran Depresión.
   (3) Todos los programas del Nuevo Trato funcionaron bien.
   (4) El Nuevo Trato terminó con la depresión.
   (5) El Nuevo Trato atrajo votantes al Partido Demócrata.

7. ¿Cuál de los siguientes programas preocupaba más a los críticos de Roosevelt?

   (1) la Administración de Trabajos Públicos
   (2) la Administración de Electrificación Rural
   (3) la Administración Federal de Ayuda de Emergencia
   (4) el Cuerpo de Conservación Civil
   (5) la Ley Nacional de Relaciones Laborales

8. ¿Cuál es más probable que haya constituido la base para los programas de bienestar del gobierno?

   (1) la Comisión de Valores
   (2) la Administración Federal de Ayuda de Emergencia
   (3) el Cuerpo de Conservación Civil
   (4) la Ley de Normas Razonables de Trabajo
   (5) la Ley Nacional de Relaciones Laborales

**Las respuestas comienzan en la página 289.**

**Instrucciones:** Ésta es una prueba de práctica que dura diez minutos. Después de que transcurran los diez minutos, ponga una marca en la última pregunta que haya respondido. A continuación, termine la prueba y revise sus respuestas. Si la mayoría de sus respuestas fueron correctas, pero no terminó la prueba, trate de responder las preguntas más rápidamente la próxima vez. Elija la respuesta que mejor responda a cada pregunta.

Las preguntas 1 a 3 se refieren al siguiente párrafo.

Luego de la Primera Guerra Mundial en 1918, los estadounidenses esperaban tiempos mejores, pero primero tenían que remediar los problemas que resultaron del término de la guerra. El término de la guerra causó que la economía se aletargara. Las fábricas que habían funcionado a su capacidad máxima durante la guerra, produciendo bienes para la guerra, cerraron para reorganizarse para los tiempos de paz. Miles de personas que trabajaron en esas fábricas fueron despedidas. Además, millones de veteranos, que volvieron a casa, necesitaban trabajo. La competencia por el trabajo era muy dura. Durante el comienzo de la década de 1920, los trabajadores industriales, granjeros y criadores, inmigrantes y otros trabajadores competían por su parte de la prosperidad anhelada.

1. ¿Qué conclusión se apoya por los detalles del párrafo?

   (1) La década de 1920 fue tranquila.
   (2) Todas las guerras causan reajustes económicos.
   (3) Antes de que la nación pudiera disfrutar de tiempos mejores, debía remediar los problemas causados por la guerra.
   (4) Los trabajadores industriales, granjeros y criadores, inmigrantes y otros experimentaron una gran prosperidad en la década de 1920.
   (5) Muchos estadounidenses estaban preocupados por el bienestar de los veteranos que volvían de la guerra.

2. ¿Qué puede usted suponer de la información del párrafo?

   (1) El desempleo fue alto durante algunos años después de la Primera Guerra Mundial.
   (2) Los empleadores preferían contratar veteranos de la guerra antes que a otros estadounidenses.
   (3) Los trabajadores industriales tenían mejor situación económica que los granjeros y criadores.
   (4) Muchos trabajadores industriales eran inmigrantes.
   (5) Surgieron discordias entre los veteranos de guerra y los inmigrantes.

3. ¿A qué otra batalla de la historia de Estados Unidos se parece más la que se produjo entre los grupos en la década de 1920?

   (1) las luchas por la independencia contra Bretaña en la década de 1770
   (2) intentos de erradicar la esclavitud a comienzos del siglo XIX
   (3) intentos de negar el derecho a voto del pueblo afroamericano a fines del siglo XIX
   (4) demandas de las mujeres por el voto a principios del siglo XX
   (5) demandas de igualdad de oportunidades laborales en la década de 1970 para las mujeres y las minorías

La pregunta 4 se refiere a la siguiente caricatura.

4. En 1917, los comunistas asumieron el poder en Rusia y adoptaron una bandera roja como símbolo de su revolución. En Estados Unidos, los comunistas buscaban apoyo entre los trabajadores. Cuando más de 3,000 huelgas se llevaron a cabo durante 1919, un "Miedo a los rojos" invadió a la nación. El gobierno hizo una redada de miles de supuestos radicales.

¿Qué sugieren estos hechos y esta imagen de 1919 sobre lo que se creía en aquél entonces?

   (1) Todos los inmigrantes eran comunistas.
   (2) Las huelgas eran parte de una conspiración comunista.
   (3) Todos los trabajadores en huelga tenían que ser arrestados.
   (4) Los dueños de siderurgias eran comunistas.
   (5) Los huelguistas debían volver al trabajo.

Las preguntas 5 a 7 se refieren al texto y al mapa siguientes.

En 1963, más de 200,000 personas se reunieron en Washington, D.C. en lo que se conoce como la Marcha de Washington. Allí, un líder de los derechos civiles, el Dr. Martin Luther King Jr., pronunció su famoso discurso "Tengo un sueño". Llamó a Estados Unidos a vivir de acuerdo a los ideales de la Declaración de Independencia, que afirma que "todos los hombres nacen iguales".

La marcha fue un gran éxito. La Enmienda Vigésimocuarta se agregó a la Constitución en enero de 1964, proscribiendo el requisito de que los ciudadanos pagaran un impuesto para votar. La Ley de Derechos Civiles de 1964 prohibió la discriminación racial en empleos y espacios públicos.

Algunos estadounidenses, sin embargo, se resistieron a estos cambios. En todo el sur, las personas que trataron de inscribir a afroamericanos para votar fueron arrestadas o golpeadas. A principios de 1965, la policía de Alabama atacó una marcha pacífica por los derechos civiles, golpeando a los que marchaban y rociándolos con gas lacrimógeno. En respuesta, el congreso aprobó la ley de Derecho al Voto de 1965. Esta ley estableció duros castigos por interferir en las votaciones y puso la inscripción para el voto bajo control federal. Pocos años después de la promulgación de esta ley, más de la mitad de los afroamericanos del sur con edad para votar estaban inscritos para hacerlo.

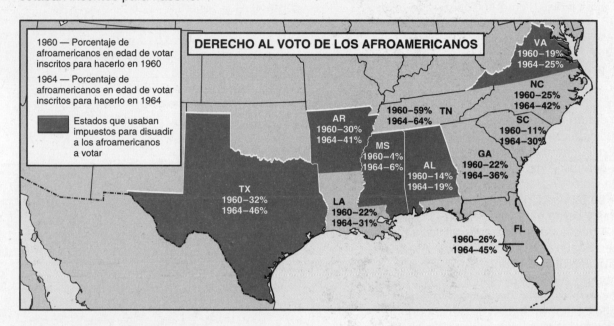

DERECHO AL VOTO DE LOS AFROAMERICANOS

1960 — Porcentaje de afroamericanos en edad de votar inscritos para hacerlo en 1960

1964 — Porcentaje de afroamericanos en edad de votar inscritos para hacerlo en 1964

Estados que usaban impuestos para disuadir a los afroamericanos a votar

VA 1960—19% 1964—25%

NC 1960—25% 1964—42%

TN 1960—59% 1964—64%

AR 1960—30% 1964—41%

SC 1960—11% 1964—30%

MS 1960—4% 1964—6%

AL 1960—14% 1964—19%

GA 1960—22% 1964—36%

TX 1960—32% 1964—46%

LA 1960—22% 1964—31%

FL 1960—26% 1964—45%

5. ¿Qué estado se opuso más fuertemente a la inscripción de los votantes afroamericanos?

(1) Alabama
(2) Tennessee
(3) Mississippi
(4) Carolina del Norte
(5) Carolina del Sur

6. ¿Dónde es más probable que la Enmienda Vigésimocuarta haya tenido un mayor efecto en la inscripción de votantes?

(1) Tennessee
(2) Florida
(3) Carolina del Sur
(4) Virginia
(5) Texas

7. ¿Cuál es la razón más probable de que un porcentaje más alto de afroamericanos estuviera inscrito para votar en Carolina del Norte que en Alabama?

(1) En Alabama la gente era golpeada por tratar de ejercer el derecho a voto.
(2) Carolina del Norte no tenía impuesto a la votación.
(3) Alabama estaba bastante más al sur que Carolina del Norte.
(4) La ley de Derecho al Voto de 1965 fue muy eficaz.
(5) Dr. Martin Luther King Jr. vivía en Alabama.

Las respuestas comienzan en la página 290

# Unidad 1 Repaso acumulativo Historia de Estados Unidos

Instrucciones: Elija la respuesta que mejor responda a cada pregunta.

Las preguntas 1 y 2 se refieren al siguiente texto.

Cristóbal Colón creía que podía llegar a las Indias (nombre que daban los europeos a las tierras de Asia Oriental) navegando hacia el oeste por el Océano Pacífico. Persuadió al rey y la reina de España para que financiaran dicho viaje.

El 12 de octubre de 1492, luego de varias semanas en el mar, Colón llegó a una isla en lo que hoy son las Bahamas; la reclamó para España y la bautizó como San Salvador. Como estaba seguro de haber llegado a las Indias, llamó "indios" a los nativos que lo recibieron. Antes de volver a España, formó una colonia en otra isla que denominó La Española.

Cuando volvió Colón a La Española en 1493, descubrió que la colonia había sido destruida. Fundó otra colonia en las cercanías y partió en búsqueda de China y Japón. Mientras estaba ausente, los nativos se sublevaron contra las continuas exigencias de oro y alimentos por parte de los colonizadores. Estos últimos también lucharon por las tierras y el trabajo de los indios americanos. Algunos volvieron a España y se quejaron de Colón. A partir de ese momento, se vio empañada su reputación. Se le hizo más difícil recaudar fondos y gente para sus viajes, aunque pudo volver a América dos veces más antes de morir en 1506, creyendo aún que había llegado a Asia.

Muchos lo tenían a Colón como héroe por sus viajes. Sin embargo, algunas personas veían en sus actividades el comienzo de la destrucción del pueblo y la cultura de los indios americanos. Sin importar la opinión que se tenga, es evidente que los viajes de Colón marcaron un momento decisivo en la historia.

1. ¿Qué título resume **mejor** la idea principal de este texto?

   (1) Conflicto en las Américas
   (2) Origen del término "indio"
   (3) Cristóbal Colón y su obra
   (4) La búsqueda de China y Japón
   (5) La exploración española de América

2. ¿Cuál de los siguientes es una conclusión del autor del texto?

   (1) Como Colón creyó que estaba en Asia, llamó "indios" a los habitantes locales.
   (2) Colón tuvo problemas para recaudar fondos para sus viajes posteriores.
   (3) Colón murió en 1506.
   (4) Colón nunca se dio cuenta de que había descubierto un Nuevo Mundo.
   (5) Los viajes de Colón fueron cruciales para la historia.

La pregunta 3 se refiere al siguiente mapa.

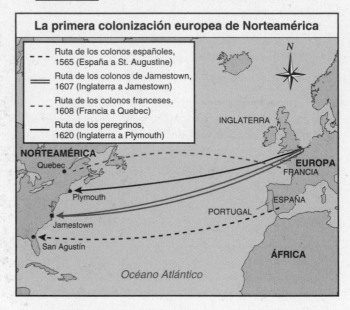

La primera colonización europea de Norteamérica

- - - - Ruta de los colonos españoles, 1565 (España a St. Augustine)
───── Ruta de los colonos de Jamestown, 1607 (Inglaterra a Jamestown)
- - - - Ruta de los colonos franceses, 1608 (Francia a Quebec)
───── Ruta de los peregrinos, 1620 (Inglaterra a Plymouth)

3. ¿Cuál de las siguientes conclusiones se apoya por la información del mapa?

   (1) Los colonos españoles se instalaron en lo que ahora conocemos como el sur de Estados Unidos a fines del siglo XVI.
   (2) Los colonos ingleses fundaron Jamestown.
   (3) Los colonos franceses formaron asentamientos en lo que ahora es Canadá a principios del siglo XVII.
   (4) Francia, Inglaterra y España fueron los principales colonizadores del este norteamericano.
   (5) Portugal fue el principal colonizador europeo del este de Sudamérica.

Las preguntas 4 a 6 se refieren a los párrafos y a la tabla siguientes.

A lo largo de la historia, la gente de muchos países ha colonizado y se ha asentado en otras regiones. Estas colonizaciones y asentamientos están motivados por valores específicos. La siguiente tabla enumera cinco de las principales categorías de valores que motivan la colonización.

## VALORES QUE MOTIVAN LA COLONIZACIÓN

económicos—para conseguir riquezas de una nueva región, ya sea por sus recursos naturales o por medio del comercio

religiosos—para practicar libremente su religión o transmitirla a otros

políticos—para aumentar el poder de su país adquiriendo nuevas tierras

científicos—para aprender más sobre el mundo explorándolo

sociales—para escapar de los problemas de su sociedad y crear una sociedad mejor

La gente de España, Inglaterra, Francia, Holanda y Suecia vinieron a Norteamérica por muchos motivos distintos. Las situaciones que se describen a continuación ilustran varios valores que motivaron la colonización. Para cada situación, escoja la categoría de valores que sea mejor ilustrada.

4. España envió sacerdotes a América para convertir a los indios americanos a la religión católica. ¿Qué tipo de valor ilustran las acciones de los sacerdotes?

   (1) económico
   (2) religioso
   (3) político
   (4) científico
   (5) social

5. En 1607, un grupo de mercaderes londinenses envió una expedición a Virginia para buscar oro y otros recursos. ¿Qué tipo de valor ilustran las acciones de los mercaderes?

   (1) económico
   (2) religioso
   (3) político
   (4) científico
   (5) social

6. En la década de 1970, muchos estadounidenses dejaron las ciudades para instalarse en zonas rurales donde esperaban llevar una vida más pacífica. ¿Qué tipo de valor ilustran estas metas?

   (1) económico
   (2) religioso
   (3) político
   (4) científico
   (5) social

Las preguntas 7 y 8 se refieren al siguiente texto.

Entre los grupos que se instalaron en Norteamérica estaban los cuáqueros. Como otros grupos que discrepaban con la Iglesia de Inglaterra, los cuáqueros eran perseguidos en Inglaterra por sus creencias. No obstante, tuvieron una suerte especial. El rey Carlos II debía dinero a William Penn, un eminente cuáquero. El rey pagó a Penn con tierras en Norteamérica.

En 1682, un grupo de cuáqueros colonizó la tierra entregada a Penn y la llamaron Pensilvania. Trataron bien a los indios americanos y convivieron pacíficamente. A diferencia de la mayor parte de los demás colonizadores, los cuáqueros toleraban a la gente que no era como ellos. Aceptaban a católicos y judíos en su colonia y les daban voz y voto en el gobierno colonial.

7. ¿Cuál de los siguientes enunciados fue una causa de que los cuáqueros vinieran a América?

   (1) Fundaron Pensilvania.
   (2) Se llevaban bien con los indios americanos.
   (3) Querían libertad religiosa.
   (4) Querían enriquecerse.
   (5) Aceptaban a católicos y judíos.

8. ¿Qué detalle apoya mejor la conclusión de que los cuáqueros tuvieron una suerte extraordinaria?

   (1) Pudieron mudarse a América.
   (2) Penn obtuvo tierras en pago de una deuda real.
   (3) Vivían en paz con los indios americanos.
   (4) Había católicos y judíos en su colonia.
   (5) La mayoría de los demás colonizadores eran intolerantes.

Las preguntas 9 a 11 se refieren al párrafo y la caricatura siguientes.

Después de ganar las guerras con Francia y con los indios en 1763, Inglaterra decidió hacer que las colonias costearan su protección. Una de las maneras de lograrlo fue cobrar impuestos, llamados indirectos, a ciertos productos que adquirían los colonos. Algunos colonos protestaron contra estos impuestos. En 1774, un artista hizo esta caricatura de la situación.

Colección Granger, Nueva York

9. ¿Qué está haciendo el recaudador de impuestos en esta caricatura?

    (1) recaudando los impuestos de un grupo de colonos
    (2) forzando a un colono a pagar sus impuestos
    (3) atacando a un ciudadano de Boston
    (4) defendiéndose de un grupo de colonos
    (5) emborrachándose

10. ¿Qué detalle apoya mejor la conclusión de que el caricaturista compadece al recaudador de impuestos?

    (1) El recaudador está frunciendo el entrecejo.
    (2) El recaudador está cubierto de plumas.
    (3) Los bostonianos lo tienen rodeado.
    (4) Los bostonianos parecen crueles.
    (5) Los bostonianos llevan sombreros negros.

11. ¿Qué valor cree usted que quiere inspirar el caricaturista?

    (1) confianza en la democracia
    (2) respeto por la ley
    (3) respeto por los mayores
    (4) autosuficiencia
    (5) amor a la riqueza

Las preguntas 12 a 14 se refieren al siguiente párrafo.

Durante la Guerra de la Revolución, los colonos estaban divididos. Algunos, llamados patriotas, eran partidarios de la independencia, pero los colonos leales a Gran Bretaña apoyaban al rey. Se calcula que menos de la mitad eran patriotas. Los demás eran leales a la Corona o no tomaron partido durante la guerra.

12. ¿Cuál es una suposición implícita sobre los británicos que se puede deducir de esta información?

    (1) Los ayudaron algunos colonos.
    (2) Contrataron soldados profesionales para luchar.
    (3) Los vencieron los leales a la Corona.
    (4) Castigaban a los leales a la Corona que capturaban.
    (5) No tomaron partido durante la guerra.

13. ¿Qué enunciado es una suposición implícita que hace el autor sobre los patriotas?

    (1) No tomaron partido durante la guerra.
    (2) Lucharon contra los británicos.
    (3) Ayudaron a los británicos, pero no se unieron a ellos.
    (4) Lucharon al lado de los británicos.
    (5) Lucharon al lado de los partidarios del reino.

14. ¿Cuál de las siguientes conclusiones sobre la guerra está mejor apoyada por la información del párrafo?

    (1) La mayoría de los colonos apoyaron a los británicos.
    (2) La mayoría de los colonos luchó por la independencia.
    (3) La mayoría de los colonos no tomó partido.
    (4) La guerra creó un sentido de unidad entre todos los colonos.
    (5) La guerra creó grandes divisiones en Estados Unidos.

Las preguntas 15 y 16 se refieren al párrafo siguiente.

La Constitución de Estados Unidos reemplazó a los Artículos de la Confederación. Los delegados de los estados que se congregaron en Filadelfia en 1787 estuvieron de acuerdo en que la nueva nación necesitaba un gobierno central fuerte. El país enfrentó muchos problemas debido a las diferencias entre los estados. Algunos eran más grandes, otros más ricos; algunos permitían la esclavitud y otros no. Los redactores de la Constitución debieron llegar a varios acuerdos para diseñar un gobierno con el cual estuvieran de acuerdo todos los estados. Una de las diferencias que no pudieron resolver, sin embargo, fue la esclavitud. Si la Constitución hubiera eliminado la esclavitud, probablemente no la hubiera aprobado la cantidad de estados necesaria.

15. ¿Cuál enunciado transmite la idea principal del párrafo?

(1) Los delegados de cada uno de los estados redactaron la Constitución.
(2) Los redactores de la Constitución se comprometieron a planificar un gobierno que pudieran aceptar todos los estados.
(3) La Constitución no resolvió el problema de la esclavitud.
(4) Con la Constitución se creó un gobierno central más fuerte que con los Artículos de la Confederación.
(5) Con la Constitución se estipuló un mejor plan de gobierno que con los Artículos de la Confederación.

16. ¿Cuál asunto consideraban los delegados que era más amenazador para la unidad nacional?

(1) los impuestos
(2) la esclavitud
(3) el comercio internacional
(4) el comercio entre los estados
(5) el comienzo de un nuevo tipo de gobierno

**SUGERENCIA**

Cuando tome su decisión entre las opciones para las respuestas, mire el texto para encontrar alguna evidencia de que su elección es la correcta.

17. Los periódicos desempeñaron un papel importante para lograr que la Constitución fuera ratificada, o sea, aprobada. A pesar de que algunos escritores argumentaban en contra de la Constitución, Alexander Hamilton, James Madison y John Jay escribieron acaloradas editoriales en favor de ella. Estas editoriales convencieron a muchas personas de apoyar la ratificación de la Constitución. Estos ensayos se hicieron famosos y fueron recopilados en un libro que se titula *El Federalista*.

¿Qué valor es el que refleja en forma más cercana la publicación de editoriales a favor y en contra de la Constitución?

(1) el amor al lenguaje
(2) el deseo de innovar
(3) el deseo de objetividad en las noticias
(4) el respeto por el debate abierto
(5) el deseo de conformidad

La pregunta 18 se refiere a la tabla siguiente.

| RATIFICACIÓN DE LA CONSTITUCIÓN | | |
|---|---|---|
| Estado | Voto de la asamblea | Mes en que fue ratificada |
| Delaware | 30–0 | diciembre de 1787 |
| Pensilvania | 46–23 | diciembre de 1787 |
| Nueva Jersey | 38–0 | diciembre de 1787 |
| Georgia | 26–0 | enero de 1788 |
| Connecticut | 128–40 | enero de 1788 |
| Massachusetts | 187–168 | febrero de 1788 |
| Maryland | 63–11 | abril de 1788 |
| Carolina del Sur | 149–73 | mayo de 1788 |
| New Hampshire | 57–47 | junio de 1788 |
| Virginia | 89–79 | junio de 1788 |
| Nueva York | 30–27 | julio de 1788 |
| Carolina del Norte | 194–77 | noviembre de 1789 |
| Rhode Island | 34–32 | mayo de 1790 |

18. ¿Qué conclusión puede usted sacar de la tabla acerca de la ratificación de la Constitución?

(1) Delaware y Pensilvania fueron los primeros estados en ratificar la Constitución.
(2) En Nueva Jersey, todos los delegados votaron a favor de la Constitución.
(3) En Nueva York, la Constitución fue aprobada solamente con tres votos.
(4) En los primeros cinco estados, la ratificación fue difícil; sin embargo, en los últimos ocho fue fácil.
(5) En los primeros cinco estados, la ratificación fue fácil; sin embargo, en los últimos ocho fue difícil.

Las preguntas 19 a 21 se refieren al párrafo y a la caricatura siguientes.

Durante la Guerra Civil, el presidente Abraham Lincoln estaba descontento con sus generales. Decía que el general George McClellan, quien formó el ejército de la Unión, sufría un caso de "letargia". En consecuencia, McClellan perdió oportunidades de derrotar a las fuerzas del Sur y de ganar la guerra. Lincoln designó a McClellan comandante general dos veces y lo destituyó en ambas ocasiones. Otros generales sucedieron a McClellan antes de que Lincoln encontrara a un líder capaz, el general Ulysses S. Grant. Esta caricatura apareció en un periódico de la Confederación en 1863, antes de que Grant asumiera el mando de las fuerzas de la Unión.

## CARICATURA POLÍTICA DE LA CONFEDERACIÓN EN 1863

EL AMO ABRAHAM LINCOLN CON SU JUGUETE NUEVO

19. ¿Qué representan los muñecos en los estantes?

   (1) los estados de la Unión
   (2) los estados de la Confederación
   (3) los soldados heridos de la Confederación
   (4) los soldados heridos de la Unión
   (5) los generales del ejército de la Unión

20. ¿A quién se retrata como un payaso en la caricatura?

   (1) al general que comandaba el ejército de la Unión
   (2) al presidente de la Confederación
   (3) al presidente Lincoln
   (4) al general McClellan
   (5) al general Grant

21. ¿Qué conclusión puede sacar del párrafo y de la caricatura?

   (1) La Unión sufrió derrotas innecesarias a comienzos de la guerra.
   (2) A los soldados de la Unión no les agradaba McClellan.
   (3) A los soldados de la Confederación no les agradaban sus generales.
   (4) McClellan era mejor general que Grant.
   (5) Posteriormente, Lincoln también estuvo descontento con Grant.

Las preguntas 22 y 23 se refieren al párrafo siguiente.

El fin de la Guerra Civil no trajo una solución rápida a los problemas de los antiguos esclavos. A pesar de que eran libres, no tenían adonde ir y tenían pocas maneras de ganarse la vida. Unos meses después del fin de la guerra, el presidente Andrew Johnson y el Congreso comenzaron a pensar en planes de reconstrucción para combatir estos problemas. Al mismo tiempo, los gobiernos de los estados del Sur establecieron un sistema de trabajo con una serie de normas denominadas "Códigos Negros". A las personas que habían sido esclavas, se les exigía firmar contratos de un año para obtener empleo. Si renunciaban durante ese año, perdían el salario que habían ganado y podían ser arrestadas por carecer de empleo. Entre los castigos por carecer de empleo se incluía vender su trabajo a un empleador de raza blanca por un plazo de hasta un año. No fue sino hasta 1867 que el gobierno federal obtuvo el control sobre los gobiernos de los estados del Sur y puso fin a los Códigos Negros.

22. ¿Cuál era el objetivo de los Códigos Negros?

   (1) ayudar a los antiguos esclavos a obtener empleos
   (2) ayudar a la economía rural del Norte
   (3) llevar el gobierno federal al Sur
   (4) ayudar a que la Reconstrucción tuviera éxito
   (5) volver a instaurar un sistema de trabajo parecido a la esclavitud

23. ¿Cuál es el valor que refleja mejor la decisión del gobierno federal de terminar con los Códigos Negros?

   (1) respeto por las leyes y costumbres locales
   (2) respeto por la libertad religiosa
   (3) amor por el aprendizaje
   (4) interés por la justicia
   (5) deseo de comprometerse

Las preguntas 24 a 26 se refieren al siguiente texto.

Caballo Loco, el jefe de guerra de la tribu sioux lakota, fue uno de los líderes más importantes de los indios americanos del siglo XIX. Al igual que el santón sioux Toro Sentado, se resistió tenazmente al asentamiento blanco en los Montes Negros de los Dakotas, ricos en minerales, por ser una zona sagrada para los sioux. En 1876, los guerreros cheyenes y lakotas encabezados por Caballo Loco derrotaron a las tropas del teniente coronel George Custer en la batalla de Little Bighorn. Después de esta derrota, el ejército de Estados Unidos intensificó la guerra contra los sioux. Finalmente, Caballo Loco y su banda de casi 1,000 soldados se vieron obligados a rendirse por hambre. Caballo Loco fue arrestado en 1877 y poco después, fue asesinado por un guardia en una riña dentro de la prisión.

Toro Sentado y sus seguidores escaparon a Canadá. Ellos resistieron hasta 1881 antes de que el hambre los obligara también a rendirse y a vivir en una reserva. Toro Sentado pasó el resto de sus días luchando contra el gobierno, que intentaba forzarlos a vivir como la gente blanca. En 1890, fue asesinado por las autoridades que trataban de arrestarlo bajo la sospecha de que estaba instando a los indios americanos a rebelarse.

24. En este texto, el escritor supone que usted conoce que lakota es

   (1) una región de las Colinas Negras
   (2) un estado de Estado Unidos
   (3) una ciudad en el oeste de Dakota del Sur
   (4) una parte de la nación sioux
   (5) otro nombre de los cheyenes

25. ¿Qué enunciado resume mejor la idea principal de este texto?

   (1) Caballo Loco y Toro Sentado eran líderes de los sioux.
   (2) La falta de alimentos fue el principal problema para los sioux en la década de 1870.
   (3) Toro Sentado y Caballo Loco lucharon para preservar las tierras y las costumbres de su pueblo.
   (4) Tanto Toro Sentado como Caballo Loco murieron en manos del gobierno de Estados Unidos.
   (5) Los sioux y los cheyenes obtuvieron una importante victoria sobre el ejército de Estados Unidos en 1876.

26. Basado en la información de este texto, ¿qué consideraba más importante Toro Sentado?

   (1) la educación y el entrenamiento
   (2) la vida en las reservas
   (3) la cooperación
   (4) la autoridad
   (5) el estilo de vida de los sioux

Las preguntas 27 y 28 se refieren a la tabla siguiente.

| PROMEDIO ANUAL DE INGRESOS PARA OCUPACIONES SELECCIONADAS EN 1890 | |
|---|---|
| Trabajadores agrícolas | $233 |
| Profesores de escuelas públicas | 256 |
| Mineros de carbón de piedra | 406 |
| Empleados de las fábricas | 439 |
| Empleados del tranvía | 557 |
| Empleados de los ferrocarriles de vapor | 560 |
| Empleados de gas y electricidad | 687 |
| Pastores | 794 |
| Empleados en las fábricas de manufactura y ferrocarriles de vapor | 848 |
| Empleados postales | 878 |

27. Qué conclusiones se pueden sacar de la información de la tabla sobre los empleados del tranvía?

   (1) En algunas ciudades había grandes masas de tránsito en la década de 1890.
   (2) Los empleados de los ferrocarriles viajaban por tren gratis.
   (3) Había más empleados del tranvía que profesores.
   (4) Los empleados del tranvía eran mejor pagados que los empleados urbanos.
   (5) Los tranvías estaban reemplazando al ferrocarril a vapor en 1890.

28. De acuerdo con la tabla, ¿cuál fue una de las razones probables por la que la gente se trasladó de las zonas rurales de Estados Unidos a las ciudades en 1890?

   (1) Los ferrocarriles no llegaban al campo.
   (2) Había poca necesidad de granjeros.
   (3) Los sueldos en la ciudad eran mejores.
   (4) Los maestros de escuelas eran más necesarios en las ciudades.
   (5) Había muchos trabajos disponibles en el gobierno.

Las preguntas 29 y 30 se refieren al siguiente texto.

Una persona que ayudó a fomentar el desarrollo de la industria en el Sur nació esclavo en 1856. Su nombre era Booker T. Washington. Cuando era niño, Washington decidió que quería aprender a leer. Aprendió el alfabeto por sí mismo, estudiando los barriles marcados en el horno para sal donde trabajaba. Más tarde, se las arregló para ir a la escuela. Tuvo que tomar muchos trabajos para sustentarse a sí mismo mientras estudiaba. Trabajó como portero en una escuela, como sirviente en una familia local y hasta en una mina de carbón. Se graduó con honores en 1875.

A Washington se le recuerda por fundar el Instituto Tuskegee, una escuela para estudiantes negros. Fundado en Alabama en 1881, fue la primera escuela vocacional e industrial del Sur. Allí, los estudiantes no sólo recibían una educación académica, sino que también se capacitaban en oficios especializados necesarios para la industria. La idea tuvo tanta aceptación que las escuelas para blancos pronto comenzaron a imitar la práctica.

29. De acuerdo con este texto, ¿qué puede suponer sobre el período en que se fundó Tuskegee?

(1) Era común que los afroamericanos asistieran a la escuela.
(2) Por lo general, los afroamericanos no fueron aceptados en las escuelas donde asistían estudiantes blancos.
(3) Todos los niños del sur iban a la escuela.
(4) El sur prontamente se industrializó.
(5) Se enseñaban oficios especializados en las escuelas como norma general.

30. Según el texto, ¿qué tipo de carrera seguirían probablemente los graduados del Instituto Tuskegee?

(1) la enseñanza en una secundaria
(2) capacitación de enfermeras
(3) administración de un pequeño negocio
(4) trabajo calificado en una fábrica
(5) administración de escuelas

Las preguntas 31 y 32 se refieren a la siguiente gráfica.

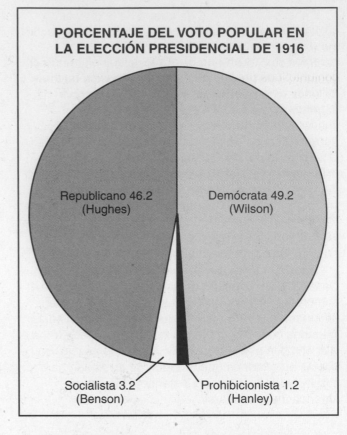

PORCENTAJE DEL VOTO POPULAR EN LA ELECCIÓN PRESIDENCIAL DE 1916

Republicano 46.2 (Hughes)

Demócrata 49.2 (Wilson)

Socialista 3.2 (Benson)

Prohibicionista 1.2 (Hanley)

31. ¿Cuál es la idea principal de la gráfica?

(1) Hughes era el candidato presidencial del Partido Republicano en 1916.
(2) Wilson era el candidato presidencial del Partido Demócrata en 1916.
(3) La elección de 1916 fue reñida, y los demócratas prevalecieron sobre los republicanos y dos pequeños partidos.
(4) Wilson ganó la elección de 1916 en forma abismal.
(5) Los pequeños partidos políticos pueden afectar los resultados de las elecciones en gran medida, aunque consigan pocos votos.

32. ¿Cuál de éstos es un detalle sobre los Partidos Socialista y Prohibicionista confirmado por el gráfico?

(1) El Partido Prohibicionista quería prohibir el alcohol.
(2) El Partido Socialista ganó el 1.2% de los votos.
(3) El Partido Prohibicionista obtuvo más votos.
(4) Ambos tenían partidarios en toda la nación.
(5) Ningún partido tenía muchos partidarios.

Las preguntas 33 y 34 se refieren a la siguiente información.

Durante la década de 1920, Estados Unidos comenzó a producir más hierro, acero, autos, muebles y otros productos que el resto del mundo en conjunto. Los precios de muchos productos bajaron, y millones de personas pudieron comprarlos. Los ingresos de los empresarios, doctores, abogados y vendedores aumentaron. El trabajador promedio ganaba entre $25 y $30 por semana, suficiente para poder costear aparatos electrodomésticos, como aspiradoras eléctricas, lavadoras y refrigeradores. Sin embargo, muchos trabajadores de Nueva Inglaterra perdieron sus empleos cuando las industrias textiles y las fábricas de zapatos se trasladaron al Sur durante este período. Los mineros de carbón en Ohio y Pensilvania también resultaron perjudicados cuando las personas y las industrias comenzaron a sustituir el carbón por el petróleo y el gas como fuentes de calor y energía. Muchos agricultores y criadores también pasaron por un mal momento durante este período. En 1919, con una tonelada de maíz se podían comprar cinco galones de gasolina. En 1921, sólo alcanzaba para medio galón.

33. ¿Cuál de los siguientes detalles apoya la conclusión de que algunos norteamericanos enfrentaron momentos difíciles durante la década de 1920?

(1) Los ingresos de los vendedores y empresarios aumentaron.
(2) La producción de bienes aumentó.
(3) La remuneración de los trabajadores aumentó de $25 a $30 por semana.
(4) Con una tonelada de maíz se podía comprar mucho menos en 1921 que en 1919.
(5) Los precios de los productos elaborados manufacturados.

34. ¿Cuál de las siguientes conclusiones está apoyada por la información del texto?

(1) La década de 1920 fue una época de grandes conflictos.
(2) La nación entera experimentó tiempos económicos difíciles durante la década de 1920.
(3) La agricultura y la crianza de animales se transformó en una ocupación cada vez más próspera.
(4) Durante la década de 1920 el trabajador promedio era pobre.
(5) La prosperidad de la década de 1920 no era uniforme entre todos los norteamericanos.

Las preguntas 35 y 36 se refieren al siguiente texto.

En 1950, Japón tomó posesión del vecino reino de Corea. Sin embargo, al final de la Segunda Guerra Mundial, Corea se liberó del control japonés y se dividió en dos partes. Corea del Norte se transformó en una nación comunista. El gobierno formado por Corea del Sur se opuso al comunismo.

En 1950, las fuerzas de Corea del Norte invadieron Corea del Sur. Cuando Corea del Norte se negó a retirarse, Estados Unidos y otros miembros de las Naciones Unidas enviaron fuerzas a Corea del Sur. Después de expulsar a los invasores de Corea del Sur, las fuerzas de la ONU invadieron y conquistaron gran parte de Corea del Norte. Entonces, China Comunista salió en ayuda de Corea del Norte. Las tropas chinas forzaron a las fuerzas de la ONU a regresar a Corea del Sur.

Luego de tres años de luchas y negociaciones, la guerra terminó en julio de 1953. Corea siguió dividida a lo largo de casi la misma frontera que existía antes de la guerra. En los años que siguieron, Corea del Norte permaneció bajo control comunista, mientras que Corea del Sur desarrolló un gobierno democrático.

35. ¿Cuáles fueron los resultados de la guerra de Corea?

(1) Corea del Norte ganó la guerra y se apoderó de Corea.
(2) Corea del Sur ganó la guerra y se apoderó de Corea.
(3) Estados Unidos ganó la guerra y se apoderó de Corea.
(4) China Comunista ganó la guerra y se apoderó de Corea.
(5) La guerra terminó de forma neutra y Corea siguió dividida.

36. ¿Cuál de los siguientes enunciados puede usted concluir a partir de la información del texto?

(1) Corea del Norte y Corea del Sur son hoy en día una nación.
(2) Corea del Sur tiene una economía más fuerte que la de Corea del Norte.
(3) Corea del Sur no era una democracia antes de la guerra de Corea.
(4) Los soldados de EE.UU. eran superiores a las tropas de Corea del Norte.
(5) Estados Unidos ganó la guerra de Corea.

Las preguntas 37 y 38 se refieren al siguiente texto.

Las preguntas 39 a 41 se refieren a la siguiente gráfica.

Después de la Segunda Guerra Mundial, Vietnam declaró su independencia de Francia. Debido a que los líderes del movimiento por la independencia eran comunistas, Estados Unidos apoyó a Francia en la guerra que siguió. Estados Unidos proporcionó provisiones y equipos a las fuerzas francesas que combatían en Vietnam.

En 1954, Francia se rindió y Vietnam se dividió en dos. Un gobierno comunista tomó el control de Vietnam del Norte. Estados Unidos apoyó al gobierno anticomunista que se estableció en Vietnam del Sur. Sin embargo, este gobierno era corrupto y opresivo, por lo que los comunistas y otros vietnamitas del Sur intentaron derrocarlo. Estados Unidos envió equipos y consejeros militares para ayudar al ejército de Vietnam del Sur a combatir esta rebelión. Vietnam del Norte ayudó a los rebeldes, conocidos como los Vietcong.

Durante la década de 1960, la participación de Estados Unidos en Vietnam aumentó. Los cientos de consejeros militares de los años 1950, se convirtieron en más de 500,000 tropas de combate en 1968. Las bajas estadounidenses fueron muchas. Por primera vez, los estadounidenses pudieron ver por televisión una guerra en marcha. Algunos telespectadores comenzaron a dudar acerca de la cordura de la guerra. Las diferencias de opinión acerca de la guerra de Vietnam dividieron profundamente al pueblo estadounidense, lo que causó grandes tensiones en la sociedad.

37. De acuerdo con el texto, ¿por qué Estados Unidos apoyó a Francia en Vietnam?

(1) Los franceses estaban combatiendo contra los comunistas.
(2) Los franceses estaban combatiendo contra los anticomunistas.
(3) Los franceses estaban combatiendo por la independencia.
(4) Los franceses querían dividir a Vietnam.
(5) Los franceses necesitaban más soldados.

38. A partir del texto, ¿qué conclusión puede sacar acerca de la guerra de Vietnam?

(1) Estados Unidos bombardeó a Vietnam del Norte.
(2) En la guerra murieron pocos estadounidenses.
(3) La participación de Estados Unidos aumentó gradualmente.
(4) Los estadounidenses que estaban en su país sabían poco acerca de la guerra.
(5) La mayoría de los estadounidenses aprobaban la guerra.

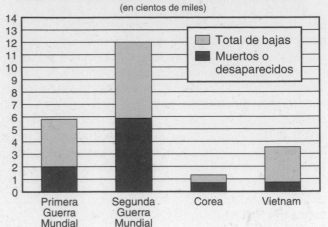

**BAJAS EN LAS GUERRAS DURANTE EL SIGLO XX**
(en cientos de miles)

39. ¿Cuál es la diferencia en la cantidad de estadounidenses que murieron o desaparecieron en la Segunda Guerra Mundial en comparación con la Primera Guerra Mundial?

(1) aproximadamente 4,000
(2) aproximadamente 6,000
(3) aproximadamente 200,000
(4) aproximadamente 400,000
(5) aproximadamente 600,000

40. ¿En cuál de las guerras se produjo la menor proporción de muertos o desaparecidos en relación con la totalidad de las bajas?

(1) Primera Guerra Mundial
(2) Segunda Guerra Mundial
(3) Guerra de Corea
(4) Guerra de Vietnam
(5) No se puede determinar esa información a partir de la gráfica.

41. Basándose en la gráfica, ¿qué conclusión puede sacar usted?

(1) Pocos estadounidenses perdieron la vida en la Primera Guerra Mundial.
(2) Pocos franceses perdieron la vida en la Primera Guerra Mundial.
(3) La Segunda Guerra Mundial fue la guerra que tuvo el mayor costo para Estados Unidos durante el siglo XX en términos de vidas humanas.
(4) Las guerras de Corea y Vietnam ocurrieron recientemente.
(5) Estados Unidos resultó victorioso en ambas guerras mundiales, no así en Corea y Vietnam.

**Las respuestas comienzan en la página 291.**

# Tabla de análisis del desempeño en el repaso acumulativo
# Unidad 1 • Historia de Estados Unidos

Consulte la sección Respuestas y explicaciones que empieza en la página 291 para verificar sus respuestas al Repaso acumulativo de la Unidad 1. Luego, use la siguiente tabla para identificar las destrezas en las que necesite práctica adicional.

En la tabla, encierre en un círculo los números que corresponden a las preguntas que haya contestado correctamente. Anote el número de aciertos para cada destreza y luego súmelos para calcular el número total de preguntas que contestó correctamente en el Repaso acumulativo. Si cree que necesita más práctica, repase las lecciones de las destrezas que se le dificultaron.

| Preguntas | Número de aciertos | Destreza | Lecciones para repasar |
|---|---|---|---|
| 1, **9**, 15, 16 <br> **19**, **20**, 25, **31**, 35 <br> 37, **39**, **40** | ____/12 | Comprensión | 1, 2 |
| 2, **3**, 7, 8 <br> **10**, 12, 13, 14 <br> **18**, **21**, 22, 24, **27** <br> **28**, 29, 30, **32**, <br> 33, 34, 36, 38, **41** | ____/22 | Análisis | 3, 4, 6 |
| **4**, **5**, **6**, **11** <br> 17, 23, 26 | ____/8 | Evaluación | 5 |
| **TOTAL DE ACIERTOS:** ____/42 | | | |

Los números en **negritas** corresponden a preguntas que contienen gráficas.

# Historia del mundo

En la medianoche del 9 de noviembre de 1989, miles de alemanes tomaron por asalto el muro que separaba Berlín Oriental y Occidental. Los berlineses orientales despedazaron el Muro de Berlín, dando rienda suelta a su ira por las décadas de opresión. Al mismo tiempo, los berlineses occidentales pulverizaron las tensiones originadas por el temor de que algún día también ellos pudieran perder su libertad. La mañana siguiente, el símbolo más conocido en el mundo que representaba las millones de personas que carecían de derechos humanos, se venía abajo.

Los anales de la historia del mundo muestran la lucha constante entre los esfuerzos de algunos grupos por controlar a otros y el indiscutible deseo de tener la libertad. Estudiar la historia del mundo nos ayuda a comprender y a valorar el progreso y los desafíos que aún existen en el mundo de hoy. La historia del mundo es también una parte importante de la Prueba de Estudios Sociales de GED, y representa el 15 por ciento de las preguntas de la prueba.

Mientras las cámaras de televisión registraban ese momento histórico, la destrucción del Muro de Berlín marcó el fin de la Guerra Fría y de la amenaza del comunismo a nivel mundial.

**Las lecciones de esta unidad son:**

**Lección 7:** **Antiguos imperios del mundo**

Las primeras civilizaciones se desarrollaron en los valles de los ríos. Algunas establecieron grandes imperios. Otras fueron finalmente conquistadas por civilizaciones superiores. Los problemas internos causaron que otras también cayeran.

**Lección 8:** **Cómo surgieron las naciones**

El deseo de los grupos étnicos de gobernarse a sí mismos existe a través de la historia. Este impulso es la base de las naciones de hoy en día, así como también la causa de inquietudes en otras regiones.

**Lección 9:** **La expansión mundial**

La búsqueda de territorio, riqueza y poder ha sido una fuerza importante en la determinación de la historia del mundo. Durante este proceso, las ideas que anteriormente existieron únicamente en regiones específicas se extendieron por todo el mundo.

**Lección 10:** **El mundo tras la Guerra Fría**

El fin de la Guerra Fría hizo surgir la esperanza de un nuevo orden mundial en el cual la gente estaría libre de amenazas a su seguridad. Sin embargo, los acontecimientos de la década de 1990 demostraron que en el mundo aún existían muchos desafíos que enfrentar para alcanzar la paz y la libertad.

---

### DESTREZAS DE RAZONAMIENTO

- Identificar implicaciones
- Evaluar cuán adecuada es la información
- Analizar causas y efectos
- Reconocer suposiciones implícitas (en caricaturas políticas)

---

# Lección 7

## DESTREZA DE GED Identificar implicaciones

**implicación**
algo que no se expresa abiertamente pero sí se da a entender o se sugiere

La mayor parte de la información hablada y escrita se presenta directamente. Sin embargo, a veces la información sólo se da a entender o se insinúa. Cuando un autor insinúa algo, hace una **implicación.** Para obtener el máximo provecho de la información dada, usted debe comprender no sólo la información explícita, sino también las implicaciones.

Identificar las implicaciones es una destreza importante para poder leer y comprender el material de estudios sociales que encontrará en la Prueba de GED. Esta destreza puede parecer difícil, pero, de hecho, usted identifica implicaciones todos los días. Por ejemplo, suponga que su jefe le pide que sea más amable en su trato con un cliente específico. A pesar de que su jefe no le dice por qué debiera ser amable, usted probablemente comprenderá la implicación de que se trata de un cliente importante.

Para identificar las implicaciones en lo que usted lee, primero debe identificar los hechos y todas las conclusiones que el autor ha expresado directamente. Luego vea si a partir del material puede obtenerse alguna otra conclusión que no se exprese directamente. Busque también frases que sugieran emociones o actitudes. Por ejemplo, si el autor escribe que alguien hizo rechinar sus dientes antes de tomar una decisión, la implicación del autor consiste en que la decisión fue desagradable o difícil.

**Lea el texto y responda las preguntas que se presentan a continuación.**

Los antiguos egipcios creían que sus almas podían vivir para siempre si sus cuerpos se conservaban. Por este motivo, desarrollaron métodos para embalsamar o momificar a los muertos. Los egipcios momificaban animales y también humanos. Algunos egipcios adoraban a una diosa con cabeza de gato llamada Bast y le rendían culto en sus santuarios. Los comerciantes cerca del santuario criaban gatos y los momificaban. Luego vendían las momias a los creyentes, que las ofrendaban en los santuarios. Un cementerio ubicado cerca de un santuario contenía miles de momias de gatos. Otro lugar, cercano a un santuario de otro dios, contiene los restos momificados de cuatro millones de pájaros.

**Marque con una "X" la oración que contiene una implicación hecha por el autor en el texto.**

_____ a. Los antiguos egipcios tenían gatos como mascotas.

_____ b. La momificación era una parte importante de la antigua religión egipcia.

Usted acertó si escogió la *opción b.* El autor sugiere claramente que la momificación era una práctica religiosa importante. Sin embargo, los hechos presentados por el autor en el texto no apoyan la *opción a.*

SUGERENCIA

Piense más allá del texto para identificar las implicaciones. Recuerde que lo que se sugiere pero no se expresa puede ser tan importante como lo que se expresa.

**Lea el texto, estudie el mapa y complete el ejercicio que se presenta a continuación.**

El río Nilo corre a lo largo de 4,000 millas desde el interior de África hasta el Mar Mediterráneo. Hay seis grandes rápidos a lo largo del Nilo. Los antiguos egipcios se establecieron a lo largo de las 750 millas de río que hay entre el mar y el primero de estos rápidos. Todos los años, entre junio y octubre, las lluvias que caían cerca del nacimiento del río provocaban que éste inundara el Valle del Nilo. Los granjeros recogían sus cosechas antes de que comenzaran las inundaciones. Cuando el río retrocedía, dejaba una capa de sedimento que proporcionaba un suelo nuevo y fértil. Para aumentar la producción y la prosperidad, los egipcios construyeron canales para transportar y almacenar las aguas crecidas para regar sus cultivos.

La necesidad de administrar esta red de canales causó el surgimiento de gobernadores locales y finalmente de un **estado** bajo un gobernante único, llamado **faraón.** El faraón declaraba ser un descendiente de los dioses. Los egipcios confiaban en el faraón porque creían que la inundación era un regalo de los dioses. Un faraón podía ser destronado si una inundación insuficiente traía como consecuencia privaciones y hambruna.

### EL ANTIGUO EGIPTO

1. Escriba *D* al lado del hecho que el escritor expresa directamente e *I* al lado del hecho que el escritor insinúa.

_____ a. Las inundaciones del Valle del Nilo se causaron por las lluvias que caían cerca del nacimiento del río Nilo.

_____ b. La popularidad y el poder de un faraón dependían de las inundaciones del Nilo.

2. Escriba una *I* al lado de cada enunciado implícito en el mapa.

_____ a. La mayoría de los egipcios vivían a lo largo del río Nilo.

_____ b. La mayor parte del antiguo Egipto era un desierto.

_____ c. El área de inundación del Nilo se extendió a lo largo de casi todo el río Nilo.

3. Escriba una *I* al lado de cada hecho implícito tanto en el mapa como en el texto.

_____ a. Los egipcios construyeron canales para hacer un mejor uso de las aguas crecidas.

_____ b. El desierto Arábigo se encuentra al este del río Nilo.

_____ c. La civilización del antiguo Egipto se concentró a lo largo del Nilo.

**Las respuestas comienzan en la página 294.**

Casi al mismo tiempo en que los antiguos egipcios se dedicaban a la agricultura a lo largo del Nilo, otras civilizaciones se desarrollaban cerca de otros ríos. Hace cerca de 7,000 años, los sumerios cultivaban el valle entre los ríos Tigris y Éufrates, en lo que hoy en día se conoce como Irak. A diferencia del Nilo, las crecidas de estos dos ríos eran impredecibles, y los sumerios peleaban entre sí por el derecho a las aguas. Formaron distintos gobiernos regionales llamados **ciudades-estado,** cada una encabezada por un soberano distinto. Sin embargo, su falta de unidad hizo que finalmente su avanzada cultura y su fértil valle atrajeran a los invasores.

Hace 4,500 años, otra civilización avanzada emergió en el valle del río Indo, en lo que hoy se conoce como Paquistán. Esta civilización se concentró en dos grandes ciudades, ambas con calles anchas, un sistema de acueducto y un sistema de alcantarillas de ladrillo para las casas. Los sistemas de control de regadío e inundación permitieron a los granjeros de los alrededores criar suficiente ganado y cosechar cultivos para alimentar a los 40,000 residentes de cada ciudad, muchos de ellos comerciantes y artesanos.

Poco se sabe acerca de la primera civilización del Valle de Huang He (río Amarillo) en China. Sin embargo, hace 3,500 años, el pueblo de esa región fue conquistado por guerreros que invadieron la región en carros de guerra y fundaron la **dinastía** Shang. Como primera familia reinante en China, los Shang introdujeron los sistemas de control de inundaciones y de regadío al pueblo del valle. El control de estos sistemas les permitió gobernar la región durante los siguientes 500 años.

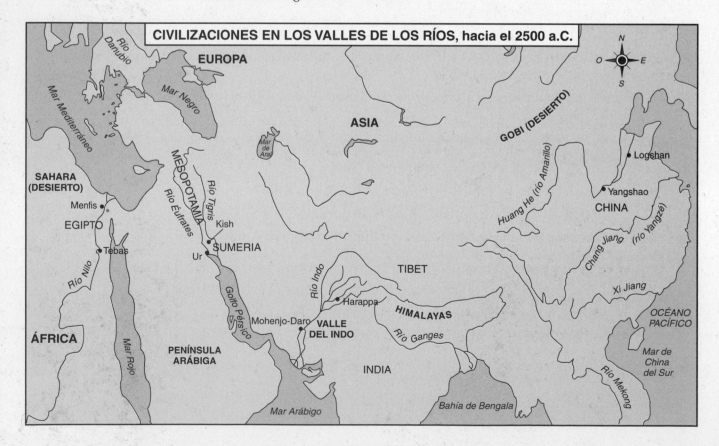

**CIVILIZACIONES EN LOS VALLES DE LOS RÍOS, hacia el 2500 a.C.**

Instrucciones: Elija la respuesta que mejor responda a cada pregunta.

Las preguntas 1 a 6 se refieren al texto y mapa de la página 98.

1. ¿Qué implicación se insinúa en la segunda oración del tercer párrafo del texto?

   (1) Los invasores conquistaron al pueblo que vivía en la región.
   (2) Los carros de guerra dieron ventaja a los invasores sobre el pueblo que vivía en la región.
   (3) Los Shang establecieron una dinastía.
   (4) Los invasores eran un pueblo llamado Shang.
   (5) Los Shang eran un pueblo chino proveniente de otra región de China.

2. ¿Cuál es la conclusión que se insinúa en el primer párrafo del texto?

   (1) Los antiguos egipcios y los sumerios comenzaron a cultivar casi al mismo tiempo.
   (2) Las ciudades-estado eran la forma de gobierno de los sumerios.
   (3) Los sumerios peleaban por las aguas debido a que las inundaciones eran impredecibles y el agua era escasa.
   (4) Sumeria era atractiva para los invasores, en parte porque su tierra era fértil.
   (5) Las ciudades-estado de Sumeria no practicaban la democracia.

3. ¿Qué insinúa el mapa acerca de las antiguas civilizaciones?

   (1) Todas las civilizaciones que aparecen en el mapa existieron al mismo tiempo.
   (2) Las civilizaciones que aparecen en el mapa eran todas sociedades agrícolas.
   (3) La mayoría de los pueblos de las antiguas civilizaciones eran agricultores.
   (4) En el área que muestra este mapa, no existieron otros pueblos en el año 2500 a.C.
   (5) Las condiciones de los valles de los ríos eran críticas para el desarrollo de las primeras civilizaciones.

4. ¿Qué se puede concluir a partir del segundo párrafo del texto y de la información que aparece en el mapa?

   (1) El pueblo del valle del Indo emigró desde los Himalayas.
   (2) Mohenjo-Daro y Harappa tenían sistemas de acueducto y alcantarillado.
   (3) La mayoría de las personas del valle del Indo vivían en Mohenjo-Daro y en Harappa.
   (4) La mayoría de las personas del valle del Indo trabajaban en el comercio o en la industria.
   (5) La mayoría de las personas del valle del Indo eran granjeros.

5. De acuerdo con la información presentada en la página 98, ¿qué podría esperar usted de las primeras civilizaciones avanzadas de América?

   (1) Parte de la población habitaba en las ciudades.
   (2) Los gobernantes eran reyes hereditarios.
   (3) La religión era importante en las primeras culturas de América.
   (4) Su tecnología incluía el uso de la rueda.
   (5) Sus viviendas eran de ladrillo.

6. ¿Cuál de las siguientes conclusiones generales acerca de las primeras civilizaciones se sugieren en el texto y en el mapa?

   (1) Una fuente segura de agua no era importante para el desarrollo de civilizaciones avanzadas.
   (2) Establecer la agricultura fue un primer paso importante en el desarrollo de una cultura avanzada.
   (3) Los primeros pueblos usaron muy poco la ciencia y la tecnología para desarrollar sus civilizaciones.
   (4) Los pueblos más avanzados vivieron bajo gobiernos fuertemente democráticos.
   (5) Los pueblos avanzados generalmente no podían ser conquistados, ni por enemigos más fuertes o más unidos.

Las respuestas comienzan en la página 294.

Instrucciones: Elija la respuesta que mejor responda a cada pregunta.

Las preguntas 1 a 3 se refieren al texto y tabla siguientes.

Alrededor del año 800 a.C., se desarrolló una sociedad organizada en la península de Grecia, donde **clanes** y **tribus** establecieron cientos de ciudades-estado. En un principio, cada ciudad-estado estaba gobernada por un jefe o rey tribal. Hacia el año 700 a.C., la mayoría de estos gobernantes habían sido destronados por los terratenientes adinerados. Los griegos se referían a estos nuevos gobiernos como *aristokratika,* o **aristocracias,** lo que significaba "gobernado por el mejor". Al final, algunas aristocracias se reemplazaron por gobiernos en los cuales el pueblo común, o *demos,* tenía voz en el régimen de la ciudad-estado. A estos gobiernos se les llamó democracias. La democracia más grande era Atenas, la cual se convirtió en la pieza central de lo que se llamó la Edad de Oro de Grecia, hacia el año 400 a.C.

A pesar de que duró menos de cien años, la Edad de Oro de Grecia fue una época de grandes logros en la ciencia, las artes, y las formas de razonamiento acerca del mundo. Las guerras y las rivalidades entre las ciudades-estado provocaron un desgaste paulatino en el liderazgo cultural de Atenas, pero los logros de ese corto período influyeron en la civilización griega y en el mundo entero por todos los siglos venideros.

| Ciencia y pensamiento | Arte y drama |
|---|---|
| **Sócrates** (470 a.C. – 399 a.C.) desarrolló métodos de búsqueda de la verdad y del conocimiento que se convirtieron en la base de la educación moderna | **Esquilo** (525 a.C. – 456 a.C.) escribió las primeras obras dramáticas, u obras que contenían acción y diálogo |
| **Hipócrates** (460 a.C. – 377 a.C.) fundó la medicina mediante la enseñanza de que las enfermedades tenían causas naturales y no eran castigos de los dioses | **Eurípides** (484 a.C. – 406 a.C.) escribió las primeras obras dramáticas que trataban sobre personas comunes y problemas sociales en lugar de las hazañas de los dioses |
| **Demócrito** (460 a.C. – 370 a.C.) desarrolló la idea de que el universo consiste de pequeñas partículas de materia que denominó átomos | **Mirón** (480 a.C. – 440 a.C.) esculpió el *Discóbolo*, uno de los ejemplos del arte griego antiguo más famosos |

1. ¿Cuál de los siguientes enunciados es una implicación del texto?

   (1) La cultura griega dependió en gran medida de la civilización egipcia.
   (2) La palabra española *democracia* viene del término griego que significa "el pueblo".
   (3) Las ciudades-estado de Grecia eran muy grandes.
   (4) Una aristocracia es una mejor forma de gobierno que una democracia.
   (5) La guerra alienta el desarrollo cultural.

2. ¿Qué conclusiones se pueden sacar a partir de la tabla?

   (1) Los dramaturgos más grandes vinieron de Atenas.
   (2) Mirón fue ejecutado debido a su arte.
   (3) Sócrates inspiró las enseñanzas de Hipócrates.
   (4) Sócrates influenció la escritura de Eurípides.
   (5) Los antiguos griegos influyeron en la ciencia moderna.

3. ¿Qué razones insinúa el texto que produjeron el liderazgo cultural de Atenas en la Edad de Oro?

   (1) su victoria militar frente a Esparta
   (2) su deseo de influenciar al resto del mundo
   (3) su forma democrática de gobierno
   (4) las rivalidades que existían entre las ciudades-estado
   (5) las contribuciones de Esquilo y Mirón

**SUGERENCIA**

Para identificar y comprender las implicaciones de un escritor, busque las pistas que en el orden de la oración y de las palabras insinúan ideas y conexiones importantes.

Las preguntas 4 a 6 se refieren al texto y tabla siguientes.

Mientras Grecia entraba en la Edad de Oro, surgía un nuevo poder en la Península Itálica hacia el oeste. En el año 509 a.C., el pueblo latino de Roma destronó a los reyes etruscos que los gobernaban e instituyó una **república** en la cual los ciudadanos elegían representantes para que los gobernaran. Sin embargo, la aristocracia de ciertos clanes obtuvo rápidamente el control de los cargos electos.

Las leyes romanas no habían sido escritas, por lo que para las autoridades electas era muy fácil interpretarlas de modo que los clanes permanecieran en el poder. Los ciudadanos de Roma pronto exigieron un cambio. Alrededor de 450 a.C., las leyes romanas fueron puestas por escrito y se hicieron más democráticas. Por ejemplo, todos los ciudadanos ganaron el derecho a tener un cargo público. A los ciudadanos terratenientes también se les exigió que sirvieran en el ejército.

La democracia se expandía a medida que Roma extendía su poder. Hacia el año 272 a.C., Roma controlaba toda Italia. Todos los pueblos conquistados de la península se convirtieron en ciudadanos de la República Romana.

Movilizándose más allá de los límites de Italia, Roma invadió y derrotó a la poderosa ciudad de Cartago en el año 202 a.C. y obtuvo el control sobre África del Norte. Luego, los ejércitos romanos se dirigieron al oeste, hacia España. También marcharon hacia el este, conquistando Grecia y sus colonias en lo que hoy se denomina Turquía. Hacia el año 133 a.C., la supremacía de Roma en el Mediterráneo era total.

Los romanos no otorgaron ciudadanía ni gobierno democrático a los pueblos que se encontraban fuera de Italia. En lugar de eso, los pueblos conquistados se gobernaron por una autoridad designada por Roma y se apoyaron por un ejército de ocupación romana. Estos pueblos dominados fueron obligados a pagar altos impuestos a sus amos romanos. Incluso algunos, como los ciudadanos de Cartago, fueron esclavizados por los romanos.

---

### Gobierno de la República Romana

**Senado**

Los ciudadanos elegían a romanos de clase alta para formar un Senado compuesto de 300 miembros, el cual aprobaba leyes, establecía la política exterior y controlaba los fondos gubernamentales.

**Asambleas populares**

Las asambleas formadas por ciudadanos aprobaban las leyes y elegían autoridades llamadas tribunos. Los tribunos podían obstruir las leyes del Senado que no beneficiaban el conjunto de la sociedad.

**Cónsules**

Dos cónsules electos administraban el gobierno. Cada cónsul tenía el poder de ejercer el **veto** (palabra del Latín que significa "yo vedo o prohíbo") sobre las acciones del otro.

**Magistrados**

Estas autoridades electas vigilaban el sistema jurídico e interpretaban dudas acerca de la ley.

**Censores**

Estas autoridades inscribían a los ciudadanos de acuerdo a su riqueza, seleccionaban candidatos para el Senado y supervisaban la conducta moral de todos los romanos.

---

4. ¿Qué implicaciones hace el texto acerca de Cartago?

   (1) Estaba ubicada en África del Norte.
   (2) Fue vencida por los ejércitos romanos.
   (3) Era más democrática que Roma.
   (4) Su conquista le dio a Roma la supremacía en la región mediterránea.
   (5) Sus ciudadanos se convirtieron en ciudadanos de Roma.

5. ¿Qué autoridades de Estados Unidos son más parecidas a los magistrados romanos?

   (1) el presidente, que puede vetar leyes del Congreso
   (2) los senadores y los representantes del Congreso, que aprueban las leyes de la nación
   (3) los miembros del poder legislativo del estado, que aprueban las leyes para cada estado
   (4) los jueces del Tribunal Supremo, que determinan si las leyes concuerdan con la Constitución
   (5) los gobernadores, que encabezan los 50 estados

6. De acuerdo con lo que sugiere la información ¿qué valoraban más los antiguos romanos?

   (1) la riqueza y el comercio
   (2) el poder político y militar
   (3) la libertad y la igualdad para todos los pueblos
   (4) la igualdad de derechos para la mujer
   (5) el arte y la cultura griegos

**Las respuestas comienzan en la página 295**

**Instrucciones:** Ésta es una prueba de práctica que dura diez minutos. Después de que transcurran los diez minutos, ponga una marca en la última pregunta que haya respondido. A continuación, termine la prueba y revise sus respuestas. Si la mayoría de sus respuestas fueron correctas, pero no terminó la prueba, trate de responder las preguntas más rápidamente la próxima vez. Escoja la respuesta que mejor responda a cada pregunta.

Las preguntas 1 a 4 se refieren al siguiente texto.

A medida que el poder de Egipto comenzó a declinar después del año 1000 a.C., en el sur surgió el reino de Kush, en lo que ahora se conoce como Sudán. Egipto había dominado por largo tiempo a los nubios, un pueblo africano de raza negra de Kush, quienes vivían al sur del Nilo. Al igual que los egipcios, los nubios también construían pirámides, adoraban a dioses egipcios, cultivaban la tierra y criaban ganado.

A comienzos del siglo VIII a.C., Kush era suficientemente poderosa para conquistar Egipto y gobernarlo durante un breve período. Sin embargo, el punto culminante en la historia de Kush ocurrió entre los años 250 a.C. y 150 d.C. , cuando Kush se transformó en un gran centro de comercio, recibiendo influencias romanas, griegas, persas, indias y chinas.

Al sur del Sahara y lejos del Nilo estaba Sahel, una región de prados secos en donde se practicaba la agricultura y el pastoreo de ganado en pequeña escala. Pero la falta de herramientas adecuadas para el despeje de bosques demoró el desarrollo de la agricultura en el resto del interior de África. Además, la mortífera mosca tse-tsé dificultó la crianza de ganado, bueyes, mulas y otros animales en algunas regiones.

Una excepción era la sociedad nok, la que existió entre los años 500 a.C. y 200 d.C., en lo que ahora es el norte de Nigeria. Este pueblo de África Occidental cultivó la tierra y crió ganado y fueron los primeros fabricantes conocidos de productos de hierro al sur del Sáhara. Su civilización también se conoce por sus esculturas de animales en poses naturales hechas de arcilla. El arte antiguo de los nok influenció gran parte del arte por el cual más tarde se haría famoso el África Occidental.

1. ¿Qué insinúa el texto acerca de la historia del antiguo Egipto?

   (1) El poder de Egipto declinó después del año 1000 a.C.
   (2) Egipto influyó en la cultura nok.
   (3) La práctica de la agricultura y el pastoreo de ganado no existió en Egipto.
   (4) Algunos gobernantes de Egipto eran de raza negra.
   (5) Egipto no comerció con Grecia ni con Roma.

2. ¿Qué insinúa la información del texto acerca de la cultura nok?

   (1) El pueblo nok se dedicaba a la agricultura y al pastoreo.
   (2) La cultura nok es anterior a la de Kush.
   (3) El pueblo nok era más avanzado que otros pueblos de África Occidental.
   (4) Los nubios influenciaron el desarrollo de la cultura nok.
   (5) Los nok adoraban a muchos dioses.

3. ¿Qué insinúa el texto acerca del interior de África hace 2000 años atrás?

   (1) Era un centro industrial y comercial.
   (2) Era un desierto y no crecía nada en ese lugar.
   (3) Estaba completamente deshabitado, y la gente no viajaba hacia allá.
   (4) Era en su mayoría una tierra de prados y había muchos agricultores y pastores.
   (5) La mayoría de sus tierras estaban cubiertas de espesos bosques, pero había algunos agricultores y pastores.

4. Desde el siglo XVI hasta el XIX, las naciones europeas conquistaron paulatinamente los pueblos de África y establecieron colonias allí. Sin embargo, el control de los europeos sobre algunas partes de África se vio disminuido porque en esas regiones no podían usar a los animales como medio de transporte.

   Basándose en lo que usted leyó en este texto y en el anterior, ¿por qué cree que los europeos se encontraron con esta dificultad?

   (1) Los pueblos de aquellas regiones eran más avanzados que otros pueblos africanos.
   (2) Aquellas regiones eran el hogar de la mosca tse-tsé.
   (3) Había bosques en estas regiones.
   (4) El pastoreo y la agricultura no existían en estas regiones.
   (5) El pueblo de Kush y el pueblo nok eran buenos luchadores y tenían ejércitos poderosos.

Las preguntas 5 a 7 se refieren al texto y mapa siguientes.

En América del Sur, las civilizaciones avanzadas surgieron por primera vez a lo largo de la costa de lo que ahora es Perú. El pueblo nazca practicó la agricultura en la región a comienzos del año 3000 a.C. y en el año 1800 a.C. ya trabajaban los metales y construían grandes templos. Un pueblo posterior, los mochicas, crearon un detallado sistema de canales para regar sus campos y criaron llamas y conejillos de Indias por su carne. En el año 400 d.C., el reino mochica se extendía 400 millas a lo largo de la costa, conectado por caminos que los incas usarían cien años después para gobernar su propio imperio en la misma región.

Entre los años 1800 a.C. y 900 d.C., los mayas desarrollaron una civilización por gran parte de América Central que rivalizaba con las antiguas culturas mediterráneas. Al igual que los antiguos griegos, los mayas vivieron en ciudades-estado independientes. Despejaron los bosques en las afueras de cada ciudad y cultivaron cosechas para alimentar a la población de las ciudades. Algunas de estas ciudades eran muy grandes. Tikal, en lo que hoy se conoce como Guatemala, cubría 50 millas cuadradas y tenía una población de 75,000 a 100,000 habitantes en el año 400 d.C.

El comercio también era importante para los mayas. Aunque no tenían animales de carga ni conocimiento de la rueda, trasladaban mercancías por largas distancias en sus espaldas. Uno de los socios comerciales de Tikal era Teotihuacán, ubicado a cientos de millas en el centro de México. Con una población de casi 200,000 habitantes, Teotihuacán era la ciudad más grande de la antigua América.

Por motivos aún sin descubrirse, Teotihuacán, al igual que la civilización maya, desapareció hacia el año 900 a.C. Sin embargo, alrededor del año 1200, un nuevo pueblo, los aztecas, construyó una nueva civilización cerca de las ruinas de la gran ciudad abandonada.

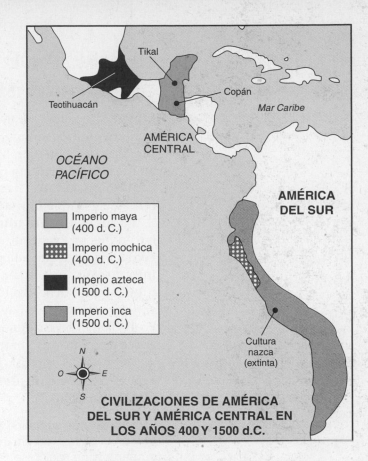

CIVILIZACIONES DE AMÉRICA DEL SUR Y AMÉRICA CENTRAL EN LOS AÑOS 400 Y 1500 d.C.

5. De acuerdo con el texto, ¿cuál de los siguientes enunciados indica una similitud entre las civilizaciones nazca, mochica y maya?

(1) Cada una de ellas formó ciudades-estado y vivieron en ciudades.
(2) En cada imperio existieron grandes sistemas de caminos.
(3) La agricultura era importante para todas estas culturas.
(4) Todas surgieron en América del Sur.
(5) Todas declinaron y desaparecieron por motivos que aún no se descubren.

6. ¿A cuál de los siguientes enunciados apoya la evidencia presentada en el mapa?

(1) Las ciudades de Teotihuacán, Tikal y Copán comerciaban entre ellas.
(2) Los imperios azteca e inca existieron al mismo tiempo.
(3) Los incas hicieron uso de los caminos de los mochicas para conquistar Copán.
(4) Los aztecas construyeron su imperio sobre las ruinas de Tikal.
(5) Los aztecas se encontraban activos en América Central antes que los mayas.

7. ¿Cuál de los siguientes enunciados sugiere que la construcción de caminos era importante para la cultura mochica?

(1) el autogobierno
(2) las ciudades
(3) el aprendizaje
(4) la religión
(5) el comercio

Las respuestas comienzan en la página 295.

# DESTREZA DE GED **Evaluar cuán adecuada es la información**

A menudo hacemos **generalizaciones** y sacamos **conclusiones** sin fundamento. Usted probablemente las escucha todo el tiempo: "Los empleados de envío no trabajan tanto como los vendedores". "Ahora ocurren más delitos en este vecindario que antes". Sin pruebas que los respalden, estos enunciados tienen poco o ningún valor.

La **información adecuada** consiste en los hechos y otros detalles que hacen que una generalización o conclusión sea comprensible, creíble y verdadera. Para que una generalización o conclusión sea útil, debe haber información apropiada que la respalde. La información debe tener algún fundamento. Debe explicar o dar un ejemplo, describir una causa o aclarar el razonamiento que hay detrás de una generalización o conclusión. Probablemente, cualquier información que no cumpla con esto no será adecuada; aun si es interesante o verdadera.

**generalización**
enunciado amplio que se aplica a toda una clase de cosas o personas

**conclusión**
juicio o decisión sobre alguien o algo

**información adecuada**
información que apoya una idea, una generalización o una conclusión

### Lea el texto y complete el ejercicio que se presenta a continuación.

Una **nación** se define actualmente como el territorio donde viven las personas bajo el mando de un solo gobierno. Durante mucho tiempo, sin embargo, una nación se definía por su cultura más que por sus límites o su política. Todos los que compartían un lenguaje y origen **étnico** formaban una nación, aunque fueran gobernados por diferentes gobernantes. Los emperadores Tang, de China, en el siglo VIII estaban a favor del budismo y fomentaban las artes chinas. Los francos eran una nación en el siglo VI, mil años antes de que los reyes borbones los unieran para formar la nación política de Francia. De hecho, la meta de convertir una nación cultural en una nación política ha sido de vital importancia en la historia del mundo.

### Marque con una "X" el enunciado que respalda la conclusión de que una nación es un pueblo, y no un área geográfica con límites establecidos.

_____ a.  Los francos eran una nación en el siglo VI, mil años antes de que los reyes borbones los unieran para formar la nación política de Francia.

_____ b.  Los emperadores Tang, de China, en el siglo VIII estaban a favor del budismo y fomentaban las artes chinas.

Usted acertó si escogió la *opción a*. El texto trata sobre la diferencia entre la definición moderna y la histórica de la palabra *nación*. La *opción a* ilustra esta diferencia. La información de la *opción b* no ayuda a comprender lo que es una nación.

**SUGERENCIA**

Para determinar si una información es adecuada para otro material, determine primero la idea central, la generalización o conclusión presentada en ese material.

**Use la información para completar el ejercicio que se presenta a continuación.**

Luego del colapso del Imperio Romano alrededor del año 500 d.C., Europa entró en un período de mil años conocido como la **Edad Media.** Europa occidental se convirtió poco a poco en una región de pequeños **reinos.** A diferencia de los gobernantes de Roma, los reyes en Europa no tenían ejércitos. Dada la necesidad de proteger sus tierras, cada rey concedía parte de ellas a poderosos **nobles** a cambio del apoyo militar. Estos nobles, a la vez, entregaban parte de sus tierras a guerreros montados llamados **caballeros** por la misma promesa de apoyo y servicio. Este sistema de tierras a cambio de apoyo se denomina **feudalismo.**

Un rey o noble que concede tierras era llamado **señor.** El noble o caballero que recibía la tierra pasaba a ser **vasallo** del señor. Una persona podía ser vasallo y señor a la vez.

Para asegurar que el vasallo pudiera llevar a cabo sus deberes, el señor también le concedía derechos sobre las personas que vivían en la tierra. Estos campesinos, llamados **siervos,** no podían abandonar la tierra sin el permiso del señor. Los siervos realizaban el trabajo cotidiano del feudo. Labraban la tierra, cuidaban el ganado y proveían alimentos para la mesa del señor, y también servían como soldados de infantería cuando su señor prestaba ayuda militar a su propio señor. En Rusia, los siervos no obtuvieron la libertad hasta 1861.

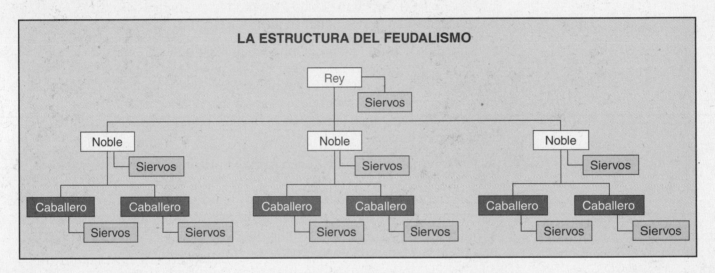

**LA ESTRUCTURA DEL FEUDALISMO**

Escriba *A* al lado de a cada enunciado que apoye o ilustre la explicación sobre cómo funcionaba el feudalismo y *N* junto a cada enunciado que no aporta información adecuada.

\_\_\_\_\_ 1. Este sistema de tierras a cambio de apoyo se denomina feudalismo.

\_\_\_\_\_ 2. Los siervos debían realizar el trabajo cotidiano del feudo.

\_\_\_\_\_ 3. Los siervos labraban la tierra, cuidaban el ganado y proveían alimentos para la mesa del señor.

\_\_\_\_\_ 4. En Rusia, los siervos no obtuvieron la libertad hasta 1861.

5. ¿Apoya el diagrama las generalizaciones del texto sobre el feudalismo? Explique su respuesta.

_____

_____

**Las respuestas comienzan en la página 296.**

Después de la caída del Imperio Romano, el comercio en Europa occidental casi desapareció. El feudalismo fomentaba la autosuficiencia. Los siervos cultivaban o fabricaban casi todo lo que se necesitaba en el feudo. Además, las guerras frecuentes entre los reinos y nobles rivales hacían que los viajes y, por ende, el comercio fueran peligrosos. No obstante, estas condiciones comenzaron a cambiar después del año 1000 d.C. Los líderes religiosos y políticos lograron controlar en parte la violencia extendida a principios de la Edad Media. Además, los avances en la agricultura aumentaron la producción de alimentos, lo que condujo al incremento de la población en Europa. La gente comenzó a formar pueblos en los feudos.

Como estos pueblos estaban dentro de la propiedad del señor feudal, estaban bajo su dominio. Con el tiempo, los ciudadanos quisieron gobernar los pueblos por sí mismos. Algunos pueblos lograron su independencia rebelándose contra su señor; a otros se les concedió la libertad política para fomentar su desarrollo como centros del comercio. Los señores se habían interesado en el comercio debido a los productos asiáticos que los comerciantes italianos vendían en Europa a partir del siglo X.

A medida que aumentaba el número de pueblos autónomos, disminuía el número de siervos. Un siervo que escapaba del feudo de un señor a un pueblo y que no era capturado por un año se consideraba libre. Los pueblos también cambiaron las vidas de los siervos que no escapaban. Puesto que los ciudadanos necesitaban alimentos, los siervos podían vender la producción sobrante por dinero.

El comercio siguió aumentando como resultado de las guerras religiosas conocidas como las **Cruzadas,** las que comenzaron alrededor del año 1100. Los señores cristianos se enfrentaron a los musulmanes (seguidores del islamismo) en el Medio Oriente. Allí consiguieron productos asiáticos y los llevaron a Europa. También aprendieron métodos de lucha que les ayudarían más tarde en la defensa de sus castillos.

Con el aumento del comercio, surgió la necesidad de mejores lugares donde ofrecer los productos de los comerciantes. Algunos reyes organizaban ferias comerciales en los pueblos autónomos de sus reinos, ya que se dieron cuenta que podían ganar dinero si cobraban impuestos por los productos que se vendían. En cambio, los reyes protegían a los comerciantes contra robos, asaltos o arrestos. Los comerciantes pagaban los impuestos con gusto, ya que preferían la libertad y seguridad de un pueblo autónomo a comerciar en las aldeas controladas por señores feudales.

Los impuestos al comercio trajeron beneficios a los reyes en muchos aspectos. Pero el más importante fue que estos impuestos daban el dinero a los reyes para mantener sus propios ejércitos. Un rey podía declarar la guerra sin tener que depender de la ayuda de sus vasallos (los nobles). También se podían valer de su ejército para tener mayor control sobre sus vasallos.

A medida que los reyes establecían su autoridad sobre los poderosos nobles, el feudalismo empezó la retirada y se comenzaron a formar las naciones. Por ejemplo, en el siglo XI, la actual Francia se dividía en provincias regidas por señores feudales. Durante los siguientes 300 años, los reyes adquirieron más poder sobre los señores y sus provincias.

Instrucciones: Elija la respuesta que mejor responda a cada pregunta.

Las preguntas 1 a 4 se refieren al texto en la página 106 y a los siguientes mapas.

LA EXPANSIÓN DE FRANCIA, 1035–1328

Territorio controlado por:

Reyes franceses

Señores feudales

Los ingleses

1. ¿Qué información del texto apoya la generalización de que el comercio prospera cuando los gobiernos son estables y decae cuando no lo son?

   (1) Después de la caída del Imperio Romano, el comercio en Europa casi desapareció.
   (2) Los ciudadanos querían gobernar los pueblos por sí mismos.
   (3) Los comerciantes preferían hacer negocios con reyes.
   (4) A medida que aumentaba el comercio, los comerciantes necesitaban mejores lugares donde ofrecer sus productos.
   (5) Los reyes usaban el dinero del impuesto comercial para formar ejércitos y declarar la guerra a otros reyes.

2. De acuerdo con el texto, ¿cuál habría sido el motivo más probable para que los señores fomentaran el desarrollo de los pueblos como centros comerciales?

   (1) El feudalismo fomentaba la autosuficiencia.
   (2) Algunos reyes organizaban ferias comerciales en los pueblos.
   (3) El número de siervos declinó a medida que escapaban y conseguían su libertad.
   (4) Los señores estaban interesados en las valiosas mercaderías asiáticas que se vendían en toda Europa.
   (5) Los dirigentes ayudaban, en parte, a detener la violencia a principios de la Edad Media.

3. ¿Apoya la información de los mapas a la generalización del último párrafo sobre cómo se formaron las naciones?

   (1) Sí, los mapas ilustran la expansión de los pueblos en Francia.
   (2) Sí, los mapas ilustran cómo en Francia los reyes obtuvieron el control sobre los nobles.
   (3) No, los mapas no identifican los primeros reyes importantes de Francia.
   (4) No, los mapas solamente muestran cómo se desarrolló el comercio en Francia.
   (5) No, los mapas muestran la declinación de la influencia inglesa en Francia.

4. ¿Qué generalización apoyan los detalles de este texto?

   (1) La caída del Imperio Romano provocó que el comercio en Europa casi desapareciera.
   (2) El feudalismo fomentaba el crecimiento de las naciones.
   (3) Las naciones modernas se originaron por las disputas comerciales entre Europa y Medio Oriente.
   (4) Nunca se cobraron impuestos antes de que los reyes comenzaran a exigirlos por la venta de mercancías.
   (5) El aumento del comercio ayudó a la formación de las naciones aumentando el poder de los reyes.

Las respuestas comienzan en la página 296.

Instrucciones: Elija la respuesta que mejor responda a cada pregunta.

Las preguntas 1 a 5 se refieren al texto y mapa siguientes.

Durante el siglo XIV, muchos comerciantes italianos se enriquecieron vendiendo mercaderías asiáticas en Europa. Con el tiempo libre que otorgaba la nueva riqueza, los comerciantes se interesaron en el arte y la cultura de sus antepasados. Esta curiosidad inspiró el **Renacimiento,** un período de 300 años donde hubo avances en el Arte, la Literatura y la Ciencia por toda Europa. Los eruditos italianos llamados humanistas estudiaron los antiguos escritos romanos y griegos, y aplicaron las ideas de esos escritos a su propio mundo.

El **humanismo** enseñaba que la participación en las artes era parte importante de la vida. Por lo tanto, los comerciantes adinerados comenzaron a apoyar económicamente a los artistas. Esta ayuda hizo posible que los escultores y pintores italianos como Leonado da Vinci y Miguel Ángel crearan sus obras maestras.

La Literatura y la enseñanza se fomentaron cuando el impresor alemán Johann Gutenberg perfeccionó la imprenta en el año 1455. La imprenta hizo más fácil la producción de libros, con lo que aumentaron en cantidades. Este invento ayudó a que las ideas del Renacimiento se extendieran por toda Europa.

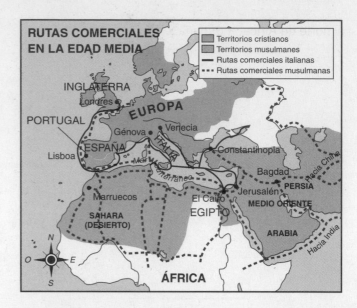

1. ¿Cuál correspondería a una suposición implícita sugerida por el primer párrafo del texto?

   (1) La mayoría de los italianos eran eruditos.
   (2) El comercio enriqueció a los comerciantes en Italia.
   (3) Los antiguos romanos eran los antepasados de los italianos.
   (4) Leonardo da Vinci y Miguel Ángel eran artistas del Renacimiento.
   (5) Los comerciantes de Italia venían de Asia.

2. ¿Qué sugiere la información del primer párrafo?

   (1) El Renacimiento comenzó en Italia.
   (2) Los humanistas eran comerciantes.
   (3) Los antiguos griegos y romanos aportaron poco conocimiento de valor.
   (4) El Renacimiento duró cerca de 300 años.
   (5) El comercio era importante para los antiguos romanos.

3. ¿Cómo ayuda la información del último párrafo a comprender el Renacimiento?

   (1) Describe la causa del Renacimiento.
   (2) Establece que la imprenta se inventó durante el Renacimiento.
   (3) Define lo que era el Renacimiento.
   (4) Indica porqué se inventaron los libros.
   (5) Explica cómo se expandió el Renacimiento.

4. ¿Cuál suposición se puede hacer a partir de la información del texto y el mapa?

   (1) Italia dominaba el comercio mundial.
   (2) Venecia se convirtió en un centro del Renacimiento.
   (3) Los comerciantes italianos y musulmanes estaban en pugna.
   (4) Nápoles no tuvo importancia durante el Renacimiento.
   (5) Florencia no fue un centro del Renacimiento.

5. ¿Qué acontecimiento moderno ha tenido las repercusiones más parecidas a las que tuvo la imprenta en el siglo XV?

   (1) la popularidad del arte de la caricatura
   (2) la invención del grabador de vídeo
   (3) la creación de Internet
   (4) el número creciente de centros comerciales
   (5) la interpretación de la música renacentista

Las preguntas 6 y 7 se refieren al siguiente texto.

A mediados del siglo VII, los comerciantes musulmanes propagaron su religión, el Islam, más allá de su tierra natal en el Medio Oriente. Hacia el año 750, la influencia musulmana se había extendido al norte de África, a España, y al este hasta la India. En los lugares controlados por los musulmanes, las ciencias, el conocimiento y las artes adquirieron importancia.

Los árabes mantuvieron el mayor poder en el mundo musulmán durante 500 años. Entre los siglos XI y XII, sin embargo, los turcos arrasaron el centro de Asia, conquistaron gran parte del Medio Oriente y se convirtieron al Islam. Con el tiempo, el liderazgo del mundo musulmán pasó a los turcos.

Alrededor del siglo XV, un grupo de turcos llamados otomanos invadieron Europa. En el año 1450, el Imperio Otomano comprendía la mayor parte de Grecia y la actual Bulgaria. En el año 1550, los otomanos dominaban la mayor parte de Europa oriental, el Medio Oriente y el norte de África

6. ¿Cuál es el mejor título para este texto?

   (1) La influencia de la religión en la Edad Media
   (2) El desarrollo y expansión del Islam, del 650 al 1550
   (3) La dominación árabe en la Edad Media
   (4) La dominación otomana en la Edad Media
   (5) El dominio musulmán en el norte de África

7. ¿A cuál de las siguientes conclusiones del Imperio Otomano apoya la información del texto?

   (1) Los turcos perseguían a los árabes.
   (2) Los musulmanes en España eran otomanos.
   (3) Los turcos terminaron con el Renacimiento en Europa.
   (4) Las artes florecieron en el Imperio Otomano.
   (5) Los musulmanes perseguían a los cristianos.

**SUGERENCIA**

Una de las formas de determinar si la información apoya la conclusión es buscar relaciones de causa y efecto. La información que muestra una causa de la conclusión es un apoyo adecuado de la misma.

Las preguntas 8 y 9 se refieren al siguiente texto.

A principios del siglo IX, una sucesión de clanes poderosos lograron el control del gobierno de Japón. El emperador siguió siendo el gobernante simbólico; sin embargo, los miembros del clan dominante de turno ocupaban importantes cargos en el gobierno. El miembro de la familia que encabezaba el clan era el verdadero dirigente del Japón.

La familia Fujiwara controló el gobierno desde el año 857 al 1160. Cuando otros dos clanes desafiaron su poder, estalló una larga guerra civil. En el año 1192, el emperador nombró al jefe del clan victorioso **shogún** o gobernante militar de Japón. Era un título hereditario, pero al fallecer un shogún, lo que seguía, por lo general, era una lucha por el poder. Debido a estas rivalidades, la autoridad del gobierno rara vez se extendía más allá de la ciudad natal del shogún.

Desde el siglo XV al siglo XVI, el poder real en Japón estaba en manos de poderosos terratenientes llamados **daimyos.** Cada daimyo contrataba guerreros profesionales llamados **samurai** para proteger sus tierras y a los campesinos que trabajaban en sus campos. Cuando Tokugawa Ieyasu se convirtió en shogún en el año 1600, el gobierno comenzó a reestablecer el control sobre los daimyos. Los shogunes Tokugawa reinaron por más de 250 años. En 1868, con el derrocamiento del último shogún y la restitución del poder del emperador, nació la moderna nación de Japón.

8. ¿A qué personaje europeo se asemeja más un samurai?

   (1) comerciantes
   (2) nobles
   (3) reyes
   (4) caballeros
   (5) siervos

9. ¿Cuál de las siguientes conclusiones está mejor apoyada por la información del texto?

   (1) Los emperadores japoneses tenían gran poder.
   (2) Los Tokugawa se convirtieron en emperadores de Japón.
   (3) En Japón existió un sistema similar al feudalismo europeo.
   (4) Japón no tuvo emperador durante mil años.
   (5) Los daimyos aún mantienen el control.

**Las respuestas comienzan en la página 297.**

**Instrucciones:** Ésta es una prueba de práctica que dura diez minutos. Después de que transcurran los diez minutos, ponga una marca en la última pregunta que haya respondido. A continuación, termine la prueba y revise sus respuestas. Si la mayoría de sus respuestas fueron correctas, pero no terminó la prueba, trate de responder las preguntas más rápidamente la próxima vez. Elija la respuesta que <u>mejor responda</u> a cada pregunta.

Las <u>preguntas 1 a 3</u> se refieren al siguiente texto.

Durante la Edad Media, España fue muy próspera. Los comerciantes vendían vidrio, artículos de cuero y otros productos españoles en lugares tan lejanos como la India. La ciencia y la medicina florecieron y los eruditos españoles estudiaban los escritos de los antiguos griegos casi 200 años antes de que los hicieran los humanistas en Italia.

La unidad, la prosperidad y los logros culturales en España fueron el resultado de la conquista en el siglo VIII por los musulmanes, a quienes los cristianos llamaron moros. La mayoría de estos árabes, sirios y africanos del norte se establecieron en las ricas tierras del sur de España. Sólo unas pocas regiones cristianas sobrevivieron en las montañas del norte. Sin embargo, como hubo luchas de poder que dividieron la España de los moros después del año 1031, los nobles de las regiones cristianas gradualmente establecieron reinos. Hacia el año 1248, los reyes cristianos habían reconquistado casi toda España, salvo Granada, un reino ubicado en la costa mediterránea del sur.

El tamaño de los reinos cristianos siguió creciendo durante siglos, a menudo por medio de matrimonios reales. Por ejemplo, en 1479, el rey Fernando de Aragón unió su reino con Castilla, el reino de su esposa la reina Isabel. En 1492, el mismo año en que el explorador Cristóbal Colón zarpó hacia el Atlántico en busca de una ruta comercial que lo llevara a Asia, Fernando e Isabel pusieron fin al reinado musulmán al conquistar Granada. Al momento de su muerte en 1516, Fernando también había conquistado los restantes reinos cristianos y fundado la moderna nación de España.

1. ¿Cuál es el mejor título de este texto?

   (1) Diferencias entre musulmanes y cristianos
   (2) Artesanía y comercio español
   (3) La conquista musulmana en España
   (4) La contribución musulmana en España
   (5) Cómo España se convirtió en nación

2. ¿Qué consecuencia trajeron los matrimonios entre las familias reales cristianas para el desarrollo de España?

   (1) Provocaron la división entre los musulmanes.
   (2) Ayudaron a los cristianos a unirse en contra de los musulmanes.
   (3) Dividieron aún más a los españoles cristianos.
   (4) Hizo que los musulmanes toleraran a los cristianos.
   (5) Inspiraron a los musulmanes a atacar a los cristianos.

3. ¿Qué detalle es <u>menos</u> importante en esta descripción de la conquista musulmana en España y la unificación cristiana del país?

   (1) El rey Fernando de Aragón y la reina Isabel de Castilla eran marido y mujer.
   (2) Las rivalidades entre los musulmanes dividieron a España.
   (3) Colón hizo su viaje a nombre de España en el mismo año en que cayó el último reino musulmán.
   (4) Los musulmanes toleraban a los españoles cristianos.
   (5) Los musulmanes en España incluían árabes, sirios y africanos del norte.

4. La historia de Portugal comenzó en el siglo XII. En 1095, el gobernante de los reinos españoles cristianos de León y Castilla entregó un condado en León al marido de su hija, Enrique de Borgoña, a quién llamaron Enrique conde de Portugal. En 1128, sin embargo, el hijo de Enrique desterró a su madre y se declaró Alfonso I, rey de Portugal. Alfonso y sus sucesores extendieron poco a poco su control hacia el sur, un territorio ocupado por los musulmanes, alcanzando los límites actuales de Portugal en 1249.

   ¿A cuál nación se parece más la creación de la nación de Portugal?

   (1) a España, debido a los musulmanes
   (2) a Japón, debido a los samurais
   (3) a Francia, debido a la nobleza
   (4) a Grecia, debido a la cultura
   (5) a China, debido a las mercancías

Las preguntas 5 a 7 se refieren al mapa y al texto que viene a continuación del mismo.

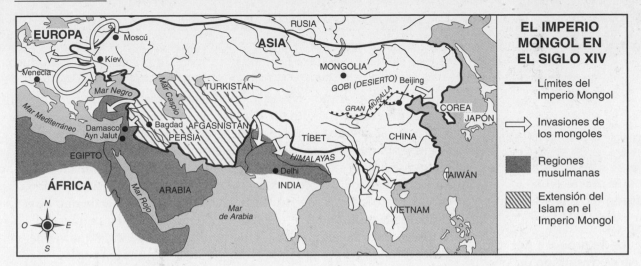

A principios del siglo XIII, el pueblo mongol se expandió hacia el oeste y el sur desde una región en Asia Central denominada actualmente Mongolia. En los siguientes cien años, al mando de Gengis Kan y luego de sus tres nietos, los mongoles establecieron el mayor imperio que había conocido el mundo.

Gengis Kan conquistó el norte de China en 1215, y luego volvió su mirada hacia el oeste. Antes de morir en 1227, su imperio se extendía hasta el Mar Negro.

Bajo el mando de Batu, el nieto de Gengis Kan, los mongoles atravesaron Rusia e invadieron Europa en la década de 1240. Sólo la política libró a Europa de la conquista. Las fuerzas mongolas habían derrotado a los ejércitos polacos y húngaros y amenazaban a Viena en 1242 cuando Batu suspendió el ataque y regresó a Asia para ayudar en la elección del próximo dirigente mongol. Mientras tanto, otro nieto, Hulagu, conquistaba Persia en la década de 1250. Su invasión al Medio Oriente fracasó cuando fue derrotado por las fuerzas musulmanas en Siria el año 1260.

Hacia 1279, el tercer nieto, Kublai Kan, había logrado la conquista de China de su abuelo y extendido el imperio mongol hasta Corea y el Tíbet. También atacó a Birmania y Vietnam, y en 1281 intentó anexar Japón al imperio.

El ejército mongol infundía el terror por donde iba. Los arqueros montados podían recorrer 100 millas en un día y a todo galope lanzaban sus flechas dando justo en el blanco. Los guerreros mongoles saqueaban y destruían los lugares que ofrecían resistencia y a menudo mataban a las personas que allí vivían.

5. ¿Cuál es el tema del texto y el mapa?

   (1) encuentros entre mongoles y musulmanes
   (2) Gengis Kan y sus nietos
   (3) la expansión del Imperio Mongol
   (4) las rutas invasoras de los ejércitos mongoles
   (5) la amenaza de los mongoles a Europa

6. ¿Qué suposición se puede hacer a partir del texto y el mapa?

   (1) El Imperio Mongol se extendió a África.
   (2) Los mongoles atacaron Vietnam por mar.
   (3) Finalmente los mongoles conquistaron Arabia.
   (4) La invasión de Japón por los mongoles no tuvo éxito.
   (5) Todos los mongoles eran musulmanes.

7. ¿Cuál de las siguientes conclusiones está mejor apoyada por la información del texto y del mapa?

   (1) Los mongoles no eran hábiles para gobernar un imperio.
   (2) Los mongoles fueron los guerreros más temibles que haya conocido el mundo.
   (3) Los mongoles usaban una tecnología superior para derrotar a sus enemigos.
   (4) El Imperio Mongol decayó luego de la muerte de Gengis Kan.
   (5) Los mongoles tuvieron una gran influencia en la historia del mundo.

**Las respuestas comienzan en la página 298.**

# DESTREZA DE GED Analizar causas y efectos

Como usted aprendió en la Lección 4, una **causa** es lo que hace que algo suceda; el **efecto** es el resultado. Con frecuencia, un acontecimiento tiene más de una causa y una sola causa puede tener muchos efectos. Imagine que el lugar donde trabaja fuese destruido por un incendio. Este acontecimiento por sí solo podría tener muchos efectos. El tránsito se interrumpiría en los alrededores del lugar. Los clientes tendrían que ir a otra parte. Los empleados perderían sus trabajos. Por su parte, cada uno de estos efectos sería la causa de otros efectos. Por ejemplo, si usted perdiera su empleo debido al incendio, eso podría significar que tendría que vender el automóvil recién comprado porque no podría solventar los pagos.

La historia escrita, registro de la vida real, contiene una serie de causas y efectos. Además, algunas causas pueden ser **causas implícitas**, es decir, causas que no se expresan directamente. Por ejemplo, un escritor o una escritora puede describir una serie de acontecimientos y el lector tendrá que comprender que cada acontecimiento es la consecuencia del acontecimiento anterior.

Otra manera de dar a entender una causa es expresar dos o tres efectos relacionados. Imagine que lee en una novela que el televisor del personaje principal de pronto queda en blanco. Eso podría haber ocurrido por varios motivos. Pero si luego lee que el personaje no podía encender la luz, el autor o la autora estará dando a entender que la causa fue un corte de electricidad.

**causa**
algo que produce un resultado o consecuencia

**efecto**
algo que se produce por una causa; resultado o consecuencia

**causa implícita**
causa que no se expresa directamente, sólo se sugiere o insinúa

SUGERENCIA

Para identificar una causa implícita, comience con el efecto conocido. Luego busque una razón para explicar por qué se produjo el efecto.

**Lea el texto y complete el ejercicio que se presenta a continuación.**

En la década de 1490 y a comienzos del siglo XVI, Cristóbal Colón realizó varios viajes en nombre de España, durante los cuales exploró las islas del Caribe y las costas de Centroamérica. Mientras tanto, en 1499, el rival de España, Portugal, envió una expedición para explorar la región que se encontraba más al sur. En este viaje se encontraba a bordo un navegante nacido en Italia llamado Américo Vespucio. Cuando su expedición exploró la región, Vespucio se dio cuenta de que Colón se había equivocado. Llegó a la conclusión de que estas tierras no eran Asia, sino que, según escribió, las tierras eran un "Nuevo Mundo, porque nuestros ancestros no tenían conocimiento de ellas". Pronto los cartógrafos comenzaron a utilizar el nombre "América" en sus mapas para identificar el Nuevo Mundo de Américo Vespucio.

**Marque con una "X" el enunciado que el texto señala como la razón por la cual el Hemisferio Occidental se conoce como América.**

_____ a.  España y Portugal estaban en competencia para explorarlo.

_____ b.  Vespucio fue el primero en darse cuenta de que éste era un nuevo mundo.

Usted acertó si escogió la *opción b*. El texto sugiere claramente una relación entre el nombre América y el nombre del hombre que se dio cuenta de que esta tierra no era Asia. Los hechos no apoyan la *opción a* como la causa.

**Lea el texto y estudie el mapa para completar el ejercicio que se presenta a continuación.**

Los avances en las ciencias durante el Renacimiento y el continuo comercio de Europa con Asia se combinaron en el siglo XV para dar inicio a un período denominado la **Era de las Exploraciones.** El Renacimiento despertó el interés de los europeos en los escritos de los antiguos geógrafos. La cartografía mejoró y los capitanes de barco estaban dispuestos a navegar mayores distancias.

Hacía mucho tiempo que los europeos ya sabían que una aguja magnetizada unida a un pivote y flotando en agua señalaría el Norte. En el siglo XIV, añadieron una tarjeta a este pivote en la que se indicaban los puntos cardinales; así crearon la brújula. Otro avance en la tecnología durante el Renacimiento fue la creación del astrolabio, instrumento que permitía a los marinos determinar su ubicación en el mar a partir de la posición de las estrellas. Los cambios en el diseño de los barcos permitieron fabricar embarcaciones más rápidas y fáciles de tripular. Las mejoras que se realizaron casi a fines del siglo XV hicieron que los barcos fueran más seguros y estables en mar abierto.

En 1418, los exploradores portugueses comenzaron a explorar la costa occidental de África en busca de una ruta marítima hacia la India. Al mismo tiempo, desarrollaron un comercio lucrativo de esclavos africanos, marfil y oro.

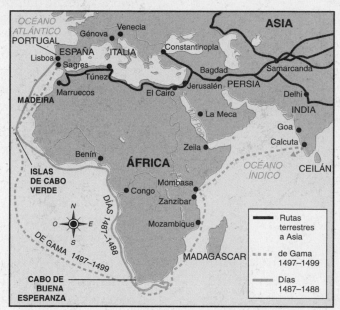

**LAS EXPLORACIONES DE DÍAS Y VASCO DE GAMA**

1. Escriba *C* en el espacio en blanco al lado de cada causa de la Era de las Exploraciones.

    _____ a.  la creación de la brújula

    _____ b.  el comercio lucrativo de esclavos africanos, marfil y oro

    _____ c.  el comercio continuo de Europa con Asia

    _____ d.  la creación del astrolabio

2. Escriba *I* al lado del enunciado que se ha insinuado como la causa de las mejoras en la cartografía.

    _____ a.  Los capitanes de barco estaban dispuestos a navegar mayores distancias.

    _____ b.  Los europeos adquirieron mayor interés en los escritos de los geógrafos antiguos.

3. El mapa señala los esfuerzos que los marinos portugueses Bartolomé Días y Vasco de Gama realizaron para navegar alrededor de África en dirección a la India. Escriba *I* junto a la información que insinúa una causa para el éxito de Vasco de Gama.

    _____ a.  Los cambios realizados a las embarcaciones las hicieron más seguras y estables en mar abierto.

    _____ b.  La brújula se creó agregando una tarjeta con los puntos cardinales a una aguja flotante.

    _____ c.  Los exploradores portugueses comenzaron a explorar a lo largo de la costa occidental de África.

Las respuestas comienzan en la página 298.

A fines del siglo XV, España y Portugal estaban deseosos de romper el monopolio de Italia en el comercio entre Europa y Asia. En 1492, la reina Isabel de España envió a Cristóbal Colón hacia el occidente a través del Atlántico en busca de China y las islas de la India. En lugar de eso, y a pesar de que nunca lo supo, Colón encontró un mundo completamente nuevo. En cuanto los demás se dieron cuenta de la importancia del descubrimiento de Colón, España organizó más expediciones para reclamar, explorar, conquistar y colonizar enormes regiones en América.

En 1519, el conquistador español Hernán Cortés y unos 600 hombres navegaron hacia México desde la colonia española en Cuba. Esta pequeña fuerza, equipada con caballos y armas, aplastó rápidamente al gran Imperio Azteca. Pronto, los españoles supieron acerca de otro rico imperio en Sudamérica. En 1530, España envió a Francisco Pizarro desde Panamá con 180 hombres y 37 caballos a conquistar al pueblo inca en Perú. En dos años, todo el Imperio Inca quedó también bajo el control español.

La invasión europea tuvo efectos devastadores en los pueblos nativos de América. Ellos no tenían inmunidad natural a las enfermedades que trajeron los españoles consigo. Las epidemias mataron a millones de indios americanos. Para compensar la pérdida de estos trabajadores, los españoles importaron esclavos africanos para que trabajaran en sus colonias. Rápidamente se desarrolló una sociedad basada en las razas. Los africanos y los indios americanos se encontraban en el punto más bajo de la escala social. En la punta se encontraban los colonos españoles, seguidos por los españoles nacidos en América.

Mientras los europeos iban y venían de las colonias, transportaban productos con ellos. Así fue como se conocieron artículos del Hemisferio Occidental en el Hemisferio Oriental y cómo los artículos del Hemisferio Oriental llegaron a América. Debido a que esto comenzó con Colón, esta mezcla de culturas se denomina Intercambio Colombino.

## EL INTERCAMBIO COLOMBINO

### AMÉRICA

**PLANTAS:** maíz, patatas, tomates, calabazas, pimientos (pimiento dulce, chile), tabaco, piña, frijoles (habas, habichuelas, judías, alubias), algodón, caléndula, arroz integral, girasoles, cacahuates, pacanas, nueces de acajú, granos de cacao, yuca

**ANIMALES:** pavo, rata almizclera, conejillo de Indias, colibrí

**ENFERMEDADES:** sífilis

### ÁFRICA, ASIA Y EUROPA

**PLANTAS:** trigo, cebada, avena, soja, melocotones, peras, caña de azúcar, rosas, cebollas, quimbombó, café, sandías, banano, aceitunas, arroz asiático, lechuga

**ANIMALES:** caballo, vaca, cerdo, oveja, pollo, conejo, gato doméstico

**ENFERMEDADES:** viruela, sarampión, influenza, difteria, tos ferina, malaria, fiebre amarilla, tifus, cólera.

Instrucciones: Elija la respuesta que mejor responda a cada pregunta.

Las preguntas 1 a 7 se refieren al texto y a la tabla de la página 114.

1. ¿Cuál es la razón implícita en el texto por la cual Cortés pudo conquistar el Imperio Azteca tan fácilmente?

   (1) Comandaba un gran ejército.
   (2) Los españoles eran más sagaces que los aztecas.
   (3) Navegó hacia México desde Cuba.
   (4) Los aztecas desconocían los caballos y las armas.
   (5) Los aztecas eran menos poderosos que los incas.

2. El texto y la tabla indican que los españoles trajeron a América enfermedades que mataron a millones de indios americanos. Posteriormente, ¿en causa de qué otra consecuencia se convirtió este resultado?

   (1) De que se trajeran esclavos africanos a América.
   (2) De que comenzara el Intercambio Colombino.
   (3) De que los indios americanos desarrollaran rápidamente resistencia a las enfermedades europeas.
   (4) De que el tabaco de América fuera llevado a Europa.
   (5) De que España colonizara inmensas regiones en América.

3. Una causa para el primer viaje de Colón fue la necesidad de encontrar una ruta a China. ¿El texto o la tabla indican otra causa para este viaje?

   (1) Sí, conquistar y colonizar nuevas tierras para España.
   (2) Sí, traer esclavos africanos a América.
   (3) Sí, romper el monopolio de los italianos en el comercio entre Europa y Asia.
   (4) Sí, llevar el ganado a América.
   (5) Ni el texto ni la tabla indican otra causa para el viaje de Colón.

4. De acuerdo con el texto, ¿qué puede suponer acerca de la expedición de Pizarro?

   (1) Su conquista de los incas ocurrió antes de que Cortés conquistara a los aztecas.
   (2) Sus hombres murieron de enfermedades a las que no eran inmunes.
   (3) Su ejército recibió ayuda de esclavos africanos.
   (4) Sus hombres tenían caballos.
   (5) Sus hombres tenían armas.

5. De acuerdo con la tabla, un efecto del Intercambio Colombino fue la introducción del trigo en América. ¿Cuál otro efecto del Intercambio Colombino muestra la tabla?

   (1) la introducción del maíz en América
   (2) la introducción del tabaco en Europa, África y Asia
   (3) la introducción del café en Europa, África y Asia
   (4) la introducción de la malaria en Europa, África y Asia
   (5) la introducción de la sífilis en América

6. ¿Qué es el motivo principal que insinúa el texto de las expediciones de Cortés y Pizarro?

   (1) asesinar a los indios americanos
   (2) propagar enfermedades a los indios americanos
   (3) conquistar y colonizar tierras para España
   (4) obtener productos americanos para Europa
   (5) introducir productos europeos en América

7. ¿Qué efecto implícito se puede concluir que fue consecuencia de las muertes de millones de indígenas americanos debido a las enfermedades europeas?

   (1) Los europeos aprendieron a cultivar el maíz.
   (2) Se hizo más fácil conquistar a los indios.
   (3) El Intercambio Colombino llegó a su fin.
   (4) Los europeos se dieron cuenta de que América era un nuevo mundo.
   (5) Los europeos obtuvieron sus caballos de los indígenas.

**Las respuestas comienzan en la página 298.**

Instrucciones: Elija la respuesta que mejor responda a cada pregunta.

Las preguntas 1 a 4 se refieren al siguiente texto.

La política de una nación que extiende su poder sobre naciones o pueblos más débiles se conoce como **imperialismo.** En todos los períodos de la historia y en todas las regiones del mundo se ha practicado el imperialismo. Los antiguos griegos invadieron lo que es hoy el oeste de Turquía. Los macedonios conquistaron a los griegos y, bajo la dirección de Alejandro Magno, extendieron su control hacia el oriente hasta la India. Los romanos dominaron un gran imperio que se extendía desde Inglaterra hasta Egipto. Mucho más tarde, en los siglos XVII y XVIII, los ingleses colonizaron y controlaron la India y una gran parte de Norteamérica.

En el siglo XIX, varias naciones europeas establecieron imperios. Hubo varias razones para este aumento en el imperialismo. En primer lugar, los pueblos europeos se sentían superiores a otras culturas. Deseaban propagar su forma de vida y la religión cristiana a otras partes del mundo. En segundo lugar, y como consecuencia de la Revolución Industrial que comenzó a mediados del siglo XVIII, las fábricas podían producir grandes cantidades de productos. Con más productos para vender, las naciones industrializadas de Europa necesitaban más espacios para comercializarlos. En tercer lugar, las naciones industrializadas necesitaban fuentes de materias primas que permitieran mantener la producción de sus fábricas y obreros.

A comienzos del siglo XX, casi la totalidad del continente africano había sido colonizada y dividida entre varias naciones europeas. Francia controlaba la mayor parte de África occidental; Gran Bretaña controlaba una gran parte del norte y del sur de África; Bélgica, por su parte, reclamaba la región central del continente. Alemania, Italia, Portugal y España también controlaban territorios en África. Gran parte del sureste asiático, grandes extensiones de China y varias islas en el Pacífico Sur, también se encontraban bajo control europeo.

1. ¿Cuál es el tema de este texto?

   (1) los antiguos imperios griego y romano
   (2) la colonización europea en Asia
   (3) la expansión de la Revolución Industrial
   (4) el imperio mundial de Gran Bretaña
   (5) el imperialismo en la historia del mundo

2. ¿Cuál es la razón por la cual los europeos propagaron su cultura y religión?

   (1) Los griegos y los romanos ya lo habían hecho.
   (2) Los pueblos europeos se sentían superiores a otros pueblos.
   (3) El imperialismo exigía que lo hicieran.
   (4) Necesitaban materias primas para sus fábricas.
   (5) Los pueblos que los europeos conocían no tenían cultura.

3. ¿Cuál es un ejemplo de imperialismo?

   (1) Los soldados españoles conquistaron el Imperio Inca en el siglo XVI.
   (2) Estados Unidos declara su independencia de Gran Bretaña en la década de 1770.
   (3) Las potencias mundiales formaron la Organización de las Naciones Unidas después de la Segunda Guerra Mundial e invitaron a otras naciones a unirse a ella.
   (4) En la década de 1970, Japón protege su industria prohibiendo productos extranjeros en competencia.
   (5) Estados Unidos y sus aliados liberan Kuwait en la Guerra del Golfo Pérsico en la década de 1990.

4. ¿Cuál de los siguientes acontecimientos fue una causa para el imperialismo europeo en el siglo XIX?

   (1) la falta de ejércitos en otras naciones
   (2) la Revolución Industrial y la necesidad de encontrar más mercados para vender sus productos
   (3) la necesidad de encontrar más mercados para vender productos y el deseo de subyugar a los pueblos de África
   (4) la necesidad de encontrar más mercados para vender productos y un exceso de materias primas
   (5) la falta de religión en otras naciones

SUGERENCIA

Para decidir si existe una relación de causa y efecto, pregúntese si el segundo acontecimiento hubiera ocurrido si el primero no hubiera existido.

Las preguntas 5 a 8 se refieren al texto y mapa siguientes.

Durante siglos, China trató a los forasteros a su manera. El gobierno restringía severamente el desplazamiento de comerciantes extranjeros en China. Los comerciantes chinos solamente aceptaban oro y plata por sus productos, como el té y la seda, entre otros. Aproximadamente en el año 1800, sin embargo, los comerciantes británicos comenzaron a ofrecer el opio de sus colonias en India para pagar los productos que compraban en China. Cuando el gobierno de China exigió que se detuvieran las importaciones de drogas, el resultado fue una guerra que duró entre 1839 y 1842.

La fácil victoria de Gran Bretaña sobre China en la guerra del Opio, comprobó cuán poderosas se habían vuelto las naciones europeas gracias a la Revolución Industrial. Para restablecer la paz, China fue obligada a entregar Hong Kong a Gran Bretaña y a otorgar privilegios especiales a los comerciantes británicos en cinco puertos chinos.

La ventaja comercial especial de Gran Bretaña sobre China duró poco tiempo. Francia y otras naciones pronto comenzaron a exigir concesiones comerciales parecidas. A fines del siglo XIX, grandes regiones de China habían quedado bajo control extranjero. Técnicamente, estas **esferas de influencia** siguieron formando parte de China. No obstante, los extranjeros que se encontraban en la esfera de influencia de cada país, solamente obedecían las leyes de su propia nación y se encontraban exentos de la autoridad china. Cada esfera se convirtió en un mercado para los productos del país respectivo y en una fuente de materias primas para las fábricas de ese país.

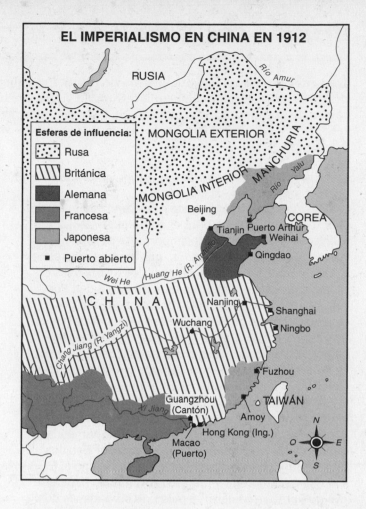

**EL IMPERIALISMO EN CHINA EN 1912**

5. ¿Qué efecto de la Revolución Industrial se insinúa en el texto?

   (1) Los británicos comenzaron a producir opio.
   (2) Europa ya no deseaba la seda de China.
   (3) La Revolución Industrial causó la Guerra del Opio.
   (4) Los países industrializados se hicieron más poderosos que los países no industrializados.
   (5) La Revolución Industrial hizo que se desarrollaran esferas de influencia en China.

6. ¿A qué nación pertenecía la esfera de influencia más pequeña en China en 1912?

   (1) Francia
   (2) Alemania
   (3) Gran Bretaña
   (4) Japón
   (5) Rusia

7. De acuerdo con el texto, ¿qué valor era más importante para China cuando combatió contra Gran Bretaña en la guerra del Opio?

   (1) conservar las utilidades del tráfico de drogas
   (2) convencer a Japón de que China aún era poderosa
   (3) controlar el comercio que estaba ingresando a China
   (4) finalizar todo comercio con India
   (5) terminar con las esferas de influencia en China

8. ¿Cuál es la única conclusión adecuada acerca de Japón apoyada por la información del mapa y del texto?

   (1) Japón era aliado de Gran Bretaña y Francia.
   (2) Japón y Rusia estaban en guerra en 1912.
   (3) Japón pretendía conquistar China y Corea.
   (4) Japón deseaba expandir su esfera de influencia en China.
   (5) Japón era un país industrializado en 1912.

Las respuestas comienzan en la página 299.

# Prueba corta de GED • Lección 9

**Instrucciones:** Ésta es una prueba de práctica que dura diez minutos. Después de que transcurran los diez minutos, ponga una marca en la última pregunta que haya respondido. A continuación, termine la prueba y revise sus respuestas. Si la mayoría de sus respuestas fueron correctas, pero no terminó la prueba, trate de responder las preguntas más rápidamente la próxima vez. Elija la respuesta que mejor responda a cada pregunta.

Las preguntas 1 a 5 se refieren al siguiente texto.

El Canal de Panamá hace que Centroamérica sea una región importante para el comercio mundial. Centroamérica también es importante para la economía de Estados Unidos, porque hay empresas estadounidenses que tienen grandes inversiones en la banana, café y otros recursos de ese lugar. Por ambos motivos, Estados Unidos ha apoyado por mucho tiempo a gobiernos centroamericanos que no eran democráticos, pero eso trajo estabilidad a la región. La preocupación por la estabilidad aumentó después de 1977, cuando Estados Unidos aceptó devolver el canal a Panamá en el año 2000.

A fines de la década de 1970, se hizo claro que Fidel Castro, el dictador comunista de Cuba, estaba prestando ayuda a los rebeldes en Centroamérica, incluso a los de El Salvador. Apoyado por Estados Unidos, el gobierno de El Salvador se defendió. El ejército salvadoreño y los escuadrones de la muerte del gobierno asesinaron a miles de ciudadanos que eran sospechosos de apoyar a los rebeldes, antes de que se restableciera la paz en la década de 1990. Los estadounidenses ayudaron a Guatemala a conducir a una cadena similar de acontecimientos durante el mismo período.

En 1979, los comunistas derrocaron al dictador de Nicaragua, quien contaba con el respaldo de Estados Unidos, y cuya familia había gobernado desde la década de 1930. Estados Unidos respondió financiando, entrenando y entregando armas a una fuerza conocida como los "contras" para derrocar al nuevo gobierno. En 1990, después de una década de guerra, los comunistas aceptaron celebrar nuevas elecciones. La candidata respaldada por Estados Unidos, hija de una familia nicaragüense adinerada, se convirtió en presidente.

1. ¿Cuál es el objetivo principal de este texto?

   (1) hablar acerca del Canal de Panamá
   (2) mostrar cómo el imperialismo afectó a Centroamérica
   (3) comparar los disturbios en El Salvador, Guatemala y Nicaragua
   (4) mostrar cómo las inversiones estadounidenses causaron el imperialismo en Centroamérica
   (5) describir las guerras en Centroamérica

2. De acuerdo con el texto, ¿cuál fue el efecto de la participación estadounidense en Nicaragua?

   (1) la muerte de miles de ciudadanos inocentes
   (2) las pérdidas de tierras que sufrieron nicaragüenses adinerados a favor de los pobres
   (3) el descontento en Estados Unidos por la política gubernamental en Nicaragua
   (4) el descontento de los nicaragüenses por la política estadounidense
   (5) el fracaso final de los comunistas en Nicaragua

3. ¿Cuál causa se insinúa en el texto para las acciones de Estados Unidos en Centroamérica?

   (1) la preocupación por la seguridad del Canal de Panamá
   (2) la ubicación de los países centroamericanos al sur de Estados Unidos
   (3) la importancia del banano y el café para los consumidores estadounidenses
   (4) la opinión de que los países centroamericanos son débiles
   (5) el deseo de los líderes estadounidenses de tomar el control de Centroamérica

4. ¿Cuáles países, entre los mencionados en el texto, practicaban el imperialismo?

   (1) Estados Unidos y Nicaragua
   (2) Nicaragua y Cuba
   (3) Cuba y Estados Unidos
   (4) Estados Unidos y El Salvador
   (5) El Salvador y Nicaragua

5. ¿Cuál era el valor menos importante para Estados Unidos en su política en Centroamérica?

   (1) la seguridad del Canal de Panamá
   (2) la estabilidad de los gobiernos en Centroamérica
   (3) la protección de las inversiones estadounidenses
   (4) el fortalecimiento de la democracia en Centroamérica
   (5) la prevención de la expansión del comunismo

**EL LENGUAJE DEL IMPERIALISMO**

| | |
|---|---|
| **Anexión** | un país agrega la totalidad o una parte del territorio de otro país a su propio territorio; se puede realizar mediante un acuerdo o mediante la acción militar |
| **Colonialismo** | control formal que realiza una nación sobre otra con la pérdida de identidad e independencia de la nación que se controla; difiere del protectorado |
| **Imperialismo cultural** | imposición de una forma de gobierno, estilo de vida, valores u otras partes de una cultura en otro pueblo; no requiere conquista ni control político |
| **Colonia dependiente** | colonia en la cual unos pocos funcionarios de la nación que tiene el control, gobiernan a la población del pueblo que se controla; difiere de una colonia de asentamiento |
| **Intervención militar** | una nación usa la fuerza en el territorio de otra, no para conquistarla sino que para controlar los acontecimientos que ahí suceden; a menudo no se solicitan las tropas, sin embargo el país más débil suele ser presionado para que las "invite" |
| **Neo-imperialismo** | un país explota los recursos naturales de otro, usa a su pueblo como mano de obra, toma ventaja en forma injusta de las oportunidades de inversión o bien lo usa como mercado para deshacerse de sus excedentes de productos; denominado, a veces, imperialismo económico |
| **Protectorado** | acuerdo en el cual un país más poderoso protege a uno más débil: el país más débil conserva su identidad como nación, pero el país más fuerte toma el control total o parcial de sus asuntos; difiere del colonialismo |
| **Colonia de asentamiento** | colonias en las cuales una gran cantidad de personas provenientes de la nación que tiene el control ocupan la tierra del pueblo controlado; difiere de una colonia dependiente |

6. En la década de 1820, los misioneros protestantes de Nueva Inglaterra introdujeron el cristianismo en Hawai. Cuando el rey Kamehameha III se opuso a las leyes que ellos querían aprobar, intentaron destronarlo.

¿Qué tipo de imperialismo se produjo en Hawai?

(1) neoimperialismo
(2) imperialismo cultural
(3) anexión
(4) creación de una colonia dependiente
(5) creación de una colonia de asentamiento

7. Angola tuvo una guerra civil antes de que Portugal otorgara la independencia a la colonia en 1975. Estados Unidos respaldó a un grupo llamado FNLA, la Unión Soviética favoreció MPLA y la vecina Sudáfrica ayudó a la UNITA. Cuando las fuerzas sudafricanas entraron en Angola, llegaron tropas cubanas respaldadas por el ejército soviético para apoyar a MPLA.

¿Qué acción estaban tomando los cubanos?

(1) colonialismo
(2) anexión
(3) establecer un protectorado
(4) imperialismo cultural
(5) intervención militar

8. Vietnam obtuvo su independencia de China en el año 939, después de más de 1000 años de dominio. El budismo chino se había convertido en la fuerza que guiaba su cultura. Hasta hoy en día, Vietnam utiliza la escritura y los sistemas de gobierno introducidos por China.

¿Qué tipos de imperialismo se ilustran en este caso?

(1) colonias dependientes y de asentamiento
(2) intervención militar y colonialismo
(3) colonialismo e imperialismo cultural
(4) imperialismo cultural y neoimperialismo
(5) neoimperialismo y colonias de asentamiento

9. En 1876, Japón obligó a Corea a aceptar un acuerdo comercial que este país no deseaba; en 1910, Corea había sido anexada. Miles de personas abandonaron Japón y se reubicaron en Corea. Corea no recuperó su independencia hasta la derrota de Japón en la Segunda Guerra Mundial.

¿Qué tipos de imperialismo experimentó Corea?

(1) neoimperialismo y colonia dependiente
(2) formación de protectorado e imperialismo cultural
(3) imperialismo cultural y colonialismo
(4) neoimperialismo y colonias de asentamiento
(5) colonialismo y creación de un protectorado

**Las respuestas comienzan en la página 300.**

# Lección 10

## DESTREZA DE GED Reconocer suposiciones implícitas (en caricaturas políticas)

**suposición**
algo que se da por sentado sin explicación

Como usted aprendió en la Lección 3, cuando se habla o escribe de un tema, por lo general no se dice todo lo que se sabe al respecto. Se supone que el lector o auditor ya sabe algunas cosas. Como la caricatura emplea muy pocas palabras, hace muchas **suposiciones** de lo que ya se sabe. Para entender una caricatura política, hay que reconocer las suposiciones del caricaturista. Mire esta caricatura que se publicó a comienzos de la década de 1990.

**SUGERENCIA**

Para identificar la suposición de una caricatura política, se deben buscar pistas visuales que lleven al mensaje del caricaturista, como el aspecto de los personajes dibujados.

SARGENT © Austin American-Statesman. Reproducido con autorización del *SINDICATO DE PRENSA UNIVERSAL (UNIVERSAL PRESS SYNDICATE)*. Derechos reservados.

Observe la caricatura. Puede ver un oso, cuya gorra dice *Rusia*, que está leyendo una receta marcada *Democracia* y sosteniendo una olla en llamas.

**Marque con una "X" la oración que formula una suposición no expresada importante para entender la caricatura.**

_____ a. Rusia no tiene tradición democrática, por lo que está tratando de usar una "receta".

_____ b. La olla en llamas representa los problemas que tiene Rusia para hacer funcionar la democracia.

Usted acertó si escogió la *opción a*. Hay que tener esta información (el *porqué*) para poder entender el mensaje de la caricatura: que Rusia está teniendo problemas para pasar del comunismo a la democracia. Reconocer el significado de la olla en la *opción b* (el *qué* de la caricatura) no ayuda a entender el significado de la caricatura.

**Use la información escrita y la caricatura para hacer el ejercicio que se presenta a continuación.**

En agosto de 1990, Irak invadió y rápidamente conquistó a su país vecino Kuwait, importante productor de petróleo. Cuando Irak se negó a retirarse de Kuwait como se lo exigió la Organización de las Naciones Unidas, las fuerzas armadas de Estados Unidos, Francia, Inglaterra y otros países atacaron a Irak e hicieron salir a su ejército de Kuwait. La siguiente caricatura apareció en un periódico estadounidense en agosto de 1990.

Reproducido con autorización de Bob Gorrell y el sindicato de autores (Creators Syndicate, Inc.).

1. Marque con una "X" la persona a quien representa el personaje vestido de militar.

———— a. el presidente de Estados Unidos George Bush

———— b. el presidente de Irak Saddam Hussein

2. En esta caricatura, lo que lleva el personaje muerto en la cabeza es una pista visual. Marque con una "X" lo que este personaje representa.

———— a. la Organización de las Naciones Unidas

———— b. Kuwait

3. Marque con una "X" una suposición que hace el caricaturista sobre la escena dibujada.

———— a. que usted sabe lo que está ocurriendo en Irak

———— b. que usted sabe lo que está pasando en Kuwait

4. Complete la siguiente oración para resumir el mensaje de la caricatura.

El caricaturista está diciendo que Irak está dispuesto a destruir a Kuwait para quitarle su

————————————————————————————————————————————————————————.

Las respuestas comienzan en la página 301.

El siglo XX fue una época de gran tensión mundial. Se suponía que la Primera Guerra Mundial, que duró de 1914 a 1918, era "la guerra que terminaría con todas las guerras". Pronto la siguió la devastación aún mayor de la Segunda Guerra Mundial, que se extendió de 1939 a 1945. Durante gran parte del resto del siglo, la gente estaba preocupada por el posible exterminio nuclear, pues Estados Unidos y la Unión Soviética se enfrentaron en la Guerra Fría.

Con el fin de la Segunda Guerra Mundial terminó también la cooperación forzada entre Estados Unidos y la Unión Soviética, que habían sido aliados de guerra. Pronto el mundo se dividió en tres. Estados Unidos se hizo líder de los países occidentales, que incluían las principales democracias, como Gran Bretaña, Francia y sus aliados. La Unión Soviética surgió como líder del **bloque comunista,** que incluía a sus **países satélite** en Europa del Este, China y Corea del Norte. La mayor parte del resto del mundo formó un tercer grupo de **países no alineados.** Este grupo comprendía democracias como India, además de países con otros sistemas políticos, como Egipto. Lo que tenían en común es que la mayoría eran **países en vías de desarrollo** cuyas economías no habían desarrollado aún todo su potencial.

Los países no alineados negociaron tanto con Estados Unidos como con la Unión Soviética buscando ayuda para mejorar su estándar de vida y afianzar su economía. Tanto Estados Unidos como la Unión Soviética se sirvieron de esta ayuda para tratar de ganarse la lealtad de estos países.

Durante la Guerra Fría, Estados Unidos y la Unión Soviética competían por más que sólo ganarse a los países no alineados. Se embarcaron en una **carrera armamentista** para crear armas. Cuando los soviéticos lanzaron el primer satélite, llamado *Spútnik*, al espacio en 1957, se hirió el orgullo de Estados Unidos, y lo que es todavía más importante, el *Spútnik* demostró que los soviéticos tenían cohetes bastante potentes para lanzar proyectiles nucleares contra Estados Unidos. Este último aceleró sus programas de desarrollo tanto espacial como de cohetes para tratar de compensar esta disparidad en los misiles.

Jerry Barnett, *The Indianapolis News*, 1987. Reproducido con autorización.

Instrucciones: Elija la respuesta que mejor responda a cada pregunta.

Las preguntas 1 a 5 se refieren al texto y caricatura de la página 122.

1. ¿Cuál de los siguientes enunciados resume mejor el texto?

   (1) Estados Unidos se hizo líder de las democracias del mundo en los años que siguieron a la Segunda Guerra Mundial.
   (2) Los países del mundo lucharon en dos grandes guerras durante el siglo XX, la Primera Guerra Mundial y la Segunda Guerra Mundial.
   (3) Estados Unidos y la Unión Soviética compitieron en una carrera armamentista por ganarse a los países no alineados.
   (4) El lanzamiento del *Spútnik* por la Unión Soviética intensificó la Guerra Fría.
   (5) Los países no alineados tenían varios sistemas de gobierno.

2. ¿Cuál es el tema de la caricatura?

   (1) el bloque comunista
   (2) la Unión Soviética
   (3) la Guerra Fría
   (4) la carrera armamentista
   (5) las naciones no alineadas

3. ¿Por qué tienen cuerdas amarradas los personajes de la caricatura?

   (1) Los personajes están amarrados.
   (2) Los personajes están representados como marionetas.
   (3) Los personajes están a punto de ser ejecutados.
   (4) Los personajes representan países en combate.
   (5) Los personajes están conectados entre ellos.

4. ¿Qué debe saber sobre las imágenes de esta caricatura para interpretarla?

   (1) lo que simbolizan el martillo y la hoz
   (2) quién es el presidente de la OLP
   (3) quién es el dictador de Cuba
   (4) que Cuba es un país comunista
   (5) que Angola estaba envuelta en una guerra civil

5. ¿Cuál es el mensaje de la caricatura?

   (1) Los líderes de los países no alineados no representan realmente a sus naciones en las reuniones.
   (2) Se debería reconocer a la OLP como país.
   (3) Los países no alineados son miembros de un grupo organizado que hace conferencias.
   (4) Hay seis países realmente no alineados.
   (5) Estos países supuestamente no alineados están realmente controlados por la Unión Soviética.

La pregunta 6 se refiere a la siguiente caricatura y al texto de la página 122.

Reproducido con autorización de Phil Interlandi.

"¿CREES QUE TENGA ALGÚN SIGNIFICADO EL HECHO DE QUE NOSOTROS CONSEGUIMOS LOS TRANQUILIZANTES JUSTO ANTES QUE ELLOS LOS SPÚTNIKS?"

6. ¿Cuál es la implicación de esta caricatura de 1957?

   (1) No se deberían tomar tranquilizantes cuando se bebe.
   (2) *Spútnik* está haciendo aumentar el consumo de alcohol en Estados Unidos.
   (3) Hablar de la Guerra Fría permite sentirse mejor sobre ella.
   (4) El lanzamiento del *Spútnik* hace que los estadounidenses se preocupen de la carrera armamentista.
   (5) Cuando se está preocupado, se deberían tomar tranquilizantes.

**Las respuestas comienzan en la página 301.**

Instrucciones: Elija la respuesta que mejor responda a cada pregunta.

Las preguntas 1 a 3 se refieren al texto y caricatura siguientes.

Desde tiempos antiguos ha habido repetidos, aunque intermitentes conflictos, entre árabes y judíos en la tierra bíblica llamada Palestina. Durante los siglos en que la región formaba parte del Imperio Otomano, pocos judíos vivían en Palestina y hubo pocos conflictos. Con la caída del Imperio Otomano después de la Primera Guerra Mundial y la afluencia de pobladores judíos a la región, las tensiones aumentaron. Los británicos agravaron estas tensiones, puesto que habían hecho promesas conflictivas tanto a árabes como a judíos con el fin de ganarse su apoyo durante la guerra contra los turcos.

Reproducido con autorización especial de King Features Syndicate.

Gran Bretaña gobernó Palestina durante las guerras mundiales. Después de la Segunda Guerra Mundial, la Organización de las Naciones Unidas votó por dividir Palestina en un estado árabe y uno judío. Los árabes, que eran mayoritarios, se sintieron traicionados. Cuando los judíos formaron el estado de Israel en 1948, los países árabes circundantes lo atacaron. Huyeron más de la mitad de los árabes de Palestina. Desde entonces, los palestinos han tratado de recuperar la tierra que consideran su hogar, a lo que se han opuesto los judíos, que piensan que su derecho a las tierras es igualmente válido. Es frecuente que el resultado sea la violencia. Desde 1973, Estados Unidos ha estado tratando de ayudarlos a resolver su disputa.

Israel y la Organización de Liberación de Palestina (OLP), que representa a los árabes de Palestina, llegaron a varios acuerdos durante la década de 1990. No obstante y por distintas razones, todos los acuerdos fallaron antes de poder ponerlos en práctica completamente. En octubre de 1998, a instancias del presidente Clinton, ambas partes lograron llegar a otro acuerdo, que es el que inspiró la caricatura anterior.

1. ¿Por qué dibuja el caricaturista a los tres personajes en una plataforma de naipes?

   (1) para ilustrar la opinión de que los acuerdos entre ambas partes han sido inciertos
   (2) para reconocer la pasión por los juegos de naipes del líder palestino
   (3) para ilustrar que hacer tratados es como los juegos de azar
   (4) para afirmar que Estados Unidos no debería mezclarse en asuntos del Medio Oriente
   (5) para rendir honores al presidente Clinton por el papel que desempeñó en la paz del Medio Oriente

2. Según el texto, ¿en qué se basa el conflicto entre árabes y judíos en el medio Oriente?

   (1) Practican religiones distintas.
   (2) Lucharon en lados opuestos durante la Segunda Guerra Mundial.
   (3) Ambos pueblos reclaman las mismas tierras.
   (4) Los otomanos crearon resentimiento entre ambos pueblos.
   (5) Los británicos crearon resentimiento entre ambos pueblos.

3. ¿Qué debe usted saber, fundamentalmente, para poder entender esta caricatura de 1998?

   (1) El árabe es Yasir Arafat, líder de la OLP.
   (2) El personaje de la derecha es el primer ministro de Israel, Benjamin Netanyahu.
   (3) El parlamento israelí aprobó el tratado de paz que sostiene Netanyahu.
   (4) La mayoría de los acuerdos entre Israel y la OLP no se han podido terminar de llevar a cabo.
   (5) Se conoce al parlamento de Israel como Knesset.

Las preguntas 4 a 8 se refieren al texto y caricatura siguientes.

Cuando la Segunda Guerra Mundial estaba por terminar, se formó la Organización de las Naciones Unidas con la esperanza de evitar futuras guerras. Los organismos de la ONU ayudan a disminuir las tensiones mundiales proporcionando préstamos, alimento y otras contribuciones a los países que lo necesitan. Por lo general, se considera que han sido útiles la mayoría de los servicios de la ONU. No obstante, su rol en el mantenimiento de la paz ha causado más controversia. La ONU no tiene fuerzas armadas propias y corresponde a los países miembros proporcionarle tropas. A veces, la política internacional dificulta el trabajo de las fuerzas de paz de la ONU, como fue el caso cuando se enviaron las primeras fuerzas canadienses y francesas a Bosnia a principios de la década

de 1990. Su misión era proteger a los musulmanes de Bosnia de las atrocidades que cometían contra ellos los serbios cristianos. Esta caricatura canadiense evalúa la eficacia de la misión para mantener la paz de la ONU.

4. Según el texto, ¿por qué se formó la Organización de las Naciones Unidas?

   (1) para poner fin a la Segunda Guerra Mundial
   (2) para hacer préstamos a los países miembros
   (3) para dar alimento a las víctimas de hambrunas
   (4) para promover la paz mundial
   (5) para proteger a los bosnios de la violencia étnica

5. ¿Por qué se enviaron tropas de la ONU a Bosnia a principios de la década de 1990?

   (1) Estaban en guerra los franceses y los canadienses.
   (2) Los musulmanes estaban viviendo atrocidades.
   (3) Los musulmanes estaban atacando a los cristianos.
   (4) La ONU estaba reuniendo su ejército.
   (5) La ONU estaba evitando una controversia.

6. En la caricatura ¿qué representa el secador para el cabello con las palabras *puro aire*?

   (1) un nuevo tipo de proceso de peluquería bosnio
   (2) una época de vientos en Bosnia
   (3) las armas que la ONU dio a los musulmanes
   (4) la última esperanza de paz para Bosnia
   (5) las falsas amenazas del personal de la ONU en Bosnia

7. ¿Qué situación de la vida real se parece más a la que representa la caricatura?

   (1) comprar un rifle en una armería
   (2) ir a una nueva peluquería del centro
   (3) oír a una profesora amenazar con suspender a un alumno peleón, sin cumplirlo
   (4) ser asaltado por una banda de rufianes en una esquina cerca de su casa
   (5) ser arrestado equívocamente por la policía por un delito que no se cometió

8. ¿Cuál de las siguientes conclusiones se apoya en el texto y la caricatura?

   (1) Se debería poner fin a la ONU.
   (2) La ONU debería tener su propio ejército.
   (3) La ONU debería salir de Bosnia.
   (4) La ONU debería tener la capacidad necesaria para ejecutar sus misiones.
   (5) La ONU debería trasladar a los refugiados bosnios a Francia y Canadá.

**SUGERENCIA**

Las caricaturas editoriales emplean imágenes para transmitir su mensaje. Cada uno de los objetos principales en una caricatura simboliza algo importante del mensaje central.

**Las respuestas comienzan en la página 302.**

**Instrucciones:** Ésta es una prueba de práctica que dura diez minutos. Después de que transcurran los diez minutos, ponga una marca en la última pregunta que haya respondido. A continuación, termine la prueba y revise sus respuestas. Si la mayoría de sus respuestas fueron correctas, pero no terminó la prueba, trate de responder las preguntas más rápidamente la próxima vez. Elija la respuesta que mejor responda a cada pregunta.

Las preguntas 1 a 5 se refieren al texto y caricatura siguientes.

En 1949, los comunistas chinos encabezados por Mao Zedong derrocaron el gobierno de su país. Convirtieron la economía china al comunismo, silenciaron a los chinos que se les oponían y terminaron con la poca democracia que había en China. Tras la muerte de Mao en 1976, los líderes chinos relajaron el control gubernamental de la economía y empezaron a dejar que las personas tuvieran sus propios pequeños negocios.

Esta libertad económica instó a que algunos chinos presionaran por tener libertad política, por lo que en 1989 se reunieron manifestantes en la capital para pedir democracia. Los líderes chinos reaccionaron drásticamente y enviaron tropas a atacar a los manifestantes, mataron a cientos de ellos. El gobierno chino siguió tratando de aplastar el movimiento a favor de la democracia en la década de 1990. Se arrestó, torturó y encarceló a los líderes del movimiento y a muchos otros chinos. La comunidad internacional condenó a China por violar los derechos humanos de su pueblo, pero China se opuso a los pedidos de reforma política.

Linda Boileau, *Frankfort State Journal*, Rothco Cartoon Syndicate. Reproducido con autorización.

1. ¿Qué título asocia mejor el contenido del texto con la caricatura?

   (1) La revolución comunista china
   (2) La contribución de Mao Zedong a China
   (3) China hace reformas políticas
   (4) China avanza hacia una economía capitalista
   (5) El movimiento a favor de la democracia en China

2. ¿Qué efecto tuvo el acontecimiento al que se refiere la caricatura?

   (1) Mejoró el nivel de vida en China.
   (2) Se reemplazó al líder chino Mao Zedong.
   (3) La comunidad internacional criticó a China.
   (4) Aumentó la libertad política en China.
   (5) El gobierno chino hizo cambios económicos.

3. ¿Qué representa el personaje tendido en el suelo de la caricatura?

   (1) a los líderes comunistas chinos
   (2) a Estados Unidos
   (3) a Mao Zedong
   (4) a los manifestantes que pedían democracia
   (5) al gobierno derrocado en 1949

4. De acuerdo con la caricatura y el texto ¿qué parecen valorar más los líderes chinos?

   (1) el control
   (2) la verdad
   (3) la vida
   (4) la igualdad
   (5) los derechos humanos

5. ¿Qué implicación hace esta caricatura?

   (1) El deseo de democracia está muerto en China.
   (2) El deseo de democracia está vivo en China.
   (3) La milicia china no estaba a cargo de la matanza.
   (4) La matanza de los manifestantes chinos es un mito.
   (5) Los estadounidenses no deberían meterse en los asuntos chinos.

Las preguntas 6 a 9 se refieren al texto y caricatura siguientes.

MURO DE BERLÍN

A principios de la década de 1980, parecía que la Guerra Fría entre la Unión Soviética y Occidente no terminaría nunca; pero alrededor del año 1990 empezó a debilitarse el control político de los soviéticos. Al año siguiente, la Unión Soviética se separó en países independientes. La mayoría de los países europeos de la órbita soviética habían derrocado también a sus líderes comunistas y formado gobiernos democráticos. En ninguna parte fueron tan dramáticos estos acontecimientos como en Berlín, ciudad rodeada por Alemania Oriental. Desde 1961, los habitantes de Berlín Oriental habían estado separados de Berlín Occidental por el Muro que erigiera el gobierno de Alemania Oriental.

El 9 de noviembre de 1989, miles de alemanes de ambos lados del Muro de Berlín empezaron a derribarlo. La caída del muro de Berlín marcó el fin de la Guerra Fría y la ruina del comunismo.

6. ¿Qué suposiciones pueden hacerse a partir de la información del texto?

(1) El gobierno soviético se oponía al Muro de Berlín.
(2) Los líderes de Alemania Oriental mantuvieron un estricto control sobre su pueblo mientras el comunismo caía en otras partes.
(3) El comunismo cayó en los países de la órbita soviética.
(4) Berlín Oriental estaba controlado por un gobierno comunista.
(5) Los países que se formaron al dividirse la Unión Soviética siguieron siendo comunistas.

7. ¿Cuáles de las siguientes regiones tienen una relación más parecida a la que había entre las Alemanias Oriental y Federal?

(1) Canadá y Estados Unidos
(2) Gran Bretaña y Estados Unidos
(3) Corea del Norte y Corea del Sur
(4) Carolina del Norte y Carolina del Sur
(5) Virginia Occidental y Virginia

8. ¿Qué suposición cree usted que es más importante para entender esta caricatura de 1990?

(1) El dinosaurio representa a Europa comunista bajo el liderazgo de la Unión Soviética.
(2) El dinosaurio representa a Berlín Occidental.
(3) La Unión Soviética construyó el Muro de Berlín.
(4) El Muro de Berlín estaba en Alemania.
(5) La Unión Soviética fue responsable de realizar la destrucción del Muro de Berlín.

9. Si el caricaturista hubiera puesto un título a esta caricatura para expresar su mensaje, ¿qué título es más probable que hubiera usado?

(1) Traslado del Muro de Berlín
(2) La caída del Muro de Berlín
(3) Se extingue el comunismo europeo
(4) La caída de la Unión Soviética
(5) El comunismo sigue fuerte y peligroso

**Las respuestas comienzan en la página 302.**

Instrucciones: Elija la respuesta que mejor responda a cada pregunta.

Las preguntas 1 a 3 se refieren al siguiente texto.

Cerca de 50,000 millas de caminos mantenían unido al Imperio Romano. Los romanos querían ser capaces de movilizar soldados de un lugar a otro por la ruta más directa posible. Para ello, construyeron puentes en los ríos principales, rellenaron valles y cavaron túneles a través de montañas, en lo que se considera uno de los mayores hitos de la ingeniería en los tiempos antiguos. Para crear una superficie dura en la que se pudiera viajar durante la época de lluvias, los obreros pisoteaban la base de barro y luego construían el camino con capas alternadas de piedra y concreto. El camino se hacía un poco más alto en el centro para drenar el agua del camino.

El dicho popular "todos los caminos conducen a Roma" simboliza el poder de Roma en el mundo antiguo. Los romanos comenzaron a hacer mapas de caminos cerca del año 25 a.C, cuando el gobierno romano autorizó la medición de todo su sistema de caminos. El proyecto tomó 20 años en finalizarse. De acuerdo con esta información, se esculpió un enorme mapa en mármol de los caminos del imperio y se exhibió cerca del edificio del Senado en Roma. Se convirtió en una valiosa fuente de información para los romanos. Los escribas hicieron copias de este mapa maestro en pergaminos que se enrollaron y fueron transportados por el ejército romano y los viajeros.

1. ¿Cuál fue la consecuencia más probable del sistema romano de caminos?

    (1) El comercio se movía con mayor facilidad en el Imperio Romano.
    (2) Los caminos a otras ciudades estaban descuidados.
    (3) Roma quería mayor control sobre su imperio.
    (4) Un enorme mapa de caminos hecho en piedra se exhibió en Roma.
    (5) Incluía más de 50,000 millas de caminos.

SUGERENCIA

La secuencia en el tiempo es una pista en la relación de causa y efecto. Una causa viene antes que su efecto.

2. ¿Qué cualidad sugiere el texto que era la que más valoraban los romanos?

    (1) la espiritualidad
    (2) la honestidad
    (3) el poder
    (4) la compasión
    (5) el humor

3. ¿A cuál de las siguientes conclusiones apoya más el testimonio del texto?

    (1) Los oficiales romanos aceptaban sobornos de las empresas constructoras que querían trabajar en los proyectos de caminos.
    (2) El sistema de caminos debilitó al imperio al permitir que grupos desafectos marcharan a Roma.
    (3) Los ingenieros romanos no eran muy avanzados para su época.
    (4) Hacer un mapa del sistema de caminos era un proyecto sencillo.
    (5) La razón principal del sistema de caminos era movilizar las tropas en forma rápida y fácil dentro del imperio.

4. La lengua de los antiguos romanos era el latín. Aunque ya no existe como idioma en la actualidad, seis lenguas modernas, llamadas lenguas romances, tienen su origen en él. Éstas son: el rumano, el francés, el español, el catalán, el portugués y el italiano. La lengua romance más difundida es el español, que se habla en España y en todas las antiguas colonias de Latinoamérica.

¿Qué implicación sugiere esta información?

    (1) Los antiguos romanos eran románticos.
    (2) Los antiguos romanos hablaban todas las lenguas romances.
    (3) Los antiguos romanos hablaban latín e italiano.
    (4) España una vez fue parte del Imperio Romano.
    (5) Latinoamérica alguna vez fue parte del Imperio Romano.

Las preguntas 5 a 8 se refieren al texto y tabla siguientes.

Marco Polo se convirtió en un explorador del mundo a la edad de 17 años. En 1271, partió hacia China con su padre y su tío, que eran comerciantes venecianos. Después de tres años de viajar a través de Asia Central en barco y en camello, llegaron a Shang-tu al palacio de verano de Kubilai Kan, el emperador mongol de China. Marco Polo se convirtió enseguida en el favorito del Kan y durante 17 años viajó por toda China como su representante.

Finalizado este período, los tres estaban listos para regresar a casa. En un principio, el emperador no deseaba que se fueran. Pero en 1292, accedió y permitió su partida por lo que zarparon a Persia. Desde allí, estaban listos para llegar a Venecia en 1295, 24 años después.

Poco después de su llegada a Italia, Marco Polo contó su experiencia en detalle a un escritor. El libro que resultó se conoce en la actualidad como *Los viajes de Marco Polo*. Por más de 300 años, fue la única descripción publicada sobre el Lejano Oriente que había en Europa.

## LOS VIAJES DE MARCO POLO, DE 1271 A 1295

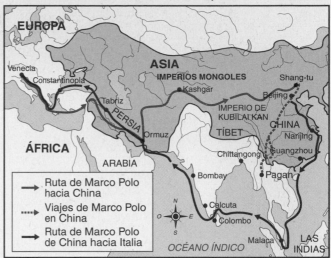

5. ¿Cuál es la razón implícita en el texto para los viajes de Marco Polo a China?

   (1) convertirse en un explorador del mundo
   (2) formar parte de una misión comercial
   (3) escribir un libro sobre sus experiencias
   (4) la decisión de viajar por toda la región
   (5) complacer a su padre

6. ¿Qué ciudades pudo haber visitado Marco Polo como representante de Kan?

   (1) Venecia
   (2) Nanjing
   (3) Malaca
   (4) Chittagong
   (5) Pagan

7. ¿Qué suposición implícita se sugiere sobre Marco Polo y Kubilai Kan?

   (1) Kubilai Kan temía a Marco Polo.
   (2) Les gustaba viajar juntos.
   (3) Kubilai Kan admiraba y confiaba en Marco Polo.
   (4) Marco Polo temía a Kubilai Kan.
   (5) Los Kan ayudaron a Marco Polo a escribir su libro.

8. El viaje de Marco Polo a China duró tres años, y su regreso también. ¿Cuál información del mapa apoya la idea de que les tomó menos tiempo el viaje de regreso?

   (1) En el viaje a China cruzaron Persia.
   (2) El viaje de regreso fue una ruta más directa que el viaje a China.
   (3) El viaje de regreso cubrió más distancia que el viaje de regreso.
   (4) El viaje de regreso requirió que cruzaran el Tíbet.
   (5) El viaje de regreso fue principalmente por mar, mientras que el viaje a China fue principalmente por tierra.

9. Gran Zimbabwe fue una ciudad y fuerte importante del sur de África en los siglos XIII y XIV. El fuerte y el mercado en su interior cubrían 60 acres. En las ruinas de Gran Zimbabwe se han encontrado artículos de cobre y oro y piezas de porcelana china.

¿A qué conclusión apoya mejor esta información?

   (1) Marco Polo sabía sobre Gran Zimbabwe.
   (2) Los africanos realizaron viajes a China.
   (3) Kubilai Kan sabía sobre Gran Zimbabwe.
   (4) El oro de Gran Zimbabwe provenía de China.
   (5) El comercio era importante en Gran Zimbabwe.

Las preguntas 10 a 12 se refieren al siguiente texto.

Entre el colapso del Imperio Romano y la llegada de los primeros colonizadores ingleses a Norteamérica, tres grandes civilizaciones surgieron y cayeron en el oeste de África. La más antigua fue Ghana, que se desarrolló en el siglo IV a lo largo de una ruta de caravanas entre el norte y el oeste de África. En el siglo XI, el reino se había vuelto rico gracias al comercio de sal, oro y esclavos. Pero brotó un conflicto religioso cuando el reino fue invadido por los bereberes musulmanes del norte de África. A mediados del siglo XIII, Ghana había dejado de existir.

La decadencia de Ghana dio paso al surgimiento de su vecino Malí. Ghana acabó por formar parte del imperio de Malí, el cual se extendía desde el interior de África occidental a la costa atlántica. Durante el apogeo de la cultura y el poder malí, a principios del siglo XIV, Tombuctú, su capital, era un importante centro de enseñanza. La universidad islámica atrajo a eruditos de Egipto y Arabia. Pero luego, una sucesión de reyes débiles provocó la caída de Malí. Sin embargo, pudo mantener el control de las rutas comerciales al norte de África hasta la mitad del siglo XV que fue conquistada por Songhay, un reino que alguna vez había gobernado.

Bajo el control de Songhay prosperó la cultura de África Occidental. El comercio de oro, marfil y de esclavos floreció. Tombuctú creció hasta incluir 180 escuelas islámicas y tres universidades que enseñaban astronomía, poesía, medicina y religión. Sus bibliotecas mantenían grandes colecciones de escritos griegos y romanos. A mediados del siglo XVI, la educación competía con el comercio como actividad principal.

10. ¿Qué insinuación sobre Ghana se hace en la información del texto?

   (1) El poder de Ghana declinó cuando fue conquistada por Malí.
   (2) En Ghana se valoraba la educación y se financiaban escuelas con las ganancias del comercio.
   (3) Ghana se transformó en una fuente de esclavos para los imperios de Malí y Songhay.
   (4) El islamismo no era importante en Ghana antes de la invasión de los bereberes musulmanes.
   (5) Ghana era el reino africano negro que se encontraba más al norte en África.

11. ¿Qué generalización sobre Ghana y Songhay se apoya en el texto?

   (1) La educación tenía un lugar importante en las tres culturas.
   (2) Cada una conquistó a las otras dos.
   (3) Los gobiernos débiles provocaron la declinación de los tres reinos.
   (4) La economía de ambas se basaba en el comercio.
   (5) Cada reino tenía una gran universidad.

12. Según el texto, ¿qué valor parece tener menor importancia en la cultura Songhay?

   (1) los derechos humanos
   (2) la educación
   (3) la riqueza
   (4) la literatura
   (5) la religión

13. La pobreza general y los disturbios políticos plagaron Rusia a principios del siglo XX. Cuando este país se involucró en la Primera Guerra Mundial en 1914, la guerra llevó la nación al agotamiento. El zar Nicolás II, el gobernante ruso, abdicó en 1917. Se creó un gobierno temporal hasta que se pudieran llevar a cabo elecciones. Pero antes de que esto ocurriera, los comunistas rusos llamados bolcheviques, al mando de V.I. Lenin, derrocaron al gobierno y sacaron a Rusia de la guerra. Comenzó una guerra civil cruenta, que terminó con la victoria comunista en 1922. Los comunistas mantuvieron el control de Rusia hasta el colapso de la Unión Soviética en 1991.

¿Cuál de los siguientes enunciados es una conclusión que se puede sacar a partir de esta información?

   (1) Una guerra civil en Rusia provocó la abdicación del zar.
   (2) Los bolcheviques terminaron inmediatamente con la pobreza de Rusia.
   (3) Muchos rusos no querían tener un gobierno comunista.
   (4) La guerra civil en Rusia fue larga y sangrienta.
   (5) Los bolcheviques devolvieron el poder al zar.

Las preguntas 14 a 17 se refieren al texto y tabla siguientes.

Inspirados por la Revolución Francesa y la independencia de Estados Unidos, los colonos españoles en Latinoamérica se levantaron en armas a principios del siglo XIX. El movimiento comenzó en Sudamérica en 1810, cuando los rebeldes españoles liderados por José de San Martín lograron el control del gobierno colonial. Seis años más tarde los rebeldes declararon la independencia y llamaron a sus países las Provincias Unidas del Río de la Plata. Mientras tanto, otro grupo de colonos se había emancipado y formó la nación independiente de Paraguay.

En la parte norte de Sudamérica, la lucha se había vuelto mucho más compleja. La rebelión también había comenzado en 1810, pero tuvo como consecuencia una guerra larga y sangrienta. El líder rebelde Simón Bolívar no pudo liberar esa región hasta 1819.

Mientras tanto, San Martín trasladó su ejército hacia el oeste, cruzando con dificultad la Cordillera de los Andes, hacia la región denominada Chile. Allí se unió con un patriota chileno, Bernardo O'Higgins, para vencer a la resistencia española en 1818. Luego, San Martín marchó con sus fuerzas hacia el norte, bordeando la costa del Pacífico para tomar Lima, Perú. El gobierno español se rindió y San Martín declaró la independencia del Perú en 1821.

Preocupada y debilitada por las guerras en Europa que siguieron a la Revolución Francesa, España no pudo resistir eficazmente los movimientos de independencia. En 1825, su imperio en Latinoamérica había desaparecido completamente. En 1822, Brasil, la colonia portuguesa en Sudamérica, también logró su independencia.

| INDEPENDENCIA DE LATINOAMÉRICA | |
|---|---|
| País | Fecha de la independencia |
| Argentina | 1816 |
| Bolivia | 1825 |
| Chile | 1818 |
| Colombia | 1819 |
| Ecuador | 1830 |
| Panamá | 1903 |
| Paraguay | 1811 |
| Perú | 1821 |
| Uruguay | 1828 |
| Venezuela | 1830 |

14. ¿Qué título resume mejor el contenido de este texto?

   (1) Cómo afectaron las guerras europeas a España y Sudamérica
   (2) Cómo España perdió su imperio en Sudamérica
   (3) Cómo España y Portugal dividieron Latinoamérica
   (4) Comparación de las revoluciones de Estados Unidos, Francia y Latinoamérica
   (5) Diferencias y semejanzas entre Bolívar y San Martín

15. ¿Qué suposición puede hacerse sobre Argentina, según la información en la tabla y el texto?

   (1) Originalmente fue parte de Chile.
   (2) Se ubicaba al sur de Brasil.
   (3) Fue la primera nación de Sudamérica en ser independiente.
   (4) Era colonia de Portugal.
   (5) Se llamó originalmente Provincias Unidas del Río de la Plata.

16. De acuerdo con el texto, ¿qué causó la derrota de España en Sudamérica?

   (1) Los colonos españoles de Latinoamérica fueron inspirados por la independencia estadounidense.
   (2) Los rebeldes latinoamericanos tenían mejores generales que los españoles.
   (3) Las colonias españolas en Latinoamérica se volvieron independientes.
   (4) Las guerras en Europa consumían demasiados recursos militares a España.
   (5) Los ciudadanos de Estados Unidos ayudaron a los rebeldes de Latinoamérica.

17. ¿Cuál de los siguientes enunciados es un resumen de la información en la tabla?

   (1) Perú obtuvo su independencia antes que Paraguay.
   (2) La mayor parte de Sudamérica era libre en 1830.
   (3) Ningún país obtuvo la independencia después de fines del siglo XIX.
   (4) Chile obtuvo su independencia antes que Colombia.
   (5) La mayoría de los colonos españoles se unieron a la rebelión.

Las preguntas 18 a 21 se refieren al texto y caricatura siguientes.

Cerca de cien años después de que se creara la Unión de Sudáfrica en 1910, la nación estaba completamente controlada por una minoría blanca. Los sudafricanos de raza negra, que conformaban la amplia mayoría de la población, no tenían derecho al voto.

Después de la Segunda Guerra Mundial, el gobierno implementó una política de *apartheid,* que quiere decir "segregación racial", que regulaba casi cada aspecto de las vidas de los sudafricanos de raza negra. Cuando el Congreso Nacional Africano, ANC (African National Congress), una organización para los derechos del pueblo de raza negra, protestó contra las políticas de gobierno, se prohibió. Su líder, Nelson Mandela, fue sentenciado a cadena perpetua en 1962.

A pesar de estas medidas, la oposición al apartheid creció durante las siguientes décadas. El gobierno sudafricano respondió con más violencia. En la década de 1980, la gente alrededor del mundo, así como un número creciente de sudafricanos de raza blanca, clamaron por el fin del apartheid.

En 1990, muchas leyes del apartheid fueron relajadas o revocadas. La prohibición del ANC se anuló y se liberó a Mandela. Sin embargo, los sudafricanos de raza negra continuaron presionando por la igualdad de derechos. El gobierno finalmente estuvo de acuerdo con realizar la primera elección de Sudáfrica en que participaron todas las razas.

En abril de 1994, millones de sudafricanos de raza negra esperaron pacientemente en largas filas para participar en la primera elección nacional. Nelson Mandela, que ganó por una amplia mayoría de votos, fue elegido el primer presidente de raza negra de Sudáfrica.

**18.** ¿Cuál de los siguientes enunciados resume mejor el contenido del segundo párrafo?

(1) La política del apartheid en Sudáfrica era parecida a la política de segregación racial de Estados Unidos.
(2) Los líderes de los derechos civiles estadounidenses copiarían más tarde las tácticas usadas para protestar en contra del apartheid.
(3) La introducción del apartheid causó protestas, lo que hizo que el gobierno tomara medidas enérgicas en contra de los sudafricanos de raza negra.
(4) Durante la política del apartheid, los sudafricanos de raza negra debían llevar tarjetas de identificación, vivir en áreas separadas y trabajar por menos dinero que las personas de raza blanca.

(5) El apartheid ayudó a la minoría blanca de Sudáfrica a tener el control político.

Jack Higgins, cortesía del *Chicago Sun-Times*.

**19.** ¿Cuál es la idea principal del tercer párrafo?

(1) El gobierno de Sudáfrica respondió con violencia a las protestas.
(2) Mucha gente alrededor del mundo se opuso al apartheid.
(3) Algunos sudafricanos de raza blanca se opusieron al apartheid.
(4) La oposición al apartheid creció.
(5) La opinión mundial terminó con el apartheid.

**20.** ¿Qué simbolizan el brazalete de acero y la cadena en la caricatura?

(1) los sudafricanos de raza negra
(2) los bajos salarios
(3) el cambio violento
(4) el ANC
(5) el apartheid

**21.** ¿Qué supone el caricaturista que usted sabe para entender esta caricatura de 1994?

(1) La población blanca en Sudáfrica supera en número ampliamente a la población negra.
(2) Los sudafricanos de raza negra tuvieron que viajar largas distancias para votar en 1994.
(3) La elección de 1994 fue la primera en que los sudafricanos de raza negra tuvieron derecho a votar.
(4) El gobierno blanco de Sudáfrica había liberado a Nelson Mandela en 1990.
(5) Nelson Mandela era el líder del ANC.

**Las respuestas comienzan en la página 304.**

# Tabla de análisis del desempeño en el repaso acumulativo
## Unidad 2 ● Historia del mundo

Consulte la sección Respuestas y explicaciones que empieza en la página 304 para verificar sus respuestas al Repaso acumulativo de la Unidad 2. Luego, use la siguiente tabla para identificar las destrezas en las que necesite más práctica.

En la tabla, encierre en un círculo los números correspondientes a las preguntas que haya contestado correctamente. Anote el número de aciertos para cada destreza y luego súmelos para calcular el número total de preguntas que contestó correctamente en el Repaso acumulativo. Si cree que necesita más práctica, repase las lecciones de las destrezas que se le dificultaron.

| Preguntas | Número de aciertos | Destreza | Lecciones para repasar |
|---|---|---|---|
| 4, 5, **6**, 10, 14, **17**, 18, 19, **20** | _____/9 | Comprensión | 1, 2, 7 |
| 1, 7, 13, **15**, 16, **21** | _____/6 | Análisis | 3, 4, 6, 9, 10 |
| 2, 3, **8**, 9, 11, 12 | _____/6 | Evaluación | 5, 8 |
| **TOTAL DE ACIERTOS:** _____/21 | | | |

Los números en **negritas** corresponden a preguntas que contienen gráficas.

# Educación cívica y gobierno

"Nosotros, el pueblo de Estados Unidos…" Estas palabras son el preámbulo o introducción a la Constitución de Estados Unidos. La Constitución explica en detalle las leyes fundamentales del gobierno de Estados Unidos. Define los poderes del gobierno nacional, establece y limita el poder federal sobre los estados y explica en detalle las libertades de los ciudadanos de Estados Unidos. Desde el comienzo de nuestra nación, la Constitución ha descrito tanto la naturaleza de nuestro gobierno como la responsabilidad cívica del pueblo.

Entender cómo funcionan nuestros sistemas gubernamental y político es esencial para conservar nuestra condición de pueblo libre. Es por ello que el estudio de la educación cívica y el gobierno es una parte importante de la Prueba de Estudios Sociales de GED, y representa el 25 por ciento de las preguntas de la prueba.

*La capacidad para elegir a nuestras autoridades es nuestra responsabilidad y derecho más fundamental.*

**Las lecciones de esta unidad son:**

**Lección 11:** **El gobierno moderno**
En el mundo moderno existen varios tipos de gobierno. Muchos son democracias como el de Estados Unidos y otros no los son. Otros tipos son las monarquías, oligarquías y dictaduras.

**Lección 12:** **Estructura del gobierno de Estados Unidos**
A nivel nacional, existe un equilibrio de poder entre las tres ramas del gobierno. También existen importantes similitudes y diferencias entre los procesos políticos a nivel federal, estatal y local.

**Lección 13:** **La política estadounidense en acción**
Los partidos políticos se desarrollaron durante el comienzo de la república estadounidense y han existido desde entonces. El sistema bipartidista y los demás partidos han tenido un efecto importante en el desarrollo de nuestro sistema de gobierno. La votación y otras formas de participación ciudadana son esenciales para que funcione nuestro sistema.

**Lección 14:** **El gobierno de Estados Unidos y sus ciudadanos**
La Constitución afirma que una meta del gobierno estadounidense es promover el bienestar general de la nación. El gobierno otorga muchos beneficios y servicios a sus ciudadanos y consigue el dinero para estos gastos a través de los impuestos.

**DESTREZAS DE RAZONAMIENTO**

- Distinguir los hechos de las opiniones
- Comparar y contrastar
- Identificar la lógica incorrecta
- Aplicar información a nuevos contextos

# DESTREZA DE GED **Distinguir los hechos de las opiniones**

**hecho**
un episodio o acontecimiento real

**opinión**
creencias o sentimientos de alguien acerca de algo

Un **hecho** es información acerca de algo que realmente ocurrió o que realmente existe. Por ejemplo, cuando un periodista cubre una manifestación política y escribe acerca de lo que hacen y dicen los manifestantes, el periodista está informando cosas que existen y acontecimientos que suceden. Estas cosas y acontecimientos son hechos.

Una **opinión** es una interpretación de los hechos. Las opiniones se influencian por nuestros intereses, por lo que sabemos acerca de un tema y por nuestra experiencia con hechos relacionados con él. Las opiniones pueden llevarnos a actuar de acuerdo a los hechos que conocemos. Los manifestantes expresan sus opiniones en los lemas de sus pancartas ("¡Injusto para los trabajadores!") y en sus discursos ("¡Vote no!"). Ellos apoyan una visión de un tema político y rechazan las visiones opuestas que otros pueden tener.

Los discursos políticos están llenos de opiniones. Aunque las opiniones siempre son *acerca de* hechos, no siempre *se basan en* los hechos o en razonamientos sólidos. Sin embargo, las opiniones políticas generalmente se presentan como si fuesen hechos. Es usted quien decide si los enunciados son lógicos y si se basan en información válida.

**Lea el siguiente texto y haga el ejercicio que se presenta a continuación.**

Recuerde que la veracidad de un hecho puede comprobarse; una opinión es un juicio que puede o no ser verdadero. Ciertas palabras proporcionan pistas de que un enunciado es una opinión. Estas palabras incluyen *debiera, debería, mejor* y *peor*.

Algunas personas piensan que el gobierno de Estados Unidos ha tenido éxito en el manejo de los problemas económicos y sociales de la nación. Durante las décadas de 1960 y 1970, se aprobaron leyes que prohibían la discriminación racial. Se cree que estas leyes han disminuido la injusticia, la desigualdad y la pobreza en Estados Unidos. Sin embargo, otras personas piensan que el gobierno no ha mejorado en forma significativa la vida de los pobres y de las minorías raciales y étnicas. Según su visión, el gobierno representa los intereses de las personas adineradas. La injusticia racial y la desigualdad siguen siendo problemas importantes.

Marque con una "X" el enunciado que constituya un hecho.

_____ a. Durante las décadas de 1960 y 1970 se aprobaron leyes que prohibían la discriminación racial.

_____ b. La injusticia racial y la desigualdad siguen siendo problemas importantes.

Usted acertó si escogió la *opción a.* La aprobación de estas leyes es un hecho que puede verificarse. Que la pobreza, la injusticia racial y la desigualdad aún son problemas importantes es una opinión con la que algunas personas están de acuerdo y otras no.

**Utilizando el texto y el aviso del periódico siguientes haga el ejercicio que se presenta a continuación.**

Los gobiernos tienen cinco funciones fundamentales en un sistema social. Primero, el gobierno representa a la gente de una sociedad en el trato con otros gobiernos. Segundo, el gobierno tiene la responsabilidad de crear leyes y hacerlas cumplir. Las leyes de una sociedad reflejan el modo general en que se espera que la gente se comporte. Por ejemplo, una ley contra el hurto significa que robar se considera como un comportamiento inaceptable en esa sociedad. Tercero, el gobierno protege a la sociedad de peligros y amenazas que provengan del interior o del exterior de la nación. Cuarto, el gobierno calma las disputas por conflictos de intereses dentro de una sociedad. Establece sistemas (como los tribunales) y procesos (como las elecciones) que ayudan a resolver las diferencias y a promover métodos sistemáticos para la toma de decisiones. Finalmente, el gobierno coordina y desarrolla metas para la sociedad y las lleva a cabo. En una democracia, muchas de estas metas provienen de grupos en la sociedad. A veces no es posible que la gente logre estas metas por sí sola, de modo que se le pide ayuda al gobierno. El siguiente aviso es un ejemplo de este proceso.

# AUMENTEMOS LA EDAD LEGAL PARA CONDUCIR A 21

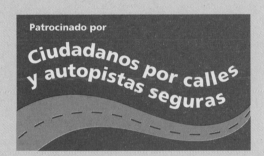

Patrocinado por
**Ciudadanos por calles y autopistas seguras**

- **Los estudios muestran que los conductores adolescentes tienen una alta tasa de accidentes.**

- **Los conductores adolescentes son imprudentes y descuidados.**

- **Aumentar la edad legal para conducir terminará con el exceso de velocidad en nuestras calles y autopistas.**

**PIDA A SU LEGISLADOR ESTATAL QUE APOYE ESTA PROPUESTA.**

1. Los siguientes enunciados se basan en la información del texto. Escriba *H* al lado de a los enunciados que sean hechos y *O* al lado de a los enunciados que sean opiniones.

   _____ a. Los gobiernos tienen cinco funciones fundamentales en un sistema social.

   _____ b. El hurto es aceptable en algunas situaciones.

   _____ c. Si dos grupos tienen una disputa, se puede pedir al gobierno que ayude a resolver el problema.

   _____ d. El gobierno debe ayudar a todas las personas y grupos a lograr sus metas.

2. Marque con una "X" el enunciado que constituya una opinión que sostiene el patrocinador del aviso.

   _____ a. Los conductores adolescentes tienen una gran cantida de accidentes.

   _____ b. Los conductores adolescentes son peligrosos y constituyen una amenaza en las autopistas.

**Las respuestas comienzan en la página 306.**

Estados Unidos y la mayoría de los demás países funcionan de acuerdo con principios políticos que son relativamente nuevos en la historia mundial. El primer principio es el de **gobierno centralizado.** En tiempos pasados, las funciones del gobierno se realizaban por dirigentes militares, autoridades eclesiásticas y miembros de la nobleza. Con el tiempo, el gobierno central asumió muchas de estas funciones. En tiempos actuales, el gobierno supervisa la seguridad pública, la seguridad nacional, la educación, el comercio y el transporte.

El segundo principio de un gobierno moderno es el de **autoridad legal.** En sistemas tradicionales, un dirigente tenía poder debido a la riqueza y el poder de su familia. Hoy en día, el poder de un dirigente proviene de la autoridad del cargo que ocupa. Los ciudadanos de los estados modernos esperan que los dirigentes sigan las pautas legales.

El tercer principio es el de la **participación de las masas.** A lo largo de la historia, las decisiones acerca del gobierno las han tomado pequeños grupos de personas poderosas o una sola persona. Con el tiempo, la gente de otros estratos sociales ha obtenido su propia voz respecto al modo en que funciona el gobierno. Hoy, grandes cantidades de personas eligen a sus dirigentes y se espera que gobiernen teniendo en cuenta el bienestar general de la nación.

Por último, **los gobiernos autoritarios** son centralizados y no se apoyan en la participación de las masas ni en la autoridad legal. Una sola persona o un pequeño grupo es la única autoridad verdadera. Los **gobiernos democráticos** también son centralizados, pero su poder se encuentra en manos del pueblo. La siguiente tabla describe los tipos de gobierno en cada categoría.

| Formas de gobiernos autoritarios | | |
|---|---|---|
| Sistema | Descripción | Ejemplos |
| autocracia | Una sola persona tiene toda la autoridad. En una **monarquía absoluta** el gobernante es un rey o una reina. Todas las autocracias son **dictaduras.** | Arabia Saudita es una de las pocas monarquías absolutas. Un dictador, Fidel Castro, gobierna en Cuba. |
| oligarquía | Un pequeño grupo tiene el poder debido a su riqueza, poder militar o posición social. | En China, todo el poder político está en manos de los líderes del Partido Comunista. |
| Formas de gobiernos democráticos | | |
| Sistema | Descripción | Ejemplos |
| democracia | El pueblo se gobierna a sí mismo votando acerca de los problemas y aprobando las leyes en reuniones de masas. | Los cabildos de Nueva Inglaterra y algunos distritos de Suiza son democracias directas. |
| república | El pueblo elige representantes y les entrega el poder para hacer las leyes y gobernar. | Estados Unidos en una de las tantas repúblicas del mundo moderno. |
| monarquía constitucional | El monarca comparte su poder con un cuerpo legislativo o sólo constituye una figura ceremonial del gobierno. | El Parlamento gobierna sobre Gran Bretaña y la función de los monarcas sólo es ceremonial. |

Instrucciones: Elija la respuesta que mejor responda a cada pregunta.

Las preguntas 1 a 8 se refieren al texto y tabla de la página 138.

1. En un gobierno construido según los principios modernos, ¿cuál es la base de la autoridad del dirigente?

   (1) el poder
   (2) la riqueza
   (3) la fuerza militar
   (4) la ley
   (5) un capricho personal

2. ¿Cuál es el propósito principal de la tabla de la página 138?

   (1) enumerar los principios de un gobierno moderno
   (2) comparar los gobiernos autoritarios y democráticos
   (3) comparar la autocracia y la oligarquía
   (4) comparar la democracia directa y la monarquía constitucional
   (5) definir la monarquía absoluta y la dictadura

3. Luego de que la antigua Unión Soviética se disolvió, Rusia eligió un cuerpo legislativo y un presidente. ¿Qué tipo de gobierno se estableció?

   (1) una dictadura
   (2) una monarquía constitucional
   (3) una autocracia
   (4) una oligarquía
   (5) una república

4. Aunque la autoridad principal del gobierno de Dinamarca es la reina Margarita II, un parlamento electo elabora las leyes de la nación. ¿Qué tipo de sistema de gobierno ejemplifica Dinamarca?

   (1) una oligarquía
   (2) una república
   (3) una monarquía constitucional
   (4) una democracia directa
   (5) una monarquía absoluta

5. ¿Cuál de los siguientes enunciados es una opinión relacionada con la información del texto y la tabla?

   (1) Los dirigentes modernos tienen el poder por la autoridad de sus cargos.
   (2) La mayoría de los gobiernos modernos son centralizados.
   (3) La participación de las masas es el principio más importante de los gobiernos modernos.
   (4) Los cabildos de Nueva Inglaterra son un ejemplo de democracia directa.
   (5) Cuba es una dictadura.

6. Cuando un dictador muere, ¿cómo se verá probablemente afectado el gobierno de la nación?

   (1) El gobierno sigue como siempre.
   (2) El gobierno cae en el caos.
   (3) La nación se convierte en una democracia.
   (4) El hijo mayor del dictador automáticamente asume el poder.
   (5) El pueblo elige a un nuevo líder.

7. ¿Qué detalles de la tabla apoyan las definiciones de las formas de gobierno modernas?

   (1) las opiniones acerca de lo bien que funciona cada forma de gobierno
   (2) los hechos acerca de los principios fundamentales de cada gobierno
   (3) las opiniones acerca de la participación de los ciudadanos
   (4) los nombres de los dirigentes y cargos políticos
   (5) los hechos acerca de la historia del gobierno

8. ¿Cuál de las siguientes conclusiones está apoyada por la información de la página 138?

   (1) La naturaleza del gobierno ha cambiado con el tiempo.
   (2) Los principios fundamentales del gobierno no han cambiado a través de la historia.
   (3) Todos los gobiernos tienen la misma estructura.
   (4) Los gobernantes militares ya no tienen poder.
   (5) Los monarcas absolutos y los dictadores son malvados.

**Las respuestas comienzan en la página 306.**

Instrucciones: Elija la respuesta que mejor responda a cada pregunta.

Las preguntas 1 a 4 se refieren al siguiente texto.

El **poder** es la capacidad de controlar el comportamiento de los demás. Existen tres formas fundamentales de obtener el control sobre las personas: mediante la fuerza, mediante la autoridad y mediante la influencia.

La **fuerza** se basa en hacer que la gente haga cosas en contra de su voluntad. Debido a que la fuerza física asusta a la gente, harán cosas que no quieren hacer.

La **autoridad** es el poder de los dirigentes para hacer que la gente obedezca las leyes. Se basa en la creencia de que esos dirigentes tienen derecho a gobernar.

La **influencia** es una forma de persuadir. Un individuo que tiene una personalidad fuerte, que es importante o adinerado o que tiene el apoyo de muchos puede persuadir a las personas a hacer cosas. Sin embargo, el poder para gobernar generalmente requiere más que influencia.

Un gobierno estable se basa en lo que se denomina **poder legítimo.** Dicho poder se considera adecuado y aceptable por aquellos que lo obedecen. Éste proviene del hecho de tener un dirigente con la autoridad para tomar decisiones que la gente apoyará, incluso sin estar de acuerdo con ellas. La fuerza se considera un poder ilegítimo debido a que no tiene el apoyo ni el consentimiento del pueblo gobernado. El poder legítimo generalmente tiene como resultado un gobierno mejor y más eficaz que el ilegítimo.

1. ¿Cuál de los siguientes enunciados constituye una opinión del escritor del texto?

   (1) El poder legítimo es aquél que se considera adecuado y aceptable.
   (2) La fuerza constituye un poder ilegítimo.
   (3) El poder legítimo termina construyendo un mejor gobierno que el ilegítimo.
   (4) La fuerza hace que la gente haga cosas que no quiere hacer.
   (5) Una persona importante o adinerada puede persuadir a otras a hacer ciertas cosas.

2. Luego de la muerte del rey Balduino en 1993, su hijo Alberto se convirtió en rey de Bélgica. ¿Qué tipo de poder se ilustra con el gobierno del rey Alberto?

   (1) la influencia
   (2) la fuerza
   (3) la persuasión
   (4) la autoridad
   (5) la autoridad electoral

3. Según el texto, ¿cuán importante es la opinión del pueblo para el ejercicio del poder?

   (1) La opinión del pueblo no es para nada importante para el ejercicio del poder.
   (2) El apoyo del pueblo es necesario para que el poder sea legítimo.
   (3) La opinión del pueblo puede cambiarse fácilmente.
   (4) La opinión del pueblo puede influenciarse por la fuerza.
   (5) La opinión pública es la base de todo tipo de poder.

4. ¿Qué efecto tiene la fuerza en el ejercicio del poder?

   (1) Poco o nada de efecto.
   (2) Convierte el poder ilegítimo en legítimo.
   (3) Permite que la gente adinerada tenga el poder.
   (4) Provoca que la gente crea lo que le gobierno les dice.
   (5) Hace que la gente se comporte como los dirigentes gubernamentales desean.

**SUGERENCIA**

Las palabras *creer, pensar, sentir, mejor* y *peor* a menudo señalan que se está enunciando una opinión.

Las preguntas 5 a 8 se refieren al texto y diagrama siguientes.

El **sistema presidencial** de los Estados Unidos es una de las formas que puede tomar un gobierno democrático. Otra forma democrática de gobierno es el **sistema parlamentario.** En este sistema, un **cuerpo legislativo** electo o parlamento dirige las funciones legislativas y ejecutivas del gobierno.

En un sistema presidencial, el jefe de estado o presidente se elige por los votantes. En un sistema parlamentario el jefe de estado es el **primer ministro.** Él o ella debe ser miembro del parlamento. Con la aprobación del parlamento, el primer ministro selecciona a otros miembros de sus filas para formar un **gabinete** gobernante. Estos funcionarios gobernantes no sólo forman parte del cuerpo legislativo, también están sujetos a su control directo. Su servicio se prolonga por el tiempo en que su política se apoya por el cuerpo legislativo.

En la actualidad, el sistema parlamentario es el más común de los gobiernos democráticos del mundo. Gran Bretaña, Japón e India son algunas de las naciones que usan este sistema.

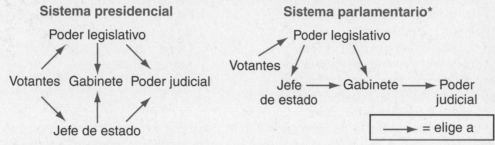

**DOS FORMAS FUNDAMENTALES DE GOBIERNO DEMOCRÁTICO**

*El sistema parlamentario se basa en el modelo británico.

5. ¿Quién elige al primer ministro en un sistema parlamentario de gobierno?

   (1) el presidente
   (2) los votantes
   (3) el gabinete
   (4) el cuerpo legislativo
   (5) el poder judicial

6. ¿Cuál de los siguientes enunciados es una opinión?

   (1) En un sistema parlamentario, el cuerpo legislativo tiene más poder que en un sistema presidencial.
   (2) El sistema parlamentario es una forma de gobierno más común que el sistema presidencial.
   (3) El sistema parlamentario es una mejor forma de gobierno que el sistema presidencial.
   (4) El primer ministro en un sistema parlamentario es similar al presidente en un sistema presidencial.
   (5) Tanto el sistema presidencial como el parlamentario posee un gabinete.

7. ¿Quiénes eligen a los jueces del sistema de tribunales en un sistema parlamentario de gobierno?

   (1) el gabinete
   (2) el parlamento
   (3) el primer ministro
   (4) los votantes
   (5) el primer ministro y el cuerpo legislativo

8. ¿Qué pruebas apoyan de mejor manera la conclusión de que el primer ministro de Gran Bretaña es menos independiente que el presidente de Estados Unidos?

   (1) El primer ministro debe ser miembro del cuerpo legislativo.
   (2) El primer ministro debe renunciar si pierde un voto importante en el cuerpo legislativo.
   (3) El primer ministro debe designar a su gabinete.
   (4) El primer ministro debe responder directamente ante los votantes.
   (5) El sistema parlamentario es la forma más común de gobierno democrático.

**Las respuestas comienzan en la página 307.**

# Prueba corta de GED • Lección 11

**Instrucciones:** Ésta es una prueba de práctica que dura diez minutos. Después de que transcurran los diez minutos, ponga una marca en la última pregunta que haya respondido. A continuación, termine la prueba y revise sus respuestas. Si la mayoría de sus respuestas fueron correctas, pero no terminó la prueba, trate de responder las preguntas más rápidamente la próxima vez. Elija la respuesta que mejor responda a cada pregunta.

Las preguntas 1 a 4 se refieren al siguiente texto.

Los estadounidenses están acostumbrados a escuchar que tienen ciertos derechos y privilegios. Pero, ¿qué son los derechos y en qué se diferencian de los privilegios? En términos legales, los derechos son poderes y libertades que el gobierno debe proteger. Por ejemplo, la Constitución otorga a todo estadounidense el derecho a juicio público ante un jurado si se lo acusa de un delito. Además de esos derechos civiles, la Constitución también protege los derechos naturales. Estos son derechos que se cree que provienen de un poder superior al gobierno. En el siglo XVII, el gran pensador político John Locke resumió los derechos naturales como el derecho a la vida, a la libertad y a la propiedad. Por ejemplo, la Constitución protege la libertad o libertad personal cuando garantiza la libertad religiosa.

En contraste con los derechos están los derechos reglamentarios. Éstos se pueden describir mejor como privilegios o beneficios que el gobierno otorga a quienes cumplen con ciertos requisitos. Algunos ejemplos incluyen la pensión del seguro social, pagos a los granjeros que siembran ciertos cultivos, y pagos del gobierno a los que no tienen empleo. A diferencia de los derechos naturales, los privilegios y los derechos reglamentarios pueden tener un límite temporal y retirarse de forma legal.

1. ¿Cuál es un ejemplo de un derecho natural?

   (1) la libertad de expresión
   (2) el juicio público
   (3) una licencia para ejercer como médico
   (4) el pago de impuestos
   (5) los pagos del gobierno a las personas sin trabajo

2. ¿Cuál sería un ejemplo de un derecho reglamentario o privilegio?

   (1) la libertad de prensa
   (2) el juicio ante un jurado
   (3) un préstamo para estudios garantizado por el gobierno
   (4) la posibilidad de renunciar a su trabajo
   (5) la posibilidad de poner su casa en venta

3. ¿Cuál de las siguientes es una opinión que se expresa o que se implica en este texto?

   (1) Para los estadounidenses los privilegios son más importantes que los derechos.
   (2) Los derechos civiles son más importantes que los derechos naturales.
   (3) Se cree que los derechos naturales provienen de un poder superior al gobierno.
   (4) La gente que no tiene trabajo debe recibir pagos del gobierno.
   (5) John Locke era un gran pensador político.

4. ¿Por qué los derechos son más esenciales a un gobierno democrático que los privilegios?

   (1) El pueblo no necesita de privilegios.
   (2) El gobierno puede retirar los privilegios legalmente, no así los derechos.
   (3) Los privilegios están protegidos por la Constitución, no así los derechos.
   (4) Los derechos sólo se aplican a los ciudadanos estadounidenses, los privilegios se aplican a todos los residentes de Estados Unidos.
   (5) Los derechos naturales no se protegen por la Constitución ya que provienen de un poder superior.

5. Las democracias y los gobiernos totalitarios tienen diferentes metas, como también diferentes estructuras. Una meta importante en una democracia es asegurar la libertad y la dignidad de todos los individuos. La meta principal de un gobierno totalitario es mantener el control sobre todos los aspectos de la vida de su pueblo.

Basándose en la información anterior, si usted vive bajo un gobierno totalitario, ¿cuál de las siguientes cosas se puede esperar?

   (1) ser capaz de escoger al dirigente de su nación
   (2) enviar a sus hijos a un colegio particular
   (3) poder elegir dónde vive
   (4) tener restricciones en los lugares a los que puede viajar
   (5) tener siempre un trabajo

Las preguntas 6 a 8 se refieren al texto y tabla siguientes.

La democracia no sigue existiendo solamente debido a que el pueblo estadounidense considera que es el mejor sistema de gobierno. Sólo se hace posible con una fuerte creencia en, y una estricta práctica de, los siguientes cinco principios.

| Los cinco pilares de la democracia |
| --- |
| **La importancia del individuo** El valor y la dignidad de cada persona se deben reconocer y respetar por todos los demás en todo momento. Al mismo tiempo, sin embargo, los intereses individuales de cada persona deben ser secundarios a los intereses de todos los individuos que conforman la sociedad. |
| **La igualdad de todas las personas** Cada persona tiene derecho a igualdad de oportunidades y de tratamiento legal. El principio no significa que todas las personas nazcan con las mismas habilidades o que tengan derecho a una parte igual de la riqueza de la nación. |
| **El gobierno de la mayoría y los derechos de las minorías** El gobierno de la mayoría es la base de la democracia. Sin embargo, el gobierno de la mayoría sin los derechos de las minorías destruye la democracia. La mayoría debe estar dispuesta a escuchar a las minorías y reconocer su derecho por medios legales a convertirse en mayoría. |
| **La necesidad de compromiso** En una sociedad que pone énfasis en el individualismo y en la igualdad, pocas interrogantes públicas tendrán sólo dos puntos de vista. Armonizar los intereses en pugna mediante el compromiso es necesario para encontrar la posición más aceptable para la mayoría. |
| **Libertad individual** La democracia no puede existir en una atmósfera de libertad absoluta. Con el tiempo, eso podría conducir a un gobierno de los miembros más fuertes de la sociedad. Sin embargo, en una democracia cada persona tiene tanta libertad como sea posible sin interferir con los derechos de los demás. |

Para el pueblo estadounidense, estos principios son más que la guía de un sistema de gobierno: se han vuelto parte de nuestro modo de vida. Esperamos ser capaces de elegir nuestra propia manera de hacer las cosas en nuestra vida diaria. Sin embargo, debido a que la libertad personal se da por sentada, existe el peligro de imponer nuestros propios modos y valores a otros individuos. Debemos reconocer que la elección de una persona puede no ser correcta para otra. Debemos recordar que nuestros derechos y libertades tienen límites. El juez del Tribunal Supremo Oliver Wendell Holmes una vez señaló, "Mi libertad termina donde comienza la libertad del prójimo." Para que la democracia funcione, cada uno de nosotros debe renunciar a ciertas libertades personales para mantener la libertad de la sociedad en su conjunto.

6. ¿Qué opinión acerca de la libertad se expresa en este párrafo?

   (1) que conlleva responsabilidades
   (2) que es un privilegio importante
   (3) que ejercerla realmente no es posible
   (4) que conduce a la nación al peligro
   (5) que no debería tener límites

7. ¿Cuál de los siguientes enunciados es verdad en una democracia?

   (1) La mayoría siempre debe conseguir lo que quiere.
   (2) El pueblo debería repartirse por igual los recursos de la nación.
   (3) La igualdad es el principio más importante.
   (4) Se construye en base al respeto por las diferencias individuales.
   (5) Siempre habrá democracia en Estados Unidos.

8. ¿Qué valores democráticos expresaba el juez Holmes cuando dijo que su libertad terminaba donde comenzaba la del prójimo?

   (1) Que la libertad personal no es importante en una sociedad democrática.
   (2) Que en una democracia los derechos de unos no pueden interferir con los derechos de otros.
   (3) Que en una democracia se debería permitir tener igualdad de oportunidades de éxito a todas las personas.
   (4) Que la lucha y la violencia no son derechos en una sociedad democrática.
   (5) Que un gobierno democrático no puede tener éxito en una atmósfera donde existen diferencias de opinión.

**Las respuestas comienzan en la página 307.**

## DESTREZA DE GED Comparar y contrastar

**comparar**
buscar las similitudes de las cosas

**contrastar**
buscar las diferencias de las cosas

Al comparar y contrastar las cosas, primero busque las semejanzas que hay entre ellas. Si sabe en qué se parecen las cosas, será más fácil ver en qué son diferentes.

Suponga que desea comprar un automóvil usado. Encuentra algunos con las características que desea, pero tienen muchas millas recorridas. Otros tienen pocas millas y las características precisas, pero no corresponden al modelo que desea ni tienen el color que le gusta. Los precios también son diferentes, por lo que escoger un automóvil es aún más confuso. La única forma de tomar una buena decisión es comparar y contrastar las características de cada automóvil.

**Comparar** y **contrastar** comprende el examinar dos o más cosas para entender en qué se parecen y en qué se diferencian. Buscar las similitudes y las diferencias de las cosas a menudo ayuda a evaluarlas. De manera consciente o inconsciente, al evaluar algo lo está comparando y contrastando con algo conocido.

El paso más importante para usar estas destrezas es establecer las categorías de las cosas que se van a comparar y contrastar. Las categorías deben ser paralelas. Por ejemplo, no será útil comparar el equipo de sonido de un automóvil con el color del otro. La creación de categorías también aumenta las oportunidades de encontrar similitudes y diferencias. Equipos de sonido será una mejor categoría que equipos de CD, puesto que habrá automóviles que sólo tendrán radios y otros tendrán radios y equipos de CD.

**Lea el siguiente texto y responda la pregunta que se presenta a continuación.**

En 1973, en reacción a la guerra de Vietnam, el Congreso aprobó la ley sobre poderes gubernamentales concernientes a la guerra. Esta ley prohíbe al presidente involucrar a las tropas estadounidenses en conflictos armados por más de 60 días, a menos que el Congreso declare la guerra o autorice la extensión del período. En caso contrario, el Congreso puede exigir al presidente que traiga las tropas de vuelta al país una vez finalizados los 60 días.

La ley sobre poderes gubernamentales concernientes a la guerra es un ejemplo de la voluntad del pueblo transformada en ley por parte del Congreso. En un sistema democrático de gobierno, el pueblo manda, ya sea directamente o por medio de funcionarios elegidos para representarlo. En muchos estados, si al pueblo no le gusta una ley aprobada por el estado o por los funcionarios locales electos, puede exigir una elección llamada **referéndum** y votar para revocar la ley.

Marque con una "X" la oración que explique en qué se parecen el referéndum y la ley sobre poderes gubernamentales concernientes a la guerra.

_____ a. Ambos limitan el poder de los dirigentes de gobierno electos.

_____ b. Ambos tienen la intención de evitar que los gobiernos nacionales se vuelvan demasiado poderosos.

Usted acertó si escogió la *opción a*. Ambas señalan lo que pueden hacer los dirigentes, pero la *opción b* es incorrecta porque el texto dice que el referéndum sólo se aplica a los gobiernos locales y estatales.

**Lea el texto y estudie el diagrama para completar el ejercicio que se presenta a continuación.**

Estados Unidos tiene una arraigada tradición de gobiernos locales independientes. Existen cerca de 86,000 gobiernos locales en el país. Existen básicamente tres tipos: condados, municipios y distritos especiales. Los gobiernos de los municipios y condados, por lo general, están a cargo del estado de las carreteras, de la protección policial y del cuerpo de bomberos, del alcantarillado, de los servicios sanitarios y de los servicios a personas con necesidades especiales. Los distritos especiales brindan los servicios públicos más costosos, tales como el agua potable y el transporte público. El distrito escolar local es el tipo más común de distritos especiales. Los distritos especiales a menudo no coinciden con los límites de la ciudad o la de los condados.

Los gobiernos municipales se forman cuando un grupo de personas solicita al poder legislativo del estado permiso para **incorporar** o constituir una comunidad legal. El estado responde por medio de la emisión de un **estatuto** para el grupo que les permite formar un gobierno y especificar el tipo de gobierno. Las dos formas más comunes de gobiernos municipales son las que se describen a continuación:

## FORMAS DE GOBIERNOS EN LAS CIUDADES

1. Marque con una "X" la forma en que se parecen los condados, los municipios y los distritos especiales.

   _____ a. Requieren la incorporación y un estatuto del estado.

   _____ b. Brindan servicios a las personas de una región.

2. Escriba *S* al lado de a las características similares de las formas de concejo con alcalde y concejo con administradores en los gobiernos municipales; escriba *D* al lado de las características que son diferentes.

   _____ a. quién elige al alcalde

   _____ b. quién elige al concejo

   _____ c. quién designa los jefes de servicio

   _____ d. quién crea las normas

**Las respuestas comienzan en la página 308.**

El gobierno **federal** de Estados Unidos divide el poder en tres ramas: una rama legislativa, que crea las leyes; una ejecutiva, que hace cumplir la ley; y una judicial, que interpreta la ley. Cada rama está separada y es relativamente independiente de las demás.

El Congreso, que se compone de dos partes o cámaras, es el que ostenta el poder para crear las leyes. Cada estado se representa por dos personas en el **Senado.** En la **Cámara de Representantes,** el número de legisladores se determina por la población de cada estado. La **Constitución** entrega al Congreso muchos poderes, como los poderes de declarar la guerra, de regular el comercio entre estados y obtener dinero y también de autorizar la forma de gastarlo. Todos los proyectos de ley para obtener dinero se deben originar en la Cámara de Representantes.

La responsabilidad de ejecutar o hacer cumplir las leyes aprobadas por el Congreso recae en la rama ejecutiva. Esta rama se encabeza por el presidente, que es además el comandante en jefe de las fuerzas armadas de la nación. La rama ejecutiva se encarga de llevar a cabo las órdenes y las decisiones de los tribunales federales.

Estas últimas, con el Tribunal Supremo a la cabeza, tienen el poder de resolver disputas que surgen por presuntas violaciones a las leyes aprobadas por el Congreso. El poder conocido como **revisión judicial** también les permite interpretar estas leyes y la Constitución.

Para asegurar que ninguna rama del gobierno se vuelva demasiado poderosa, los redactores de la Constitución fijaron un sistema de frenos y equilibrios entre las ramas. El diagrama que se presenta a continuación muestra cómo funcionan algunos de estos frenos y equilibrios.

**PRINCIPALES FRENOS Y EQUILIBRIOS EN EL GOBIERNO DE ESTADOS UNIDOS**

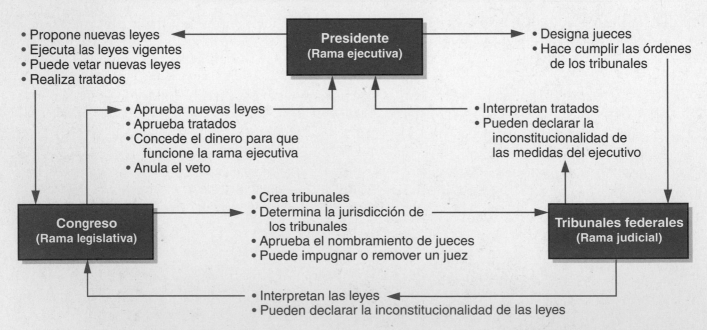

Instrucciones: Elija la respuesta que mejor responda a cada pregunta.

Las preguntas 1 a 6 se refieren al texto y diagrama de la página 146.

1. ¿Qué enunciado contrasta al Senado con la Cámara de Representantes?

   (1) El Congreso consiste del Senado y la Cámara de Representantes.
   (2) Todos los impuestos se deben generar en la Cámara de Representantes.
   (3) Los estados se representan en el Senado por igual y en la Cámara de acuerdo con su población.
   (4) El Tribunal Supremo puede declarar inconstitucionales las leyes del Congreso.
   (5) Tanto el Senado como la Cámara se componen de miembros de cada estado de Estados Unidos.

2. ¿Qué poder comparten el presidente y el Congreso?

   (1) gravar impuestos
   (2) hacer cumplir las leyes
   (3) realizar acuerdos comerciales con otras naciones
   (4) declarar la guerra contra otras naciones
   (5) hacer cumplir las órdenes de los tribunales

3. ¿En qué se parecen el poder de la rama judicial de fiscalizar a la rama legislativa y la fiscalización de la rama ejecutiva?

   (1) El Tribunal Supremo hace cumplir las leyes del Congreso y las órdenes ejecutivas del presidente.
   (2) El Tribunal Supremo designa al gabinete presidencial, así como a los comités del Congreso.
   (3) El Tribunal Supremo puede declarar la inconstitucionalidad de las leyes y las medidas de la rama ejecutiva.
   (4) El Tribunal Supremo puede aprobar tratados que el presidente toma con países extranjeros.
   (5) El Tribunal Supremo puede forzar al presidente y al Congreso a obedecer sus órdenes.

4. ¿Qué diferencias básicas existen entre la función legislativa y la ejecutiva en cuanto a las leyes de la nación?

   (1) El Congreso realiza tratados y leyes, y el presidente decide su significado.
   (2) El Congreso aprueba las leyes y la rama ejecutiva las ejecuta.
   (3) Tanto el presidente como los miembros del Congreso pueden proponer leyes.
   (4) El Congreso interpreta las leyes y el presidente interpreta los tratados.
   (5) El dinero para hacer funcionar la rama ejecutiva viene del Congreso.

5. ¿Cuáles de los siguientes enunciados sobre la estructura del gobierno de Estados Unidos es un hecho y no una opinión?

   (1) El gobierno nacional tiene demasiado poder.
   (2) Los principales poderes del gobierno se dividen en tres ramas.
   (3) El Congreso tiene más poder que el Presidente.
   (4) La rama judicial es la más poderosa de las ramas del gobierno.
   (5) El presidente no debería tener el poder de vetar las leyes aprobadas por el Congreso.

6. ¿Cuáles enunciados sobre los frenos del gobierno están apoyados por en el diagrama?

   (1) Sólo la rama ejecutiva se encarga de fiscalizar el poder de la rama legislativa.
   (2) Sólo la rama legislativa se encarga de fiscalizar el poder de la rama judicial.
   (3) Sólo la rama judicial se encarga de fiscalizar el poder de la rama ejecutiva.
   (4) Cada una de estas tres ramas del gobierno fiscaliza el poder de las demás ramas.
   (5) Cada una de estas tres ramas del gobierno fiscaliza el poder del presidente.

Las respuestas comienzan en la página 308.

# Práctica de GED • Lección 12

Instrucciones: Elija la respuesta que mejor responda a cada pregunta.

Las preguntas 1 a 5 se refieren al siguiente texto.

Al igual que los Estados Unidos, los cincuenta estados también dividen el poder en las ramas legislativa, ejecutiva y judicial. La rama ejecutiva de cada estado está encabezada por un gobernador. Cada estado tiene un poder legislativo de dos cámaras o **bicameral** salvo Nebraska, que cuenta con un poder legislativo de una cámara o **unicameral.** Los sistemas de tribunales de los estados varían ampliamente. En algunos, los jueces se eligen por los votantes, en otros por el poder legislativo, y en otros se nombran por el gobernador.

Durante gran parte de la historia de la nación, las constituciones de los estados han limitado enormemente el poder de los gobernadores. La mayoría de los períodos duran sólo dos años y, en algunos estados, el gobernador no puede ser reelegido. Aunque el cargo ha ganado poder paulatinamente, la mayoría de los gobernadores tienen autoridad limitada para designar a los funcionarios del poder ejecutivo. A diferencia de los miembros del gabinete, los principales ejecutivos de cada estado, como el secretario de estado y el procurador general, generalmente se eligen por el pueblo.

En el Congreso, los estados se representan por la Cámara de Representantes de acuerdo a la población del estado. El poder legislativo de los estados se conforma de igual manera: cada distrito en la cámara baja del poder legislativo del estado (a menudo llamado asamblea general) contiene aproximadamente el mismo número de personas. Una cantidad establecida de distritos de la cámara baja forma un distrito en el senado del estado. En la mayoría de los estados, los senadores tienen un período de 4 a 6 años y los miembros de la asamblea general están dos años. A diferencia de los miembros del Congreso, a los legisladores del estado generalmente no se les paga bien y sólo trabajan tiempo parcial.

1. ¿Cuál es el objetivo principal de este texto?

   (1) comparar a los gobernadores estatales con el presidente
   (2) explicar la estructura de los sistemas de los tribunales estatales
   (3) comparar el gobierno nacional y los gobiernos estatales
   (4) dar una idea del poder creciente de los gobernadores estatales
   (5) comparar y contrastar el poder legislativo de los estados

2. ¿Qué características de los gobiernos estatales varían de un estado a otro?

   (1) la manera en que se eligen los cargos en la rama ejecutiva
   (2) la duración en el poder de los legisladores estatales
   (3) la estructura y el esquema representativo de los poderes legislativos del estado
   (4) la manera en que se seleccionan los jueces
   (5) los poderes de los gobernadores de estado

3. ¿Cuál de los siguientes es el más parecido a la mayoría de las legislaturas estatales?

   (1) el poder legislativo de Nebraska
   (2) el Congreso de Estados Unidos
   (3) el Tribunal Supremo de Estados Unidos
   (4) los funcionarios ejecutivos del estado
   (5) el gabinete del presidente

4. ¿Qué forma de gobierno ilustra mejor la estructura de los gobiernos estatales?

   (1) una dictadura
   (2) una monarquía
   (3) una democracia directa
   (4) una democracia representativa
   (5) un poder legislativo bicameral

5. ¿En qué se parecen los gobiernos estatales y los locales?

   (1) En ambos se eligen todos los funcionarios.
   (2) En ambos existe el poder legislativo bicameral.
   (3) En ambos el poder se divide en ramas.
   (4) En ambos niveles los jueces se nombran.
   (5) Ambos se financian principalmente por un impuesto sobre la renta.

SUGERENCIA

Al comparar y contrastar, considere sólo la información que se ajuste a la categoría que va a comparar y a contrastar.

Las preguntas 6 a 8 se refieren al texto y diagrama siguientes.

Los redactores de la Constitución en 1787 se dieron cuenta de que, con el paso del tiempo y los cambios en la sociedad, también cambiarían las demandas al gobierno hechas por el pueblo. Por lo tanto, la Constitución incluye maneras en que pueda ser enmendada o modificada. Se han agregado veintisiete **enmiendas** a la Constitución durante los más de dos siglos en que ha permanecido vigente. Las primeras diez enmiendas, la **Declaración de Derechos,** se agregó en 1791. Desde entonces, se han agregado 17 más, incluyendo la enmienda que puso fin a la esclavitud, la que definió los derechos de los ciudadanos y la que entregó al pueblo el poder de elegir directamente a los senadores del país. Otras enmiendas han limitado la duración del presidente en el cargo a dos períodos y autorizado al gobierno a gravar los ingresos de las personas.

El artículo V de la Constitución establece dos pasos en el proceso de establecer una enmienda. Primero, se debe proponer formalmente una enmienda. Luego, los estados deben **ratificarla** o aprobarla. Existen muchas ideas para las enmiendas, pero muy pocas llegan a proponerse y menos aún son las que se ratifican. En 1972, por ejemplo, el Congreso propuso una enmienda para establecer la ilegalidad de la discriminación en contra de las personas por su sexo. La propuesta terminó en 1982 debido a que no fue ratificada por la cantidad necesaria de estados. Por otra parte, el Congreso propuso la vigésimo séptima enmienda sobre el calendario para los aumentos de sueldo de sus miembros en 1789, pero no fue ratificada sino hasta 1992, ¡más de dos siglos despues!

## MÉTODOS PARA ENMENDAR LA CONSTITUCIÓN

Enmienda propuesta por

**CONGRESO**
Necesita dos tercios de los votos, tanto en el Senado como la Cámara de Representantes.

O

**CONVENCIÓN NACIONAL**
Necesita dos tercios de los votos de los legisladores estatales

Enmienda ratificada por

**PODERES LEGISLATIVOS ESTATALES**
Necesita tres cuartos de todos los estados

O

**CONVENCIONES ESTATALES**
Necesita tres cuartos de todos los estados

6. ¿Qué enmienda ha aumentado el poder y la voz del pueblo en el gobierno?

   (1) la enmienda que limita los períodos del poder de un presidente
   (2) la enmienda que autoriza el impuesto a la renta
   (3) la enmienda que cambia la elección de los senadores
   (4) la enmienda que hace ilegal la discriminación por el sexo
   (5) la Vigésimo Séptima Enmienda

7. Según lo que sugiere el proceso de una enmienda ¿qué valoraban más los redactores de la Constitución?

   (1) la democracia directa
   (2) el aumento en el poder del gobierno
   (3) un gobierno de la gente de trabajo
   (4) un gobierno de los ricos y poderosos
   (5) la adaptación y el cambio ordenado

8. Al comparar el proceso para proponer y ratificar una enmienda, ¿qué puede usted concluir sobre las motivaciones o creencias de los redactores de la Constitución?

   (1) Creían que nunca podría proponerse enmiendas a la Constitución.
   (2) Estaban confiados en que nunca se podría agregar enmiendas a la Constitución.
   (3) Querían que fuera más difícil agregar enmiendas que proponerlas.
   (4) Pensaron que la mayoría de las enmiendas que ratificaría el Congreso se propondrían por los poderes legislativos.
   (5) Esperaban más propuestas de enmiendas provenientes de las convenciones nacionales que de las estatales.

Las respuestas comienzan en la página 309.

**Instrucciones:** Ésta es una prueba de práctica que dura diez minutos. Después de que transcurran los diez minutos, ponga una marca en la última pregunta que haya respondido. A continuación, termine la prueba y revise sus respuestas. Si la mayoría de sus respuestas fueron correctas, pero no terminó la prueba, trate de responder las preguntas más rápidamente la próxima vez. Elija la respuesta que mejor responda a cada pregunta.

Las preguntas 1 a 3 se refieren al siguiente texto.

La Junta nacional de dirigentes políticos femeninos *(National Political Women's Caucus)* realizó una vez un estudio sobre el promedio del éxito entre candidatos femeninos y masculinos en las elecciones estatales y federales. El estudio arrojó que el sexo del candidato no importaba a la hora de ser elegido. En cambio, se descubrió que el factor fundamental en las elecciones era si el candidato era titular, esto es, alguien que se postula a la reelección de un puesto. Entre las ventajas de los titulares se cuenta un mejor acceso al financiamiento.

El estudio muestra que los titulares ganan con mayor frecuencia que los candidatos que los desafían. Debido a que la mayoría de los titulares son hombres, y la mayoría de las mujeres que se han postulado con ellos han perdido, la impresión que se suscitó entre la gente era que a las mujeres les cuesta trabajo ser elegidas. Sin embargo, la mayoría de los hombres que se enfrentan a los titulares pierden asimismo.

1. De acuerdo con este texto, ¿quién ganará con más probabilidad una elección?

    (1) un desafiante masculino
    (2) una desafiante femenina
    (3) un desafiante, sin importar su sexo
    (4) un titular, sin importar su sexo
    (5) alguien que haya ocupado otro puesto

2. ¿Cuál es el fundamento para la creencia de que a las mujeres les cuesta trabajo ser elegidas debido a su sexo?

    (1) Sólo se eligen mujeres para puestos menores.
    (2) Las desafiantes femeninas pierden más elecciones que sus pares masculinos.
    (3) Las mujeres pierden con frecuencia frente a un titular.
    (4) Las campañas de las mujeres no son suficientemente impactantes.
    (5) Las campañas de los hombres son más enérgicas que las de las mujeres.

3. ¿A cuál de los siguientes enunciados se aplican mejor las conclusiones de la Junta nacional de dirigentes políticos femeninos?

    (1) un equipo deportivo que trata de ganar el campeonato frente a un equipo que perdió el año pasado
    (2) un estudiante que trata de sacar una A en su curso de Matemáticas cuando en el pasado no ha podido superar una C
    (3) una poetisa que espera ganar un concurso de poesía cuando nunca se ha presentado a uno
    (4) un actor que trata de obtener el papel protagónico cuando sólo ha tenido papeles pequeños antes
    (5) una persona fuera de una organización que compite por un puesto con alguien que pertenece a la organización

4. La Décima Enmienda establece: "Los poderes que la Constitución no delega a los Estados Unidos ni prohíbe a los Estados quedan en manos de los Estados respectivamente o del pueblo".

    ¿Cuál es la idea principal de la enmienda?

    (1) dividir y delegar poderes
    (2) expandir los poderes federales
    (3) limitar el poder de la Constitución
    (4) expandir el poder del Senado
    (5) asegurar el poder de la Cámara de Representantes

5. Muchas ciudades tienen grupos de vecinos que se reúnen regularmente para ocuparse de los temas que afectan a la comunidad. ¿A qué tipo de actividad política se asemeja más esta reunión de vecinos en grupo?

    (1) a la escritura de programas de partidos políticos
    (2) a hablar en una reunión en un concejo municipal
    (3) a la elección de representantes de gobierno
    (4) a la ratificación de una enmienda
    (5) a la toma de decisiones en una democracia directa

Las preguntas 6 a 9 se refieren al texto y tabla siguientes.

La Constitución original permitía que cada estado determinara los estadounidenses que podían votar. En 1789, cuando la Constitución entró en vigencia, todos los estados limitaron el derecho al voto a los hombres de raza blanca dueños de propiedades. Con el tiempo, los estados eliminaron estas restricciones para votar, pero no todos lo hicieron a la misma velocidad ni de la misma manera. Como consecuencia, algunas personas que podían votar en algunos estados no podían hacerlo en otros. A medida que pasaba el tiempo, el Congreso se hizo cargo del voto por medio de enmiendas constitucionales que extendían los derechos al voto y los hacían uniformes para todos los estados. Estas enmiendas se resumen a continuación.

Aunque la Constitución define claramente quiénes tienen derecho al voto, los estados conservan algo de poder en ese aspecto. Por ejemplo, muchos estados aún niegan el derecho al voto a personas de incapacidad mental o condenadas por delitos graves. Por el momento, el Congreso parece estar satisfecho con permitir estas restricciones en los estados.

| Las enmiendas sobre el derecho al voto | | |
|---|---|---|
| Enmienda | Año de ratificación | Estipulaciones |
| Decimoquinta Enmienda | 1870 | Prohíbe la negación del derecho al voto por motivos raciales. |
| Decimonovena Enmienda | 1920 | Extiende el derecho al voto a las mujeres. |
| Vigésimo Tercera Enmienda | 1961 | Permite que los residentes de Washington, D.C. voten en las elecciones presidenciales. |
| Vigésimo Cuarta Enmienda | 1964 | Elimina los impuestos electorales (cobros a personas que debían pagar para votar). |
| Vigésimo Sexta Enmienda | 1971 | Disminuye la edad mínima para votar a 18 años. |

6. ¿Qué persona es más probable que esté impedida legalmente de votar para presidente?

   (1) un granjero del norte de raza blanca y de 35 años de edad en 1790
   (2) un hombre de raza negra del sur y de 40 años de edad en 1860
   (3) una mujer de raza negra del sur y de 30 años de edad en 1925
   (4) un residente de Washington D.C. de raza negra y de 21 años de edad en 1968
   (5) un hombre de raza blanca, de 19 años, condenado por una infracción de tránsito en 1984

7. ¿Cuáles son los efectos más probables que el derecho al voto haya tenido sobre las enmiendas a la Constitución indicadas en la tabla?

   (1) Han dado el derecho al voto a más criminales.
   (2) Han aumentado las restricciones para votar en la actualidad.
   (3) Hay un mayor número de personas políticamente conservadoras que vota.
   (4) Ha aumentado la cantidad de posibles votantes.
   (5) Se le permite votar a un mayor número de personas no calificadas.

8. En la elección presidencial de 1972, ¿cuál de las siguiente personas es más probable que votara por primera vez?

   (1) un hombre de raza negra de Virginia y de 25 años
   (2) una mujer de raza negra de Ohio y de 25 años
   (3) una mujer de raza blanca de Alabama y de 18 años
   (4) una mujer hispana de California y de 21 años
   (5) un asesino convicto de 28 años

9. ¿A qué conclusión sobre el poder relativo de los gobiernos estatales y nacional apoyan el texto y la tabla?

   (1) El gobierno nacional controla a los gobiernos estatales.
   (2) Los gobiernos estatales controlan al gobierno nacional.
   (3) Los gobiernos estatales se han vuelto más poderosos.
   (4) El gobierno nacional se ha vuelto más poderoso.
   (5) No ha habido cambios en el poder relativo de los gobiernos nacionales y estatales.

Las respuestas comienzan en la página 310.

# DESTREZAS DE GED **Identificar la lógica incorrecta**

**estereotipo**
idea fija o imagen de un tipo específico de persona o cosa que a menudo no es verdad

**simplificación excesiva**
descripción de algo en términos que lo hacen parecer menos complicado de lo que realmente es

Identificar la lógica incorrecta significa reconocer los errores en el razonamiento. La persona que presenta un argumento puede comenzar haciendo una progresión lógica de ideas, pero luego puede sacar conclusiones sobre estas ideas que no son completamente lógicas. Es importante prestar atención a la lógica incorrecta, ya que un orador o un escritor puede usar ese pensamiento erróneo de manera convincente. Depende del lector u oyente determinar si es erróneo el razonamiento y rechazar las conclusiones basadas en la lógica incorrecta.

Un ejemplo de lógica incorrecta es la generalización apresurada. Esto ocurre cuando alguien hace una afirmación amplia basada en pruebas inadecuadas. Un tipo de generalización apresurada común es el **estereotipo.** Usted puede tener la sospecha de que existe un estereotipo en casi cualquier enunciado acerca de una persona o cosa que se basa en su relación con un grupo más grande. Tenga mucho cuidado si el grupo tiene en común la religión, la raza, la nacionalidad o el género. Por ejemplo, un estereotipo es decir que los hombres son mejores que las mujeres en las Matemáticas y las Ciencias. De hecho, muchas mujeres son mejores que la mayoría de los hombres en estas materias.

La **simplificación excesiva** es un tipo de lógica incorrecta. Esto surge a menudo cuando una persona relaciona dos cosas que no están directamente relacionadas en una relación de causa y efecto. Por ejemplo, una simplificación excesiva es que la pobreza es la causa de los delitos. Si eso fuera cierto, todos los pobres serían delincuentes, lo que por supuesto no es verdad. Las causas que originan el delito son mucho más complejas que el hecho de si una persona es pobre o no.

**Lea el siguiente texto y complete el ejercicio que se presenta a continuación.**

¡Carl Jones al Senado! ¡Es hora de cambiar! El senador Brown es el responsable de la ley que aumentó sus impuestos. ¡Carl Jones trabajará para revocar este incremento en los impuestos! Los políticos se controlan por los grupos de intereses que donan dinero a sus campañas. ¡Pero Carl Jones será el senador del pueblo! ¡Elija a Carl Jones al Senado de Estados Unidos!

Marque la simplificación excesiva de este aviso de campaña política con una *S* y el estereotipo con una *E*.

_____ a. Los políticos se controlan por los grupos de intereses que donan dinero a sus campañas.

_____ b. El senador Brown es el responsable de la ley que aumentó sus impuestos.

Usted acertó si escogió la *opción a* como el estereotipo y la *opción b* como la simplificación excesiva. No todos los políticos se controlan por intereses especiales. Decir que un senador es responsable del aumento de impuestos es una simplificación excesiva. Para que el aumento de impuestos sea aprobado, muchos otros senadores deben votar a favor del mismo.

**SUGERENCIA**

Cuando busque la lógica incorrecta, pregúntese lo siguiente: ¿Apoya la información presentada la conclusión? ¿Se necesita más información para apoyar esta conclusión?

**Use el párrafo y la caricatura política para hacer el ejercicio que se presenta a continuación.**

En años recientes, el número de estadounidenses aptos que vota ha disminuido en casi un 20 por ciento. Más de la mitad de los que no votan son personas que rara vez o nunca han votado. La tendencia general es que vienen de familias que nunca han votado y además están entre los miembros más pobres y con menos educación de la sociedad. Además, más de 20 millones de estadounidenses que fueron alguna vez votantes frecuentes han dejado completamente de participar en las elecciones. El resultado es que Estados Unidos, donde menos de la mitad de los votantes participa en las elecciones presidenciales y sólo un tercio en las no presidenciales, ahora posee la tasa más baja de participación en el voto de todas las democracias del mundo.

Cuando los candidatos presidenciales finalmente se encuentran cara a cara, un silencio cae sobre la nación …

Scott Nickel. Reproducido con autorización legal.

1. Marque con una "X" el estereotipo acerca de la campaña de elecciones presidenciales que presenta la caricatura.

_____ a. Los debates entre candidatos que se transmiten por televisión no son interesantes y les falta emoción.

_____ b. Según la mayoría de los estadounidenses, los candidatos presidenciales realizan sus debates muy tarde en la noche.

_____ c. Los debates presidenciales siempre son muy tranquilos.

2. Marque con una "X" la simplificación excesiva de la información del texto.

_____ a. Millones de personas que solían votar en la mayoría de las elecciones ahora nunca votan.

_____ b. Muchas personas que no votan tienen progenitores que tampoco votan o que nunca han votado.

_____ c. La tendencia a no votar es una característica que las personas heredan de sus progenitores.

**Las respuestas comienzan en la página 311.**

Un **partido político** es una organización que **nomina** candidatos para presentarse a un cargo electoral a fin de obtener el control del gobierno. La mayoría de las naciones democráticas posee un **sistema multipartidista** en el que tres o más partidos políticos de ideologías muy distintas, o creencias básicas acerca del gobierno, compiten por el poder. Estados Unidos funciona bajo un sistema **bipartidista,** en el cual dos partidos políticos dominan el gobierno, a pesar de que también existen otros partidos minoritarios. En Estados Unidos, los dos partidos dominantes son el Partido Republicano y el Partido Demócrata. La siguiente tabla muestra la organización típica de ambos.

La ideología de cada partido se explica en detalle en un documento llamado **plataforma,** el cual representa los principios básicos del partido. A pesar de que muchas personas se lamentan de que hay muy poca diferencia entre los dos partidos mayoritarios, sus plataformas de la década de 1990 sugieren lo contrario. La plataforma de los republicanos se ha opuesto al aborto, a nuevos impuestos y a los aumentos en el salario mínimo. Las plataformas del Partido Demócrata han apoyado el aborto, han favorecido el aumento de impuestos a los estadounidenses adinerados y han pedido aumentos en el salario mínimo.

Ambos partidos mayoritarios están muy bien organizados. Cada partido funciona al nivel de **distrito,** área geográfica cuyos votantes sufragan en el mismo lugar de votación. Los voluntarios del distrito distribuyen información acerca del partido y de sus candidatos y, el día de la elección, alientan a los simpatizantes de su partido a que voten.

| Cómo están organizados los partidos | | | |
|---|---|---|---|
| Nivel | Autoridades del partido | Responsabilidades | Conexiones con los otros niveles |
| distrito | capitán de distrito (no remunerado) | Organiza voluntarios para distribuir información acerca de los candidatos del partido. | Los capitanes de todos los distritos de un cuartel se nombran por el miembro del comité del cuartel. |
| cuartel | miembro del comité del cuartel (no remunerado) | Coordina las actividades del partido en el cuartel; representa al cuartel en el comité del condado. | Cada miembro del comité del cuartel se elige por los miembros del partido a nivel del cuartel; todos los miembros del comité de un condado forman el comité del condado. |
| partido a nivel del condado | comité del condado/ presidente del condado (remunerado) | Coordina las actividades locales del partido; determina qué candidatos locales recibirán el apoyo del partido; maneja los asuntos diarios del partido a nivel del condado. | El comité del condado selecciona al presidente del condado. Todos los presidentes de condado forman parte del comité central del estado. |
| partido a nivel estatal | comité central del estado/ presidente del estado (remunerado) | Recolecta dinero; presta ayuda a los partidos locales y a los candidatos locales y estatales; maneja las operaciones diarias del partido a nivel estatal. | El comité estatal está compuesto de representantes del partido a nivel del condado y otros miembros claves del partido; este comité selecciona al presidente del estado. |
| partido a nivel nacional | comité nacional/presidente nacional (remunerado) | Recolecta dinero y administra el partido entre las convenciones nacionales de éste/maneja las operaciones diarias del partido a nivel nacional. | El comité nacional consiste de los presidentes estatales y demás autoridades del partido, por algunas autoridades electas a nivel local y estatal y por algunos miembros del Congreso; este comité selecciona al presidente nacional. |

Instrucciones: Elija la respuesta que mejor responda a cada pregunta.

Las preguntas 1 a 6 se refieren al texto y tabla de la página 154.

1. De acuerdo con el texto, ¿cuál es la verdadera diferencia entre los dos partidos políticos mayoritarios?

   (1) sus plataformas
   (2) sus nombres
   (3) su apoyo financiero
   (4) el éxito de sus candidatos
   (5) su organización

2. ¿Cuál de los siguientes enunciados es un estereotipo?

   (1) La mayoría de las naciones democráticas tienen sistemas multipartidistas.
   (2) Los partidos Republicano y Demócrata están organizados en gran medida de la misma manera.
   (3) La labor principal del presidente estatal de un partido consiste en manejar la organización de los asuntos diarios.
   (4) El comité nacional de un partido político recolecta dinero para los candidatos del partido.
   (5) Si una persona es republicana, está en contra del aborto.

3. ¿Cuál de los siguientes enunciados es una simplificación excesiva?

   (1) Un sistema bipartidista es mejor que un sistema multipartidista.
   (2) Las plataformas demócratas suelen pedir aumentos en el salario mínimo.
   (3) La elección de un republicano indica que los votantes se oponen a que aumenten los impuestos a las personas adineradas.
   (4) Los capitanes de distrito son trabajadores voluntarios no remunerados de los partidos políticos.
   (5) Tanto los capitanes de distrito y los miembros del comité de los cuarteles son voluntarios no remunerados.

4. ¿Qué suposiciones puede usted hacer a partir de la información de la tabla?

   (1) Cada cuartel consiste de varios distritos.
   (2) El presidente del partido a nivel del condado trabaja con el comité central del estado.
   (3) El comité nacional de un partido político incluye a miembros del Congreso.
   (4) Cada comité estatal tiene más miembros que un comité nacional del partido.
   (5) Un comité nacional del partido tiene más miembros que cualquiera de sus comités estatales.

5. ¿Qué función de los partidos políticos es menos importante a nivel del condado que a nivel estatal?

   (1) seleccionar un presidente para manejar las operaciones diarias del partido
   (2) seleccionar capitanes de distrito
   (3) ayudar a que los candidatos del partido sean elegidos
   (4) recolectar dinero para el partido
   (5) proporcionar representantes al siguiente nivel superior de la organización del partido

6. Según el texto, ¿qué generalización puede hacerse con exactitud acerca de los partidos políticos mayoritarios de Estados Unidos?

   (1) Ningún partido se orienta de verdad a los problemas que le preocupan al estadounidense común.
   (2) Existe poca o ninguna diferencia entre republicanos y demócratas.
   (3) Si los demócratas alcanzan sus metas relativas a los impuestos, el crecimiento económico de la nación se interrumpirá.
   (4) Los republicanos son conservadores inflexibles que se interponen en el progreso de la nación.
   (5) Los dos partidos muestran una tendencia a sostener perspectivas opuestas acerca del aborto y de los impuestos.

Las respuestas comienzan en la página 311.

Instrucciones: Elija la respuesta que mejor responda a cada pregunta.

Las preguntas 1 a 4 se refieren al siguiente texto.

A pesar de que los partidos Republicano y Demócrata dominan la política de Estados Unidos, muchos otros partidos alternativos han surgido durante el transcurso de los años. Un **partido alternativo** es cualquier partido político distinto a los dos partidos mayoritarios.

Los partidos alternativos a menudo surgen cuando las personas piensan que los partidos mayoritarios no se ocupan de los problemas importantes. En la mitad del siglo XIX, por ejemplo, se formó el partido Free Soil (Tierra libre) para tomar una posición más firme contra la expansión de la esclavitud que la del partido mayoritario. Muchos partidos alternativos han sido partidos que se han dedicado a un solo problema. La mayoría desapareció cuando el problema que le preocupaba pasó a ser menos importante o cuando un partido mayoritario lo absorbió.

Los partidos alternativos ideológicos duran más tiempo; estos partidos se concentran en cambios globales en lugar de problemas específicos. El Partido Liberal, que pide realizar drásticas reducciones en el gobierno a fin de aumentar las libertades personales, ha llevado un candidato a cada elección presidencial desde 1972. Otros partidos alternativos ideológicos, como el Partido Socialista, tienen una historia aún más larga.

Muchos partidos alternativos han obtenido puestos en el Senado y cargos estatales importantes. En 1988, el candidato del Partido Reformista, Jesse Ventura, fue elegido gobernador de Minnesota. Además, los candidatos presidenciales de partidos alternativos han influido en los resultados de las elecciones. Por ejemplo, muchos expertos políticos creen que la victoria de Bill Clinton sobre el presidente George Bush en 1992 se debió a la presencia del candidato de otro partido, Ross Perot, en el voto. Estos expertos creen que Perot alejó de Bush suficientes votos como para que Bill Clinton se convirtiera en presidente.

1. ¿Qué insinúa el texto acerca de los partidos alternativos de Estados Unidos?

   (1) Son peligrosos para el gobierno estadounidense.
   (2) Sus miembros no los apoyan.
   (3) Han sido influyentes en la política.
   (4) Sus problemas no son importantes.
   (5) No han contribuido en nada a la nación.

2. ¿Cuál de los siguientes enunciados resume mejor el tercer párrafo del texto?

   (1) El Partido Socialista es un ejemplo de un partido alternativo ideológico.
   (2) Ha habido candidatos de los partidos alternativos en cada una de las elecciones presidenciales desde 1972.
   (3) Los partidos alternativos ideológicos surgen cuando los partidos mayoritarios no se ocupan de los problemas importantes.
   (4) Los partidos alternativos están a favor de aumentar las libertades individuales.
   (5) Los partidos alternativos ideológicos suelen durar más que los partidos que se orientan hacia un solo problema.

3. ¿Cuál es la razón más probable por la cual grandes números de votantes apoyan a los partidos alternativos y a sus candidatos?

   (1) Los estadounidenses se vuelven cada vez más temerosos de tomar una posición con respecto a los asuntos políticos.
   (2) Los candidatos de partidos alternativos son más entusiastas que los de los partidos mayoritarios.
   (3) Muchos estadounidenses quieren cambiar la nación por una monarquía constitucional.
   (4) Los votantes sienten que los partidos mayoritarios no se orientan hacia los problemas importantes.
   (5) Un número creciente de estadounidenses se ha vuelto indiferente con respecto a los asuntos políticos.

4. ¿Qué tipo de sistema partidista tendría Estados Unidos si los partidos Liberal o Reformista se convirtieran en una fuerza mayoritaria de la política nacional?

   (1) una democracia
   (2) una república
   (3) un sistema bipartidista
   (4) un sistema de tres partidos
   (5) un sistema multipartidista

**SUGERENCIA**

Es más probable que los argumentos y las conclusiones que se basan en juicios u opiniones contengan lógica incorrecta a que ocurra lo mismo con los que se basan en hechos.

Las preguntas 5 a 8 se refieren al texto y tabla siguientes.

La característica principal de una forma de gobierno republicano, como el que tenemos en Estados Unidos, consiste en que el pueblo elige autoridades para que lo represente en la elaboración de leyes. Este principio existe a cada nivel de gobierno, como se observa en la siguiente tabla.

| Representación del pueblo en el gobierno | | | | |
|---|---|---|---|---|
| Nivel | Cuerpo | Titulares | Duración del cargo | Esquema representativo |
| Municipal | Concejo | Miembro del concejo | Generalmente de 2 a 4 años | Puede funcionar en el distrito o "a nivel general" representando a todos los ciudadanos. |
| Estatal | Asamblea estatal | Representante del estado | Generalmente 2 años | Representa a las personas de un pequeño distrito dentro del estado. |
| Estatal | Senado estatal | Senador estatal | Generalmente 4 años | Representa a las personas de un gran distrito dentro del estado. |
| Nacional | Cámara de Representantes | Representante de Estados Unidos | 2 años | Representa a las personas de un distrito dentro de un estado; la cantidad de representantes de cada estado depende de la población del estado. |
| Nacional | Senado de Estados Unidos | Senador de Estados Unidos | 6 años | Todos los ciudadanos de cada estado son representados por 2 senadores. |

Recientemente, muchas ciudades y varios estados han fijado los **límites de mandato** de sus legisladores. Los límites de mandato restringen la duración en el cargo de un funcionario. Los límites de mandato surgen a partir de la creencia de que las autoridades que ocupan un cargo durante períodos largos se tornan menos sensibles a la voluntad del pueblo. Algunos estados han intentado también fijar límites a la duración en el cargo de sus representantes nacionales. Sin embargo, las cortes federales han sostenido que esas leyes estatales son inconstitucionales.

5. ¿Qué idea relacionada con el texto demuestra una lógica incorrecta?

   (1) Las personas eligen a los representantes oficiales en una forma republicana de gobierno.
   (2) El principio del republicanismo existe a cada nivel de gobierno.
   (3) Cualquier autoridad electa que ocupe un cargo durante largo tiempo se torna insensible al pueblo.
   (4) Muchas ciudades y estados han limitado la duración en el cargo de una autoridad.
   (5) Las leyes estatales que limitan la duración en el cargo de los legisladores de Estados Unidos son inconstitucionales.

6. ¿Cuál es la autoridad que demuestra el principio de una representación a nivel general?

   (1) el representante del estado
   (2) el senador estatal
   (3) el miembro del Congreso
   (4) el senador de Estados Unidos
   (5) el Tribunal Supremo de Estados Unidos

7. ¿Qué tienen en común todos los funcionarios que aparecen en la tabla?

   (1) Todos permanecen cuatro años en el cargo.
   (2) Todos representan al pueblo de regiones geográficas específicas.
   (3) Todos tienen limitada la cantidad de años que pueden ocupar el cargo.
   (4) Todos se nombran por la rama ejecutiva.
   (5) Todos están igualmente calificados para ocupar un cargo.

8. ¿Qué indica la información del texto y de la tabla acerca de lo que más se valora en una forma republicana de gobierno?

   (1) el orden en la sociedad
   (2) los límites de mandato
   (3) la voluntad del pueblo
   (4) la reelección de un cargo
   (5) los niveles del gobierno

**Las respuestas comienzan en la página 311.**

**Instrucciones:** Ésta es una prueba de práctica que dura diez minutos. Después de que transcurran los diez minutos, ponga una marca en la última pregunta que haya respondido. A continuación, termine la prueba y revise sus respuestas. Si la mayoría de sus respuestas fueron correctas, pero no terminó la prueba, trate de responder las preguntas más rápidamente la próxima vez. Elija la respuesta que mejor responda a cada pregunta.

Las preguntas 1 a 3 se refieren al siguiente párrafo.

Las actitudes políticas generales pueden describirse mediante varios términos. A una persona que quiere cambios drásticos y básicos, en el gobierno y en la sociedad, a menudo se le llama un radical. A una persona que cree que los programas de gobierno pueden ayudar a resolver los problemas económicos y sociales se le llama un liberal. A alguien que siente que el gobierno federal es demasiado poderoso y que tiene demasiado control sobre la vida de las personas, generalmente se le considera como un conservador. Un reaccionario es alguien que quiere hacer que las cosas vuelvan a ser como antes. No hay nada malo en ninguna de estas actitudes políticas. Pero, debido a que algunas de estas creencias se oponen, las personas que piensan de una manera usan a menudo las otras clasificaciones para insultar a los que tienen otro tipo de creencias.

1. ¿Cuál es la verdad acerca de las clasificaciones políticas que se describen en el texto?

   (1) Son términos positivos y complementarios.
   (2) Son términos negativos y críticos.
   (3) Distinguen las diferencias entre las creencias políticas.
   (4) No son descripciones exactas qué siente la gente respecto al gobierno.
   (5) Algunas clasificaciones son mejores que otras.

2. De acuerdo con el párrafo, ¿en qué se asemejan los radicales y los reaccionarios?

   (1) Ambos grupos apoyan los cambios.
   (2) Ambos grupos son peligrosos.
   (3) Ambos grupos están más cerca de los conservadores que de los liberales.
   (4) Ambos grupos están más cerca de los liberales que de los conservadores.
   (5) Los reaccionarios quieren regresar al pasado mientras que los radicales quieren probar algo nuevo.

3. ¿Cuál de las siguientes conclusiones es un estereotipo utilizado por mucha gente?

   (1) Los liberales muestran una tendencia a estar en contra del cambio.
   (2) Las personas difieren en sus actitudes políticas.
   (3) Los radicales nunca quieren cambiar.
   (4) Los demócratas siempre son liberales.
   (5) Los republicanos compiten contra los demócratas.

4. Los partidos alternativos han promovido a menudo ideas polémicas que posteriormente se transforman en leyes. Por ejemplo, pedir una jornada laboral de cinco días parecía extremo a fines de la década de 1880 cuando la mayoría de la gente trabajaba todos los días. Pero este cambio y otras reformas importantes que garantizaban un salario mínimo y beneficios de desempleo se propusieron por primera vez en las plataformas de los partidos alternativos.

   Según esta información, ¿cuál es la clasificación política que mejor se aplica a los miembros de los partidos alternativos?

   (1) radical
   (2) conservador
   (3) reaccionario
   (4) republicano
   (5) demócrata

5. En algunos estados, si se presentan tres o más candidatos para el mismo cargo electoral y ninguno obtiene la mayoría de los votos, la ley requiere que se celebre una segunda vuelta entre los dos candidatos que hayan obtenido más votos.

   ¿Qué evita un proceso electoral como éste?

   (1) una elección con más de dos candidatos
   (2) la victoria de un candidato de partido alternativo
   (3) la elección de más candidatos masculinos que femeninos
   (4) la elección de más desafiantes que titulares funcionarios
   (5) la elección de un titular que tenga el apoyo de menos de la mitad de los votantes

Las preguntas 6 a 7 se refieren al párrafo y caricatura siguientes.

Los dos partidos políticos mayoritarios a menudo se representan como animales. El Partido Republicano se representa por un elefante y el Demócrata por un asno. La caricatura se refiere a sus relaciones laborales en el Congreso.

EN VIRTUD DE LA AUTORIDAD QUE SE NOS HA CONFERIDO, NOS DECLARAMOS UNIDOS POR LA BILLETERA

SIEMPRE Y CUANDO AMBOS PROSPEREMOS

PRESUPUESTO BALANCEADO

Draper Hill © 1997. Reproducido con autorización de *The Detroit News*.

6. ¿Cuál es la idea principal de la caricatura?

   (1) Los republicanos controlan el Congreso.
   (2) Los demócratas son mejores que los republicanos.
   (3) Los demócratas y los republicanos ponen a un lado sus diferencias para aprobar la ley de presupuesto balanceado.
   (4) Los republicanos han adoptado la plataforma de los demócratas.
   (5) Ambos partidos trabajan juntos para recolectar fondos para las campañas de todos los candidatos.

7. ¿Qué promesa hace el elefante en la caricatura?

   (1) Los republicanos y los demócratas trabajarán juntos en el futuro.
   (2) Los dirigentes de ambos partidos siempre se preocupan únicamente por el bienestar de la nación.
   (3) Los dos partidos compartirán el poder.
   (4) Los dirigentes republicanos no tratarán de obstruir la legislación propuesta por los demócratas.
   (5) Los partidos cooperarán con el Congreso siempre y cuando les convenga.

Las preguntas 8 a 10 se refieren al siguiente párrafo.

El financiamiento de la mayoría de las campañas políticas proviene de fuentes privadas. Ninguna persona puede contribuir con más de $1,000 para la campaña de un candidato a un cargo federal. Sin embargo, esta restricción no se aplica a las campañas estatales y locales. Los comités de acción política (PAC) de grupos de intereses especiales pueden contribuir más. Los PAC no pueden aportar más de $5,000 a un candidato federal, pero no hay límite con respecto a cuántos puede apoyar. A menudo los PAC apoyan a los candidatos a cargos importantes de ambos partidos. Los PAC pueden dar sumas ilimitadas de dinero a los mismos partidos, los que después usan ese dinero para apoyar a sus candidatos.

8. De acuerdo con sus contribuciones políticas, ¿qué valoran más los grupos de intereses especiales?

   (1) el dinero
   (2) la influencia
   (3) la competencia
   (4) los principios republicanos
   (5) los principios demócratas

9. ¿En qué se diferencian la recolección de fondos de los candidatos al Congreso y la de los candidatos al cargo de gobernador?

   (1) Las campañas para cargos en el Congreso se financian con fondos federales.
   (2) No hay límites con respecto a la cantidad dinero puede recolectar un candidato al Congreso.
   (3) Los PAC apoyan a los candidatos al Congreso.
   (4) Las donaciones para candidatos al Congreso son limitadas en cuanto al monto.
   (5) Los PAC apoyan a los candidatos a gobernador.

10. ¿Por qué las leyes actuales para reformar el financiamiento de las campañas no han tenido éxito?

   (1) Los grupos de intereses especiales han formado los PAC.
   (2) Los límites a las contribuciones de los PAC son muy altos.
   (3) Los límites a las contribuciones individuales son muy altos.
   (4) Los PAC tienen suficiente dinero para apoyar a muchos candidatos.
   (5) No hay límites a las contribuciones.

**Las respuestas comienzan en la página 312.**

# DESTREZA DE GED **Aplicar información a nuevos contextos**

**contexto**
las circunstancias o el escenario en el que ocurre un acontecimiento

Con frecuencia, usted podrá aplicar las cosas que ha aprendido en un **contexto** a otras situaciones con las que se encuentre. Aplicar información a un nuevo contexto significa tomar la información que ya ha aprendido en una situación y utilizarla para entender una situación relacionada. Entender los materiales de Estudios Sociales constituye una destreza de vida útil y, además, una ayuda.

Por ejemplo, usted puede leer que el Tribunal Supremo ha declarado que no se debe imponer una ley, debido a que ésta viola la Constitución. Más tarde, se entera de que la policía local ya no puede imponer otra ley que estaba vigente en su comunidad. Usted puede aplicar lo que aprendió sobre la primera ley para sacar la conclusión de que probablemente la segunda ley también era inconstitucional.

En ocasiones, la información se presenta de una manera general. Si entiende la idea general, entonces la puede aplicar a una situación específica. A veces, puede aprender algo mediante un ejemplo específico. Entonces puede averiguar sobre otra situación. Si dos situaciones son parecidas, la información aprendida sobre la primera se puede aplicar para entender mejor a la segunda.

**Lea el siguiente texto y responda las preguntas que se presentan a continuación.**

Muchas industrias se benefician de los programas gubernamentales. Por ejemplo, el gobierno de Estados Unidos paga **subsidios** de cultivos y de investigación agrícola. El gobierno gasta millones de dólares anualmente en diversas investigaciones, como la erosión del suelo, el control de plagas y el mejoramiento de la calidad de los cultivos. Los resultados de dichas investigaciones suelen entregarse en forma gratuita a los granjeros como parte de la contribución del gobierno al bienestar público.

Marque el programa del gobierno federal que entrega una ayuda parecida a una industria y que a la vez contribuye al bienestar de la nación.

_____ a. Subsidios a un estado para construir nuevas carreteras.

_____ b. Pruebas gubernamentales de choques para investigar la seguridad en los automóviles.

Usted acertó si escogió la *opción b*. Al igual que la investigación agrícola, los resultados de las pruebas de choques ayudan a los fabricantes de automóviles a mejorar sus productos. Toda la nación se beneficia de las mejoras a la seguridad que surgen de dichas pruebas. Aplicar la información sobre cómo el gobierno ayuda a los granjeros le permite entender cómo el programa de pruebas de choques ayuda a la industria automotriz. La información original en realidad no puede ayudarlo a entender mejor la *opción a*, ya que ambos contextos no son similares.

**SUGERENCIA**

Mientras más parecidos sean dos contextos, más información sobre una situación se utilizará para entender otra. Conocer el efecto de un programa de gobierno ayuda a entender el efecto de otro distinto.

**Lea el párrafo y estudie la tabla para hacer el ejercicio que se presenta a continuación.**

El poder ejecutivo, para poder llevar a cabo las operaciones del gobierno, ha tenido que crear muchos departamentos y agencias. En la siguiente tabla se indican cinco de los departamentos ejecutivos más importantes junto con sus principales responsabilidades.

| Algunos departamentos del poder ejecutivo y sus funciones | |
|---|---|
| **Departamento** | **Funciones principales y responsabilidades** |
| Departamento de Estado | Dirigir la diplomacia y los asuntos exteriores; mantener las embajadas de Estados Unidos en otros países; llevar a cabo la política exterior de Estados Unidos. |
| Departamento del Tesoro | Producir el suministro de monedas y billetes; cobrar los derechos arancelarios[1] sobre bienes importados a Estados Unidos y hacer cumplir las leyes sobre contrabando; cobrar los impuestos y hacer cumplir las leyes tributarias federales; supervisar el funcionamiento de los bancos de la nación; supervisar los préstamos federales y administrar la deuda pública. |
| Departamento de Defensa | Garantizar la seguridad nacional; administrar los servicios militares (ejército, armada, fuerza aérea e infantería de marina) y asegurar la disposición para el combate de su personal y equipo; realizar investigaciones y pruebas de armas; asesorar al presidente en asuntos militares. |
| Departamento de Justicia | Hacer cumplir las leyes federales de lo civil y lo criminal, incluyendo las leyes de derechos civiles, drogas y comercio; investigar su violación y procesar a los infractores acusados; hacer cumplir las leyes y políticas de inmigración de la nación; administrar las prisiones federales; actuar como abogado del gobierno en todos los casos de tribunales en que éste se vea involucrado. |
| Departamento del Interior | Administrar las tierras, el agua y otros recursos naturales de propiedad pública de la nación, entre ellos los peces y la vida silvestre, los minerales y los bosques y parques nacionales. |

[1]derechos arancelarios: cuotas que se cobran al importar un producto

1. Estados Unidos envía a un delegado para que represente al país frente a la Organización de las Naciones Unidas. Marque con una "X" el departamento que contratará a dicha persona.

   _____ a. el Departamento de Defensa

   _____ b. el Departamento de Estado

   _____ c. el Departamento de Justicia

2. En la década de 1960, el gobierno federal ayudó a los afroamericanos a terminar con la segregación y a obtener el derecho al voto. Marque con una "X" el departamento que participó en la protección de los derechos de los afroamericanos.

   _____ a. el Departamento del Interior

   _____ b. el Departamento de Justicia

   _____ c. el Departamento de Estado

3. Un veraneante estadounidense que viaja a otro país puede traer mercancía que no supere un valor total determinado sin pagar derechos arancelarios. Marque con una "X" el departamento con el cual se comunicaría para obtener más información al respecto.

   _____ a. el Departamento del Tesoro

   _____ b. el Departamento de Estado

   _____ c. el Departamento del Interior

**Las respuestas comienzan en la página 313.**

**El gobierno de Estados Unidos y sus ciudadanos**

El gobierno federal ayuda a los gobiernos locales, a las empresas y a las personas por medio de una amplia variedad de programas de **subsidios** y **bienestar social.** Los subsidios pueden tener varias formas. Un tipo común de subsidio es un pago directo en efectivo. La mayoría de los subsidios en efectivo van a programas de salud, educación y transporte. El gobierno puede entregar una donación, por ejemplo, a un sistema de escuelas para comprar materiales educativos o a un departamento de transporte estatal para pagar el costo de la reparación de su sistema de carreteras.

Otro tipo de subsidio es una reducción de los impuestos por un motivo específico. Los subsidios de alivio tributario incluyen créditos tributarios por los gastos de guardería infantil y reducciones tributarias para los propietarios de viviendas que tengan hipoteca. Una empresa puede recibir un crédito tributario por instalar una máquina que ahorre energía. El gobierno también otorga préstamos con bajos intereses a personas que hayan perdido su hogar o empresa debido a desastres naturales. Otro ejemplo son los préstamos de bajos intereses para estudiantes universitarios.

Además, el gobierno vende muchas cosas y entrega muchos servicios en forma gratuita o a un costo mínimo. Por ejemplo, utiliza el excedente de los productos agrícolas para subsidiar los almuerzos escolares en todo Estados Unidos. Estos subsidios disminuyen los costos de alimentación de las escuelas y permiten que más estudiantes puedan acceder a un almuerzo nutritivo. Aquellos que no pueden costear estas comidas a bajo costo pueden obtener una reducción adicional del costo.

El gobierno tiene otros programas de bienestar social que se destinan a grupos especiales. Sin embargo, varios de estos programas afectan a casi todos los estadounidenses. Muchos de ellos utilizan los siguientes programas y agencias en una u otra ocasión.

| Algunos programas y agencias de bienestar social | |
|---|---|
| **Agencia o programa** | **Función de bienestar social** |
| Seguro social | Plan de seguro federal que paga beneficios mensuales a los jubilados y a los trabajadores mayores de cierta edad, a los trabajadores incapacitados y a los cónyuges sobrevivientes de trabajadores fallecidos. |
| Departamento para Asuntos relacionados con los Veteranos (VA) | Entrega atención hospitalaria, dinero para educación y capacitación laboral, además de tasas especiales para préstamos para la vivienda y seguros de vida, a personas que hayan servido en las fuerzas armadas. |
| Departamento de Vivienda y Desarrollo Urbano (HUD) | Entrega fondos para vivienda a familias de bajos ingresos y a personas mayores o incapacitadas. También entrega fondos para renovar áreas urbanas. |
| Programa de tarjetas para la compra de alimentos | Entrega abarrotes gratuitos o a muy bajo costo a personas que tienen serias dificultades financieras temporales o a largo plazo. |
| Medicare | Paga la mayoría de los costos médicos a jubilados y trabajadores mayores de cierta edad que califiquen para recibir los beneficios de seguro social. |
| Seguro de desempleo | Paga un beneficio en dinero cada semana a los trabajadores que hayan perdido su trabajo en forma involuntaria. |

Instrucciones: Elija la respuesta que mejor responda a cada pregunta.

Las preguntas 1 a 6 se refieren al texto y tabla de la página 162.

1. Una mujer acaba de ser despedida de una empresa de repuestos para automóviles. ¿Para qué beneficios es más probable que califique?

   (1) beneficios del seguro de desempleo
   (2) beneficios del seguro social
   (3) beneficios de VA
   (4) beneficios de HUD
   (5) tarjetas para la compra de alimentos

2. Un hombre de 45 años que combatió en la guerra de Vietnam renunció a su trabajo en un pequeño pueblo y se mudó con su familia a una ciudad más grande. Su esposa ha encontrado un trabajo bien remunerado, pero él sabe que necesita más capacitación para que lo contraten en una fábrica local. ¿Qué es lo que él debería hacer?

   (1) presentar una solicitud a la Administración del seguro social
   (2) solicitar tarjetas para la compra de alimentos
   (3) solicitar Medicare
   (4) solicitar el seguro de desempleo
   (5) presentar una solicitud al Departamento para Asuntos relacionados con los Veteranos

3. Una mujer ha manejado su propia empresa desde que tenía 30 años. Aún cuando acaba de cumplir 68, sigue trabajando en la empresa. Últimamente ha estado recibiendo tratamiento debido a fuertes dolores de cabeza, pero su seguro no cubre todos los costos. ¿A qué recurso debe recurrir primero para saber si puede recibir ayuda para cubrir estos costos?

   (1) el seguro de desempleo
   (2) el programa de tarjetas para la compra de alimentos
   (3) el programa de Medicare
   (4) el Departamento para Asuntos relacionados con los Veteranos
   (5) el gobierno local

4. Recientemente murió un hombre que trabajó en la construcción durante 45 años. Su esposa, que ya es mayor, sólo trabajó durante un corto tiempo y pasó la mayor parte de su edad laboral cuidando de sus hijos. Su hijo le ha aconsejado que solicite beneficios gubernamentales. ¿Con quién es más probable que el hijo le haya dicho a su madre que debe comunicarse?

   (1) el Departamento para Asuntos relacionados con los Veteranos
   (2) la Administración del Seguro Social
   (3) el Departamento de Vivienda y Desarrollo Urbano
   (4) el programa de tarjetas para la compra de alimentos
   (5) el programa de seguro de desempleo

5. ¿Cuál de los siguientes es un ejemplo de un subsidio gratuito?

   (1) beneficios de hospitalización y atención médica gratuita para veteranos
   (2) hipotecas a largo plazo y con intereses bajos para personas con ingresos menores a cierta cantidad
   (3) impuestos sobre bienes inmuebles aplicados sobre el hogar de las personas que se utilizan para pagar las escuelas
   (4) créditos tributarios para empresas por la compra de cierta maquinaria
   (5) impuestos federales sobre el alcohol, los cigarrillos y la gasolina

6. ¿Cuál de estas misiones principales está tratando de lograr el gobierno de Estados Unidos mediante la entrega de subsidios y otros programas similares?

   (1) establecer normas justas para dirigir el gobierno
   (2) garantizar la protección del conjunto de la sociedad
   (3) promover el bienestar general de sus ciudadanos
   (4) garantizar las libertades de las personas
   (5) garantizar libertades similares a las futuras generaciones

**Las respuestas comienzan en la página 313.**

Instrucciones: Elija la respuesta que mejor responda a cada pregunta.

Las preguntas 1 a 4 se refieren al texto y gráfica siguientes.

El gobierno federal obtiene el dinero para pagar los gastos de operación y de sus programas en dos formas: impuestos y préstamos. La principal fuente de rentas fiscales es el impuesto sobre la renta federal. Los estadounidenses que reciben más de cierto ingreso mínimo deben pagar parte de sus ganancias al gobierno federal en forma de impuesto sobre la renta. Otras rentas fiscales del gobierno provienen de los derechos aduaneros sobre bienes importados y de los impuestos que se aplican sobre productos como la gasolina, el tabaco y el alcohol.

El Departamento del Tesoro pide préstamos a los ciudadanos estadounidenses y a ciudadanos de otros países ofreciendo a la venta bonos del Tesoro a largo plazo y pagarés del Tesoro a mediano plazo. Aun cuando la persona está "comprando" el pagaré o bono, la transacción es en realidad un préstamo y, por lo tanto, el gobierno adquiere una deuda. Después de una cantidad determinada de años, el gobierno debe pagar el costo del bono o pagaré más los intereses sobre el préstamo al comprador. La cantidad total que el gobierno debe a los compradores de sus pagarés y bonos se conoce como la **deuda nacional**.

**GASTO FEDERAL POR CATEGORÍA, 1999**

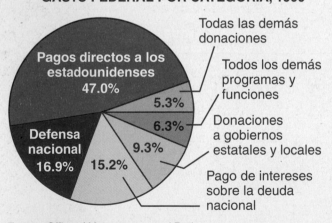

Pagos directos a los estadounidenses 47.0%

Defensa nacional 16.9%

15.2%

9.3%

6.3%

5.3%

Todas las demás donaciones

Todos los demás programas y funciones

Donaciones a gobiernos estatales y locales

Pago de intereses sobre la deuda nacional

Fuente: Office of Management and Budget

1. ¿Qué parte de la gráfica incluiría los intereses pagados a las personas que compran bonos del gobierno?

   (1) Defensa nacional
   (2) Pagos directos a los estadounidenses
   (3) Donaciones a gobiernos estatales y locales
   (4) Todas las demás donaciones
   (5) Pago de intereses sobre la deuda nacional

2. ¿Cuál de los siguientes enunciados es verdadero sobre el gasto y los programas del gobierno?

   (1) Todos los servicios que entrega el gobierno a los ciudadanos son gratuitos.
   (2) La mayor parte del dinero que gasta el gobierno se paga directamente a las personas.
   (3) Los programas del gobierno se financian únicamente por los impuestos que pagan los estadounidenses.
   (4) Los intereses sobre la deuda nacional ayudan a pagar los programas del gobierno.
   (5) El gobierno gasta más en defensa que en bienestar social.

3. ¿Qué es más probable que pasara si el gobierno gasta más dinero del que recibe?

   (1) El impuesto sobre la renta disminuiría.
   (2) El impuesto indirecto disminuiría.
   (3) Los impuestos aumentarían.
   (4) El gobierno ofrecería menos bonos.
   (5) Los estadounidenses tendrían que ganar más dinero.

4. ¿Qué categoría de la gráfica incluiría los cheques de beneficios mensuales de la Administración del Seguro Social?

   (1) Defensa nacional
   (2) Pagos directos a los estadounidenses
   (3) Donaciones a gobiernos estatales y locales
   (4) Todos los demás programas y funciones
   (5) Rentas fiscales en general

SUGERENCIA

Cuando aplique información a un nuevo contexto, pregunte: ¿Cuáles son las semejanzas? ¿Se parecen estos acontecimientos? ¿Se parecen los resultados?

Las preguntas 5 a 8 se refieren al texto y documento siguientes.

Vivir en Estados Unidos tiene muchas ventajas. Sin embargo, los beneficios más importantes de ser estadounidense van acompañados por, y dependen de, responsabilidades igualmente importantes. Por ejemplo, la Declaración de Derechos garantiza a todas las personas un juicio ante un jurado si son acusados de un delito. No obstante, el ejercicio de este derecho depende de que los ciudadanos estén dispuestos a cumplir con su deber de actuar como jurado. Pero muchos ciudadanos no desean tomarse el trabajo de escuchar un juicio, de modo que buscan un motivo para excusarse de su deber de actuar como jurado.

Lo mismo sucede con el voto. Un motivo por el cual las personas no se registran para votar es que algunos estados utilizan las listas de registro de votantes para seleccionar a los candidatos que actuarán como jurado en un juicio. Otras personas no se molestan en registrarse. Sin embargo, mientras menos votantes haya, menos probable es que los líderes electos representen verdaderamente la voluntad del pueblo. Esto debilita la democracia y arruina nuestro sistema de gobierno.

| CERTIFICADO DE REGISTRO DE VOTANTE CONDADO DE TRAMMS | | | Distrito escolar | SMD | Ciudad |
|---|---|---|---|---|---|
| Número de certificado 000000000 | Género M | Válido desde 01/01/2001 | TISD | 4 | SALFP |
| Fecha de nacimiento 11/08/1962 | Nº de distrito 220 | hasta 12/31/2002 | | | |
| Nombre y domicilio permanente: Michael B. Livens 5098 McMurtry Drive Salinas, KS 55678 x *Michael B. Livens* | | | | | |

5. ¿Por qué es tan importante que los ciudadanos participen en los jurados cuando se les solicita que lo hagan?

  (1) El deber de actuar como jurado es un requisito para el voto.
  (2) Una persona no culpable podría ser condenada si no lo hace.
  (3) Una persona culpable podría salir en libertad si no lo hace.
  (4) Algún día podría ser acusado de un delito y tener que presentarse ante un jurado.
  (5) Parte de la Declaración de Derechos se ve amenazada cuando los ciudadanos no participan.

6. ¿A qué otro documento común se parece la tarjeta de registro de votante?

  (1) una tarjeta de crédito
  (2) una licencia de conducir
  (3) un acta de nacimiento
  (4) una tarjeta de vacunación
  (5) un certificado de seguro

7. Michael B. Livens llama al registro para averiguar dónde debe votar. ¿Qué información de su tarjeta ayudará más al secretario?

  (1) 220
  (2) 55678
  (3) SALFP
  (4) 11/08/1962
  (5) 01/01/2001

8. ¿Qué valor importante para nuestro sistema político se sugiere por el requisito de que los votantes se deben registrar antes de poder votar?

  (1) Las personas encargadas del gobierno tienen el control sobre la votación.
  (2) En las elecciones debe votar la mayor cantidad posible de personas.
  (3) En las elecciones sólo debe votar un pequeño número de personas.
  (4) Sólo se debe autorizar para votar a las personas que cumplan con los requisitos.
  (5) El sistema debe parecer democrático, aunque sólo permita que los ricos tengan el poder.

**Las respuestas comienzan en la página 314.**

**Instrucciones:** Ésta es una prueba de práctica que dura diez minutos. Después de que transcurran los diez minutos, ponga una marca en la última pregunta que haya respondido. A continuación, termine la prueba y revise sus respuestas. Si la mayoría de sus respuestas fueron correctas, pero no terminó la prueba, trate de responder las preguntas más rápidamente la próxima vez. Elija la respuesta que mejor responda a cada pregunta.

Las preguntas 1 a 4 se refieren al siguiente texto y al documento clave.

Nuestro sistema de gobierno otorga a las personas la facultad de trabajar abiertamente para lograr un cambio en el gobierno y en la sociedad que éste representa. La expresión más frecuente de dicho cambio se produce en las urnas el día de las elecciones. Sin embargo, algunos de los cambios más dramáticos y radicales se han producido en los tribunales.

Uno de los casos legales más importantes en la historia de Estados Unidos comenzó cuando Oliver Brown trató de inscribir a su hija, Linda, en una escuela primaria para niños de raza blanca en Topeka, Kansas. Él señaló que la escuela para niños blancos se ubicaba en su vecindario, mientras que la de niños negros, a la que su hija debía asistir, se encontraba al otro lado del pueblo. Cuando la junta escolar rechazó la solicitud de Brown, él presentó una demanda. El caso que se originó, "Brown contra la Junta de educación", pronto llegó al Tribunal Supremo de Estados Unidos.

En 1954, el Tribunal Supremo revocó la práctica de la segregación en las escuelas públicas. Esto anuló el antiguo principio de que era legal tener instalaciones separadas para afroamericanos y personas de raza blanca siempre que la calidad de ambas fuera similar. En la decisión del juez, el juez principal, Earl Warren, atacó la doctrina de "separados pero iguales":

Pasaje de "Brown contra la Junta de educación"
"La segregación de los niños en las escuelas públicas basándose únicamente en la raza... ¿priva a los niños de grupos minoritarios de la igualdad de oportunidades de educación? Creemos que sí... Separarlos de los demás... únicamente debido a su raza genera un sentimiento de inferioridad... que tiene pocas probabilidades de ser corregido... En el campo de la educación pública, la doctrina de "separados pero iguales" no tiene vigencia. Las instalaciones para la educación separadas son inherentemente desiguales".

1. ¿Por qué Brown trató de inscribir a su hija en una escuela "sólo para blancos"?

   (1) Era mejor que la escuela para personas de raza negra.
   (2) Estaba más cerca que la escuela para personas de raza negra.
   (3) La ley se lo exigía.
   (4) Era un alborotador.
   (5) Apoyaba la doctrina de "separados pero iguales".

2. ¿Qué sugiere la opinión del juez principal Warren que él consideraba lo más valioso e importante para que un niño tuviera éxito en la escuela y en la vida?

   (1) una educación pública de alta calidad
   (2) igualdad de oportunidades para ir a la universidad
   (3) profesores cuidadosos y eficaces
   (4) un sentimiento de igualdad y autoestima
   (5) la voluntad de defender sus derechos

3. ¿La obtención de qué otros derechos civiles resultó más probable a partir de los principios establecidos en la decisión del caso "Brown"?

   (1) el fin de la discriminación laboral basada en la raza
   (2) el texto legal que garantiza el derecho a votar para los afroamericanos de todo el país
   (3) un aumento en el número de votantes de raza negra
   (4) un mayor número de funcionarios electos de raza negra
   (5) el fin de los asientos separados por raza en los autobuses, trenes y cines

4. De acuerdo con el texto, ¿cómo cambiaron Linda y Oliver Brown la sociedad estadounidense?

   (1) Dieron inicio al movimiento por los derechos civiles.
   (2) Terminaron con la discriminación en Estados Unidos.
   (3) Restablecieron el poder del Tribunal Supremo.
   (4) Su caso llevó a solicitar que las escuelas públicas tuvieran integración racial.
   (5) Su caso inspiró a más personas a utilizar los tribunales para trabajar por la justicia social.

Las preguntas 5 a 8 se refieren a la siguiente gráfica.

**DEUDA NACIONAL PER CÁPITA DE ESTADOS UNIDOS (1940–1999)**

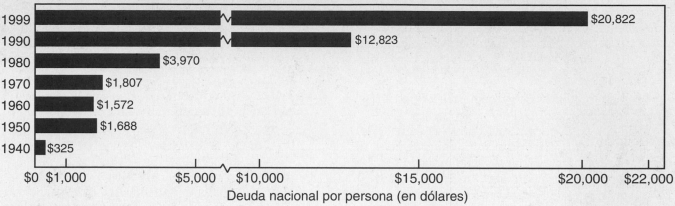

Fuentes: U.S. Bureau of the Census
U.S. Office of Public Debt

5. En 1950, ¿cuánto debía el gobierno federal a cada persona en Estados Unidos?

(1) $325
(2) $1,572
(3) $1,688
(4) $1,807
(5) $12,823

6. ¿Cuál de los siguientes enunciados está apoyado por la información de la gráfica?

(1) Desde 1940, la deuda nacional per cápita ha aumentado con cada década.
(2) En 1990, la deuda nacional total era de $3,233,313,000,000.
(3) En 1960, la deuda nacional total del gobierno era inferior al total correspondiente a 1950.
(4) Entre 1980 y 1990, la deuda nacional por persona aumentó en más del triple.
(5) Cada año, el gobierno federal gasta más dinero de lo que recibe.

7. ¿A qué transacción financiera habitual se parece el cambio en la deuda nacional?

(1) a los aumentos mensuales en el saldo de una tarjeta de crédito
(2) a los pagos mensuales de una hipoteca
(3) al pago por adelantado de un préstamo automotriz
(4) al pago de la renta de un departamento
(5) a la inversión en un certificado de depósito (CD)

8. En 1999, el gobierno federal recibió más dinero de lo que gastó. Esto significa que en 1999 al gobierno le quedó un superávit de dinero. Pero el total de la deuda nacional ese mismo año era de casi $150 mil millones más que en 1998.

¿Cuál fue la causa más probable del aumento de la deuda nacional?

(1) El gobierno tuvo que pedir dinero prestado durante 1999.
(2) El gobierno no pagó nada de la deuda nacional durante 1999.
(3) Los gastos del gobierno excedieron sus ingresos durante 1999.
(4) El gobierno gastó mucho más dinero en 1999 de lo que recibió durante 1998.
(5) Se acumularon más intereses sobre la deuda nacional durante 1999 de los que el gobierno pagó.

9. Las personas pobres apoyan más el bienestar social que las personas ricas. Los trabajadores apoyan más al Medicare y al Medicaid que los empresarios. Los ejecutivos apoyan más las protecciones fiscales que los oficinistas.

¿Qué generalización sobre las opiniones políticas apoya más esta información?

(1) Se basan mayormente en los intereses particulares.
(2) Expresan el punto de vista de un partido político.
(3) Se relacionan con el nivel de la educación.
(4) Están influenciadas por la edad y el género.
(5) Dependen del trabajo de la persona.

**Las respuestas comienzan en la página 314.**

# Unidad 3 Repaso acumulativo Educación cívica y gobierno

Instrucciones: Elija la respuesta que mejor responda a cada pregunta.

Las preguntas 1 a 4 se refieren al siguiente texto.

En cada forma básica de gobierno pueden surgir líderes especiales. Estos líderes tienen una rara cualidad que se conoce como "carisma", es decir, la capacidad de despertar devoción y entusiasmo extremos entre sus seguidores. La fuerza de sus personalidades basta para inspirar a naciones completas a seguir su ejemplo. En ocasiones, se forman movimientos revolucionarios alrededor de personajes carismáticos que parecen representar o simbolizar los principios y las ideas que ellos defienden.

Dos de los líderes carismáticos más famosos de la historia han sido la visionaria Juana de Arco y, más tarde, el gran soberano y líder militar francés Napoleón Bonaparte. Más recientemente, ha habido personajes carismáticos notables como el dictador nazi Adolf Hitler, el brillante Mohandas Gandhi en la India, Mao Zedong en China, Winston Churchill en Gran Bretaña y Fidel Castro en Cuba.

La naturaleza de la democracia estadounidense dificulta el desarrollo de dichos personajes populares y poderosos. Sin embargo, entre los líderes estadounidenses cuya personalidad e ideas inspiraron a un gran número de devotos seguidores se incluyen Franklin D. Roosevelt, John F. Kennedy y Ronald Reagan.

1. ¿Qué título resume mejor este texto?

    (1) Los líderes carismáticos del mundo
    (2) Los peligros del carisma
    (3) Cómo la democracia limita el poder de los líderes carismáticos
    (4) Por qué los líderes carismáticos apoyan el cambio
    (5) De dónde vienen los líderes carismáticos

2. ¿Cuál de las siguientes es una opinión que se expresa o sugiere en este texto?

    (1) Juana de Arco afirmaba tener visiones.
    (2) Ronald Reagan fue un presidente popular.
    (3) Adolf Hitler era nazi.
    (4) Mohandas Gandhi era una persona brillante.
    (5) Fidel Castro es un dictador.

3. ¿Cuál de las siguientes correspondería a una suposición implícita en el texto?

    (1) Todas las revoluciones se inspiran en principios nobles y valiosos.
    (2) Las revoluciones son necesarias de vez en cuando.
    (3) Tener cualidades carismáticas es algo bueno.
    (4) Los lectores ya saben lo que es el carisma.
    (5) Los personajes políticos que se nombran son conocidos por los lectores.

4. ¿Qué enunciado estereotipa a los líderes carismáticos?

    (1) Pueden surgir en cualquier sistema político.
    (2) Incluyen tanto hombres como mujeres.
    (3) Todos son revolucionarios.
    (4) Todos inspiran a los demás a seguirlos.
    (5) Todos despiertan la devoción de sus seguidores.

___

5. Algunas personas creen que el resultado del control gubernamental descentralizado es que la calidad del servicio público varía mucho de una región a otra. Las personas que viven en regiones con alta calidad se benefician, mientras que aquéllas que viven en regiones con baja calidad sufren. Un ejemplo es la educación pública. De acuerdo con este punto de vista, el control de la educación local disminuye la desigualdad. Algunos sistemas escolares mantienen una alta calidad de educación y otras tienen una baja calidad. El resultado es que no todos los ciudadanos tienen las mismas oportunidades educativas.

¿Cuál de éstos es un ejemplo de servicio gubernamental centralizado que no varía su calidad entre un lugar y otro?

    (1) el control de la educación pública a través de juntas de educación locales
    (2) los reglamentos de urbanismo y códigos de construcción de la ciudad
    (3) la reglamentación de la industria bancaria federal
    (4) los distritos de tratamiento de aguas y alcantarillado
    (5) los proyectos de viviendas públicas locales

Las preguntas 6 a 8 se refieren a la siguiente caricatura.

## NON SEQUITUR

por WILEY

©1995 Wiley Miller / Dist. por Universal Press Syndicate

6. ¿Qué hecho supone el caricaturista que usted ya conoce para poder entender la caricatura?

   (1) El gobierno federal ayuda a las empresas estadounidenses.
   (2) El Servicio de Rentas Internas recauda los impuestos de las personas y las empresas.
   (3) El Servicio de Rentas Internas recibe muy bien a los contribuyentes que no hacen preguntas.
   (4) El Servicio de Rentas Internas está tratando de evitar que las empresas construyan fábricas en el extranjero.
   (5) La mayoría de las empresas estadounidenses no generan ganancias.

7. ¿Cuál es el mensaje principal de la caricatura?

   (1) Los líderes empresariales estadounidenses deberían mirar por donde caminan.
   (2) Una mayor cantidad de estadounidenses debería iniciar sus propias empresas.
   (3) La mayoría de las personas dedicadas a los negocios son corruptos y el gobierno debe vigilarlos atentamente.
   (4) Los recaudadores de impuestos deberían utilizar todos los métodos posibles para conseguir que los empresarios paguen sus impuestos.
   (5) Las leyes fiscales federales hacen difícil administrar con éxito una empresa en Estados Unidos.

**SUGERENCIA**

Los caricaturistas utilizan etiquetas e imágenes para presentar sus opiniones. Ponga atención a todas las etiquetas cuando interprete una caricatura política.

8. ¿Cuál de las siguientes es una opinión con la que el caricaturista está en desacuerdo?

   (1) Estados Unidos tiene un sistema de libre empresa.
   (2) Algunas empresas tienen altos ingresos.
   (3) El Servicio de Rentas Internas es justo en sus tratos.
   (4) Los impuestos a las empresas son demasiado altos.
   (5) Las empresas que generan ganancias deberían pagar impuestos.

9. En 1964, el Congreso creó Medicare, un programa que entrega un seguro de salud del gobierno a los estadounidenses de edad avanzada. Actualmente, la salud financiera de este programa se ha deteriorado y ya no hay fondos suficientes para garantizar una atención adecuada para las personas que calificarían en el futuro.

   ¿Cuál de los siguientes es el motivo de la crisis financiera de Medicare?

   (1) Los dirigentes del gobierno no se preocupan por la salud del pueblo estadounidense.
   (2) La cantidad de ciudadanos de edad avanzada ha disminuido rápidamente.
   (3) Ha habido un aumento repentino en la cantidad de personas de edad avanzada.
   (4) Los estadounidenses son más sanos, ya que se están haciendo controles médicos todos los años.
   (5) Los estadounidenses no pueden confiar en los programas del gobierno.

Las preguntas 10 a 12 se refieren a la siguiente gráfica.

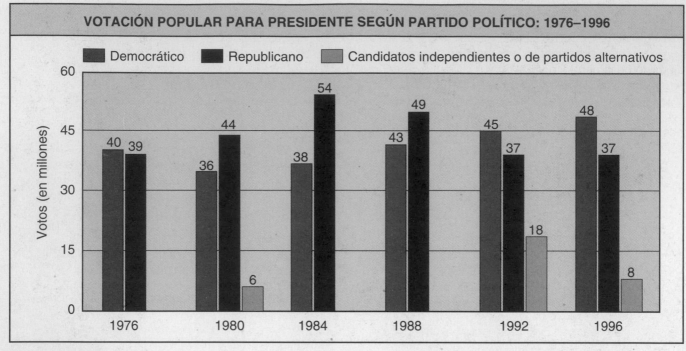

**VOTACIÓN POPULAR PARA PRESIDENTE SEGÚN PARTIDO POLÍTICO: 1976–1996**

Democrático    Republicano    Candidatos independientes o de partidos alternativos

Votos (en millones)

1976: 40, 39
1980: 36, 44, 6
1984: 38, 54
1988: 43, 49
1992: 45, 37, 18
1996: 48, 37, 8

Fuente: U.S. Bureau of the Census

10. ¿En qué elecciones el candidato demócrata obtuvo más votos populares que el candidato republicano?

(1) 1976, 1980 y 1984
(2) 1980, 1984 y 1988
(3) 1976, 1992 y 1996
(4) 1980, 1992 y 1996
(5) 1976, 1988 y 1992

11. ¿Cuál de los siguientes enunciados está apoyado por la información de la gráfica?

(1) La cantidad de personas que votan por candidatos de otros partidos aumentó sostenidamente entre 1976 y 1996.
(2) Entre 1976 y 1996, los republicanos ganaron el voto popular sólo en dos de las seis elecciones.
(3) El margen de victoria de los demócratas fue mayor en 1980 que en 1976.
(4) Los candidatos independientes y de partidos alternativos restaron más votos al candidato demócrata en 1996 que en 1980.
(5) El candidato republicano tuvo un mayor margen de victoria en 1984 que en 1988.

12. ¿En qué elección el candidato electo presidente recibió menos de la mitad de los votos populares?

(1) 1976
(2) 1980
(3) 1988
(4) 1992
(5) 1996

13. En 1970 se creó la Administración de la Seguridad y Salud Ocupacionales (OSHA) federal con el fin de reglamentar la seguridad en el lugar de trabajo. OSHA establece normas de seguridad, inspecciona los lugares de trabajo y sanciona a las empresas que violan las reglas de seguridad.

¿Cuál de los siguientes cambios resultó más factible con la creación de OSHA?

(1) más riesgos en el lugar de trabajo
(2) sueldos más altos para los trabajadores
(3) mejores condiciones de seguridad
(4) más huelgas por parte de los sindicatos
(5) menos trabajadores a tiempo parcial

Las preguntas 14 a 17 se refieren al texto y tabla siguientes.

En el sistema de gobierno y de política estadounidense existen varios derechos que se consideran básicos para la libertad individual y el ejercicio de la democracia. Algunos de estos derechos se explican con detalle en la Constitución. Otros simplemente son valores que comparte la mayoría del pueblo estadounidense. En la siguiente tabla se describen los cinco derechos por la mayor parte de los estadounidenses considerados como fundamentales.

---

### Los cinco derechos fundamentales

#### La libertad de expresión
La Primera Enmienda establece que "el Congreso no elaborará ninguna ley . . . que reduzca la libertad de expresión". Los temas de libertad de expresión suelen relacionarse con la expresión de las personas.

#### La libertad de prensa
La Primera Enmienda prohíbe al Congreso "reducir la libertad . . . de la prensa". Los temas de la libertad de prensa suelen relacionarse con la expresión de los medios de información, como periódicos y programas de noticias de la televisión.

#### La libertad de asociación
Aun cuando no se garantiza explícitamente la libertad de asociación, La Corte Suprema ha sostenido que el derecho a asociarse es el resultado de las libertades de expresión y reunión.

#### La libertad religiosa
La Primera Enmienda afirma que "el Congreso no elaborará ninguna ley con respecto al establecimiento de una religión o que prohíba la libre práctica de una religión".

#### Igual protección ante las leyes
Igualdad ante la ley significa que la ley se aplica a todos de la misma forma a menos que exista un motivo claro para hacer una distinción (tal como una ley que establece una edad mínima para trabajar). Este derecho está protegido por la Cuarta Enmienda.

---

14. Durante los últimos años se ha generado una polémica con respecto a si se debe permitir rezar en las escuelas públicas. ¿A qué derecho podrían recurrir ambas partes para buscar apoyo en esta disputa?

    (1) la libertad de expresión
    (2) la libertad de prensa
    (3) la libertad de asociación
    (4) la libertad religiosa
    (5) igualdad de protección ante las leyes

15. Durante casi 30 años, formar parte del Partido Comunista se consideró un delito en Estados Unidos. ¿Qué derecho limitaban estas leyes?

    (1) la libertad de expresión
    (2) la libertad de prensa
    (3) la libertad de asociación
    (4) la libertad religiosa
    (5) igualdad de protección ante las leyes

16. La ley de Derechos Civiles de 1964 prohibió la discriminación basada en la raza y el género. ¿Qué derecho guió probablemente el desarrollo y el texto de esta ley?

    (1) la libertad de expresión
    (2) la libertad de prensa
    (3) la libertad de asociación
    (4) la libertad religiosa
    (5) igual protección ante las leyes

17. Un comentarista de un programa noticioso de televisión critica a un funcionario de gobierno electo por dar trabajos de verano a los hijos de los partidarios de su campaña. Cuando el funcionario electo se queja contra la estación televisiva, ¿qué derecho cita la estación para apoyar al comentarista?

    (1) la libertad de expresión
    (2) la libertad de prensa
    (3) la libertad de asociación
    (4) la libertad religiosa
    (5) igualdad de protección ante las leyes

---

18. "Para que la democracia funcione, los votantes deben informarse antes de tomar una decisión". De acuerdo con esta opinión, ¿cuál de los siguientes debería ser más valorado en una democracia?

    (1) la tradición
    (2) la riqueza
    (3) la buena vecindad
    (4) la individualidad
    (5) la educación

Las preguntas 19 a 21 se refieren a la siguiente tabla.

| Número de empleados del gobierno en 1997 | | | | |
|---|---|---|---|---|
| Función | Federal | Estatal | Local | Total |
| Educación | 11,000 | 2,114,000 | 7,095,000 | 9,220,000 |
| Salud y hospitales | 299,000 | 665,000 | 808,000 | 1,772,000 |
| Defensa (civil) | 854,000 | — | — | 854,000 |
| Policía | 95,000 | 94,000 | 762,000 | 951,000 |
| Servicio postal | 854,000 | — | — | 854,000 |
| Calles y carreteras | 4,000 | 252,000 | 297,000 | 553,000 |

Fuente: U.S. Bureau of the Census

19. ¿Cuántas personas trabajaban para los gobiernos estatales en la educación en 1997?

   (1)     11,000
   (2)   299,000
   (3)  2,114,000
   (4)  7,095,000
   (5)  9,220,000

20. De acuerdo con la información de la tabla, ¿qué servicio más probablemente se brinde a nivel estatal y local que a nivel nacional?

   (1)  la construcción de escuelas primarias, secundarias y preparatorias y la contratación de profesores
   (2)  la defensa de las fronteras del país
   (3)  el pago de los intereses a los tenedores de bonos del gobierno para cancelar la deuda nacional
   (4)  la entrega de cartas a las personas en las ciudades, suburbios y granjas
   (5)  el mantenimiento y la reparación de la Casa Blanca y los monumentos en Washington, D.C.

21. ¿Cuál de los siguientes enunciados está apoyado por la información de la tabla?

   (1)  El gobierno tiene más trabajadores en la educación que en las demás categorías.
   (2)  Las fuerzas policiales estatales han crecido más lentamente que las fuerzas policiales locales.
   (3)  Los empleos ofrecidos por el gobierno en la defensa están disminuyendo.
   (4)  Los trabajadores federales mejor remunerados son los empleados postales.
   (5)  La mayoría de las personas que trabajan en calles y carreteras son empleados del gobierno estatal.

Las preguntas 22 y 23 se refieren al siguiente párrafo.

El objetivo principal de un grupo de intereses especiales es promover los intereses de sus miembros. Uno de los métodos utilizados por estos grupos para lograr sus metas es practicar lo que se llama "hacer presión". Esto significa tratar de convencer a los dirigentes del gobierno para que apoyen o estén a favor de ciertas causas. Muchos grupos de intereses especiales emplean a miembros de grupos de presión pagados. Estos profesionales trabajan en todos los niveles del gobierno en todo el país.

22. ¿Cuál es el trabajo de un miembro de un grupo de presión?

   (1)  ir a elecciones para un puesto político
   (2)  hacer campaña para candidatos específicos
   (3)  ayudar voluntariamente a funcionarios del gobierno en relación con presupuestos limitados
   (4)  convencer a los dirigentes del gobierno para que apoyen ciertas causas
   (5)  viajar por todo el país

23. ¿Cuál de las siguientes acciones se puede considerar como hacer presión?

   (1)  un presentador de noticias en la televisión que informa sobre las actividades de los funcionarios del gobierno
   (2)  escribir una carta a un funcionario del gobierno que presenta su posición sobre un tema que genera polémicas
   (3)  escribir una carta al editor de un periódico local sobre un tema que genera polémicas
   (4)  un editor de un periódico que escribe una columna y que adopta una posición sobre un tema que genera polémicas
   (5)  unirse a un grupo de intereses especiales

Las preguntas 24 a 26 se refieren al siguiente texto.

El Presidente, más que nadie, es responsable por la política exterior de la nación. Como comandante en jefe de las fuerzas armadas, el Presidente puede enviar tropas a cualquier lugar del mundo. También tiene la facultad de firmar tratados y de nombrar a los embajadores que representan a Estados Unidos en otros países. Él también recibe a los embajadores de otras naciones en Estados Unidos y se puede negar a reconocer a funcionarios de otro país como a su gobierno legítimo.

Tanto la Constitución de Estados Unidos como las consideraciones prácticas respaldan las facultades del Presidente en los asuntos exteriores. Al tratar con otras naciones, Estados Unidos debe tener una sola voz y dicha voz pertenece al Presidente. Además, los acontecimientos en el exterior pueden requerir una respuesta rápida. Una persona puede reaccionar con mayor rapidez que el Congreso o que uno de sus comités. Por último, la política exterior suele exigir confidencialidad. Compartir los planes de política exterior y los asuntos de seguridad nacional con los miembros del Congreso puede ser peligroso si se trata de un tema confidencial.

24. ¿Cuál de los siguientes sería un buen título para este texto?

(1) Política exterior
(2) El papel del Presidente en la política exterior
(3) La importancia de la política exterior
(4) El Congreso y la política exterior
(5) La seguridad nacional de Estados Unidos

25. ¿Cuál de las siguientes es una conclusión planteada en el primer párrafo?

(1) El Presidente tiene más responsabilidad por la política exterior de la nación que ninguna otra persona.
(2) El Presidente es el comandante en jefe de las fuerzas armadas.
(3) El Presidente firma tratados y nombra a los embajadores que representan a Estados Unidos.
(4) El Presidente recibe a los embajadores extranjeros que son enviados a Estados Unidos.
(5) El Presidente puede reconocer o negarse a reconocer al gobierno de otra nación.

26. Durante los Juegos Olímpicos de 1980, la antigua Unión Soviética invadió Afganistán. El presidente Jimmy Carter decidió que los atletas estadounidenses no participarían en las Olimpíadas que tendrían lugar en la Unión Soviética. ¿Qué facultad del Presidente referente a la política exterior ilustra dicha acción?

(1) la facultad como comandante en jefe de las fuerzas armadas
(2) la facultad de reconocer a otros gobiernos
(3) la facultad de enviar y recibir a embajadores
(4) la facultad como jefe del Comité Olímpico de Estados Unidos
(5) la facultad para dirigir los asuntos de Estados Unidos con las demás naciones

Clay Bennett, *North America Syndicate*. Reproducido con la autorización del artista.

27. ¿Cuál de las siguientes es una opinión expresada en esta caricatura?

(1) Los miembros del Congreso se presentan a sí mismos como independientes, aun cuando siguen los consejos de grupos de intereses especiales.
(2) Para ser elegidos, los miembros del Congreso deben conseguir dinero para financiar sus campañas.
(3) Los miembros de grupos de presión tratan de persuadir a los miembros del Congreso para que voten en una forma que favorezca los intereses de los grupos a los cuales representan.
(4) Muchos miembros del Congreso tienen personas encargadas de indicar a los legisladores lo que deben decir en sus discursos.
(5) La mayoría de los miembros del Congreso y de los miembros de grupos de presión son personas blancas de mediana edad.

Las preguntas 28 a 30 se refieren al párrafo y tabla siguientes.

Durante los últimos años, los gobiernos estatales han recurrido a la lotería como fuente de ingresos adicionales. New Hampshire lanzó la primera de las loterías estatales modernas en 1964. Desde entonces, 36 estados adicionales y el distrito de Columbia han comenzado a administrar loterías. Muchos funcionarios estatales ven la lotería como una alternativa preferible al aumento de los impuestos.

| Los diez estados que más ingresos fiscales obtuvieron con la lotería en 1997 | | |
|---|---|---|
| Estado | Ingresos fiscales por la venta de boletos (en millones de dólares) | Utilidades netas con premios y gastos (en millones de dólares) |
| Nueva York | $3,644 | $1,531 |
| Texas | 3,385 | 1,174 |
| Massachusetts | 3,002 | 696 |
| Ohio | 2,445 | 1,046 |
| Florida | 1,965 | 819 |
| California | 1,930 | 722 |
| Pensilvania | 1,611 | 683 |
| Nueva Jersey | 1,502 | 663 |
| Michigan | 1,487 | 586 |
| Illinois | 1,462 | 572 |

Fuente: U.S. Bureau of the Census

28. ¿Cuánto dinero proporcionó la lotería de California en 1997 para financiar otras operaciones y programas del estado?

(1) $       722,000
(2) $     1,930,000
(3) $     7,220,000
(4) $   722,000,000
(5) $1,930,000,000

29. ¿Cuál de los siguientes enunciados está apoyado por la información que se brinda sobre las loterías?

(1) Las loterías proporcionan suficientes ingresos fiscales para los estados que las utilizan.
(2) Las loterías pueden suministrar millones de dólares en ingresos fiscales a algunos estados.
(3) Diez estados administran loterías legales.
(4) Nueva York tiene el mejor sistema de lotería de todo el país.
(5) Ahora los estados sólo dependen de las loterías para obtener sus ingresos fiscales.

30. ¿Cuál de estas loterías es la menos eficiente en la generación de ingresos para el estado?

(1) Massachusetts
(2) Pensilvania
(3) Nueva Jersey
(4) Michigan
(5) Illinois

31. El Presidente no tiene la facultad para declarar la guerra. Sólo la tiene el Congreso. Sin embargo, dos guerras importantes, Corea y Vietnam, nunca se declararon por el Congreso.

¿Qué se implica en estos casos?

(1) Los presidentes de Estados Unidos pueden declarar la guerra si el Congreso se niega a hacerlo.
(2) Los presidentes han enviado fuerzas estadounidenses a combate sin una declaración de guerra.
(3) Las guerras de Corea y Vietnam no fueron realmente guerras.
(4) Corea del Norte y Vietnam del Norte violaron los tratados que tenían con Estados Unidos.
(5) La guerra de Corea llevó a la guerra de Vietnam.

Las respuestas comienzan en la página 315.

# Tabla de análisis del desempeño en el repaso acumulativo
# Unidad 3 ● Educación cívica y gobierno

Consulte la sección Respuestas y explicaciones que empieza en la página 315 para verificar sus respuestas al Repaso acumulativo de la Unidad 3. Luego, use la siguiente tabla para identificar las destrezas en las que necesite más práctica.

En la tabla, encierre en un círculo los números correspondientes a las preguntas que haya contestado correctamente. Anote el número de aciertos para cada destreza y luego súmelos para calcular el número total de preguntas que contestó correctamente en el Repaso acumulativo. Si cree que necesita más práctica, repase las lecciones de las destrezas que se le dificultaron.

| Preguntas | Número de aciertos | Destreza | Lecciones para repasar |
|---|---|---|---|
| 1, **7**, **10**, **19**, 22, 24, **28**, 31 | _____/8 | Comprensión | 1, 2, 7 |
| 2, 3, **6**, **8**, 9, **12**, 13, 25, **27**, **30** | _____/10 | Análisis | 3, 4, 6, 9, 10, 11, 12 |
| 5, **14**, **15**, **16**, **17**, **20**, 23, 26 | _____/8 | Aplicación | 14 |
| 4, **11**, 18, **21**, 29 | _____/5 | Evaluación | 5, 8, 13 |
| **TOTAL DE ACIERTOS:** | _____/31 | | |

Los números en **negritas** corresponden a preguntas que contienen gráficas.

# UNIDAD 4

# Economía

La **economía** es el estudio de las decisiones relacionadas con la forma en que se producen, distribuyen, consumen o usan los bienes y servicios. La comprensión de la economía nos da las herramientas para ser mejores consumidores y tomar decisiones más acertadas, que nos darán más satisfacción en el momento de invertir nuestro tiempo y dinero.

La economía también forma parte de la vida cotidiana. Nos ocupamos de la economía cada vez que recibimos el cheque del sueldo, vamos de compras o pagamos los impuestos. Muchas de las decisiones que tomamos tienen que ver con la economía de alguna manera, nos demos cuenta o no. La economía también es una parte importante de la Prueba de Estudios Sociales de GED y representa el 20 por ciento de las preguntas de la prueba.

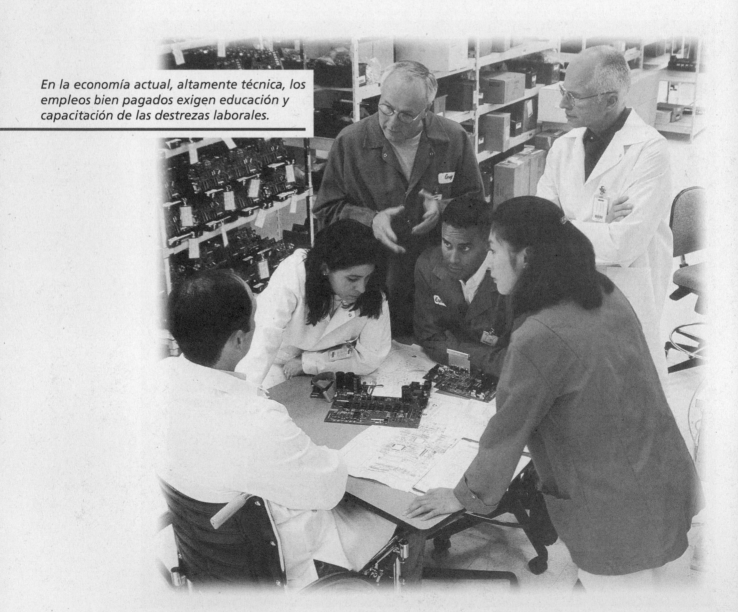

*En la economía actual, altamente técnica, los empleos bien pagados exigen educación y capacitación de las destrezas laborales.*

**Las lecciones de esta unidad son:**

**Lección 15:** **Principios generales de economía**
El comportamiento económico de las personas y de las empresas sigue ciertos principios básicos. Estos principios reflejan la forma en que funciona la economía y la forma en que ese funcionamiento afecta los trabajos de las personas, lo que ganan y los precios que pagan.

**Lección 16:** **El gobierno y la economía**
El gobierno y la economía interactúan de muchas formas y los resultados de estas interacciones afectan en gran medida la vida de las personas. El gobierno protege a los consumidores y da forma a la economía controlando la oferta de dinero, estableciendo organismos reguladores y aprobando la legislación que protege al consumidor.

**Lección 17:** **El trabajo y la economía**
Los cambios en la economía afectan la capacidad de las personas de trabajar por los recursos que necesitan para sobrevivir. Los negocios y la naturaleza del trabajo están cambiando y estos cambios han afectado la ubicación de los trabajos y las habilidades que estos requieren.

## DESTREZAS DE RAZONAMIENTO

- Usar ideas en contextos nuevos
- Identificar implicaciones a partir de gráficas
- Evaluar cuán adecuados son los detalles de apoyo

# DESTREZA DE GED **Usar ideas en contextos nuevos**

**concepto**
idea o principio que se aplica a muchas situaciones o circunstancias individuales

Usted ya aprendió que un fragmento de información de un contexto o situación específicos puede ayudarle a comprender situaciones similares. No obstante, usted también puede aplicar una idea general, llamada **concepto,** a situaciones que posiblemente ni siquiera estén relacionadas. Por ejemplo, el concepto de "la distancia" ayuda a determinar cuánto demora uno en llegar a alguna parte. También le ayuda a comprender que usted puede alargar la hora del almuerzo en su trabajo si, en lugar de salir a comer a un restaurante, lo hace en el comedor. En este caso está utilizando el concepto de distancia para analizar el tiempo que ocupa en su hora de almuerzo.

Aplicar conceptos de economía a sus compras cotidianas le ayuda a ser un consumidor más inteligente. Uno de estos conceptos en la economía del consumidor es el de obtener valor por el dinero. Tal vez usted ha estado pensando en comprar camisas con el logotipo de un fabricante de ropa deportiva que está de moda. Las camisas son bonitas, pero cuestan mucho más que otras. Su presupuesto para ropa es limitado; pero tenga en cuenta la calidad. Es posible que sean de mejor calidad y que duren más tiempo que otras camisas más baratas. En consecuencia, usted recibiría más valor por su dinero. En este caso usted está aplicando a su compra el concepto económico de calidad vs. costo.

Para usar ideas en contextos nuevos, usted aplica otras destrezas que utilizan el análisis y la evaluación. Entre éstas se incluyen identificar relaciones de causa y efecto, hacer comparaciones y sacar conclusiones.

**SUGERENCIA**

Para aplicar una idea a una situación, busque la forma en que la idea ayuda a explicar, definir o revelar una causa o efecto de la situación.

## Lea el texto y responda la pregunta que aparece a continuación.

Las sociedades primitivas producían todo lo que necesitaban. En la medida en que los diversos grupos desarrollaron diversas destrezas y comenzaron a producir cosas diferentes, surgió un **sistema de trueque.** En una economía de trueque, las personas intercambian sus productos o destrezas laborales por los productos o destrezas laborales que desean tener. El uso del dinero se desarrolló más tarde. El dinero permitió una mayor flexibilidad en la distribución de los **bienes** y **servicios.** En una **economía monetaria,** los productos y los servicios se intercambian por monedas, papel moneda o cheques. Esta **moneda** se puede utilizar para obtener otros productos y servicios.

¿Cuáles de las siguientes transacciones utiliza el trueque?

_____ a.  comprar verduras en un mercado campesino

_____ b.  entregar muebles viejos a una obra de caridad

_____ c.  intercambiar un reloj de pulsera por un CD

Usted acertó si escogió la *opción c.* Esta es la única transacción que involucra el intercambio de un producto por otro. La *opción a* es una transacción que utiliza el dinero. La *opción b* no es trueque porque no se recibe ningún producto a cambio.

**Lea el texto, estudie el diagrama y responda las preguntas que se presentan a continuación.**

Una razón por la cual la moneda se desarrolló en la mayoría de las sociedades es que el trueque restringe la distribución de bienes y hace más difícil que las personas obtengan los productos que quieren o necesitan. El diagrama ilustra las ventajas de una economía monetaria. Los clientes de Daniel quieren carne molida, pero él no tiene suficiente para satisfacer la demanda. Además, sus clientes no quieren comprar el brócoli que tiene. Daniel puede obtener la carne molida de María, que tiene más de la que necesita, y vender el brócoli sobrante a Paula, cuyos clientes compraron todo lo que ella tenía en existencias y quieren más.

Imagínese cómo funcionaría esta situación si no existiera el dinero. Daniel necesita carne molida y María tiene demasiada. Sin embargo, él no tiene nada que María necesite para darle a cambio. María no necesita su brócoli, necesita pan, pero Daniel no tiene pan para darle. Paula tiene pan adicional, pero no necesita la carne molida de María. En cambio, Paula necesita brócoli y Daniel no necesita el pan que ella tiene, a cambio. En un sistema de trueque, es más difícil que las personas obtengan lo que necesitan y se deshagan de los bienes que no necesitan.

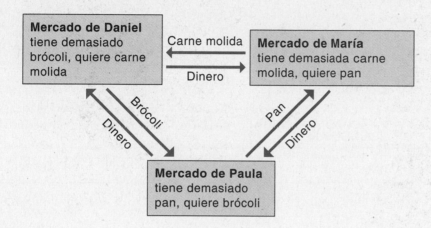

1. Marque con una "X" todas las formas de trueque que tiene Daniel para obtener la carne molida de María.

——— a. Cambiar su brócoli por el pan de Paula; luego, cambiar el pan por la carne molida de María.

——— b. Cortar el césped de María a cambio de su carne molida.

——— c. Pedirle a María que le regale la carne molida porque son amigos.

2. Marque con una *T* todos los contextos en los que se apliquen los conceptos de un sistema de trueque. Marque con una *M* todos los contextos en que se apliquen los conceptos de una economía monetaria.

——— a. Daniel permite que Paula use su camioneta para repartos a cambio de 500 libras de col.

——— b. María vende su tienda a Paula y negocian el precio de compra.

——— c. Paula pide dinero prestado a María y lo usa para comprar la camioneta para repartos de Daniel.

——— d. Daniel baja el precio del brócoli para persuadir a más clientes que lo compren.

——— e. Paula paga el préstamo que le hizo María permitiéndole utilizar la camioneta para repartos una semana de cada mes.

**Las respuestas comienzan en la página 318.**

El factor principal que determina el costo de un producto es la relación entre la oferta y la demanda. En general, si la demanda de un producto es mayor que la oferta, el precio del producto sube. Si la oferta del producto es mayor que la demanda, el precio del producto baja.

Para los economistas, la **demanda** es la cantidad de un producto que los compradores están dispuestos a comprar por un precio determinado. La gráfica de la izquierda muestra cuál podría ser la demanda para cierta golosina especial a varios niveles de precio. Esto ilustra un principio general de la economía: en la medida que el precio de un producto cambia, también cambia la demanda del mismo. La gráfica indica que a medida que disminuye el precio de la golosina aumenta su demanda, es decir, más consumidores están dispuestos a comprar la golosina a precios más bajos. Por otra parte, si el precio de la golosina aumenta, hay menos personas dispuestas a comprarla.

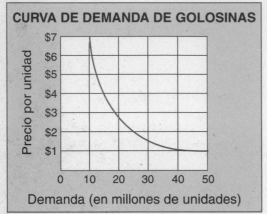

Los economistas definen la **oferta** como la cantidad de un producto que los vendedores están dispuestos a poner en venta por un precio determinado. En otras palabras, es la cantidad de producto que está disponible para los compradores. La gráfica de la izquierda ilustra cuántas barras de la golosina estarían dispuestos los fabricantes a producir y a vender a diversos precios. Esto indica que los vendedores estarían dispuestos a vender más golosina a altos precios que a menores precios. Sin embargo, a altos precios, la oferta de golosina sería mayor que su demanda, lo que haría que los vendedores quedaran con un **excedente** de producto. Por otra parte, a bajos precios, la demanda excedería la oferta y se produciría una **escasez** de golosina.

La relación entre la oferta y la demanda puede hacerle pensar que los precios están siempre subiendo y bajando en un ciclo continuo de cambio. Sin embargo, no es así. Esto se debe a otro principio económico llamado **equilibrio.** Cuando la cantidad de personas dispuestas a comprar un producto a un precio determinado es igual a la oferta que los vendedores están dispuestos a entregar a dicho precio, se produce el equilibrio. En palabras sencillas, equilibrio es el punto en el cual la oferta es igual a la demanda. Es el punto en el cual los vendedores colocan el precio a sus productos.

El negocio de un vendedor será el mejor al precio de equilibrio, donde puede ganar la mayor cantidad de dinero sin tener un excedente del producto sin vender. Los compradores podrán encontrar y comprar el producto y los vendedores venderán la mayoría de lo que producen.

Instrucciones: Elija la respuesta que mejor responda a cada pregunta.

Las preguntas 1 a 6 se refieren al texto y gráficas de las páginas 180 y 181.

1. De acuerdo con el texto, ¿cuál es el factor principal que determina el precio de venta de un producto?

   (1) la cantidad del producto que el vendedor está dispuesto a ofrecer a un precio determinado
   (2) la demanda que existe para el producto, en comparación con la oferta disponible para la compra
   (3) la rapidez con que el producto se agota y debe reemplazarse
   (4) la garantía que incluye el vendedor con el producto
   (5) la frecuencia con que el fabricante del producto fabrica una versión nueva y mejorada

2. ¿Qué es más probable que ocurra si el precio de un producto baja?

   (1) La demanda del producto aumentará.
   (2) La demanda del producto bajará.
   (3) La demanda del producto seguirá igual.
   (4) La oferta del producto aumentará.
   (5) La oferta del producto seguirá igual.

3. De acuerdo con la curva de la oferta, ¿bajo cuáles de las siguientes condiciones de oferta están dispuestos los proveedores a producir la mayor cantidad de un producto?

   (1) a un precio bajo
   (2) a un precio moderado
   (3) a un precio alto
   (4) oferta de varios productores
   (5) cuando la oferta de un producto es superior a la demanda

4. ¿Cuándo es probable que se produzca un excedente del producto?

   (1) cuando la demanda del producto disminuye
   (2) cuando la demanda del producto aumenta
   (3) cuando el precio del producto baja
   (4) cuando la oferta del producto baja y el precio sube
   (5) cuando se alcanza el precio de equilibrio

5. De acuerdo con esta gráfica, ¿cuál es el precio de equilibrio de la golosina?

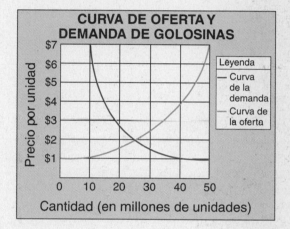

**CURVA DE OFERTA Y DEMANDA DE GOLOSINAS**

   (1) $1
   (2) $2
   (3) $4
   (4) $5
   (5) $7

6. Imagine que se demuestra que comer golosinas aumenta el riesgo de contraer herpes labial. ¿Cómo podría afectar esto a la demanda de golosinas y a su precio de equilibrio?

   (1) Aumentaría la demanda y el precio de equilibrio.
   (2) Aumentaría la demanda y bajaría el precio de equilibrio.
   (3) Bajaría la demanda y aumentaría el precio de equilibrio.
   (4) Bajaría la demanda y bajaría el precio de equilibrio.
   (5) Bajaría la demanda, pero el precio de equilibrio no cambiaría.

**Las respuestas comienzan en la página 318.**

Instrucciones: Elija la respuesta que mejor responda a cada pregunta.

Las preguntas 1 a 4 se refieren al texto y gráfica siguientes.

Los principios de la oferta y la demanda también ayudan a determinar los salarios de los trabajadores. Si la cantidad de personas que desean un trabajo determinado es mayor que la cantidad de empleos disponibles, la remuneración por ese trabajo será menor que si hubiera muchos empleos disponibles y pocas personas para ocuparlos. Si la oferta o la demanda de trabajadores cambia, también lo harán los salarios en esa ocupación. Por ejemplo, en cierto momento se produjo una escasez de abogados, y los altos salarios impulsaron a muchas personas a estudiar leyes. Con el tiempo, la oferta de abogados superó a la demanda y se produjo un excedente. Muchos abogados principiantes tuvieron que aceptar trabajos por un salario menor de lo que esperaban y algunos estudiantes graduados tuvieron que aceptar empleos con bajos salarios no relacionados con su profesion.

Otro factor que influye en la remuneración es el valor del trabajo realizado. Un médico gana más que la persona que trabaja en la recepción de la consulta del médico, porque realiza un trabajo más especializado.

Obviamente, se requiere una enorme cantidad de capacitación para ser médico. Pero la capacitación también se relaciona con la oferta y la demanda. Hay menos personas calificadas para los empleos que exigen una capacitación difícil. Por lo general, esos trabajos son mejor pagados que los que necesitan menos capacitación. Los trabajos desagradables o peligrosos son la excepción. Los trabajos en las plantas que procesan materiales nucleares no exigen mucha capacitación. Sin embargo, en ellos los trabajadores están expuestos a radiación potencialmente peligrosa. Como consecuencia, estos trabajos son mejor pagados porque hay menos personas dispuestas a realizarlos.

**SALARIO POR OFICIO EN 1997**

Higienista dental, Ilustrador médico, Mensajero, Naturalista de parques, Agente de policía, Agente de ventas, Maestro, Mecanógrafo

$9   $12   $15   $18   $21   $24   $27
Salario inicial anual promedio (en miles de $)

Fuente: Bureau of Labor Statistics

1. ¿Cuáles son las dos profesiones más parecidas en cuanto al salario?

   (1) maestro e higienista dental
   (2) ilustrador médico y agente de ventas
   (3) mensajero y mecanógrafo
   (4) agente de ventas y recepcionista de consulta médica
   (5) maestro y naturalista de parques

2. ¿Cuál es la explicación más probable de que los mensajeros ganen más que los ilustradores médicos?

   (1) La ilustración médica es un trabajo peligroso.
   (2) Hay menos demanda de ilustradores médicos.
   (3) Más personas desean trabajar como mensajeros.
   (4) Hay más mensajeros que ilustradores médicos.
   (5) Los ilustradores médicos necesitan más capacitación que los mensajeros.

3. La gráfica muestra que los agentes de policía tienen un salario inicial alto. ¿Cuál es la mejor explicación para el alto salario que obtienen los policías?

   (1) El trabajo de agente de policía es peligroso.
   (2) La demanda del empleo de agente de policía es menor que la oferta de personas que desean el empleo.
   (3) Para el empleo se requiere capacitación.
   (4) La mayor parte de los agentes de policía son hombres.
   (5) Los agentes de policía prestan un servicio más valioso a la sociedad que los médicos.

4. ¿A qué conclusión acerca del salario inicial de los abogados apoya la información?

   (1) Es mejor que el de los maestros.
   (2) Está aumentando rápidamente.
   (3) Es mejor que el salario de todas las profesiones que aparecen en la gráfica.
   (4) Era mejor antes que ahora.
   (5) Es menor que el de los agentes de policía.

Las preguntas 5 a 8 se refieren al texto y tabla siguientes.

Se dice que la economía estadounidense pasa por un **ciclo comercial** de ocho a diez años. Este ciclo tiene cuatro fases: expansión, cima, contracción y seno. Durante la fase de **expansión**, la actividad económica aumenta hasta que alcanza el punto más alto o cima. Durante la fase de **contracción**, la actividad económica disminuye hasta que alcanza el punto más bajo o seno. A pesar de que constantemente se producen alzas y bajas pequeñas, el patrón general del ciclo comercial es subir, luego bajar y subir de nuevo.

El movimiento en la economía se clasifica con una variedad de términos que explican los efectos que tienen los salarios, la producción y la oferta de dinero entre sí y con el ciclo comercial, en un momento determinado. La tabla identifica algunos de estos términos y define brevemente las tendencias económicas que estos describen.

### TÉRMINOS Y DEFINICIONES DE ECONOMÍA

| Término | Descripción |
|---|---|
| inflación | aumento general de los precios como resultado de una disminución del valor del dinero; se produce cuando en la economía hay más dinero que bienes para comprar |
| inflación impulsada por la demanda | aumento en los precios que se produce cuando hay una mayor demanda que oferta de bienes; se produce porque hay demasiado dinero y relativamente pocos bienes |
| inflación impulsada por costos | aumento en los precios causado por un aumento en el costo de la producción; a menudo se produce por un aumento general en los salarios; la inflación impulsada por costos que se relaciona con los salarios a veces se denomina espiral de precios y salarios |
| recesión | período de declinación general en la economía; se caracteriza por una disminución de la producción, aumento del desempleo, y menos dinero para gastar por parte de la gente |
| depresión | reducción grave o letargo de la actividad económica y del flujo de dinero en la economía; muchas personas están desempleadas y tienen poco dinero para gastar |

5. ¿Qué palabra describe mejor la economía estadounidense?

   (1) positiva
   (2) negativa
   (3) cambiante
   (4) estable
   (5) grande

6. ¿Cuál término de economía se refiere a recesión y a depresión, al mismo tiempo?

   (1) inflación
   (2) cima
   (3) seno
   (4) expansión
   (5) alza

7. Un artículo que en 1990 costaba $1 cuesta $2 en el año 2000. ¿Qué condición de la economía ilustra este ejemplo?

   (1) inflación
   (2) recesión
   (3) depresión
   (4) expansión
   (5) contracción

8. ¿Qué suposición implícita se hace en el texto acerca de la economía estadounidense?

   (1) Actualmente está en alza.
   (2) La inflación no la afecta.
   (3) La contracción es preferible a la expansión.
   (4) Pequeñas variaciones en el patrón pueden conducir a la recesión o a la depresión.
   (5) No se ve seriamente afectada por cambios menores en el patrón.

**SUGERENCIA**

Para aplicar una idea a una situación nueva, analice la situación para asegurarse de que la idea se relaciona claramente con ella. Busque las similitudes entre el contexto original y la situación nueva.

**Las respuestas comienzan en la página 319.**

**Instrucciones:** Ésta es una prueba de práctica que dura diez minutos. Después de que transcurran los diez minutos, ponga una marca en la última pregunta que haya respondido. A continuación, termine la prueba y revise sus respuestas. Si la mayoría de sus respuestas fueron correctas, pero no terminó la prueba, trate de responder las preguntas más rápidamente la próxima vez. Elija la respuesta que mejor responda a cada pregunta.

Las preguntas 1 a 4 se refieren a la siguiente tabla.

| Tasa de desempleo de la fuerza laboral de 1929 a 1943 y de 1986 a 2000 | | | |
|---|---|---|---|
| Año | Desempleo | Año | Desempleo |
| 1929 | 3.2 | 1986 | 7.0 |
| 1931 | 15.9 | 1988 | 5.5 |
| 1933 | 24.9 | 1990 | 5.6 |
| 1935 | 20.1 | 1992 | 7.5 |
| 1937 | 14.3 | 1994 | 6.1 |
| 1939 | 17.2 | 1996 | 5.4 |
| 1941 | 9.9 | 1998 | 4.5 |
| 1943 | 1.9 | 2000 | 4.1 |

Fuente: U.S. Department of Commerce

1. De acuerdo con la tabla, ¿en qué año fue peor el desempleo?

    (1) 1929
    (2) 1933
    (3) 1941
    (4) 1992
    (5) 1998

2. ¿Cómo se comparan las tasas de desempleo en la década de 1990 con el desempleo que existía en los primeros años mostrados en la tabla?

    (1) Las tasas de la década de 1990 son menores que las de todos los años anteriores señalados en la tabla.
    (2) Las tasas de la década de 1990 son mayores que las de todos los años anteriores señalados en la tabla.
    (3) Las tasas de la década de 1990 son casi las mismas que las tasas en la década de 1930.
    (4) Las tasas de la década de 1990 son menores que las tasas de la década de 1930.
    (5) Las tasas de la década de 1990 son mayores que las tasas de la década de 1930.

3. ¿Qué información necesita usted para sacar una conclusión precisa acerca del efecto que tuvo la Segunda Guerra Mundial en el desempleo?

    (1) sólo la información que está en la tabla
    (2) las fechas de la Gran Depresión
    (3) el año en que Estados Unidos entró a la guerra
    (4) las causas y los efectos de la guerra
    (5) el tamaño total de la fuerza laboral disponible

4. Los salarios de los trabajadores eran más altos en 1929 que en 1939. ¿Qué principio de la economía se sugiere en la tabla como responsable de esta diferencia en los salarios?

    (1) la relación entre la oferta y la demanda
    (2) el funcionamiento del sistema de trueque
    (3) las fuerzas de la inflación
    (4) el logro de un equilibrio
    (5) el funcionamiento de la economía monetaria

La pregunta 5 se refiere al siguiente párrafo.

El interés es la cantidad de dinero que se gana en una inversión. Si una inversión paga un interés simple, éste se obtiene sólo sobre la cantidad original de la inversión. Si una inversión paga un interés compuesto, éste se obtiene sobre la inversión original más las ganancias.

5. Alicia está intentando decidir dónde abrir una cuenta de ahorros. ¿Con cuáles tasas y tipos de interés que pagan las siguientes cuentas obtendrá el mayor interés sobre los $1,000 que pretende depositar?

    (1) 4 por ciento, interés simple
    (2) 4 por ciento, interés compuesto
    (3) 5 por ciento, interés simple
    (4) 6 por ciento, interés simple
    (5) 6 por ciento, interés compuesto

Las preguntas 6 a 8 se refieren al siguiente texto.

Las empresas se organizan en tres formas básicas. Una empresa unipersonal pertenece a una persona. El propietario único obtiene todas las utilidades y debe pagar todas las deudas. También tiene el control total de la forma en que se administra la empresa.

Una asociación es propiedad de dos personas al menos. Los propietarios comparten las decisiones correspondientes a la administración. También comparten las utilidades y las deudas, de acuerdo por lo general con el porcentaje de la empresa que posee cada socio. No obstante, cada socio es generalmente responsable ante la ley por todas las deudas de la empresa si el otro socio no paga su parte.

Una sociedad anónima es propiedad de una o más personas, pero constituye una unidad legal en sí misma. Cada uno de los propietarios posee cuotas de propiedad de la sociedad anónima llamadas acciones. La cantidad de acciones que posee cada propietario depende de la cantidad de dinero que él o ella ha invertido en la empresa. Las utilidades de una sociedad anónima se dividen entre los propietarios de acuerdo con la cantidad de acciones que posee cada uno de ellos. Cada cuota recibe la misma cantidad. La sociedad anónima en sí misma es responsable de sus deudas. Si una sociedad anónima no puede pagar sus deudas, no se puede obligar a los propietarios como individuos (accionistas) a pagar.

6. ¿En qué se parecen las empresas unipersonales a las asociaciones?

   (1) Ambas son empresas grandes.
   (2) Ambas son empresas pequeñas.
   (3) Es una persona la que toma las decisiones de la empresa.
   (4) Ambas obtienen dinero por la venta de acciones.
   (5) Los propietarios de cada una de ellas obtienen las utilidades.

7. De acuerdo con el texto, ¿cuál es la diferencia más grande entre una asociación y una sociedad anónima?

   (1) el tamaño de la empresa
   (2) la forma en que se dividen las utilidades de la empresa
   (3) la responsabilidad por las deudas de la empresa
   (4) la parte que administra las operaciones diarias de la empresa
   (5) la cantidad de personas que poseen la empresa

8. Daniel y Ana están abriendo una imprenta. Ana posee dos tercios de la empresa y Daniel el tercio restante. Daniel opera las prensas y Ana atiende los pedidos de los clientes. ¿Qué suposición harán más probablemente Daniel y Ana?

   (1) Que compartirán las utilidades en partes iguales.
   (2) Que el trabajo de Daniel es más importante que el de Ana.
   (3) Que Ana será la responsable de todas las cuentas.
   (4) Que se pondrán de acuerdo acerca de las decisiones de la empresa.
   (5) Que Ana administrará la empresa.

Las preguntas 9 y 10 se refieren al siguiente párrafo.

Uno de los factores más importantes para la economía es el consumidor. La venta de artículos, desde golosinas hasta automóviles, es importante para que crezca la economía. Las empresas se benefician cuando las personas tienen dinero para comprar más de lo que necesitan para vivir.

Cuando las tasas de interés bajan, aumenta la cantidad de dinero que la gente pide prestado para gastar. Sin embargo, cuando los consumidores comienzan a pasar estrecheces, gastan menos. Una disminución en el gasto daña los negocios. Con frecuencia, esto produce desempleo y las personas tienen aún menos dinero para gastar. Entonces la economía se hace lenta.

9. De acuerdo con el párrafo, ¿cuál es un efecto de la disminución en las tasas de interés?

   (1) La actividad económica se hace más lenta.
   (2) Las personas piden más dinero prestado.
   (3) Las personas tienen menos dinero para gastar.
   (4) Menos personas compran casas.
   (5) Los consumidores pierden la confianza en la economía.

10. El propietario de Comedor Juanito se da cuenta de que el desempleo está aumentando drásticamente. De acuerdo con esta información y el párrafo, ¿qué debería suponer él que ocurrirá y que afectará a su negocio?

   (1) Que la economía crecerá.
   (2) Que la tasa de interés de su préstamo subirá.
   (3) Que tendrá menos clientes.
   (4) Que otros restaurantes aumentarán sus precios.
   (5) Que muchos de sus empleados renunciarán.

**Las respuestas comienzan en la página 320.**

# Lección 16

## DESTREZA DE GED **Identificar implicaciones a partir de gráficas**

Ya usted ha aprendido que los mapas proporcionan información en un formato visual. Las gráficas son otra manera de presentar la información visualmente. Los escritores usan gráficas a veces para mostrar relaciones entre cosas de modo que no necesitan explicar esas relaciones en forma escrita. Es responsabilidad del lector identificar las implicaciones de este material gráfico.

Las gráficas se usan a menudo para mostrar cambios paulatinos en el tiempo, lo que permite al lector hacer comparaciones y ver las tendencias con facilidad. La gráfica de barras a continuación muestra cómo ha cambiado desde 1975 el **salario mínimo** que los empleadores deben pagar a sus trabajadores. Establecer una tasa de salario mínimo es una forma en que el gobierno afecta la economía de la nación.

Al costado izquierdo de la gráfica se encuentran varias cantidades en dólares. A lo largo del costado inferior de la gráfica se indica cada año entre 1975 y 2000. Encima de cada año hay una barra vertical, cuya parte superior corresponde a una cantidad de dólares indicada en el costado izquierdo de la gráfica. Por ejemplo, la gráfica muestra que el salario mínimo legal en 1975 era de $2.10 por hora. En 1976 y 1977 aumentó a $2.30 la hora.

**Estudie la gráfica y responda las preguntas que se presentan a continuación.**

Para interpretar una gráfica, examine sus ejes horizontal y vertical para ver qué tipo de datos se muestran.

¿Qué información se implica por la gráfica?

_____ a. El salario mínimo ha aumentado constantemente desde 1980.

_____ b. El salario mínimo ha aumentado mayormente en la década de 1990.

Usted acertó si escogió la *opción b*. La gráfica muestra que el aumento del salario mínimo fue más rápido durante ese período. La *opción a* es incorrecta porque, como muestra la gráfica, el salario mínimo no aumentó constantemente; éste no aumentó para nada durante la mayor parte de la década de 1980 y por varios años a principios de la década de 1990.

**Lea el texto y estudie la gráfica para responder las preguntas.**

El comercio con otras naciones desempeña un papel importante en la economía estadounidense. Los bienes que las empresas estadounidenses venden en el exterior se denominan **exportaciones.** Los productos de otros países que se venden dentro del país se denominan **importaciones.** La diferencia entre el valor total de bienes importados y el valor total de bienes exportados se denomina **balance de comercio.** La mayoría de los economistas creen que para el bienestar económico de una nación es importante mantener un balance comercial positivo, es decir, que el valor de sus exportaciones supere el valor de sus importaciones. Los balances comerciales negativos tienden a reducir el empleo y a aletargar el crecimiento económico.

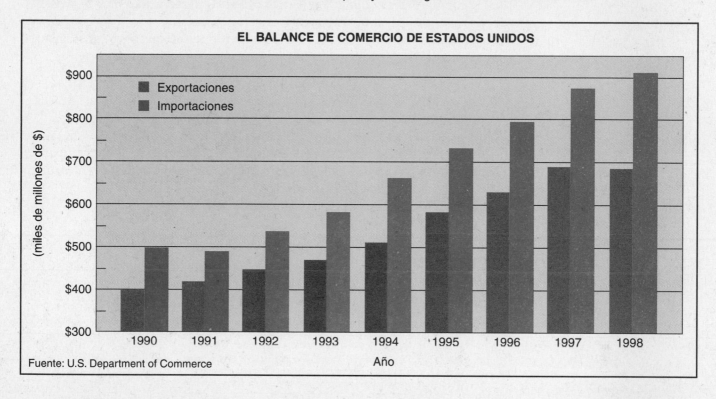

EL BALANCE DE COMERCIO DE ESTADOS UNIDOS

Fuente: U.S. Department of Commerce

1. Utilice la gráfica para encontrar la siguiente información. Encierre en un círculo la respuesta correcta.

   a. el valor de los bienes importados a Estados Unidos en 1990 ($394 mil millones, $495 mil millones)

   b. el valor de las exportaciones estadounidenses en 1990 ($394 mil millones, $495 mil millones)

   c. el balance de comercio estadounidense aproximado en 1990 ($100 mil millones negativos, $100 mil millones positivos)

2. Complete esta oración para enunciar una conclusión que está implícita en la gráfica.

   La nación tiene un balance de comercio _____ desde el año _____

   hasta el año _____ .

3. Marque con una "X" cada enunciado implícito en los datos de la gráfica.

   _____ a. En la década de 1990, Estados Unidos mostró una tendencia al aumento de las importaciones y al descenso de las exportaciones.

   _____ b. El balance de comercio es un asunto problemático para la economía estadounidense.

   _____ c. En general, el valor de las exportaciones estadounidenses ha estado aumentando.

   **Las respuestas comienzan en la página 321.**

# CONTENIDO DE GED **El gobierno y la economía**

El gobierno federal intenta controlar la economía controlando la oferta monetaria. Esto se hace principalmente por medio del **Sistema de la Reserva Federal,** creado por el Congreso en 1913 para supervisar las operaciones de los bancos privados. La "Fed", como a veces se le dice en Estados Unidos, es un banco para los bancos. La mayoría de los bancos privados deben ser miembros de la Fed y tener una cuenta de ahorros en uno de los 12 bancos de la Reserva Federal de la nación. La cantidad de dinero exigida por las cuentas de los bancos privados de la Reserva Federal es la **reserva obligatoria.** La Fed también hace préstamos a los bancos privados y les cobra intereses a una tasa llamada **tasa de descuento.** Los bancos prestan al público el dinero que piden a la Fed a una tasa de interés más alta que la tasa de descuento. Ésta es una de las formas en que los bancos ganan dinero.

La Fed usa la reserva obligatoria y la tasa de descuento para controlar la oferta monetaria de la nación. Si la Fed desea estimular la economía, puede disminuir la reserva obligatoria o la tasa de descuento. Bajar la reserva obligatoria permite que los bancos privados presten más dinero de sus fondos a los clientes. Bajar la tasa de descuento alienta a los bancos a pedir dinero prestado de la Fed y a hacer más préstamos a sus clientes. Cualquiera de esas acciones coloca más dinero en la economía. Esto fomenta la inversión, lo que promueve el crecimiento económico.

Por el contrario, si la Fed desea aletargar la economía, puede aumentar la reserva obligatoria o la tasa de descuento. Aumentar la reserva obligatoria reduce la cantidad que los bancos pueden prestar, debido a que deben mantener una mayor cantidad de su dinero depositada en la Fed. Aumentar la tasa de descuento a los bancos privados les encarece el pedir dinero prestado a la Fed. Los bancos pasan este costo mayor a los clientes en tasas de interés más altas sobre los préstamos. Esto desalienta a la gente a pedir dinero prestado.

La gráfica muestra cambios en la tasa de interés preferencial en un período de 15 años. La **tasa de interés preferencial** es la tasa de interés que los bancos privados cobran a los clientes que mejor crédito tienen.

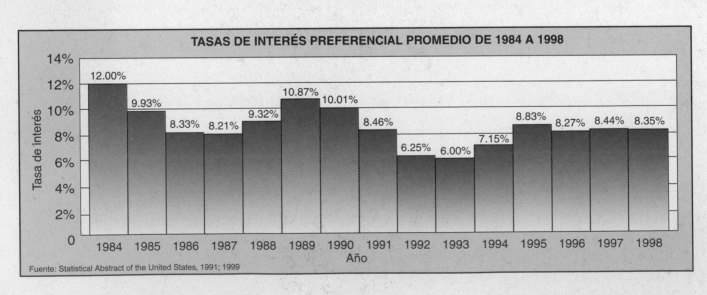

TASAS DE INTERÉS PREFERENCIAL PROMEDIO DE 1984 A 1998

Fuente: Statistical Abstract of the United States, 1991; 1999

Instrucciones: Elija la respuesta que mejor responda a cada pregunta.

Las preguntas 1 a 8 se refieren al texto y gráfica de la página 188.

1. De acuerdo con el texto, ¿cuál es una forma en que los bancos ganan dinero?

   (1) prestan menos dinero a los clientes
   (2) aumentan la cantidad de dinero que mantienen en reserva en el Banco de la Reserva Federal
   (3) piden dinero prestado a la Reserva Federal y lo prestan a sus clientes
   (4) disminuyen su reserva obligatoria
   (5) disminuyen su tasa de descuento

2. De acuerdo con el texto, ¿cuándo aumentarían las tasas de interés sobre los préstamos personales?

   (1) cuando menos personas solicitan préstamos
   (2) cuando haya una depresión económica
   (3) cuando la Fed aumente la tasa de interés preferencial
   (4) cuando la Fed disminuya la reserva obligatoria
   (5) cuando la Fed aumente la tasa de descuento

3. ¿Cuál de las siguientes cosas más probablemente resultará en tasas de interés más altas?

   (1) Los consumidores piden dinero prestado.
   (2) Se coloca más dinero en la economía.
   (3) Los bancos bajan las tasas de interés sobre los ahorros.
   (4) La economía de la nación se expande.
   (5) El número de préstamos baja.

4. ¿Qué tendencia sugiere la gráfica acerca de las tasas de interés a fines de la década de 1990?

   (1) Las tasas sobre los préstamos aumentaron significativamente.
   (2) Las tasas sobre las cuentas de ahorro aumentaron significativamente.
   (3) Las tasas sobre préstamos permanecieron prácticamente iguales.
   (4) Las tasas sobre las cuentas de ahorro cayeron significativamente.
   (5) Las tasas sobre los préstamos cayeron significativamente.

5. ¿Qué sugiere la gráfica que hizo la Fed en 1995?

   (1) Aumentó la tasa de descuento.
   (2) Bajó la tasa de descuento.
   (3) Bajó la reserva obligatoria.
   (4) Exigió que los bancos aumentaran la tasa de interés preferencial.
   (5) Exigió que los bancos bajaran la tasa de interés preferencial.

6. ¿Que sugiere la información de la gráfica que sucedió en 1985?

   (1) La cantidad de dinero en la economía disminuyó.
   (2) Los bancos hicieron menos préstamos.
   (3) La Fed intentó aletargar la economía.
   (4) La cantidad de dinero en la economía aumentó.
   (5) La nación cayó en una profunda depresión.

7. ¿Cuál de los siguientes enunciados es la mejor razón para que la Fed exigiera que los bancos miembros tuvieran una reserva?

   (1) La Fed tendrá dinero para hacer funcionar el gobierno.
   (2) Los billetes muy gastados pueden sacarse de circulación para ser reemplazados.
   (3) El dinero estará disponible inmediatamente para cubrir las deudas del banco.
   (4) La Fed puede hacer préstamos con bajos intereses a los clientes.
   (5) El gobierno federal puede financiar las campañas para la elección presidencial.

8. De acuerdo con la información del texto, ¿cuál de los siguientes escogería usted como el mejor sitio para guardar sus ahorros?

   (1) un banco miembro de la Fed
   (2) un banco que mantiene todo su dinero en una bóveda de seguridad
   (3) un banco que no hace muchos préstamos
   (4) un banco que sí hace muchos préstamos
   (5) uno de los 12 bancos de la Reserva Federal

**Las respuestas comienzan en la página 321.**

Instrucciones: Elija la respuesta que mejor responda a cada pregunta.

Las preguntas 1 a 4 se refieren al texto y gráfica siguientes.

La economía de todos los países se basa en el intercambio, ya sea a través del trueque de bienes y servicios o del pago de dinero por ellos. Los bienes son objetos físicos como alimentos, automóviles o viviendas. Los servicios se refieren al trabajo hecho por la gente que no produce nuevos bienes. Los servicios incluyen reparar los automóviles, pintar las casas y la atención médica.

Un modo común de medir el desarrollo de la economía de un país es por medio del **Producto Interno Bruto** o **PIB**. El PIB es el valor monetario total de todos los bienes y servicios producidos en ese país durante un año.

En 1991, el PIB estadounidense casi duplicó el de 1975, pero esto no significa que la economía haya duplicado su tamaño o que los estadounidenses hayan mejorado su economía al doble, sino que se debe a la inflación y al crecimiento de la población. Los precios entre 1980 y 1991 aumentaron en un 50 por ciento aproximadamente, de modo que gran parte del aumento del PIB se debió a los precios más altos, no al aumento de la producción. El denominado **PIB real** (el valor de la producción anual ajustada por los aumentos debido a la inflación) fue más pequeño. Además, la población de la nación aumentó en un 12 por ciento. Entonces, aunque se produjeron más bienes y servicios en 1991 que en 1980, hubo que dividirlos entre más personas.

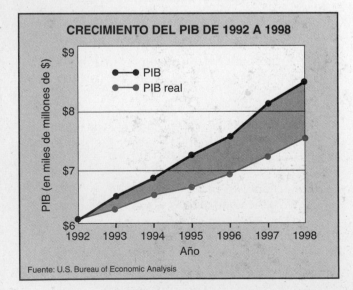

**CRECIMIENTO DEL PIB DE 1992 A 1998**

PIB (en miles de millones de $)

Fuente: U.S. Bureau of Economic Analysis

1. ¿Qué es el PIB real?

   (1) todos los bienes y servicios producidos y vendidos en el país durante un año
   (2) el valor total de la producción de un país dividido por su población
   (3) el comercio de bienes y servicios de un país con el exterior
   (4) el PIB ajustado por el aumento de precios producto de la inflación
   (5) el ingreso personal que la gente de un país puede ganar

2. ¿Cuál de los siguientes es un bien que podría incluirse en el PIB anual?

   (1) un automóvil usado, comprado en California
   (2) la consultoría legal de un abogado de Nueva York
   (3) una mazorca de maíz cultivada en Illinois
   (4) una operación hecha a una mascota en Iowa
   (5) un reproductor de discos compactos importado de Japón

3. ¿Qué implicación hace la información de la gráfica acerca de la década de 1990?

   (1) La mayoría de los estadounidenses se volvieron más adinerados.
   (2) La economía de la nación creció constantemente.
   (3) El valor de los bienes manufacturados disminuyó.
   (4) Las empresas estadounidenses vendieron más al extranjero.
   (5) Los estadounidenses compraron más bienes extranjeros.

4. ¿A qué conclusión acerca de la economía de Estados Unidos apoya la gráfica?

   (1) Casi un tercio del crecimiento del PIB se debe a la inflación.
   (2) La economía de la nación era más saludable en la década de 1990 que en la de 1980.
   (3) La economía de la nación era menos saludable en la década de 1990 que en la de 1980.
   (4) La nación está cambiando de una economía manufacturera a una economía que proporciona servicios.
   (5) La tasa de desempleo disminuye a medida que crece el PIB.

Las preguntas 5 a 7 se refieren al texto y tabla siguientes.

Una forma en que el gobierno se involucra en la economía es mediante sus esfuerzos por proteger al consumidor. En el pasado, la gente tenía poca protección. Todas las tiendas deberían haber colocado grandes letreros que dijeran "¡Comprador, cuidado!" Si un panadero compraba harina llena de gusanos, podía tomarse el tiempo de sacarlos, incluirlos en los productos que horneaba, o botar la harina y perder el dinero. Hoy en día, la Administración de Alimentos y Drogas, FDA, la Comisión de Seguridad de Productos de Consumo, CPSC y otras instituciones parecidas protegen a los consumidores de gente descuidada o sin escrúpulos que de otro modo pondría su propio beneficio económico por delante de la salud y seguridad del público.

La preocupación pública por los derechos del consumidor, las relaciones públicas de los fabricantes y dueños de tiendas y la autorregulación de las diferentes empresas ha aumentado también la protección al consumidor. Por ejemplo, en la actualidad las tiendas de comestibles reemplazan la comida que se ha puesto añeja o agria o que se ha contaminado de alguna manera. De hecho, en las pérdidas se considera la incapacidad para vender dichos alimentos al momento de ponerles precio.

| PRINCIPALES INSTITUCIONES FEDERALES DE PROTECCIÓN AL CONSUMIDOR | |
|---|---|
| Institución | Actividades y funciones de protección al consumidor |
| Servicio de Seguridad e Inspección de los Alimentos, FSIS | Inspecciona la carne y la carne de ave para asegurar su calidad, salubridad y etiquetado en detalle (parte del Departamento de Agricultura) |
| Administración de Alimentos y Drogas, FDA | Establece y hace cumplir los estándares de calidad y de etiquetado en detalle de alimentos y drogas (parte del Departamento de Salud y Servicios Humanos) |
| Comisión de Seguridad de Productos de Consumo, CPSC | Establece y hace cumplir los estándares de seguridad para productos de consumo; puede obligar a los fabricantes a retirar del mercado productos no seguros |
| Comisión Federal de Comercio, FTC | Hace cumplir las leyes que prohíben la publicidad engañosa, los acuerdos entre competidores para fijar los precios y etiquetar mal los productos |
| Administración Federal de Aviación, FAA | Crea y hace cumplir normas con respecto a la seguridad en líneas aéreas (parte del Departamento de Transporte) |
| Administración Nacional de Seguridad del Tráfico en las Carreteras, NHTSA | Hace cumplir las leyes federales con respecto a la seguridad de los pasajeros de automóviles y camiones (parte del Departamento de Transporte) |

5. ¿Cuál de los siguientes enunciados se encuentra implícito en el texto y tabla?

(1) La autorregulación protege a los consumidores con mayor eficacia que la acción del gobierno.
(2) La FDA es más eficaz como institución de protección al consumidor que la FAA.
(3) Los problemas más graves de seguridad de los productos tienen que ver con los alimentos.
(4) La autorregulación de los grupos industriales hace innecesaria la regulación del gobierno.
(5) Sin la protección del gobierno, las empresas podrían vender a sabiendas productos dañinos para las personas.

6. ¿Quién paga más probablemente el costo de retiro del fabricante de un producto defectuoso?

(1) el gobierno
(2) el fabricante

(3) los consumidores
(4) la CPSC
(5) la NHTSA

7. ¿Cuál es la meta común de las instituciones descritas en la tabla?

(1) evitar que las empresas digan mentiras acerca de sus productos en sus avisos
(2) evitar que los competidores fijen los precios
(3) asegurar que la comida es de alta calidad
(4) establecer los precios de los productos esenciales
(5) ayudar a evitar que los estadounidenses compren bienes y servicios posiblemente dañinos

**Las respuestas comienzan en la página 322.**

**Instrucciones:** Ésta es una prueba de práctica que dura diez minutos. Después de que transcurran los diez minutos, ponga una marca en la última pregunta que haya respondido. A continuación, termine la prueba y revise sus respuestas. Si la mayoría de sus respuestas fueron correctas, pero no terminó la prueba, trate de responder las preguntas más rápidamente la próxima vez. Elija la respuesta que mejor responda a cada pregunta.

Las preguntas 1 a 4 se refieren al siguiente texto.

En el mundo actual existen tres sistemas económicos principales: capitalismo, comunismo y socialismo. Las diferencias principales en los sistemas son los modos en que son tratados la propiedad y la toma de decisiones.

El capitalismo, el sistema económico favorecido por el mundo occidental industrializado, permite la propiedad privada de bienes y medios de producción. Las decisiones y la planificación están en manos privadas.

En el comunismo, el sistema económico de países como Corea del Norte y Cuba, el estado es el propietario de los medios de producción y planifica la economía. La base del comunismo es, en teoría, que todos los individuos entregan su mejor esfuerzo para el bien de la comunidad y reciben en recompensa todo lo que necesitan.

El socialismo se parece al comunismo en que el estado es el propietario de los principales medios de producción y planifica la economía para el bien de todos. Sin embargo, el socialismo fomenta la competencia entre pequeños negocios. El estado proporciona ciertos servicios sociales a sus ciudadanos, como la atención médica gratuita o a bajo precio.

En el mundo moderno, estos sistemas económicos se han confundido con sistemas políticos. Debido a que el comunismo y el socialismo dependen tanto de la planificación centralizada, la gente los ha asociado con la dictadura. El capitalismo, debido a que está construido alrededor de la propiedad privada y de la empresa libre, se asocia a los gobiernos democráticos o representativos.

1. De acuerdo con el texto, ¿en qué se asemejan el capitalismo y el socialismo?

   (1) La producción es propiedad del estado.
   (2) El estado planifica la economía.
   (3) Los pequeños negocios pueden competir.
   (4) Toda la gente tiene todo lo que necesita.
   (5) La gente tiene libertad económica y política.

2. ¿Qué tienen en común el capitalismo y el comunismo?

   (1) La planificación económica se encuentra en manos privadas.
   (2) Los individuos trabajan para el bien común.
   (3) Requieren de un gobierno democrático.
   (4) Son sistemas económicos.
   (5) Todos los negocios son propiedad del estado.

3. ¿Cuál de las siguientes conclusiones está apoyada por el texto?

   (1) La libertad individual se asocia al capitalismo.
   (2) En el pasado, las economías socialistas han fracasado.
   (3) En el comunismo, la gente puede hacerse rica.
   (4) El capitalismo puede funcionar bien en una dictadura.
   (5) La política y la economía no tienen nada que ver una con la otra.

4. ¿Qué información adicional necesita para sacar la conclusión de que la teoría del comunismo difiere de la realidad?

   (1) sólo lo que se enuncia en el texto
   (2) cuál es la teoría del comunismo
   (3) cuál es la realidad del comunismo
   (4) más detalles acerca de la teoría comunista
   (5) las diferencias entre comunismo y socialismo

5. Muchos productos fabricados tienen una garantía. Una garantía promete que, si el producto es defectuoso, el fabricante lo reparará. ¿Qué concepto de la economía ilustra la garantía?

   (1) el capitalismo
   (2) la protección al consumidor
   (3) el producto interno bruto
   (4) la oferta y la demanda
   (5) el comunismo

Las preguntas 6 a 9 se refieren al texto y gráfica siguientes.

El Congreso ha creado varias comisiones y juntas reguladoras que protegen a los ciudadanos de ciertos problemas económicos. Las comisiones y juntas reguladoras crean reglas y toman decisiones que afectan a la banca, al transporte, a las comunicaciones y a otras empresas, como también a sus trabajadores. Estas comisiones y juntas crean reglas acerca de lo que pueden o no hacer las empresas. También ayudan a resolver disputas entre las partes.

Una comisión reguladora es la Comisión Federal de Comunicaciones (*Federal Communications Commission*), o FCC. La FCC otorga licencias a las estaciones de radio y televisión, dándoles permiso para funcionar y asignándoles una frecuencia radial o canal de televisión. Ella determina cuál de los números limitados de longitud de onda puede usar la estación para transmitir. La FCC también establece las horas en que puede funcionar una estación y cuán fuerte puede ser su señal de transmisión. Debido a dichas regulaciones, la gente puede sintonizar una estación de radio o un canal de televisión sin preocuparse de que otra estación sea transmitida en la misma longitud de onda y arruine su placer auditivo o visual.

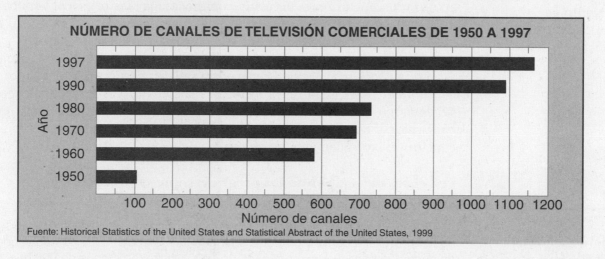

NÚMERO DE CANALES DE TELEVISIÓN COMERCIALES DE 1950 A 1997

Fuente: Historical Statistics of the United States and Statistical Abstract of the United States, 1999

6. ¿Cuál de los siguientes enunciados se encuentra implícito en la gráfica?

(1) Los canales de televisión no deberían regularse.
(2) Hay demasiados canales de televisión.
(3) Sólo había 100 canales de televisión en 1950.
(4) La FCC no es una institución importante.
(5) El número de canales de televisión ha aumentado desde 1950.

7. ¿Cuál es la razón más probable por la cual el Congreso ha formado comisiones reguladoras?

(1) Algunos negocios estaban funcionando contra el interés público.
(2) La economía de la nación estaba deprimida.
(3) El congreso tenía que lidiar con una economía aletargada.
(4) El presidente sentía que era importante hacerlo.
(5) Los ciudadanos tenían demasiado control sobre sus vidas.

8. ¿Entre cuál de las siguientes partes en disputa podría mediar la FCC?

(1) los ciudadanos y un banco
(2) los gobiernos estatales
(3) un banco y una empresa de autobuses
(4) los ciudadanos y una estación de radio
(5) un canal de televisión y los actores de televisión

9. ¿Qué conclusión está apoyada por la información del texto y gráfica?

(1) Los canales de televisión necesitan una mayor regulación que las estaciones de radio.
(2) La FCC es la institución reguladora más poderosa del gobierno.
(3) Las longitudes de onda de transmisión se deben compartir cuidadosamente.
(4) El número de estaciones de radio ha crecido más rápido que el número de canales de televisión.
(5) La FCC jamás toma una resolución injusta.

**Las respuestas comienzan en la página 322.**

# Lección 17

## DESTREZA DE GED: Evaluar cuán adecuados son los detalles de apoyo

**datos**
hechos, estadísticas o medidas usadas como base para el razonamiento, la discusión o el cálculo

Usted ya sabe que debe decidir si la información presentada realmente está relacionada con el enunciado que se supone que debe apoyar. Al evaluar una conclusión, usted también debe decidir si ha recibido *suficientes* hechos que la apoyen. Ambas cosas se aplican a las conclusiones que usted saca, así como también a las que lee o escucha. También se aplican a los **datos** y otra información de apoyo.

Para decidir si la información presentada es adecuada o suficiente para apoyar una conclusión es necesario comprender la idea principal y todos los detalles de apoyo. Cuando esté seguro de comprender estas ideas y detalles, pregúntese: "¿Son suficientes estos hechos para apoyar la conclusión?" Asegúrese de preguntarse también si hay algo más que necesite saber para sacar una conclusión lógica. Si encuentra suficiente información de apoyo contundente y relevante, es probable que la conclusión sea precisa. A veces, sin embargo, puede ocurrir que no encuentre suficiente información o que la conclusión carezca del apoyo adecuado. En cualquiera de estos casos, la conclusión probablemente no será válida o precisa.

Después de identificar los detalles de apoyo y otros hechos, busque las suposiciones implícitas y las relaciones de causa y efecto implícitas o explícitas en la información que se relaciona con la conclusión.

### Lea el texto y responda las preguntas que se presentan a continuación.

Cuando en el siglo XIX se establecieron por primera vez los sindicatos, su poder se limitaba por la ley y por la falta general de apoyo para los trabajadores en huelga. A principios de la década de 1930 ocurrieron menos de 900 huelgas por año en la nación, la mayoría de ellas para pedir sueldos más altos. La aprobación de la Ley Nacional de Relaciones Laborales, NLRA (National Labor Relations Act) ayudó a los trabajadores en 1935. Esta ley, que después de 70 años aún permanece vigente, reconoce el derecho de los trabajadores a formar sindicatos e impone a los empleadores la obligación de negociar con los sindicatos sobre las condiciones laborales y de salario. En los primeros cinco años tras la aprobación de la ley, el número de huelgas se elevó a 2,100 por año. Más de dos tercios de estas huelgas surgieron como resultado de los intentos de los trabajadores de formar sindicatos.

¿Cuál de las siguientes conclusiones está apoyada por suficiente información?

_____ a. Después de la aprobación de la NLRA, muchos empleadores se mostraron contrarios a aceptar los derechos legales de los trabajadores.

_____ b. La aprobación de la ley nacional sobre las relaciones laborales generó como resultado salarios superiores para los trabajadores.

Usted acertó si escogió la *opción a*. Después de la aprobación de la NLRA, dos tercios de las huelgas surgieron como resultado del intento de los trabajadores de ejercer su derecho a formar sindicatos, lo que indica que los empleadores se vieron forzados a aceptarlos. Para elegir la *opción b* se necesitarían datos adicionales que comparen los salarios antes de 1935 y después.

**Utilice el párrafo y la gráfica siguientes para responder las preguntas.**

En los dos siglos transcurridos desde la fundación de Estados Unidos, la composición de la fuerza laboral ha cambiado. En los primeros años, la mayoría de los trabajadores eran granjeros y la agricultura era la industria principal. Después de la industrialización de Estados Unidos a finales del siglo XIX, la cantidad de trabajadores de la industria manufacturera creció rápidamente. A comienzos del siglo XX, sin embargo, la automatización había afectado profundamente al sector manufacturero. Hoy en día, las profesiones de crecimiento más rápido se encuentran en el **sector de servicios** de la economía. Este sector incluye industrias tales como los servicios para el cuidado de la salud, la educación y la computación.

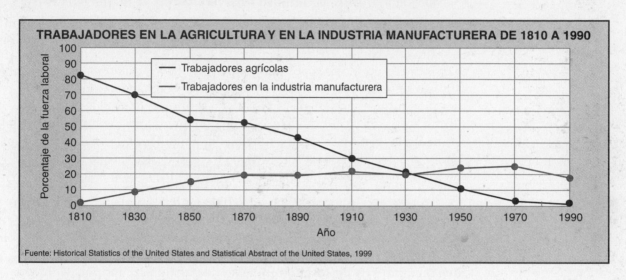

TRABAJADORES EN LA AGRICULTURA Y EN LA INDUSTRIA MANUFACTURERA DE 1810 A 1990

Fuente: Historical Statistics of the United States and Statistical Abstract of the United States, 1999

1. Interprete la gráfica para entregar la siguiente información.

   a. El porcentaje aproximado de trabajadores estadounidenses involucrados en la agricultura en el año 1810 era de _____.

   b. El porcentaje aproximado de trabajadores estadounidenses involucrados en la industria manufacturera en el año 1970 era de _____.

2. Marque con una "X" cada enunciado apoyado por los datos de la gráfica.

   _____ a. En el año 1990, los trabajadores agrícolas formaban una parte mucho menor de la fuerza laboral de Estados Unidos que cien años atrás.

   _____ b. La rapidez con que hoy en día las personas abandonan la agricultura es la más rápida de la historia de la nación.

3. Marque con una *A* los enunciados apoyados por la gráfica. Marque con una *F* los que la gráfica indica que son falsos. Marque con una *N* los que la gráfica no apoya adecuadamente.

   _____ a. En los dos siglos transcurridos desde la fundación de Estados Unidos, la composición de la fuerza laboral ha cambiado.

   _____ b. Hasta fines del siglo XIX, la mayoría de los trabajadores de Estados Unidos eran agricultores.

   _____ c. Después de la industrialización de Estados Unidos a fines del siglo XIX, la mayoría de los trabajadores de la nación trabajaban en industrias manufactureras.

   _____ d. A comienzos del siglo XX la automatización había afectado profundamente al sector manufacturero.

   _____ e. Hoy en día, las ocupaciones de más rápido crecimiento se encuentran en el sector de servicios de la economía.

**Las respuestas comienzan en la página 323.**

El desarrollo de la **economía mundial** en las décadas de 1980 y 1990 ha tenido un efecto tremendo en los estadounidenses, como consumidores al igual que como trabajadores. Desde zapatillas hasta lavadoras, los productos de las empresas estadounidenses se fabrican cada vez más en el exterior. Se ha vuelto difícil saber si los bienes son hechos por estadounidenses ya que más y más empresas de Estados Unidos poseen y operan fábricas en lugares remotos del mundo.

Por muchos años, la cantidad total de trabajos de manufactura en Estados Unidos ha disminuido. Esto se debe en parte a que las empresas estadounidenses construyen fábricas en el extranjero y ahí contratan mano de obra más barata. Los trabajadores de las fábricas en el extranjero pueden ganar uno o dos dólares por hora, mientras que los que trabajan en plantas similares en Estados Unidos ganan hasta diez veces más. Como la manufactura se hace en el extranjero, las empresas de Estados Unidos disminuyen sus costos de mano de obra, lo que mantiene los precios bajos y aumenta las ganancias. Esta tendencia ha tenido consecuencias importantes en la fuerza laboral de Estados Unidos y en las destrezas que los estadounidenses necesitarán en sus lugares de trabajo en el futuro.

Otra razón por la cual hay menos trabajos de manufactura en Estados Unidos es la mecanización de las fábricas: trabajos que alguna vez fueron realizados a mano ahora son hechos por máquinas, y las máquinas que solían ser operadas por personas ahora las manejan las computadoras. Esto sugiere que seguirán existiendo oportunidades de trabajo para los trabajadores estadounidenses que posean destrezas técnicas. Durante la década de 1990, estos trabajadores eran escasos, por lo que muchos puestos de trabajo en los servicios para el cuidado de la salud, laboratorios de investigación y programación de computadoras han sido ocupados por personas capacitadas en otros países. Los empleadores estadounidenses han recibido permiso del gobierno de Estados Unidos para reclutar personas extranjeras para satisfacer la demanda de trabajadores en muchas áreas técnicas.

**CAMBIOS EN LAS OPORTUNIDADES DE EMPLEO**

Porcentaje total de trabajadores

- Porcentaje de trabajadores en 1988
- Porcentaje de trabajadores en 2008

| Categoría | 1988 | 2008 |
|---|---|---|
| Profesionales y técnicos | 15.7 | 19.4 |
| Gerencia | 10.3 | 10.7 |
| Apoyo administrativo y oficinistas | 18.0 | 16.6 |
| Mercadotecnia y ventas | 10.3 | 11.0 |
| Producción de precisión, maestría y reparaciones | 11.9 | 11.5 |
| Operadores, fabricantes y trabajadores | 14.2 | 12.0 |
| Servicios* | 15.5 | 16.4 |
| Agricultura, silvicultura y pesca | 3.5 | 2.8 |

Fuente: U.S. Department of Labor, Bureau of Labor Statistics

*No incluye trabajos de servicios profesionales ni técnicos.

Instrucciones: Elija la respuesta que mejor responda a cada pregunta.

Las preguntas 1 a 7 se refieren al texto y gráfica de la página 196.

1. ¿Por qué muchas empresas estadounidenses trasladaron sus operaciones de manufactura al extranjero?

   (1) Las plantas en el extranjero están más automatizadas.
   (2) La mano de obra es más barata en el extranjero.
   (3) No hay suficientes trabajadores en Estado Unidos.
   (4) Los productos vendidos en el extranjero son fabricados allí mismo.
   (5) En otros países no hay sindicatos.

2. ¿De cuál de las siguientes profesiones en el año 2008 se espera menos oportunidades laborales para los trabajadores estadounidenses?

   (1) la reparación de automóviles
   (2) trabajador de fábricas
   (3) archivero
   (4) trabajador agrícola
   (5) vendedor

3. ¿De cuál de las siguientes profesiones que se muestran en la gráfica se espera la mayor caída en el porcentaje de 1988 a 2008?

   (1) apoyo administrativo y oficinistas
   (2) mercadotecnia y ventas
   (3) productos de precisión, artesanía y reparación
   (4) operadores, fabricantes y obreros
   (5) agricultura, silvicultura y pesca

4. ¿Qué consecuencia ha tenido la transferencia al extranjero de los trabajos de manufactura para la economía de Estados Unidos?

   (1) Las tiendas en Estados Unidos tienen menos productos para vender.
   (2) Los salarios en Estados Unidos han bajado.
   (3) Los trabajos de manufactura estadounidenses se han vuelto más técnicos.
   (4) Los consumidores tienen más alternativas para escoger marcas de productos.
   (5) La necesidad de operadores, fabricantes y obreros ha decaído.

5. ¿Cuál es la mejor explicación de por qué tantos trabajos de "alta tecnología" son realizados por inmigrantes a Estados Unidos?

   (1) El gobierno ha permitido reclutar trabajadores en el extranjero.
   (2) No hay suficientes estadounidenses nativos que tengan las destrezas técnicas necesarias.
   (3) Los trabajadores inmigrantes están mejor capacitados que los estadounidenses para la misma profesión.
   (4) A los trabajadores en el extranjero se les paga menos que a los estadounidenses.
   (5) Los inmigrantes son más capaces que los estadounidenses nativos.

6. ¿Cuál conclusión está apoyada por la información del texto y la gráfica?

   (1) Los salarios de los empleados en el extranjero de empresas estadounidenses están aumentando.
   (2) El tamaño del sector de gerencia del mercado laboral está disminuyendo.
   (3) Los trabajos de manufactura tienen una importancia menor en la economía de Estados Unidos.
   (4) La mecanización ha reducido el número de trabajos en la agricultura.
   (5) El sector de servicios es el que menos crece en la economía de Estados Unidos.

7. ¿Cuál enunciado está más apoyado por la información del texto y gráfica?

   (1) Las personas que en la actualidad trabajan en la agricultura o la pesca deberían encontrar otra profesión.
   (2) El sector de atención médica ofrece mejores oportunidades laborales que la industria informática.
   (3) El tamaño de la fuerza laboral estadounidense está decayendo.
   (4) Los actuales trabajadores de las fábricas en Estados Unidos probablemente perderán sus trabajos.
   (5) El mejor trabajo para el cual prepararse es el que requiere capacitación técnica y profesional.

**Las respuestas comienzan en la página 324.**

# Práctica de GED • Lección 17

Instrucciones: Elija la respuesta que mejor responda a cada pregunta.

Las preguntas 1 a 4 se refieren al texto y tabla siguientes.

Las **fusiones** entre las empresas y las **adquisiciones** de una parte o de la totalidad de una empresa por parte de otra, se han convertido en hechos de la vida económica estadounidense. Estas acciones se producen cuando empresas grandes o pequeñas se ven en problemas y se ponen a sí mismas a la venta. Incluso algunas empresas que no están a la venta pueden ser objeto de **adquisiciones hostiles** por parte de la competencia o de otros compradores que encuentran atractiva la empresa.

Los trabajadores de las empresas que están siendo adquiridas suelen preocuparse por la seguridad de su empleo y temen que los nuevos propietarios contraten a personal nuevo o eliminen sus puestos de trabajo. Es posible que los nuevos propietarios decidan dejar de producir o de vender ciertos productos de la empresa que han comprado.

Casi el 50 por ciento de las personas que perdieron sus trabajos en 1998 pasaron a ser desempleados debido a que su empresa se trasladó o cerró una planta. Otro tercio fue despedido debido a que sus puestos de trabajo se eliminaron.

No obstante, algunos trabajadores se benefician del cambiante escenario comercial. Las empresas estables se aprovechan en ocasiones de las reorganizaciones que se producen en otros lugares ofreciendo buenos puestos a los empleados diestros de las empresas en transición.

| FUSIONES Y ADQUISICIONES DURANTE LA DÉCADA DE 1990 | | | | | |
|---|---|---|---|---|---|
| **Actividad** | **1990** | **1992** | **1994** | **1996** | **1998** |
| Fusiones | 1,907 | 1,598 | 2,005 | 2,423 | 3,304 |
| Compra de empresas estadounidenses por parte de extranjeros | 773 | 361 | No disponible | 73 | 48 |
| Compra de empresas extranjeras por parte de estadounidenses | 392 | 456 | 207 | 364 | 746 |

Fuente: Statistical Abstract of the United States, 1999

**SUGERENCIA**
Para apoyar una conclusión, imagine que tiene que explicar la conclusión a otra persona. Pregúntese: "¿Convencerán estos hechos a otra persona de que la conclusión es correcta?"

1. De acuerdo con el texto, ¿cuándo ocurre siempre una adquisición hostil?

   (1) cuando la empresa que se está comprando no desea ser comprada
   (2) cuando el comprador es un competidor de la empresa que se está comprando
   (3) cuando el comprador es una empresa extranjera
   (4) cuando el comprador no tiene un verdadero interés por la empresa que se está comprando
   (5) cuando el comprador elimina puestos de trabajo en la empresa adquerida

2. ¿Cuál sería el efecto más probable de la compra de una empresa por un competidor?

   (1) Los salarios de los trabajadores bajarán.
   (2) Habrá más puestos disponibles.
   (3) Los consumidores tendrán menos opciones de productos.
   (4) La nueva empresa se pondrá ella misma a la venta.
   (5) Los precios de ambas empresas bajarán.

3. ¿Qué información necesitaría usted para determinar la precisión de la conclusión sacada en la primera oración del texto?

   (1) los nombres de grandes empresas que se han fusionado
   (2) el número de adquisiciones hostiles
   (3) el porcentaje de trabajadores que han perdido sus trabajos debido a las fusiones
   (4) los datos no disponibles de la tabla para 1994
   (5) sólo la información que está en la tabla

4. ¿Qué información presenta la mejor prueba para responder a la pregunta "¿Se preocupan por sus trabajos los empleados de empresas que están siendo adquiridas?"

   (1) la información del segundo párrafo
   (2) la información del tercer párrafo
   (3) la información del cuarto párrafo
   (4) los datos de la tabla sobre las fusiones
   (5) los datos de la tabla sobre las compras en el extranjero

Las preguntas 5 a 8 se refieren al texto y tabla siguientes.

Los ingresos en Estados Unidos se distribuyen en forma desigual. Aunque el país se considera una nación de clase media, el 20 por ciento más rico de nuestra población gana casi el 50 por ciento de los ingresos. En contraste, el 20 por ciento más pobre de estadounidenses gana menos del 5 por ciento de ellos. En 1998, casi el 10 por ciento de las familias estadounidenses y el 19 por ciento de los niños estadounidenses vivían por debajo del nivel mínimo de ingresos. Muchas de estas personas carecen de la educación y la capacitación necesarias para tener un trabajo en esta sociedad cada vez más tecnológica.

La diferencia en los ingresos entre ricos y pobres está aumentando. Entre 1991 y 1996, la participación en los ingresos de la nación del quinto más rico aumentó un 10 por ciento, mientras que el quinto más pobre disminuyó su participación en casi un 20 por ciento. A medida que aumentan los precios de los artículos de primera necesidad, como alimento y refugio, los pobres se han vuelto menos capaces de costearlos.

| PORCENTAJE DE FAMILIAS QUE VIVEN EN POBREZA | | | | | | | |
|------|------------|------|------------|------|------------|------|------------|
| Año | Porcentaje | Año | Porcentaje | Año | Porcentaje | Año | Porcentaje |
| 1979 | 9.2 | 1984 | 11.6 | 1989 | 10.3 | 1994 | 11.6 |
| 1980 | 10.3 | 1985 | 11.4 | 1990 | 10.7 | 1995 | 10.8 |
| 1981 | 11.2 | 1986 | 10.9 | 1991 | 11.5 | 1996 | 11.0 |
| 1982 | 12.2 | 1987 | 10.7 | 1992 | 11.9 | 1997 | 10.3 |
| 1983 | 12.3 | 1988 | 10.4 | 1993 | 12.3 | 1998 | 10.0 |

Fuente: U.S. Census Bureau

5. ¿En cuál de los siguientes años la tasa de pobreza para las familias estadounidenses fue más alta?

(1) 1979
(2) 1991
(3) 1993
(4) 1996
(5) 1998

6. En Estados Unidos la riqueza se distribuye en forma desigual. ¿Qué esperaría encontrar en un país donde la riqueza se distribuye en forma más equitativa?

(1) Todas las personas gastarían una proporción similar de sus ingresos en alimento y vivienda.
(2) La mayoría de las personas comprarían la misma marca y modelo de automóvil.
(3) Todas las familias tendrían la misma cantidad de hijos.
(4) Todos tendrían el mismo nivel de educación.
(5) Las personas gastarían su dinero en el mismo tipo de actividades en su tiempo libre.

7. Hay más niños viviendo en la pobreza que familias viviendo en la pobreza. ¿Cuál es el motivo más probable?

(1) Los niños son más pobres que sus padres.
(2) La mayoría de las familias pobres tienen más de un hijo.
(3) Criar a un hijo cuesta dinero.
(4) Los niños pobres tienen más probabilidades de dejar la escuela que los demás niños.
(5) En la mayoría de los trabajos no es legal que trabajen niños menores de 15 años.

8. ¿Sería creíble la afirmación de que las tasas de pobreza están subiendo?

(1) Sí, porque la tabla muestra que las tasas de pobreza aumentaron a nivel general entre 1979 y 1993.
(2) No, porque el texto no indica la relación del aumento de precios con el aumento de las tasas de pobreza.
(3) Sí, porque el texto muestra que la distribución de los ingresos se ha vuelto más desigual.
(4) No, porque la tabla muestra que las tasas de pobreza han sido más bajas en general durante los últimos años.
(5) Sí, porque el texto establece que el 19 por ciento de los niños vivían en pobreza en 1998.

Las respuestas comienzan en la página 324.

**Instrucciones:** Ésta es una prueba de práctica que dura diez minutos. Después de que transcurran los diez minutos, ponga una marca en la última pregunta que haya respondido. A continuación, termine la prueba y revise sus respuestas. Si la mayoría de sus respuestas fueron correctas, pero no terminó la prueba, trate de responder las preguntas más rápidamente la próxima vez. Elija la respuesta que mejor responda a cada pregunta.

Las preguntas 1 a 3 se refieren al siguiente texto.

En 1986, el Sindicato Internacional de Trabajadores de la Industria del Vestuario Femenino (ILGWU), comenzó a inquietarse debido a lo que llamaban condiciones "de explotación de los trabajadores" existentes en las zonas rurales de Iowa. Éste acusó a Bordeaux, Inc. de Clarinda, Iowa, de violar las normas federales que prohíben que se fabrique ropa de mujer en los hogares de los trabajadores.

En 1980 la empresa comenzó a fabricar ropa deportiva decorada y tuvo ventas de aproximadamente tres millones de dólares en seis años. Empleaba de 100 a 150 mujeres que trabajaban en su hogar con sus propias máquinas de coser y con los materiales de la empresa. Ésta les pagaba cerca de $2.45 por pieza si el trabajo se aprobaba en la inspección y $1.12 si se rechazaba.

Algunas trabajadoras calculaban que ganaban entre $4.00 y $9.00 por hora. En esta área agrícola, deprimida económicamente, estaban contentas de tener trabajo. Otras trabajadoras se quejaron ante el ILGWU de que la tarifa por hora era más bien de $1.85, lo que era ilegal según las leyes sobre el salario mínimo.

El Departamento del Trabajo investigó las denuncias. Al principio, los funcionarios del gobierno propusieron un sistema en el cual Bordeaux y otros empleadores de trabajadoras a domicilio se inscribirían con el departamento y entregarían listas de sus trabajadoras, de modo que se pudieran realizar inspecciones espontáneas. Los funcionarios del Departamento del Trabajo permitirían operar a los empleadores justos. El ILGWU opinaba que el trabajo a destajo en el hogar no se podría supervisar de manera eficaz y deseaba que el departamento defendiera las normas federales sobre trabajadores a domicilio.

Posteriormente, el Departamento del Trabajo presentó una acción judicial en contra de Bordeaux. Mientras el caso estaba en el tribunal, la empresa abrió una fábrica, contrató a trabajadoras y dejó de utilizar empleadas a domicilio. Al final, el tribunal falló en contra de Bordeaux y ordenó a la empresa pagar los salarios que debía a las trabajadoras que había empleado antes del juicio.

1. ¿Qué sugiere el texto sobre la forma en que el Departamento del Trabajo consideró este conflicto?

   (1) como un conflicto entre dos sindicatos que compiten
   (2) como un problema de trabajadores sindicalizados en oposición a otros que no estaban sindicalizados
   (3) como un problema de administración justa en oposición a una administración injusta
   (4) como un problema de condiciones de explotación de los trabajadores en oposición al trabajo por contrato
   (5) como un conflicto que involucraba la discriminación laboral contra las mujeres

2. ¿Qué actividad económica se parece más a un trabajo por contrato?

   (1) un pintor que pinta la casa de un mecánico a cambio de que éste le repare su automóvil
   (2) un fabricante que disminuye el precio de un producto con el fin de vender una mayor cantidad
   (3) un trabajador de comida rápida que recibe el salario mínimo
   (4) una vendedora cuyos ingresos son un porcentaje del total que vende
   (5) el propietario de una tienda que realiza una venta para deshacerse del excedente de mercaderías

3. ¿Cuál es el motivo más probable por el que ILGWU presentó una queja ante el gobierno sobre la empresa Bordeaux?

   (1) Quería cerrar la empresa.
   (2) Quería obligar a la empresa a pagar a sus trabajadoras un salario por hora y no por pieza.
   (3) Quería que el Departamento del Trabajo demandara a la empresa.
   (4) Quería aumentar el pago de los trabajadores a domicilio más del salario mínimo.
   (5) Quería terminar la fabricación de ropa de mujeres por parte de trabajadores a domicilio.

Las preguntas 4 a 6 se refieren al texto y gráfica siguientes.

Muchos creen que el desempleo juvenil es un problema grave en Estados Unidos. Muchos adolescentes abandonan la escuela superior. Muchos graduados de escuela superior no siguen estudiando ni se capacitan. Aunque las estadísticas varían de una región y otra, son un motivo real de preocupación. Casi el 15 por ciento de los adolescentes que no están en la escuela están desempleados y muchos tienen hijos. Muchas de las jóvenes no trabajan debido a que necesitan estar en sus hogares cocinando, limpiando y cuidando a sus hijos. La falta de trabajos pagados puede producir dificultades financieras para esas familias.

Para otros adolescentes que dejan la escuela, los restaurantes de comida rápida y las tareas domésticas en hoteles representan soluciones de empleo a corto plazo. Sin embargo, a algunos de ellos les espera una vida sirviendo o limpiando. Hay que preguntar cómo podrán mantenerse a sí mismos y a quienes dependen de ellos financieramente.

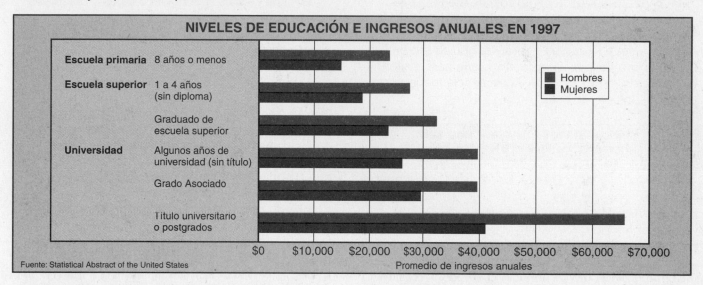

NIVELES DE EDUCACIÓN E INGRESOS ANUALES EN 1997

Fuente: Statistical Abstract of the United States

Promedio de ingresos anuales

4. ¿Qué información apoyaría mejor la conclusión de que la tasa de adolescentes que abandonan la escuela es un motivo de preocupación?

   (1) la que se presenta en la gráfica
   (2) la que aparece en el primer párrafo del texto
   (3) la que habla sobre las madres adolescentes
   (4) la que aparece en el texto junto con la gráfica
   (5) la que habla sobre el futuro de los adolescentes que abandonan la escuela

5. De acuerdo con la información, ¿qué factor es el más importante al determinar si una persona conseguirá un trabajo bien pagado?

   (1) el género
   (2) la experiencia laboral anterior
   (3) el nivel de educación
   (4) el estado civil
   (5) un diploma de escuela superior

6. ¿Cuál de los siguientes es un efecto probable de que los adolescentes dejen la escuela superior?

   (1) más madres adolescentes
   (2) más niños pobres
   (3) mejores salarios para los graduados
   (4) menos trabajadores en comida rápida
   (5) menos empleados de limpieza de hoteles

7. Cerca del 15 por ciento de todos los adultos de 55 años o más se inscriben en cursos de educación para adultos. Los datos de la inscripción de adultos entre 17 y 34 años y de 35 a 54 años son 43 y 40 por ciento respectivamente.

   ¿Qué conclusión apoyan estas estadísticas?

   (1) Los adultos quieren aprender nuevas destrezas.
   (2) La mayoría de los estudiantes adultos tienen menos de 35 años.
   (3) Los adultos jóvenes tienen mejores ingresos.
   (4) Es popular la educación para adultos.
   (5) Los adultos mayores están más ocupados que los adultos jóvenes.

**Las respuestas comienzan en la página 325.**

# Unidad 4 Repaso acumulativo Economía

Instrucciones: Elija la respuesta que mejor responda a cada pregunta.

Las preguntas 1 a 3 se refieren al párrafo y gráfica siguientes.

La cantidad de dinero con que cuentan los consumidores, las empresas y el gobierno para gastar se conoce como existencia monetaria. Los cambios rápidos en la existencia monetaria pueden provocar problemas económicos, de modo que es importante mantenerla bajo control. Esta responsabilidad se encuentra entre las tareas del Sistema de la Reserva Federal. La gráfica presenta la importancia de la existencia monetaria para rastrear los precios, la producción y la existencia monetaria durante un período de 20 años.

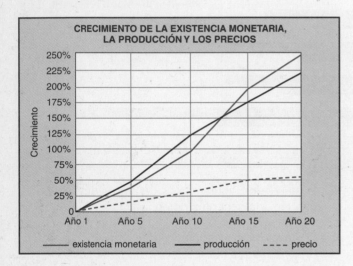

1. Durante los primeros 10 años que se muestran en la gráfica, ¿qué sucedió con los precios cuando se aumentó la cantidad de dinero en la economía?

   (1) Subieron bruscamente.
   (2) Subieron, pero más lentamente de lo que aumentó la existencia monetaria.
   (3) Subieron a la misma velocidad que el aumento en la existencia monetaria.
   (4) Bajaron.
   (5) No cambiaron.

Para identificar las relaciones en una gráfica, analice cómo cambia un elemento en comparación con los cambios en los demás elementos medidos por la gráfica.

2. Cuando la existencia monetaria crece más rápido que los bienes y servicios que produce la economía, ¿qué sucede con los precios?

   (1) La inflación hace que los precios suban bruscamente.
   (2) Los precios bajan.
   (3) Los precios suben, luego bajan y después vuelven a subir.
   (4) Los precios no se ven afectados por este desarrollo.
   (5) La relación no se puede determinar.

3. ¿Qué conclusión sobre la relación entre existencia monetaria, producción y precios está apoyada por los datos de la gráfica?

   (1) Un aumento en la existencia monetaria provocará una disminución en la producción.
   (2) Un aumento en la producción provocará un aumento en la existencia monetaria.
   (3) Un aumento en los precios provocará una disminución en la producción.
   (4) Una disminución en la producción provocará un aumento en la existencia monetaria.
   (5) No hay información suficiente para determinar la relación.

4. En 1997, una trabajadora a tiempo completo promedio ganaba 74 centavos por cada $1 que ganaba su colega masculino.

   ¿Cuál es el resultado más probable de la diferencia entre el poder salarial de hombres y mujeres?

   (1) Las mujeres tienen más poder adquisitivo que los hombres.
   (2) Hay menos mujeres que trabajan a tiempo completo que hombres.
   (3) Los hogares encabezados por mujeres tienen un menor estándar de vida.
   (4) Las mujeres pagan más impuestos sobre la renta que los hombres.
   (5) Las mujeres dejan la fuerza laboral cuando tienen hijos.

Las preguntas 5 a 8 se refieren al siguiente texto.

Cuando se fabrican más bienes, decimos que la economía está en expansión. En una economía en expansión, los fabricantes deben encontrar más personas que compren sus bienes. La práctica de promover, anunciar y presentar un producto para aumentar sus ventas se llama mercadotecnia.

Los profesionales de la mercadotecnia utilizan la publicidad para convencer a los consumidores de que su producto tiene algo especial. También elaboran cupones con ofertas que reducen el precio de algún producto, lo que hace que los consumidores piensen que están recibiendo una ganga. Las ofertas de reembolsos son otra forma de atraer clientes. Un reembolso es la devolución de una parte del precio de la compra. Los compradores que se toman el tiempo de obtener reembolsos piensan que están gastando su dinero inteligentemente.

Los profesionales de la mercadotecnia también encuentran nuevos consumidores orientando los productos hacia otros mercados. Una manera de hacerlo es cambiar el envase del producto de modo que resulte atractivo para otros grupos de personas. Los fabricantes de alimentos, por ejemplo, tradicionalmente envasaban productos para las parejas y para las familias. Pero en la década de 1970, muchas personas solteras comenzaron a establecer sus propios hogares. Las empresas que reconocieron esta tendencia comenzaron a vender alimentos en paquetes individuales a fin de atraer a este mercado nuevo.

5. ¿Cuáles técnicas de expansión de mercados se parecen más?

(1) la publicidad y los envases
(2) los cupones y los reembolsos
(3) la publicidad y los cupones
(4) los envases y las rebajas
(5) los cupones y los envases

6. ¿Por cuál de los nuevos costos de una economía en expansión debe preocuparse más un fabricante?

(1) el costo de los posibles problemas laborales
(2) el costo de los envases
(3) el costo de la producción de bienes
(4) el costo de las materias primas
(5) el costo de la búsqueda de nuevos mercados

7. ¿Qué suposiciones hace el escritor acerca de la venta de productos en la economía de Estados Unidos?

(1) La mercadotecnia es un factor económico del sistema empresarial.
(2) La publicidad es la forma en que los fabricantes engañan a los consumidores.
(3) Los nuevos envases son un derroche y no son eficaces.
(4) Los fabricantes necesitan más consumidores cuando la economía está en expansión.
(5) La publicidad no tiene efecto en las ventas.

8. ¿Cuál de los siguientes enunciados es el mejor ejemplo de un fabricante en búsqueda de un nuevo mercado para su producto?

(1) envía por correo ofertas especiales a los consumidores fieles
(2) anuncia un producto en los periódicos locales
(3) anuncia productos para la oficina a los usuarios en su hogar
(4) ofrece un reembolso a alguien que compre un producto
(5) cambia y actualiza el diseño de un producto

La pregunta 9 se refiere a la siguiente caricatura.

"Los mansos heredarán la tierra, pero NUNCA el mercado".

9. ¿Qué supone el creador de esta caricatura que los lectores saben acerca del "mercado"?

(1) Que es un almacén.
(2) Que es el mercado de valores.
(3) Que se refiere a recursos naturales.
(4) Que se refiere a una promoción publicitaria.
(5) Que se refiere a la propiedad hereditaria.

Las preguntas 10 a 14 se refieren al siguiente texto.

Un trabajador solitario tiene sólo una voz débil. Pero los trabajadores que hablan como grupo a través de un sindicato tienen una voz fuerte y poderosa. Cuando estos trabajadores amenazan con detener la producción mediante huelgas, su patrono se ve forzado a prestarles atención.

Para equilibrar el poder de una empresa y de sus trabajadores, el Congreso aprobó la ley de relaciones entre sindicatos y ejecutivos de 1947, la que hoy día se conoce mejor como la ley Taft-Hertley. Esta ley exige que los sindicatos negocien sus demandas con los patronos para preparar de este modo el escenario para las negociaciones colectivas.

Las negociaciones colectivas son las discusiones entre los gerentes de las empresas y los dirigentes de los sindicatos que hablan de parte de los trabajadores de la empresa. Los dos grupos negocian e intentan llegar a un acuerdo en un contrato que fija los salarios y las condiciones laborales de los trabajadores. A menudo, ambas partes deberán ceder algo importante para ellos a fin de obtener algo que para ambos es de mayor interés.

Desde la década de 1930, las negociaciones colectivas han mejorado los salarios y los sueldos, los beneficios de salud y las vacaciones, las condiciones de trabajo y seguridad, y la responsabilidad de la empresa en peligros de accidente y salud. Si, después de una negociación colectiva, el sindicato y los ejecutivos no pueden llegar a un acuerdo en un contrato, el sindicato puede decidir ir a huelga. A menudo, la sola amenaza de huelga hará que los ejecutivos accedan a las demandas de los trabajadores. A veces, sin embargo, ni siquiera una huelga prolongada sirve para que los trabajadores logren su objetivo.

10. ¿Qué pasaría primero si una junta escolar no quisiera aumentar los sueldos de los profesores?

(1) Los profesores se irían a huelga.
(2) Los profesores sufrirían una reducción de sueldo.
(3) Los profesores renunciarían.
(4) La junta escolar cerraría las escuelas.
(5) El sindicato de los profesores negociaría con la junta escolar.

11. ¿Cuál de los siguientes enunciados acerca de los sindicatos es una opinión?

(1) Son demasiado poderosos.
(2) Mejoran la vida de los trabajadores.
(3) Se comprometen en negociaciones colectivas.
(4) Dan a los trabajadores una voz en sus empleos.
(5) Negocian acerca de la seguridad laboral y otros problemas.

12. ¿Qué valor está relacionado más fuertemente al uso de las negociaciones colectivas en la solución de conflictos laborales?

(1) el poder
(2) la riqueza
(3) el control
(4) el compromiso
(5) la libertad

13. ¿Cuál de los siguientes enunciados es una generalización basada en una lógica incorrecta?

(1) Los sindicatos son responsables de los buenos salarios y condiciones de las que hoy en día gozan muchos trabajadores.
(2) Los precios serían más bajas si no existieran los sindicatos.
(3) Los sindicatos no representan verdaderamente los intereses de los trabajadores porque los dirigentes sindicales son corruptos.
(4) Una huelga es una herramienta poderosa de los sindicatos.
(5) Los patronos preferirían que sus trabajadores no pertenecieran a los sindicatos.

14. Mucha gente cree que el poder de los sindicatos se encuentra en decadencia. ¿Cuál de los siguientes enunciados aporta la mejor prueba para determinar si su suposición es incorrecta?

(1) el número de huelgas que se han realizado en los últimos años
(2) el porcentaje de trabajadores que son miembros de un sindicato en la actualidad y en décadas anteriores
(3) los sueldos de los trabajadores que no pertenecen a un sindicato
(4) el número de accidentes laborales sufridos por los trabajadores hoy en día y en décadas anteriores
(5) los discursos de los dirigentes de los sindicatos

Las preguntas 15 a 18 se refieren a la siguiente caricatura.

"Pensamos negociar toda la noche hasta que lleguemos a un acuerdo".

De *The Wall Street Journal*, con autorización de Cartoon Features Syndicate.

15. ¿Cuál es la idea principal de esta caricatura?

   (1) Las negociaciones colectivas son un proceso largo, difícil y exhaustivo.
   (2) Los patrones siempre mienten a los medios de comunicación para hacer parecer que negocian con vehemencia.
   (3) Los sindicatos siempre mienten a los medios de comunicación para hacer parecer que negocian con vehemencia.
   (4) El público y los medios de comunicación tienen el derecho de conocer los hechos de un importante conflicto laboral.
   (5) Las negociaciones mantienen falsamente la imagen de una negociación maratónica.

16. Según los detalles de la caricatura, ¿cuál de los siguientes enunciados es más probable que ocurra en las negociaciones señaladas?

Los negociadores

   (1) no han logrado nada.
   (2) se han enfermado.
   (3) están a punto de alcanzar un acuerdo.
   (4) están tomando un descanso para almorzar.
   (5) acaban de firmar un contrato.

17. ¿Qué supone la caricatura que reconocerá el lector?

   (1) qué empresa negocia con el sindicato
   (2) qué sindicato negocia con la empresa
   (3) que el hombre que porta un cuaderno de notas es un reportero
   (4) la identidad del orador que porta una almohada
   (5) el tema que se está negociando

18. La intención del mensaje de la caricatura es tener un efecto sobre el público. ¿Cuál de los siguientes enunciados es el mensaje más probable en términos de su intención?

   (1) gritar "¡Incendio!" en un teatro repleto
   (2) decir "El cheque está en el correo"
   (3) criticar públicamente a un político popular
   (4) un criminal sospechoso diciendo "Sin comentarios"
   (5) admitir que no hay acuerdo posible

19. Los paros laborales en el siglo XX tuvieron su punto más alto en 1970. Ese año, cerca de 2.5 millones de trabajadores hicieron un paro o se declararon en huelga. En 1988, solo 387,000 trabajadores participaron en paros laborales.

¿Qué está implícito en esta información?

   (1) Hubo más paros laborales en 1965 que en 1970.
   (2) La cantidad de trabajadores que participaron en paros laborales ha sido estable.
   (3) Ha habido una declinación en la cantidad de paros laborales desde 1970.
   (4) Los trabajadores generalmente tienen buenas razones para un paro laboral.
   (5) A las personas no se les paga durante los paros laborales.

SUGERENCIA

Si una caricatura tiene un título, analice cómo se relaciona con la caricatura. Identifique de quién es el punto de vista que expresa la caricatura; si del caricaturista, del personaje de la caricatura o de otra persona.

Las preguntas 20 a 22 se refieren a la siguiente información.

Todos los sistemas económicos deben responder a tres preguntas básicas relacionadas con el uso de los recursos para satisfacer las necesidades de las personas. Estas preguntas sirven de fundamento a las decisiones empresariales típicas. Las cinco preguntas básicas son:

- ¿Qué se va a producir?
- ¿Cuánto se debe producir?
- ¿Cómo se va a producir?
- ¿Quién lo va a recibir?
- ¿Cómo puede adaptarse la economía al cambio?

20. El año pasado, la empresa de Samuel obtuvo ganancias con pelotas de béisbol, pero ahora se pregunta si las de fútbol se venderán mejor el año entrante. ¿Cuál es la pregunta que Samuel se hace?

    (1) ¿Qué se va a producir?
    (2) ¿Cuánto se debe producir?
    (3) ¿Cómo se va a producir?
    (4) ¿Quién lo va a recibir?
    (5) ¿Cómo puede adaptarse la economía al cambio?

21. La empresa de Pedro ha vendido repuestos de máquinas a las empresas de Estados Unidos durante años. Ahora están pensando vender sus repuestos al extranjero. ¿Cuál es la pregunta que se hace la empresa de Pedro?

    (1) ¿Qué se va a producir?
    (2) ¿Cuánto se debe producir?
    (3) ¿Cómo se va a producir?
    (4) ¿Quién lo va a recibir?
    (5) ¿Cómo puede adaptarse la economía al cambio?

22. Las papas fritas bajas en grasa de Patricia han triunfado en el mercado. Son crujientes, sabrosas y buenas para la salud. Ella está pensando ampliar su fábrica de modo que pueda vender más papas fritas el año que viene. ¿Cuál pregunta se hace Patricia?

    (1) ¿Qué se va a producir?
    (2) ¿Cuánto se debe producir?
    (3) ¿Cómo se va a producir?
    (4) ¿Quién lo va a recibir?
    (5) ¿Cómo puede adaptarse la economía al cambio?

Las preguntas 23 y 24 se refieren al siguiente párrafo.

El Congreso aprobó la Ley de normas laborales razonables en 1938. Esta ley estableció un sueldo mínimo de 25 centavos la hora y un aumento de 40 centavos después de siete años. En las décadas posteriores, varios aumentos adicionales han elevado mucho más el sueldo mínimo. Sin embargo, la ley sobre el salario mínimo no cubre a todos los trabajadores. Por ejemplo, el personal de restaurantes y salones de belleza, los conductores de taxi y otros empleos que reciben propinas pueden recibir menos del salario mínimo si sus propinas completan la diferencia. De todos modos, la ley sobre el salario mínimo es un intento de garantizar que el estándar de vida de los trabajadores de Estados Unidos no caiga por debajo de cierto nivel.

23. ¿Cuál enunciado resume mejor la información de este párrafo?

    (1) Los estadounidenses que trabajan en restaurantes y salones de belleza no están cubiertos por el salario mínimo.
    (2) En 1938, una nueva ley creó el salario mínimo federal.
    (3) Durante más de 60 años se ha aplicado una ley sobre el salario mínimo a la mayoría de los trabajadores estadounidenses.
    (4) El salario mínimo ha aumentado a través de los años.
    (5) La ley sobre el salario mínimo ha sido polémica.

24. ¿Cuál de los siguientes enunciados del párrafo es una conclusión?

    (1) El Congreso aprobó la Ley de normas razonables laborales en 1938.
    (2) La ley estableció un salario mínimo de 25 centavos por hora.
    (3) No todos los trabajadores están cubiertos por la ley sobre el salario mínimo.
    (4) El personal de restaurantes y salones de belleza, los conductores de taxi y otros trabajadores que reciben propinas pueden legalmente recibir menos del salario mínimo si sus propinas completan la diferencia.
    (5) La ley sobre el salario mínimo garantiza que el estándar de vida de los trabajadores de Estados Unidos no caiga por debajo de cierto nivel.

Las respuestas comienzan en la página 326.

**Unidad 4: Economía**

# Tabla de análisis del desempeño en el repaso acumulativo
## Unidad 4 ● Economía

Consulte la sección Respuestas y explicaciones que empieza en la página 326 para verificar sus respuestas al Repaso acumulativo de la Unidad 4. Luego, use la siguiente tabla para identificar las destrezas en las que necesite más práctica.

En la tabla, encierre en un círculo los números correspondientes a las preguntas que haya contestado correctamente. Anote el número de aciertos para cada destreza y luego súmelos para calcular el número total de preguntas que contestó correctamente en el Repaso acumulativo. Si cree que necesita más práctica, repase las lecciones de las destrezas que se le dificultaron.

| Preguntas | Número de aciertos | Destreza | Lecciones para repasar |
|---|---|---|---|
| **1**, 6, **15**, 19, 23 | _____/5 | Comprensión | 1, 2, 7, 16 |
| **2**, 4, 5, 7, **9**, 11, **17**, 24 | _____/8 | Análisis | 3, 4, 6, 9, 10, 11, 12 |
| 8, 10, **18**, 20, 21, 22 | _____/6 | Aplicación | 14, 15 |
| **3**, 12, 13, 14, **16** | _____/5 | Evaluación | 5, 8, 13, 17 |
| **TOTAL DE ACIERTOS:** _____/24 | | | |

Los números en **negritas** corresponden a preguntas que contienen gráficas.

# UNIDAD 5

# Geografía

Durante el transcurso de la historia de la humanidad, las personas se han dispersado por toda la superficie utilizable de la Tierra. Conocer el planeta y sus recursos siempre ha sido esencial para la supervivencia de la raza humana. Las personas deben saber dónde hay agua suficiente, en qué lugar el suelo entrega el alimento suficiente y dónde pueden encontrar los materiales necesarios para construir refugios.

La **geografía** es el estudio del medio ambiente físico, del medio ambiente humano y de cómo éstos se afectan entre sí. Saber de geografía nos ayuda a comprender la superficie que ocupamos y a saber cómo utilizarla mejor. La geografía también es una parte importante de la Prueba de Estudios Sociales de GED y representa el 15 por ciento de las preguntas de la prueba.

*Ubicación, ubicación, ubicación: ciudades como Chicago prosperan gracias al acceso a excelentes rutas de transporte.*

**Las lecciones de esta unidad son:**

**Lección 18:** **Lugares y regiones**
Cada lugar del mundo es único. Para entender mejor estos lugares, los geógrafos los organizan según regiones. Muchas regiones del mundo y sus características han determinado la forma en que viven las personas.

**Lección 19:** **Los recursos influyen en el lugar donde viven las personas**
Todas las personas viven en un lugar por algún motivo. Este motivo casi siempre se relaciona con los recursos que allí existen. Los recursos de la Tierra determinan en muchas formas dónde y cómo viven las personas.

**Lección 20:** **Cómo cambian las personas el medio ambiente**
Las personas determinan su medio ambiente natural tanto como éste a ellas. Durante este proceso, las personas han abusado en ocasiones de los recursos de los cuales dependen. Este abuso ha provocado muchos problemas ambientales y ahora se está tratando de corregir estos problemas.

**DESTREZAS DE RAZONAMIENTO**

○ Replantear la información de un mapa

○ Distinguir entre conclusiones y detalles de apoyo

○ Reconocer valores

# DESTREZA DE GED **Replantear la información de un mapa**

Suponga que está organizando una fiesta, pero no todos los invitados saben dónde vive usted. Algunos de ellos querrán que les dé un mapa para llegar a su casa, y otros preferirán instrucciones por escrito. Las personas aprenden de distintas formas. El **replanteamiento** verbal ayuda a algunas de ellas a entender mejor el contenido de un material visual. Cuando usted escribe instrucciones, está replanteando en forma verbal la información visual del mapa.

Los mapas entregan información sobre un terreno. Esta información puede incluir la forma del terreno, la ubicación, orientación y distancia de los objetos, e incluso el clima, los recursos y la población. Para replantear la información de los mapas en forma precisa, usted debe ser capaz de leerlos.

Para averiguar lo que tiene un mapa, observe en primer lugar el título de éste. Muchos mapas incluyen una lista de símbolos (llamada **leyenda**) que explica la información mostrada en el mapa. Una herramienta del mapa llamada **rosa de los vientos** indica el norte y los demás puntos cardinales. Las medidas de las distancias se indican en la escala del mapa.

**replanteamiento**
información que se entrega de otra manera

**leyenda**
herramienta de un mapa que explica el significado de los símbolos que aparecen en él

**rosa de los vientos**
herramienta del mapa que indica los cuatro puntos cardinales en el mapa: norte, sur, este y oeste

**Lea el mapa y responda las siguientes preguntas.**

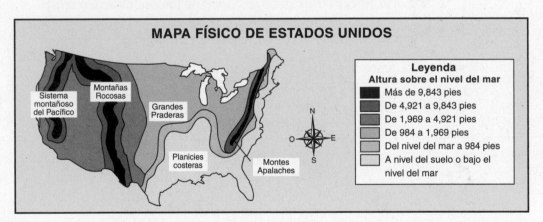

**MAPA FÍSICO DE ESTADOS UNIDOS**

¿Cuál enunciado replantea la información del mapa en forma más precisa?

_____ a. La región mayor y más alta de Estados Unidos son las Grandes Praderas.

_____ b. Las Montañas Rocosas se extienden desde el límite norte de Estados Unidos hacia el sudeste.

Usted acertó si escogió la *opción b*. La orientación de las Montañas Rocosas se puede determinar con la rosa de los vientos del mapa. La leyenda muestra que las Grandes Praderas no tienen la mayor altura.

**SUGERENCIA**

Antes de usar un mapa, lea su título y estudie la leyenda. Esto le ayudará a determinar lo que puede aprender del mapa.

**Estudie el mapa siguiente y responda las preguntas.**

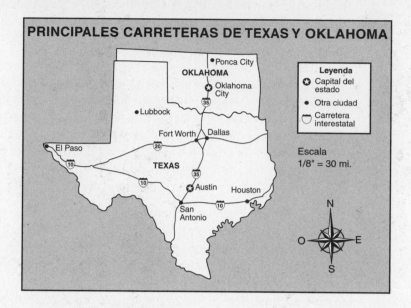

PRINCIPALES CARRETERAS DE TEXAS Y OKLAHOMA

1. Marque con una "X" el enunciado que replantea la información incluida en el mapa.

   _____ a. El mapa muestra el lugar en Estados Unidos donde se ubican Texas y Oklahoma.

   _____ b. El mapa muestra las principales ciudades y carreteras interestatales de Texas y Oklahoma.

   _____ c. El mapa muestra los principales ríos y cordilleras de Texas y Oklahoma.

2. Los siguientes enunciados se basan en la información del mapa. Marque con una *V* los replanteamientos de la información del mapa que sean verdaderos y con una *F* aquellos que no lo sean.

   _____ a. San Antonio se ubica en la unión de las carreteras interestatales 20 y 35.

   _____ b. Austin es la capital de Texas y se ubica al oeste de Houston y al sur de Dallas.

   _____ c. Lubbock es una ciudad de Texas que se ubica casi a la mitad entre Oklahoma City y El Paso.

   _____ d. Forth Worth, Texas, está más cerca de El Paso, Texas, que de Ponca City, Oklahoma.

   _____ e. San Antonio, Texas, se ubica casi a 200 millas al sudoeste de Houston.

   _____ f. El estado de Texas es más del doble del tamaño del estado de Oklahoma.

   _____ g. Dallas se ubica en la carretera interestatal 35 casi a medio camino entre Austin y Oklahoma City.

3. Utilizando la información del mapa, escriba las instrucciones necesarias para indicarle a un conductor cómo ir desde Oklahoma City, Oklahoma, hasta El Paso, Texas. Incluya las millas aproximadas.

   _____

   _____

   _____

Las respuestas comienzan en la página 328.

El mundo se compone de lugares. Cada **lugar** tiene características que lo hacen diferente de los demás. Sin embargo, la mayoría de los lugares que están cerca unos de otros también comparten algunas características. Cuando estas características comunes hacen que un área sea diferente de aquellas que la rodean, esta área se llama **región.**

Existen varias formas de identificar regiones y crear mapas de ellas. Las regiones físicas se basan en las características naturales del terreno, como desiertos, montañas o planicies. Las regiones culturales se pueden definir por el idioma, por agrupaciones étnicas o raciales o por cualquier otra característica de la cultura humana. Las regiones políticas son áreas en las que todos los lugares comparten un mismo gobierno. Naciones, estados, condados, ciudades y pueblos son ejemplos de regiones políticas.

Los límites regionales se ubican donde terminan unas características comunes y comienzan otras. Por ejemplo, la Meseta del Tíbet es una región que cubre partes de China, Paquistán y varios otros países. Su límite al sur lo conforman unas escarpadas montañas, los Himalayas, al sur de las cuales comienza otra región llamada Llanura del Ganges. Esta región se define como una superficie plana y baja a través de la cual fluye el río Ganges y sus afluentes.

Debido a que las regiones se clasifican de muchas maneras, el mismo lugar puede figurar en distintas regiones. Los límites de los distintos tipos de regiones también pueden superponerse. Estudie las regiones que aparecen en el mapa siguiente.

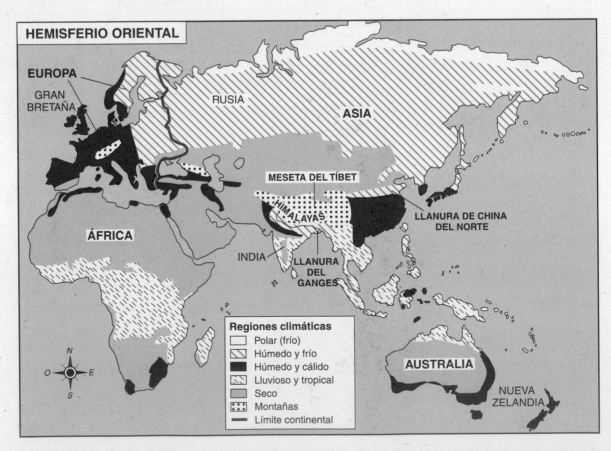

HEMISFERIO ORIENTAL

EUROPA
GRAN BRETAÑA
RUSIA
ASIA
MESETA DEL TÍBET
HIMALAYAS
LLANURA DE CHINA DEL NORTE
ÁFRICA
INDIA
LLANURA DEL GANGES
N
O    E
S
AUSTRALIA
NUEVA ZELANDIA

**Regiones climáticas**
Polar (frío)
Húmedo y frío
Húmedo y cálido
Lluvioso y tropical
Seco
Montañas
Límite continental

Instrucciones: Elija la respuesta que mejor responda a cada pregunta.

Las preguntas 1 a 7 se refieren al texto y mapa de la página 212.

1. ¿Cuál de los siguientes enunciados siempre debe ser verdadero para que un área se considere una región?

   (1) Toda su población debe tener la misma religión y hablar el mismo idioma.
   (2) Toda su superficie debe estar cubierta por montañas, desiertos o planicies.
   (3) Debe estar habitada por personas.
   (4) Los lugares deben tener algunas características o rasgos en común.
   (5) Sus límites deben encontrarse dentro de las fronteras de una sola nación.

2. ¿Cuál de los siguientes enunciados sirve para definir una región cultural?

   (1) un gobierno común
   (2) un límite regional común
   (3) características físicas comunes
   (4) un idioma o religión común
   (5) patrones climáticos comunes a largo plazo

3. ¿Cuál de los siguientes rótulos del mapa indica una región política?

   (1) Rusia
   (2) la llanura de China del Norte
   (3) el hemisferio oriental
   (4) Asia
   (5) los Himalayas

4. ¿Qué tipo de clima tiene la región ubicada a lo largo de la costa oriental de Australia?

   (1) un clima seco
   (2) un clima húmedo y frío
   (3) un clima lluvioso y tropical
   (4) un clima montañoso
   (5) un clima húmedo y cálido

5. ¿Cuál de los siguientes enunciados replantea de forma más precisa la información del mapa?

   (1) La mayor parte de África consiste de bosques tropicales lluviosos y cálidos.
   (2) En cuanto al clima, las islas de Gran Bretaña y Nueva Zelandia son muy distintas.
   (3) Las personas que viven en la Meseta del Tíbet reciben más lluvia que las personas que viven en la planicie de China del Norte.
   (4) La zona central de la India tiene un clima seco mientras que en las costas llueve mucho.
   (5) El norte de Asia y el de África tienen el mismo tipo de clima.

6. Según el mapa, ¿en qué contrasta el nordeste de Europa con el resto del continente?

   (1) Los lugares del nordeste de Europa son secos, mientras que el resto del continente es lluvioso.
   (2) La parte nordeste de Europa tiene un clima frío, mientras que el resto del continente tiene un clima cálido.
   (3) El clima polar predomina en el nordeste de Europa, mientras que el clima de montaña predomina en el resto del continente.
   (4) Las personas del nordeste de Europa tienen piel blanca, mientras que en el resto del continente tienen una tez más oscura.
   (5) En el norte de Europa hay más países que en el sur de Europa.

7. Si usted quisiera determinar en qué forma el clima y las características naturales afectan la ubicación de las principales ciudades en Asia y África, ¿qué otros mapas adicional necesitaría?

   (1) mapas culturales y físicos
   (2) mapas físicos y políticos
   (3) mapas culturales y políticos
   (4) mapas culturales y de carreteras
   (5) mapas políticos y de carreteras

**Las respuestas comienzan en la página 329.**

Instrucciones: Elija la respuesta que mejor responda a cada pregunta.

Las preguntas 1 a 4 se refieren al siguiente mapa.

DENSIDAD DE POBLACIÓN DE ESTADOS UNIDOS

Personas por milla cuadrada
- 0–25
- 26–130
- 131–260
- > 261

1. Como promedio, ¿cuál de los siguientes estados tiene la densidad de población más alta?

   (1) Arizona
   (2) Illinois
   (3) Montana
   (4) Oklahoma
   (5) Dakota del Sur

2. ¿Cuál enunciado informa de manera más precisa los datos del mapa?

   (1) La zona del este de Estados Unidos tiene una mayor densidad de población que la del oeste.
   (2) El área más grande de alta densidad de población se ubica en la costa del este.
   (3) El Sur es la región que crece con mayor rapidez.
   (4) Hay más habitantes en Utah que en Idaho.
   (5) El mejor lugar para vivir es el Norte.

3. ¿Qué motivo explica mejor la razón por la cual algunas áreas del mapa indican una densidad de población muy alta?

   (1) Muchos turistas visitan esas áreas.
   (2) Son áreas montañosas.
   (3) En esas áreas el clima es cálido.
   (4) Son buenas para la agricultura.
   (5) Hay ciudades importantes en estas áreas.

4. Suponga que desea abrir una cadena de restaurantes por todo un estado. De acuerdo con la información que se entrega, ¿cuál de los siguientes estados sería la mejor opción?

   (1) Arizona
   (2) Arkansas
   (3) Ohio
   (4) Utah
   (5) Washington

Las preguntas 5 a 8 se refieren al texto y mapa siguientes.

Algunos países están formados por islas. Uno de ellos es Japón, que se compone de 4 islas grandes y casi 3,000 pequeñas. El clima de la nación es variado. Hokkaido, en el norte, es muy fría en invierno. Por otra parte, Kyushu, la isla del sur, tiene veranos subtropicales.

Más del 70 por ciento de Japón es montañoso. La cordillera más extensa se ubica a lo largo de la isla más grande de Japón, Honshu. Casi 50 de las montañas japonesas son volcanes activos. Erupciones periódicas y terremotos han dañado las ciudades, destruido aldeas y causado la muerte a miles de japoneses.

Las llanuras conforman sólo un 20 por ciento del área de Japón, de modo que no hay mucho terreno disponible para la agricultura ni para construir ciudades muy extensas como en Estados Unidos. Las ciudades de Japón están entre las de mayor densidad de población en el mundo.

PRINCIPALES ISLAS DE JAPÓN

5. ¿Qué sugiere el texto sobre el clima de Japón?

(1) Está influenciado por las erupciones volcánicas.
(2) Siempre es muy templado.
(3) Dificulta la agricultura.
(4) Varía de norte a sur.
(5) Las principales ciudades de Japón están en regiones cálidas.

6. ¿Cuál de los siguientes enunciados expresa una opinión sobre Japón?

(1) Japón es un país montañoso.
(2) Tokio es una ciudad más importante que Kobe.
(3) Algunas partes de Japón son frías.
(4) Los volcanes y los terremotos representan un peligro para los japoneses.
(5) Japón está formado por muchas islas.

**SUGERENCIA**

Para replantear la información de un mapa, utilice la leyenda, la escala y la rosa de los vientos para ayudarse a colocar los datos en palabras con exactitud.

7. ¿Cuál de los siguientes enunciados replantea la información del mapa?

(1) Japón es una nación insular rodeada por el Mar de China Oriental.
(2) La nación de Japón se compone de seis islas principales y un par de islas pequeñas.
(3) Las principales islas de Japón están formadas por cerros montañosos rodeados por planicies costeras donde vive la mayoría de las personas.
(4) Japón es una de las muchas naciones insulares que se ubican en Asia.
(5) Hay muchos volcanes en Japón y la mayoría de ellos se ubica en la isla más grande, Honshu.

8. ¿Qué conclusión sobre Japón está apoyada por este mapa?

(1) Las montañas más altas de Japón se encuentran en Hokkaido.
(2) Kyushu es la isla principal más pequeña de Japón.
(3) Hay menos granjas en las costas occidentales de las islas principales de Japón que en las costas orientales.
(4) La industria es más importante que la agricultura para la economía japonesa.
(5) Más japoneses viven en Honshu que en cualquiera de las demás islas.

Las respuestas comienzan en la página 329.

**Instrucciones:** Ésta es una prueba de práctica que dura diez minutos. Después de que transcurran los diez minutos, ponga una marca en la última pregunta que haya respondido. A continuación, termine la prueba y revise sus respuestas. Si la mayoría de sus respuestas fueron correctas, pero no terminó la prueba, trate de responder las preguntas más rápidamente la próxima vez. Elija la respuesta <u>que mejor responda</u> a cada pregunta.

Las preguntas 1 a 4 se refieren al texto y mapa siguientes.

De todos los continentes, sólo la Antártida no ha atraído a colonos permanentes. La Antártida es uno de los lugares más difíciles del mundo para vivir. La temperatura promedio es de 56 grados bajo cero.

Aun cuando es una tierra fría cubierta por nieve y hielo, a la Antártida se le considera un desierto. Sólo cae una pequeña cantidad de precipitaciones cada año, en forma de nieve. La nieve casi nunca se derrite y con el correr de los siglos, las escasas nevadas se han acumulado hasta formar una lámina o "capa" de hielo que tiene miles de pies de grosor.

Sólo unos pocos tipos de plantas sobreviven en los escasos lugares rocosos que no están cubiertos por el hielo. Salvo por algunos insectos, los animales sólo pueden vivir en los bordes de este vasto continente congelado. Los pingüinos y las focas buscan alimento en las aguas de la costa de la Antártida, que, aunque están tachonadas de icebergs, son más cálidas que la tierra firme.

## LA ANTÁRTIDA

1. ¿Cuál de los siguientes enunciados replantea correctamente la información del mapa sobre la Antártida?

   (1) Debido a su ubicación en el Polo Sur, no tiene estaciones.
   (2) Muchas naciones tienen estaciones de investigación, pero Estados Unidos tiene más.
   (3) Los Montes Trasantárticos la dividen en las regiones oriental y occidental.
   (4) Se compone principalmente de una plataforma de hielo, pero también tiene cordilleras y una capa de hielo.
   (5) El punto más alto se encuentra en el Polo Sur, en el interior del continente.

2. ¿Qué implica el texto sobre los desiertos?

   (1) Sólo existen desiertos en África y Asia.
   (2) Un lugar frío no puede ser desierto.
   (3) En un desierto casi nunca nieva.
   (4) Los desiertos tienen arena, aun cuando están cubiertos de hielo.
   (5) Un desierto es un lugar con poca precipitación.

3. ¿Por qué los animales más grandes de la Antártida viven a lo largo de las costas y no en el interior del continente?

   (1) El interior es demasiado frío.
   (2) El interior es demasiado montañoso.
   (3) La mayor parte del interior está cubierta de hielo.
   (4) El interior no tiene buenas fuentes de alimento.
   (5) Los investigadores del interior han cazado a los animales grandes hasta extinguirlos.

4. ¿Qué valor ha causado más probablemente el establecimiento de estaciones de investigación en la Antártida?

   (1) la curiosidad: aprender más sobre el continente
   (2) el valor: la falta de temor al clima
   (3) la compasión: ayudar a las personas que allí viven
   (4) el amor a la naturaleza: salvar a sus animales
   (5) la eficacia: construir industrias sobre tierra no utilizada

Las preguntas 5 a 7 se refieren al texto y al mapa siguientes.

Al igual que otras grandes masas de tierra, Estados Unidos tiene climas que, en gran parte, son el resultado de las formas del terreno. Las principales cordilleras van de norte a sur cerca de los bordes oriental y occidental de la nación. Estas cordilleras forman barreras que canalizan entre ellas el aire frío proveniente del norte y el aire cálido proveniente del sur.

El clima en el borde externo de las cordilleras es distinto al clima que hay entre ellas. En especial, en la costa oeste, el aire oceánico que se mueve tierra adentro se bloquea por las altas cordilleras de Cascada y Sierra Nevada. Esto da a gran parte de California y a la costa del noroeste un clima que no se encuentra en ningún otro lugar de Estados Unidos.

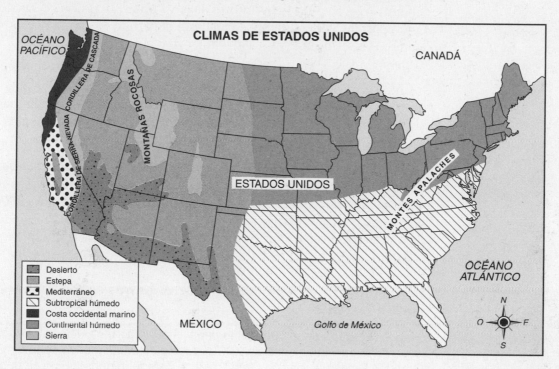

5. ¿Cuál oración resume el texto?

(1) Al igual que el tiempo, el clima es impredecible.
(2) El clima varía debido a las características del terreno.
(3) Las cordilleras bloquean el movimiento del aire.
(4) El clima depende de los patrones oceánicos.
(5) El clima se vuelve más cálido hacia el sur.

6. ¿Cuál oración replantea en forma más precisa la información del mapa?

(1) El clima a lo largo de la costa oeste es similar al de la costa este.
(2) Las montañas del oeste son más altas que los Apalaches del este.
(3) Las Montañas Rocosas son las montañas más altas de Estados Unidos.
(4) El Océano Atlántico influye más en el clima que el Océano Pacífico.
(5) Gran parte del clima es subtropical húmedo o continental húmedo.

7. Si las cordilleras fueran de este a oeste en lugar de norte a sur, ¿cómo se vería más probablemente afectado el tiempo?

(1) Los días serían más cálidos y las noches más frías.
(2) La región de clima desértico sería más grande.
(3) Los océanos tendrían un mayor efecto.
(4) El tiempo se volvería cálido e insoportable.
(5) No habría ningún cambio.

8. ¿Qué rasgos aparecerían menos probablemente en un mapa de regiones físicas?

(1) montañas
(2) lagos
(3) planicies
(4) caminos
(5) desiertos

Las respuestas comienzan en la página 330.

# DESTREZA DE GED **Distinguir entre conclusiones y detalles de apoyo**

Como usted ya ha aprendido, es importante ser capaz de distinguir una conclusión de sus detalles de apoyo para poder juzgar si la conclusión es precisa. No todos los párrafos del material escrito tendrán una conclusión. Sin embargo, cuando los escritores llegan a una conclusión acerca del tema de un párrafo, generalmente estructuran el párrafo de modo que su conclusión se enuncie ya sea al comienzo o al final del párrafo.

Cuando la conclusión aparece al principio de un párrafo, el resto del mismo contiene pruebas u otros detalles que el escritor incluye para hacer que la conclusión sea creíble. Esta estructura de párrafo tiene algunas ventajas para el lector. Si se sabe primero la conclusión, se hace más fácil juzgar si los detalles que siguen realmente apoyan dicha conclusión.

Los párrafos en que la conclusión se encuentra al final pueden ser más difíciles de comprender. Esto se debe a que los detalles de apoyo se enuncian antes de que el lector conozca la conclusión a la que los detalles deben apoyar. Al analizar dichos materiales, el lector debe recordar los detalles o repasar el párrafo para ver si realmente apoyan la conclusión que se enuncia al final.

**Lea el párrafo y responda las preguntas que se presentan a continuación.**

Cuando un párrafo contiene información acerca de una relación de causa y efecto, la conclusión probablemente se enunciará al final de éste.

Los **recursos** desempeñan un papel importante para determinar dónde vive la gente. A principios del siglo XIX, el pueblo estadounidense se refería a las Grandes Praderas como el Gran Desierto Estadounidense. Esto se debe a que la región parecía árida, ya que proporcionaba pocas de las cosas necesarias para vivir o llevar a cabo actividades económicas. Había pocos árboles que proveyeran madera para las casas. La escasez de grandes lagos y ríos hacía pensar que el agua también era escasa. El grueso yerbazal de la pradera era difícil de arar. Esas condiciones hicieron que la Grandes Praderas fuesen una de las últimas áreas de Estados Unidos en colonizarse.

¿Cuál de las oraciones del párrafo enuncia su conclusión?

_____ a.  Los recursos desempeñan un papel importante para determinar dónde vive la gente.

_____ b.  Esas condiciones hicieron que las Grandes Praderas fuesen una de las últimas áreas de Estados Unidos en colonizarse.

Usted acertó si escogió la *opción a.* El resto del párrafo muestra en qué forma este enunciado es verdad. La *opción b* es un hecho que apoya la opinión que los recursos son importantes para determinar dónde vive la gente.

**Utilice el texto y estudie el mapa para responder las preguntas.**

Un pequeño pueblo puede crecer hasta convertirse en una ciudad importante si se encuentra en el lugar apropiado. El comercio florece cuando existe un buen transporte. El comercio próspero atrae más gente al área, ya que pueden conseguir trabajo o abrir nuevos negocios, aumentando el comercio aún más. Lugares como Nueva York y San Francisco atrajeron el comercio debido a que tenían buenos puertos donde los barcos podían atracar. Los Grandes Lagos formaron un sistema de transporte acuático interno que ayudó al crecimiento de ciudades como Chicago. Nueva Orleans se convirtió en un centro de comercio debido a su ubicación en la desembocadura del río Mississippi, una de las vías fluviales más importantes de Estados Unidos. La ubicación de Atlanta en el empalme, o punto de encuentro, de las líneas férreas la ayudó a convertirse en una de las ciudades más importantes del sur. Las ciudades más importantes de Estados Unidos existen debido a que los comerciantes, mercaderes y trabajadores podían llegar a ellas fácilmente.

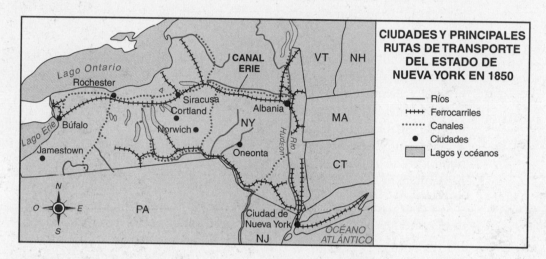

1. Marque con una "X" el enunciado que constituya un detalle de apoyo en el texto.

_____ a. Un pequeño pueblo puede crecer hasta convertirse en una ciudad importante si se encuentra en el lugar apropiado.

_____ b. El comercio florece cuando existe un buen transporte.

_____ c. El comercio próspero atrae más gente al área, ya que pueden conseguir trabajo o abrir nuevos negocios.

2. Marque con una "X" la conclusión del texto.

_____ a. Lugares como Nueva York y San Francisco atrajeron el comercio y a los colonos debido a que tenían buenos puertos donde los barcos podían atracar.

_____ b. Las ciudades más importantes de Estados Unidos existen debido a que los comerciantes, mercaderes y trabajadores podían llegar a ellas fácilmente.

3. De acuerdo con los detalles de apoyo, marque con un "X" la ciudad que habría tenido la menor cantidad de comercio.

_____ a. Albania

_____ b. Búfalo

_____ c. Jamestown

**Las respuestas comienzan en la página 331.**

**Los recursos influyen en el lugar donde viven las personas**

Casi seis mil millones de personas comparten la Tierra. Para sobrevivir, dependen de los recursos naturales que el planeta proporciona. Estos recursos pueden agruparse en dos categorías fundamentales: recursos no renovables y recursos renovables. Los **recursos no renovables** son recursos que la Tierra no reemplaza con sus procesos naturales o que son reemplazados a una velocidad extremadamente lenta. Los **recursos renovables** pueden reemplazarse mediante procesos naturales. La tabla de esta página enumera algunos importantes recursos renovables y no renovables.

Afortunadamente, los recursos más importantes para sobrevivir son todos renovables. Las plantas y animales se reproducen para proporcionar una fuente estable de alimentos. El agua se renueva en forma de lluvia o nieve. Las plantas producen el oxígeno que la humanidad y los animales necesitan para vivir.

La disponibilidad de recursos ha influido en el lugar donde viven las personas. El aire, por supuesto, está presente en toda la superficie del planeta, no así los demás recursos fundamentales. Por ejemplo, las primeras civilizaciones se desarrollaron a lo largo de los ríos porque ellos les proporcionaban agua para beber, para regar los cultivos y para mantener el ganado sano. Incluso hoy, los desiertos están entre los lugares menos habitados de la Tierra. Esto se debe primeramente a la escasez de recursos hidráulicos.

La cantidad de personas que viven en un área está a menudo directamente relacionada con los recursos de la misma. Muchas de las regiones costeras de la Tierra están densamente pobladas, en parte por el suministro inmediato de pescado. Por otra parte, en las regiones polares de América y Asia viven relativamente pocas personas. Aunque se dispone de mucha agua y animales de caza, la ausencia de árboles priva a los residentes de madera para refugio y combustible.

En el mundo moderno, el transporte y la tecnología han reducido la importancia de los recursos para determinar dónde viven las personas. Los yacimientos de carbón y petróleo proporcionan electricidad y combustible, además de trabajos en las industrias que ellos impulsan, para poblaciones lejanas a ellos. La gente ya no necesita vivir en la costa para conseguir pescado, sino que lo consiguen de una tienda cercana.

Este cambio en el modo en que los recursos influyen en el lugar donde viven las personas también tiene consecuencias negativas. La mayor disponibilidad de los recursos ha aumentado su uso. Incluso la mayoría de los recursos renovables pueden agotarse si las personas los consumen más rápido de lo que demoran en renovarse.

| RECURSOS NATURALES RENOVABLES Y NO RENOVABLES | | | |
|---|---|---|---|
| **Algunos recursos renovables** | | **Algunos recursos no renovables** | |
| plantas | suelo | energía solar | carbón | combustible nuclear |
| bosques | agua | energía geotérmica | petróleo | mineral de hierro |
| animales | aire | | gas natural | cobre |

Instrucciones: Elija la respuesta que mejor responda a cada pregunta.

Las preguntas 1 a 6 se refieren al texto y tabla de la página 220.

1. ¿Qué enunciado resume mejor el contenido del texto?

    (1) Hay dos tipos fundamentales de recursos: renovables y no renovables.
    (2) Los recursos ayudan a determinar dónde viven las personas, pero la tecnología ha hecho de ellos un factor menos importante.
    (3) Los recursos renovables se están agotando mucho más rápidamente que los recursos no renovables.
    (4) El aire, los alimentos y el agua son los recursos fundamentales para la supervivencia de la humanidad.
    (5) La gente que vive de los yacimientos de carbón y petróleo tiende a tener trabajos industriales o agrícolas.

2. ¿Cuál de los siguientes es un recurso no renovable?

    (1) algodón
    (2) pescado
    (3) lana
    (4) madera
    (5) oro

3. ¿Cuál de los siguientes enunciados del tercer párrafo es una conclusión?

    (1) La disponibilidad de recursos ha influido en el lugar donde viven las personas.
    (2) Las primeras civilizaciones se desarrollaron a lo largo de los ríos.
    (3) Los ríos proporcionaban agua para beber, para regar los cultivos y para mantener sano el ganado.
    (4) Incluso hoy, los desiertos están entre los lugares menos habitados de la Tierra.
    (5) Esto se debe a su escasez de recursos hidráulicos.

4. ¿Cuál de las siguientes es una suposición implícita necesaria para entender la conclusión del cuarto párrafo del texto?

    (1) La mayoría de la gente que vive en las costas del mundo se gana la vida con la pesca.
    (2) Las regiones costeras generalmente tienen climas templados, por lo que la gente quiere vivir ahí.
    (3) Los peces son una fuente importante de alimento para mucha gente en el mundo.
    (4) En las regiones polares no hay árboles.
    (5) Muchas de las regiones polares del mundo son ricas en recursos petrolíferos.

5. ¿Qué conclusión acerca de los recursos está apoyada por los detalles proporcionados en el texto y/o la tabla?

    (1) Los recursos no renovables son más importantes para la vida que la mayoría de los renovables.
    (2) El aire es el recurso renovable más importante.
    (3) El combustible nuclear es el recurso no renovable más importante.
    (4) Poca gente vivirá en un lugar si éste carece de un recurso importante.
    (5) Cualquier recurso renovable se puede agotar si se usa indiscriminadamente.

6. Las siguientes conclusiones se basan en la información del texto. ¿Cuál conclusión es resultado del uso de una lógica incorrecta?

    (1) El carbón, el petróleo y otros recursos combustibles han fomentado el desarrollo de la industria.
    (2) La gente de regiones desérticas y polares vive en condiciones primitivas y de aislamiento.
    (3) El suelo es un recurso importante porque permite el cultivo de alimentos.
    (4) Un modo de conservar los recursos es usarlos sabiamente.
    (5) Los recursos pueden trasladarse por grandes distancias para proveer a lugares donde son escasos.

**Las respuestas comienzan en la página 331.**

# Práctica de GED • Lección 19

**Instrucciones:** Elija la respuesta que mejor responda a cada pregunta.

Las preguntas 1 a 5 se refieren al siguiente texto.

El paisaje de Estados Unidos está cubierto de pueblos que no pudieron lograr sus sueños. En el siglo XIX, mucha gente creía que Nelsonville, Ohio, se convertiría en una ciudad importante. Los emocionados ciudadanos construyeron un teatro de ópera como preparación para su esperada gloria. Pero en el siglo XX la producción de carbón, que había llevado gran prosperidad al área, comenzó a disminuir. A medida que los yacimientos y minas se agotaban y cerraban, el pueblo también decaía. En la actualidad, poca gente fuera del sur de Ohio ha escuchado alguna vez el nombre del pueblo Nelsonville.

La historia de la ciudad de Virginia, Nevada, da un ejemplo aún más dramático de cómo los recursos y su disminución pueden influir en el lugar que las personas escogen para vivir. En 1859, en el oeste de Nevada se descubrió Comstock Lode, una veta de plata y oro. La gente corrió al área y puso campamentos en los alrededores. Los mineros de un campamento construyeron estructuras permanentes y fundaron la ciudad de Virginia.

Durante los siguientes veinte años, Comstock Lode produjo más de $300 millones en oro y plata, y la ciudad de Virginia creció rápidamente. Hacia 1875, era el hogar de 20,000 personas y un centro de mucha riqueza. Surgieron lujosos hoteles y restaurantes. La gente de la ciudad de Virginia también construyó un teatro de ópera. Pero, al igual que en Nelsonville, los buenos tiempos de la ciudad de Virginia no duraron. En la década de 1880 la producción de las minas comenzó a disminuir, y hacia 1898 el oro y la plata prácticamente habían desaparecido. La mayoría de las minas fueron abandonadas y la ciudad de Virginia se convirtió casi en un pueblo fantasma. En la actualidad, sólo 700 personas viven donde alguna vez muchos buscaron un futuro glorioso.

1. ¿Qué título expresa el tema de este texto?

   (1) La trágica historia de la ciudad de Virginia, Nevada
   (2) Cómo la disminución de los recursos influye en el asentamiento
   (3) Nelsonville, Ohio, y la ciudad de Virginia, Nevada
   (4) El descubrimiento de Comstock Lode
   (5) La historia de la minería en Estados Unidos

2. ¿Cuál de las oraciones del primer párrafo es una conclusión?

   (1) El paisaje de Estados Unidos está cubierto de pueblos que no pudieron lograr sus sueños.
   (2) En el siglo XIX, mucha gente creía que Nelsonville se convertiría en una ciudad importante.
   (3) En el siglo XX, la producción de carbón, que había llevado gran prosperidad al área, comenzó a disminuir.
   (4) A medida que los yacimientos y minas se agotaban y cerraban, el pueblo también decaía.
   (5) En la actualidad, poca gente que no sea del sur de Ohio ha escuchado alguna vez de Nelsonville.

3. ¿En qué se asemejan las ciudades de Virginia y Nelsonville?

   (1) Ambas comenzaron como campamentos mineros.
   (2) La minería era la base de sus economías.
   (3) Ambas se convirtieron en pueblos fantasmas.
   (4) Cada una está en la parte sur de su estado.
   (5) Los ciudadanos de Nelsonville se mudaron a la ciudad de Virginia.

4. ¿Qué prueba apoya mejor la conclusión de que la ciudad de Virginia era "un centro de mucha riqueza"?

   (1) El pueblo fue fundado por mineros.
   (2) Alrededor de 20,000 personas vivían allí en 1874.
   (3) Muchos restaurantes de lujo se construyeron allí.
   (4) La minería produjo $300 millones en oro y plata.
   (5) Mucha gente se fue luego de que las minas cerraron.

5. ¿Qué acontecimiento es más parecido a lo que ocurrió en Nelsonville y en la ciudad de Virginia?

   (1) Un sindicato se declara en huelga y la empresa para la que trabajan cierra.
   (2) Una persona inventa un nuevo proceso de producción y se hace rica.
   (3) Un negocio compra a sus competidores y obtiene el control de toda la industria.
   (4) Una ciudad aumenta los impuestos para construir más estaciones de bomberos y contratar a más policías.
   (5) Una fábrica despide a sus trabajadores porque la gente ya no usa el producto que fabrica.

Las preguntas 6 a 8 se refieren al texto y mapa siguientes.

En las costas estadounidenses del Pacífico y del Golfo de México hay muchas ciudades. Al este, sin embargo, pocas ciudades entre la ciudad de Nueva York y Charleston, Carolina del Sur, están ubicadas en la misma costa. La mayoría de las ciudades se encuentran millas hacia adentro, sobre una **línea de caída** que separa las llanuras que están en la Costa Este de la sierra del interior. A lo largo de la línea de caída, los ríos que nacen en los Montes Apalaches avanzan a través de rápidos y saltos de agua a medida que fluyen hacia el mar.

La línea de caída marca el punto más lejano tierra adentro al que los botes pueden alcanzar en estos ríos. En los tiempos de antes, los colonos que se dirigían río arriba se detuvieron y construyeron pueblos en muchos de estos lugares. Más tarde, cuando se desarrolló la industria estadounidense, las primeras máquinas funcionaban con energía hidráulica. Los lugares cerca de rápidos y saltos de agua eran ubicaciones ideales para las fábricas. Los empleos creados por las fábricas hicieron que los pueblos en la línea de caída crecieran más rápido que los de la costa. De esta manera, los recursos hidráulicos crearon la mayoría de las ciudades que hoy existen a lo largo de la costa marítima del este.

## PATRONES DE ASENTAMIENTO EN LA REGIÓN DE LA COSTA ATLÁNTICA

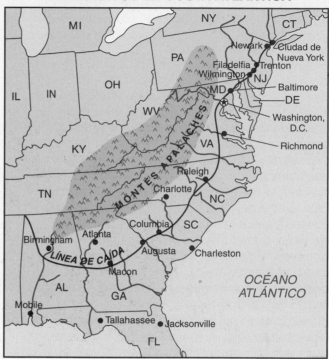

6. ¿Qué oración del texto replantea mejor la información del mapa acerca de las ciudades del este?

   (1) En las costas del Pacífico y del Golfo de Estados Unidos hay muchas ciudades.
   (2) La mayoría de las ciudades se encuentran millas hacia adentro, sobre una línea de caída que separa las planicies de la Costa Este de la sierra del interior.
   (3) En los tiempos de antes, los colonos que se dirigían río arriba se detuvieron y construyeron pueblos en muchos de estos lugares.
   (4) A lo largo de la línea de caída, los ríos que nacen en los Montes Apalaches avanzan a través de rápidos y saltos de agua a medida que fluyen hacia el mar.
   (5) Los empleos creados por las fábricas hicieron que los pueblos en la línea de caída crecieran más rápido que los de la costa.

7. ¿Qué información acerca de la Costa Este está implícita en el texto?

   (1) Los primeros colonos construyeron caminos a través de los Montes Apalaches.
   (2) La región carece de suficientes recursos hidráulicos para sustentar a una gran población.
   (3) En un comienzo, viajar por tierra desde la costa hacia el interior era difícil.
   (4) La mayor parte de la industria se desarrolló en otras partes.
   (5) Allí no se desarrollaron ciudades importantes.

8. ¿Cuál enunciado en el segundo párrafo es la conclusión del texto?

   (1) La línea de caída marca el punto más lejano tierra adentro que los botes pueden alcanzar en estos ríos.
   (2) Cuando se desarrolló la industria estadounidense, las primeras máquinas funcionaban con energía hidráulica.
   (3) Los lugares cerca de rápidos y saltos de agua eran ubicaciones ideales para las fábricas.
   (4) Los empleos creados por las fábricas hicieron que los pueblos en la línea de caída crecieran más rápido que los de la costa.
   (5) Los recursos hidráulicos crearon la mayoría de las ciudades que hoy existen a lo largo de la costa marítima del este.

**Las respuestas comienzan en la página 332.**

**SUGERENCIA**

A menudo, una conclusión contiene palabras como, *como consecuencia, de esta manera, por lo tanto,* o *como resultado.* Busque tales palabras para identificar las conclusiones.

**Instrucciones:** Ésta es una prueba de práctica que dura diez minutos. Después de que transcurran los diez minutos, ponga una marca en la última pregunta que haya respondido. A continuación, termine la prueba y revise sus respuestas. Si la mayoría de sus respuestas fueron correctas, pero no terminó la prueba, trate de responder las preguntas más rápidamente la próxima vez. Elija la respuesta que mejor responda a cada pregunta.

Las preguntas 1 a 3 se refieren al siguiente texto.

En un mapa, un río parece seguir una ruta establecida. Pero un río puede cambiar su curso. Un capitán de una embarcación fluvial que vivió hace cien años podría detectar muchos cambios en la apariencia actual del río Mississippi. Empujando el lodo y los árboles, el agua ha cambiado todas las vueltas y las pequeñas islas del río.

El ser humano también puede cambiar el curso de un río cavando canales y construyendo presas, y los cambios pueden afectar el modo en que viven las personas. Antes de que se completara la presa de Asuán en 1970, el río Nilo en Egipto crecía cada otoño. Cuando las aguas de la crecida se retiraban, una capa de légamo (pequeñas partículas de barro que estaban suspendidas en el agua) quedaban en las riveras. Estos depósitos de légamo enriquecían la tierra, aumentando las cosechas y las ganancias de los granjeros.

Debido a que la presa terminó con las crecidas, los granjeros a lo largo del Nilo han tenido que abonar sus tierras con costosos fertilizantes químicos. Algunos de estos químicos llegan al río, matando los peces que los egipcios necesitan para vivir. Sin embargo, la presa del Nilo también trajo la electricidad a las casas y negocios de millones de egipcios.

1. ¿Cómo afectaban las crecidas del Nilo a los granjeros egipcios?

   (1) Las crecidas hacían que el cultivo de la tierra fuese más difícil.
   (2) Las frecuentes crecidas los obligaban a usar costosos fertilizantes en su tierra de cultivo.
   (3) Las crecidas imposibilitaban la cosecha de sus cultivos durante los meses de verano.
   (4) Las crecidas permitían que los granjeros produjeran más cultivos.
   (5) Las crecidas arrancaban la rica capa superior del suelo.

2. ¿Qué detalle apoya la conclusión de que los cambios en un río pueden afectar cómo viven las personas?

   (1) Un río puede cambiar su curso.
   (2) El ser humano puede cambiar el curso de un río cavando canales y construyendo presas.
   (3) Antes de que se completara la presa de Asuán en 1970, el río Nilo crecía cada año.
   (4) Los depósitos de légamo enriquecían la tierra, aumentando las cosechas y las ganancias de los granjeros.
   (5) Los granjeros a lo largo del Nilo han tenido que enriquecer sus tierras con costosos fertilizantes químicos.

3. ¿Cuál de las siguientes conclusiones está apoyada por el texto?

   (1) Los ríos pueden ser peligrosos y fatales.
   (2) Los ríos son económicamente importantes.
   (3) Las crecidas del Nilo dificultaron los viajes y el comercio.
   (4) Los granjeros egipcios usan más fertilizantes que los granjeros estadounidenses.
   (5) La industria pesquera está creciendo en Egipto.

4. Grandes zonas de la Tierra son muy diferentes a como solían ser. Muchos de los cambios, como los cambios climáticos, tienen causas naturales. Otros son causados por las personas. Por ejemplo, la mayor parte de Estados Unidos era tierra de cultivo en el siglo XIX. Hoy, gran parte está urbanizada o convertida en bosques.

   ¿Cuál es la idea principal de este párrafo?

   (1) Estados Unidos era principalmente tierra de cultivo en el siglo XIX.
   (2) En la actualidad hay ciudades donde antes había granjas.
   (3) Los cambios de la Tierra se producen por la naturaleza o por las personas.
   (4) Aunque la Tierra sufrió cambios en el pasado, ya no cambia.
   (5) Hoy en día, gran parte del este de Estados Unidos es zona de bosques o urbana.

Las preguntas 5 a 8 se refieren al texto y mapa siguientes.

Cada otoño, las mariposas monarcas de todo el este y centro de Estados Unidos vuelan hacia el sur para el invierno. Ellas reaparecen cada primavera. En 1975, un científico canadiense localizó el hogar de invierno de las monarcas en la Sierra Madre de México central. En sólo 60 millas cuadradas hay 14 colonias de monarcas, o cerca de 150 millones de estas criaturas majestuosas. Tornan el cielo naranja y negro y cubren los troncos de los árboles, y las ramas se doblan bajo su peso.

Cuando este maravilloso lugar se dio a conocer, comenzó a atraer visitantes. A principios de la década de 1980, miles de turistas visitaban el área cada fin de semana desde diciembre a marzo. Llenaban de basura el hogar de las monarcas y se llevaban las mariposas dentro de bolsas plásticas como recuerdo. Los residentes locales, viendo una oportunidad económica, comenzaron a vender pequeñas cajas de madera y vidrio con monarcas en su interior.

Como el turismo llevó el desarrollo, la amenaza para las monarcas era aún más grave. El crecimiento de la región creó la necesidad de madera, y los residentes locales aumentaron la tala de árboles del bosque en que las colonias monarcas vivían. En 1986, el gobierno de México creó una reserva para proteger a 5 de las 14 colonias. Pero los dueños de la tierra recibieron una pequeña compensación por la pérdida de sus recursos de madera, la tala ilegal de árboles continúa en la actualidad en el área que supuestamente sirve de refugio a las monarcas.

Área de monarcas
Mayor concentración de monarcas
Áreas de hibernación

5. De acuerdo con el mapa, ¿en qué otra región, además de México central, pasan las monarcas el invierno?

(1) Canadá
(2) América Central
(3) la Ciudad de México
(4) la Costa este de Estados Unidos
(5) la península mexicana de Yucatán

6. ¿Cuál de los siguientes es un hecho implícito importante para entender el primer párrafo del texto?

(1) Las mariposas son más pequeñas que las aves.
(2) El hogar de invierno de las monarcas está en México.
(3) La calidad del aire en la reserva de las monarcas es mala.
(4) Las aves también vuelan al sur para el invierno.
(5) Una monarca tiene alas de colores naranja y negro.

7. Si el gobierno de Estados Unidos quisiera proteger las mariposas monarcas a lo largo de la Costa Oeste, ¿qué se podría crear que tuviera una intención similar a la de la reserva de monarcas de México?

(1) un zoológico
(2) una reserva de fauna silvestre
(3) una granja
(4) un centro turístico
(5) un área nacional de recreación

8. ¿Qué relación de causa y efecto está implícita en la información del texto?

(1) La tala de árboles del bosque amenaza el bienestar de las monarcas.
(2) El gobierno creó la reserva a pedido de los turistas.
(3) El crecimiento económico terminó con la tala de árboles en el área.
(4) La creación de la reserva ha aumentado el número de monarcas.
(5) La mayor parte del daño al bosque se debe a las propias monarcas.

Las respuestas comienzan en la página 332.

# Lección 20

## DESTREZA DE GED **Reconocer valores**

Usted ya aprendió que los valores son principios, cualidades y objetivos que las personas consideran deseables y valiosos. A menudo, las personas toman decisiones acerca de lo que van a hacer basándose en sus valores.

Previamente, usted también aprendió que los valores que comparten las personas se encuentran entre las cosas que mantienen unida a una sociedad. Estos valores compartidos (así como los valores de los miembros individuales de una sociedad) afectan las decisiones que las personas toman acerca del uso y la conservación de los recursos de la sociedad. Por ejemplo, muchas personas se esfuerzan para conservar el agua durante un período de escasez. Pero muchas otras siguen regando sus jardines sin mostrar preocupación alguna por si los demás tendrán agua suficiente. Estos dos enfoques acerca del uso de este recurso son el resultado de conjuntos de valores muy distintos.

En un material escrito pueden estar presentes dos tipos de valores: los valores de las personas acerca de las cuales se escribe y los valores de quien escribe. Ser capaces de reconocer los valores de las personas acerca de las cuales se escribe nos ayuda a comprender por qué actúan de la manera en que lo hacen. También es importante reconocer los valores de quien escribe para ser capaces de notar todo rastro de **parcialidad** en sus escritos. Busque palabras en el material que le sirvan de pistas acerca de la actitud frente a un tema de quien escribe.

**Lea el texto y responda la pregunta que se presenta a continuación.**

La primera mitad del siglo XX fue un período sin precedentes de construcción de presas en los ríos de Estados Unidos. La presa Grand Coulee en el estado de Washington, la presa Hoover en Nevada y cientos de otras presas construidas durante este período controlaron las crecidas y llevaron energía eléctrica a enormes áreas en Estados Unidos. En el oeste desértico, las nuevas presas proporcionaron agua que permitió la agricultura y estimuló el crecimiento de ciudades como Los Ángeles y Las Vegas. No obstante, la construcción de las presas también trajo problemas. Los dueños de las tierras fueron forzados a trasladarse a medida que los lagos creados por las presas se llenaron de agua y cubrieron sus propiedades. En algunos lugares hubo que abandonar pueblos enteros. Además, las poblaciones de peces que viajan río arriba en esas regiones para alimentarse disminuyeron rápidamente cuando los ríos fueron embalsados.

¿Cuál creencia de las personas las estimuló para construir presas?

_____ a.   La comodidad y felicidad de cada individuo es importante.

_____ b.   La sociedad es más importante que sus miembros individuales.

Usted acertó si escogió la *opción b*. Las presas utilizaron el agua de los ríos para beneficiar a grandes grupos de personas. Sin embargo, el hecho de que quienes vivían cerca de las presas fueran obligados a trasladarse indica que los proyectos ponen los beneficios a la sociedad antes que la felicidad personal.

---

**parcialidad**
fuerte opinión que tiene una persona acerca de un tema, a veces injustamente o sin una buen razón

**SUGERENCIA**

Para reconocer valores en materiales escritos, preste atención especial a la descripción que se hace de las acciones de las personas así como a las descripciones de lo que dicen. El comportamiento de las personas a menudo revela más sobre sus valores que sus palabras.

**Utilitice el texto y la tabla para responder las preguntas.**

En nuestra sociedad desechable, la persona promedio produce 1,500 libras de basura al año. Durante generaciones, casi todo lo que desechamos terminaba en el vertedero local. Sin embargo, como los vertederos crecieron hasta cubrir cientos de acres, algunos estadounidenses buscaron en los últimos años mejores formas para manejar toda esta basura. En la actualidad, el 27 por ciento de nuestra basura es **reciclada,** o sea, vuelta a procesar, para utilizarla nuevamente. La mayor parte de los desechos reciclados corresponde a **desechos inorgánicos** como plástico y acero, por ejemplo, y otros desechos que provienen de cosas que nunca estuvieron vivas. Los productos que se reciclan con más frecuencia y en forma más fácil son aquellos que están fabricados de un solo material y no de una mezcla de ellos. El reciclaje es una buena forma para conservar la energía y otros recursos. En la tabla se muestra una lista de las formas en que se utilizan los materiales reciclados.

En muchas comunidades se solicita a los residentes que separen los desechos reciclables del resto de su basura. Algunos estados, más ingeniosos, exigen que se depositen en contenedores para desechos metálicos y botellas de vidrio. Esto estimula al público inconsciente a devolver estos artículos en lugar de desecharlos.

| RECICLAJE DE MATERIALES COMUNES | | |
|---|---|---|
| **Material** | **Proceso de reciclaje** | **Ejemplos de uso** |
| Botellas plásticas | Se fragmentan y se convierten en fibra | Material sintético |
| Espuma plástica | Se funde, comprime y se le da forma bajo presión | Materiales de construcción, armazones para muebles, botes de basura |
| Vidrio | Se separa por colores, se funde y se vuelve a usar | Casi todos los productos nuevos de vidrio |
| Metales | Se separan por tlpo, se funden y se les da una nueva forma | Casi todos los productos nuevos de metal |
| Papel de oficina | Se le extrae la tinta, se fragmenta de nuevo y se vuelve a convertir en pulpa | Periódicos, cajas de cartón, bolsas de papel |

1. Marque con una "X" el enunciado que refleja los valores de las personas que reciclan sus desechos.

_____ a. Las personas que reciclan son derrochadoras y no les importan los recursos del país.

_____ b. Las personas que reciclan se preocupan por cuidar y conservar los recursos del país.

2. Marque con una "X" todas las oraciones del texto que proporcionan claves acerca de los valores del autor.

_____ a. En nuestra sociedad desechable, la persona promedio produce 1,500 libras de basura al año.

_____ b. En la actualidad, el 27 por ciento de nuestra basura es reciclada, o sea, vuelta a procesar, para utilizarla nuevamente.

_____ c. Algunos estados, más ingeniosos, exigen que se deposite en contenedores para desechos metálicos y botellas de vidrio.

_____ d. Esto estimula al público inconsciente a devolver estos artículos en lugar de desecharlos.

3. Marque con una "X" el artículo que más probablemente compraría una persona que apoya el reciclaje.

_____ a. jugo de manzana en una botella de vidrio con tapa metálica

_____ b. jugo de manzana en una caja de cartón revestida en su interior con una película de aluminio adherida

4. Marque con una "X" el enunciado que resume mejor los valores y creencias del autor.

_____ a. Las personas que desechan los recursos tienen un mal comportamiento; las que no lo hacen tienen un buen comportamiento.

_____ b. El reciclaje es una buena idea, pero es mejor conservar los recursos produciendo menos basura.

**Las respuestas comienzan en la página 333.**

La **contaminación** es una forma en que las personas han cambiado el **medio ambiente** (las condiciones naturales en que viven los organismos). Gran parte de la tecnología que produce los alimentos que comemos, los productos que compramos y la energía que consumimos contribuye a la contaminación de nuestro aire, tierra y recursos hidráulicos.

La lluvia arrastra los fertilizantes, herbicidas y pesticidas a los alcantarillados para aguas pluviales de las ciudades y áreas rurales. Con el tiempo, estas sustancias químicas terminan en los arroyos, ríos y lagos. Los desechos animales e industriales y las aguas servidas también envenenan nuestras aguas. En muchos lagos se han instalado señales para advertir a los pescadores que no coman lo que pescan. Se han realizado pruebas que demuestran que los peces de estos lagos están llenos de sustancias químicas dañinas.

Otra amenaza grave para nuestros recursos es la **lluvia ácida,** una forma de contaminación producida por la combustión de **combustibles fósiles** (productos del carbón y el petróleo). Cuando el carbón se quema, emite un gas de desecho llamado dióxido de azufre. La gasolina que se quema en los motores produce un gas de desecho llamado óxido de nitrógeno. Todos estos gases se combinan con el vapor de agua en la atmósfera y forman el ácido sulfúrico y el ácido nítrico. Estos vuelven a la Tierra en forma de lluvia ácida. La lluvia ácida se forma principalmente en las nubes sobre la región del oeste medio. El viento oeste la impulsa hacia el este. Cuando cae, contamina los lagos y daña los bosques.

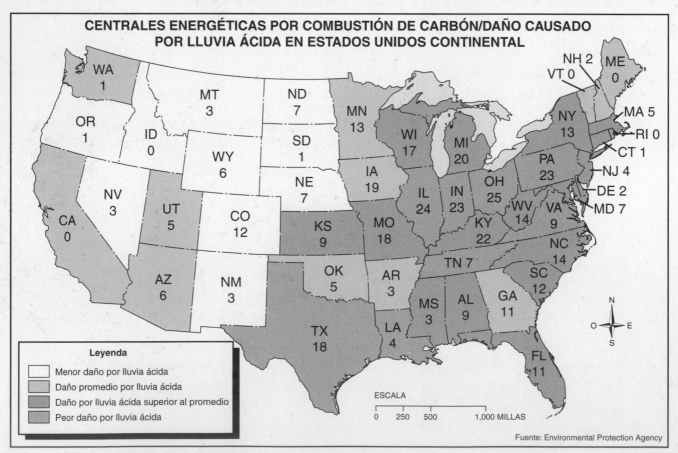

**CENTRALES ENERGÉTICAS POR COMBUSTIÓN DE CARBÓN/DAÑO CAUSADO POR LLUVIA ÁCIDA EN ESTADOS UNIDOS CONTINENTAL**

**Leyenda**

- Menor daño por lluvia ácida
- Daño promedio por lluvia ácida
- Daño por lluvia ácida superior al promedio
- Peor daño por lluvia ácida

ESCALA

0   250   500   1,000 MILLAS

Fuente: Environmental Protection Agency

Instrucciones: Escoja la respuesta que mejor responda a cada pregunta.

Las preguntas 1 a 7 se refieren al texto y mapa de la página 228.

1. Según el mapa, ¿qué parte del país recibe el mayor daño a causa de la lluvia ácida?

   (1) el nordeste
   (2) el sudeste
   (3) el suroeste
   (4) el noroeste
   (5) la costa oeste

2. ¿Qué información está implícita en el texto?

   (1) Los automóviles producen un gas de desecho.
   (2) Toda la tecnología es mala para la humanidad.
   (3) La lluvia ácida contiene ácido nítrico y ácido sulfúrico.
   (4) El aire está más contaminado que el agua.
   (5) Algunos desechos químicos son dañinos para las personas.

3. ¿Cuál de los siguientes es una fuente de lluvia ácida?

   (1) alcantarillados para aguas pluviales y acequias
   (2) minería del carbón y perforación de pozos de petróleo
   (3) centrales energéticas por combustión de carbón
   (4) la elaboración de sustancias químicas
   (5) sustancias químicas tóxicas en ríos y arroyos

4. ¿Cuál de las siguientes conclusiones está apoyada por la información del texto y del mapa?

   (1) La contaminación del agua no es un problema grave en Estados Unidos.
   (2) La contaminación se puede extender a grandes distancias.
   (3) Se debería prohibir el carbón como fuente de energía.
   (4) La peor contaminación del agua se encuentra en el oeste.
   (5) La lluvia ácida constituye el mayor problema de contaminación que enfrenta Estados Unidos.

5. El texto plantea que se han instalado señales de advertencia en muchos lagos en Estados Unidos. ¿Qué valor expresa la instalación de estas señales?

   (1) La conservación no es importante.
   (2) Los animales deberían estar protegidos.
   (3) La salud pública es importante.
   (4) La pesca no es una actividad valiosa.
   (5) Las personas que contaminan el agua son malas.

6. ¿Cuáles de las siguientes acciones estarían menos dispuestas a tomar las personas que realmente valoran un medio ambiente limpio?

   (1) recolectar y reciclar latas de aluminio
   (2) trabajar en una fábrica
   (3) comprar un automóvil usado
   (4) usar sustancias químicas en su césped
   (5) ganarse la vida en una granja

7. ¿Apoya el mapa la afirmación del texto de que el viento transporta la lluvia ácida hacia el este?

   (1) No, porque la mayoría de los estados que tienen el peor daño por lluvia ácida son también los que tienen la mayor cantidad de centrales energéticas por combustión de carbón.
   (2) Sí, porque los estados que se encuentran al este de aquellos con la mayor cantidad de centrales energéticas por combustión de carbón presentan una tendencia a tener un daño por lluvia ácida superior al promedio.
   (3) No, porque algunos estados que se encuentran al oeste de aquellos con la mayor cantidad de centrales energéticas por combustión de carbón presentan un daño por lluvia ácida superior al promedio.
   (4) Sí, porque los estados con el mayor daño por lluvia ácida se encuentran ubicados en las principales regiones del país dedicadas a la minería del carbón.
   (5) No, porque los estados del oeste tienen muy pocas centrales energéticas por combustión de carbón y los estados al este de ellos tienen el mayor daño por lluvia ácida.

**Las respuestas comienzan en la página 333.**

Instrucciones: Escoja la respuesta que mejor responda para cada pregunta.

Las preguntas 1 a 4 se refieren al siguiente texto.

Uno de los más grandes retos de nuestro medio ambiente es la contaminación del agua. Durante años, las industrias en todo Estados Unidos enterraron las sustancias químicas dañinas o las arrojaron a los arroyos. La mayor parte de la contaminación del agua es invisible. Solamente sus efectos en las plantas y en los animales evidencian la baja calidad del agua.

La contaminación no está restringida a los lugares donde se produce en realidad la contaminación. En el ciclo de la naturaleza, el abastecimiento de agua se utiliza y reutiliza. El **agua superficial** se evapora y más tarde vuelve a la Tierra en forma de lluvia o nieve. Parte de esta agua penetra a través del suelo y lentamente se escurre entre las fisuras en las rocas para pasar a formar parte de grandes estanques, lagos y ríos que existen bajo la superficie terrestre. Con el tiempo esta **agua subterránea** retorna a la superficie en los manantiales que forman los arroyos. Debido a este ciclo, la contaminación de cualquier fuente de agua se transforma en la contaminación de la totalidad del agua.

El agua subterránea también se extrae por medio de pozos y proporciona agua potable para aproximadamente la mitad de la población de Estados Unidos. Muchas personas utilizan filtros de agua o beben agua embotellada porque dudan que el agua en sus casas sea segura. Las casas viejas a menudo tienen tuberías de plomo. El plomo de estas tuberías puede a veces penetrar el agua que fluye a través de ellas. El cuerpo absorbe muy lentamente el plomo. Sin embargo, si se acumulan altos niveles de plomo, se pueden dañar el cerebro y el sistema nervioso central.

1. ¿Cuál de los siguientes enunciados expresa la idea principal del texto?

   (1) Los lagos y los ríos están siendo contaminados.
   (2) La contaminación del agua es peligrosa para la salud del ser humano.
   (3) La contaminación del agua es un problema generalizado.
   (4) No existe solución para la contaminación del agua.
   (5) Las personas deberían comenzar a beber agua embotellada.

2. ¿A cuál de las siguientes conclusiones apoya el texto?

   (1) Se puede detectar el agua contaminada por su apariencia.
   (2) El agua subterránea está más contaminada que el agua de los ríos y los lagos.
   (3) El agua de los ríos y los lagos está más contaminada que el agua subterránea.
   (4) Las personas que obtienen agua potable de los pozos deberían hacer que se analizara periódicamente.
   (5) Las personas se pueden enfermar gravemente si beben agua de las tuberías de las casas viejas.

3. ¿Qué valoran más las personas que beben agua embotellada?

   (1) su salud
   (2) quedar bien ante los vecinos
   (3) las casas viejas
   (4) la conservación de los recursos
   (5) un medio ambiente limpio

4. De acuerdo con el texto, ¿se debería considerar que el entierro de sustancias químicas dañinas es una fuente de la contaminación del agua?

   (1) Sí, porque una de las más grandes amenazas a nuestro medio ambiente es la contaminación del agua.
   (2) No, porque estas sustancias químicas se entierran en el suelo, no se arrojan a las aguas.
   (3) Sí, porque las sustancias químicas son dañinas para el ser humano.
   (4) No, porque cuando se enterraron las sustancias químicas esto no era ilegal.
   (5) Sí, porque las aguas pluviales al escurrirse arrastran estas sustancias químicas hacia las aguas subterráneas.

Recuerde que las cosas que se consideran importantes indican los valores de las personas.

Las preguntas 5 a 8 se refieren al texto y diagramas siguientes.

En las últimas décadas se ha producido un enorme crecimiento en las costas del Estados Unidos. Costas que alguna vez estuvieron desiertas están ahora cubiertas de casas y empresas. Desde el punto de la geografía, con frecuencia estas costas no son un buen lugar para tal desarrollo.

Con el tiempo, las corrientes y las ondas cambian la forma de las orillas y las playas. Las olas que golpean una playa "de frente", arrastran la arena directamente hacia el mar. Esto produce islas llamadas **arenales** a corta distancia de la costa. En los lugares donde las ondas golpean la costa en ángulo, crean una corriente llamada **corriente costera** que fluye paralelamente a la línea costera. Esta corriente arrastra la arena de la playa y la deposita en otro lugar a lo largo de la costa.

Para resistir estas fuerzas de la naturaleza, los propietarios y las comunidades han construido **rompeolas, malecones** y **diques marítimos.** Los rompeolas son barreras que se instalan a corta distancia de la costa, mientras que los malecones se adentran en el mar. En los diagramas se muestra cómo funcionan estas estructuras. Se puede considerar que los diques marítimos son rompeolas en tierra. A menudo son el último esfuerzo para salvar los edificios. Mientras los diques marítimos protegen la tierra que se encuentra tras ellos, aceleran **la erosión** que se produce en el costado que da al mar y hacen que las playas desaparezcan rápidamente.

Los rompeolas y malecones retardan la erosión de las playas cercanas. Los rompeolas incluso pueden crear nuevas playas puesto que evitan que las olas arrastren la arena depositada por la corriente costera. Sin embargo, ninguno impide que la orilla cambie y algunos expertos piensan que aumentan la erosión a largo plazo porque interfieren con los ciclos naturales.

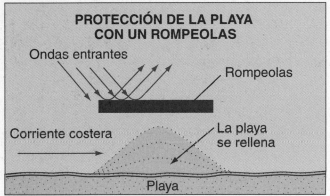

**PROTECCIÓN DE LA PLAYA CON UN ROMPEOLAS**

Ondas entrantes

Rompeolas

Corriente costera

La playa se rellena

Playa

**PROTECCIÓN DE LA PLAYA CON MALECONES**

Corriente costera

Arena atrapada y retenida por los malecones

Ondas entrantes

Malecón

Playa

5. De acuerdo con el diagrama, ¿qué hacen los malecones?

   (1) moderan la energía de las ondas entrantes
   (2) cambian el ángulo de las ondas entrantes
   (3) atrapan la arena
   (4) forman la corriente costera
   (5) forman arenales

6. ¿Cuál de las siguientes oraciones expresa un valor que se relaciona de mejor manera con la construcción de rompeolas, malecones y diques marítimos?

   (1) La protección de la propiedad es importante.
   (2) Se debe conservar el medio ambiente natural.
   (3) Las personas deben aceptar las fuerzas de la naturaleza.
   (4) Es valioso conservar las bellezas naturales.
   (5) Las personas tienen la responsabilidad de ayudar a los demás.

7. ¿Cuál de los siguientes se asemeja más en su función a los rompeolas del diagrama?

   (1) un elevador de esquí en una colina
   (2) un puente sobre un río
   (3) la torre de transmisión de una estación de TV
   (4) el muro de protección a lo largo de una autopista
   (5) un refugio subterráneo contra bombardeos

8. ¿Cuál de los siguientes enunciados es una opinión?

   (1) La orilla cambia de forma constantemente.
   (2) Las ondas pueden arrastrar la arena de la playa.
   (3) Los malecones y los rompeolas tienen funciones distintas.
   (4) La construcción de diques marítimos destruye las playas.
   (5) Los rompeolas y los malecones aceleran la erosión.

**Las respuestas comienzan en la página 334.**

**Instrucciones:** Ésta es una prueba de práctica que dura diez minutos. Después de que transcurran los diez minutos, ponga una marca en la última pregunta que haya respondido. A continuación, termine la prueba y revise sus respuestas. Si la mayoría de sus respuestas fueron correctas, pero no terminó la prueba, trate de responder las preguntas más rápidamente la próxima vez. Elija la respuesta que mejor responda a cada pregunta.

Las preguntas 1 a 4 se refieren a la siguiente caricatura.

Caricatura de Peter Porges. © 1975. Reproducido con autorización.

1. ¿Cuál de los siguientes enunciados describe mejor lo que ocurre en la caricatura?

    (1) El pescador obtuvo el pez más grande que se haya registrado.
    (2) Están preparando un pescado para procesarlo y comerlo.
    (3) Un pescado cuelga en un desembarcadero o en la cubierta de un bote.
    (4) Un señor pescó un pez que ha comido la basura de las personas.
    (5) Se utilizó un enorme pez para ayudar a limpiar el océano.

2. ¿Cuál es la opinión que se expresa en la caricatura acerca de cómo las personas cambian el medio ambiente?

    (1) La pesca está agotando el abastecimiento de peces.
    (2) Los océanos del mundo están contaminados.
    (3) La pesca ayuda a limpiar el medio ambiente.
    (4) La contaminación causa defectos congénitos en los peces.
    (5) La pesca contamina el medio ambiente.

3. ¿Qué valores y actitudes de los contaminadores acerca de la contaminación se insinúan en la caricatura?

    (1) La pesca deportiva destruye más peces que la contaminación.
    (2) Los pescadores se encuentran entre los peores contaminadores.
    (3) No importa dejar desperdicios si no se ven.
    (4) El aire limpio es más importante que el agua limpia.
    (5) La contaminación no es un gran problema.

4. ¿Qué conclusión está apoyada por la información de la caricatura?

    (1) No es saludable comer pescado.
    (2) La contaminación de los océanos mata a los peces.
    (3) La pesca con caña es menos dañina para el medio ambiente que la pesca con red.
    (4) El gobierno debería regular la pesca.
    (5) La contaminación afecta a los animales del océano.

5. Las barreras naturales como los océanos y los desiertos han retardado durante mucho tiempo el movimiento de las ideas. En la actualidad los satélites permiten que los teléfonos e Internet lleguen a casi todo el mundo, propagan las ideas y reducen los conflictos entre las sociedades.

    ¿Cuál de los siguientes enunciados se parece más a un satélite de comunicaciones?

    (1) una pared
    (2) un piso
    (3) una ventana
    (4) una habitación
    (5) un techo

Las preguntas 6 a 10 se refieren al texto siguiente.

El medio ambiente en que vivimos no es sólo aire, tierra y agua, sino que incluye ciudades y pueblos. Una gran parte de la población del mundo vive en ciudades. En Estados Unidos, alrededor del 75 por ciento de los habitantes vive en zonas urbanas.

Desgraciadamente, el país no está bien preparado para el crecimiento urbano. Aunque la mayoría de los estadounidenses vive en ciudades, el espacio que ocupa es sólo alrededor del uno por ciento. Las ciudades enfrentan problemas debidos al hacinamiento, la contaminación ambiental, la eliminación de basuras, el suministro y tratamiento de aguas, la insuficiencia de viviendas idóneas, etc. Estos problemas urbanos resultan de la gran concentración de personas en áreas reducidas. Si no se presta mayor atención al ambiente urbano, es probable que estos problemas empeoren.

En los últimos tiempos, un número creciente de estadounidenses ha llegado a entender y sopesar los problemas urbanos. También los políticos han empezado a prestar atención a las ciudades. Algunos están empezando a aprobar leyes que ayuden a mejorar la calidad de vida urbana.

6. ¿Cuál es la idea principal del primer párrafo del texto?

   (1) El medio ambiente comprende toda la tierra así como el aire y el agua.
   (2) Hay más habitantes en los suburbios que en las ciudades.
   (3) Las ciudades ocupan mayor superficie que las granjas.
   (4) Las ciudades y los suburbios forman parte del medio ambiente, no así las granjas.
   (5) La mayoría de los estadounidenses vive en zonas urbanas, las que forman parte del medio ambiente.

7. ¿Cuál de los siguientes enunciados del texto es una conclusión?

   (1) Una gran parte de la población del mundo vive ahora en ciudades.
   (2) La mayoría de los estadounidenses vive en ciudades.
   (3) Los problemas urbanos resultan de la gran concentración de personas en áreas reducidas.
   (4) Los problemas urbanos comprenden la contaminación del aire y el agua además de la insuficiencia de viviendas adecuadas.
   (5) La mayoría de los habitantes de Estados Unidos ocupa sólo el uno por ciento de la superficie.

8. ¿Cuál es la causa más probable de los problemas de suministro de agua que enfrentan las ciudades?

   (1) la falta de lluvia
   (2) el exceso de gente
   (3) la contaminación de los pozos
   (4) el exceso de lluvia
   (5) las inundaciones urbanas

9. ¿Cuál información es la opinión del autor?

   (1) Alrededor del 75 por ciento de los estadounidenses vive en zonas urbanas.
   (2) La eliminación de basura es un problema que afecta a las ciudades.
   (3) El crecimiento urbano no ha sido bien planificado.
   (4) Algunos políticos trabajan para ayudar a las ciudades.
   (5) Hay nuevas leyes que tratan algunos problemas urbanos.

10. ¿Qué correspondencia de causa y efecto sugiere el texto?

   (1) Al mudarse más estadounidenses a las ciudades, la superficie urbana disminuye.
   (2) Los estadounidenses han tomado conciencia de los problemas urbanos, porque los medios de comunicación están prestando más atención a las ciudades.
   (0) La toma de conciencia de los estadounidenses sobre los problemas urbanos los lleva a ejercer presión en el gobierno para que haga mejoras urbanas.
   (4) Como las ciudades tienen tantos problemas, la mayor parte de los que allí viven son infelices.
   (5) Los políticos conocen los problemas urbanos porque existen en todo el mundo.

11. El peor derrame de petróleo de la historia de Estados Unidos ocurrió en 1989. Un buque petrolero chocó contra un arrecife en la costa de Alaska derramando once millones de galones de petróleo en el océano. Se contaminaron más de 1,200 millas de litoral y murieron 100,000 pájaros.

   ¿Qué conclusión se apoya aquí?

   (1) El derrame de petróleo fue un desastre ambiental.
   (2) Se debería prohibir el transporte marítimo de petróleo.
   (3) Muchos pájaros murieron por ingestión de petróleo.
   (4) El buque no estaba funcionando de manera segura.
   (5) Los seres humanos podemos descontaminar nuestro medio ambiente.

**Las respuestas comienzan en la página 335.**

# Unidad 5 Repaso acumulativo Geografía

Instrucciones: Elija la respuesta que mejor responda a cada pregunta.

Las preguntas 1 a 3 se refieren al siguiente texto.

Todos los estadounidenses tienen antepasados provenientes de otros lugares. Se cree que los antepasados de los indios americanos llegaron a través del Estrecho de Bering entre Asia y Alaska, siguiendo la migración de los animales de los cuales dependían para su alimentación. Hasta hace poco, la mayoría de las personas que llegaban a Estados Unidos provenían de Europa o África. Los desplazamientos más recientes de personas hacia Estados Unidos han provenido de Asia y Latinoamérica.

La mayoría de las personas asiáticas que llegan a Estados Unidos provienen del sur y sureste asiático. Más de un tercio se establece en California. Los inmigrantes provenientes de México y de Centroamérica tienden a establecerse en el suroeste.

1. ¿Qué información acerca de los inmigrantes está implícita en el texto?

   (1) La mayoría de los inmigrantes se establecen en el suroeste.
   (2) A veces, los inmigrantes entran ilegalmente a Estados Unidos.
   (3) Muchos inmigrantes viven en Asia, Latinoamérica y África.
   (4) La mayoría de los inmigrantes que han llegado a Estados Unidos en los últimos años han sido adinerados.
   (5) Los inmigrantes son las personas que no nacieron en el país donde viven actualmente.

2. ¿Cuál de los siguientes enunciados extraídos del texto es una conclusión?

   (1) Todos los estadounidenses tienen antepasados provenientes de otros lugares.
   (2) Los antepasados de los indios americanos llegaron a través del Estrecho de Bering entre Asia y Alaska.
   (3) Hasta hace poco, la mayoría de las personas que llegaban a Estados Unidos provenían de Europa o de África.
   (4) Los desplazamientos más recientes de personas hacia Estados Unidos han provenido de Asia y Latinoamérica.
   (5) La mayoría de las personas asiáticas que se trasladan a Estados Unidos provienen del sur y del sureste asiático.

3. Marcos vive en California. Él tiene una vecina que hace poco tiempo se trasladó a Estados Unidos. Aún no la ha conocido y está tratando de adivinar de dónde proviene. De acuerdo solamente con el texto, ¿cuál de los siguientes podría Marcos excluir más fácilmente como su país de origen?

   (1) Japón
   (2) México
   (3) Canadá
   (4) Francia
   (5) Vietnam

La pregunta 4 se refiere a la siguiente gráfica.

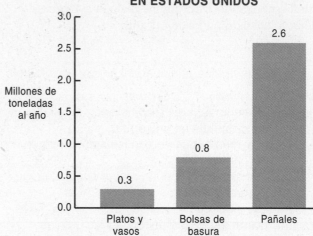

**MATERIALES PLÁSTICOS DESECHADOS EN ESTADOS UNIDOS**

Fuente: Data from EPA

4. ¿Cuál de los siguientes enunciados acerca de la vida en Estados Unidos se implica por la gráfica?

   (1) Los estadounidenses tienen demasiados hijos.
   (2) Los estadounidenses usan más platos y vasos plásticos que los que no lo son.
   (3) Los estadounidenses compran muchos artículos plásticos desechables.
   (4) Los estadounidenses no usan nada que sea hecho de plástico.
   (5) Los estadounidenses no están dispuestos a desechar nada.

Las preguntas 5 a 6 se refieren al párrafo y caricatura siguientes.

*"¿Ya has pensado lo que vas a hacer los sábados cuando ya no queden combustibles fósiles en el mundo?*

Entre los combustibles fósiles se incluyen todos los combustibles derivados de los depósitos subterráneos de carbón, petróleo y gas natural. Los combustibles fósiles se han formado durante millones de años a partir de los desechos enterrados de plantas y animales. La combustión de los combustibles fósiles proporciona la mayor parte de la energía del mundo. Menos del 10 por ciento de la energía que se utiliza se produce con otros métodos. El aumento en la demanda de energía ha comenzado a agotar el abastecimiento de combustibles fósiles. Algunos expertos calculan que el carbón se agotará en 250 años y que las reservas de petróleo conocidas del mundo durarán solamente otros 30.

5. ¿Qué hecho supone el caricaturista que usted ya conoce para poder entender la idea principal de la caricatura?

   (1) El lavado de automóviles agota los recursos hidráulicos.
   (2) La mayoría de los estadounidenses usan lavados de auto comerciales.
   (3) La mayoría de los estadounidenses no trabajan los sábados.
   (4) La gasolina, que hace funcionar los automóviles, es un combustible fósil.
   (5) El carbón proporciona la mayor cantidad de la energía del mundo.

6. ¿Cuál de las siguientes conclusiones está apoyada por mejor la información del párrafo y la caricatura?

   (1) Dependemos demasiado de los combustibles fósiles.
   (2) Las personas deberían conservar los recursos hidráulicos.
   (3) Los combustibles fósiles no se agotarán pronto.
   (4) Se inventarán nuevas formas de transporte.
   (5) Las personas caminarán más en el futuro.

7. La latitud y la altura afectan la temperatura de los lugares. La latitud es la distancia de un lugar con respecto al ecuador. El calor del sol es mayor en el ecuador. La altura afecta la temperatura porque, a mayor altura, más frío será el lugar.

   ¿Cuál de los siguientes lugares sería más frío?

   (1) cerca del ecuador a gran altura
   (2) lejos del ecuador a baja altura
   (3) cerca del ecuador a baja altura
   (4) lejos del ecuador a gran altura
   (5) encima del ecuador a gran altura

Las preguntas 8 a 12 se refieren al siguiente párrafo.

La amplia variedad de características geográficas en Estados Unidos ofrece muchas alternativas de hermosos lugares para ir de vacaciones. Un viaje a Vermont puede satisfacer a una persona que desea aire fresco y blancas laderas para esquiar o para pasear. Para los amantes de la naturaleza que prefieren montañas redondeadas con flores silvestres, buena pesca y el aroma de los pinos, las organizaciones de las tribus apaches le permiten acampar en las Montañas Blancas de Arizona. Los amantes del sol preferirán ir a las arenosas playas en el sur de California o en Florida. Los Cerros Negros de Dakota de Sur están llenos de cuevas que resplandecen con los depósitos minerales que atrajeron a los estadounidenses de origen europeo a la región para buscar fortuna. Los aventureros modernos pueden viajar corriente abajo por los rápidos del río Colorado. Y para los excursionistas hay un largo recorrido hacia el fondo del Gran Cañón.

8.  ¿Cuál enunciado resume mejor este párrafo?

(1)  Los variados parajes de Estados Unidos ofrecen vacaciones de todo tipo.
(2)  Uno puede divertirse mucho si va de vacaciones al río Colorado y al Gran Cañón.
(3)  Las playas y líneas costeras son características geográficas.
(4)  Se puede ir de vacaciones a las montañas en cualquier momento del año.
(5)  Se recomiendan las vacaciones en la playa más que en cualquier otro lugar.

9.  De acuerdo con el texto, ¿cuáles lugares para ir de vacaciones tienen la geografía más parecida?

(1)  las playas de Florida y Vermont
(2)  los Montes Negros y el Gran Cañón
(3)  Vermont y la Montaña Blanca en Arizona
(4)  el río Colorado y las playas de California
(5)  el Gran Cañón y las playas de Florida

10.  ¿Cuál de los siguientes enunciados establece un hecho?

(1)  Bajar por los rápidos en balsa es muy divertido.

SUGERENCIA

Para resumir, busque primero la oración temática. Esta oración establecerá la idea principal del párrafo.

(2)  Las vacaciones al aire libre son las que se disfrutan más.
(3)  Las mejores playas de Estados Unidos se encuentran en Florida y California.
(4)  El esquí es un deporte peligroso y costoso.
(5)  Ir de campamento generalmente es más barato que alojarse en un hotel.

11.  De acuerdo con el texto, ¿qué estaban más dispuestos a valorar los estadounidenses de origen europeo que antiguamente visitaban los Montes Negros?

(1)  la belleza
(2)  el desafío
(3)  la soledad
(4)  la riqueza
(5)  las cuevas

12.  ¿Cuál de los siguientes enunciados muestra una lógica incorrecta?

(1)  Las playas ofrecen sol, arena y agua.
(2)  Las personas pasan sus vacaciones al aire libre porque aman la aventura.
(3)  A algunos esquiadores les gusta pasar sus vacaciones en Vermont.
(4)  Muchas personas consideran que acampar es una actividad divertida.
(5)  El buen estado físico es muy importante para salir de excursión.

La pregunta 13 se refiere a la siguiente tabla.

| PROMEDIO DE VIDA AL NACER EN 1999 | | |
| --- | --- | --- |
| País | Hombres | Mujeres |
| Estados Unidos | 73 | 80 |
| Brasil | 59 | 69 |
| Suecia | 77 | 82 |
| Japón | 77 | 83 |
| Egipto | 60 | 64 |

Fuente: The CIA World Fact Book

13.  ¿Cuál de las siguientes conclusiones está apoyada por la tabla?

(1)  Los estadounidenses tienen el mayor promedio de vida del mundo.
(2)  Los hombres estadounidenses viven más que los hombres japoneses.
(3)  Las mujeres tienen tendencia a vivir más que los hombres.
(4)  El clima afecta el promedio de vida.
(5)  Brasil tiene el mayor promedio de vida en Sudamérica.

Las preguntas 14 a 16 se refieren al siguiente mapa.

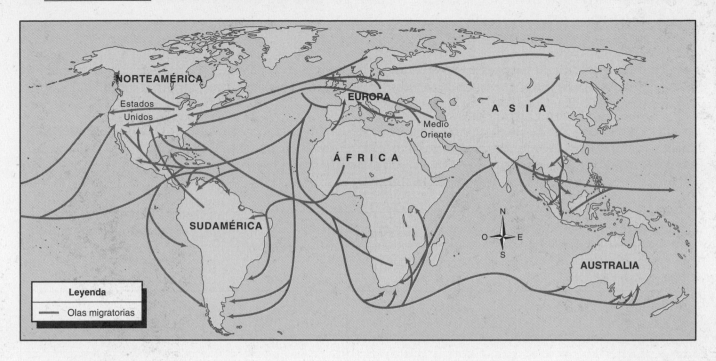

14. ¿Cuál sería el mejor título para este mapa?

(1) Olas migratorias en el mundo
(2) La inmigración en el siglo XIX
(3) La inmigración a Estados Unidos
(4) Las tendencias futuras de la población
(5) Los patrones de los asentamientos europeos

15. De acuerdo con el mapa, ¿desde cuáles continentes muy pocas personas emigraron hacia otros continentes?

(1) Sudamérica y Europa
(2) Europa y África
(3) África y Asia
(4) Asia y Norteamérica
(5) Australia y Norteamérica

16. ¿Cuál enunciado replantea mejor la información del mapa?

(1) La cantidad de inmigrantes ha aumentado.
(2) La inmigración a Estados Unidos llegó a su punto máximo en el siglo XX.
(3) La inmigración afecta a todos los continentes.
(4) Los inmigrantes africanos van principalmente a Europa.
(5) Las personas se trasladan buscando una vida mejor.

17. A medida que los países se industrializaron, su estándar de vida ha mejorado. Se inventaron aparatos para economizar trabajo, que requerían energía para funcionar, pero que hicieron más fácil la vida de las personas. Las personas comenzaron a considerar una vida más cómoda como un derecho fundamental. Gran parte de las tierras han sido socavadas para despojarlas de sus minerales y bosques. La contaminación del aire y del agua comenzó a envenenar a plantas y animales. Con el tiempo, las personas comenzaron a darse cuenta de que muchas actividades que dañaban el planeta eran malas para sus propias vidas.

¿Cuál relación de causa y efecto se sugiere en el párrafo, pero no se plantea en forma explícita?

(1) La invención de aparatos para economizar el trabajo tiene la culpa de la contaminación del aire y del agua.
(2) Gran parte del daño al medio ambiente es el resultado del afán de las personas por tener vidas más cómodas.
(3) La contaminación del aire y del agua son las responsables del daño a plantas y animales.
(4) Los aparatos para economizar trabajo han hecho que las personas piensen que tienen derecho a una vida más cómoda.
(5) La industrialización produjo mejores estándares de vida para muchas personas.

Las respuestas comienzan en la página 336.

# Tabla de análisis del desempeño en el repaso acumulativo
## Unidad 5 ● Geografía

Consulte la sección Respuestas y explicaciones que empieza en la página 336 para verificar sus respuestas al Repaso acumulativo de la Unidad 5. Luego, use la siguiente tabla para identificar las destrezas en las que necesite más práctica.

En la tabla, encierre en un círculo los números correspondientes a las preguntas que haya contestado correctamente. Anote el número de aciertos para cada destreza y luego súmelos para calcular el número total de preguntas que contestó correctamente en el Repaso acumulativo. Si cree que necesita más práctica, repase las lecciones de las destrezas que se le dificultaron.

| Preguntas | Número de aciertos | Destreza | Lecciones para repasar |
|---|---|---|---|
| 1, **4**, 8, **14**, **15**, **16** | ____/6 | Comprensión | 1, 2, 7, 16, 18 |
| 2, **5**, 9, 10, 17 | ____/5 | Análisis | 9, 10, 11, 12, 19 |
| 3, 7 | ____/2 | Aplicación | 14, 15 |
| **6**, 11, 12, **13** | ____/4 | Evaluación | 8, 13, 17, 20 |
| **TOTAL DE ACIERTOS:** | ____/17 | | |

Los números en **negritas** corresponden a preguntas que contienen gráficas.

## ESTUDIOS SOCIALES

### Instrucciones

La Prueba final de Estudios Sociales consta de una serie de preguntas de selección múltiple destinadas a medir conocimientos generales de Estudios sociales.

Las preguntas se basan en lecturas breves que con frecuencia incluyen un mapa, un gráfico, un cuadro, una tira cómica o un diagrama. Primero estudie la información que se proporciona y luego conteste la pregunta o preguntas que siguen. Al contestar las preguntas, consulte la información dada cuantas veces considere necesario.

Se le darán 70 minutos para contestar las 50 preguntas de esta prueba. Trabaje con cuidado, pero no dedique demasiado tiempo a una sola pregunta. Asegúrese de haber contestado todas las preguntas. No se descontarán puntos por respuestas incorrectas. Cuando se agote el tiempo, ponga una marca en la última pregunta que haya contestado. Esto le servirá de guía para calcular si podrá terminar la verdadera Prueba de GED dentro del tiempo permitido. A continuación, termine la prueba.

Registre sus respuestas en la hoja de respuestas separada en la página 361. Asegúrese de incluir toda la información requerida en la hoja de respuestas.

Para marcar sus respuestas, en la hoja de respuestas rellene el círculo con el número de la respuesta que considere correcta para cada una de las preguntas de la prueba.

---

**Ejemplo:**

Para asentarse los primeros colones de América del Norte buscaron lugares que tuvieran suficiente agua y acceso por barco. Por este motivo, muchas de las primeras ciudades fueron construidas cerca de

(1) bosques
(2) praderas
(3) ríos
(4) glaciares
(5) océanos

La respuesta correcta es <u>ríos</u>; por lo tanto, en la hoja de respuestas debería haber rellenado el círculo con el número 3 adentro.

---

No apoye la punta del lápiz en la hoja de respuestas mientras piensa en la respuesta. No haga marcas innecesarias en la hoja. Si decide cambiar una respuesta, borre completamente la primera marca. Rellene un solo círculo por cada respuesta: si señala más de un círculo, la respuesta se considerará incorrecta. No doble ni arrugue la hoja de respuestas.

Una vez terminada esta prueba, utilice la tabla de Análisis del desempeño en la página 256 para determinar si está listo para tomar la verdadera Prueba de GED. Si no lo está, use la tabla para identificar las destrezas que debe repasar de nuevo.

Adaptado con el permiso del *American Council on Education*.

Instrucciones: Elija la respuesta que mejor responda a cada pregunta.

Las preguntas 1 a 3 se refieren al párrafo y caricatura siguientes.

UNIRSE o MORIR.

En 1754, Benjamín Franklin dibujó esta caricatura para apoyar un plan para establecer una unión de colonias que pudiera negociar con Gran Bretaña. La imagen tuvo tanto éxito que se usó nuevamente en 1765 durante el conflicto de los colonos con Gran Bretaña por los impuestos instaurados con la Ley de Estampillas. En 1774, la serpiente de Franklin apareció una vez más, esta vez en el encabezado de un periódico de Massachussets.

1. ¿Qué representa la serpiente en esta caricatura?

(1) el poder potencial de las colonias unidas
(2) las grandes diferencias de las colonias
(3) la unidad de las colonias de Nueva Inglaterra
(4) la maldad del gobierno británico
(5) la gran variedad de inmigrantes en las colonias

2. ¿Qué opinión expresaba el editor de Massachusetts colocando esta caricatura en el encabezado como el símbolo del periódico?

(1) La Ley de Estampillas estableció un impuesto sobre los periódicos, documentos legales y otros materiales impresos.
(2) Nueva Inglaterra estaba en la región más norteña de las colonias.
(3) Massachusetts era parte de Nueva Inglaterra.
(4) Las colonias debían unirse contra Gran Bretaña.
(5) Massachusetts es mejor que el resto de las colonias.

3. ¿Cuál de los siguientes acontecimientos representa más precisamente las ideas expresadas en esta caricatura?

(1) El gobierno obliga a los fabricantes a retirar un producto defectuoso.
(2) Los trabajadores de una empresa forman un sindicato y exigen cambios a su empleador.
(3) Una cadena de restaurantes de comida rápida baja sus precios para atraer a los clientes de la competencia.
(4) Los ambientalistas lanzan una campaña para salvar de la extinción una especie de serpiente.
(5) El propietario de una vivienda cazó y mató a todas las serpientes del vecindario.

Las preguntas 4 a 6 se refieren a la siguiente gráfica.

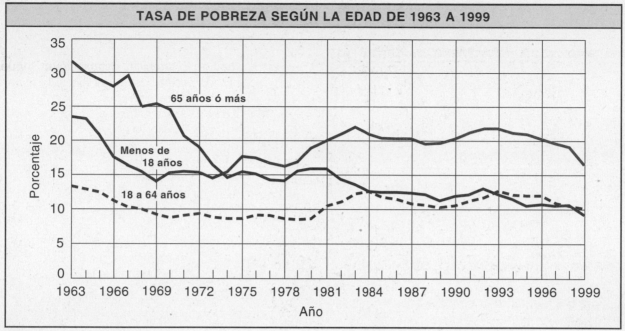

**TASA DE POBREZA SEGÚN LA EDAD DE 1963 A 1999**

65 años ó más

Menos de 18 años

18 a 64 años

Porcentaje

Año

Fuente: U.S. Census Bureau

4. ¿Qué porcentaje de niños vivían en la pobreza en 1971?

  (1) menos del 10 por ciento de los niños
  (2) aproximadamente el 15 por ciento de todos los niños
  (3) más del 20 por ciento de todos los niños
  (4) aproximadamente el 25 por ciento de todos los niños
  (5) aproximadamente el 35 por ciento de los niños

5. ¿Cuál de los siguientes enunciados está apoyado por las pruebas de la gráfica?

  (1) La tasa de pobreza en 1999 fue más baja entre los niños.
  (2) En general, los jóvenes y las personas de edad mediana tienen la tasa de pobreza más alta.
  (3) La tasa de pobreza para los estadounidenses de edad avanzada muestra el mayor mejoramiento a través del tiempo.
  (4) El número de personas pobres ha disminuido constantemente desde 1966.
  (5) La tasa de pobreza para los niños ha mejorado constantemente desde 1966.

6. ¿Cuál de los siguientes procesos se relaciona más probablemente con las tendencias que se muestran en la gráfica?

  (1) La participación de Estados Unidos en la guerra de Vietnam terminó en 1973.
  (2) El presidente Johnson dio curso a una serie de programas contra la pobreza en 1964.
  (3) Las tasas de impuestos para los estadounidenses adinerados en general han bajado desde 1966.
  (4) En la actualidad se gradúan más personas de enseñanza superior que en años anteriores.
  (5) La expectativa de vida de los estadounidenses sigue creciendo.

Las preguntas 7 a 9 se refieren al siguiente mapa.

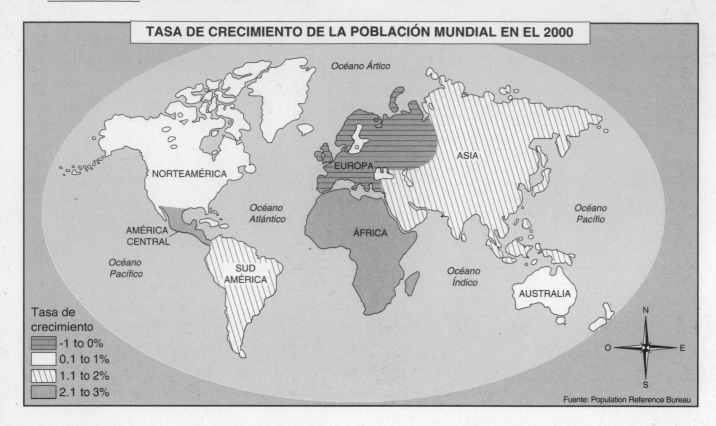

**TASA DE CRECIMIENTO DE LA POBLACIÓN MUNDIAL EN EL 2000**

Tasa de crecimiento
- -1 to 0%
- 0.1 to 1%
- 1.1 to 2%
- 2.1 to 3%

Fuente: Population Reference Bureau

7. ¿Cuál de los siguientes continentes tiene la tasa de crecimiento de la población más baja en el año 2000?

(1) Norteamérica
(2) Sudamérica
(3) África
(4) Asia
(5) Europa

8. ¿Cuál de las siguientes personas se interesaría más en este mapa?

(1) el director de una institución de servicio social de la Organización de las Naciones Unidas
(2) un historiador que estudia el desarrollo de las antiguas civilizaciones
(3) un científico que predice los terremotos en todo el mundo
(4) un psicólogo que estudia la personalidad humana
(5) un geógrafo que se especializa en los recursos marítimos

9. ¿Cuál de los siguientes enunciados está apoyado por el mapa?

(1) Europa y Norteamérica son los continentes que menor crecimiento de la población tienen.
(2) La población de América Central y África está aumentando más rápidamente que las de otras regiones.
(3) La población de Asia está creciendo más rápidamente que la de Sudamérica.
(4) En Australia vive menos gente que en Europa.
(5) En Asia vive más gente que en otros continentes.

Las preguntas 10 a 12 se refieren al siguiente texto.

El gobierno de Estados Unidos intenta esforzadamente proteger a los estadounidenses contra el fraude o contra prácticas o productos peligrosos. La Administración de Alimentos y Drogas, FDA *(Food and Drug Administration)*, trabaja para prevenir la venta de alimentos, drogas y cosméticos peligrosos. La Administración Federal de Aviación, FAA *(Federal Aviation Administration)*, vela por la seguridad de los viajeros aéreos. La Comisión Federal de Comercio, FTC *(Federal Trade Commission)*, protege a los consumidores contra la publicidad engañosa o falsa. Por ejemplo, la FTC ha investigado las afirmaciones de ciertos productos sobre el medio ambiente: pañales desechables que el fabricante asegura se descomponen en los vertederos de basura, bolsas de plástico "biodegradables" y aerosoles para el cabello "que no dañan la capa de ozono", por nombrar algunos.

10. ¿Cuál de los siguientes enunciados del párrafo es una conclusión?

   (1) El gobierno de Estados Unidos trata esforzadamente de proteger a los estadounidenses contra el fraude o contra prácticas o productos peligrosos.
   (2) La Administración de Alimentos y Drogas, FDA *(Food and Drug Administration)*, trabaja para prevenir la venta de alimentos, drogas y cosméticos peligrosos.
   (3) La Administración Federal de Aviación, FAA *(Federal Aviation Administration)*, vela por la seguridad de los viajeros aéreos.
   (4) La Comisión Federal de Comercio, FTC *(Federal Trade Commission)*, protege a los consumidores contra la publicidad engañosa o falsa.
   (5) La FTC ha investigado las afirmaciones de ciertos productos sobre el medio ambiente.

11. ¿Cuál de los siguientes enunciados es un ejemplo de una situación que investigaría la FTC?

   (1) un delineador para ojos que provoca reacciones alérgicas
   (2) defectos en una marca de hornos microondas
   (3) informes de muertes debido a una nueva droga por prescripción
   (4) informes que señalan que una línea aérea no está realizando el mantenimiento requerido en sus aviones
   (5) comerciales de televisión que aseguran que un cereal para el desayuno previene las enfermedades coronarias

12. ¿Qué sugieren la existencia de estas agencias federales sobre lo que el gobierno federal valora altamente?

   (1) los derechos de las minorías
   (2) la libre empresa
   (3) la seguridad de los ciudadanos
   (4) la responsabilidad individual
   (5) la libre expresión

La pregunta 13 se refiere a los siguientes mapas.

13. ¿Cuál de los siguientes es una conclusión que se puede sacar sobre la Guerra de Corea al comparar la información de ambos mapas?

   (1) Corea del Norte invadió a Corea del Sur en junio de 1950.
   (2) Después de la ocupación comunista de Corea del Sur, las fuerzas de la ONU hicieron retroceder a los invasores hacia las fronteras con China.
   (3) Las tropas invasoras comunistas avanzaron hacia el sur, casi hasta la ciudad de Pusan.
   (4) Las Naciones Unidas intervinieron en la Guerra de Corea apoyando a los coreanos del Sur, desembarcando en Inchon en septiembre de 1950.
   (5) Antes de que comenzara la Guerra de Corea, el paralelo 38 era la línea que dividía a Corea del Norte de Corea del Sur.

Las preguntas 14 a 16 se basan en el texto y tabla siguientes.

En la primera mitad del siglo XIX ocurrieron grandes cambios en Estados Unidos. En el Norte, la industrialización convirtió a los pueblos en centros industriales. A medida que la gente llegó en masa buscando trabajo en las fábricas, estos pueblos se convirtieron en ciudades. En el Sur, la invención de la limpiadora de algodón salvó al sistema de plantación y a la esclavitud. Este artefacto separaba mecánicamente las semillas de las fibras de algodón, lo que permitía que los esclavos de las plantaciones prepararan más algodón para la venta que lo que harían a mano. Este avance alentó a la gente del sur a plantar más algodón, con lo que se expandió el sistema de plantación.

Las diferencias en las distintas maneras de desarrollarse provocaron un desacuerdo entre el Norte y el Sur sobre diversos problemas. Los conflictos sobre los problemas que se resumen en la siguiente tabla llevaron finalmente a la Guerra Civil en 1861.

| Problemas entre el Norte y el Sur | |
| --- | --- |
| Tema | Resumen |
| abolicionismo | la opinión de que la esclavitud era moralmente incorrecta y que debía abolirse, sin importar en qué parte de Estados Unidos existiera |
| extensión de la esclavitud | el problema de si debía permitirse la expansión de la esclavitud a los nuevos territorios adquiridos por Estados Unidos |
| política arancelaria | el problema de si debía exigirse impuestos sobre los bienes fabricados en otros países para que costasen más que los productos fabricados en Estados Unidos |
| anulación | la teoría de que un estado tenía el derecho de anular e invalidar cualquier ley federar se consideraba inconstitucional |
| secesión | el retiro de un estado de la Unión, basado en la creencia de que la Constitución creó una unión de estados soberanos y que esta soberanía le entregaba a cada estado el derecho de retirarse de la Unión en cualquier momento |

14. En 1820, el Congreso aprobó el Acuerdo de Missouri. Admitía a Missouri en la Unión como un estado que permitía la esclavitud pero requería que ésta fuese prohibida en cualquier nuevo estado que se formase al norte o al oeste de Missouri. ¿A qué tipo de tema entre el Norte y el Sur alude el Acuerdo de Missouri?

(1) abolicionismo
(2) extensión de la esclavitud
(3) política arancelaria
(4) anulación
(5) secesión

15. ¿Qué tipo de problemas entre el Norte y el Sur eran más parecidos por su naturaleza?

(1) el abolicionismo y la extensión de la esclavitud
(2) la extensión de la esclavitud y la política arancelaria
(3) la política arancelaria y la anulación
(4) la abolición y la secesión
(5) la secesión y la política arancelaria

16. ¿Qué conclusión puede hacer a partir de la información del texto y la tabla?

(1) La mayoría de la gente del Norte detestaba la esclavitud.
(2) La mayoría de los blancos en el Sur estaban a favor de extender la esclavitud hacia los territorios del Oeste.
(3) La mayoría de los esclavos del Sur no trabajaban tan duro como los trabajadores de las industrias en el Norte.
(4) La abolición condujo a la secesión.
(5) La esclavitud fue la causa de la Guerra Civil.

Las preguntas 17 y 18 se refieren a la siguiente caricatura.

17. ¿Qué da a entender la caricatura que es el mayor obstáculo que deben enfrentar las personas que participan en esta carrera?

    (1) tener suficiente tiempo
    (2) tener suficiente dinero
    (3) llegar a la línea de partida
    (4) pasar Iowa
    (5) pasar New Hampshire

18. ¿Qué supone el caricaturista que los lectores entienden sobre el tema de la caricatura?

    (1) Trata sobre la clasificación a las Olimpiadas.
    (2) Se refiere a ser designado a la Corte Suprema.
    (3) Se refiere a la mejora en la balanza de comercio.
    (4) Se refiere al sistema de carreteras interestatales entre Iowa y New Hampshire.
    (5) Se refiere a lograr la nominación para presidente de Estados Unidos de un partido político.

La pregunta 19 se refiere a la siguiente información.

La fijación de precios es un acuerdo formal o informal entre un grupo de vendedores para establecer un valor específico para un artículo que se produce con el fin de evitar la competencia. En la mayoría de los países, la fijación de precios sin el consentimiento del gobierno es ilegal.

19. ¿Cuál de las siguientes cosas es más probable que se produzca con la fijación de precios?

    (1) precios más bajos para los consumidores
    (2) utilidades más bajas para el vendedor
    (3) precios más altos para los consumidores
    (4) un producto mejorado
    (5) exceso de artículos en el mercado

La pregunta 20 se refiere al siguiente mapa.

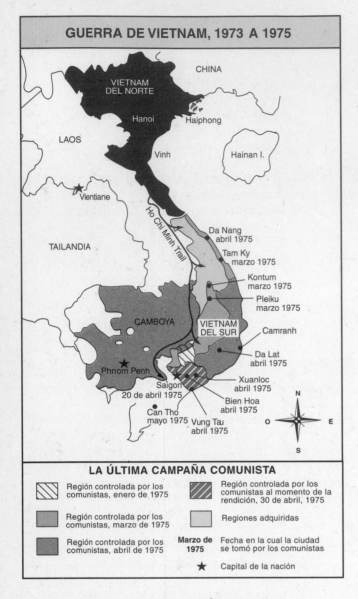

**GUERRA DE VIETNAM, 1973 A 1975**

CHINA

VIETNAM DEL NORTE

Hanoi

Haiphong

LAOS

Vinh

Hainan I.

Vientiane

Ho Chi Minh Trail

Da Nang
abril 1975

TAILANDIA

Tam Ky
marzo 1975

Kontum
marzo 1975

Pleiku
marzo 1975

CAMBOYA

VIETNAM
DEL SUR

Camranh

Da Lat
abril 1975

Phnom Penh

Saigon
20 de abril 1975

Xuanloc
abril 1975

Bien Hoa
abril 1975

Can Tho
mayo 1975

Vung Tau
abril 1975

N
O    E
S

**LA ÚLTIMA CAMPAÑA COMUNISTA**

Región controlada por los comunistas, enero de 1975

Región controlada por los comunistas al momento de la rendición, 30 de abril, 1975

Región controlada por los comunistas, marzo de 1975

Regiones adquiridas

Región controlada por los comunistas, abril de 1975

**Marzo de 1975** Fecha en la cual la ciudad se tomó por los comunistas

★ Capital de la nación

La pregunta 21 se refiere al siguiente texto sacado del Preámbulo a la Constitución de Estados Unidos.

"Nosotros, el pueblo de Estados Unidos, con el objeto de formar una Unión más perfecta, establecer la justicia, asegurar la tranquilidad interior, proveer a la defensa común, promover el bienestar general, asegurar los beneficios de la libertad para nosotros y para nuestra posteridad, ordenamos y establecemos esta Constitución para los Estados Unidos de América".

21. Según el Preámbulo, ¿qué esperaban lograr los redactores de la Constitución con este documento?

   (1) una nación más fuerte y estable
   (2) la independencia de Gran Bretaña
   (3) la conquista de naciones extranjeras
   (4) crear la nación de Estados Unidos
   (5) el fin de la esclavitud en Estados Unidos

La pregunta 22 se refiere al siguiente párrafo.

"Un político en este país debe ser un hombre de partido", escribió John Quincy Adams en 1802. Cinco años después de que el presidente George Washington dejara el cargo, los partidos políticos ya formaban parte de la vida estadounidense. A principios del siglo XIX había dos partidos principales, tal como ocurre en la actualidad. En el pasado, los candidatos republicanos desafiaban a los federalistas; más adelante, los demócratas se oponían a los whigs. Actualmente, los republicanos y los demócratas compiten entre sí. Los demás partidos surgieron por primera vez en 1832.

22. ¿Cuál enunciado resume mejor este párrafo?

   (1) Siempre han existido partidos alternativos en el sistema político estadounidense.
   (2) Los partidos alternativos no han tenido éxito en la presentación de candidatos populares para presidente.
   (3) Durante la mayor parte de su historia, Estados Unidos ha tenido un sistema bipartidista.
   (4) Los votantes estadounidenses suelen votar por los candidatos que pertenecen a los dos partidos principales.
   (5) Un candidato para un puesto no puede ser elegido sin el apoyo de un partido político.

20. ¿Cuál de los siguientes enunciados está apoyado por el mapa?

   (1) Al igual que Laos y Camboya, Vietnam fue gobernada alguna vez por Francia.
   (2) Una guerra de independencia dividió al país en un sector comunista y uno no comunista.
   (3) Hacia 1973, Estados Unidos había retirado sus fuerzas de Vietnam del Sur.
   (4) A mediados de 1975, las tropas de Vietnam del Norte habían invadido a Vietnam del Sur.
   (5) Vietnam ha enfrentado dificultades para reconstruir su economía lastimada por la guerra.

Las preguntas 23 a 25 se refieren al siguiente diagrama.

## CÓMO UN PROYECTO DE LEY SE CONVIERTE EN LEY

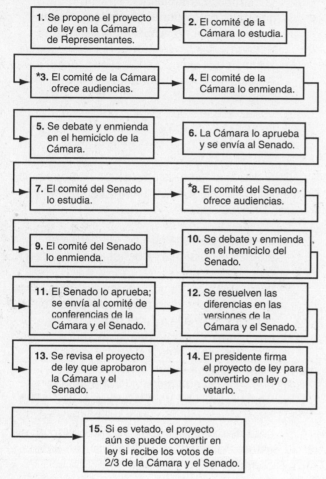

1. Se propone el proyecto de ley en la Cámara de Representantes.

2. El comité de la Cámara lo estudia.

*3. El comité de la Cámara ofrece audiencias.

4. El comité de la Cámara lo enmienda.

5. Se debate y enmienda en el hemiciclo de la Cámara.

6. La Cámara lo aprueba y se envía al Senado.

7. El comité del Senado lo estudia.

*8. El comité del Senado ofrece audiencias.

9. El comité del Senado lo enmienda.

10. Se debate y enmienda en el hemiciclo del Senado.

11. El Senado lo aprueba; se envía al comité de conferencias de la Cámara y el Senado.

12. Se resuelven las diferencias en las versiones de la Cámara y el Senado.

13. Se revisa el proyecto de ley que aprobaron la Cámara y el Senado.

14. El presidente firma el proyecto de ley para convertirlo en ley o vetarlo.

15. Si es vetado, el proyecto aún se puede convertir en ley si recibe los votos de 2/3 de la Cámara y el Senado.

*Paso opcional

23. El representante A presenta un proyecto de ley para disminuir el apoyo del gobierno al precio de la leche. Al representante B, de un estado lechero, le gustaría cambiar el proyecto de ley. ¿Durante cuál de los siguientes procesos podrá influenciar en primer lugar el representante B este proyecto de ley?

(1) durante las audiencias del comité del Senado
(2) durante el debate del Senado sobre el proyecto de ley
(3) durante el debate de la Cámara sobre el proyecto de ley
(4) durante el voto de la Cámara sobre el proyecto de ley
(5) durante las discusiones del comité de conferencia

24. ¿Qué valoran más los legisladores para tener éxito durante el paso 12 del diagrama?

(1) las opiniones del presidente
(2) el espíritu de llegar a un acuerdo
(3) la voluntad de la Cámara
(4) la voluntad del Senado
(5) la voluntad del pueblo

25. De acuerdo con el diagrama, ¿mediante cuál de los siguientes un proyecto de ley aún se puede convertir en ley, a pesar de no haber sido aprobada?

(1) el comité de la Cámara
(2) el comité del Senado
(3) toda la Cámara
(4) todo el Senado
(5) el presidente

Las preguntas 26 a 29 se refieren al texto y mapa siguientes.

A fines del siglo XIX, Gran Bretaña y Venezuela discutían los límites entre Venezuela y una pequeña colonia británica llamada Guayana. Las tensiones aumentaron en la década de 1880 cuando se descubrió oro en el territorio que reclamaban ambos países.

Estados Unidos quería debilitar la influencia británica en Sudamérica, por lo que se unió a los venezolanos durante la disputa. Luego de discusiones y amenazas de guerra, se terminó con la disputa en 1899. Una comisión internacional fijó el límite entre Venezuela y Guayana Inglesa. Esta frontera aún existe actualmente entre las naciones de Venezuela y Guyana.

**DISPUTA POR LAS FRONTERAS EN VENEZUELA**

26. ¿Qué límite reclamaba Venezuela en la disputa?

(1) el río Orinoco
(2) el río Caroni
(3) el río Essequibo
(4) el límite con Guayana Holandesa
(5) el límite con Colombia

27. ¿Cuál de los siguientes enunciados está apoyado por la información del texto y del mapa?

(1) Estados Unidos tuvo poca influencia en la resolución de la disputa.
(2) Venezuela y Gran Bretaña tuvieron una guerra por el territorio disputado.
(3) En otra época, Venezuela fue colonia de España.
(4) A finales del siglo XIX, Guayana Inglesa era la única colonia europea que quedaba en América.
(5) Venezuela era una nación poderosa a finales del siglo XIX.

28. ¿Cuál de los siguientes enunciados se asemeja más a la disputa que hubo entre Venezuela y Gran Bretaña?

(1) un dueño de casa que se queja con el plomero por la cuenta de las reparaciones que hizo
(2) dos entrenadores que programan la práctica de sus equipos de natación en la piscina de la comunidad a la misma hora
(3) un argumento sobre cuál explorador europeo debería recibir los honores por descubrir el nuevo mundo
(4) dos vecinos que discuten sobre dónde levantar una cerca que separará sus patios
(5) un conductor cuyo automóvil se lleva por la grúa después de haberlo estacionado en el estacionamiento de una tienda que estaba cerrada

29. ¿Qué suposiciones se pueden hacer a partir de la información del texto y el mapa?

(1) Guayana Inglesa finalmente formó parte de Venezuela.
(2) Guayana Holandesa también fue parte de la colonia inglesa alguna vez.
(3) El descubrimiento de oro hizo que Venezuela fuera una nación rica.
(4) Brasil y Gran Bretaña también tenían disputas de territorios.
(5) La nación sudamericana de Guyana una vez fue colonia inglesa.

La pregunta 30 se refiere a la siguiente información.

Existen dos tipos de costos involucrados en la producción de un producto. El primer tipo son los costos fijos. Esto incluye cosas como la renta del edificio o los costos de los equipos de producción. Los costos fijos son siempre los mismos, no importa cuánto producto se produzca. El segundo tipo son los costos variables. Los costos variables, que incluyen los materiales, aumentan cuando se produce más producto y disminuyen cuando se produce menos.

30. Suponga que es propietario de una empresa y está preparando su presupuesto anual. ¿Cuál de las siguientes suposiciones acerca del presupuesto ilustrarían lógica incorrecta de su parte?

Cuando la cantidad de un producto

(1) aumente, el presupuesto para suministros aumentará también.
(2) aumente, los pagos de la hipoteca permanecerán iguales.
(3) disminuya, los impuestos sobre la propiedad permanecerán iguales.
(4) disminuya, el presupuesto de publicidad aumentará.
(5) disminuya, el presupuesto para materias primas disminuirá.

La pregunta 31 se refiere a la siguiente tabla.

| DIFERENCIAS ENTRE LA CÁMARA Y EL SENADO | |
| --- | --- |
| Cámara | Senado |
| • 435 miembros | • 100 miembros |
| • Miembros organizados en 22 comités permanentes | • Miembros organizados en 16 comités permanentes |
| • Electos en los distritos de los estados | • Electos de todo el estado |
| • Período de 2 años | • Período de 6 años |
| • El cuerpo completo se elige cada 2 años | • Un tercio del cuerpo se elige cada 2 años |
| • Encabezados por un Vocero electo | • Encabezados por el Vicepresidente |
| • Menos interés por parte de los medios de comunicación | • Más interés por parte de los medios de comunicación |

31. De acuerdo con la gráfica, ¿en cuál de los siguientes aspectos se asemejan la Cámara y el Senado?

(1) la duración del mandato de los miembros
(2) el número de comités de cada uno
(3) que los miembros representan regiones geográficas
(4) cómo se selecciona el liderazgo de cada uno
(5) cuando los miembros van a la reelección

La pregunta 32 se refiere a la siguiente información.

La lluvia ácida se forma cuando dos contaminantes industriales, dióxido de azufre y óxido de nitrógeno, se combinan en el aire con el vapor de agua. Las sustancias dañinas resultantes arrastran por el viento y regresan a la tierra en forma de lluvia. La lluvia ácida daña los bosques, los ríos y los lagos, corroe las construcciones y envenena a los peces.

32. ¿Cuál es el tipo de región que más probablemente sufra el problema de la lluvia ácida?

(1) una región donde el viento sopla desde el océano, como la Costa Oeste de Estados Unidos
(2) un área con muy poca lluvia, como el Sahara del norte de África
(3) una región muy industrializada y con lluvias promedio, como Alemania y Europa Central
(4) un área de muchos bosques con pocas industrias o ninguna, como el norte de Canadá
(5) un área circundada por grandes masas de agua, como la península itálica en el sur de Europa

Las preguntas 33 a 35 se refieren al texto y mapa siguientes.

A veces las personas usan los términos *tiempo* y *clima* de manera intercambiable, pero tiempo y clima no son iguales. El *clima* se refiere a las condiciones atmosféricas generales que caracterizan a una región durante un largo período de tiempo. El *tiempo* se refiere a las condiciones diarias de la atmósfera, incluyendo la temperatura, la nebulosidad y las precipitaciones. El tiempo puede cambiar de un día para otro ya que los frentes atmosféricos se mueven de oeste a este a través de Estados Unidos.

**PRONÓSTICO PARA HOY**

33. ¿En qué ciudades es más similar el pronóstico del tiempo para hoy?

    (1) Seattle y San Francisco
    (2) San Francisco y Nueva York
    (3) Richmond y Chicago
    (4) Los Ángeles y Atlanta
    (5) Dallas y Denver

34. ¿Cuál es el efecto más probable del tiempo de hoy?

    (1) La nieve retrasa los vuelos en el aeropuerto de Minneapolis.
    (2) El sistema escolar de Denver cancela las clases debido a la nieve.
    (3) La contaminación cierra las playas en el área de Los Ángeles.
    (4) El esmog interrumpe los viajes aéreos en la ciudad de Nueva York.
    (5) El huracán Alice amenaza a Miami y al resto de Florida del sur.

35. ¿Cuál de las siguientes conclusiones está apoyada por la información presentada?

    (1) Hay muy poca diferencia entre el tiempo de una región y su clima.
    (2) Mientras más alto se encuentre un lugar, más frío será su clima.
    (3) Las precipitaciones ocurren a menudo cuando el aire frío y el aire cálido se encuentran junto a los frentes fríos.
    (4) La mitad oriental de Estados Unidos tiene un clima más húmedo que la mitad occidental.
    (5) Las temperaturas suelen ser más cálidas en la mitad norte de Estados Unidos.

La pregunta 36 se refiere a los siguientes mapas.

### EUROPA ANTES DE LA PRIMERA GUERRA MUNDIAL, 1914

### EUROPA DESPUÉS DE LA PRIMERA GUERRA MUNDIAL, 1919

36. ¿Cuál de los siguientes enunciados es una conclusión basada en estos mapas?

    (1) Austria y Hungría estaban unidas en un imperio antes de la Primera Guerra Mundial.
    (2) La ruptura del Imperio Austro-Húngaro fue un resultado de la Primera Guerra Mundial.
    (3) Después de la Primera Guerra Mundial, Checoslovaquia se convirtió en una nación independiente.
    (4) La república de Austria se estableció después de la guerra.
    (5) Hungría se convirtió en una nación independiente cuando terminó la Primera Guerra Mundial.

La pregunta 37 se refiere a la siguiente cita.

"La verdad es que tenemos ventajas sobre los japoneses en cada auto que fabricamos… pero ¡nadie lo sabe!… Creo que Estados Unidos está sufriendo un complejo de inferioridad con respecto a Japón: 'Todo lo de Japón es perfecto, todo lo de Estados Unidos es malísimo'… Los estadounidenses no comprenden que nuestros automóviles son de calidad. Tenemos que hacer que la gente se dé cuenta de cuál es la verdad".

Lee Iacocca, ex presidente de Chrysler Corporation.

37. Si la perspectiva del que habla es correcta, ¿cuál de los siguientes enunciados ayudaría mejor a los fabricantes estadounidenses de autos a vender más automóviles?

    (1) una tecnología mejor
    (2) automóviles de mejor calidad
    (3) automóviles más baratos
    (4) publicidad y mercadotecnia mejores
    (5) salarios más altos para los trabajadores de la industria automotriz

La pregunta 38 se refiere al siguiente mapa.

**HORAS EN LA JORNADA LABORAL EN 1920**

No hay leyes que limiten la jornada laboral

11 horas

8 a 10 horas

38. De acuerdo con el mapa, ¿cuál de los enunciados acerca de los trabajadores estadounidenses en 1920 es un hecho?

(1) Los empleados que trabajaban en turnos de 11 horas diarias estaban en peor situación que los que trabajaban turnos de 8 horas diarias.

(2) Los empleadores de estados que no tenían límites para la jornada laboral no se preocupaban por sus empleados.

(3) En los estados que tenían leyes que limitaban la jornada laboral probablemente existían sindicatos laborales fuertes.

(4) Los empleados de los estados del Oeste eran mejores trabajadores que los de Nueva Inglaterra.

(5) La mayoría de los trabajadores sureños debía trabajar todo lo que su empleador les exigiera.

La pregunta 39 se refiere a la siguiente información.

La industrialización llevó al crecimiento de pueblos y ciudades en Estados Unidos. La población urbana estadounidense dio un salto del 3 por ciento en 1970 a un 16 por ciento en 1860. Sin embargo, el crecimiento urbano no se expandió en forma pareja a lo largo de Estados Unidos, como lo ilustra la siguiente gráfica.

**CRECIMIENTO DE LA POBLACIÓN URBANA DE 1800 A 1860**

Fuente: Historical Statistics of the United States

39. ¿Cuál es la razón más probable para el crecimiento urbano del Medio Oeste que muestra la gráfica?

(1) un aumento en la inmigración hacia el Noreste

(2) el crecimiento industrial del Medio Oeste

(3) el descenso de la esclavitud en el Sur

(4) la derrota de las granjas del Medio Oeste debido a las sequías

(5) el descenso de la población de indios americanos

La pregunta 40 se refiere a la siguiente tabla.

**VOTO POPULAR EN LA ELECCIÓN PRESIDENCIAL DEL 2000**

| Porcentaje de votos recibidos por los candidatos republicanos y demócratas en los cinco estados más poblados | | |
|---|---|---|
| **Estado** | **Bush** | **Gore** |
| California | 42% | 54% |
| Florida | 49% | 49% |
| Illinois | 43% | 55% |
| Nueva York | 35% | 60% |
| Texas | 59% | 38% |

40. ¿Cuál de los siguientes enunciados resume mejor la información de la tabla?

(1) George W. Bush ganó el voto popular en todos los cinco estados más poblados.

(2) Albert Gore ganó el voto popular en todos los cinco estados más poblados.

(3) Gore obtuvo una impresionante victoria en tres de estos estados, Bush ganó en forma arrolladora en uno de los estados y el quinto estado se disputó cerradamente.

(4) Gore y Bush ganaron cada uno en dos de los estados más poblados y el quinto estado se disputó cerradamente.

(5) Gore ganó el voto popular pero perdió en el Colegio Electoral.

La pregunta 41 se refiere a la siguiente gráfica.

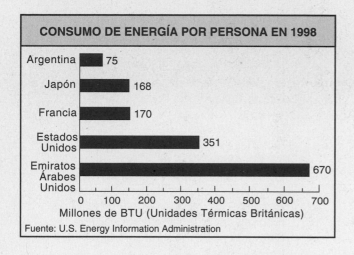

**CONSUMO DE ENERGÍA POR PERSONA EN 1998**

Argentina 75
Japón 168
Francia 170
Estados Unidos 351
Emiratos Árabes Unidos 670

Millones de BTU (Unidades Térmicas Británicas)

Fuente: U.S. Energy Information Administration

41. ¿Cuál de los siguientes enunciados es una conclusión relacionada con la gráfica?

　(1) Estados Unidos consumió 351 millones de BTU de energía por persona en 1998.
　(2) Los Emiratos Árabes Unidos consumieron 670 millones de BTU de energía por persona en 1998.
　(3) Argentina consumió 75 millones de BTU de energía por persona en 1998.
　(4) Francia consumió 170 millones de BTU de energía por persona en 1998.
　(5) El consumo de energía por persona varía ampliamente entre las naciones del mundo.

La pregunta 42 se refiere a la siguiente tabla.

| ACONTECIMIENTOS IMPORTANTES EN LA ANTIGUA ATENAS | |
| --- | --- |
| Fecha | Acontecimiento |
| 621 a.C. | se diseña un código de leyes |
| 594 a.C. | se deroga la esclavitud por deudas; se establece un tribunal de apelaciones |
| 508 a.C. | se crea un consejo de gobierno, formado por miembros de las unidades de gobierno locales |
| 461– 429 a.C. | todos los ciudadanos masculinos se consideran elegibles para ocupar cargos en el gobierno |

42. ¿Qué desarrollo resume esta tabla?

　(1) el crecimiento de las instituciones democráticas en la antigua Atenas
　(2) el crecimiento de la milicia en la antigua Grecia
　(3) el establecimiento de un gobierno representativo en Grecia moderna
　(4) la abolición de la tiranía en la antigua Atenas
　(5) el desarrollo del sistema judicial de Atenas

La pregunta 43 se refiere a la siguiente información.

En una encuesta realizada a más de un millón de familias en 1998, el Departamento del Trabajo de Estados Unidos descubrió que el ingreso familiar promedio era de alrededor de $41,600 por año. El siguiente gráfico muestra cómo la familia estadounidense promedio gasta ese dinero.

Ropa 4%
Diversiones 4%
Alimentación 11%
Vivienda 28%
Impuestos 15%
Transporte 16%
Todos los demás gastos 22%

43. ¿Cuál de los siguientes enunciados acerca de la información de la gráfica es una conclusión?

　(1) Los estadounidenses gastan cerca de un 4 por ciento de sus ingresos en diversiones.
　(2) El gasto que demanda más dinero en la mayoría de las familias estadounidenses es la vivienda.
　(3) Más de un dólar de cada diez que los estadounidenses ganan se gasta en comida.
　(4) Cerca de un 16 por ciento de lo que ganan las familias se gasta en transporte.
　(5) Los estadounidenses gastan la mayor parte de lo que ganan en sus necesidades básicas de vida.

Las preguntas 44 a 46 se refieren al texto y tabla siguientes.

En la planificación económica, una autoridad pública central trata de controlar y dirigir la actividad económica. La planificación económica es lo contrario a la doctrina de "laissez-faire" o dejar hacer, la que sostiene que la economía de una nación funciona mejor mientras menor sea la intervención del gobierno. Sin embargo, la planificación económica juega un papel incluso en las naciones dedicadas a la libre empresa. En esas naciones, la planificación económica se torna especialmente importante durante los períodos de guerra y recesión.

| LOS TRES SISTEMAS ECONÓMICOS PRINCIPALES | |
|---|---|
| Sistema | La teoría detrás del sistema |
| Comunismo | Todos los medios de producción son propiedad del gobierno y manejados por él. |
| Socialismo | Los medios de producción básicos son propiedad del gobierno y manejados por él; el resto está en manos privadas y se maneja por ellas. |
| Capitalismo | Los medios de producción están en manos privadas y son manejados por ellas. |

44. ¿Cuál de los siguientes enunciados replantea la teoría tras el socialismo?

   (1) Toda actividad económica debiera controlarse por una autoridad pública central.
   (2) Durante guerra o recesión, la actividad económica debiera controlarse por una autoridad pública central.
   (3) El gobierno debe poseer y manejar todos los medios de producción.
   (4) El gobierno debe poseer y manejar los medios de producción básicos.
   (5) Las empresas privadas deben poseer y manejar todos los medios de producción.

45. ¿En cuál tipo de sistema económico jugaría un papel la doctrina de "laissez-faire" o dejar hacer?

   (1) comunismo y socialismo
   (2) socialismo y capitalismo
   (3) capitalismo y comunismo
   (4) comunismo solamente
   (5) socialismo solamente

46. ¿Qué suposición necesita usted hacer acerca de la libre empresa para comprender el párrafo completamente?

   (1) Es la libertad de la empresa privada para funcionar competitivamente por una ganancia con muy poca regulación del gobierno.
   (2) Es la libertad del gobierno de fijar los precios y los salarios y de tomar las decisiones económicas que considera mejor para los ciudadanos.
   (3) Es una ley que permite que algunas empresas privadas reciban apoyo financiero del gobierno.
   (4) Es más popular en naciones socialistas.
   (5) Es más popular en naciones comunistas.

La pregunta 47 se refiere a la siguiente cita.

"Ha llegado la hora de que el Congreso de Estados Unidos se una a las ramas ejecutiva y judicial para dejar claro a todos que la raza no tiene lugar en la vida o en la ley de Estados Unidos".
—Presidente John F. Kennedy

47. ¿Cuál de los siguientes enunciados fue el resultado deseado de la petición de Kennedy al Congreso?

   (1) el Cuerpo de Paz
   (2) un incremento en la ayuda a la educación
   (3) un incremento en la ayuda extranjera a América Latina
   (4) la Ley de Derechos Civiles de 1964
   (5) la Ley de Expansión del Comercio de 1962

La pregunta 48 se refiere al párrafo y gráfica siguientes.

A comienzos del siglo XX, Estados Unidos jugó un papel importante en el desarrollo económico de varios países latinoamericanos. Las empresas estadounidenses invirtieron miles de millones de dólares en países de Centroamérica, Sudamérica y el Caribe. Debido a su importancia económica, estas empresas también tenían poder político. El apoyo a dictadores en países donde tenían inversiones hicieron que Estados Unidos se ganara el resentimiento duradero de muchos latinoamericanos.

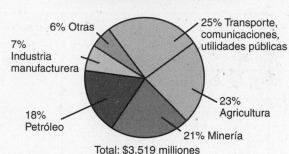

**INVERSIONES ESTADOUNIDENSES EN LATINOAMÉRICA EN 1929**

6% Otras
7% Industria manufacturera
18% Petróleo
25% Transporte, comunicaciones, utilidades públicas
23% Agricultura
21% Minería

Total: $3,519 millones

Fuente: Historical Statistics of the United States

48. ¿Cuál de los siguientes enunciados es la razón más probable de las inversiones en transporte que Estados Unidos hizo en Latinoamérica?

(1) porque se ganaba muy poco invirtiendo en este sector de la economía
(2) para incrementar las ganancias del turismo en los países de Latinoamérica
(3) para trasladar los productos de las empresas estadounidenses hacia allá para exportar y vender a Estados Unidos
(4) porque los líderes latinoamericanos tomaron a mal las inversiones estadounidenses en este sector de la economía
(5) para ayudar a las personas de una nación latinoamericana a trasladarse mejor en su país

La pregunta 49 se refiere al párrafo y mapa siguientes.

A medida que la población ha aumentado, el centro de la población de Estados Unidos ha cambiado hacia el oeste. Cuando se realizó el primer censo en 1790, el centro de la población de Estados Unidos estaba cerca de Baltimore, Maryland. Dos siglos después se encontraba hacia el suroeste de San Luis, Missouri.

**CENTROS DE POBLACIÓN DE ESTADOS UNIDOS DE 1790 A 1990**

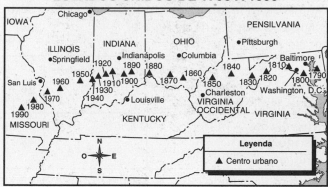

Leyenda
▲ Centro urbano

Fuente: U.S. Census Bureau

49. ¿Cuál de las siguientes conclusiones están apoyadas por el párrafo y el mapa?

(1) El centro de población de Estados Unidos se ha trasladado constantemente hacia el oeste.
(2) A partir de 1910, la población en el Sur y en el Oeste ha crecido más rápido que en el Norte y en el Este.
(3) Baltimore, Maryland, era la ciudad más grande de Estados Unidos en 1790.
(4) La población de Estados Unidos ha ido aumentando constantemente debido a la inmigración hacia las ciudades estadounidenses.
(5) En 1990, gran parte de la población de la nación vivía cerca de San Luis, Missouri.

La pregunta 50 se refiere a la siguiente tabla.

**INICIATIVA**
Proceso por el cual los ciudadanos puede proponer, mediante una petición, leyes estatales o locales y someterlas a voto popular

**REFERÉNDUM**
Voto directo mediante el cual las personas aceptan o rechazan una propuesta de ley ya aprobada por un gobierno estatal o local

50. ¿En qué se parecen la iniciativa y el referéndum?

Ambos permiten a los ciudadanos

(1) pasar por alto a sus representantes.
(2) revocar leyes estatales.
(3) proponer leyes estatales.
(4) remover a los legisladores por comportamiento corrupto.
(5) revocar leyes federales.

**Las respuestas comienzan en la página 337.**

# Tabla de análisis del desempeño en la prueba final
## Estudios sociales

Las siguientes tablas le servirán para determinar cuáles son sus puntos fuertes y débiles en las áreas temáticas y destrezas necesarias para aprobar la Prueba de Estudios sociales de GED. Consulte la sección Respuestas y explicaciones que empieza en la página 337 para verificar las respuestas que haya dado en la Prueba final. Luego, en la tabla, encierre en un círculo los números correspondientes a las preguntas de la prueba que haya contestado correctamente. Anote el número total de aciertos por área temática y por destreza al final de cada hilera y columna. Vea el número total de aciertos de cada columna e hilera para determinar cuáles son las áreas y destrezas que más se le dificultan. Use como referencia las páginas señaladas en la tabla para estudiar esas áreas y destrezas. Utilice una copia del Plan de estudio de la página 31 como guía de repaso.

| Destreza de razonamiento / Área temática | Comprensión (Lecciones 1, 2, 7, 16, 18) | Análisis (Lecciones 3, 4, 6, 9, 10, 11, 12, 19) | Aplicación (Lecciones 14, 15) | Evaluación (Lecciones 5, 8, 13, 17, 20) | Número de aciertos |
|---|---|---|---|---|---|
| Historia de Estados Unidos (*Páginas 32 a 93*) | **1**, 22 | **2, 15, 38, 39, 48** | **3, 14**, 47 | **16, 49** | _____/12 |
| Historia del mundo (*Páginas 94 a 133*) | **26, 42** | **13, 29, 36** | 28 | **20, 27** | _____/8 |
| Educación cívica y gobierno (*Páginas 134 a 175*) | **17**, 21, **40** | 10, **18, 25, 31, 50** | 11, **23** | 12, **24** | _____/12 |
| Economía (*Páginas 176 a 207*) | **4, 44** | **6**, 19, **43**, 46 | 37, **45** | **5**, 30 | _____/10 |
| Geografía (*Páginas 208 a 238*) | 7 | **33, 34, 41** | **8**, 32 | **9, 35** | _____/8 |
| Número de aciertos | _____/10 | _____/20 | _____/10 | _____/10 | _____/50 |

> 1–40 → Use el Plan de estudio de la página 31 para organizar su repaso.
> 41–50 → ¡Felicidades! ¡Esta listo para tomar la Prueba de GED! Puede practicar más usando la Prueba simulada en las páginas 257 a 274.

Los **números en negritas** corresponden a preguntas que contienen tablas, gráficas, diagramas y dibujos.

## ESTUDIOS SOCIALES

### Instrucciones

La Prueba simulada de Estudios Sociales consta de una serie de preguntas de selección múltiple destinadas a medir conocimientos generales de Estudios Sociales.

Las preguntas se basan en lecturas breves que con frecuencia incluyen un mapa, un gráfico, un cuadro, una tira cómica o un diagrama. Primero estudie la información que se proporciona y luego conteste la pregunta o preguntas que siguen. Al contestar las preguntas, consulte la información dada cuantas veces considere necesario.

Se le darán 70 minutos para contestar las 50 preguntas de esta prueba. Trabaje con cuidado, pero no dedique demasiado tiempo a una sola pregunta. Asegúrese de haber contestado todas las preguntas. No se descontarán puntos por respuestas incorrectas. Cuando se agote el tiempo, ponga una marca en la última pregunta que haya contestado. Esto le servirá de guía para calcular si podrá terminar la verdadera Prueba de GED dentro del tiempo permitido. A continuación, termine la prueba.

Registre sus respuestas en la hoja de respuestas separada en la página 361. Asegúrese de incluir toda la información requerida en la hoja de respuestas.

Para marcar sus respuestas, en la hoja de respuestas rellene el círculo con el número de la respuesta que considere correcta para cada una de las preguntas de la prueba.

---

**Ejemplo:**

Para asentarse los primeros colonos de América del Norte buscaron lugares que tuvieran suficiente agua y acceso por barco. Por este motivo, muchas de las primeras ciudades fueron construidas cerca de

(1) bosques
(2) praderas
(3) ríos
(4) glaciares
(5) océanos

La respuesta correcta es <u>ríos</u>; por lo tanto, en la hoja de respuestas debería haber rellenado el círculo con el número 3 adentro.

---

No apoye la punta del lápiz en la hoja de respuestas mientras piensa en la respuesta. No haga marcas innecesarias en la hoja. Si decide cambiar una respuesta, borre completamente la primera marca. Rellene un solo círculo por cada respuesta: si señala más de un círculo, la respuesta se considerará incorrecta. No doble ni arrugue la hoja de respuestas.

Una vez terminada esta prueba, utilice la Tabla de análisis del desempeño en la página 274 para determinar si está listo para tomar la verdadera Prueba de GED. Si no lo está, use la tabla para identificar las destrezas que debe repasar de nuevo.

Adaptado con el permiso del *American Council on Education*.

Instrucciones: Elija la respuesta que mejor responda a cada pregunta.

Las preguntas 1 a 4 se refieren al párrafo y gráficas siguientes.

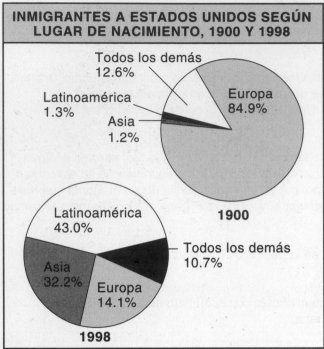

INMIGRANTES A ESTADOS UNIDOS SEGÚN LUGAR DE NACIMIENTO, 1900 Y 1998

Todos los demás 12.6%
Latinoamérica 1.3%
Asia 1.2%
Europa 84.9%
1900

Latinoamérica 43.0%
Asia 32.2%
Europa 14.1%
Todos los demás 10.7%
1998

Fuente: U.S. Census Bureau and Immigration and Naturalization Service

Durante gran parte de la historia de la nación, la mayoría de los inmigrantes que entraban a Estados Unidos provenían de naciones europeas. En 1892, el gobierno de Estados Unidos abrió un centro para atender a estos inmigrantes en Ellis Island, en el puerto de Nueva York. En 1910, el gobierno abrió un segundo centro en Angel Island, en la bahía de San Francisco. Antes de que Ellis Island cerrara en 1954, habían llegado más de 16 millones de inmigrantes. Actualmente, Ellis Island es un lugar histórico nacional, mientras que Angel Island es un parque del estado de California.

1. ¿Desde qué región del mundo llegó el mayor grupo de inmigrantes en 1998?

   (1) Asia
   (2) Latinoamérica
   (3) Europa
   (4) África
   (5) No se puede determinar a partir de la información entregada.

2. ¿Cuál de los siguientes enunciados es un hecho basado en el párrafo y la gráfica?

   (1) El porcentaje de inmigrantes provenientes de Asia aumentó considerablemente durante el siglo XX.
   (2) El porcentaje de inmigrantes provenientes de Latinoamérica disminuyó considerablemente durante el siglo XX.
   (3) Angel Island debería haberse convertido en un lugar histórico nacional al igual que Ellis Island.
   (4) Los inmigrantes que vinieron a Estados Unidos hace 100 años tuvieron más dificultades para adaptarse que las que han tenido los actuales inmigrantes.
   (5) Promover que un gran número de personas inmigren es bueno para la economía de nuestra nación.

3. ¿En qué forma los acontecimientos analizados en el texto e ilustrados en las gráficas afectaron más probablemente a la nación?

   (1) El gobierno ha suspendido todas las limitaciones en cuanto al número de personas que entran a Estados Unidos.
   (2) Los inmigrantes ya no llegan a California ni a Nueva York.
   (3) Estados Unidos se ha convertido en una nación de más diversidad étnica y cultural.
   (4) La inmigración de asiáticos ha bajado debido al cierre de Angel Island.
   (5) La inmigración de latinoamericanos ha aumentado debido al cierre de Ellis Island.

4. ¿Cuál enunciado está mejor apoyado por el párrafo y las gráficas?

   (1) La mayoría de los inmigrantes asiáticos viven en la Costa Oeste de Estados Unidos.
   (2) Europa ya no es la fuente más importante de inmigrantes hacia Estados Unidos.
   (3) El número total de inmigrantes hacia Estados Unidos ha aumentado desde el año 1900.
   (4) Ellis Island atrae a más visitantes que Angel Island.
   (5) Ellis Island cerró antes de Angel Island.

La pregunta 5 se refiere al siguiente párrafo.

Alrededor del año 1500, el pueblo maya ocupaba grandes ciudades-estado, que eran la unidad de gobierno en la región de lo que ahora es el sur de México y Guatemala. Estos gobiernos dirigían construcciones, mantenían ejércitos y cobraban impuestos. Mantenían los caminos y realizaban transacciones comerciales a grandes distancias. Además, tenían sistemas de escritura y matemáticas y desarrollaron un calendario muy preciso.

5. ¿Qué sugiere este texto que los mayas valoraban mucho?

    (1) la guerra
    (2) la familia
    (3) la vida simple
    (4) la organización
    (5) la competencia

La pregunta 6 se refiere a la siguiente caricatura.

Reproducido con la autorización de *Denver Rocky Mountain News*.

6. ¿Qué deben suponer los lectores para entender esta caricatura?

    (1) Que la Segunda Enmienda es parte de la Constitución.
    (2) Que las mujeres tienen derecho al voto.
    (3) Que la Segunda Enmienda otorga a las personas el derecho a portar armas.
    (4) Que las tasas de delincuencia en la nación están disminuyendo.
    (5) Que la Segunda Enmienda protege contra allanamientos y confiscaciones injustificadas.

La pregunta 7 se refiere al siguiente mapa.

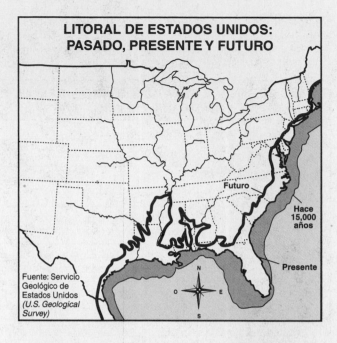

7. Según la información del mapa, ¿cuál de los siguientes es más probable que suceda?

    (1) La temperatura promedio de Norteamérica se volverá más fría.
    (2) La costa oriental de Estados Unidos experimentará grandes terremotos.
    (3) La población de Estados Unidos aumentará.
    (4) La población de Estados Unidos disminuirá.
    (5) Las actuales ciudades costeras de la parte oriental de Estados Unidos se inundarán.

Las preguntas 8 a 10 se refieren al texto y tabla siguientes.

La autoridad más alta del gobierno estatal en Estados Unidos es el gobernador. En todos los estados, la persona que ocupa este cargo se elige por las personas del estado. Los poderes ejecutivos del gobernador incluyen hacer cumplir las leyes estatales y encabezar la Guardia Nacional y las fuerzas policiales del estado. La siguiente tabla enumera los demás cargos ejecutivos importantes que existen en la mayoría de los estados, junto con sus poderes y funciones principales. En algunos estados, muchos o todos estos cargos los designa el gobernador. En otros, se eligen por el pueblo.

| Cargo | Funciones principales |
|---|---|
| vicegobernador | sirve como gobernador cuando éste se encuentra fuera del estado; se convierte en gobernador si el gobernador electo deja su cargo antes que termine su mandato |
| procurador general | funcionario legal que asesora al gobernador en materias legales y que representa al estado en casos judiciales importantes |
| secretario de estado | jefe administrativo del estado que mantiene los documentos del estado y los registros de todas las medidas oficiales que toma el gobierno estatal |
| contralor | secretario de finanzas del estado que lleva un registro de las cuentas de los funcionarios que cobran y gastan dinero; se asegura de que el dinero estatal se gaste en forma legal |
| tesorero | recibe y guarda el dinero estatal y mantiene registros exactos de todo el dinero recibido y gastado |

8. ¿Qué funcionario del gobierno federal tiene deberes y funciones más parecidas a las de un gobernador estatal?

   (1) el presidente
   (2) el vicepresidente
   (3) el secretario de estado
   (4) el senador de Estados Unidos
   (5) un miembro de la Cámara de Representantes

9. ¿Qué cargos estatales se parecen más en cuanto a sus deberes y funciones?

   (1) vicegobernador y procurador general
   (2) secretario de estado y contralor
   (3) tesorero y secretario de estado
   (4) procurador general y contralor
   (5) contralor y tesorero

10. ¿Cuál es el motivo más probable por el cual el requisito de que el pueblo elija los cargos indicados en la tabla aparece en las constituciones de muchos estados?

   (1) reducir el costo de administrar el gobierno a nivel estatal
   (2) asegurar que el gobernador no tenga demasiado poder
   (3) asegurar que todos los grupos de la sociedad tengan representación en el gobierno
   (4) asegurar que el gobernador no gaste demasiado dinero
   (5) motivar a más ciudadanos a interesarse en las votaciones

Las preguntas 11 a 14 se refieren al texto y gráfica siguientes.

En 1995, un estudio federal descubrió que los años de acción positiva no habían logrado brindar igualdad en el lugar de trabajo a las mujeres y a los grupos minoritarios. El estudio reveló que los hombres de raza blanca, que conformaban menos de un tercio de la fuerza laboral, tenían el 95 por ciento de los puestos de primer nivel. En cambio, las mujeres de raza blanca, que conformaban casi el 40 por ciento de la fuerza laboral, ocupaban menos del 5 por ciento de dichos puestos. Sólo el 3 por ciento de los ejecutivos de alto nivel venían de minorías y casi todos ellos eran hombres.

El estudio descubrió que aun cuando muchas mujeres y minorías obtuvieran puestos de nivel medio, en general sus carreras se detenían en ese punto. Aunque en teoría, ellos podían alcanzar los mejores puestos, con frecuencia se encontraban con una barrera invisible que bloqueaba su avance. La comisión concluyó que los temores y prejuicios de los hombres blancos eran responsables en gran medida de este "techo de vidrio".

Cinco años después de que la Comisión federal sobre el techo de vidrio (*Glass Ceiling Commission*) revelara sus resultados, los datos del gobierno mostraron lo siguiente en relación con los ingresos anuales promedio de grupos de estadounidenses.

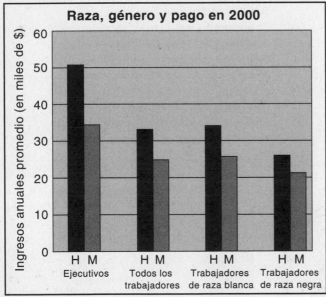

Fuente: Bureau of Labor Statistics

11. De acuerdo con la gráfica, ¿qué grupo recibe el menor salario?

(1) ejecutivas mujeres de raza blanca
(2) trabajadores hombres de raza blanca
(3) trabajadoras mujeres de raza blanca
(4) trabajadores hombres de raza negra
(5) trabajadoras mujeres de raza negra

12. ¿Qué sugiere el texto como definición de "techo de vidrio"?

(1) los prejuicios y temores que los hombres blancos tienen respecto a las mujeres y las minorías
(2) la práctica de no ascender por encima de cierto nivel a empleados mujeres o de minorías
(3) una comisión federal que hizo un estudio de igualdad de raza y género en el lugar de trabajo
(4) la diferencia de salario entre ejecutivos hombres y mujeres
(5) la incapacidad de las mujeres y las minorías de formar parte de la fuerza laboral

13. De acuerdo con la información, ¿qué características tienen en común las trabajadoras de raza blanca y raza negra?

(1) Ambos grupos tienen pocas probabilidades de conseguir puestos ejecutivos de alto nivel.
(2) Ambos grupos trabajan muchas horas más de lo que trabajan los hombres.
(3) La mayoría de las trabajadoras de estos grupos tiene cargos de nivel medio.
(4) Ambos grupos ganan menos como promedio que los trabajadores hombres de la misma raza.
(5) Ningún grupo se ve demasiado afectado por el techo de vidrio.

14. Los datos de la gráfica corresponden al año 2000, cinco años después del estudio de la comisión. ¿Qué prueba de la gráfica sugiere que el techo de vidrio sigue existiendo para las mujeres en el año 2000?

(1) Los ingresos anuales promedio de las mujeres ejecutivas son mayores que aquellos de los trabajadores hombres.
(2) Los ingresos anuales promedio de los trabajadores de raza blanca siguen siendo superiores a los de trabajadores de raza negra.
(3) Los ingresos de los trabajadores hombres de raza blanca y de la ejecutivas mujeres son casi iguales.
(4) Las mujeres ejecutivas ganaron mucho más que las demás trabajadoras mujeres.
(5) La diferencia de pago para ejecutivos hombres y mujeres fue mayor que el de los demás grupos de la gráfica.

Las preguntas 15 a 17 se refieren al siguiente mapa.

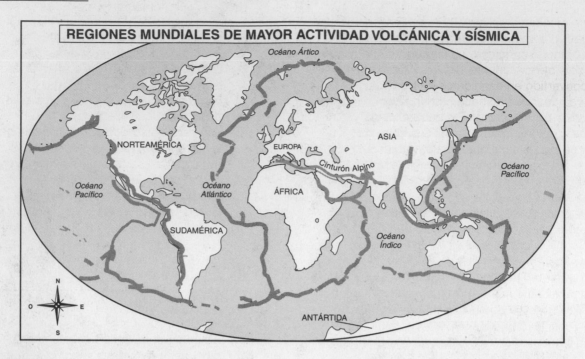

REGIONES MUNDIALES DE MAYOR ACTIVIDAD VOLCÁNICA Y SÍSMICA

15. ¿En cuál de las siguientes regiones es más probable que se produzca un terremoto?

(1) la costa oriental de Sudamérica
(2) la costa occidental de Sudamérica
(3) el norte de África
(4) el norte de Europa
(5) Australia

16. ¿Cuál de las siguientes es una opinión basada en el mapa y no el enunciado de un hecho?

(1) Pronto ocurrirá un gran terremoto a lo largo de la Costa Oeste de Estados Unidos.
(2) Ha habido muchas erupciones volcánicas y terremotos en las islas de Asia Oriental.
(3) En Centroamérica se han registrado concentraciones de actividad volcánica y sísmica.
(4) Ha habido pocas erupciones volcánicas en la región de los Grandes Lagos en Estados Unidos.
(5) Asia Central prácticamente no tiene actividad sísmica.

17. Todos los enunciados siguientes son verdaderos. ¿Cuál está apoyado por la información del mapa?

(1) Se estima que hay un millón de terremotos al año, pero la mayoría son tan pequeños que no se notan.
(2) Aun cuando las erupciones volcánicas no se pueden predecir con precisión, los científicos pueden reconocer los signos de advertencia de una actividad volcánica en aumento.
(3) Existen alrededor de 500 volcanes activos conocidos, de los cuales entre 20 y 30 hacen erupción cada año.
(4) Comparado con la tierra firme, el fondo del océano es delgado y fácil de traspasar por la roca fundida subyacente.
(5) La mayoría de las erupciones volcánicas y terremotos se producen en los océanos y no en tierra firme.

La pregunta 18 se refiere al siguiente párrafo.

Desde mediados del siglo XIX, en Estados Unidos se han vuelto comunes los partidos alternativos. Sin embargo, ningún candidato de un partido alternativo ha llegado a ser presidente. Algunos expresidentes se han convertido en candidatos de partidos alternativos después de haber servido como republicanos o demócratas. Su fracaso como candidatos de partidos alternativos sugiere que los votantes no votarán por una persona o un partido que saben tiene pocas posibilidades de ganar.

18. ¿Cuál enunciado es la conclusión a la que llegó el autor de este párrafo?

   (1) Desde mediados del siglo XIX, en Estados Unidos se han vuelto comunes los partidos alternativos.
   (2) Ningún candidato de un partido alternativo ha llegado a ser presidente.
   (3) Algunos expresidentes se han convertido en candidatos de partidos alternativos.
   (4) Los expresidentes han fallado como candidatos de partidos alternativos.
   (5) Los votantes no votarán por alguien que saben tiene pocas posibilidades de ganar.

La pregunta 19 se refiere al siguiente mapa.

LA UNIÓN Y LA CONFEDERACIÓN EN 1861

19. ¿Qué información basada en el mapa de la Unión y la Confederación mejor apoya el argumento de que la esclavitud no fue el único problema durante la Guerra Civil?

   (1) Los territorios de Texas y Arizona apoyaban a la Confederación.
   (2) El territorio indígena aún no era el estado de Oklahoma.
   (3) Los estados sureños formaron una nación separada llamada Confederación.
   (4) En algunos estados que permanecieron en la Unión existía la esclavitud.
   (5) En 1861 había 18 estados libres de esclavitud y 15 estados esclavistas.

La pregunta 20 se refiere al siguiente mapa.

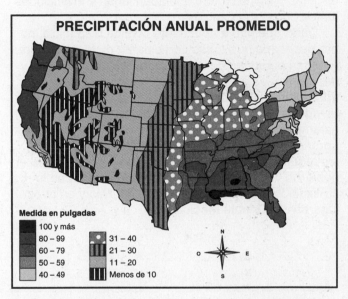

PRECIPITACIÓN ANUAL PROMEDIO

Medida en pulgadas
- 100 y más
- 80 – 99
- 60 – 79
- 50 – 59
- 40 – 49
- 31 – 40
- 21 – 30
- 11 – 20
- Menos de 10

20. En ciertas partes del mundo hay tipos de trigo que son resistentes a las sequías y que utilizan el agua en forma económica. ¿En qué región de Estados Unidos es más probable que crezca este trigo?

   (1) la zona este de Estados Unidos
   (2) la zona oeste de Estados Unidos
   (3) la zona del sudeste de Estados Unidos
   (4) la zona del nordeste de Estados Unidos
   (5) la zona de los Grandes Lagos

Las preguntas 21 a 23 se refieren al siguiente texto.

Las primeras grandes civilizaciones del mundo se desarrollaron a lo largo de las riberas de los ríos. Los primeros pueblos elaboraron normas para vivir juntos en comunidades en los valles de los ríos. Las primeras leyes abordaban el tema del regadío. Las personas trabajaban juntas para construir sistemas de presas y canales. Los dirigentes supervisaban la construcción y era necesario contar con leyes que garantizaran el uso justo de los materiales y del agua.

Desde el comienzo, las condiciones del Valle del Nilo en Egipto fueron favorables para la agricultura. El suelo bien irrigado producía cosechas abundantes. El valle era tan fértil que los granjeros podrían producir alimentos más que suficientes para ellos y sus familias. Como resultado, el superávit de alimento se podía vender. El comercio se expandió y personas de distintas regiones intercambiaban ideas e invenciones junto con las mercancías.

Dado que había abundante comida disponible, no era necesario que todos participaran de la agricultura. Algunas personas dejaron esta actividad para desarrollar las artes y la artesanía. Los alfareros aprendieron a moldear la arcilla para fabricar vasos de adorno; los tejedores aprendieron a fabricar telas y estampados de diseños complejos. Los carpinteros aprendieron a construir distintos tipos de muebles y los arquitectos a construir elaborados edificios para el gobierno y la religión. De esta forma, florecieron la civilización y la cultura en el Valle del Nilo y en otros lugares del Oriente Medio.

21. ¿Por qué motivo se establecieron las primeras leyes?

(1) para proveer viviendas adecuadas para las personas
(2) para limitar la producción de bienes
(3) para crear un sistema de distribución de agua
(4) para regular el comercio y los negocios
(5) para construir templos religiosos

22. ¿Cuál de los siguientes fue el motivo fundamental por el cual la civilización floreció en el Valle del Nilo?

(1) Éste se convirtió en el principal centro comercial de la región.
(2) El suelo fértil producía cosechas abundantes.
(3) Se desarrolló una gran variedad de artes y artesanías.
(4) Se construyeron edificios gubernamentales.
(5) El área tenía una población numerosa y variada.

23. ¿Cuál de los siguientes sugiere el texto que era lo más preciado para los antiguos egipcios?

(1) la cooperación
(2) la educación
(3) la competencia
(4) la generosidad
(5) la independencia

La pregunta 24 se refiere al siguiente párrafo.

La Quinta Enmienda a la Constitución de Estados Unidos dice en parte que ninguna persona "será obligada a testificar contra sí misma en ningún caso criminal, ni se le privará de su vida, libertad o propiedad sin el debido proceso legal".

24. ¿Cuál de las siguientes ideas se sugiere en esta parte de la Quinta Enmienda?

(1) La pena de muerte es cruel e injusta.
(2) Las personas son libres de profesar la religión que desean.
(3) Una persona es inocente hasta que se demuestre su culpabilidad en un tribunal de justicia.
(4) Los líderes elegidos son la base del gobierno democrático.
(5) Todos los ciudadanos tienen el derecho de presentar una demanda con sus quejas al gobierno.

La pregunta 25 se refiere al siguiente aviso.

La pregunta 25 se refiere al siguiente aviso.

**CONSTRUCCIÓN**
Techadores y carpinteros
Empresa suburbana sureña necesita techadores
con experiencia. Deberán tener sus propias
herramientas y automóvil. También se necesitan
carpinteros. Aprendices con 4 años de experiencia.
Obreros con 1 año de experiencia. Deberán tener
herramientas y automóvil propios. Llamar para
pedir una cita. 707-555-6767

25. ¿Cuál candidato es el más calificado para uno
de los trabajos descritos en el aviso?

   (1) Brenda tiene un año de experiencia en
mantenimiento de jardines y corte de
césped.
   (2) Marta se graduó con honores en una
escuela de comercio local.
   (3) Roberto ha construido algunos techos, pero
no tiene licencia de conducir.
   (4) María ha trabajado como carpintera durante
tres años y tiene sus propias herramientas y
un automóvil.
   (5) A Juan le gusta hacer trabajos manuales,
tiene un automóvil y vive en los suburbios
sureños.

La pregunta 26 se refiere a la siguiente gráfica.

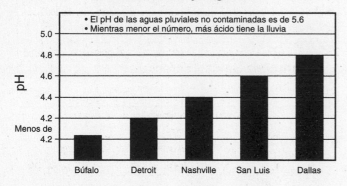

**LLUVIA ÁCIDA: Un peligro para
la vida animal y vegetal**

26. ¿En qué ciudad un huerto sufriría menos los
efectos de una lluvia ácida?

   (1) Búfalo
   (2) Detroit
   (3) Nashville
   (4) San Luis
   (5) Dallas

La pregunta 27 se refiere a la siguiente gráfica.

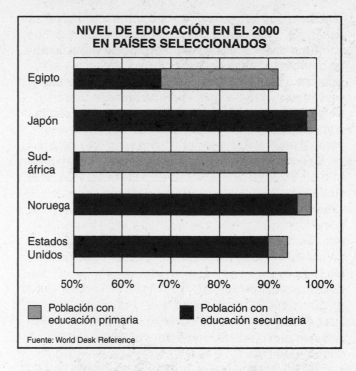

27. ¿Cuál de las siguientes conclusiones está
apoyada por la gráfica?

   (1) Los japoneses son el pueblo de mayor nivel
educacional en el mundo.
   (2) Sudáfrica gasta menos dinero en educación
que Egipto.
   (3) Las escuelas de Japón son mejores que las
de Estados Unidos.
   (4) El promedio de Egipto es inferior al
promedio de Noruega.
   (5) La población de Noruega tiene una mejor
educación que la de Estados Unidos.

Las preguntas 28 a 30 se refieren al siguiente texto de la Sexta Enmienda a la Constitución de Estados Unidos.

"En todos los procedimientos penales el acusado gozará del derecho de tener un juicio público y sin demora, delante de un jurado imparcial del Estado y distrito donde el delito se hubiere hecho y cuyo distrito hubiese sido previamente confirmado según la ley, y de ser informado de la naturaleza y causa de las acusaciones; de tener un careo con los testigos en su contra; de usar el proceso conminatorio para la comparecencia de los testigos en su favor, y de tener la asistencia de abogado en su defensa".

28. ¿Cuál de los siguientes enunciados resume mejor la idea principal de esta enmienda?

   (1) La enmienda garantiza el derecho a un juicio público y sin demora.
   (2) La enmienda establece los derechos de las personas que son sometidas a juicio por un delito.
   (3) La enmienda protege al acusado de castigos crueles e inusuales.
   (4) La enmienda define los procedimientos que debe seguir la policía cuando realiza arrestos.
   (5) La enmienda establece el derecho de un acusado a juicio ante un jurado.

29. ¿Cuál principio legal sería más probable que se produjera a partir de una decisión del Tribunal Suprema en un caso que implicara un alegato de violación de la Sexta Enmienda?

   (1) El pronunciar palabras que crean un daño claro y presente a otros es un delito y no está protegido por el derecho de libre expresión.
   (2) Los agentes de policía deben informar de sus derechos a los sospechosos antes de interrogarlos.
   (3) Si una persona acusada de un delito no puede pagar un abogado, el tribunal designará uno sin costo para ella.
   (4) Las pruebas que se obtengan en un allanamiento ilegal no se podrán utilizar en contra del acusado en un juicio.
   (5) Cada uno de los distritos legislativos en un estado debe tener aproximadamente la misma cantidad de votantes.

30. ¿Cuál valor fundamental de la democracia estadounidense reafirma la Sexta Enmienda?

   (1) la aplicación justa de la ley
   (2) el derecho de los ciudadanos de demandar al gobierno
   (3) la supremacía de la ley federal
   (4) la libertad individual de todos los ciudadanos
   (5) la responsabilidad colectiva por el medio ambiente

La pregunta 31 se refiere a la siguiente tabla.

| TABLA DE TEMPERATURA | | | | | | | | | | | |
|---|---|---|---|---|---|---|---|---|---|---|---|
| | EXTENSIÓN DEL REGISTRO | TEMPERATURA DIARIA PROMEDIO | | | | | | | | EXTREMO | |
| | | ENERO | | ABRIL | | JULIO | | OCTUBRE | | | |
| | | MÁXIMA | MÍNIMA | MÁXIMA | MÍNIMA | MÁXIMA | MÍNIMA | MÁXIMA | MÍNIMA | MÁXIMA | MÍNIMA |
| CIUDADES | AÑO | °F | °F | °F | °F | °F | °F | °F | °F | °F | °F |
| Bismarck, N. D. | 30 | 20 | 0 | 55 | 32 | 86 | 58 | 59 | 34 | 114 | -45 |
| Boise, Idaho | 30 | 36 | 22 | 63 | 37 | 91 | 59 | 65 | 38 | 112 | -28 |
| Brownsville, Tex. | 30 | 71 | 52 | 82 | 66 | 93 | 76 | 85 | 67 | 104 | 12 |
| Búfalo, N.Y. | 30 | 31 | 18 | 53 | 34 | 80 | 59 | 60 | 41 | 99 | -21 |
| Cheyén, Wyo. | 30 | 37 | 14 | 56 | 30 | 85 | 55 | 63 | 32 | 100 | -38 |
| Chicago, Ill. | 30 | 33 | 19 | 57 | 41 | 84 | 66 | 63 | 47 | 105 | -23 |
| Des Moines, Ia. | 30 | 29 | 11 | 59 | 38 | 87 | 65 | 66 | 43 | 110 | -30 |
| Dodge City, Ks. | 30 | 42 | 20 | 66 | 41 | 93 | 68 | 71 | 46 | 109 | -26 |
| El Paso, Tex. | 30 | 56 | 30 | 78 | 49 | 95 | 69 | 79 | 50 | 109 | -8 |
| Indianápolis, Ind. | 30 | 37 | 21 | 61 | 40 | 86 | 64 | 67 | 44 | 107 | -25 |
| Jacksonville, Fla. | 30 | 67 | 45 | 80 | 58 | 92 | 73 | 80 | 62 | 105 | 10 |
| Kansas City, Mo. | 30 | 40 | 23 | 66 | 46 | 92 | 71 | 72 | 49 | 113 | -22 |
| Las Vegas, Nev. | 30 | 54 | 32 | 78 | 51 | 104 | 76 | 80 | 53 | 117 | 8 |
| Los Ángeles, Ca. | 30 | 64 | 45 | 67 | 52 | 76 | 62 | 73 | 57 | 110 | 23 |
| Louisville, Ky. | 30 | 44 | 27 | 66 | 43 | 89 | 67 | 70 | 46 | 107 | -20 |
| Miami, Fla. | 30 | 76 | 58 | 83 | 66 | 89 | 75 | 85 | 71 | 100 | 28 |
| Minneapolis, Mn. | 30 | 22 | 2 | 56 | 33 | 84 | 61 | 61 | 37 | 108 | -34 |

31. De acuerdo con esta tabla, ¿cuáles dos ciudades tienen los patrones climáticos anuales más parecidos en términos de temperatura?

   (1) Bismarck e Indianápolis
   (2) Brownsville y Las Vegas
   (3) Búfalo y Chicago
   (4) Cheyén y El Paso
   (5) Los Ángeles y Miami

Las preguntas 32 y 33 se refieren al texto y mapa siguientes.

Cuando los primeros europeos llegaron a las costas de Norteamérica en el siglo XVI, el continente estaba lleno de personas. Los eruditos actuales calculan que la población de indios americanos en el continente era de 8 a 40 millones de habitantes. Muchos europeos pensaban que estos nativos eran salvajes incivilizados. Sin embargo, los indios americanos habían desarrollado varias culturas complejas. El siguiente mapa muestra los grupos culturales básicos en que estaban organizados los primeros pueblos americanos.

## REGIONES CULTURALES DE LOS INDIOS AMERICANOS

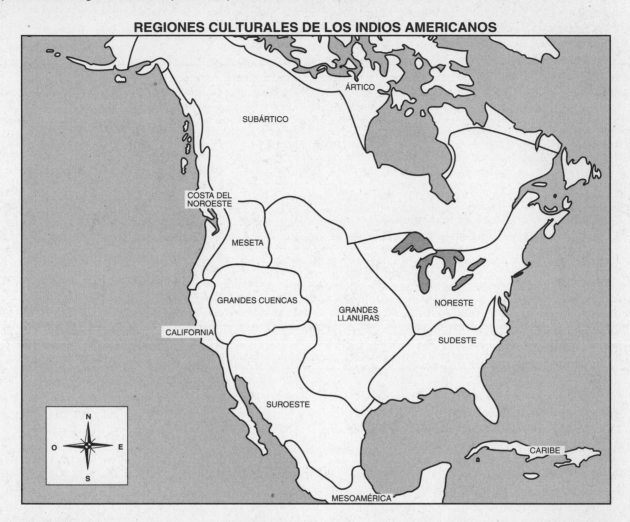

32. Según el mapa, ¿qué es lo que se considera más para dar nombre a las áreas culturales de los indios americanos?

    (1) los nombres de dirigentes
    (2) los nombres de caciques famosos
    (3) algunos objetos
    (4) las características geográficas
    (5) las masas de agua

33. De acuerdo con la información, ¿cuál de los siguientes enunciados es un hecho?

    (1) Las sociedades de los indios americanos no estaban organizadas.
    (2) Muchos europeos creían que eran superiores a los indios americanos en lo cultural.
    (3) Las culturas de los indios americanos del este eran superiores a las del oeste.
    (4) Las culturas de los indios americanos más avanzadas se encontraban en el sudeste.
    (5) Las culturas europeas eran mejores que las culturas de los indios americanos.

Las preguntas 34 y 35 se refieren al texto y tabla siguientes.

Los impuestos se pagan a todos los niveles de gobierno para apoyar los servicios que éstos proporcionan. Estos impuestos se pueden clasificar en dos categorías: impuestos directos e impuestos indirectos. Cuando paga impuestos directos, usted sabe la cantidad que paga. Los impuestos indirectos están incorporados en el precio total o costo de alguna cosa y el consumidor del artículo o servicio no conoce el monto exacto del impuesto. En la siguiente tabla se entrega una lista de los cinco tipos básicos de impuestos con una breve descripción de cada uno de ellos.

| Impuesto | Descripción |
| --- | --- |
| impuesto sobre la renta | Las personas que tienen un ingreso superior a cierto nivel pagan este impuesto al gobierno federal, de acuerdo con el monto de sus ingresos. Muchos estados y algunas comunidades locales también exigen el pago de un impuesto sobre la renta. |
| impuesto del seguro social | La mayoría de las personas que tienen ingresos pagan este impuesto al gobierno federal. El dinero que se recauda se utiliza para apoyar a los trabajadores jubilados, así como también a las mujeres y hombres viudos, trabajadores incapacitados y a los hijos menores de edad de trabajadores fallecidos. |
| impuesto sobre las ventas | Este impuesto es la mayor fuente de ingresos para la mayoría de los estados. El impuesto es un porcentaje determinado del costo de un bien o servicio y se agrega al precio en el momento de la compra. La tasa del impuesto varía entre los estados. Algunas comunidades agregan un impuesto local sobre las ventas, por sobre el impuesto que se debe pagar al estado. |
| impuesto sobre el consumo | Los fabricantes de algunos productos que no son de primera necesidad, como los licores y cigarrillos, pagan este impuesto al gobierno federal. Ellos pueden recuperar este impuesto incluyendo el monto en el precio de los productos. |
| impuesto sobre la propiedad | Este impuesto lo pagan los propietarios de tierras, bienes inmuebles o de ambos. El impuesto por lo general se basa en el valor de la propiedad y se paga a los gobiernos locales o de los condados. Se usa para pagar servicios locales. En algunos estados, las propiedades personales como los vehículos motorizados y el mobiliario doméstico también están gravados. |

34. ¿Cuál de los siguientes enunciados es un ejemplo de impuesto indirecto?

   (1) impuesto sobre la renta
   (2) impuesto del seguro social
   (3) impuesto sobre las ventas
   (4) impuesto sobre el consumo
   (5) impuesto sobre la propiedad

35. ¿Cuál de las siguientes generalizaciones muestra una lógica incorrecta con respecto a los impuestos?

   (1) Los impuestos sobre las ventas son menos justos para las personas pobres que los impuestos sobre la renta.
   (2) Los impuestos imponen una carga injusta sobre todos los estadounidenses.
   (3) Los impuestos del seguro social ayudan a los estadounidenses de edad avanzada en sus años de jubilación.
   (4) Cuando los valores de la propiedad en una comunidad suben, también lo hacen los ingresos por impuestos.
   (5) Un impuesto nacional sobre las ventas aumentaría los ingresos del gobierno federal.

Las preguntas 36 y 37 se refieren al texto y mapa siguientes.

En el siglo XVI, los comerciantes portugueses comenzaron a capturar y a comprar esclavos en África y a transportarlos a Norteamérica y Sudamérica para venderlos. En menos de un siglo, los esclavos africanos se encontraban realizando gran parte del trabajo que permitió que muchos colonos ingleses y españoles acumularan fabulosas riquezas en el Nuevo Mundo. Mientras, Holanda y Gran Bretaña se unieron a Portugal como países que se beneficiaban del comercio con seres humanos.

**COMERCIO DE ESCLAVOS AFRICANOS EN LOS SIGLOS XVII Y XVIII**

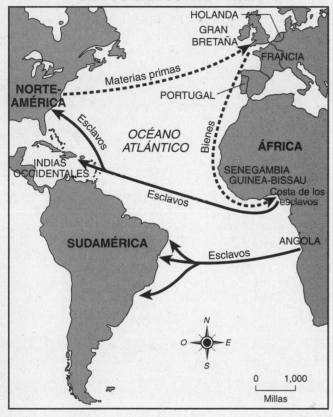

36. Además de Norteamérica y Sudamérica, ¿hacia dónde indica el mapa que se transportaban los esclavos africanos?

   (1) Portugal
   (2) Holanda
   (3) Gran Bretaña
   (4) Francia
   (5) Indias Occidentales

37. ¿En qué se diferenciaba el comercio de esclavos en Sudamérica del comercio de esclavos en Norteamérica?

   (1) Se llevaba más esclavos a Norteamérica que a Sudamérica.
   (2) Los barcos españoles transportaban a los esclavos a Sudamérica y los barcos portugueses lo hacían a Norteamérica.
   (3) Los esclavos que iban a Sudamérica y los que iban a Norteamérica provenían de distintas regiones de África.
   (4) Los esclavos que se vendían en Sudamérica eran más baratos que los que se vendían en Norteamérica.
   (5) El viaje a Sudamérica era más largo que el viaje a Norteamérica.

La pregunta 38 se refiere a la siguiente gráfica.

**MOTIVOS DE LAS MUJERES DE TENER DOS EMPLEOS**

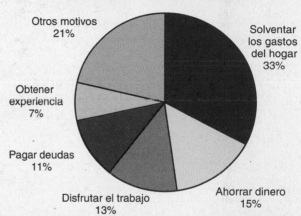

Fuente: Bureau of Labor Statistics

38. ¿Cuál es el motivo más probable que sugiere la gráfica para que muchas mujeres tengan más de un empleo?

   (1) Muchas mujeres crían solas a sus hijos y luchan para sacar adelante a sus familias.
   (2) Las mujeres no están tan bien preparadas como los hombres.
   (3) El índice de desempleo es más alto entre los hombres casados.
   (4) La mayoría de las mujeres tienen un gran interés en ahorrar para el futuro.
   (5) Las mujeres disfrutan el trabajo adicional.

La pregunta 39 se refiere al siguiente mapa.

**ANTIGUAS CIVILACIONES EN EL SUR DE ASIA**

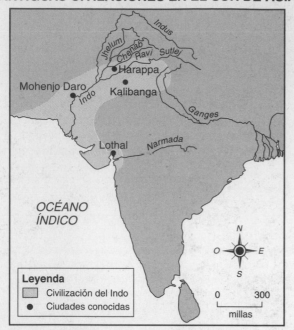

39. ¿Cuál de las siguientes situaciones es más similar al desarrollo de la civilización que se aprecia en el mapa?

    (1) la diversificación de las culturas de los indígenas americanos antes de la llegada de los europeos
    (2) la conquista española de los aztecas en México
    (3) el crecimiento del Imperio Romano
    (4) el florecimiento de la primera civilización en el antiguo Egipto
    (5) la fundación de las colonias de Gran Bretaña en Nueva Inglaterra

La pregunta 40 se refiere al siguiente párrafo.

La Primera Enmienda de la Constitución de Estados Unidos establece que el Congreso no puede crear ninguna ley con respecto a una religión oficial o "establecida", prohibir la libre práctica de la religión, ni limitar la libertad de expresión o de prensa, o el derecho de las personas a reunirse pacíficamente y presentar sus quejas al gobierno.

40. ¿Qué sugiere la decisión del Congreso en 1789 de agregar la Primera Enmienda a la Constitución, que valoraban mucho sus miembros?

    (1) una economía de libre mercado
    (2) el poder del presidente
    (3) los derechos de los estados
    (4) los derechos de los ciudadanos como individuos
    (5) la división entre el gobierno federal y los gobiernos estatales

La pregunta 41 se refiere a la siguiente gráfica.

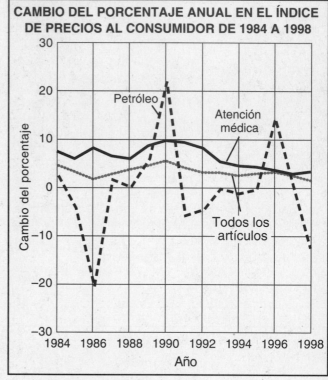

Fuente: U.S. Bureau of the Census

41. ¿Qué desarrollo fue más probablemente la causa del cambio repentino en los precios del petróleo en 1986?

    (1) un ligero descenso en el costo general de la vida
    (2) la guerra en el Golfo Pérsico
    (3) un aumento en la producción de petróleo en Estados Unidos
    (4) el bloqueo comercial de los árabes sobre los embarques de petróleo a EE.UU
    (5) un ligero aumento en el costo de la atención médica

Las preguntas 42 a 44 se refieren al texto y a la tabla siguientes.

Durante el siglo XX, Estados Unidos se convirtió paulatinamente en una potencia y un líder mundial. En un principio, la participación internacional de Estados Unidos se concentró en América. Pero, a medida que el tiempo pasaba, los acontecimientos en Europa hicieron que Estados Unidos se hiciera más activo en el mundo entero. La siguiente tabla resume algunos de los principales programas y políticas de asuntos exteriores de Estados Unidos en el siglo XX e ilustra la mayor participación de la nación en los asuntos mundiales.

| Política exterior | Descripción |
|---|---|
| Gran garrote | política que desarrolló el presidente Theodore Roosevelt en que llamaba a Estados Unidos a usar la amenaza de la fuerza en caso de ser necesario para lograr sus objetivos al tratar con otras naciones |
| Diplomacia del dólar | política que desarrolló el presidente William Howard Taft que llamaba a Estados Unidos a usar el comercio y las inversiones transoceánicas para lograr sus objetivos con otras naciones |
| Política de buena vecindad | política desarrollada por el presidente Franklin D. Roosevelt que llamaba a Estados Unidos a respetar los derechos y la independencia de otras naciones de América |
| Plan Marshall | política que comenzó el presidente Harry S. Truman para proporcionar suministros, equipo y préstamos estadounidenses para la reconstrucción de las naciones devastadas por la Segunda Guerra Mundial |
| Doctrina Truman | política que desarrolló el presidente Harry S. Truman para que Estados Unidos proporcionara ayuda militar y de otro tipo a las naciones amenazadas por revoluciones comunistas internas o por la agresión de otros países comunistas |

42. En la década de 1980, el presidente Ronald Reagan envió consejeros militares y armas a El Salvador para ayudar a su gobierno a sofocar la revolución comunista en ese país. ¿Qué política ilustra esta acción?

(1) el Gran garrote
(2) la diplomacia del dólar
(3) la política de buena vecindad
(4) el plan Marshall
(5) la doctrina Truman

43. En 1933, el presidente retiró las fuerzas militares estadounidenses de Nicaragua y Haití, donde habían estado protegiendo las propiedades estadounidenses desde la década de 1920. ¿Cuál política originó este retiro?

(1) el Gran garrote
(2) la diplomacia del dólar
(3) la política de buena vecindad
(4) el plan Marshall
(5) la doctrina Truman

44. En la década de 1950, el presidente Dwight D. Eisenhower anunció la política de contención. Esta política aseguraba que Estados Unidos bloqueara la expansión del comunismo desde los países donde ya existía. ¿Con cuál política exterior estadounidense anterior se relacionaba más estrechamente la política de contención de Eisenhower?

(1) el Gran garrote
(2) la diplomacia del dólar
(3) la política de buena vecindad
(4) el plan Marshall
(5) la doctrina Truman

Las preguntas 45 y 46 se refieren a la siguiente caricatura.

45. ¿Quién más probablemente está conduciendo la camioneta?

    (1) un recolector de basura
    (2) un terrorista
    (3) un guardabosque del Servicio Nacional de Parques
    (4) un agente de policía
    (5) un ganadero del lugar

46. ¿Cuál de los siguientes enunciados es una suposición implícita que usted debe hacer para comprender la caricatura?

    (1) El terrorismo es más común en las zonas rurales.
    (2) Los delincuentes se esconden en territorios silvestres.
    (3) La mayoría de los terroristas usan autos bomba en sus ataques.
    (4) Estos excursionistas preferirían estar en una ciudad donde hay más actividades entre las cuales elegir.
    (5) Las personas llegaron a este lugar aislado para huir del terrorismo y de la delincuencia.

---

La pregunta 47 se refiere a la siguiente gráfica.

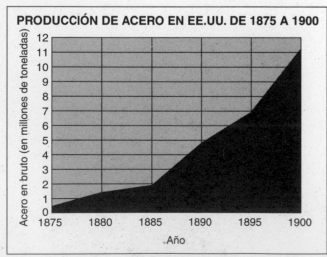

PRODUCCIÓN DE ACERO EN EE.UU. DE 1875 A 1900

47. ¿Cuál de los siguientes enunciados fue el efecto directo más probable de los desarrollos que se muestran en esta gráfica?

    (1) Se construyeron los primeros rascacielos en las ciudades estadounidenses.
    (2) Estados Unidos se convirtió en un líder poderoso en la diplomacia internacional.
    (3) La industria estadounidense tuvo un descenso.
    (4) Aumentó la producción de gas y petróleo.
    (5) Aumentó la producción agrícola.

La pregunta 48 se refiere a la siguiente fotografía.

La pregunta 49 se refiere a la siguiente gráfica.

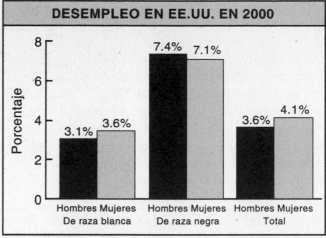

DESEMPLEO EN EE.UU. EN 2000

Fuente: U.S. Bureau of the Census

48. En febrero de 1945, un reportero gráfico capturó el momento en las tropas estadounidenses, después de seis semanas de intenso combate, aseguraron la Isla del Pacífico.

¿Cuál es la razón más probable para que esta fotografía se convirtiera en un símbolo de orgullo nacional?

(1) La fotografía se utilizó de inmediato en el reclutamiento para la armada.
(2) La fotografía parecía prediseñada.
(3) La fotografía mostraba una victoria importante y estratégica para los aliados.
(4) La fotografía fue la primera que se tomó durante la Segunda Guerra Mundial.
(5) La fotografía revelaba el trabajo en equipo.

49. ¿Cuál de los siguientes enunciados es una conclusión basada en la gráfica?

(1) Aproximadamente el 3 por ciento de los hombres de raza blanca están desempleados.
(2) Más del 7 por ciento de los hombres de raza negra están desempleados.
(3) El desempleo es mucho menor entre las personas de raza blanca que las de raza negra.
(4) Aproximadamente el 4 por ciento de las mujeres de raza blanca están desempleadas.
(5) Más del 7 por ciento de las mujeres de raza negra están desempleadas.

La pregunta 50 se refiere al siguiente mapa.

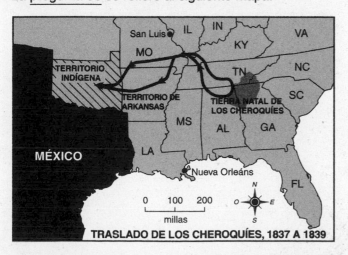

TRASLADO DE LOS CHEROQUÍES, 1837 A 1839

50. ¿Cuál de las siguientes conclusiones está relacionada con la información del mapa?

(1) En la década de 1830, los cheroquíes vivían en cuatro estados del sur.
(2) Los cheroquíes siguieron más de una ruta hacia el oeste.
(3) Los cheroquíes viajaron a través de Tennessee y Kentucky.
(4) El nuevo hogar de los cheroquíes se encontraba en el Territorio indígena.
(5) Los actuales cheroquíes del Medio Oeste son descendientes de los cheroquíes del sur.

Las respuestas comienzan en la página 342.

# Tabla de análisis del desempeño en la prueba simulada Estudios Sociales

Las siguientes tablas le servirán para determinar cuáles son sus puntos fuertes y débiles en las áreas temáticas y destrezas necesarias para probar la Prueba de Estudios Sociales de GED. Consulte la sección Respuestas y explicaciones que empieza en la página 342 para verificar las respuestas que haya dado en la Prueba simulada. Luego, en la tabla, encierre en un círculo los números correspondientes a las preguntas de la prueba que haya contestado correctamente. Anote el número total de aciertos por área temática y por destreza al final de cada hilera y columna. Vea el número total de aciertos de cada columna e hilera para determinar cuáles son las áreas y destrezas que más se le dificultan. Use como referencia las páginas señaladas en la tabla para estudiar esas áreas y destrezas.

| Destreza de razonamiento / Área temática | Comprensión (Lecciones 1, 2, 7, 16, 18) | Análisis (Lecciones 3, 4, 6, 9, 10, 11, 12, 19) | Aplicación (Lecciones 14, 15) | Evaluación (Lecciones 5, 8, 13, 17, 20) | Número de aciertos |
|---|---|---|---|---|---|
| Historia de Estados Unidos (*Páginas 32 a 93*) | 1, 32 | 2, 3, 33, 47, 50 | 42, 43, 44 | 4, 19 | _____/12 |
| Historia del mundo (*Páginas 94 a 133*) | 21, 36 | 22, 37, 48 | 39 | 5, 23 | _____/8 |
| Educación cívica y gobierno (*Páginas 134 a 175*) | 24, 28, 45 | 6, 9, 10, 18, 46 | 8, 29 | 30, 40 | _____/12 |
| Economía (*Páginas 176 a 207*) | 11, 12 | 13, 38, 41, 49 | 25, 34 | 14, 35 | _____/10 |
| Geografía (*Páginas 208 a 238*) | 15 | 7, 16, 31 | 20, 26 | 17, 27 | _____/8 |
| Número de aciertos | _____/10 | _____/20 | _____/10 | _____/10 | _____/50 |

1 a 40 → Necesita estudiar más.
41 a 50 → ¡Felicidades! ¡Está listo para tomar la Prueba de GED!

Los **números en negritas** corresponden a preguntas que contienen tablas, gráficas, diagramas y dibujos.

# Respuestas y explicaciones

## PRUEBA PRELIMINAR (Páginas 14 a 29)

1. **(1) un aumento paulatino del nivel del mar**
(Análisis) Un calentamiento paulatino derretiría el
hielo polar y, por consiguiente, aumentaría
paulatinamente el nivel del mar. La opción (2) es
incorrecta debido a que un calentamiento paulatino
no produciría un aumento repentino en el nivel del
mar. Las opciones (3) y (5) son el resultado
contrario. La opción (4) no es un efecto del
calentamiento del planeta ni del nivel del mar.

2. **(3) Norteamérica y África** (Análisis) El mapa
indica que ambos continentes están amenazados por
inundaciones en numerosas partes a lo largo de sus
costas. Las opciones (1), (2), (4) y (5) son incorrectas
debido a que las costas de América y Australia tienen
menos zonas afectadas y que la amenaza de
inundación en las costas se concentra sólo en un
lado de cada continente.

3. **(2) las ciudades costeras** (Aplicación) Según el
mapa, muchas zonas a lo largo de las costas en todo
el mundo probablemente se inundarían con el
aumento del nivel del mar. Las opciones (1) y (3) son
incorrectas debido a que los mapas indican que hay
menos lugares amenazados en Europa y Australia
que en otros continentes. La opción (4) es incorrecta
debido a que la costa occidental de Sudamérica no
tiene áreas que puedan ser afectadas. La opción (5)
es incorrecta debido a que el mar aumentará en todo
el mundo y, aunque quienes viven en algunos
lugares junto a la costa ártica cerca del Polo Norte se
verán afectados, este aumento no los perjudicará
más que a los habitantes de las costas de otros
océanos.

4. **(1) maquinaria eléctrica** (Comprensión) La
maquinaria eléctrica encabeza la lista tanto de las
importaciones como las exportaciones en 1994. Las
opciones (2), (3), (4) y (5) son incorrectas porque la
suma de la cantidad importada más la cantidad
exportada de cada una es menor que la suma de la
maquinaria eléctrica.

5. **(2) El TLCAN revirtió la relación comercial
entre Estados Unidos y México.** (Evaluación) La
gráfica muestra que, antes de que el TLCAN se
hiciera efectivo, el valor de las exportaciones a
México excedía al valor de los productos importados
desde México. Desde que el TLCAN se volvió
efectivo en 1994 hubo una inversión, ya que los
valores de las importaciones desde México ahora
exceden los valores de las exportaciones
estadounidenses a México. Las opciones (1), (3) y (5)
no se pueden determinar a partir de la gráfica debido
a que no hay comparación entre México y Canadá u
otros proveedores de vestuario. La opción (4) no se
apoya por la gráfica.

6. **(3) Las exportaciones de Estados Unidos a
Canadá y las importaciones desde Canadá
han aumentado.** (Aplicación) La gráfica muestra
que todo el comercio de Estados Unidos con México
(importaciones y exportaciones) aumentó desde
1994, cuando el TLCAN comenzó a eliminar las
barreras económicas entre los dos países. Puesto que
el texto señala que el TLCAN eliminó barreras
comerciales con Canadá también, es lógico que todo
el comercio entre ambos países haya aumentado
igualmente. Ninguna parte de la gráfica ni del texto
sugiere que la dirección de cambio de importaciones
y exportaciones difiera, por lo que las opciones (1) y
(2) son incorrectas. La información de la gráfica
indica que es verdadero lo contrario a la opción (4)
para el comercio de Estados Unidos con Canadá. No
hay fundamento para la opción (5) en el texto ni en
la gráfica.

7. **(4) la limitada guerra en Corea para llevar a
los invasores comunistas de Corea del Sur
hacia Corea del Norte** (Aplicación) Estados
Unidos y sus aliados estaban en contacto para
mantener el comunismo dentro de Corea del Norte
más que intentar derrocarlos. Las opciones (1), (2) y
(3) no ilustran los elementos de la contención. La
opción (5) ilustra la expansión del comunismo y no
su contención.

8. **(5) los miembros de la Sociedad Tammany**
(Comprensión) Esto se ve en la etiqueta que dice
"Sociedad Tammany" y el círculo de los personajes
en la caricatura. Ninguna parte de la caricatura
indica que las opciones (1) y (3) sean correctas. La
lujosa vestimenta de algunos de los personajes que
se encuentran en la parte delantera del anillo sugiere
que la opción (2) es incorrecta. Las etiquetas que los
personajes llevan en la espalda indican que son
trabajadores (carpinteros, de la empresa de gas, de la
empresa de toldos, etc.), por lo que la opción (4) es
incorrecta.

9. **(1) Saben que la Sociedad Tammany se
considera corrupta.** (Análisis) La caricatura no
tiene sentido a menos que los lectores asuman que
la Sociedad Tammany es un grupo corrupto, ya que
cada miembro se declara inocente al acusar a otro
miembro. El tema de la caricatura no tiene sentido si
las opciones (2), (3) o (4) fueran ciertas. Si la opción
(5) es correcta, el caricaturista habría puesto
nombres a los personajes como hizo con todos los
demás (nombres ingeniosos en la espalda o en el
sombrero del personaje).

10. **(3) la enmienda a la Constitución que deroga
la esclavitud** (Aplicación) La práctica de la
esclavitud era contraria a los principios expresados
en la Declaración de Independencia, por cuanto
todos los hombres son creados iguales y con derecho
a la vida, la libertad y la búsqueda de la felicidad. La
opción (1) mejora la vida de las personas y le ayuda
a crear más igualdad educacional, pero no apunta a
los derechos de las personas a la vida y la libertad.

Las opciones (2) y (4) tienen que ver con el crecimiento de la nación, no con los principios expresados en este pasaje de la Declaración de Independencia. La opción (5) es contraria a estos principios y no un ejemplo de ellos.

11. **(5) 45 por ciento** (Comprensión) Los senadores con más de dos períodos han estado en el cargo por más de 12 años (más de dos períodos de 6 años). Según la parte superior de la gráfica, éste es el 45 por ciento de los senadores; al agregar el 20 y 25 por ciento se llega a las cifras de todos los senadores con más de 12 años en el Congreso. La opción (1) es incorrecta debido a que sólo considera el 20 por ciento que corresponde al tercer período (13 a 18 años de servicio) en 1995. La opción (2) sólo considera el 25 por ciento que estuvo en el cargo más de tres períodos (19 o más años). La opción (3) es incorrecta debido a que corresponde al porcentaje de los que estuvieron en el segundo período, por lo que estuvieron en el cargo entre 7 a 12 años. La opción (4) es el porcentaje de senadores en sus primeros períodos.

12. **(5) Los miembros del Congreso no querían que se les aplicaran los límites de mandato.** (Análisis) La pista para llegar a esta respuesta está en la referencia que el autor hace a las gráficas. Los datos muestran que la mayoría de los miembros de cada cámara del Congreso han estado allí dos o más períodos. La opción (1) es incorrecta debido a que el autor señala que la opinión pública estaba a favor de la propuesta. Las opciones (2) y (3) son argumentos a favor y en contra de ponerle límites de mandato, pero el párrafo final del texto deja en claro que el autor asume que el voto estaba más influenciado por los intereses particulares que por estos argumentos. La opción (4) es verdadera, pero no es relevante para el tema ni el voto.

13. **(4) En el Congreso de 1995, había una mayor proporción de miembros que desempeñaban el cargo por más de doce años en el Senado que en la Cámara.** (Evaluación) Puede ver esto al comparar las dos gráficas circulares. En ellas se ve que el 45 por ciento de los senadores estaban en el cargo 13 años o más, comparado con el 31 por ciento de los miembros de la Cámara. Las opciones (1) y (2) son verdaderas pero no se pueden inferir a partir de la información ofrecida. La opción (3) contradice la información en el texto y las gráficas. La gráfica de abajo indica que la opción (5) es incorrecta.

14. **(1) Surgirían disputas por la tierra entre los colonos y Francia.** (Aplicación) El mapa indica que el territorio entre el río Mississippi y los montes Apalaches se reclamó por Francia y por las colonias. Usando esta información, puede predecir que esto provocaría disputas. Las opciones (2), (3), (4) y (5) describen acontecimientos históricos verdaderos, pero éstos no se pueden deducir a partir de la información en el mapa.

15. **(3) que ha trabajado como tenedor de libros** (Aplicación) De las características que posee, ésta es la que está más relacionada con lo que pide el patrano de la persona que va a contratar. La opción (1) es incorrecta debido a que el aviso no menciona la necesidad de hablar una segunda lengua. Las opciones (2) y (4) no tienen nada que ver con los requisitos para el trabajo. Aunque es necesario un diploma de escuela secundaria, el aviso no dice nada sobre las calificaciones, por lo que la opción (5) es incorrecta.

16. **(4) Una persona sin experiencia en nómina de pagos probablemente no será contratada.** (Análisis) La palabra *probablemente* destaca que ésta es una opinión. Además, el anuncio indica que la experiencia en la nómina de pagos es útil, pero no necesaria. Las opciones (1), (2), (3) y (5) son hechos que se pueden verificar al leer el aviso.

17. **(2) Bosnia-Herzegovina estaba ocupada por varios ejércitos.** (Comprensión) En el mapa, Bosnia-Herzegovina aparece sombreada para indicar dónde estaban ubicados los distintos ejércitos durante 1995. El mapa también indica dónde se ubicaban las tropas de paz de la ONU. Mientras la opción (1) es cierta, el mapa no ofrece información que indique que estos acontecimientos hayan sucedido. La opción (3) no se puede determinar a partir del mapa. Aunque el mapa muestra un barco con infantería de marina de Estados Unidos cerca de la costa de la región, el mapa no indica que hayan desembarcado en Bosnia-Herzegovina, por lo que la opción (4) es incorrecta. La opción (5) contradice al mapa.

18. **(1) El precio de una carrera de taxi es alto.** (Comprensión) La compañía de taxis constituye un monopolio, es decir, un negocio sin competencia, por lo que tienen el control absoluto en la venta de sus servicios. Debido a que no existe ninguna alternativa de transporte que les quita clientes al ofrecer mejores precios y/o mejor calidad, ABC puede mantener los precios altos. Las opciones (2) y (3) son incorrectas debido a que no hay incentivo para que la compañía baje los precios y mejore el servicio si no hay competencia. Las opciones (4) y (5) son muy improbables dado el monopolio que tiene ABC.

19. **(4) personas mayores con algún grado de educación universitaria** (Comprensión) Las tres líneas muestran que el porcentaje más alto de votantes (entre 60 y 80 por ciento) son aquellos con educación universitaria. Estas líneas tienden a subir, lo que indica un aumento de porcentaje junto con la línea de la edad que alcanza el punto más alto entre los 70 a 80 años. Las opciones (1), (2), (3) y (5) son incorrectas debido a que el gráfico muestra que la probabilidad de votar aumenta tanto con la educación y la edad.

20. **(5) Estados Unidos tiene un sistema bipartidista.** (Análisis) El texto asume que usted sabe que la política estadounidense se domina por los partidos Demócrata y Republicano. Sin este conocimiento, todas las referencias sobre la inscripción del votante a votar dentro de la línea del partido serán difíciles de comprender para el lector. Las opciones (1), (3) y (4) son incorrectas debido a que se indica esta información directamente en el texto. La opción (2) es incorrecta debido a que esta información no es necesaria para entender los puntos principales del texto.

21. **(3) Los candidatos independientes y de partidos alternativos se benefician con la erosión de la lealtad al partido.** (Evaluación) Debido a que muchas personas ya no votan según el partido, los candidatos que no pertenecen a los partidos principales tienen mejores oportunidades de ganar el apoyo del votante. Es más, algunos candidatos independientes o de partidos alternativos se han eligido en las últimas elecciones. La opción (1) se contradice con el texto. La opción (2) es incorrecta debido a que el texto no indica si hay probabilidades de que la tendencia vaya a continuar. La opción (4) es verdadera, pero no hay nada en el texto que conecta a los resultados con los cambios en la lealtad al partido o el comportamiento del votante. La opción (5) es incorrecta debido a que no se sugiere ninguna relación de causa y efecto.

22. **(1) Las temperaturas varían con la estación y hay poca lluvia y nieve.** (Evaluación) La gráfica apoya este enunciado debido a que muestra inviernos crudos con temperaturas bajo cero, veranos frescos con temperaturas de 60° y precipitaciones mensuales de menos de dos pulgadas, incluso en los meses más húmedos. La opción (2) puede ser cierta, pero la gráfica no apoya ninguna conclusión sobre la población del pueblo. La opción (3) es incorrecta, debido a que se contradice con el texto. Las opciones (4) y (5) son incorrectas debido a que se refieren a las condiciones durante un período de 24 horas, mientras que la gráfica presenta información según el mes.

23. **(3) Las mujeres podían votar en todas las elecciones de Oregón pero en ninguna elección de Virginia.** (Análisis) El mapa muestra que Oregón garantizaba todos los derechos de votar a las mujeres en 1912, pero que las mujeres en Virginia no obtuvieron el derecho a votar sino hasta 1919. Este hecho sobre las mujeres en Virginia hace que sean incorrectas las opciones (1), (2), (4) y (5). Las opciones (1) y (2) también establecen erróneamente los derechos de las mujeres en Oregón.

24. **(2) Las mujeres obtuvieron plenos derechos al voto en el Oeste antes de hacerlo en el Este o en el Sur.** (Evaluación) Esta respuesta se puede concluir al comparar el número de estados del Oeste donde las mujeres ganaron todos los derechos de votar, con el número de estados del Este o el Sur. El hecho de que las mujeres tuviesen derechos parciales o totales al voto en la mayoría de los estados y ningún derecho al voto en la mayoría de los estados del sur sugiere que la opción (1) es incorrecta. Las opciones (3) y (5) no se pueden determinar a partir del mapa. La opción (4) es incorrecta, pues el que pocos estados del Sur garantizaban los derechos al voto a las mujeres no es prueba de que las mujeres de los estados del Sur estuviesen menos interesadas en tales derechos que las del Norte.

25. **(5) La comprensión de la historia de una región requiere la comprensión de su geografía.** (Comprensión) Este es el mejor título para la idea principal del texto. La opción (1) es una interpretación incorrecta del tema del texto debido a que no señala que un geógrafo deba conocer la historia de un lugar. Las opciones (2), (3) y (4) son verdaderas, pero son detalles que ayudan a explicar por qué el conocer la historia de una región también requiere de saber sobre la geografía de dicha región.

26. **(4) el poder de designar los jueces federales** (Comprensión) El presidente puede influenciar a la rama judicial o al poder judicial, al designar jueces que mantengan ciertas opiniones. La opción (1) no es un freno del poder legislativo. Las opciones (2) y (3) son frenos de que goza la rama judicial, no que la frenen a ella. La opción (5) es un freno con que cuenta el presidente para la rama legislativa, no la judicial.

27. **(1) El Congreso puede proponer una enmienda a la Constitución para hacer que quemar la bandera sea considerado un delito.** (Aplicación) La tabla muestra que el Congreso cuenta con este poder. Si la Constitución fuera enmendada, la ley en contra de quemar la bandera ya no sería inconstitucional. Las opciones (2) y (3) son incorrectas debido a que el veto y hacer cumplir la ley son poderes de la rama ejecutiva, no de la legislativa, y el veto se usa en contra de los proyectos de ley aprobados por el poder legislativo, no en contra de las decisiones del tribunal. La opción (4) no correspondería debido a que el tribunal dictaminaría por segunda vez que la ley es inconstitucional. La opción (5) no es verdadera.

28. **(2) La división de poderes y el sistema de frenos a dichos poderes mantiene un equilibrio entre las tres ramas del gobierno.** (Análisis) Éste es el tema principal de la tabla y del texto. Las opciones (1), (4) y (5) son ejemplos de cómo funciona el sistema de frenos y equilibrios. La opción (3) es un detalle que ayuda a explicar cómo funciona el sistema.

29. **(3) la agricultura** (Comprensión) La gráfica de 1870 muestra que más de la mitad de los trabajadores estadounidenses tenían que ver con este tipo de trabajo. También indica que las opciones (1), (2) y (5) están involucradas en menores porcentajes de la fuerza laboral total que la agricultura. La opción (4) es incorrecta debido a que no es una de las características de esta gráfica.

30. **(5) A medida que disminuía la importancia de la agricultura, más personas se dedicaban a la manufactura y a otros empleos.** (Análisis) La gráfica indica una disminución en el número de empleos agrícolas entre 1870 y 1920 y un aumento en los empleos manufactureros y en otros sectores. Las opciones (1), (2) y (4) son detalles que apoyan esta conclusión. La opción (3) es incorrecta debido a que se emplearon en la agricultura menos personas en 1920 que en 1870.

31. **(4) La publicidad puede aparecer en formatos electrónicos o impresos.** (Análisis) Éste es un hecho relacionado al texto, el que menciona que las empresas usan variadas formas de publicidad para promocionar sus productos y servicios; la publicidad impresa se puede encontrar en revistas y periódicos, o en carteleras, mientras que la publicidad en formato electrónico puede estar en televisión, radio e Internet. Las opciones (1), (2), (3) y (5) son todas opiniones que pueden o no ser ciertas.

32. **(1) Cada año la producción de carbón, petróleo y gas natural excede al consumo.** (Evaluación) Ésta es una lógica incorrecta debido a que la gráfica muestra datos sólo de 1998, no de otros años, y no ofrece ninguna razón que haga concluir que 1998 fue un año típico. Las opciones (2), (3), (4) y (5) son hechos que se apoyan en los datos de la gráfica, por lo que no corresponden a lógicas incorrectas.

33. **(4) Los republicanos se opusieron a la esclavitud en la mayor parte del territorio oriental del país.** (Análisis) Esto se puede determinar comparando los dos mapas. La parte superior del mapa muestra los territorios en que se permitía la esclavitud y la parte inferior muestra que los republicanos querían que fuese ilegal la esclavitud en dichos sitios. El párrafo indica que la opción (1) es incorrecta; el desacuerdo entre whigs y demócratas sobre la esclavitud fue el motivo de la formación del Partido Republicano. Las opciones (2) y (3) contradicen a la parte inferior del mapa, que indica que los republicanos aceptaron la existencia de la esclavitud en el Sur pero no en el Este. El párrafo y la parte inferior del mapa contradicen la opción (5) debido a que ambos indican que la esclavitud era un tema importante para los republicanos en la década de 1850.

34. **(5) un aumento en el uso de la tecnología de computación** (Análisis) Las cinco profesiones de mayor crecimiento tienen que ver con el uso de las computadoras. La opción (1) no debería provocar el aumento de necesidad de tales trabajadores y, de hecho, debería tener el efecto contrario. Las opciones (2), (3) y (4) son incorrectas debido a que no existe ninguna relación de causa y efecto entre estas condiciones y la necesidad de más trabajadores de servicios de computación.

35. **(4) La Guerra Fría enfrentó a Estados Unidos y sus aliados con la Unión Soviética y sus aliados.** (Análisis) A menos que usted se dé cuenta de esto, no podrá entender la última oración del texto: la relación entre el colapso de la Unión Soviética, el fin de la Guerra Fría y la referencia a cómo "dividió al mundo" y la actual existencia del comunismo. Las opciones (1) y (2) son incorrectas porque son falsas, pero aunque fueran ciertas, serían detalles que no aportarían a la comprensión del punto principal del texto. La opción (3) es incorrecta, debido a que esto se indica en el texto. La opción (5) es incorrecta debido a que se da a entender directamente en el texto.

36. **(4) Llevaron al inicio de los movimientos democráticos en muchos países.** (Análisis) El texto indica que la libertad garantizada por las reformas de Gorbachev durante la mitad de la década de 1980 inspiraron al pueblo a derrocar al comunismo y a trabajar por gobiernos más democráticos en muchas partes del mundo. Las opciones (1) y (3) son incorrectas porque el texto indica que son contrarias a lo que ocurrió como resultado de la política de Gorbachev. La opción (2) es incorrecta debido a que fue la respuesta del gobierno chino a la petición de democracia en el país y no la respuesta a la política soviética de glásnost. No hay indicación en el texto de que la opción (5) fuera consecuencia de la política de Gorbachev.

37. **(1) la política del glásnost** (Comprensión) Este texto señala que con la esperanza de revitalizar la Unión Soviética, Gorbachev lanzó un conjunto de reformas que denominó "glásnost" a mediados de la década de 1980. Las opciones (2), (3), (4) y (5) son incorrectas debido a que estos sucesos ocurrieron después de que se publicara la caricatura y debido a que no tienen sentido como formas posibles de revivir la Unión Soviética, la que el caricaturista dibujó en la tumba.

38. **(5) Gorbachev no podría salvar a la Unión Soviética.** (Análisis) Que la Unión Soviética esté representada por una tumba, indica que la nación está más allá de la resucitación; con la vía intravenosa que va hacia la tumba, el caricaturista da a entender que las políticas de Gorbachev se aplicaron demasiado tarde. Las opciones (1), (3), y (4) son incorrectas porque son detalles del texto que apoyan a la conclusión. La opción (2) es incorrecta debido a que es un detalle que se da a entender en el texto y que no está relacionado con la conclusión de la caricatura.

39. **(5) el control del gobierno** (Evaluación) El hecho de que los líderes chinos usaran armas en contra de los estudiantes demuestra que para ellos era más importante aplastar este desafío a la autoridad y mantener el control del gobierno. Esta brutal respuesta muestra que tenían poca consideración por las opciones (1) o (3). Esta medida no tiene que ver con las opciones (2) y (4).

40. **(3) el Sur** (Aplicación) No todos los estados del Sur ratificaron el ERA. Las opciones (1), (4) y (5) son incorrectas debido a que estos estados estaban casi todos a favor de la enmienda y probablemente lo vuelvan a hacer. La opción (2) es incorrecta debido a que el apoyo en estos estados era más débil en Nueva Inglaterra, al noroeste y los estados de los Grandes Lagos pero más fuerte en el Sur.

41. **(2) grandes cantidades de personas que desde Gran Bretaña emigraron hacia Australia** (Aplicación) Tal como en Norteamérica, los colonos europeos expulsaron a los pueblos nativos de Australia de sus tierras. La opción (1) es incorrecta debido a que la Luna está deshabitada y los estadounidenses no están viviendo allí. La opción (3) es un desarrollo económico que no tiene que ver con el desplazamiento de los pueblos. Las opciones (4) y (5) son incorrectas debido a que sólo corresponden a presencia temporal en un territorio, no a una colonización permanente ni al desplazamiento de habitantes.

42. **(5) La democracia pura es una mejor forma de gobierno que una democracia representativa.** (Análisis) Éste es el único enunciado que se basa en un juicio personal con el que no todos están de acuerdo. Las opciones (1), (2), (3) y (4) son hechos expresados o implícitos en la tabla.

43. **(4) democracia representativa** (Aplicación) Un senador es elegido por y para representar al pueblo de su estado. La respuesta al electorado al decidir si se apoya cierta ley es característica de una democracia representativa. Estas características descartan las opciones (1), (2), (3) y (5).

44. **(1) el deseo de control** (Evaluación) Por definición, un dictador tiene todo el poder gubernamental del país. Estos no son necesariamente crueles, por lo que la opción (2) es incorrecta. La opción (3) es incorrecta debido a que la libertad rara vez se encuentra en una dictadura. La opción (4) es incorrecta debido a que no tiene que ver con ninguna forma específica de gobierno. Por lo general, la preservación de la riqueza de un pequeño grupo se relaciona más estrechamente con la oligarquía que con la dictadura, por lo que la opción (5) es incorrecta.

45. **(5) La multitud que visita el parque aumentará.** (Análisis) La gráfica muestra que los precios más bajos tienen que ver con el aumento de asistencia, por lo que establecer precios más bajos para los niños tendría este efecto. La opción (1) es incorrecta debido a que los precios más bajos atraerán más niños y no menos. La opción (2) es incorrecta por la misma razón de que, si más niños van al parque, la asistencia general ascenderá. No hay fundamento para la opción (3) o (4) en la gráfica.

46. **(1) Continuará creciendo.** (Análisis) Debido a que la tendencia ha permanecido constante, es razonable asumir que la población continuará aumentado con el tiempo. Las opciones (2), (3), (4) y (5) no son consecuencias lógicas de la tendencia que se indica en la gráfica.

47. **(2) el aumento de la delincuencia urbana** (Análisis) El texto establece que la Prohibición fue más débil en las ciudades, donde llevó a la venta ilegal de licores, lo que aumenta la delincuencia urbana. El párrafo descarta la opción (1) como consecuencia. No hay pruebas que sugieran la opción (3). La opción (4) fue la causa de la Prohibición, no un efecto de ella. Aunque la opción (5) era la intención de la Prohibición, el texto establece que no fue una consecuencia real.

48. **(2) el sistema de carreteras de la nación** (Aplicación) El sistema de carreteras estatales e interestatales de la nación es resultado del poder de construir carreteras que comparten los gobiernos estatales y nacional (derivado de su poder de mantener el sistema de correos). La opción (1) no es resultado de los poderes comunes porque el control de las elecciones es sólo una función del estado. La opción (3) es resultado del poder de los estados de fundar escuelas. La opción (4) es producto sólo del poder del gobierno nacional de acuñar monedas. La opción (5) es incorrecta porque el sistema bipartidista no fue creado por ningún nivel de gobierno.

49. **(3) La mayoría de las empresas estadounidenses son empresas unipersonales, pero las sociedades anónimas tienen los ingresos más altos.** (Evaluación) Esta conclusión no se basa en la gráfica, la que muestra que más del 70 por ciento de los negocios estadounidenses son empresas unipersonales, mientras que sólo el 20 por ciento son sociedades anónimas, pero este 20 por ciento de empresas produce cerca del 90 por ciento de las ganancias, comparado con menos del 5 por ciento de las empresas unipersonales. La opción (1) contradice a la gráfica que indica que el porcentaje de empresas que son asociaciones y sus porcentajes en las ganancias de la totalidad de las empresas son casi los mismos, mientras que las empresas unipersonales producen menos ganancias que las asociaciones. La opción (2) también contradice a la gráfica, la que muestra que las asociaciones son menos comunes que las sociedades anónimas. Las opciones (4) y (5) no se pueden determinar a partir de la gráfica. El hecho de que el volumen de ganancias sea más bajo entre las empresas unipersonales parece contradecir la conclusión de que las ganancias aumentan cuando el propietario hace las veces de vendedor.

**50.** **(5) Benjamin Franklin fue el autor de la Declaración de Independencia.** (Evaluación) Este enunciado es un ejemplo de una generalización apresurada. Aunque el texto indica que Franklin estaba a favor de firmar la Declaración de Independencia, nada hay en el texto que apoye la idea de que él la escribió; de hecho, la Declaración fue escrita por Thomas Jefferson. Las opciones (1), (2), (3) y (4) se encuentran implícitas en el texto y no constituyen ejemplos de lógica incorrecta.

# UNIDAD 1:
# HISTORIA DE ESTADOS UNIDOS
## Lección 1
### Enfoque en las destrezas de GED (Página 35)

**1. a.** Las diferencias en las culturas de los indios americanos se explican por diversos factores.

**2. b.** Las culturas de los indios americanos presentan grandes diferencias de una región a otra.

**3.** Su respuesta debe ser parecida a la siguiente: Busqué una idea que uniera todas las oraciones debido a que el tema no se enuncia directamente en una oración.

**4. b.** Existen nueve regiones culturales de indios americanos en Norteamérica.

### Enfoque en el contenido de GED (Página 37)

**1. (3) las maneras en que los europeos se interesaron en el Nuevo Mundo** (Comprensión) Ésta es la única opción lo suficientemente amplia como para incluir todas las ideas tratadas en los tres párrafos. Cada una de las demás opciones es demasiado específica para ser la idea principal de los tres primeros párrafos.

**2. (5) Los países europeos colonizaron diferentes regiones de América.** (Comprensión) Ésta es la única opción lo suficientemente general como para abarcar toda la información del párrafo. La opción (1) es incorrecta porque los motivos no se mencionan en el párrafo. Aún cuando son ciertas, las opciones (2) y (4) son incorrectas porque son detalles, no la idea principal. La opción (3) es incorrecta porque el párrafo no menciona la competencia.

**3. (1) La colonización del Nuevo Mundo benefició a muchos países europeos pero tuvo un efecto trágico en los habitantes originales de esas tierras.** (Comprensión) Ésta es la única opción lo suficientemente general como para abarcar toda la información del texto. Todas las demás opciones se mencionan, pero cada una sólo se centra en una parte del texto: (2) los viajes de Colón, (3) el maltrato a los indios americanos (4) la definición de colonización y (5) los motivos de los países europeos para colonizar.

**4. (4) Entre los años 1620 y 1750, la población de indios americanos disminuyó a casi cero, mientras que la población de colonos europeos creció.** (Comprensión) Ésta es la única opción lo suficientemente general como para abarcar toda la información de la gráfica. Las opciones (1) y (2) replantean algo de la información detallada de la gráfica, pero ninguna transmite toda la idea. Las opciones (3) y (5) pueden ser ciertas, pero ninguna se apoya por los datos de la gráfica.

**5. (1) el descenso de la población de indios americanos** (Comprensión) Ésta es la única opción que constituye el punto central de la gráfica y del último párrafo. La opción (2) es incorrecta porque el párrafo no habla de la población de colonos. La opción (3) es incorrecta porque no se habla de Nueva Inglaterra en el párrafo. La opción (4) es incorrecta porque la gráfica no da información acerca del motivo del descenso en la población de indios americanos, aunque el párrafo sí lo hace. En la gráfica no hay información acerca de la opción (5).

### Práctica de GED (Páginas 38 y 39)

**1. (4) formular planes para gobernar la colonia** (Comprensión) En el documento, quienes firman acuerdan tomar las medidas necesarias para establecer un gobierno. La opción (2) explica por qué establecen la colonia. El documento no menciona las opciones (1), (3) ni (5).

**2. (3) No había gobierno inglés en el lugar donde se instalaron.** (Análisis) Ya que el texto enuncia que los peregrinos llegaron bastante más al norte de la única otra colonia inglesa, puede suponerse que ahí no había un gobierno inglés. La opción (1) no es correcta porque mientras los peregrinos se podían haber perdido, no hay pruebas de que estuvieran atemorizados. En el párrafo o en el Pacto no hay nada que apoye las opciones (2), (4) ni (5).

**3. (2) el desarrollo del autogobierno** (Aplicación) El *Pacto del Mayflower* expresa el plan de los peregrinos de formar su propio gobierno. La opción (1) es incorrecta porque ellos lograron su libertad de religión al venir a América. La opciones (3), (4) y (5) no se mencionan en el documento.

**4. (5) Los hombres tenían que pertenecer a la iglesia para poder participar en el gobierno.** (Evaluación) Esto muestra uno de los vínculos entre la iglesia y el gobierno. Todas las demás opciones son ciertas, pero ninguna de ellas explica ni ilustra la estrecha relación entre la iglesia y el gobierno en la colonia de la bahía de Massachussetts.

**5. (2) Las diferencias geográficas hicieron que las personas que vivían en las colonias se ganaran la vida de diferentes maneras.** (Comprensión) Este párrafo se centra en cómo las condiciones climáticas y el suelo afectaban la forma en que la gente de las colonias se ganaba la vida. La opción (1) es verdadera, pero no es el punto central del párrafo. Las opciones (3), (4) y (5) son hechos que apoyan o se relacionan con la idea principal.

6. **(1) Las colonias inglesas en Norteamérica estaban agrupadas en tres categorías.** (Comprensión) Esto puede apreciarse en la clave y el contenido del mapa. Las demás opciones presentan información del mapa, pero esa información no es el punto central del mapa.

7. **(5) Las colonias de Nueva Inglaterra eran las que se encontraban más al norte.** (Evaluación) La opción (5) se basa en el mapa que muestra que las colonias de Nueva Inglaterra eran las que se encontraban más al norte y por ello tenían un clima relativamente más frío y más adverso para cultivar la tierra. Las opciones (2) y (4) se basan en el mapa pero nada tienen que ver con el clima ni con el cultivo de la tierra. Las opciones (1) y (3) no se pueden determinar a partir del mapa y nada tienen que ver con el cultivo de la tierra.

8. **(4) Massachusetts** (Aplicación) La opción (4) es correcta porque el mapa muestra que Massachusetts tiene una costa más larga que New Hampshire, opción (1). Por ello, Massachusetts es la colonia en que la gente más probablemente vivía de la pesca. Las opciones (2), (3) y (5) son incorrectas porque el texto afirma que las colonias de Nueva Inglaterra tenían buenos puertos, y esas colonias no se encuentran en Nueva Inglaterra.

## Prueba corta de GED (Páginas 40 y 41)

1. **(4) el establecimiento del sistema de misiones** (Comprensión) La mayor parte del párrafo habla de la expansión del sistema de misiones. Las opciones (3) y (5) son detalles que apoyan este tema explicando los acontecimientos que llevan a él. La opción (2) sólo está implícita en el párrafo pero no se habla directamente de ella, y no se hace mención de la opción (1).

2. **(5) esclavos** (Aplicación) Los azotes y la obediencia forzada son pistas que indican que los indígenas de las misiones se trataban como esclavos. Esta descripción no se aplica a ninguna de las demás opciones.

3. **(4) Los indios de las misiones estaban obligados a obedecer las órdenes de los sacerdotes y también a renunciar a sus propias religiones.** (Evaluación) Esto es lo único que podría haber hecho más difíciles sus vidas. Las opciones (1) y (5) son verdaderas, pero no se relacionan en forma directa con las condiciones bajo las que los indígenas de la misión vivían. Las opciones (2) y (3) también son ciertas, pero por sí solas no hacen la vida más difícil.

4. **(4) La mayoría de las misiones en Estados Unidos se encontraban en Florida, Texas y el Suroeste.** (Evaluación) Este enunciado podría verificarse ubicando los edificios de las misiones españolas en Norteamérica. Las demás opciones dependen de los registros que se conservan hasta la fecha. Los registros pueden provocar interrogantes acerca de su precisión y pueden expresar la opinión de sólo una persona. Por lo tanto, debido a que las opciones (1), (2), (3) y (5) sólo pueden conocerse por memorias y otros registros de la época, son más difíciles de verificar que la opción (4).

5. **(3) Los comerciantes franceses viajaban principalmente por agua.** (Análisis) El párrafo indica la importancia de los ríos y lagos para llevar a los comerciantes de pieles franceses al interior del continente. El párrafo no apoya la opción (1) y no habla de las opciones (2), (4) ni (5).

6. **(4) más de 250,000.** (Comprensión) Las indicaciones de la gráfica enuncian que las cifras de población están en miles, de modo que un valor de la gráfica de 250 realmente es 250,000. Las opciones (1), (2) y (3) son cifras basadas en la interpretación incorrecta de la gráfica. La opción (5) es la población blanca en 1760.

7. **(3) La población de raza negra aumentó más que la población de raza blanca entre los años 1720 y 1760.** (Evaluación) La gráfica indica que el aumento de la población de raza negra es mayor que el de la población de raza blanca. La gráfica no incluye información acerca de la población de otras colonias, de modo que las opciones (1) y (5) no son correctas. La opción (2) es incorrecta porque la gráfica no distingue entre las poblaciones de raza negra libre y esclavizada. La opción (4) resulta de una mala interpretación de la información de la gráfica.

8. **(3) sistema de gobierno colonial en América** (Comprensión) El texto describe y compara los tres sistemas de gobierno que se usaban en las colonias. Las opciones (1) y (5) son incorrectas porque sólo hablan de uno o dos sistemas. La opción (2) no se discute en el texto. La opción (4) es el tema del primer párrafo solamente.

9. **(4) Rhode Island** (Análisis) Rhode Island era la más democrática (definida como un pueblo que se gobierna a sí mismo) de las colonias enumeradas porque era una colonia completamente autogobernada, eligiendo a su gobernante y a todos los miembros de ambas cámaras legislativas. Las opciones (1) y (5) no son correctas porque Georgia y Virginia no están dentro de las cuatro colonias de las que se habla en el texto, haciendo de ellas colonias reales con gobernantes y una cámara legislativa designados. Aunque Pensilvania eligió ambas cámaras legislativas, Pensilvania y Maryland habían designado gobernantes, convirtiéndolas en colonias con gobierno propietario; por ello las opciones (2) y (3) son incorrectas.

## Lección 2
### Enfoque en las destrezas de GED (Página 43)

1. **a.** Después de nueve años de enfrentamientos, Francia perdió la mayoría de sus territorios en América.

2. Su respuesta debe ser parecida a la siguiente: Desde 1754 a 1763 (*cuándo*), los pueblos británico y francés (*quién*) libraron una guerra (*qué*) (llamada la Guerra Franco-Británica) por el control sobre las colonias (*por qué*) en Norteamérica (*dónde*). El pueblo británico ganó esta guerra pero pronto enfrentó muchos problemas con los colonos. Con el tiempo, estos conflictos condujeron a la Revolución Estadounidense.

3. Estos mapas muestran que los **franceses** perdieron la mayoría de sus tierras en **Norteamérica** entre los años **1700** y **1763**. Los **franceses** se quedaron únicamente con un pequeño territorio en el **mar Caribe**.

## Enfoque en el contenido de GED (Página 45)

1. **(1) Gran Bretaña tenía dificultades para gobernar las colonias americanas después de la Guerra Franco-Británica.** (Comprensión) Esta opción contiene toda la información del párrafo. La opción (2) es un ejemplo del problema entre Bretaña y sus colonias americanas. La información del párrafo no apoya la opción (3). La opción (4), un replanteamiento de la frase "Impuestos sin representación es una tiranía", es sólo un ejemplo de las quejas de los colonos contra Bretaña. La opción (5) se discute en el segundo párrafo, no en el primero.

2. **(4) La reacción de los colonos por la pérdida del derecho a tener un gobierno propio condujo a la Guerra de Independencia.** (Comprensión) Ésta es la única opción lo suficientemente general como para abarcar toda la información del párrafo. Las opciones (1), (2) y (3) son ejemplos del aumento del conflicto. La opción (5) es un detalle que se menciona en el párrafo, no su resumen.

3. **(5) Los gobiernos que no protegen los derechos del pueblo deben ser reemplazados.** (Comprensión) Ésta es la única opción lo suficientemente general como para abarcar toda la información del párrafo. Las opciones (1) y (4) representan ideas mencionadas en el párrafo, pero son demasiado específicas para ser un resumen de todo. Las opciones (2) y (3) son replanteamientos imprecisos de las ideas del párrafo o del documento.

4. **(5) Los británicos abolieron el poder legislativo de una o más colonias.** (Comprensión) El tercer párrafo del texto indica que los colonos consideraron como un atropello la abolición del cuerpo legislativo de Massachussets era. También es una de las acciones inaceptables enumeradas en la Declaración. La opción (1) es un mal planteamiento de la información del texto. Los estadounidenses boicotearon los bienes británicos; no al revés. Las opciones (2) y (3) se mencionan en la Declaración como injusticias británicas, pero el texto no se nombra ninguna de ellas como el atropello final que condujo a la guerra. La opción (4) se menciona en la Declaración pero no en el texto, de modo que no se debe considerar como el peor atropello.

5. **(2) No estaban contentos con este tratado.** (Análisis) Ésta es la única opción para esta pregunta que la pintura y el texto explicativo apoyan. Nada en el texto o en la pintura lleva a las opciones (1), (4) y (5). La opción (3) no puede ser correcta porque la explicación dice que los británicos *sí* firmaron el tratado.

## Práctica de GED (Páginas 46 y 47)

1. **(1) estipular los derechos de los ciudadanos.** (Análisis) La discusión de las constituciones estatales y la lista de libertades en el primer párrafo apoyan esta conclusión. Las opciones (2) y (3) están en contradicción con el texto. En el texto no hay información acerca de las opciones (4) o (5).

2. **(2) un acuerdo para formar una nueva nación** (Comprensión) El propósito de los Artículos de la Confederación se establece en las primeras dos oraciones del párrafo. Las opciones (1) y (5) se dejaron a los estados. La opción (3) es incorrecta porque esta libertad se estipuló en las constituciones estatales. La opción (4) es incorrecta porque la Declaración de Independencia logró esta meta.

3. **(3) Sería difícil para los estados con diferentes sistemas monetarios efectuar comercio.** (Análisis) El texto establece que la carencia de uniformidad en varias áreas conducía a varios problemas. Ninguna información del texto sugiere las opciones (1), (4) y (5). La opción (2) no es muy probable porque la gente se habría acostumbrado a la apariencia del dinero.

4. **(5) la Organización de las Naciones Unidas, donde cada país se representa en una Asamblea general de naciones independientes** (Aplicación) Como los estados según los Artículos de la Confederación, los países miembro de la ONU trabajan juntos pero son ampliamente independientes en sus actos. La opción (1) es incorrecta porque esta organización facilita las restricciones comerciales y promueve la cooperación. La opción (2) es incorrecta porque es una alianza militar. La opción (3) es una organización policial. La opción (4) no se relaciona con el modo en que los estados funcionaban en virtud de los Artículos de la Confederación.

5. **(4) para presentar un ejemplo de cómo se podían dividir todas las secciones en un municipio** (Análisis) La estructura del diagrama sugiere esta respuesta, que se centra en porciones cada vez más pequeñas de la región para dar una explicación cada vez más detallada de cómo funcionaba el sistema de medición. Aunque las opciones (1) y (2) se ilustran en el diagrama, no son la razón principal para centrarse en la sección 13. No hay nada en el párrafo ni en el diagrama que sugiere que el voto estaba relacionado con el sistema de medición, de modo que la opción (3) es incorrecta; tampoco se sugiere que ciertas secciones no fuesen deseables, de modo que la opción (5) es incorrecta.

6. **(5) La educación era apreciada debido a que el gobierno apartaba tierras para las escuelas.** (Evaluación) La pregunta establece que la ley exigía que una sección en cada municipio del territorio Noroeste se reservara para apoyar la educación. Esto sugiere que la educación era importante. Nada en el texto sugiere que la tierra no era valiosa, de modo que la opción (1) es incorrecta. Las opciones (2) y (3) requieren una comparación con otras áreas y el texto no habla de eso. Nada hay en el texto que apoye la idea de la opción (4) de que el gobierno construyó todas las escuelas: sólo que apartaba tierras.

## Prueba corta de GED (Páginas 48 y 49)

1. **(2) estados con grandes poblaciones y estados que tenían poblaciones pequeñas** (Comprensión) La información establece que los estados se representan en la Cámara de acuerdo con su población e igualmente en el Senado. Esta disposición sugiere que se requería un compromiso debido a las diferencias de población entre los estados. Las opciones (1), (3), (4) y (5) son incorrectas porque el plan de compromiso no se basaba en ninguno de los factores mencionados en estas opciones.

2. **(5) un gobierno que funcione para todos los estados** (Evaluación) El hecho de que los escritores (llamados "los redactores") de la Constitución estuvieran dispuestos a comprometerse indica su deseo de hacer que el nuevo gobierno funcionara para todos los estados. La opción (1) es el modo contrario al que trabajaron. No hay nada en el texto que habla de las opciones (2) o (3). La opción (4) es incorrecta porque el número de representantes de la Cámara varía en cada estado.

3. **(3) deseo de riqueza y prestigio** (Evaluación) La posesión de una gran cantidad de tierra y esclavos para cultivar en ellas con motivos comerciales sugiere que los líderes cheroquíes valoraban la riqueza y el prestigio. El hecho de tener esclavos hace que las opciones (1) y (4) sean incorrectas. No hay nada en la información que se relaciona con la opción (2). La opción (5) es incorrecta porque la lealtad no se relaciona con la posesión de plantaciones y esclavos.

4. **(4) Eran guerreros valientes y aguerridos.** (Análisis) Mientras una persona puede pensar que ciertas acciones hacen que un grupo sea valiente y aguerrido, puede que otra no. Las opciones (1), (2), (3), (5) son hechos, no opiniones, porque se pueden comprobar en registros históricos y otras pruebas.

5. **(1) Las personas acusadas de delitos tienen derechos específicos.** (Comprensión) Estas enmiendas enumeran una amplia gama de derechos que tienen las personas sospechosas de actividades delictivas, arrestadas, enjuiciadas y castigadas por ellos. La opción (2) se contradice con la información de la Cuarta Enmienda. La opción (3) se relaciona con las garantías de libertad de expresión y derecho a reunión de la Primera Enmienda. La opción (4) sólo se aplica a la Sexta y Séptima Enmienda. La opción (5) sólo se aplica a la Quinta enmienda.

6. **(4) la Cuarta Enmienda** (Aplicación) La Cuarta Enmienda es la única que se ocupa de los allanamientos. Las enmiendas enumeradas en las opciones (1), (2), (3) y (5) hablan de otro tipo de derechos y protecciones.

7. **(1) la Primera Enmienda** (Aplicación) La publicación de revistas es un asunto de libertad de expresión y libertad de prensa, que son derechos de la Primera Enmienda. Las enmiendas enumeradas en las opciones (2), (3), (4) y (5) hablan de otro tipo de derechos y protecciones.

8. **(3) la Quinta Enmienda** (Aplicación) En este caso usted estaría protegido por el derecho de la Quinta Enmienda a no hablar en contra suyo en un juicio. La opción (1) es incorrecta porque no es una materia de libertad de expresión. Las enmiendas enumeradas en las opciones (2), (4) y (5) no tratan el derecho a juicio.

## Lección 3

### Enfoque en las destrezas de GED (Página 51)

1. **a.** dónde están los Montes Apalaches y el río Mississippi.

2. **b.** Los países europeos tenían el derecho de regalar o vender las tierras en Norteamérica.

3. **c.** La Compra de Luisiana abrió las puertas a la expansión hacia el oeste.

### Enfoque en el contenido de GED (Página 53)

1. **(3) Habían sido propiedad de otros países.** (Comprensión) Además de las trece colonias originales, casi todas las secciones del mapa indican que se adquirió a través de una compra o acuerdo con Francia, Gran Bretaña, España o México. El mapa no indica nada acerca de si la tierra estaba habitada (opción 1) o colonizada (opción 5). Tampoco menciona información acerca de conflictos bélicos (opción 2) ni los indígenas americanos (opción 4).

2. **(2) Que no debían honrar su acuerdo de vivir bajo las leyes mexicanas.** (Análisis) Ésta es la única suposición apoyada por los hechos presentados en el párrafo 2. Los colonos originalmente acordaron vivir con la ley mexicana, pero más tarde decidieron que no querían hacerlo. No hay nada en el texto que apoya a las opciones (1), (4) o (5). La opción (3) es incorrecta porque el texto no relaciona la idea de destino manifiesto a la independencia política, pero sí a la ocupación de tierras.

3. **(3) La fiebre del oro estimuló el crecimiento de la población, el desarrollo de los negocios y un mejor sistema de transporte.** (Comprensión) Ésta es la única opción lo suficientemente general como para abarcar toda la información del párrafo. Las opciones (1), (2) y (4) son demasiado limitadas. La opción (5) va más allá de los hechos del párrafo.

4. **(4) oposición a la confiscación de sus tierras** (Análisis) El texto muestra que los indios americanos tuvieron que ser expulsados de sus tierras para dejar el camino libre para que los colonos trabajaran en las minas, granjas y ranchos. Las opciones (1), (3) y (4) fueron resultados de la reubicación de los indios americanos, no causas. La opción (2) no se relaciona con obstaculizar el denominado "progreso".

**Práctica de GED (Páginas 54 y 55)**

1. **(3) Un buen sistema de transporte es importante para el crecimiento económico de una región.** (Análisis) El texto enuncia que las regiones recientemente colonizadas necesitaban de caminos, canales y vías férreas para prosperar. Las opciones (1) y (4) no son suposiciones porque se enuncian en forma directa en el párrafo. Ninguna información dada en el párrafo sugiere las opciones (2) y (5).

2. **(1) sus ganas de trabajar duro** (Evaluación) De acuerdo con el texto, el trabajo fue lo que atrajo a la mayoría de los inmigrantes al creciente Estados Unidos. Aunque es verdad que muchos inmigrantes llegaron a Estados Unidos en busca de libertad de religión, política y personal, el texto no apoya las opciones (2), (3), (4) y (5).

3. **(4) la ley de Carreteras de 1956, que autorizó la construcción de un sistema de carreteras interestatales** (Aplicación) Se ejecutó por el gobierno federal para crear otro sistema de transporte transcontinental. La opción (1) no tiene que ver con el texto, mientras que las opciones (2) y (5) tienen que ver con la inmigración, no con el transporte. La opción (3) es incorrecta porque la ley de Comercio Interestatal supervisaba los ferrocarriles terminados, no su construcción.

4. **(5) la ruta de Ft. Smith-Santa Fe y la antigua ruta española** (Aplicación) El mapa la muestra como la ruta más directa desde el sur de Estados Unidos a California. Las opciones (1), (3) y (4) comienzan en Missouri, lo que podría ser menos conveniente para la gente del sur. La opción (2) no llega a California.

5. **(1) En lo posible las rutas seguían los ríos debido al agua que ellos proporcionan**. (Análisis) La gente que se desplazaba por áreas remotas necesitaba un abastecimiento de agua confiable. La migración hacia el oeste junto a un río proporcionaba el agua, y el mapa muestra que las rutas seguían a los ríos siempre y cuando era posible. Las opciones (2) y (4) se contradicen con la información del mapa. No hay nada en el mapa que sugiere que las opciones (3) y (5) sean correctas.

6. **(2) Había conflictos entre los indios americanos y los viajeros en la ruta de Oregón.** (Comprensión) El hecho de que el tratado garantizara el paso seguro de los trenes de vagones y que permitiera que el gobierno construyese fuertes sugiere que las relaciones entre los indios americanos y los viajeros en la ruta era un problema constante. La opción (1) es incorrecta porque el Senado, no los negociadores, cambió el tratado. Y aunque cambiar el tratado podía haber sido deshonroso, no necesariamente sugiere la mentira. Nada en el párrafo sugiere las opciones (3) y (5). La opción (4) no puede suponerse porque, aunque las tribus recibían provisiones del gobierno, esto no necesariamente indica que estaban muriendo de hambre.

## Prueba corta de GED (Páginas 56 y 57)

1. **(3) Las empresas podían mandar y recibir pedidos más rápidamente que por carta.** (Análisis) El telégrafo permitía una comunicación mucho más rápida que el correo. Las opciones (1) y (5) son incorrectas porque esta innovación no influía en la cantidad de empleados que una empresa necesitaba ni en la productividad de la fuerza de trabajo. Aún cuando las opciones (2) y (4) harían las empresas más eficientes, no se relacionan con el telégrafo.

2. **(5) para avisar a las estaciones del retraso de un tren** (Aplicación) Un operador de telégrafo en una estación de ferrocarriles podía solicitar o enviar informes de estado acerca del progreso de un tren mientras viajaba a lo largo de la línea férrea. Esto permitía que la gente supiera si el tren llegaría a la hora prevista. El telégrafo no ayudaba en las funciones enumeradas en las opciones (1), (2), (3) y (4).

3. **(2) el teléfono** (Aplicación) Éste es el único aparato que transmite mensajes e información a través de un cable. La opción (1) es un medio de transporte. La opción (3) proporciona energía, pero no transmite información. La opción (4) también transmite mensajes e información, pero no puede transmitirla a distancia. La opción (5) es un dispositivo de entretenimiento y almacenamiento.

4. **(4) Antes de 1861, la comunicación entre California y los estados del este era muy lenta.** (Análisis) Esto se sugiere en las oraciones primera y última del texto. Las opciones (1) y (2) no se enuncian directamente en el texto. No hay nada en la información que indica que las opciones (3) y (5) sean verdaderas.

**5. (2) El telégrafo ayudó a conectar la nación.** (Comprensión) El texto se centra en la construcción de la línea telegráfica, particularmente una que conectaba el Este con el Oeste. Las opciones (1) y (3) están implícitas, pero el texto no trata principalmente del código Morse o de la eficiencia de las empresas estadounidenses. No hay nada en el texto que apoya las opciones (4) y (5).

**6. (3) La tierra que conformó la Compra de Gadsden queda al sur del río Gila.** (Evaluación) Esto se muestra en el mapa y se indica en la última oración del primer párrafo. No hay nada en el texto que sugiere que las opciones (1), (2) y (4) sean verdaderas. Debido a que el mapa casi no muestra pueblos, es imposible determinar la veracidad de la opción (5).

**7. (1) Se transformó en parte del territorio de Nuevo México.** (Comprensión) Esto se muestra en el mapa. El mapa también muestra que la opción (2) es incorrecta. No hay nada en el texto ni en el mapa que apoye la opción (3). La opción (4) es incorrecta porque el texto muestra que obtener las tierras era de interés de la gente del sur, no de la gente del norte. La opción (5) es incorrecta porque el texto establece que Gadsden fue a México en 1853 para negociar un trato, y el mapa muestra que California se convirtió en estado en 1850.

**8. (1) la Cesión mexicana** (Comprensión) La información del mapa y la segunda oración del texto hacen esta conexión. Las opciones (2), (3) y (4) son incorrectas porque el mapa muestra que sólo son parte de la tierra cedida en el tratado. La opción (5) es incorrecta porque es el nombre de la tierra que Estados Unidos compró en 1853.

**9. (4) Los antiguos residentes sufrieron pérdidas bajo la ley estadounidense.** (Comprensión) El texto explica que muchos residentes del territorio adquirido de México perdieron sus tierras porque los tribunales estadounidenses no reconocieron sus títulos de propiedad. Las opciones (1), (3) y (5) no se mencionan en el párrafo. No hay nada en el texto que apoya la opción (2).

## Lección 4

### Enfoque en las destrezas de GED (Página 59)

**1. b.** En 1819, Missouri trató de ingresar a la Unión como un estado esclavista.

**2.** California **se convirtió en un estado libre como resultado del Acuerdo de 1850.**

Utah y Nuevo México **eran territorios en que los votantes podían decidir convertirse en libres o en esclavistas.**

**3.** La preocupación que existía en el Norte con respecto a la esclavitud, fue un(a) **causa** importante del Acuerdo de Missouri.

Un **efecto** del Acuerdo de 1850 fue que la vida se tornó más difícil para los esclavos fugitivos.

### Enfoque en el contenido de GED (Página 61)

**1. (1) Se separaron de la Unión.** (Comprensión) La clave del mapa indica que estos estados se separaron luego del ataque al Fuerte Sumter. El mapa no hace ninguna alusión acerca de votar o separarse de la Confederación, de modo que las demás opciones son incorrectas.

**2. (5) Que permanecieron en la Unión a pesar de ser estados esclavistas.** (Comprensión) Este hecho se muestra en el mapa. Las opciones (1), (2) y (3) son incorrectas porque el mapa muestra que estos estados permanecieron con la Unión. La opción (4) es incorrecta porque el mapa nada muestra acerca de entrar a la Unión, que de hecho era relevante sólo para los estados recientemente formados de Virginia Occidental.

**3. (2) Tuvieron que importar la mayor parte de los productos manufacturados desde el Norte y desde Europa.** (Análisis) Éste es un punto importante que se tocó en el primer párrafo. El texto no menciona las opciones (1), (3) ni (4) como posibles efectos de tener una industria pequeña. La opción (5) es incorrecta porque el texto enuncia que la gente del sur consideraba que la elección de Lincoln era una amenaza para su forma de vida de modo que siete estados se separaron.

**4. (4) la elección de 1860 y la separación de los estados del Sur** (Análisis) Estos factores se tratan en los párrafos 3 y 4 como dos importantes focos de tensión entre el Norte y el Sur que condujeron a la guerra. La opción (1) es un efecto de la guerra. La opción (2) es una causa de un punto decisivo de la guerra. La opción (3) se menciona como una causa de tensión entre el Norte y el Sur pero no como las causas más importantes de la guerra. La opción (5) es incorrecta porque, aunque sí se menciona la tensión económica, no se habla de la escasez de tierras.

### Práctica de GED (Páginas 62 y 63)

**1. (5) El esfuerzo del Sur para llevar a cabo la guerra se vio debilitado.** (Comprensión) Los hechos presentes en el párrafo apoyan este enunciado. Las opciones (1), (2), (3) y (4) son el opuesto de lo que se enuncia e implica en el párrafo.

**2. (2) Porque no iban a ayudar a proteger la esclavitud.** (Comprensión) El párrafo enuncia que Inglaterra había abolido la esclavitud en 1833. Las opciones (1), (3), (4) y (5) no se mencionan en el párrafo.

**3. (5) La Proclamación de Emancipación de 1863 no acabó con toda la esclavitud existente en Estados Unidos.** (Análisis) El hecho de que se requiriera de una enmienda a la Constitución para abolir la esclavitud sugiere que seguía existiendo luego de la Proclamación de Emancipación. Ninguna información de la tabla entrega fundamento para apoyar las opciones (1), (2) o (3). La opción (4) no es correcta porque la tabla muestra que la Decimoquinta Enmienda garantiza el derecho a voto de los hombres sin importar la raza, no de las mujeres.

**4. (3) En algunos estados no se les permitía votar a los que habían sido esclavos.** (Comprensión) Que se necesitara de una enmienda a la Constitución sugiere que los afroamericanos fueron privados del derecho a voto. Las opciones (1) y (4) son incorrectas porque la enmienda no habla de la posesión de tierras ni de la edad. La opción (2) es incorrecta porque la tabla muestra que la esclavitud había sido declarada ilegal en la Decimotercera Enmienda. La información de la tabla no puede apoyar la opción (5).

**5. (4) el esfuerzo para reunificar a la nación y reconstruir el Sur** (Comprensión) Esta definición se enuncia en el primer párrafo. Ninguna de las demás opciones ofrece una definición precisa del término.

**6. (1) Los congresistas radicales se hicieron cargo de la Reconstrucción.** (Evaluación) El texto enuncia que los radicales querían castigar al Sur y privar a los líderes tradicionales de su poder, mientras que Lincoln perdonó a los sureños por rebelarse y quería reunificar la nación. Las opciones (2), (3) y (4) son incorrectas porque no tienen que ver con el modo en que se debía tratar al Sur. La opción (5) no apoya en sí misma la conclusión porque el texto no dice nada acerca de por qué el presidente fue asesinado.

**7. (3) como una agencia de socorro federal** (Aplicación) Proporcionar ayuda de emergencia era la única función de la institución en tiempos de guerra. Las opciones (1) y (4) son incorrectas porque *Freedmen's Bureau* no se ocupaba del trabajo ni de la educación sino hasta después de la guerra; además jamás fue oficina de empleo. La opción (2) es incorrecta porque el cuidado médico sólo era una parte de las funciones de la organización. La opción (5) es incorrecta porque la Oficina de Liberados *(Freedmen's Bureau)* era una organización de asistencia pública, no de beneficencia religiosa privada.

**8. (3) Los sureños de raza blanca eran dueños de la mayor parte de la tierra pero tenían poco dinero para pagar a los trabajadores agrícolas.** (Análisis) El texto muestra esta opción como la causa del desarrollo del sistema de aparcería. Las opciones (1) y (4) son lo contrario a lo que se enuncia en el texto. No hay nada en el texto que enuncia o sugiere que la aparcería se haya desarrollado a causa de la opción (2), y no se presenta información acerca del traslado al Norte de quienes fueron esclavos, por lo que la opción (5) es incorrecta.

## Prueba corta de GED (Páginas 64 y 65)

**1. (4) recordar a los norteños los ideales por los cuales estaban luchando** (Comprensión) El discurso de Lincoln llamó la atención de la gente sobre los principios sobre los cuales se fundó la nación, los que eran las razones que estaban detrás de la guerra. Esto se implica en el párrafo y en el pasaje del discurso de Lincoln. No hay nada en el pasaje que apoya la opción (1) o (3) como el propósito principal de las observaciones de Lincoln. La opción (2) es incorrecta porque los prisioneros de la Unión en el Sur probablemente no querían aprender el discurso de sus captores sureños. La opción (5) es incorrecta porque el tono del discurso es inspirador, no desalentador.

**2. (1) a la Declaración de Independencia** (Aplicación) El enunciado que "todos los hombres nacen como iguales" es la frase más conocida de la Declaración de Independencia. No hay nada en los documentos indicados en las opciones (2), (3), (4) ni (5) que incluyen esta frase.

**3. (3) Hicieron que para Lee fuera más fácil rendirse.** (Análisis) Las generosas condiciones de Grant hicieron que para Lee fuese más fácil rendirse que si hubiera puesto condiciones crueles, que podrían haber motivado a Lee a resistir más. Por lo tanto, la opción (4) es incorrecta. Aunque el texto describe a Lee como agradecido, ninguna información apoya las opciones (1) ni (2). La opción (5) se contradice con la última oración del texto.

**4. (4) Lee sabía que su ejército estaba en apuros.** (Comprensión) Si Lee pensaba seguir luchando o escapar, probablemente no habría solicitado una reunión con Grant. Por ello, las opciones (2) y (5) son incorrectas. No hay pruebas que indiquen las opciones (1) y (3).

**5. (2) Porque el gobierno federal perdió el interés en el bienestar de los afroamericanos del Sur.** (Análisis) El texto muestra que el gobierno federal no hizo objeciones a las medidas que tomaron los sureños blancos para negar los derechos de los afroamericanos. Las opciones (1), (3) y (4) son el opuesto de lo que se enuncia en el texto. No hay nada en el texto que sugiere la opción (5).

**6. (3) Que los afroamericanos del Sur no compartieron equitativamente la creciente prosperidad de la región.** (Análisis) Debido a que los sureños impidieron que los afroamericanos compartieran el poder político y la igualdad social, se puede suponer razonablemente que tampoco compartían con igualdad el crecimiento económico del Sur. Las opciones (1), (2) y (4) son incorrectas ya que están en contradicción con el texto. No hay información del texto que apoya la opción (5).

**7. (4) en el número de fábricas** (Comprensión) Las gráficas indican que el Norte tiene una mayor ventaja sobre el Sur en cada área, pero la mayor diferencia está en el número de fábricas. Por ello, las demás opciones son incorrectas.

**8. (3) Porque ayuda a explicar por qué el Norte ganó la guerra al final.** (Evaluación) Las granjas y las fábricas entregan alimentos, armas y suministros a los ejércitos. Y las tropas de un país provienen de su población. Los ferrocarriles facilitan el movimiento de las tropas y los productos al lugar donde se necesitan. Sin embargo, esta información no explica las opciones (1), (4) y (5). La opción (2) es incorrecta porque las desigualdades sugieren una guerra más corta en vez de una guerra larga.

## Lección 5

### Enfoque en las destrezas de GED (Página 67)

**1. a.** Los dueños de fábrica valoraban la producción eficaz.

**2. b.** A fines del siglo XIX, aumentó el número de mujeres que se empleaban para ayudar a sobrevivir a sus familias.

**3. a.** *V*: Después de la Revolución Industrial, la sociedad apreciaba más la industria que la agricultura.

**b.** *F*: Después de la Revolución Industrial, los productos confeccionados a mano eran más preciados que los fabricados.

### Enfoque en el contenido de GED (Página 69)

**1. (5) Recaudaban grandes cantidades de dinero para crear industrias y reducir el riesgo financiero personal.** (Comprensión) Esto se enuncia directamente en el segundo párrafo. Las opciones (1), (2), (3) y (4) pueden ser ciertas para las corporaciones, pero ninguna se menciona en el texto como contribución de las empresas al crecimiento industrial.

**2. (3) las innovaciones de fabricación y el uso de la electricidad** (Análisis) Ambas se mencionaron en el primer párrafo como contribución al desarrollo económico. Las opciones (1) y (4) son consecuencias probables del desarrollo económico. La opción (2) se trata como parte de la economía anterior a la Guerra Civil, y no como causa de una nueva economía. Ningún elemento de la opción (5) se menciona como causa de desarrollo económico.

**3. (4) Los obreros que negociaban en grupo obtenían mejores resultados que los que lo hacían individualmente.** (Evaluación) Ésta es la única opción que se apoya por el texto, y se indica en el último párrafo. Aunque todas las demás opciones pueden mejorar las condiciones de los trabajadores, no resumen los valores básicos implícitos en el movimiento de los sindicatos de la forma descrita en el texto.

**4. (2) interés por la innovación tecnológica** (Evaluación) Ésta es la única oración que refleja precisamente la información presentada en la gráfica. Las patentes están relacionadas con las invenciones e innovaciones, y la gráfica indica el enorme crecimiento en el número de patentes aprobadas por el gobierno. La gráfica no indica nada

sobre una gran empresa (opción 1), seguridad laboral (opción 3), educación (opción 4) ni regulación gubernamental (opción 5).

### Práctica de GED (Páginas 70 a 71)

**1. (3) El sindicato perdería miembros.** (Aplicación) Cuando los sindicatos pierden las huelgas también pierden miembros. Como señala el texto, una sucesión de huelgas infructuosas tuvo que ver en la declinación de los Caballeros Laborales. Es razonable que los trabajadores se desalentarían con los sindicatos si las acciones de éstos no los ayudan. La opción (1) es incorrecta porque el perder una huelga no llevaría a mejores salarios. No hay nada en este texto que sugiere que sean ciertas las opciones (2), (4) o (3) sobre los sindicatos.

**2. (5) la aprobación de la Ley Nacional de Relaciones Laborales** (Análisis) La gráfica muestra que la participación en los sindicatos aumentó durante este período. Este texto establece que la ley se aprobó en 1935 y que entregó a los trabajadores el derecho legal de formar sindicatos. Las opciones (1) y (3) son incorrectas porque ocurrieron antes de 1935. La opción (2) no es correcta porque el fracaso de las huelgas probablemente habría causado que la participación en los sindicatos disminuyera en vez de aumentar. No hay nada en este texto que sugiere que la opción (4) sea causa del crecimiento de los sindicatos.

**3. (4) Estaban desanimados por las huelgas violentas.** (Evaluación) El texto establece que los miembros de los Caballeros disminuyeron después de una sucesión de huelgas violentas. Esto sugiere que los trabajadores estaban desalentados por las huelgas y la violencia. El texto también sugiere que el éxito del AFL se debía a favorecer la cooperación en lugar de la confrontación. No hay nada en el texto que apoya las opciones (1), (3) ni (5). La opción (2) contradice la información sobre los Caballeros.

**4. (2) las oportunidades laborales** (Análisis) Según el texto, las oportunidades laborales atrajeron a las personas hacia las ciudades. No hay nada en el texto que sugiere que las opciones (1), (3) y (5) tengan que ver con el crecimiento de las ciudades. Las condiciones insalubres producidas por el hacinamiento fueron consecuencia del rápido crecimiento de las grandes ciudades y no su causa, por lo que la opción (4) es incorrecta.

**5. (3) 1920** (Comprensión) Un poco más del 50 por ciento de los estadounidenses vivían en ciudades en 1920. Las opciones (1) y (2) son incorrectas porque la gráfica muestra menos estadounidenses viviendo en ciudades en esa época. Las opciones (4) y (5) corresponden a años posteriores cuando los habitantes de las ciudades superan en número a los de las zonas rurales.

**6. (4) la Segunda Guerra Mundial** (Análisis) La gráfica muestra un aumento principal en la población urbana durante esa década, y el texto sugiere que la migración afroamericana ocurrió durante la Segunda Guerra Mundial debido a las oportunidades laborales de los tiempos de guerra. La opción (1) se refiere a fines del siglo XIX. Las opciones (2) y (5) son incorrectas porque son producto de la Primera Guerra Mundial y de la década de 1920. No hay nada en el texto que apoya la opción (3) como causa del crecimiento urbano.

7. **(1) Los trabajos eran importantes para los afroamericanos.** (Evaluación) De acuerdo con el texto, la Gran Migración fue inspirada por las oportunidades de trabajo que existían en las industrias del Norte durante la Primera Guerra Mundial y en la década de 1920, cuando se restringió la migración. Esto sugiere que las personas se trasladaron al Norte debido a que era importante conseguir un buen trabajo. La opción (3) es incorrecta porque hubo una gran migración, a pesar de las condiciones de vida hacinadas en las áreas urbanas. La Gran Migración fue la reubicación de los afroamericanos, no de los inmigrantes, por lo que las opciones (2) y (4) son incorrectas. La opción (5) es incorrecta porque los sistemas de transportes no se mencionan en el texto.

## Prueba corta de GED (Página 72 a 73)

1. **(5) El surgimiento de la producción en masa.** (Comprensión) El texto se enfoca en el proceso de fabricación que hace posible la rápida producción de grandes cantidades de productos, en otras palabras, la producción en masa. La opción (1) es incorrecta porque el texto no trata solamente sobre Whitney. La opción (2) es una parte de la explicación de la producción en masa y la opción (3) sólo se menciona de paso. Aunque la opción (4) puede ser cierta, no se analiza en el texto.

2. **(2) La eficacia era importante** (Evaluación) Ésta es la única conclusión que se apoya por el texto. La producción en masa era más eficiente que fabricar los productos a mano. La información en el texto no sugiere que los dueños tuvieran los valores expresados en las opciones (1), (3), (4) o (5).

3. **(1) el poder** (Evaluación) Los indicios en el texto indican que Rockefeller valoraba el poder por sobre todas las cosas. Las opciones (2) y (4) no se pueden establecer a partir de la información presentada. La información indica claramente que las opciones (3) y (5) son incorrectas.

4. **(4) Rockefeller fundó una sociedad petrolera de fideicomiso.** (Análisis) El análisis sobre las sociedades de fideicomiso y su tendencia a terminar como monopolios es seguida por la información de que Rockefeller llegó a controlar casi el 90 por ciento de la industria del petróleo, lo que hace que esta conclusión sea razonable. El texto no acusa a Rockefeller de ladrón, por lo que la opción (1) es incorrecta. No hay información en el texto que apoya las opciones (2), (3) y (5).

5. **(5) zapatos** (Aplicación) Los productos de cuero necesitan una aguja gruesa y de fuerte presión para hacer los agujeros para el hilo. Las opciones (1) y (2) corresponden a materiales ligeros. Las opciones (3) y (4) no se cosen por lo que también son ligeros.

6. **(2) El poder de las sociedades de fideicomiso amenaza la vida en el país.** (Comprensión) En la caricatura, todos las sociedades de fideicomiso en la estatua de la Libertad están a punto de hundir el símbolo de la libertad del pueblo. La opción (1) no es correcta porque el mensaje de la caricatura es que las sociedades de fideicomiso son responsables de esta condición. La opción (3) no se expresa en la caricatura. Las opciones (4) y (5) son incorrectas porque las sociedades de fideicomiso provocan que la estatua de la Libertad se hunda.

7. **(3) las prácticas insalubres de embalaje de carnes** (Comprensión) Las referencias a las inmundas condiciones en las plantas y la Ley de Pureza de Alimentos y Medicamentos avalan esta conclusión. No hay nada en el texto que sugiere las opciones (1), (4) y (5). La opción (2) se refiere a la obra de otro autor.

8. **(2) concientizar a la gente sobre problemas graves** (Análisis) El texto muestra que el trabajo de los buscadores de trapos sucios hizo que los funcionarios de gobierno y los ciudadanos tomaran conciencia de los problemas en la industria y el gobierno. La información presentada en el texto muestra que las opciones (1), (3) y (5) no son correctas. No hay pruebas que señalen que el trabajo de los buscadores de trapos sucios provocara revueltas, por lo que la opción (4) es incorrecta.

9. **(1) una investigación de un contaminador importante por parte de un noticiero** (Aplicación) Éste es el único ejemplo de la técnica de investigación e información de los difamadores sobre un asunto grave. La opción (2) es incorrecta porque una investigación policial es algo formal proveniente del gobierno. La opción (3) es el resultado de una investigación científica, no de periodismo investigativo. Las opciones (4) y (5) no son el hecho de buscar trapos sucios. Serían los efectos de buscar trapos sucios.

## Lección 6

### Enfoque en las destrezas de GED (Página 75)

1. **a.** Estados Unidos ganó la Guerra Hispano-Estadounidense en 1898 y se dio a conocer como potencia mundial.

2. **b.** La guerra duró sólo tres meses y murieron pocos soldados estadounidenses.

3. Las posibles respuestas deberían incluir dos de las siguientes ideas: Estados Unidos dominó a Cuba; Estados Unidos tomó el control de Puerto Rico, Guam y Filipinas; expandió sus mercados de exportación e importación.

### Enfoque en el contenido de GED (Página 77)

1. **(3) por qué era difícil para Estados Unidos permanecer neutral durante la Primera Guerra Mundial** (Análisis). Ésta es la única

oración que se explica en el texto. Se dan tres razones para la participación estadounidense en la guerra. Las opciones (1), (2), (4) y (5) son temas importantes sobre la guerra pero no explican el primer párrafo.

2. **(4) La guerra causó destrucción masiva.** (Análisis) Esta oración es un juicio sobre la guerra apoyada por muchos hechos y detalles. Combine los detalles del texto. Las opciones (1), (2) y (3) son detalles que apoyan a la conclusión de que la guerra causó destrucción masiva. La opción (5) es un hecho sobre la guerra que no tiene que ver con la conclusión.

3. **(2) intereses comerciales y preocupación acerca de las vidas humanas** (Evaluación) Estos valores se mencionan en el primer párrafo (interferencia entre las relaciones comerciales; preocupación por la pérdida de vidas inocentes). La opción (1) no se discute en el texto. La opción (3) es una razón por la cual se estalló la Segunda Guerra Mundial y la opción (4) describe el objetivo de Alemania antes de y durante la Segunda Guerra Mundial. La opción (5) es un motivo de la Guerra Fría.

4. **(4) Estados Unidos y la Unión Soviética creían que su sistema político era el mejor.** (Análisis) Ésta es una suposición que da a entender la idea establecida en el cuarto párrafo de que cada país trata de extender su influencia hasta donde puede. La opción (1) no se implica ni tampoco tiene que ver con la Guerra Fría en el texto. No hay información en el texto que apoya las opciones (2), (3) y (5).

5. **(1) En conjunto, las naciones aliadas controlaron Berlín.** (Análisis) Ésta es la gran idea o conclusión que resume los detalles del mapa. Las opciones (3) y (4) son incorrectas debido a que el mapa muestra a Berlín Occidental dividida entre Francia, Gran Bretaña y Estados Unidos. No indica que una o dos naciones la dominen. La opción (2) es incorrecta, debido a que el mapa no muestra Alemania Occidental. La opción (5) no tiene fundamentos debido a que el mapa se centra sólo en Berlín y no muestra toda Alemania Oriental.

### Enfoque en el contenido de GED (Página 79)

1. **(5) cuáles son algunos de los problemas del medio ambiente más grandes del país** (Análisis) El texto indica que EPA se fundó para hacer cumplir las leyes de protección del medio ambiente. Debido a que EPA se centra en estos problemas específicos del medio ambiente, usted puede concluir que están entre los más importantes. Las opciones (1), (2) y (4) son incorrectas porque la información de la tabla no responde a ninguna de ellas, sino que simplemente enumera las leyes y los motivos de su creación. Las opciones (3) y (4) son incorrectas porque la tabla abarca más que los sitios de desechos peligrosos o la contaminación del aire y el agua.

2. **(2) El crecimiento suburbano contribuye a la congestión, contaminación y segregación económica.** (Análisis) Éste es un juicio basado en hechos y detalles del texto. Es un enunciado más amplio que aporta detalles. Las opciones (1), (3), (4) y (5) son incorrectas porque son hechos o detalles que apoyan a la conclusión.

3. **(3) la creencia de que todas las personas son iguales y merecen atención médica, refugio y alimentación dignas** (Evaluación) Estos valores sostienen la Ley de Derechos Civiles y la Guerra contra la pobreza. La opción (1) indica la reacción de Roosevelt a la Gran Depresión, y no tiene que ver con estos programas. La opción (2) es incorrecta porque tiene que ver con las leyes de protección del medio ambiente. Las opciones (4) y (5) son valores que se sustentan en la Ley de Derechos Civiles, pero no tienen que ver con la Guerra contra la pobreza.

4. **(1) aire, agua y tierra contaminados** (Análisis) El texto señala que la gente se empezó a preocupar por el tema de la contaminación del ambiente y esta tabla se centra en la contaminación del aire, el agua y los desechos sólidos y peligrosos como formas de problemas del medio ambiente. Las opciones (2), (3) y (4) son incorrectas porque ni el texto ni la tabla vincular estos temas con Nixon o EPA. La opción (5) es incorrecta debido a que ninguna parte del texto menciona la eficacia de las leyes de protección del medio ambiente.

### Práctica de GED (Páginas 80 y 81)

1. **(5) Uno de cada cuatro trabajadores estaba sin trabajo.** (Evaluación) Únicamente este detalle es característico de una depresión. La opción (1) es incorrecta porque la prosperidad es el opuesto de la depresión. Las opciones (2), (3) y (4) son ciertas, pero ninguna sugiere que Estados Unidos se encontraba en una depresión en la década de 1930.

2. **(2) Hitler y Mussolini planeaban restaurar la prosperidad a expensas de otros países.** (Evaluación) El texto sugiere que, para solucionar los problemas de sus naciones, Hitler y Mussolini tomaron medidas en la década de 1930 que amenazaban a otros países. Cualquier medida de un líder que amenace con provocar una guerra se puede considerar como "extrema". Las demás opciones son verdaderas, pero ninguna de ellas ofrece pruebas que apoyen las conclusiones del escritor sobre Hitler y Mussolini.

3. **(3) un descenso importante en los gastos de los estadounidenses.** (Análisis) El texto establece que la disminución en los gastos llevó a reducir la producción, lo que produjo cesantías y altas tasas de desempleo. El resultado final de un ciclo de recesión económica es la depresión. Según el texto, las opciones (1), (4) y (5) fueron las consecuencias de la depresión, no la causa de ella. La opción (2) es verdadera, pero el texto no muestra ninguna relación de causa y efecto entre ella y la depresión.

4. **(1) La guerra necesitaba de tropas y fabricación de bienes, lo que creó muchos empleos.** (Análisis) A medida que la guerra se intensificó, los estadounidenses se unieron a la milicia y consiguieron trabajos en la pujante industria de la guerra fabricando los abastecimientos necesarios para que las tropas pelearan en la guerra. Con ello, el desempleo cedió y nuevamente los estadounidenses tuvieron dinero para gastar, lo que hizo a la economía salir de la depresión. Las opciones (2) y (3) son incorrectas (aunque verdaderas) debido a que no tuvieron mayores implicaciones en los empleos ni en la economía de la nación. No hay nada en el texto que sugiere que la opción (4) sea la respuesta correcta. La opción (5) contradice la información presentada.

5. **(5) la Administración de Recuperación Nacional** (Comprensión) La tabla indica que este programa establecía códigos de competencia justa para las empresas en las diversas industrias. La competencia debería derribar los monopolios. Ninguno de los programas enumerados en las opciones (1), (2), (3) y (4) tiene que ver con los temas de monopolio ni de competencia.

6. **(2) Muchos de los programas del Nuevo Trato eran tan eficaces que se conservaron después de la Gran Depresión.** (Evaluación) La información del texto apoya esta conclusión más que las otras; de hecho, varios programas de esta tabla aún existen en la actualidad. La opción (2) es incorrecta debido a que la tabla muestra que cada meta fijada por Roosevelt para el Nuevo Trato estaba dirigida a por lo menos algunos de los programas de la lista. No hay suficiente información para determinar si las opciones (3), (4) y (5) son ciertas.

7. **(3) la Administración Federal de Ayuda de Emergencia.** (Análisis) Únicamente este programa entregaba dinero directamente a las personas sin pedir nada a cambio. Esto habría alarmado a los críticos que estaban preocupados sobre las consecuencias del Nuevo Trato en la independencia de los estadounidenses. Las opciones (1) y (4) son incorrectas porque estos programas involucran puestos y trabajos. Las opciones (2) y (5) son incorrectas porque el texto y la tabla señalan que estos programas no se relacionan con la independencia, el tema que preocupaba a los críticos.

8. **(2) la Administración Federal de Ayuda de Emergencia** (Aplicación) La tabla muestra que este programa entregaba dinero y otra ayuda a las personas necesitadas. Las opciones (1), (4) y (5) son incorrectas porque estos programas tienen que ver con la forma en que funcionan los negocios. La opción (3) no es correcta debido a que estos programas entregaban empleos para una sola categoría de trabajador y no daba ningún otro tipo de ayuda.

## Prueba corta de GED (Páginas 82 y 83)

1. **(3) Antes de que la nación pudiera disfrutar de tiempos mejores, debía remediar los problemas causados por la guerra.** (Evaluación) Las oraciones de apoyo detallan las dificultades de la transición de la guerra a la paz. La década de 1920 se destacó por la competencia por los trabajos y la reorganización de las industrias, por lo que la opción (1) no es verdadera. La opción (2) es una generalización amplia que no puede hacerse a partir de los detalles en el texto. La opción (4) es incorrecta debido a que el texto no se refiere a toda la década, sólo a los comienzos de 1920. La opción (5) no se apoya en la información entregada.

2. **(1) El desempleo fue alto durante algunos años después de la Primera Guerra Mundial.** (Análisis) Esta conclusión se apoya en la afirmación de que los soldados que regresaron buscaban trabajo al mismo tiempo que las industrias estaban despidiendo a los que trabajaron en la época de guerra. No hay nada en el texto que sugiere que las opciones (2), (3), (4) y (5) sean ciertas.

3. **(5) la igualdad de oportunidades laborales en la década de 1970 para mujeres y minorías** (Aplicación) En ambos casos, los grupos de personas luchaban por alcanzar oportunidades económicas y éxito. Las opciones (1), (3) y (4) no son correctas debido a que estas corresponden a conflictos políticos más que económicos. La opción (2) es incorrecta debido a que el conflicto de la década de 1920 no era sobre la esclavitud ni la libertad.

4. **(2) Las huelgas eran parte de una conspiración comunista.** (Análisis) La "bandera roja" que se alza sobre la huelga en la fábrica siderúrgica, junto con la información que relaciona las huelgas, el comunismo, la revolución y el "Miedo a los rojos" apoya esta conclusión. No hay nada en la caricatura ni en la información presentada que sugiere que las opciones (1), (3), (4) y (5) sean correctas.

5. **(3) Mississippi** (Comprensión) El mapa muestra que sólo el 4 por ciento de los afroamericanos en Mississippi estaban inscritos para votar en 1960 y el 6 por ciento en 1964. Éste fue el promedio más bajo de todos los estados del sur. Las opciones (1), (2), (4), y (5) no son correctas porque hubo promedios significativamente más altos de afroamericanos en dichos estados que estaban inscritos para votar.

6. **(5) Texas** (Análisis) El texto establece que la Enmienda Vigésimo Cuarta terminó con el requisito del impuesto para votar en 1964. El mapa muestra que 14 por ciento más de afroamericanos en Texas estaban inscritos para votar ese año que durante 1960. Las opciones (1), (2) y (3) son incorrectas debido a que el mapa muestra que esos estados no requerían impuestos para votar. La opción (4) es incorrecta debido a que el fin del requisito del impuesto para votar en Virginia, aumentó la inscripción de votantes afroamericanos sólo en un 6 por ciento.

7. **(2) Carolina del Norte no tenía impuesto a la votación**. (Análisis) El mapa muestra que Alabama tenía impuestos para votar, no así Carolina del

Respuestas y explicaciones

Norte. Por lo mismo, los afroamericanos de Carolina del Norte tenían una historia más larga de participación en las votaciones, tal como lo indica el mapa. Las opciones (1) y (4) son incorrectas debido a que ambas describen los acontecimientos ocurridos en 1965, los que no se relacionan con la inscripción para votar en 1960 o 1964. Las opciones 3 y 5 son verdaderas pero no tienen relación con que se inscribieran pocos afroamericanos en Alabama para votar.

## Unidad 1 Repaso acumulativo
(Páginas 84 a 92)

1. **(3) Cristóbal Colón y su obra** (Comprensión) Este título resume la idea principal de estos párrafos. Las opciones (1) y (5) son incorrectas debido a que son demasiado amplias para ser títulos de este texto. Las opciones (2) y (4) son puntos menores de información que no son centrales al texto.

2. **(5) Los viajes de Colón fueron cruciales para la historia.** (Análisis) En la última oración del texto, el autor concluye que, no importa cuál sea nuestra opinión sobre Colón, sus viajes cambiaron el curso de la historia. Las opciones (1), (2), (3) y (4) son hechos expuestos en el texto.

3. **(4) Francia, Inglaterra y España fueron los principales colonizadores del este norteamericano.** (Análisis) El mapa muestra que estas tres naciones establecieron colonias en el Este norteamericano a fines del siglo XVI y comienzos del siglo XVII, lo que apoya la conclusión de que estas naciones fueron los principales colonizadores de la región. Las opciones (1), (2) y (3) no son conclusiones, sino hechos que apoyan la conclusión de la opción (4). La opción (5) es una conclusión que no se apoya por la información dada en el mapa.

4. **(2) religioso** (Evaluación) El deseo de convertir a otros pueblos refleja un tipo de valor religioso. Los valores de las demás opciones no se relacionan con la situación ni con el contexto.

5. **(1) económico** (Evaluación) El deseo de encontrar oro y otros recursos reflejan la motivación de valores económicos. Tales metas no tienen que ver con los valores mencionados en las opciones (2), (3), (4) y (5).

6. **(5) social** (Evaluación) El principal propósito de este traslado fue alejarse de los problemas de la vida urbana y vivir en una mejor sociedad de acuerdo a valores sociales. Los valores enumerados en las opciones (1), (2), (3) y (4) no tienen que ver con dichas metas.

7. **(3) Querían libertad religiosa.** (Análisis) Esta opción es correcta debido a que el primer párrafo señala que los cuáqueros eran perseguidos por sus creencias religiosas. Las opciones (1), (2), y (5) son incorrectas ya que son detalles relacionados con el establecimiento de los cuáqueros en Norteamérica, pero no la causa del mismo. Ninguna información del párrafo apoya la opción (4).

8. **(2) Penn obtuvo tierras en pago de una deuda real.** (Análisis) Aunque todas las opciones son ciertas, sólo ésta ofrece una prueba contundente de que los cuáqueros tuvieron una suerte especial. Hubo otros grupos que también se trasladaron a Norteamérica, por lo que la opción (1) no indica que los cuáqueros gozaron de una suerte especial. Las opciones (3) y (5) son incorrectas debido a que los cuáqueros lucharon por mantener la paz y ser tolerantes, lo cual no es producto de la suerte. La opción (4) se relaciona con lo ocurrido después de llegados los cuáqueros y no se relaciona con la suerte.

9. **(4) defendiéndose de un grupo de colonos** (Comprensión) El texto señala que algunos colonos protestaron por tener que pagar impuestos. La caricatura muestra que a veces protestaron en forma violenta en contra del recaudador de impuestos. Aquí, al hombre de los impuestos se le está atacando, por lo que trata de defenderse. Las opciones (1), (2) y (3) son incorrectas debido a que un grupo (los bostonianos) ataca a un personaje individual (el recaudador de impuestos) y no viceversa. La opción (5) es incorrecta debido a que no hay nada que sugiere que el hombre se está emborrachando (pese a que en la caricatura se ve que algo sale de la boca del recaudador de impuestos).

10. **(4) Los bostonianos parecen crueles.** (Análisis) El caricaturista presta a las caras de los colonos expresiones crueles y recelosas. Ésta es la mejor indicación de que el caricaturista está de parte del recaudador de impuestos. Las opciones (1), (2) y (3) indican que los bostonianos tratan con dureza al recaudador de impuestos, pero no indican lo que piensa el caricaturista de esta situación. Los sombreros eran bastante comunes en las vestimentas coloniales y no parecen ser símbolos de maldad ni nada por el estilo, por lo que la opción (5) es incorrecta.

11. **(2) respeto por la ley** (Evaluación) Debido a que el caricaturista muestra, en los rostros crueles y recelosos de los colonos, que no está de parte de los colonos y que le desagradan sus acciones ilegales, usted puede inferir que el caricaturista trata de inspirar el valor opuesto, respeto por la ley. No existe evidencia en la caricatura de que el caricaturista trate de inspirar los valores enumerados en las opciones (1), (3), (4) o (5).

12. **(1) Los ayudaron algunos colonos.** (Análisis) Debido a que algunos colonos permanecían leales al rey, es razonable asumir que estos colonos habrían ayudado a los británicos. Ninguna información del texto apoya la opción (2). Las opciones (3), (4) y (5) son suposiciones incorrectas debido a que los británicos y los leales a la Corona estaban del mismo lado y debido a que la guerra fue entre los patriotas y los británicos.

13. **(2) Lucharon contra los británicos.** (Análisis) El texto señala que los colonos se dividieron durante la guerra entre leales y patriotas. Además, dice que

los leales apoyaban a la Corona británica y que los patriotas estaban a favor de la independencia. Juntas, ambas oraciones dan a entender que los patriotas peleaban en contra de Gran Bretaña. La opción (1) es incorrecta debido a que las últimas dos oraciones del párrafo dice que menos de la mitad de los colonos eran patriotas y el resto eran leales o no tomaban partido. Por lo que los patriotas tuvieron que haber optado por un bando en la guerra. Las opciones (3) y (4) serían ciertas para los leales y no para los patriotas. Los patriotas estaban a favor de la independencia, por lo que la opción (5) es incorrecta.

14. **(5) La guerra creó grandes divisiones en Estados Unidos.** (Análisis) El párrafo no ofrece información sobre la proporción relativa de leales a colonos no comprometidos más allá de que juntos formaban más de la mitad de la población, luego las opciones (1) y (3) son incorrectas. La opción (2) es incorrecta debido a que contradice la oración que señala que menos de la mitad de los colonos eran patriotas. El texto señala que durante la guerra, los colonos se dividieron en tres grupos y que ningún lado correspondía a la mayoría de la población. Estas oraciones apoyan la conclusión en que la guerra dividió a la nación y contradice la opción (4) que señala que la guerra unió a los colonos.

15. **(2) Los redactores de la Constitución se comprometieron a planificar un gobierno que pudieran aceptar todos los estados.** (Comprensión) Esto es lo que más destaca el párrafo. Las opciones (1) y (3) son hechos del párrafo que apoyan la idea principal. La opción (4) es la meta implícita de la Constitución, pero esta meta no era el centro del texto. La opción (5) es una opinión sobre la Constitución con la que el autor del párrafo pudiera estar de acuerdo, pero no es un resumen de la información presentada.

16. **(2) la esclavitud** (Comprensión) El párrafo señala que los delegados llegaron a un arreglo en muchos temas pero dejaron el tema de la esclavitud sin resolver, por miedo a arriesgarse al rechazo del nuevo plan de gobierno si mencionaban el tema. La opción (1), (3) y (4) son incorrectas, debido a que estos temas no se discuten en el texto. El tema de la opción (5) era la meta principal de los delegados y el párrafo indica que tuvieron éxito al llegar a esta meta con la escritura y aceptación de la Constitución.

17. **(4) el respeto por el debate abierto** (Evaluación) La publicación de editoriales que representan ambos lados de la ratificación indica un gran respeto por el debate abierto. Aunque la opción (1), amor al lenguaje, es un valor reflejado en la publicación de muchos tipos de escritura, no es el valor principal debido a que los editoriales se centran en la presentación de opiniones. La opción (2) es incorrecta debido a que la publicación de editoriales no era una práctica nueva. La opción (3) es incorrecta debido a que los editoriales, por definición, no son objetivos. La opción (5) es

incorrecta debido a que publicar editoriales opuestos indican lo contrario del deseo de conformidad.

18. **(5) En los primeros cinco estados, la ratificación fue fácil; sin embargo, en los últimos ocho fue difícil.** (Análisis) La tabla muestra que la Constitución fue aprobada unánimemente en tres de los primeros cinco estados y con dos tercios de la mayoría más en los otros dos estados. Esta información apoya la primera mitad de la conclusión. La gráfica también muestra que el voto fue más reñido en cinco de los últimos ocho estados, lo que apoya la idea de que el debate fue más acalorado en estos estados, lo cual es la última parte de la conclusión. La opción (4) es lo contrario de lo que muestra la tabla. Las opciones (1), (2) y (3) son hechos dados en la tabla, y las últimas dos apoyan la conclusión dada en la opción (5).

19. **(5) los generales del ejército de la Unión** (Comprensión) La pista está en el nombre del muñeco que representa a McClellan. Las opciones (1) y (2) son incorrectas debido a que los muñecos representan al pueblo. La opción (3) y (4) son incorrectas debido a que los soldados comunes no eran lo suficientemente famosos para que sus nombres fueran reconocidos.

20. **(3) al presidente Lincoln** (Comprensión) La leyenda de la caricatura da la clave para identificar el personaje. Las opciones (1), (2) (4) y (5) no se apoyan por el texto ni por la caricatura con su leyenda.

21. **(1) La Unión sufrió derrotas innecesarias a comienzos de la guerra.** (Análisis) El hecho de que Lincoln descartara a tantos generales como a los muñecos en los estantes sugiere que a la Unión no le fue bien al principio de la guerra. El párrafo también confirma esta conclusión con la información sobre las oportunidades perdidas de detener a los confederados. El texto y la caricatura no entregan información sobre los sentimientos de los soldados confederados y de la Unión, por lo que no tienen fundamento las opciones (2) y (3). La opción (4) contradice al párrafo y éste no aporta información relacionada con la opción (5).

22. **(5) volver a instaurar un sistema de trabajo parecido a la esclavitud** (Análisis) Los Códigos Negros negaban los derechos humanos básicos y a la libertad, y establecían un sistema de trabajo que se asemejaba a la esclavitud. La opción (1) no es la mejor alternativa porque, aunque los Códigos Negros se relacionan con empleos para antiguos esclavos, ponían límites a sus oportunidades de empleo. La opción (2) es incorrecta, debido a que los Códigos Negros eran del Sur y no del Norte. La opción (3) fue una consecuencia de los Códigos Negros, pero ciertamente no su intención original. La opción (4) es incorrecta debido a que los Códigos Negros estaban destinados a evitar los cambios que podría traer la reestructuración.

23. **(4) interés por la justicia** (Evaluación) Debido a que los Códigos Negros negaban los derechos

básicos de los antiguos esclavos, la anulación de los Códigos por el gobierno federal señala un interés de que los antiguos esclavos fueran tratados con justicia y recuperaran sus derechos básicos. La opción (1) es incorrecta debido a que, al abolir los Códigos Negros, el gobierno federal invalida las leyes y costumbres locales. Las opciones (2) y (3) son incorrectas debido a que los Códigos Negros no regulaban la religión ni la educación. La opción (5) es incorrecta debido a que, en esta instancia, el gobierno federal no llegó a acuerdo alguno con los sureños de raza blanca que elaboraron los Códigos.

24. **(4) una parte de la nación sioux** (Análisis) El uso que el autor hace de los términos "tribu sioux lacota" y "los guerreros cheyenes y lakotas" da a entender que los lakotas era parte de la nación sioux. No hay nada en el texto que sugiere que las opciones (1), (2) o (3) sean correctas. La opción (5) es incorrecta debido a que la frase "los guerreros cheyenes y lakotas" señala que ambos eran grupos distintos.

25. **(3) Toro Sentado y Caballo Loco lucharon para preservar las tierras y las costumbres de su pueblo.** (Comprensión) El texto se centra en la idea de que ambos líderes trataron de resistir la invasión blanca de sus tierras y sus vidas. Las opciones (1), (2), (4) y (5) son hechos que se encuentran en el texto, pero no corresponden a la idea principal.

26. **(5) el estilo de vida de los sioux** (Evaluación) Toro Sentado resistió los intentos del gobierno de obligar a su pueblo a vivir como los blancos. Esta resistencia muestra claramente que las opciones (2), (3) y (4) son incorrectas. No hay nada en el texto que apoya la opción (1).

27. **(1) En algunas ciudades había transporte público en la década de 1890.** (Análisis) La información de la tabla sobre los empleados de los tranvías ofrece pistas para elegir esta opción. Debido a que la tabla sólo entrega información sobre el promedio de lo que gana la gente en los trabajos enumerados, no indica nada sobre el número de gente con empleo, por lo que la opción (3) es incorrecta. La opción (4) se contradice con las cifras de la tabla. No hay información en el texto que apoye las opciones (2) o (5).

28. **(3) Los sueldos en la ciudad eran mejores.** (Análisis) La mayoría de los trabajos enumerados corresponden a la ciudad y reciben mejor paga que uno de granja. No hay nada en la tabla que apoya las opciones (1) o (2). La tabla no indica si los salarios de los maestros eran de maestros urbanos o rurales, por lo que no hay pruebas para là opción (4). La opción (5) es incorrecta debido a que la tabla no da a entender cuántos puestos postales (el único empleo gubernamental de la lista) estaban disponibles.

29. **(2) Por lo general, los afroamericanos no fueron aceptados en las escuelas donde asistían estudiantes blancos.** (Análisis) El texto da a entender que Washington remedió la necesidad de colegios para afroamericanos. Las opciones (1) y (5) son lo contrario a lo implicado por el texto. El texto no ofrece información que apoye la opción (3) y nada en el texto indica que la opción (4) hubiese ocurrido en esa época.

30. **(4) trabajo calificado en una fábrica** (Análisis) Junto con las materias académicas, los estudiantes de Tuskegee aprendían un oficio calificado que podrían usar para conseguir trabajo en las industrias. Las opciones (1), (2), (3) y (5) son probables, pero no se apoyan por la información del texto.

31. **(3) La elección de 1916 fue reñida, y los demócratas prevalecieron sobre los republicanos y dos pequeños partidos.** (Comprensión) Esta opción resume la idea principal sobre las consecuencias de la elección presidencial de 1916 como se ilustra en la gráfica. Las opciones (1) y (2) son detalles que están incluidos en la gráfica, pero no son la idea principal. La opción (4) es un resumen incorrecto de la información que presenta la gráfica. La opción (5) no es la idea principal de la gráfica.

32. **(5) Ningún partido tenía muchos partidarios.** (Análisis) El pequeño porcentaje de votantes por cada partido señalado en la gráfica indica que ningún partido tenía mucho apoyo. Las opciones (1) y (4), aunque pueden ser verdaderas, no pueden ser determinadas a partir de la información de la gráfica. Las opciones (2) y (3) son incorrectas de acuerdo con la información de la gráfica.

33. **(4) Con una tonelada de maíz se podía comprar mucho menos en 1921 que en 1919.** (Análisis) Este hecho indica que los granjeros pasaron momentos difíciles, puesto que no podían comprar tanto con sus cosechas como lo hacían en la década anterior. Las opciones (1), (2), (3) y (5) son ciertas pero apoyan la conclusión opuesta, debido a que indican prosperidad.

34. **(5) La prosperidad de la década de 1920 no era uniforme entre todos los norteamericanos.** (Análisis) El texto identifica tres grupos (trabajadores de fábrica de Nueva Inglaterra, granjeros y mineros del carbón) que no la pasaron bien. La opción (1) no se puede determinar a partir del texto. Las opciones (2), (3) y (4) contradicen la información del texto.

35. **(5) La guerra terminó de forma neutra y Corea siguió dividida.** (Comprensión) Esta opción se basa en el último párrafo, que establece que, después de tres años de lucha, la guerra terminó con la negociación de un acuerdo que mantenía la frontera casi como era antes (implicando un punto muerto) y la nación permaneció dividida en dos. Las opciones (1), (2), (3) y (4) no son correctas porque no hubo un ganador de la guerra como tal y Corea no quedó bajo el control de un solo gobierno.

**36. (3) Corea del Sur no era una democracia antes de la guerra de Corea.** (Análisis) Esto se sugiere en las últimas oraciones de los párrafos primero y tercero. No hay pruebas que apoyen las opciones (2) y (4). Las opciones (1) y (5) se contradicen con la información del texto.

**37. (1) Los franceses estaban combatiendo contra los comunistas.** (Comprensión) Este motivo se indica en el primer párrafo. La opción (2) es contraria a lo que el párrafo establece. Las opciones (3) y (4) no son ciertas ni el texto las indica como motivos para que Estados Unidos apoyara a Francia. La opción (5) podría haber sido cierta, pero Estados Unidos sólo envió a Francia el equipo y los suministros, no soldados, de modo que esto no sería un motivo por el cual Estados Unidos apoyara a Francia.

**38. (3) La participación de Estados Unidos aumentó gradualmente.** (Análisis) El texto muestra que la participación creció desde entregar suministros militares en los años posteriores a la Segunda Guerra Mundial y algunos asesores en la década de 1950 hasta entregar medio millón de tropas de combate en 1968. No hay nada en el texto que apoya la opción (1), aun cuando sea verdadera. Las opciones (2) y (4) se contradicen con la información del texto. Ya que el texto afirma que los estadounidenses estaban profundamente divididos durante la guerra, la opción (5) no sería una conclusión válida.

**39. (4) 400,000 más** (Comprensión) La gráfica muestra que durante la Segunda Guerra Mundial murieron o desaparecieron alrededor de 600,000 estadounidenses y que durante la Primera Guerra Mundial esta cifra fue de 200,000 aproximadamente. La diferencia es de 400,000. Las opciones (1) y (2) incluyen una lectura errónea de la gráfica, pues mide las bajas en cientos de miles y no en miles. Las opciones (3) y (5) son incorrectas, ya que son los números de muertos o desaparecidos en cada una de las dos guerras y no la diferencia entre ambas.

**40. (4) Guerra de Vietnam** (Comprensión) Usted puede determinar la proporción de muertos o desaparecidos para obtener el total de bajas comparando la parte negra de la gráfica de barras (que representa a los muertos y desaparecidos) con el total de la barra (que representa el total de las bajas). La gráfica indica que, durante la guerra de Vietnam, la sección de color negro es la más pequeña tanto en forma proporcional como absoluta cuando se compara con el total. Las otras cuatro opciones son incorrectas.

**41. (3) La Segunda Guerra Mundial fue la guerra que tuvo el mayor costo para Estados Unidos durante el siglo XX en términos de vidas humanas.** (Análisis) La gráfica muestra que más estadounidenses murieron en esta guerra que en las demás. La opción (1) se contradice con la información de la gráfica. Las opciones (2), (4) y (5)

no se pueden determinar a partir de la información de la gráfica.

# UNIDAD 2: HISTORIA DEL MUNDO
## Lección 7
### Enfoque en las destrezas de GED (Página 97)

1. **a.** *D*: Las inundaciones del valle del Nilo se causaron por las lluvias que caían cerca del nacimiento del río Nilo.

   **b.** *I*: La popularidad y el poder de un faraón dependían de la inundación del Nilo.

2. **a.** *I*: La mayoría de los egipcios vivían a lo largo del río Nilo.

   **b.** *I*: La mayor parte del antiguo Egipto era un desierto.

3. **c.** *I*: La civilización del antiguo Egipto se concentró a lo largo del Nilo.

### Enfoque en el contenido de GED (Página 99)

1. **(2) Los carros de guerra dieron ventaja a los invasores sobre el pueblo que vivía en la región.** (Comprensión) Al observar que los invasores tenían carros de guerra, el escritor sugiere que éstos fueron un factor importante en sus conquistas. Las opciones (1) y (3) no son implicaciones, debido a que la oración ofrece esta información directamente. La opción (4) no es una implicación, ya que la oración se contradice con ésta afirmando que los Shang eran gobernantes y no un pueblo. No hay nada en la oración que sugiere la conclusión de la opción (5).

2. **(3) Los sumerios peleaban por las aguas debido a que las inundaciones eran impredecibles y el agua era escasa.** (Comprensión) El escritor conectó la inundación y la pelea en una sola oración, lo que sugiere que están relacionadas. Las opciones (1), (2) y (4) no son implicaciones, ya que se expresan directamente en el párrafo. No hay nada en el párrafo que sugiere la opción (5).

3. **(5) Las condiciones de los valles de los ríos eran críticas para el desarrollo de las primeras civilizaciones.** (Comprensión) El hecho de que todas las civilizaciones que aparecen en el mapa se ubicaran en valles de ríos y que no se muestren otras civilizaciones sugiere la importancia de este tipo de ubicación. La opción (1) se expresa directamente en el título del mapa. La opción (2) es correcta, pero el mapa no entrega ninguna pista sobre cómo se ganaban la vida los pueblos que vivían en el valle del río. No hay nada en el mapa que sugiere las opciones (3) ni (4).

4. **(2) Mohenjo-Daro y Harappa tenían sistemas de acueducto y alcantarillado.** (Análisis) La implicación es que ambas ciudades mostradas en el mapa eran "las dos grandes ciudades" que se indican en el texto. Ni en el texto ni en el mapa hay información sobre el lugar desde el cual migraron los pueblos, de modo que la opción (1) es incorrecta;

tampoco sobre dónde vivía la mayoría de la población, así que la opción (3) es incorrecta; ni de qué trabajos hacían, de modo que las opciones (4) y (5) son incorrectas.

5. **(1) Parte de la población habitaba en las ciudades.** (Aplicación) El mapa establece que las tres civilizaciones del valle del río tenían ciudades y sugiere que ésta era una característica común de las primeras civilizaciones avanzadas. La opción (2) no es probable, porque esto ni siquiera era común a todas las civilizaciones analizadas. Las opciones (3), (4) y (5) no se mencionan ni se sugieren en el texto como características de dichas civilizaciones.

6. **(2) Establecer la agricultura fue un primer paso importante en el desarrollo de una cultura avanzada.** (Evaluación) El texto afirma que la agricultura fue importante en la primera etapa de desarrollo de las cuatro culturas antiguas. Esto sugiere que fue importante para el desarrollo de la civilización en general. La opción (1) es incorrecta, porque el mapa y el texto indican que las cuatro civilizaciones comenzaron junto a los ríos, lo que sugiere la importancia general del agua para el desarrollo de las primeras civilizaciones. El análisis del sistema de regadío en el texto contradice a la opción (3). La opción (4) es incorrecta, debido a que ninguna parte de la información sugiere que los primeros pueblos practicaran la democracia o que la democracia tuviera relación con una cultura avanzada. La información del texto sobre los invasores en Sumeria y China se contradice con la opción (5).

### Práctica de GED (Páginas 100 y 101)

1. **(2) La palabra española *democracia* viene del término griego que significa "el pueblo".** (Comprensión) Al entregar el término griego *demos* y su significado como una introducción al análisis de la democracia griega, el autor da a entender el origen de la palabra en lugar de indicar directamente la conexión. No hay nada en el texto que sugiere que la opción (1) sea verdad. El texto no menciona el tamaño de las ciudades-estado, de modo que la opción (3) es incorrecta. La opción (4) es un juicio y no hay ningún enunciado en el texto que dé a entender que el escritor sostenga esta opinión. La opción (5) se contradice con la información del texto.

2. **(5) Los antiguos griegos influyeron en la ciencia moderna.** (Análisis) Esta tabla indica las importantes contribuciones científicas de Demócrito e Hipócrates. La opción (1) es incorrecta, debido a que la tabla no indica de dónde provienen los dramaturgos. No hay nada en la tabla que sugiere ni que apoya las opciones (2), (3) y (4).

3. **(3) su forma democrática de gobierno** (Comprensión) El escritor da a entender esta relación conectando Atenas como la democracia de Grecia y a Atenas como el centro de la Era Dorada. En el texto no se menciona la opción (1). No hay nada que sugiere que la opción (2) sea verdad. La

opción (4) es incorrecta, debido a que el texto indica que dichas rivalidades ayudaron a terminar el liderazgo de Atenas en lugar de promoverlo. No hay información en el texto que conecte la opción (5) con Atenas.

4. **(1) Estaba ubicada en África del Norte.** (Comprensión) El enunciado de que Roma obtuvo el control del norte de África al derrotar a Cartago sugiere la ubicación de la ciudad. La opción (2) es incorrecta, debido a que esto se enuncia directamente en el texto. No hay nada en el texto que sugiere la opción (3). La opción (4) es incorrecta, ya que el texto sugiere que las conquistas en Grecia, España y la actual Turquía fueron responsables de este resultado. El texto se contradice directamente con la opción (5).

5. **(4) los jueces del Tribunal Supremo, que determinan si las leyes concuerdan con la Constitución** (Aplicación) La tabla indica que los magistrados interpretaban las dudas acerca de la ley. Ninguno de los funcionarios descritos en las opciones (1), (2), (3) y (5) realizan este tipo de función legal: el cónsul era más parecido al Presidente de Estados Unidos, el Senado y las asambleas populares se parecían más al Congreso y en Roma no había funcionarios parecidos a los miembros del poder ejecutivo o a los gobernadores.

6. **(2) el poder político y militar** (Evaluación) La información en la tabla y el texto lleva a la conclusión de que el control de sus líderes y la creación de un imperio eran importantes para los romanos. No hay información que apoya las opciones (1) y (4). La opción (3) se contradice con el texto. Aunque es verdad que los romanos valoraban el arte y la cultura de Grecia, no hay nada en la tabla ni en el texto que apoya la opción (5).

## Prueba corta de GED (Páginas 102 y 103)

1. **(4) Algunos gobernantes de Egipto eran de raza negra.** (Comprensión) El texto indica que Kush, que era un reino de africanos de raza negra llamados nubios, conquistó y gobernó Egipto durante un tiempo. Esto significa que durante ese período los gobernantes de Egipto habrían sido nubios (que eran negros). La opción (1) es incorrecta, debido a que esto se enuncia directamente en el texto. La información en el texto no da a entender las opciones (2) y (5). La opción (3) se contradice con el texto.

2. **(3) El pueblo nok era más avanzado que otros pueblos de África Occidental.** (Comprensión) El texto indica que los nok fueron la excepción en África Occidental, debido a su agricultura, su primera fábrica de hierro y su arte. Esto sugiere que eran más avanzados que sus vecinos. La opción (1) no es una implicación, ya que se enuncia directamente en el texto. La opción (2) no es una implicación, ya que se contradice con la información indicada. No hay nada en el texto que sugiere las opciones (4) y (5).

3. **(5) La mayoría de sus tierras estaban cubiertas de espesos bosques, pero había algunos agricultores y pastores.** (Comprensión) El texto indica que la falta de herramientas para el despeje de bosques demoró la agricultura en el interior de África, pero que había algo de agricultura y pastoreo en Sahel y entre los nok. La opción (1) es incorrecta, debido a que sólo los nok tuvieron manufactura y no hay nada que indica que hayan comerciado con otras sociedades. La opción (2) se contradice con la mención de bosques, praderas y la agricultura de los nok. Los asentamientos de los nok y en Sahel indican que la opción (3) tampoco es la correcta. Debido a las praderas y al pastoreo que se mencionan sólo en el contexto de Sahel y a que la agricultura sólo se desarrolla en Sahel y entre los nok, la opción (4) también es incorrecta.

4. **(2) Aquellas regiones eran el hogar de la mosca tse-tsé.** (Aplicación) Los europeos se demoraron en las áreas en que no podían utilizar animales. Esto sugiere que la mosca tse-tsé era el motivo, ya que el texto indica que su presencia era mortífera para el ganado. No hay nada en el texto sugiere las opciones (1) y (3) como causas que inhabiliten el uso de animales para transporte. El texto tampoco ofrece ninguna base para la opción (4) como una respuesta. La opción (5) no puede ser la correcta, debido a que estos acontecimientos se produjeron muchos siglos después de que existieran las culturas nok y Kush.

5. **(3) La agricultura era importante para todas estas culturas.** (Análisis) La agricultura es el único tema en el texto que es común a las tres culturas. La opción (1) es incorrecta, porque sólo se observó respecto a los mayas. El texto indica que los mochicas tenían un amplio sistema de caminos y sugiere que los mayas pudieron haber tenido caminos, debido a su gran actividad comercial. Sin embargo, no se indica ni se sugiere nada sobre caminos nazcas, así que la opción (2) es incorrecta. La opción (4) se contradice con la información del texto, debido a que la civilización maya existió en Centroamérica y no en Sudamérica. La opción (5) no es la respuesta correcta, ya que el texto no entrega información sobre la decadencia ni la desaparición de nazcas y mochicas.

6. **(2) Los imperios azteca e inca existieron al mismo tiempo.** (Evaluación) La clave del mapa muestra que los imperios azteca e inca existían en el año 1500 a.C. La opción (1) es incorrecta, debido a que no hay pruebas en el mapa de que hubiera caminos entre las ciudades o que hubiera comercio entre ellos. La opción (3) es incorrecta, pues los caminos de los mochicas estaban sólo en Sudamérica, mientras que Copán se encontraba en Centroamérica. La opción (4) no es correcta, puesto que el mapa muestra que el imperio azteca se encontraba al norte de Tikal. La clave del mapa muestra que los mayas tenían actividad en el año 1400 a.C., mientras que la fecha para los aztecas es el año 1500 a.C., de modo que la opción (5) es incorrecta.

7. **(5) el comercio** (Evaluación) Los caminos habrían facilitado el comercio para los mochicas, de modo que los caminos que construyeron demuestran la importancia del comercio para ellos. No hay ninguna conexión entre los caminos o la construcción de caminos y la importancia de las opciones (1), (3) y (4) en una cultura. Los caminos podrían haber incentivado a los pueblos a trasladarse a otras ciudades, pero ni el texto ni el mapa sugieren que las ciudades importantes fueran una característica de la cultura mochica, de modo que la opción (2) es incorrecta.

## Lección 8
### Enfoque en las destrezas de GED (Página 105)

1. *A:* Este sistema de tierras a cambio de apoyo se denomina feudalismo.

2. *A:* Los siervos debían realizar el trabajo cotidiano del feudo.

3. *A:* Los siervos labraban la tierra, cuidaban el ganado y proveían alimentos para la mesa del señor.

4. *N:* En Rusia, los siervos no obtuvieron la libertad hasta 1861.

5. Sí, éste muestra la relación entre reyes, nobles, caballeros y siervos que describe el texto.

### Enfoque en el contenido de GED (Página 107)

1. **(1) Después de la caída del Imperio Romano, el comercio en Europa casi desapareció.** (Evaluación) Esta información apoya la generalización al entregar un ejemplo de cómo el comercio disminuyó cuando desapareció la autoridad central. Las opciones (2), (3), (4) y (5) son todas verdaderas, pero no tienen nada que ver con la relación entre el comercio y los gobiernos estables.

2. **(4) Los señores estaban interesados en las valiosas mercaderías asiáticas que se vendían en toda Europa.** (Análisis) Los señores que se interesaban en este comercio habrían motivado el desarrollo de los pueblos como centros de comercio. La opción (1) es incorrecta, debido a que la autosuficiencia se opone a la interdependencia que crean los centros de comercio. La opción (2) describe lo que sucedió más tarde en esos pueblos, pero no explica la razón por la cual los señores motivaron en primer lugar su desarrollo. La opción (3) es incorrecta, porque el número cada vez menor de siervos es un efecto del desarrollo del pueblo, no un motivo para ello. La opción (5) podría explicar la forma en que pudo producirse un aumento en el comercio en la Edad Media, pero no explicar por qué éste se centró en los pueblos.

3. **(2) Sí, los mapas ilustran cómo en Francia los reyes obtuvieron el control sobre los nobles.** (Evaluación) Este texto indica que los reyes formaron naciones al obtener paulatinamente el control sobre los nobles y sus tierras. Los mapas ilustran este proceso en acción en un país. La información en las opciones (1), (3), (4) y (5) no se indica por en los mapas y no podría apoyar la generalización, aun si se indicara.

4. **(5) El aumento del comercio ayudó a la formación de las naciones aumentando el poder de los reyes.** (Evaluación) Este texto se centra en cómo el crecimiento de los pueblos y el comercio debilitaron el feudalismo y el poder de los señores feudales aumentando a la vez el poder de los reyes. Luego, los reyes utilizaron este poder para obtener el control de los señores y sus tierras para formar naciones durante el proceso. Aunque la opción (1) es verdadera, es incorrecta debido a que se trata de un detalle y no del punto principal del texto. Las opciones (2) y (3) no son correctas, porque la información en el texto indica que son falsas. No hay información en el texto que apoya la opción (4) como una conclusión, y es incorrecta porque se habían decretado impuestos en muchos lugares desde hacia ya mucho tiempo.

**Práctica de GED (Páginas 108 y 109)**

1. **(3) Los antiguos romanos eran los antepasados de los italianos.** (Análisis) Ésta es una conexión implícita que el escritor supone que el lector será capaz de hacer. Las opciones (1) y (5) son incorrectas, puesto que son falsas y la información del texto permitiría que el lector lo imaginara. La opción (2) no es una suposición, ya que se enuncia directamente en el párrafo. La opción (4) es incorrecta, debido a que el párrafo 1 no menciona a dichos artistas; la información sobre da Vinci y Miguel Ángel se enuncia directamente en el párrafo 2.

2. **(1) El Renacimiento comenzó en Italia.** (Comprensión) El párrafo sugiere esto relacionando los comienzos del Renacimiento con la curiosidad de los mercaderes italianos por sus ancestros y al trabajo de los humanistas italianos. No hay nada en el texto sugiere que las opciones (2) o (5) sean verdaderas. La opción (3) se contradice con la información del primer párrafo. La opción (4) no es una suposición, ya que se enuncia directamente en el párrafo.

3. **(5) Explica cómo se expandió el Renacimiento.** (Análisis) El texto revela que el Renacimiento comenzó en Italia y se expandió a través de Europa. Este detalle ayuda al lector a entender en qué forma se produjo la expansión. Las opciones (1), (3) y (4) son incorrectas, debido a que el párrafo no ofrece estos detalles. La opción (2) es incorrecta, puesto que conocer este detalle no ayuda a comprender el Renacimiento.

4. **(2) Venecia se convirtió en un centro del Renacimiento.** (Análisis) El texto indica que Italia fue un centro del Renacimiento y que conectó a los artistas con mercaderes ricos. Ya que el mapa establece que Venecia era un punto de inicio para las rutas comerciales, se puede suponer que Venecia fue un centro del comercio y del Renacimiento. No hay pruebas en el mapa ni en el texto para las opciones (1) y (3). Las opciones (4) y (5) tampoco son correctas, debido a que el mismo razonamiento que hace que la opción (2) sea correcta llevaría a suponer que Nápoles y Florencia también fueron centros del Renacimiento.

5. **(3) la creación de Internet** (Aplicación) El principal efecto de la imprenta fue la divulgación de ideas e información. Las opciones (1) y (2) también pueden divulgar ideas e información, pero no se acercan al alcance ni al efecto de la imprenta e Internet. Las opciones (4) y (5) no tienen este efecto: los centros comerciales no divulgan ideas, sino más bien permiten que los productos estén disponibles y la interpretación de la música renacentista brinda entretenimiento a un público selecto.

6. **(2) el desarrollo y expansión del Islam, del 650 al 1550.** (Comprensión) El texto documenta el desarrollo y la expansión del Islam, que establecen que el árabe y los musulmanes otomanos controlaron el Medio Oriente, el norte de África, España, parte de India y Europa Oriental en varios momentos entre mediados del siglo VII y el año 1550. La opción (1) es incorrecta, porque el texto se refiere a la dominación política y menciona sólo una religión, el Islam. Las opciones (3) y (4) son incorrectas, debido a que en el texto se habla sobre árabes y otomanos. La opción (5) es incorrecta, ya que comprende una región geográfica más grande, no sólo el norte de África.

7. **(4) Las artes florecieron en el Imperio Otomano.** (Evaluación) El texto habla sobre la importancia que tuvieron las artes, la ciencia y el conocimiento para la cultura musulmana. Dado que los otomanos eran musulmanes, se deduce que las artes florecieron en el Imperio Otomano. El texto no menciona en qué forma trataban los turcos a los árabes y los cristianos, de modo que las opciones (1) y (5) son incorrectas. La opción (2) es incorrecta, ya que el texto indica que el Imperio Otomano no se expandió a España y que los árabes musulmanes gobernaron España siglos antes de que llegara el Imperio Otomano. La opción (3) es incorrecta, puesto que el texto no menciona el Renacimiento en Europa.

8. **(4) caballeros** (Aplicación) Al igual que los samurai, los caballeros eran guerreros feudales que peleaban por sus señores. Las opciones (1) y (3) son incorrectas, debido a que los mercaderes y los reyes no eran guerreros profesionales. La opción (2) es incorrecta, debido a que los daimyos eran nobles terratenientes en Japón, no los samurais. La opción (5) es incorrecta, debido a que los siervos debían pelear por su señor al igual que los samurais, pero estos últimos no eran campesinos.

**9. (3) En Japón existió un sistema similar al feudalismo europeo.** (Evaluación) La información del texto apoya la conclusión de que Japón tenía un sistema de gobierno parecido al feudal. La opción (1) es incorrecta, ya que la información del texto muestra que esto es evidentemente falso. El texto establece que los gobernantes Tokugawa eran shogunes, no emperadores, de modo que la opción (2) no sería una conclusión correcta. No hay nada en el texto que apoya la opción (4). El texto afirma que el gobierno comenzó a establecer su autoridad sobre los daimyos después del año 1600 y que se restauró el liderazgo del emperador hacia 1868, lo que implica que los daimyos perdieron el poder, de modo que la opción (5) no es una conclusión válida.

## Prueba corta de GED (Páginas 110 y 111)

**1. (5) Cómo España se convirtió en nación** (Comprensión) El texto señala brevemente por qué España se dividió y luego detalla el proceso mediante el cual el país se unificó. La opción (1) no se discute en el texto. Las opciones (2) y (4) son detalles brevemente expuestos, no la idea principal. La opción (3) no es tan extensa como para abarcar todos los contenidos presentados en el texto.

**2. (2) Ayudaron a los cristianos a unirse en contra de los musulmanes.** (Análisis) Estos matrimonios unieron a los reinos cristianos. No hay nada en el texto que sugiere que las opciones (1), (4) y (5) fueran efectos de los matrimonios. La opción (3) es incorrecta debido a que es lo opuesto de lo que el texto indica que sucedió realmente.

**3. (3) Colón hizo su viaje a nombre de España en el mismo año en que cayó el último reino musulmán.** (Evaluación) El viaje de Colón no explica cómo España se convirtió en una nación. Las opciones (1) y (4) explican cómo y por qué los cristianos fueron capaces de unirse en contra de los musulmanes. La opción (2) explica por qué los cristianos tuvieron éxito y la opción (5) podría explicar por qué existieron las rivalidades descritas en la opción (2).

**4. (1) a España, debido a los musulmanes** (Aplicación) Al igual que España, Portugal tuvo que expulsar a los musulmanes con el fin de crear su actual territorio nacional. Las opciones (2) y (3) son incorrectas, porque no hay nada en el texto que sugiere que la presencia de nobles o soldados profesionales como los samurai tuvieran algo que ver con la creación de Portugal. Las opciones (4) y (5) son incorrectas, ya que no hay pruebas en el texto de que la cultura o las relaciones comerciales estuvieran involucradas.

**5. (3) la expansión del Imperio Mongol** (Comprensión) El texto describe el desarrollo del Imperio Mongol y el mapa ilustra su gran envergadura. Las opciones (1), (4) y (5) son detalles que apoyan la idea principal del texto y del mapa. La opción (2) es incorrecta, debido a que el mapa muestra el imperio pero no menciona a los líderes.

**6. (4) La invasión de Japón por los mongoles no tuvo éxito.** (Análisis) El texto indica un ataque sobre Japón; sin embargo, el mapa muestra que Japón no fue parte del Imperio Mongol. Esto lleva a la suposición de que el ataque falló. No hay nada en el mapa que apoya las opciones (1), (2) y (3). No hay nada en el texto ni en el mapa que sugiere que la opción (5) sea verdadera.

**7. (5) Los mongoles tuvieron una gran influencia en la historia del mundo.** (Evaluación) Los mongoles gobernaron gran parte de Asia y la totalidad de Rusia, de modo que su influencia en la historia tiene un alcance inmenso. La opción (1) es incorrecta, ya que el tamaño del imperio sugiere que, si lo hubo, los mongoles tuvieron un buen gobierno. La opción (2) es incorrecta, ya que aunque el texto establece su ferocidad, no demuestra que hayan sido los más feroces. No hay nada en el texto que sugiere que los mongoles tuvieran una tecnología superior, de modo que la opción (3) es incorrecta. La opción (4) es incorrecta, puesto que el imperio creció luego de la muerte de Gengis Khan.

## Lección 9

### Enfoque en las destrezas de GED (Página 113)

**1. a.** *C*: la creación de la brújula.

**c.** *C*: el comercio continuo de Europa con Asia.

**d.** *C*: la creación del astrolabio.

**2. b.** *I*: Los europeos adquirieron mayor interés en los escritos de los geógrafos antiguos.

**3. a.** *I*: Los cambios realizados a las embarcaciones las hicieron más seguras y estables en mar abierto.

### Enfoque en el contenido de GED (Página 115)

**1. (4) Los aztecas desconocían los caballos y las armas.** (Análisis) El motivo implícito que permitió a Cortés conquistar a los aztecas tan rápidamente es que tenía caballos y armas y los aztecas no. La opción (1) se contradice con la información del texto. No hay nada en el texto que sugiere que las opciones (2) o (5) sean verdaderas. La información en la opción (3) no se sugiere como un motivo.

**2. (1) De que se trajeran esclavos africanos a América.** (Análisis) El texto establece que se trajeron africanos esclavizados a América para aportar mano de obra después de que murieran los indígenas nativos. El Intercambio Colombino fue una causa de la muerte de los indígenas americanos, no un efecto, de modo que la opción (2) es incorrecta. El texto no establece ni sugiere que las opciones (3), (4) o (5) sean una consecuencia de la muerte de tantos indígenas.

3. **(3) Sí, romper el monopolio de los italianos en el comercio entre Europa y Asia.** (Comprensión) Esta causa se enuncia directamente en el primer párrafo del texto. La opción (1) no se indica como una causa para el viaje, aunque Colón reclamó y colonizó las tierras en cuanto las encontró. La opción (2) es incorrecta, debido a que fue un resultado de la invasión, no una causa. La opción (4) aparece en la tabla como un efecto del intercambio colombiano, no como un motivo para el primer viaje de Colón. La opción (5) es lo contrario a lo que se enuncia en el primer párrafo del texto.

4. **(5) Sus hombres tenían armas.** (Análisis) Ya que Pizarro tenía pocos hombres y conquistó rápidamente a los incas, se puede suponer que, al igual que Cortés, él tenía armas. La opción (1) se contradice con las fechas del texto. No hay nada en el texto que sugiere las opciones (2) y (3). La opción (4) no puede ser una suposición, ya que se enuncia en el párrafo.

5. **(2) la introducción del tabaco en Europa, África y Asia** (Análisis) La tabla muestra que el tabaco era nativo de América. Las opciones (1) y (5) son incorrectas, ya que la tabla muestra que el maíz y la sífilis son originarios de América. Las opciones (3) y (4) son incorrectas, debido a que la tabla muestra que el café y la malaria llegaron a América provenientes de los continentes del Hemisferio Oriental.

6. **(3) conquistar y colonizar tierras para España** (Análisis) Esta causa se sugiere en el primer párrafo del texto. Las opciones (1) y (2) fueron algunos de los efectos de las expediciones, no las causas. No hay nada en el texto que sugiere que las opciones (4) y (5) fueran un motivo para dichas expediciones.

7. **(2) Se hizo más fácil conquistar a los indios.** (Análisis) La gran cantidad de muertes provocadas por enfermedades habría debilitado la capacidad de los indios para luchar eficazmente contra los españoles. No existe una relación de causa y efecto entre las muertes y las opciones (1) y (4). La opción (3) es incorrecta, ya que las enfermedades fueron parte del intercambio colombiano. La opción (5) es incorrecta, puesto que la tabla y el texto establecen que los europeos introdujeron los caballos en América.

**Práctica de GED (Páginas 116 y 117)**

1. **(5) el imperialismo en la historia del mundo** (Comprensión) El texto resume las causas y efectos del imperialismo. Las opciones (1), (2) y (4) son incorrectas, debido a que son detalles que dan ejemplos del imperialismo. La opción (3) es incorrecta, ya que es un detalle que indica una causa del crecimiento del imperialismo europeo durante el siglo XIX.

2. **(2) Los pueblos europeos se sentían superiores a otros pueblos.** (Análisis) Esta conexión la sugieren estas dos ideas que se incluyen en el párrafo. La opción (1) es incorrecta, ya que en el texto no hay nada que sugiera que los europeos expandieran su cultura porque los griegos lo hayan hecho. El imperialismo no requiere de la cultura para expandirse y muchas formas de imperialismo no incluyen la expansión de la cultura, de modo de la opción (3) es incorrecta. La opción (4) tiene que ver con los efectos de la Revolución Industrial y no con la expansión cultural y religiosa. La opción (5) es incorrecta, ya que no hay nada en el texto que sugiere que las personas que encontraron los europeos no tuvieran cultura y, de hecho, tenían sus propias culturas.

3. **(1) Los soldados españoles conquistaron el Imperio Inca en el siglo XVI.** (Aplicación) Esto coincide con la definición del imperialismo que se indica en el texto. La conquista abierta es la forma más extrema del imperialismo. Las opciones (2) y (4) son incorrectas, debido a que la declaración de la independencia y la protección del poder económico del propio país no califican como imperialismo. La opción (3) no es un intento de someter naciones más débiles, sino de unirlas. La opción (5) es incorrecta, porque Estados Unidos y sus aliados liberaron a Kuwait y permitieron que recuperara su estado de nación autónoma.

4. **(2) la Revolución Industrial y la necesidad de encontrar más mercados para vender sus productos** (Análisis) El texto establece que la Revolución Industrial creó la necesidad de más mercados, lo que a su vez motivó un mayor imperialismo. Las opciones (1) y (5) son incorrectas, puesto que no hay nada en el texto que indica que las demás naciones no tuvieran un ejército o una religión. (De hecho, tenían ambas cosas). La opción (3) es incorrecta porque la subyugación de los africanos fue un efecto del imperialismo y no una causa. Las naciones europeas no tenían un exceso de materias primas, sino que las necesitaban, de modo que la opción (4) es incorrecta.

5. **(4) Los países industrializados se hicieron más poderosos que los países no industrializados.** (Análisis) Esto se sugiere por la victoria de Gran Bretaña sobre China en la Guerra del Opio y por la consiguiente dominación de China por parte de las potencias industriales. No hay nada en el texto que apoya las opciones (2), (3) y (5).

6. **(2) Alemania.** (Comprensión) Esto se puede determinar estudiando el mapa. Las opciones (1), (3) y (5) son incorrectas, debido a que el mapa indica que Francia, Gran Bretaña y Rusia tuvieron las tres mayores esferas de influencia. La opción (4) es incorrecta, puesto que el mapa muestra que las dos esferas de influencia combinadas de Japón representaban más territorio que la esfera alemana.

7. **(3) controlar el comercio que estaba ingresando a China** (Evaluación) El texto sugiere que la causa de la Guerra del Opio fue que Gran

Bretaña se negó a dejar de vender opio en China. La opción (1) es incorrecta, puesto que el texto no sugiere que China quisiera ni que recibiera ninguna ganancia del comercio de la droga. La opción (2) es incorrecta, ya que en el texto no se menciona a Japón ni hay motivo para creer que China estuviera tratando de demostrar algo a Japón. La opción (4) es incorrecta, debido a que el texto no sugiere que China quisiera detener todo el comercio con India. La opción (5) no puede ser verdadera, puesto que las esferas de influencia se establecieron en las décadas siguientes a la Guerra del Opio y no antes.

8. **(5) Japón era un país industrializado en 1912.** (Evaluación) Las esferas de influencia cumplieron con la necesidad que tenían las naciones industrializadas de mercados y fuentes de materias primas adicionales para sus industrias. Que Japón tuviera dicha esfera en 1912, tal como aparece en el mapa, sugiere que se había convertido en una nación industrializada. La opción (1) no se puede determinar a partir del mapa y del texto; de hecho, aun cuando Japón no era enemigo de Inglaterra y Francia durante este período, no existía una alianza formal. La opción (2) tampoco se puede determinar del mapa y del texto, aun cuando Japón había derrotado recientemente a Rusia en la guerra que terminó en 1905. Además, no hay nada en el mapa ni en el texto que apoya las opciones (3) y (4), aunque la política exterior de Japón tenía estas metas.

### Prueba corta de GED (Páginas 118 y 119)

1. **(2) mostrar cómo el imperialismo afectó a Centroamérica** (Comprensión) El texto es un análisis general del imperialismo en Centroamérica. La opción (1) es un detalle que explica una de las causas del imperialismo en la región. La opción (3) es una parte del texto, pero no el punto principal. La opción (4) es incorrecta, puesto que la inversión estadounidense se menciona brevemente y tampoco es la causa del imperialismo. Aun cuando se menciona la guerra civil y los disturbios como un efecto del imperialismo, su descripción no es el propósito principal del texto, de modo que la opción (5) también es incorrecta.

2. **(5) el fracaso final de los comunistas en Nicaragua** (Análisis) El texto indica que la participación de Estados Unidos con los Contras obligó posteriormente a los comunistas a realizar nuevas elecciones, las que perdieron. La muerte de ciudadanos inocentes fue un efecto de los acontecimientos producidos en El Salvador y Guatemala y el texto no entrega ninguna información sobre el destino de los civiles en Nicaragua, de modo que la opción (1) es incorrecta. La opción (2) fue resultado de las acciones de los comunistas nicaragüenses, no de Estados Unidos. El texto no incluye información sobre las opciones (3) y (4).

3. **(1) la preocupación por la seguridad del Canal de Panamá** (Análisis) El texto indica que la preocupación de Estados Unidos por el canal aumentó después del acuerdo de 1977 para devolver el control del mismo a Panamá, casi al mismo tiempo que las revoluciones comunistas adquirían fuerza en la región. No hay nada en el texto que sugiere la opción (2) como causa. La opción (3) es incorrecta, ya que el texto sugiere que las bananas y el café son importantes para las empresas estadounidenses con inversiones en ese lugar, no para los consumidores. El texto sugiere que las naciones de Centroamérica son débiles, pero no que esto sea un motivo para la participación de Estados Unidos allí, de modo que la opción (4) es incorrecta. No hay nada en el texto que apoya la opción (5).

4. **(3) Cuba y Estados Unidos** (Aplicación) El imperialismo se produce cuando una nación expande su control sobre otra. Cuando Cuba y Estados Unidos intervinieron en las revoluciones que se producían en las naciones independientes de Centroamérica, ambos practicaron el imperialismo. Una nación que sofoca una rebelión interna en contra de su propio gobierno legítimo, tal como ocurrió en El Salvador y Nicaragua, no está actuando en forma imperialista, de modo que las opciones (1), (2), (4) y (5) son incorrectas.

5. **(4) el fortalecimiento de la democracia en Centroamérica** (Evaluación) El texto señala que Estados Unidos apoyaba a gobiernos en Centroamérica en la década de 1970 y antes que no eran democráticos. El texto sugiere que el principal objetivo de la política de Estados Unidos en la región era garantizar gobiernos estables en Centroamérica, fueran o no democráticos, con el fin de proteger las inversiones estadounidenses y el Canal de Panamá. Por lo tanto, las opciones (1), (2), (3) y (5) son incorrectas ya que dichos factores eran importantes para el gobierno de Estados Unidos.

6. **(2) imperialismo cultural** (Aplicación) La introducción de una religión se ajusta a la definición de imperialismo cultural. El neoimperialismo es un imperialismo económico, de modo que la opción (1) es incorrecta. Dado que Hawai no pasó a ser parte de Estados Unidos sino hasta mucho después, la opción (3) tampoco es correcta. Las opciones (4) y (5) son incorrectas, ya que la información indica que en esa época Hawai era un reino independiente y no una colonia oficial de Estados Unidos.

7. **(5) intervención militar** (Aplicación) La tabla indica que esto incluye el envío de tropas para influir en los asuntos internos de otras naciones, que fue lo que hizo Cuba. Dado que Angola no pasó a ser parte de Cuba, las opciones (1) y (2) son incorrectas. Dado que la situación no se ajusta a la descripción que aparece en la tabla para la formación de un protectorado, la opción (3) también es incorrecta. Además, la información no incluye ninguna sugerencia de imperialismo cultural, de modo que la opción (4) es incorrecta.

8. **(3) colonialismo e imperialismo cultural** (Aplicación) De acuerdo con la tabla, el dominio de un país sobre otro es colonialismo. La información sobre los sistemas de religión, escritura y gobierno

también sugiere un imperialismo cultural. La información no indica el tipo de colonias que los chinos establecieron en el lugar, de modo que las opciones (1) y (5) no pueden ser correctas. No hay información que establece que se haya efectuado una intervención militar, así que la opción (2) no es correcta. Ya que no se analiza el imperialismo económico, la opción (4) tampoco es correcta.

9. **(4) neoimperialismo y colonias de asentamiento** (Aplicación) El tratado comercial es prueba de un imperialismo económico y el gran número de japoneses que se trasladó a Corea sugiere colonias de asentamiento en ese lugar. El asentamiento japonés elimina la opción (1) como respuesta, ya que las colonias dependientes incluyen el dominio por parte del colonizador sobre un pueblo predominantemente nativo, sin una gran cantidad de colonizadores. Aunque se podría haber formado un protectorado y podría haberse producido un imperialismo cultural, la información no los indica, de manera que las opciones (2), (3) y (5) son incorrectas.

## Lección 10
### Enfoque en las destrezas de GED (Página 121)
1. **b.** el presidente de Irak Saddam Hussein.

2. **b.** Kuwait.

3. **b.** que usted sabe lo que está pasando en Kuwait.

4. El caricaturista dice al lector que Irak está dispuesto a destruir a Kuwait para quitarle su **petróleo**.

### Enfoque en el contenido de GED (Página 123)
1. **(3) Estados Unidos y la Unión Soviética compitieron en una carrera armamentista y por ganarse a los países no alineados.** (Comprensión) A lo large del texto se habla de la competencia de la Guerra Fría entre Estados Unidos y la Unión Soviética. La opción (1) explica un motivo de dicha competencia. La opción (2) proporciona información de contexto; el texto se centra en los acontecimientos posteriores a las guerras. La opción (4) es un ejemplo de la competencia, y la opción (5) es un detalle acerca de las naciones no alineadas, ninguno de los cuales es el punto central del texto.

2. **(5) las naciones no alineadas** (Comprensión) Esto es evidente a partir de la indicación que aparece en la pared de la caricatura, la cual indica que se trata de una reunión de naciones no alineadas. La opción (1) es incorrecta, porque en el texto no se nombra a ninguna de estas naciones como miembros del bloque comunista. La opción (2) es incorrecta, ya que el enfoque de la caricatura se encuentra claramente en otras naciones, no en la Unión Soviética. Ninguna pista visual de la caricatura indica que las opciones (3) o (4) sean correctas.

3. **(2) Los personajes están representados como marionetas.** (Comprensión) Todos los personajes

tienen cuerdas que salen de sus cuerpos y llegan a un dispositivo de control que se encuentra sobre su cabeza, igual que una marioneta. La opción (1) es incorrecta porque claramente los personajes no están atados. El artista no entrega pistas en la caricatura que sugieran que las opciones (3) o (4) sean verdaderas. La opción (5) es incorrecta ya que los personajes no están conectados entre sí, sino al dispositivo de control.

4. **(1) lo que simbolizan el martillo y la hoz** (Análisis) El mensaje de la caricatura no puede comprenderse sin saber que la hoz y el martillo son los símbolos de la Unión Soviética. Esta información es esencial a la caricatura. Conocer los nombres de los individuos retratados no es necesario ya que el artista ha proporcionado indicaciones que explican a qué país representa cada uno. De modo que las opciones (2) y (3) son incorrectas. La opción (4) también contiene información que no es necesaria para comprender la caricatura. De hecho, saber que Cuba es un país comunista puede hacer confuso el mensaje, ya que el caricaturista ha incluido a Cuba entre las naciones no alineadas. La opción (5) tampoco tiene que ver con el mensaje de la caricatura.

5. **(5) Estos países supuestamente no alineados están realmente controlados por la Unión Soviética.** (Comprensión) Las marionetas de la caricatura están atadas a, y son manipuladas por, la hoz y el martillo. Si se comprende lo que representan la hoz y el martillo, el mensaje de la caricatura está claro. La opción (1) no tiene nada que ver con el mensaje de la caricatura. No hay pistas visuales de que el artista sostenga la opinión que se expresa en la opción (2) La opción (3) es información dada en la caricatura, pero no es su punto central. No hay información en la caricatura que sugiera que la opción (4) es verdadera. De hecho, el punto de la caricatura es que estas naciones denominadas como no alineadas no estaban realmente no alineadas.

6. **(4) El lanzamiento del _Spútnik_ hace que los estadounidenses se preocupen de la carrera armamentista.** (Comprensión) Esto se indica por la leyenda, la que conecta el lanzamiento del _Spútnik_ con tranquilizantes, drogas que calman a las personas preocupadas. A pesar de que la caricatura toma lugar en un bar y un hombre ha mencionado los tranquilizantes, no hay pistas que sugieran que las opciones (1), (2) o (5) sean el mensaje que el caricaturista está tratando de transmitir: La caricatura no predica que la mezcla de alcohol y drogas sea peligrosa, a pesar de que lo es; tampoco expresa ni implica nada contra el consumo de alcohol ni indica que tomar tranquilizantes es lo que se debe hacer cuando se está nervioso. La opción (3) es incorrecta, ya que a pesar de que los personajes de la caricatura hablan, tampoco hay pistas de que éste sea el mensaje de la caricatura.

1. **(1) para ilustrar la opinión de que los acuerdos entre ambas partes han sido inciertos** (Comprensión) Si usted sabe, como lo indica el texto, que los otros acuerdos entre ambas partes han fallado, la referencia simbólica a un "castillo de naipes" de la caricatura se hace evidente. No hay evidencia en el texto o pistas en la caricatura que impliquen que la opción (2) sea cierta. La opción (3) es incorrecta, ya que nada en la caricatura conecta los naipes con los juegos de azar. Tampoco hay pistas en la caricatura que impliquen que los naipes sean símbolos visuales de las opciones (4) y (5), de modo que tampoco son correctas.

2. **(3) Ambos pueblos reclaman las mismas tierras.** (Comprensión) El texto expresa que desde tiempos antiguos, los árabes y los judíos ha competido intermitentemente por la tierra llamada Palestina. La opción (1) es incorrecta porque las diferencias religiosas no se mencionan en el texto. A pesar de que es verdad que algunos gobernantes árabes apoyaron a los alemanes durante la Segunda Guerra Mundial, la opción (2) tampoco se ofrece como motivo en el texto. La opción (4) es incorrecta porque el texto no menciona el conflicto que incitó a los otomanos y, de hecho, expresa que los conflictos no eran comunes durante el gobierno de los turcos otomanos. A pesar de que los británicos agravaron el conflicto entre árabes y judíos, ellos no lo provocaron; por lo tanto, la opción (5) tampoco es correcta.

3. **(4) La mayoría de los acuerdos entre Israel y la OLP no se han podido terminar de llevar a cabo.** (Análisis) Sin este conocimiento, el significado del símbolo del "castillo de naipes" y de la leyenda será más difícil de reconocer. Es importante comprender a quién representa cada personaje, pero no es importante saber sus nombres para interpretar la caricatura, de modo que las opciones (1) y (2) son incorrectas. La información que contiene la opción (3) tampoco ayuda a entender la caricatura. La opción (5) es incorrecta porque saber el nombre del parlamento de Israel no es necesario para comprender la caricatura.

4. **(4) para promover la paz mundial** (Comprensión) Éste es un replanteamiento del punto de que la ONU se creó con la esperanza de prevenir futuras guerras. La opción (1) es incorrecta porque, como expresa el texto, la ONU se creó justo cuando la Segunda Guerra Mundial se acercaba a su fin; por lo que la ONU no pudo haber puesto fin a la guerra. Las opciones (2) y (3) son actividades de la ONU que promueven la paz, pero no son la razón por la cual se formó la ONU. La opción (5) fue una misión que la ONU posteriormente emprendió, pero no fue la razón por la que se formó.

5. **(2) Los musulmanes estaban viviendo atrocidades.** (Análisis) De acuerdo con el texto, la razón por la cual la fuerza de paz de la ONU se envió a Bosnia fue para proteger a la población musulmana de los ataques de los serbios cristianos. La opción (1) es incorrecta porque, aunque los franceses y los canadienses eran parte de la fuerza de paz de la ONU en Bosnia, no peleaban entre ellos. La opción (3) es incorrecta porque los musulmanes no atacaban a los serbios cristianos; el texto explica que ocurría lo contrario. Las opciones (4) y (5) no se apoyan por el texto.

6. **(5) las falsas amenazas del personal de la ONU en Bosnia** (Comprensión) El secador de pelo es sostenido como si fuera un arma, pero no es un arma de verdad. El término *puro aire* quiere decir que alguien se queja airadamente de algo pero no hace nada para solucionarlo. El caricaturista utiliza este símbolo para mostrar que las amenazas de la fuerza de paz de la ONU a los serbios, no eran nada más que puro aire. La opción (1) se relaciona literalmente con un secador de pelo, por lo que no es correcta. La opción (2) es literalmente acerca del aire, como la temperatura, pero no tiene que ver con los esfuerzos de la fuerza de paz. Las opciones (3) y (4) tienen que ver con el tópico general de la violencia étnica en Bosnia, pero ninguna de ellas es el punto central del caricaturista.

7. **(3) oír a una profesora amenazar con suspender a un alumno peleón, sin cumplirlo** (Aplicación) Éste es otro ejemplo de puro aire, es decir, amenazar pero no concretar la amenaza. Las demás opciones no son ejemplos de amenazas falsas.

8. **(4) La ONU debería tener la capacidad necesaria para ejecutar sus misiones.** (Evaluación) Tanto el texto como la caricatura apoyan esta conclusión. El texto explica que las misiones de paz de la ONU no son eficaces, y la caricatura las muestra como si estuvieran simulando y no amenazando de verdad a los serbios. Las opciones (1), (2) y (3) son incorrectas, porque no hay nada en el consejo de la caricatura que sugiere que la ONU debiera disolverse, tener su ejército propio o salir de Bosnia. La opción (5) es incorrecta, ya que no se habla acerca de los refugiados bosnios.

## Prueba corta de GED (Páginas 126 y 127)

1. **(5) El movimiento a favor de la democracia en China** (Comprensión) Tanto la caricatura como la mayor parte del texto se dedican a este tema. La opción (1) es incorrecta porque esta información se trata de datos históricos que explican el desarrollo del movimiento por la democracia y la reacción del gobierno a él. La opción (2) es incorrecta porque en el texto sólo se hace una pequeña referencia a ella. La opción (3) es incorrecta porque no se describe por el texto ni se retrata en la caricatura. La opción (4) es incorrecta porque ayuda a explicar por qué se desarrolló el movimiento a favor de la democracia, pero no es el punto central del material.

2. **(3) La comunidad internacional criticó a China.** (Análisis) La caricatura simboliza el uso del ejército por parte de China contra los manifestantes. El texto indica que ésta y otras acciones contra el movimiento a favor de la democracia causaron que el mundo condenara a China por violar los derechos humanos de su pueblo. El uso de la ironía que hace el caricaturista en la mentira obvia que dice el soldado del gobierno también implica una crítica al gobierno chino. Las opciones (1) y (5) estaban dentro de las otras causas que llevaron al acontecimiento que se ilustra en la caricatura, no dentro de los efectos de él. La opción (2) es incorrecta, ya que el texto expresa que Mao murió antes de que comenzara el movimiento a favor de la democracia. La opción (4) es incorrecta, debido a que se contradice con el texto.

3. **(4) a los manifestantes que pedían democracia** (Comprensión) El texto expresa que el ejército atacó y asesinó a los manifestantes a favor de la democracia y la caricatura muestra a un personaje muerto empuñando una bandera que dice "democracia". Las opciones (1) y (3) son incorrectas porque es obvio a partir de la información del texto que el ejército chino no asesinó a Mao ni a los líderes chinos durante los disturbios. A pesar de que la bandera de la caricatura se parece a la bandera de Estados Unidos, no hay nada en el texto que sugiere que la opción (2) sea la correcta. Ni el texto ni la caricatura proporcionan razones para creer que la opción (5) sea el caso.

4. **(1) el control** (Evaluación) El uso del ejército para aplastar una protesta y la continuación de la opresión política del pueblo chino a pesar de la condena mundial de sus acciones ponen en claro que los líderes de China valoraron el control de la nación más que cualquier otra opción. El hecho de que el soldado de la caricatura diga una mentira contradice la opción (2). La muerte del manifestante chino así como también la información del texto acerca de los actos de opresión del gobierno hace que las opciones (3), (4) y (5) sean también incorrectas.

5. **(2) el deseo de democracia está vivo en China** (Comprensión) El contenido del texto de la llamada sobre la bandera implica que la declaración del soldado acerca del manifestante se aplica a la democracia en China después del ataque al movimiento a favor de la democracia. La leyenda sobre la bandera no apoya la opción (1) como la respuesta correcta. No hay nada en la caricatura que sugiere que las opciones (3) o (5) sean ciertas. La opción (4) se contradice con la sangre que se ve salir de la cabeza del manifestante y correr a los pies del soldado.

6. **(4) Berlín Oriental estaba controlado por un gobierno comunista.** (Análisis) Es posible hacer esta suposición debido al enunciado de que Berlín Oriental se separó del Berlín Occidental democrático. No hay información que apoya las opciones (1), (2) o (5) como suposiciones. De hecho, la información acerca de la caída del comunismo en general y del muro en particular sugiere firmemente que los tres enunciados son falsos. La opción (3) es incorrecta, pues el texto contiene esta información.

7. **(3) Corea del Norte y Corea del Sur** (Aplicación) Al igual que Alemania Oriental y Alemania Occidental, Corea del Norte y Corea del Sur habían sido un solo país que se dividió después de la Segunda Guerra Mundial, restringiendo los viajes a uno y otro lado del país y separando a las familias. La opción (1) es incorrecta porque, a pesar de que Estados Unidos y Canadá son países vecinos, no fueron anteriormente una sola nación como lo fue Alemania Oriental y Alemania Occidental. La opción (2) es incorrecta porque Gran Bretaña y Estados Unidos tenían una relación de colonizador y colonia, no la misma relación de las dos Alemanias. Las opciones (4) y (5) son incorrectas porque hay libre movimiento entre todos los estados, incluyendo entre Carolina del Sur y Carolina del Este y entre Virginia Occidental y Virginia, mientras que entre las dos partes de Alemania no existía la misma libertad de movimiento.

8. **(1) el dinosaurio representa a Europa comunista bajo el liderazgo de la Unión Soviética.** (Análisis) La hoz y el martillo aparecen en la bandera soviética y los soviéticos dominaron Europa Oriental, instalaron allí crueles gobiernos comunistas y los controlaron como naciones satélites. Debido a que la hoz y el martillo aparecen a un costado del dinosaurio, y ya que la cola del dinosaurio es el Muro de Berlín, se implica que el dinosaurio representa al comunismo europeo apoyado por los soviéticos. Debido a que Berlín Occidental no estaba bajo un gobierno comunista, la opción (2) es incorrecta. Las opciones (3) y (5) son incorrectas ya que se contradicen con el texto. La opción (4) es verdadera pero no le ayuda a comprender el mensaje de la caricatura.

9. **(3) Se extingue el comunismo europeo** (Comprensión) Ésta es la razón por la cual el caricaturista ha decidido representar al comunismo europeo como un dinosaurio. La opción (1) no es correcta porque el Muro de Berlín fue derribado, no trasladado. La opción (2) no es correcta porque a pesar de que el muro está representado por la cola del dinosaurio, la cola del dinosaurio es sólo un elemento de la caricatura, no su punto central. La opción (4) no es correcta porque la caricatura trata sobre el muro en relación con la caída del comunismo europeo apoyado por los soviéticos; la caída de la Unión Soviética ocurrió poco después. La opción (5) es incorrecta ya que, como el dinosaurio está extinguido, simboliza que el comunismo europeo está muerto.

# UNIDAD 2 Repaso acumulativo
(Páginas 128 a 132)

1. **(1) El comercio se movía con mayor facilidad en el Imperio Romano.** (Análisis) Un sistema de caminos pavimentados habría hecho más fácil movilizar las mercancías de un lugar a otro. La opción (2) está basada en un malentendido del dicho "Todos los caminos llevan a Roma"; el texto expresa que el sistema de caminos cruzaba todo el Imperio Romano, de modo que los caminos hacia las otras ciudades habían sido construidos, no descuidados. La opción (3) es una causa por la cual se construyó el sistema de caminos de Roma, no un efecto de ella. La opción (4) es un resultado del sistema de caminos, pero no como un efecto directo del sistema, ni tampoco fue una consecuencia tan importante como los progresos en el comercio. La opción (5) es una descripción del sistema de caminos, no un efecto de ella.

2. **(3) el poder** (Evaluación) Esto se sugiere por la creación de un sistema de caminos que permitió que los romanos enviaran tropas por todo su imperio y por la construcción de una inmenso mapa de piedra para celebrar ese sistema. Las opciones (1), (2) y (5) son incorrectas, porque no hay nada en el texto que indique que la espiritualidad, la honestidad ni el humor tenían un valor especial para los romanos. Sería poco probable que la cualidad de la compasión fuera valorada en un imperio, donde un pueblo domina y controla a los demás, de modo que la opción (4) es incorrecta.

3. **(5) La razón principal del sistema de caminos era movilizar las tropas en forma rápida y fácil dentro del imperio.** (Evaluación) Esto se implica en la primera y en la última oración del texto; ambas oraciones se refieren al personal del ejército. Por lo tanto, la mejor conclusión es que los romanos construyeron el sistema de caminos para facilitar el movimiento de las tropas. No hay información en el texto que contenga pruebas apropiadas para apoyar las opciones (1) o (2) como conclusiones. La opción (3) se contradice con la evidencia del texto. La opción (4) es incorrecta porque el texto indica que el proyecto tomó 20 años en completarse, por lo que no es probable que el proyecto fuera simple.

4. **(4) España una vez fue parte del Imperio Romano**. (Comprensión) Ésta es la razón más probable por la cual el español tendría su base en el latín. No hay nada en el texto que sugiere la opción (1). Las opciones (2) y (3) se contradicen con el texto, el cual indica que las lenguas romances son lenguas modernas. La opción (5) es incorrecta, porque no hay pruebas en el texto de que los antiguos romanos cruzaron el Atlántico (no lo hicieron); de hecho, Latinoamérica era parte del imperio español (no del romano), que existió cerca de 1000 años después de la caída del Imperio Romano.

5. **(2) formar parte de una misión comercial** (Comprensión) Esto se puede inferir a partir de la descripción del padre y del tío de Polo como mercaderes venecianos. El viaje convirtió a Polo en un explorador del mundo, pero no hay indicios en el texto de que ésa fuera una de las razones del viaje, de modo que la opción (1) es incorrecta. La información brindada tampoco apoya la opción (3). La opción (4) no es correcta porque Polo no podría haber sabido que viajaría alrededor de la región hasta que llegó a China y el Kan le asignó una labor. En el texto no hay información acerca de la opción (5).

6. **(5) Pagan** (Comprensión) El mapa muestra que Polo llegó a esta ciudad durante sus viajes en China. La opción (1) es incorrecta porque Venecia es la ciudad desde la cual Polo comenzó su viaje y a la que regresó. Polo visitó Nanjing y Malaca, pero estas ciudades estaban en el camino de regreso a casa, cuando no era representante del Kan, de modo que las opciones (2) y (3) no son correctas. La opción (4) es incorrecta porque no puede determinarse si Polo visitó Shangai, ya que la ciudad no aparece en el mapa.

7. **(3) Kublai Kan admiraba y confiaba en Marco Polo.** (Análisis) Esto puede asumirse a partir de la información de que el Kan designó a Polo como su representante. La opción (1) es incorrecta porque, si el Kan hubiese temido a Polo, es poco probable que lo hubiese nombrado representante. No hay pruebas en el texto que apoyen las opciones (2) y (4). La opción (5) es incorrecta, porque el texto indica que el libro de Polo se escribió cuando estaba en Italia, no en China.

8. **(5) El viaje a casa fue principalmente por mar, mientras que el viaje a China fue principalmente por tierra.** (Evaluación) Debido a que los barcos viajan más rápido que las personas que caminan o se trasladan en vagones tirados por animales, viajar por mar le habría permitido a los Polo trasladarse más rápido en su viaje que en el que hizo a China, el cual se realizó casi completamente por tierra. La opción (1) no apoya la idea, ya que los Polo viajaron por Persia en ambos viajes. La opción (2) es incorrecta porque el mapa muestra que el viaje a casa no se hizo por una ruta más directa. La opción (3) no es correcta porque el viaje a China no cubre una distancia mayor que la del viaje de regreso. Los Polo no cruzaron el Tíbet en su viaje de regreso, de modo que la opción (4) es incorrecta.

9. **(5) El comercio era importante en Gran Zimbabwe.** (Evaluación) El tamaño del mercado y la variedad de bienes provenientes de lugares lejanos sugieren que el comercio era importante para Gran Zimbabwe. Ésta es la única conclusión que puede obtenerse a partir de la información presentada. En el texto no hay información que apoye las opciones (1), (2), (3) o (4).

10. **(4) El islamismo no era importante en Ghana antes de la invasión de los bereberes musulmanes.** (Comprensión) El texto dice que la

invasión de los bereberes musulmanes trajo consigo conflictos religiosos. Esto sugiere que el islamismo no tenía mucha influencia en Ghana antes de la invasión de los bereberes. La opción (1) es incorrecta porque, a pesar de que con el tiempo Ghana se convirtió en parte del imperio de Malí, el texto sugiere que su poder declinó como resultado del conflicto religioso que se desarrolló antes de ser conquistada por Malí. No hay nada en el texto que implica las opciones (2) o (3). El texto tampoco entrega pistas acerca de la ubicación de los tres imperios en relación de uno con el otro, de modo que la opción (5) no es una suposición.

11. **(4) La economía de ambas se basaba en el comercio.** (Evaluación) El comercio es la única actividad que el texto describe para las tres culturas. No se presentan pruebas de que Ghana tenía escuelas o una universidad, de modo que las opciones (1) y (5) son incorrectas. La opción (2) es incorrecta porque el texto no indica que Songhay fue conquistado por Ghana o por Mali. (No lo fue). Los reyes débiles fueron la única razón por la cual Mali declinó. Ghana declinó debido a guerras civil religiosas y la caída de Songhay no se analiza. Por lo tanto, la opción (3) también es incorrecta.

12. **(1) los derechos humanos** (Evaluación) Este valor no podría haber sido muy importante porque el texto indica que el pueblo de Songhay comerciaba esclavos. Las opciones (2) y (5) son incorrectas porque Tombuctú tenía muchas escuelas islámicas y tres universidades islámicas que ofrecían entrenamiento religioso. La opción (3) es incorrecta porque el texto implica que Songhay era un próspero imperio comercial. La opción (4) es incorrecta porque la poesía aparece enumerada como una de las materias que se enseñaban en las universidades de Tombuctú bajo el dominio Songhay.

13. **(3) Muchos rusos no querían tener un gobierno comunista.** (Análisis) Ésta es una conclusión que se puede obtener a partir del hecho de que los bolcheviques tuvieron que pelear y ganar para llegar al poder. La opción (1) es incorrecta porque la guerra civil ocurrió después de la renuncia del zar, no antes de ella. No hay nada en el texto que apoya las opciones (2) y (5), y, de hecho, son enunciados incorrectos. La opción (4) es un detalle en el texto que apoya la conclusión mencionada en la opción (3).

14. **(2) Cómo España perdió su imperio en Sudamérica** (Comprensión) Éste es el único título que resume adecuadamente el contenido del texto. La opción (1) no es correcta porque el texto no trata sólo del efecto de las guerras europeas. La opción (3) es incorrecta porque este tema no se discute en el texto. Las opciones (4) y (5) son incorrectas porque el texto no compara las revoluciones o a los líderes revolucionarios.

15. **(5) Se llamó originalmente Provincias Unidas del Río de la Plata.** (Análisis) El texto establece que las Provincias Unidas del Río de la Plata se independizaron en 1816. La única nación que tiene la fecha de independencia en 1816 en la tabla es Argentina. Se puede suponer entonces que se trata del mismo país. La opción (1) es incorrecta porque no se puede determinar a partir del párrafo ni de la tabla. (Tampoco es cierta). La opción (2) es cierta, pero es una respuesta incorrecta porque no se puede asumir a partir de la información entregada. Las opciones (3) y (4) son incorrectas ya que se contradicen con la información del texto y de la tabla.

16. **(4) Las guerras en Europa consumían demasiados recursos militares a España.** (Análisis) El texto indica que los españoles estaban preocupados y debilitados por las guerras que se llevaban a cabo en Europa mientras sus colonias se rebelaban. Esto debió ayudar a los rebeldes a alcanzar la victoria. La opción (1) es incorrecta porque el ejemplo de la Revolución estadounidense fue una de las causas de la rebelión, no de la derrota de España. No hay nada en el texto que apoya las opciones (2) ni (5). La opción (3) es incorrecta porque la independencia fue el efecto de la derrota de España, no su causa.

17. **(2) La mayor parte de Sudamérica era libre en 1830.** (Comprensión) La tabla muestra que a excepción de Panamá, la cual fue parte de Colombia hasta 1903, todo el imperio español en Sudamérica había ganado la independencia y se había reconocido como grupo de naciones separadas hacia 1830. La opción (1) es incorrecta porque no es verdadera ni un resumen. La opción (3) es un resumen, pero no es verdadera porque Panamá se independizó después de esa fecha. La opción (4) es verdadera, pero no es resumen. La opción (5) es incorrecta, porque la tabla no entrega información acerca del número de colonias involucradas en la rebelión.

18. **(3) La introducción del apartheid causó protestas, lo que hizo que el gobierno tomara medidas enérgicas en contra de los sudafricanos de raza negra.** (Comprensión) Esta oración toca todos los puntos principales del texto. Las opciones (1) y (2) son incorrectas porque el texto no analiza las políticas raciales o las protestas en Estados Unidos. La opción (4) es verdadera pero incorrecta, porque se centra en detalles no mencionados en el texto. La opción (5) también es verdadera, pero no es la respuesta porque el texto se centra en lo que era la política del apartheid y las reacciones a ella, no en por qué se adoptó.

19. **(4) La oposición al apartheid creció.** (Comprensión) El párrafo trata sobre la oposición al apartheid que surgió tanto en Sudáfrica como en el resto del mundo. La opción (1) es un detalle que explica un efecto de la oposición creciente. Las

opciones (2) y (3) son detalles que sirven como ejemplos de la idea principal de la oposición al apartheid. La opción (5) establece una relación de causa y efecto que no está apoyada en el párrafo.

20. **(5) el apartheid** (Comprensión) El brazalete de acero y la cadena son símbolos de control o de cautiverio y representan el control que ejercía la política del apartheid sobre los sudafricanos de raza negra. La opción (1) es incorrecta porque los sudafricanos de raza negra se representan por la mano que se libera de la cadena. La opción (2) es incorrecta porque los salarios bajos eran sólo uno de los tipos de opresión que existía bajo el apartheid. La opción (3) es incorrecta porque el tema de la caricatura, las personas que forman una fila para sufragar, muestra un cambio pacífico, no violento. La opción (4) es incorrecta porque el ANC no está retratado ni simbolizado en la caricatura.

21. **(3) La elección de 1994 fue la primera en que los sudafricanos de raza negra tuvieron derecho a votar.** (Análisis) A menos que usted conozca esta información, no podrá comprender el mensaje de la caricatura, que consiste en que el voto rompió el último eslabón en la cadena del apartheid, liberando a los sudafricanos de raza negra. La opción (1) es incorrecta porque el texto establece que la población de raza blanca no sobrepasa en número a la de raza negra. La opción (2) es incorrecta porque saber si las personas viajaban distancias largas no le ayudará a comprender el mensaje de la caricatura. Las opciones (4) y (5) son ciertas, pero los acontecimientos de la vida de Nelson Mandela no ayudan a explicar la caricatura.

## UNIDAD 3: EDUCACIÓN CÍVICA Y GOBIERNO
### Lección 11
**Enfoque en las destrezas de GED (Página 137)**

1. **a.** *H*: Los gobiernos tienen cinco funciones fundamentales en un sistema social.

   **b.** *O*: El hurto es aceptable en algunas situaciones.

   **c.** *H*: Si dos grupos tienen una disputa, se puede pedir al gobierno que ayude a resolver el problema.

   **d.** *O*: El gobierno debe ayudar a todas las personas y grupos a lograr sus metas.

2. **b.** Los conductores adolescentes son peligrosos y constituyen una amenaza en las autopistas.

**Enfoque en el contenido de GED (Página 139)**

1. **(4) la ley** (Comprensión) El segundo principio de un gobierno moderno es el de autoridad legal o ley. Las opciones (1), (2) y (3) son incorrectas porque el poder, la riqueza y la fuerza militar era la base de la autoridad en los sistemas tradicionales, no del gobierno moderno. La opción (5) es incorrecta porque el capricho personal era la manera de gobernar de algunos líderes en las sociedades tradicionales en lugar de un principio de gobierno moderno o de una característica de gobierno moderno.

2. **(2) comparar los gobiernos autoritarios y democráticos** (Comprensión) La tabla compara dos formas de gobierno autoritario con tres formas de gobierno democrático. La opción (1) es incorrecta porque la tabla no enumera los principios del gobierno moderno. La opción (3) es incorrecta porque la comparación de autocracia y oligarquía es un detalle en la comparación general de los tipos de gobierno. En la tabla, la democracia directa no es comparada con la monarquía constitucional, de manera que la opción (4) es incorrecta. La opción (5) es incorrecta porque las definiciones son detalles, no el objetivo principal de la tabla.

3. **(5) una república** (Aplicación) Las reformas de Rusia condujeron al establecimiento de un gobierno en el cual el pueblo elige a sus representantes y les da el poder de gobernar, es decir, una república. La opción (1) es incorrecta porque el gobierno ruso funciona a través de representantes electos. La opción (2) es incorrecta porque Rusia no tiene rey o reina. La opción (3) es incorrecta porque la autocracia se basa en el mando de un dictador o de la monarquía absoluta. La opción (4) es incorrecta porque la oligarquía era la forma de gobierno anterior a la elección del cuerpo legislativo y del presidente, cuando los líderes del Partido Comunista tenían el control.

4. **(3) una monarquía constitucional** (Aplicación) La tabla establece que en esta forma de gobierno el papel de la monarquía es básicamente ceremonial y que el poder real lo tiene el cuerpo legislativo electo. La opción (1) es incorrecta porque en una oligarquía sólo un pequeño grupo es dueño de poder. La opción (2) es incorrecta porque en una república no hay monarquía. La opción (4) es incorrecta porque una democracia directa no incluye un cuerpo legislativo electo. Ya que la reina no tiene todo el poder en sus manos, la opción (5) también es incorrecta.

5. **(3) La participación de las masas es el principio más importante de los gobiernos modernos.** (Análisis) El texto indica que la participación de las masas es uno de los tres principios de gobierno moderno pero no expresa cuál es el más importante ni ofrece pruebas que apoyen tal afirmación, de modo que el enunciado es una opinión. La opción (1) es un replanteamiento del segundo principio de gobierno moderno y de la autoridad legal y es, por lo tanto, un hecho. La opción (2) es un hecho apoyado por el texto. La tabla enumera los cabildos de Nueva Inglaterra como un ejemplo de democracia directa y menciona a Cuba como ejemplo de autocracia, de modo que las opciones (4) y (5) no son correctas.

6. **(2) El gobierno cae en el caos.** (Análisis) Debido a que todo el poder estaba en las manos de una sola persona, es probable que el gobierno caiga en el caos cuando los rivales luchen por alcanzar el poder. Por lo tanto, la opción (1) es incorrecta. Las opciones (3) y (5) son incorrectas porque, aunque podrían suceder, no ocurrirían inmediatamente después de la muerte de un dictador; se requiere de planificación

para que un gobierno autoritario se transforme en uno democrático y realice elecciones. La opción (4) es incorrecta porque este tipo de sucesión automática es característico de una monarquía, no de una dictadura.

7. **(2) los hechos acerca de los principios fundamentales de cada gobierno** (Evaluación) Cada descripción se basa en cómo los principios encajan en la estructura gubernamental. No se expresan opiniones acerca de cuán bien funcionan los sistemas ni acerca del papel de los ciudadanos en cada sistema, de modo que las opciones (1) y (3) son incorrectas. La opción (4) es incorrecta porque los nombres de las autoridades políticas o de los líderes no están dados como ejemplos de cada sistema. La opción (5) es incorrecta porque los detalles históricos no están incluidos de manera consistente en la tabla.

8. **(1) La naturaleza del gobierno ha cambiado con el tiempo.** (Evaluación) La discusión de los principios fundamentales de gobierno apoya esta conclusión. La opción (2) es incorrecta porque el texto expresa que los principios son relativamente nuevos en la historia mundial. La tabla contradice la opción (3). No hay información en el texto ni en la tabla que apoye las opciones (4) o (5).

**Práctica de GED (Páginas 140 y 141)**

1. **(3) El poder legítimo termina construyendo un mejor gobierno que el ilegítimo.** (Análisis) Esto es un juicio del autor y por lo tanto es una opinión que puede o no ser verdadera. Las opciones (1), (2), (4) y (5) son todas afirmaciones que se apoyan en la información del texto.

2. **(4) la autoridad** (Aplicación) En una monarquía, se reconoce que la familia real tiene el legítimo poder de gobernar. Que el hijo mayor se convierte en el gobernante cuando el monarca muere es un método reconocido de legítima transferencia de poder en una monarquía. Las opciones (1) y (2) son incorrectas porque el rey gobierna por virtud de su posición, no por su influencia personal o por su poder de persuasión. La opción (2) es incorrecta porque Alberto no llegó al poder por la fuerza. La opción (5) es incorrecta porque las elecciones no se mencionan en el texto y generalmente los monarcas no son elegidos.

3. **(2) El apoyo del pueblo es necesario para que el poder sea legítimo.** (Comprensión) El texto expresa que el pueblo debe aceptar el poder de sus líderes como apropiado para que ese poder sea legítimo. Por lo tanto, para que el gobierno sea legítimo es necesario el apoyo del pueblo, y esto hace que la opción (1) sea incorrecta. El texto no apoya las opciones (3) y (5) como explicación de por qué las opiniones del pueblo son importantes para el ejercicio del poder. El comportamiento puede ser influenciado por la fuerza, pero el texto implica que no modifica las opiniones, por lo que la opción (4) no es correcta.

4. **(5) Hace que la gente se comporte como los dirigentes gubernamentales desean.** (Comprensión) El texto expresa que la fuerza o el temor que inspira pueden modificar el comportamiento, de modo que la opción (1) es incorrecta. La opción (2) es incorrecta porque para que el poder sea legítimo el pueblo debe dar su apoyo voluntariamente. No hay información en el texto que sugiera que las opciones (3) y (4) sean verdaderas.

5. **(4) el cuerpo legislativo** (Comprensión) Esto está ilustrado en el diagrama y sugerido en el segundo párrafo del texto. La opción (1) es incorrecta porque el presidente es el jefe de estado en el sistema presidencial. La opción (2) es incorrecta porque el diagrama muestra que son los votantes los que seleccionan al cuerpo legislativo, no el primer ministro. El diagrama también muestra que el primer ministro y el cuerpo legislativo eligen al gabinete, el cual a su vez elige a los jueces, de modo que las opciones (3) y (4) no son correctas.

6. **(3) El sistema parlamentario es una mejor forma de gobierno que el sistema presidencial.** (Análisis) Esta afirmación es un juicio que no tiene apoyo directo de la información del texto ni de la tabla. La opción (1) es incorrecta porque el cuerpo legislativo de un sistema parlamentario tiene el poder de elegir al jefe de estado, mientras que el cuerpo legislativo de un sistema presidencial no tiene ese poder, de modo que el enunciado es un hecho. Las opciones (2), (4) y (5) son también afirmaciones que se apoyan por la información del texto y del diagrama.

7. **(1) el gabinete** (Comprensión) Esto está establecido en el diagrama. El diagrama muestra que las opciones (2), (3) y (4) no son ciertas en un sistema parlamentario.

8. **(2) El primer ministro debe renunciar si pierde un voto importante en el cuerpo legislativo.** (Evaluación) Ésta es la mejor prueba de que el primer ministro es menos independiente, porque al presidente no se le pide la renuncia si una propuesta que lleva su apoyo se derrota en el Congreso. Las opciones (1) y (5) son incorrectas porque, a pesar de que son enunciados exactos, no tienen nada que ver con el nivel de independencia del primer ministro. La opción (3) es incorrecta porque el diagrama muestra que el presidente, con el apoyo del congreso, es quien designa al gabinete. La opción (4) es incorrecta porque el primer ministro es directamente responsable del cuerpo legislativo, no de los votantes.

**Prueba corta de GED (Páginas 142 y 143)**

1. **(1) la libertad de expresión** (Aplicación) Al igual que la libertad de culto, la libertad de expresión es un ejemplo de libertad personal, es decir, es parte de los derechos naturales. La opción (2) es incorrecta

porque un juicio público es un derecho civil, no un derecho natural. La opción (3) es incorrecta porque las personas deben cumplir con ciertos requisitos para obtener una licencia para practicar medicina, de modo que obtener tal licencia no es un derecho natural. La opción (4) es incorrecta porque a ciertas personas se les requiere que paguen impuestos y por lo tanto no es un derecho. La opción (5) es incorrecta porque es un ejemplo de un privilegio.

2. **(3) un préstamo para estudios garantizado por el gobierno** (Aplicación) Éste es un beneficio que otorga el gobierno a las personas que cumplen con los requisitos para obtener un préstamo, beneficio que puede ser retirado por el gobierno. Las opciones (1), (4) y (5) involucran libertades personales y por lo tanto son parte de los derechos naturales. La opción (2) es un proceso jurídico y un derecho civil garantizado a todos los estadounidenses por la Constitución.

3. **(5) John Locke era un gran pensador político.** (Análisis) Ésta es la única opinión que aparece en el texto o que se apoya por la información de él. No hay nada en el texto que sugiere que las opciones (1), (2) y (4) sean opiniones del escritor. La opción (3) es incorrecta porque no es una opinión sino una afirmación de hecho; en otras palabras, es cierto que algunas personas tienen esta creencia.

4. **(2) El gobierno puede retirar los privilegios legalmente, no así los derechos.** (Comprensión) El hecho de que el gobierno puede quitar los privilegios pero no los derechos indica que estos últimos son más fundamentales, o básicos. La opción (1) es incorrecta porque muchas personas necesitan los beneficios a los cuales tienen derecho. La opción (3) es incorrecta porque el texto la contradice. No hay nada en el texto que apoya las opciones (4) o (5) y ninguno de los dos enunciados es correcto.

5. **(4) tener restricciones en los lugares a los que puede viajar** (Aplicación) Bajo un gobierno que controle todos los aspectos de la vida, la libertad de movimiento sería restringida. Las opciones (1), (2) y (3) serían poco probables porque las libertades individuales están extremadamente limitadas bajo esta forma de gobierno. No hay nada en el texto que apoya la opción (5).

6. **(1) que conlleva responsabilidades** (Análisis) Esta opinión se expresa en el último párrafo del texto. No hay pruebas en el texto que apoyen las opciones (2), (3) o (4). Ya que el texto indica que la libertad trae consigo responsabilidades, la opción (5) es incorrecta.

7. **(4) Se construye en base al respeto por las diferencias individuales**. (Comprensión) La tabla señala la importancia del respeto por el individuo.

La opción (1) es incorrecta porque un mandato absoluto ejercido por la mayoría que no preste atención a las opiniones de otros llevaría a la tiranía y la tabla destaca la importancia del compromiso. La opción (2) se contradice con la tabla. No hay información en el texto o en la tabla que apoye la opinión expresada en la opción (3) de que cualquier otro principio es el más importante. El texto expresa la opinión de que la opción (5) no es necesariamente verdadera.

8. **(2) Que en una democracia los derechos de unos no pueden interferir con los derechos de otros.** (Evaluación) La cita quiere decir que los derechos de cada persona cesan donde comienzan los derechos de otra. La información que aparece en la primera fila de la tabla expresa el principio en el cual se basa el enunciado de Holmes. La opción (1) es incorrecta porque la tabla indica que la libertad individual es importante en una democracia. La opción (3) es un valor democrático, pero la igualdad de oportunidades no tiene nada que ver con el enunciado de Holmes. No hay nada en el texto que apoya la opción (4) como explicación del enunciado de Holmes. La opción (5) es incorrecta porque la necesidad de compromiso es uno de los pilares de la democracia, lo que indica que en una democracia se esperan y se protegen las diferencias de opinión.

## Lección 12

### Enfoque en las destrezas de GED (Página 145)

1. **b.** Entregan servicios a las personas de una región.

2. **a.** *S*: quién elige al alcalde.

   **b.** *S*: quién elige al concejo.

   **c.** *D:* quién designa los jefes de servicio.

   **d.** *D:* quién crea las normas.

### Enfoque en el contenido de GED (Página 147)

1. **(3) Los estados se representan en el Senado por igual y en la Cámara de acuerdo con su población.** (Análisis) Este contraste se expresa en el texto. Las opciones (1) y (4) son incorrectas porque no mencionan ninguna diferencia entre la Cámara de Representantes y el Senado. La opción (2) analiza sólo la Cámara de Representantes y no la contrasta con el Senado. La opción (5) es incorrecta porque involucra semejanzas en lugar de diferencias entre las dos partes del Congreso.

2. **(4) declarar la guerra contra otras naciones** (Comprensión) El texto expresa que el poder de declarar la guerra lo tiene el Congreso pero es el presidente quien comanda las fuerzas armadas. De acuerdo al texto, la opción (1) es un poder sólo del congreso, mientras que el texto y la tabla indican que las opciones (2) y (5) son una función única de la rama ejecutiva. La opción (3) es parte de la función de hacer tratados que tiene la rama ejecutiva.

3. **(3) El Tribunal Supremo puede declarar la inconstitucionalidad de las leyes y las medidas de la rama ejecutiva.** (Análisis) Estos poderes similares se muestran en el diagrama. La opción (1) se contradice con la información del texto y del diagrama. Las opciones (2) y (5) no son apoyadas por la información y, de hecho, no son verdaderas. De acuerdo con el diagrama, la opción (4) es una función del Congreso, no del Tribunal Supremo.

4. **(2) El Congreso aprueba las leyes y la rama ejecutiva las ejecuta.** (Análisis) Este contraste se indica en el texto y la tabla lo confirma. La opción (1) es incorrecta porque el presidente hace los tratados y los tribunales deciden la interpretación a darles si surgen disputas a raíz de ellos. La opción (3) es una similitud entre las dos ramas, no un contraste. La opción (4) es incorrecta porque el Tribunal Supremo es responsable de la interpretación de las leyes y de los tratados. La opción (5) muestra la relación entre las dos ramas pero no compara ni contrasta sus funciones.

5. **(2) Los principales poderes del gobierno se dividen en tres ramas.** (Análisis) Es un hecho que los poderes han sido divididos. Las opciones (1) y (5) son creencias con las cuales no todos están de acuerdo. Las opciones (3) y (4) son conclusiones que ninguno de los hechos del texto apoya, lo que también causaría que fueran debatidas por personas que no están de acuerdo con los juicios que contienen.

6. **(4) Cada una de estas tres ramas del gobierno fiscaliza el poder de las demás ramas.** (Evaluación) Esto está claro a partir de los frenos y equilibrios ilustrados en el diagrama. Las opciones (1), (2) y (3) son incorrectas porque, en todos los casos, las dos ramas comparten la responsabilidad de fiscalizar el poder de la tercera rama. La opción (5) es incorrecta porque el presidente es parte de una de las tres ramas, de modo que sólo hay otras dos ramas responsables de fiscalizar el poder del presidente.

### Práctica de GED (Páginas 148 y 149)

1. **(3) comparar el gobierno nacional y los gobiernos estatales** (Comprensión) El texto compara y contrasta la organización, la selección y los poderes de cargos y autoridades de las tres ramas del gobierno estatal entre sí y con el gobierno nacional. La opción (1) es una comparación que se hace en el texto, pero no es su punto central. Las opciones (2), (4) y (5) también se discuten en el texto, pero son detalles que muestran las similitudes entre los gobiernos estatales.

2. **(4) la manera en que se seleccionan los jueces** (Análisis) Ésta es una gran diferencia expresada en el texto. De acuerdo con el texto, las opciones (1), (2), (3) y (5) son formas en las que los gobiernos estatales son más parecidas que diferentes.

3. **(2) el Congreso de Estados Unidos** (Análisis) La información en el texto acerca del esquema representativo, la estructura bicameral de la mayor parte del poder legislativo del estado, y las diferencias en la duración en el poder de cada cámara, proporcionan la base para esta comparación. La opción (1) es incorrecta porque el poder legislativo de Nebraska es el más distinto al de todos los demás estados, ya que tiene una cámara en lugar de dos. La opción (3) no puede ser correcta, porque se refiere a la rama judicial del gobierno, no a la ejecutiva. Las opciones (4) y (5) no pueden ser correcta s porque se refieren a las ramas ejecutivas del gobierno.

4. **(4) una democracia representativa** (Aplicación) En una democracia representativa, el pueblo elige líderes para que lo representen y lo gobiernen. Las opciones (1) y (2) son incorrectas porque los gobiernos estatales no están encabezados por ejecutivos poderosos como los dictadores o los monarcas. La opción (3) es incorrecta porque los ciudadanos de los estados no votan directamente sobre las leyes, sino que eligen representantes para que las hagan. La opción (5) es incorrecta porque un cuerpo legislativo bicameral es sólo una parte del gobierno estatal, la que también incluye las ramas ejecutiva y judicial.

5. **(3) En ambos el poder se divide en ramas.** (Análisis) En los gobiernos locales, el poder ejecutivo está en manos del alcalde o del administrador municipal y el poder legislativo en manos del concejo electo. El poder judicial lo tienen los tribunales del condado. Esto es parecido al gobernador, al cuerpo legislativo y al sistema de tribunales de un gobierno estatal. La opción (1) se contradice con la información acerca de las autoridades oficiales y los administradores municipales y los jefes de servicio. Los concejos municipales no están representados en forma bicameral, de modo que la opción (2) es incorrecta. El texto señala que a nivel estatal algunos jueces son elegidos y otros designados, por lo que la opción (4) es incorrecta. En la lección no existe información suficiente para apoyar la opción (5).

6. **(3) la enmienda que cambia la elección de los senadores** (Análisis) Al darle a las personas el poder de elegir directamente a los senadores, que anteriormente se elegían por los cuerpos legislativos estatales, esta enmienda aumentó el poder del pueblo. La opción (1) es incorrecta porque niega al pueblo la oportunidad de elegir a un presidente popular por un tercer período. Las opciones (2) y (5) son incorrectas porque los impuestos sobre la renta y los límites a los aumentos de sueldo no aumentan el poder del pueblo. Como expresa el texto, la opción (4) fue propuesta como una enmienda pero nunca llegó a serlo.

**7. (5) la adaptación y el cambio ordenado**
(Evaluación) El hecho de que crearan un plan para cambiar la Constitución muestra que querían que el documento fuera capaz de adaptarse a los tiempos cambiantes y a las circunstancias de una manera ordenada. La opción (1) es incorrecta porque el pueblo no vota directamente sobre las enmiendas. La opción (2) es incorrecta porque la Constitución puede y ha sido enmendada para aumentar y también para limitar el poder del gobierno, y el proceso mismo no indica que el aumento o la limitación del poder haya sido valorada por los redactores. No hay nada en el texto que apoya las opciones (3) y (4) como la respuesta correcta.

**8. (3) Querían que fuera más difícil agregar enmiendas que proponerlas.** (Análisis) Como indica la tabla, con solo dos tercios de apoyo se puede proponer una enmienda pero son necesarios tres cuartos de apoyo para aprobarla. Los redactores hicieron el proceso difícil a propósito para que la Constitución no fuera abruptamente cambiada sobre la base de algún capricho transitorio. El texto no contiene información que pueda proporcionar una base para asumir las opciones (1) y (2); de hecho, entrega pruebas contra estas opciones, ya que las primeras diez enmiendas se agregaron en 1791, menos de cinco años después de que se escribió la Constitución. Las opciones (4) y (5) no pueden ser razones para el proceso de enmiendas creadas por los redactores porque, como se observa en la tabla, las opciones expresan dichos procesos inadecuadamente.

## Prueba corta de GED (Páginas 150 y 151)

**1. (4) un titular, sin importar su sexo**
(Comprensión) El estudio descubrió que el factor crítico en ganar una elección es la titularidad, no el género de la persona que compite por ocuparla. Las opciones (1), (2) y (3) son incorrectas porque es más probable que sea el desafiante quien pierda. No hay nada en el texto que indica que el servicio público previo es un factor importante para ganar las elecciones, de modo que la opción (5) tampoco es correcta.

**2. (3) Las mujeres pierden con frecuencia frente a un titular.** (Evaluación) Ya que la mayoría de los titulares son hombres, el hecho de que estos últimos tiendan a ganar da la apariencia de que las mujeres pierden con frecuencia las elecciones, a pesar de que las mujeres desafiantes no pierden con más frecuencia que sus pares masculinos. Las opciones (1), (2) y (4) no se apoyan como conclusiones por la información del texto. La opción (5) es un estereotipo que tampoco se apoya por la información.

**3. (5) una persona fuera de una organización que compite por un puesto con alguien que pertenece a la organización** (Aplicación) La similitud consiste en que la persona fuera de la organización es como el nuevo candidato de una elección política, y la persona que pertenece a la organización es como el titular. La opción (1) es

incorrecta porque no hay un sistema de titularidad en los deportes, cada año es un año nuevo, con nuevos jugadores que tienen talentos distintos, por lo que los campeones de años anteriores no tienen necesariamente una ventaja. La opción (2) es incorrecta porque la competencia con otros no es normalmente el objetivo para alcanzar un grado superior. Las opciones (3) y (4) son incorrectas porque la falta de destreza o de experiencia puede ser el factor decisivo para la poetisa o para el actor, y podría no haber ningún "titular" que obstaculice su camino.

**4. (1) dividir y delegar poderes** (Comprensión) La Décima Enmienda asegura que los estados y el pueblo tengan una parte del poder y que todo el poder no se concentre en el gobierno federal. La opción (2) es incorrecta porque no hay nada en la enmienda que sugiere la expansión de los poderes de ningún sector. La Décima Enmienda puede interpretarse para limitar los poderes del gobierno federal, pero no limita los poderes de la Constitución, por lo que la opción (3) es incorrecta. Ni el Senado ni la Cámara de Representantes se mencionan en la enmienda, de modo que las opciones (4) y (5) no son correctas.

**5. (5) a la toma de decisiones en una democracia directa** (Análisis) Los residentes actúan directamente para manejar sus asuntos ellos mismos en lugar de hacerlo a través de representantes electos. La opción (1) es incorrecta porque no se menciona el partidismo con relación al grupo de vecinos, mientras que escribir una plataforma para un partido político es por naturaleza una actividad partidista. Las opciones (2) y (3) son incorrectas porque tienen que ver con la democracia representativa y con el gobierno representativo, y las personas de una asociación de vecinos no eligen representantes para votar por ellas. La opción (4) no sería verdadera a menos que el grupo formalmente votara para cambiar una resolución, propuesta o reglamento del grupo.

**6. (2) un hombre de raza negra del sur y de 40 años de edad en 1860** (Aplicación) Los hombres afroamericanos no consiguieron el derecho constitucional de votar hasta que la Decimoquinta Enmienda se ratificó en el año 1870. La opción (1) es incorrecta porque en ese entonces un granjero podía calificar, como propietario, para el voto. La opción (3) es incorrecta porque la mujer podría haber logrado el derecho a votar a partir de las Enmiendas Decimoquinta y Decimonovena (a pesar de que la costumbre de aplicar impuestos a los afroamericanos podría haber impedido que la mujer votara). La opción (4) es incorrecta porque el hombre podría haber logrado el derecho a voto a partir de la Vigésimo Tercera Enmienda. La opción (5) es incorrecta porque la Vigésimo Sexta Enmienda disminuyó el mínimo de edad para votar a 18 años en 1971 y sólo a las personas condenadas por delitos graves se les niega el derecho al voto en algunos estados.

7. **(4) Ha aumentado de la cantidad de posibles votantes.** (Análisis) Esto se ha logrado con el paso de las décadas extendiendo el derecho al voto a personas que antes no podían hacerlo debido a su lugar de residencia, raza, edad o sexo. Ni en el texto ni en la tabla hay bases para las opciones (1), (3) o (5). La opción (2) se contradice con la información.

8. **(3) una mujer de raza blanca de Alabama y de 18 años** (Aplicación) Esto se basa en la vigésimo sexta enmienda que en 1971 disminuyó la edad mínima para votar a 18 años. La Decimoquinta Enmienda ya había otorgado el derecho de la opción (1) para votar y las Enmiendas Decimoquinta y Decimonovena habrían otorgado los derechos de las opciones (2) y (4). La opción (5) tendría pocas posibilidades de tener derecho al voto en muchos estados, tal vez la mayoría de ellos.

9. **(4) El gobierno nacional se ha vuelto más poderoso.** (Evaluación) El texto indica que durante un largo tiempo los estados eran los que determinaban quién podía votar. Sin embargo, tanto la tabla como el texto indican que el gobierno federal asumió gradualmente la toma de esta decisión enmendando la Constitución para extender el derecho al voto a grupos que carecían de ese derecho bajo las leyes de muchos estados. Esto ilustra el crecimiento del poder federal. No hay nada en el texto ni en la tabla que sugiere que las opciones (1) o (2) sean verdaderas. Las opciones (3) y (5) se contradicen con el texto y la tabla.

## Lección 13
### Enfoque en las destrezas de GED (Página 153)
1. **a.** Los debates entre candidatos que se transmiten por televisión no son interesantes y les falta emoción.

2. **c.** La tendencia a no votar es una característica que las personas heredan de sus progenitores.

### Enfoque en el contenido de GED (Página 155)
1. **(1) sus plataformas** (Comprensión) Esta diferencia se explica en detalle en el texto, el cual resume y contrasta la plataforma de cada partido en los últimos años. La opción (2) no es una diferencia fundamental. No hay pruebas en el texto que apoyen las opciones (3) o (4). La opción (5) se contradice con la tabla.

2. **(5) Si una persona es republicana, está en contra del aborto.** (Evaluación) Las plataformas del Partido Republicano tienden a estar en contra del aborto, pero no significa que todos los republicanos estén de acuerdo. Asignar esta característica a todo el grupo es un estereotipo. Una persona puede apoyar el derecho de una mujer a optar por un aborto y seguir siendo republicana, ya que apoya la posición del partido en otros temas. Las opciones (1), (2), (3) y (4) son generalizaciones que se apoyan en la información del texto y de la tabla.

3. **(3) La elección de un republicano indica que los votantes se oponen a que aumenten los impuestos a las personas adineradas.** (Evaluación) Los votantes pueden tener otros motivos para apoyar a un candidato republicano. Decir que este motivo es la causa del comportamiento del votante es una simplificación excesiva. En la opción (1) no se establece ninguna relación de causa y efecto, de modo que el enunciado no puede ser una simplificación excesiva. La opción (2) es una generalización apoyada por la información del texto. Las opciones (4) y (5) son hechos que se presentan en la tabla.

4. **(1) Cada cuartel consiste de varios distritos.** (Análisis) Esto se puede concluir a partir de la información que los miembros del comité del cuartel designan a todos los capitanes de distrito del cuartel. Las opciones (2) y (3) son hechos que se indican en la tabla. No hay fundamento en la tabla para las opciones (4) o (5).

5. **(4) recolectar dinero para el partido** (Análisis) Esto no se indica en la tabla dentro de las funciones más importantes de un partido a nivel del condado, sino para un partido a nivel estatal. Las opciones (1), (3) y (5) son funciones a ambos niveles. La opción (2) es una función de los miembros del cuartel que opera a nivel de cuartel.

6. **(5) Los dos partidos muestran una tendencia a sostener perspectivas opuestas acerca del aborto y de los impuestos.** (Evaluación) Esto es evidente a partir de la información sobre las plataformas de los partidos que aparece en el texto. La opción (1) es una opinión que el texto no apoya. La opción (2) se contradice con el texto. Las opciones (3) y (4) demuestran una lógica incorrecta. Además, la opción (3) simplifica excesivamente la relación entre impuestos más altos y la economía de la nación. La opción (4) es un estereotipo de los republicanos.

### Práctica de GED (Páginas 156 y 157)
1. **(3) Han sido influyentes en la política.** (Comprensión) El texto sugiere que los problemas de los partidos alternativos influyen en las posiciones de los partidos mayoritarios y que han costado por lo menos una reelección presidencial. No hay nada en el texto que sugiere que la opción (1) sea cierta. La opción (2) es incorrecta, debido a que un partido sin apoyo no puede existir. La información del texto se contradice con las opciones (4) y (5).

2. **(5) Los partidos alternativos ideológicos suelen durar más que los partidos que se orientan hacia un solo problema.** (Comprensión) El párrafo indica que los partidos alternativos ideológicos han durado más que los partidos que se han formado alrededor de un solo problema, y proporciona ejemplos de dichos partidos. La opción (1) es incorrecta, ya que es sólo un detalle que entrega el párrafo. La opción (2) es un ejemplo de la larga duración de los partidos alternativos ideológicos. La opción (3) es incorrecta, debido a que el segundo párrafo establece que los

partidos alternativos dedicados a un solo tema surgen por este motivo. En el texto no hay nada que apoye la opción (4) y se menciona que esta posición la mantiene sólo el Partido Liberal.

3. **(4) Los votantes sienten que los partidos mayoritarios no se orientan hacia los problemas importantes.** (Análisis) La única forma de expresar insatisfacción con las posiciones y las políticas de ambos partidos mayoritarios sería votar por otro partido. Las opciones (1) y (5) tienen más probabilidades de dar como resultado una abstención de votar en lugar de aumentar el apoyo a otros partidos. No hay nada en el texto que apoya las opciones (2) o (3).

4. **(5) un sistema multipartidista** (Aplicación) Un sistema multipartidista se define como un sistema político que tenga tres o más partidos mayoritarios. Estados Unidos ya es una democracia y una república, de modo que las opciones (1) y (2) son incorrectas. La opción (3) es incorrecta, porque es el sistema actual. La opción (4) no es un sistema de partidos reconocido.

5. **(3) Cualquier autoridad electa que ocupe un cargo durante largo tiempo se torna insensible al pueblo.** (Evaluación) Ésta es una simplificación excesiva. Las autoridades electas que no representan la voluntad de aquellos que los eligen no tienen probabilidades de servir durante largo tiempo, ya que lo más probable es que no sean reelegidas. Las opciones (1), (2), (4) y (5) no demuestran una lógica incorrecta, porque todos son enunciados que el texto apoya.

6. **(4) el senador de Estados Unidos** (Aplicación) La tabla indica que la representación a nivel general en concejos municipales significa que todos los miembros representan a todas las personas de la ciudad. Esto es idéntico a la forma en que los senadores de estado de Estados Unidos representan a todas las personas del estado. Las opciones (1), (2) y (3) son incorrectas, puesto que las personas que ocupan estos cargos representan distritos específicos. La opción (5) es incorrecta, puesto que los jueces del Tribunal Supremo son nombrados, no elegidos, y como miembros del poder judicial representan al imperio de la ley y no a la voluntad del pueblo.

7. **(2) Todos representan al pueblo de regiones geográficas específicas.** (Análisis) La tabla indica que incluso los senadores de Estados Unidos y los miembros de los concejos municipales en general representan a las personas de una ciudad o estado específicos. La opción (1) se contradice con la información de la tabla y las opciones (3) y (4) con la información del texto. La opción (5) es incorrecta, debido a que la tabla describe los puestos y no analiza a los funcionarios en forma individual o los requisitos que deben cumplir.

8. **(3) la voluntad del pueblo** (Evaluación) Esta característica, tal como se expresa mediante la elección de los líderes que representan al pueblo, es la base del gobierno republicano. La opción (1) sería

verdadera en una forma autoritaria de gobierno. La opción (2) es incorrecta, debido a que no se requieren límites de mandato para que un gobierno sea republicano y no rigen para todas las autoridades. La opción (4) es incorrecta, ya que la forma republicana de gobierno no requiere que los funcionarios sean reelegidos y de hecho facilita la elección de desafiantes. La opción (5) es incorrecta, puesto que no se presenta como lo más altamente valorado, aun cuando sea una característica presentada en la tabla.

## Prueba corta de GED (Páginas 158 y 159)

1. **(3) Distinguen las diferencias entre las creencias políticas.** (Comprensión) Esto se establece en la primera oración del párrafo. Las opciones (1) y (2) son incorrectas, ya que dichas clasificaciones no se pueden considerar en términos de "bueno" o "malo". La opción (4) se contradice con la información del texto. No hay nada en el texto que sugiere que la opción (5) sea cierta.

2. **(1) Ambos grupos apoyan los cambios.** (Análisis) Aunque los cambios que ellos desean pueden no ser los mismos, lo que ambos grupos tienen en común es el deseo del cambio. No hay nada en el texto que apoya las opciones (2), (3) o (4) como verdaderas para ningún grupo. La opción (5) explica las diferencias entre los grupos, no sus similitudes.

3. **(4) Los demócratas siempre son liberales.** (Análisis) Este enunciado asigna la misma característica a todos los miembros de un grupo, lo cual constituye un estereotipo. En realidad, algunos demócratas no son liberales, sino que tienden a estar en una posición intermedia o a ser incluso conservadores. La opción (1) es incorrecta, porque los liberales apoyan el desarrollo de los programas de gobierno, lo cual indica que apoyan el cambio. Las opciones (2) y (5) no son estereotipos, sino simples enunciados de un hecho. La opción (3) es incorrecta, debido a que los radicales, por definición, apoyan el cambio.

4. **(1) radical** (Aplicación) Ésta es la única categoría de personas de la lista que apoyarían dichos cambios extremos. La opción (2) es incorrecta, puesto que los conservadores se opondrían a programas que aumentaran el poder del gobierno y su participación en las vidas de las personas. La opción (3) es incorrecta, puesto que los reaccionarios apoyan un regreso a las viejas formas e ideas en lugar de apoyar las nuevas. Las opciones (4) y (5) se aplican a los miembros de los dos partidos mayoritarios, no a miembros de otros partidos.

5. **(5) la elección de un titular que tenga el apoyo de menos de la mitad de los votantes** (Análisis) Sin semejante sistema implementado para las elecciones con tres o más candidatos, el candidato con más votos sería el ganador, aun cuando él o ella reciban menos de la mitad de los votos. La opción (1) es incorrecta, debido a que el sistema se aplica sólo a esta situación (cuando una

elección incluye a más de dos candidatos). No existe ninguna relación de causa y efecto entre el sistema descrito y las opciones (2), (3) o (4).

6. **(3) Los demócratas y los republicanos ponen a un lado sus diferencias para aprobar la ley de presupuesto balanceado.** (Comprensión) Esto se simboliza mediante la "unión" entre ambos partidos para lograr un presupuesto federal balanceado. Ninguna parte de la caricatura sugiere las opciones (1), (2) y (4). La opción (5) es incorrecta, debido a la referencia de la caricatura al presupuesto balanceado como el problema de la "billetera" que ha unido a las partes.

7. **(5) Los partidos cooperarán con el Congreso siempre y cuando les convenga.** (Comprensión) El "nos" de la caricatura se relaciona con ambos partidos políticos, tal como indica la palabra *ambos* y las figuras del asno y del elefante. La cooperación condicional de los partidos se sugiere por el "siempre y cuando ambos prosperemos". Las opciones (1), (3) y (4) se contradicen con este anuncio. Ninguna parte de la caricatura sugiere la opción (2) como el significado del compromiso del elefante.

8. **(2) la influencia** (Evaluación) Realizar una gran contribución a cada candidato otorgará un acceso del grupo de intereses al titular, sin importar el resultado de la elección. La opción (1) es incorrecta puesto que, si los grupos valoraran más el dinero, no se lo darían a los candidatos. Su práctica de contribuir a candidatos y partidos rivales sugiere que las opciones (3), (4) y (5) tampoco tienen valor.

9. **(4) Las donaciones para candidatos al Congreso son limitadas en cuanto al monto.** (Análisis) Los candidatos para oficinas federales no pueden aceptar más de $1,000 de una persona ni $5,000 de un PAC. Los candidatos locales y estatales no están sujetos a estas restricciones. La opción (1) es incorrecta, debido a que el texto no analiza cuáles elecciones son financiadas por fondos federales y, de hecho, el financiamiento federal se aplica sólo a los candidatos presidenciales. La opción (2) no es una diferencia, ya que también es verdadera para los gobernadores. Las opciones (3) y (5) son incorrectas, porque ambas son verdaderas y destacan una similitud, no una diferencia.

10. **(5) No hay límites a las contribuciones.** (Análisis) El texto establece que los PAC pueden entregar montos ilimitados de dinero a los partidos políticos. A su vez, los partidos políticos utilizan este dinero para ayudar a los candidatos del partido en sus campañas. Las opciones (1) y (4) son verdaderas, pero en el texto no hay pruebas de que ellos sean responsables por el fracaso de la reforma financiera de la campaña. Muchos individuos contribuyen también a las campañas de varios candidatos. Las opciones (2) y (3) no tienen probabilidades de causar algún efecto, ya que los PAC pueden aportar cantidades ilimitadas de dinero a los partidos políticos, a pesar de dichos límites.

## Lección 14

### Enfoque en las destrezas de GED (Página 161)
1. **b.** El Departamento de Estado
2. **b.** El Departamento de Justicia
3. **a.** El Departamento del Tesoro

### Enfoque en el contenido de GED (Página 163)
1. **(1) beneficios del seguro de desempleo** (Aplicación) Ya que ella no renunció, es elegible para recibir los beneficios de desempleo. El contexto no sugiere que ella tenga más de 65 años ni que necesite una vivienda, de modo que las opciones (2) y (4) no son adecuadas. No hay información sobre un historial de servicio militar o sobre sus necesidades financieras, de modo que las opciones (3) y (5) tampoco son correctas.

2. **(5) presentar una solicitud al Departamento para Asuntos relacionados con los Veteranos** (Aplicación) El Departamento para Asuntos relacionados con los Veteranos también ofrece capacitación laboral para veteranos. El señor es demasiado joven para la opción (1). Su esposa tiene un trabajo bien remunerado, de modo que no sería elegible para la opción (2), y fue él quien dejó el trabajo, así que no es elegible para la opción (4). La opción (3) entrega seguro médico y éste no solucionaría el problema de empleo y destrezas laborales.

3. **(3) el programa de Medicare** (Aplicación) Dado que ella es una trabajadora de edad avanzada, podría ser elegible para ciertos beneficios médicos. Ella no está desempleada, así que la opción (1) no es correcta. La opción (2) es inadecuada, dado que su problema no es de pobreza ni falta de alimento. No hay pruebas de que sea una veterana, de modo que la opción (4) es incorrecta. No hay nada en la tabla ni en el texto que analiza la opción (5), así que usted no puede evaluar si el gobierno local ayudaría o no a la mujer a pagar las facturas médicas.

4. **(2) la Administración del Seguro Social** (Aplicación) Como esposa sobreviviente de un trabajador cubierto, ella es elegible para recibir beneficios a cuenta del seguro social de su esposo. No hay nada en el texto que indica que sería elegible para la ayuda de las opciones (1) o (5). Dado que no existen pruebas de que necesite ayuda relacionada con vivienda o alimentación, las opciones (3) y (4) son incorrectas.

5. **(1) beneficios de hospitalización y atención médica gratuita para veteranos** (Aplicación) Éste es el único que aparece en la lista. La opción (2) es un préstamo. La opción (4) es un crédito tributario y las opciones (3) y (5) no son subsidios.

6. **(3) promover el bienestar general de sus ciudadanos** (Comprensión) El texto sugiere que el gobierno utiliza subsidios para ayudar a personas, empresas y estados a pagar por servicios o cosas que de otro modo no podrían pagar. Esto se ubica en la categoría de promover el bienestar general, el cual es uno de los objetivos del gobierno establecido en la

Constitución de Estados Unidos. La opción (1) es incorrecta, porque los subsidios no se utilizan para influir en la forma en que se dirige el gobierno. La opción (2) es incorrecta, pues aun cuando algunos subsidios se relacionan con las fuerzas armadas, no pagan por hacer la guerra para defender a la nación. Las opciones (4) y (5) son incorrectas, puesto que ninguno de los subsidios mencionados en el texto garantizan la libertad de esta generación o de las que vendrán.

### Práctica de GED (Páginas 164 y 165)

1. **(5) pago de intereses sobre la deuda nacional** (Comprensión) El texto indica que la deuda nacional surge de la venta de bonos y pagarés del Tesoro. El pago de los intereses sobre dichas obligaciones debería ubicarse en esta categoría. Las categorías en las opciones (1), (2), (3) y (4) no son adecuadas para dichos pagos.

2. **(2) La mayor parte del dinero que gasta el gobierno se paga directamente a las personas.** (Comprensión) La gráfica muestra que el 47 por ciento del gasto fiscal se destina a este propósito. No hay información en el texto que apoya la opción (1) y no se puede determinar a partir de la información de la gráfica. La opción (3) se contradice con el texto, el cual señala que el gobierno también pide dinero prestado para pagar los programas gubernamentales. La opción (4) es incorrecta, debido a que el interés sobre la deuda nacional es un gasto fiscal, no una fuente de ingresos. Ni el texto ni la gráfica aportan información acerca de la cantidad que el gobierno gasta en bienestar social, de modo que la opción (5) no es correcta (y, de hecho, no es cierta).

3. **(3) Los impuestos aumentarían.** (Análisis) La principal fuente de ingresos fiscales sería la que más probablemente aumentara. Si el gobierno gastara más dinero del que recibe, no podría reducir los impuestos, así que las opciones (1) y (2) son incorrectas. La opción (4) es incorrecta, debido a que el gobierno, que necesita dinero, tendría más probabilidades de ofrecer más bonos, no menos. No hay nada en el texto que apoya la opción (5).

4. **(2) Pagos directos a los estadounidenses** (Aplicación) El seguro social comprende beneficios mensuales que se pagan directamente a las personas incapacitadas, jubiladas, cónyuges de trabajadores fallecidos o mayores de 65 años. Las categorías en las opciones (1), (3) y (4) no se ajustan al contexto de dichos pagos. La opción (5) no tiene que ver con el dinero que el gobierno gasta, sino con aquél que el gobierno recibe.

5. **(5) Parte de la Declaración de Derechos se ve amenazada cuando los ciudadanos no participan.** (Análisis) Si un gran número de ciudadanos evitara cumplir su deber de actuar como jurado, la consecuencia sería que la formación de jurados para los juicios resultaría más difícil. Si no se pudiera confeccionar la lista de un jurado, el acusado sería privado de un derecho básico de la Declaración de Derechos. La información del texto sugiere que la opción (1) es incorrecta. Las opciones (2), (3) y (4) pueden ser verdaderas, pero no tienen relación con la actuación de una persona como jurado.

6. **(2) una licencia de conducir** (Aplicación) Del mismo modo que la tarjeta de registro de votante autoriza a una persona para votar, la licencia de conducir autoriza a una persona para conducir un vehículo motorizado. Ambos son documentos obligatorios que el gobierno utiliza para supervisar y controlar la elegibilidad para realizar una actividad. Los demás documentos enumerados no tienen esta función. La opción (1) representa una línea de crédito contra la cual el titular de la tarjeta pide un préstamo cuando utiliza ésta para efectuar una compra, pero la tarjeta de crédito no la emite el gobierno. Las opciones (3) y (4) son documentos que entregan un registro de algo que ha sucedido. La opción (5) proporciona pruebas de seguros de salud, vida o automóvil.

7. **(1) 220** (Aplicación) Éste es el número del distrito en el cual vive Michael B. Livens, de modo que éste es el número que el secretario utilizará para determinar dónde debe votar. Ninguno de los demás números hace referencia al lugar donde debe votar. La opción (2) identifica a la oficina de correos de Estados Unidos que atiende la dirección del Sr. Livens; es probable que haya varios distritos y lugares de votación en un mismo código postal. La opción (3) identifica la ciudad en que vive y vota el Sr. Livens. La opción (4) es su fecha de nacimiento y la opción (5) es la fecha desde la cual puede votar.

8. **(4) Sólo se debe autorizar para votar a las personas que cumplan con los requisitos.** (Evaluación) Los votantes deben tener al menos 18 años, ser ciudadanos y residentes del distrito en el que van a votar. El proceso de registro es la prueba de la intención de los votantes aspirantes a cumplir con dichas normas. No hay nada en el texto que sugiere que las opciones (1) o (5) sean correctas. La opción (2) es incorrecta, ya que el requisito del registro anticipado podría reducir el número de personas que votan. La opción (3) es incorrecta, ya que el número de personas que podría registrarse legalmente para votar es bastante grande y todas ellas serían elegibles para votar si lo hicieran.

### Prueba corta de GED (Páginas 166 y 167)

1. **(2) Estaba más cerca que la escuela para personas de raza negra.** (Comprensión) Esta intención se establece en el texto. No hay pruebas en el texto que sugieran que las opciones (1) o (4) fueran el motivo o incluso que fueran verdaderas. La ley en Kansas exige que Brown inscriba a su hija en la escuela para niños negros, no en aquélla para niños blancos, de modo que la opción (3) es incorrecta. La opción (5) es incorrecta, puesto que si él hubiera apoyado la doctrina, no hubiese querido que su hija asistiera a una escuela "sólo para blancos".

2. **(4) un sentimiento de igualdad y autoestima** (Evaluación) El juez Warren sugirió que apoyaba estos valores en su declaración en la opinión del tribunal incluida en el documento clave. Aunque es probable que Warren creyera que la educación de alta calidad era importante, su postura en contra de la segregación no se relacionaba específicamente con la calidad de la educación que se ofrecía, de modo que la opción (1) es incorrecta. No hay nada en su declaración que apoya las opciones (2) ni (5). La opción (3) tampoco es correcta, ya que dichos profesores podrían encontrarse tanto en las escuelas segregadas como en las integradas.

3. **(5) el fin a los asientos separados por raza en los autobuses, trenes y cines** (Análisis) Ésta es la única opción que incluye la segregación. Ninguna de las demás ofrece un contexto similar a la segregación en las escuelas. Las opciones (1) y (2) tratan de oportunidades económicas y de poder político, no la segregación ni la integración en recintos físicos. Las opciones (3) y (4) son efectos directos e indirectos respectivamente de la opción (2), no de la eliminación de la segregación en las escuelas públicas.

4. **(4) Su caso llevó a solicitar que las escuelas públicas tuvieran integración racial.** (Análisis) Éste fue el efecto del caso. No hay nada en el texto que apoya las opciones (1) o (3), que son ambas falsas. La discriminación continuó en la sociedad, así que la opción (2) es incorrecta. No hay pruebas que sugieran que la opción (5) sea un efecto del caso.

5. **(3) $1,688** (Comprensión) Observe la barra para el año 1950 y encontrará esta respuesta. Las demás opciones son producto de leer las cifras de los años incorrectos.

6. **(4) Entre 1980 y 1990, la deuda nacional por persona aumentó en más del triple.** (Evaluación) Usted puede observar esto comparando las cifras dadas para estos dos años y/o la longitud de las barras. La opción (1) es incorrecta, puesto que la deuda per cápita disminuyó en 1960. Para calcular la opción (2), tendría que conocer la población de Estados Unidos en el año 1990, lo que no se indica en la gráfica. También necesitaría las cifras de los años 1950 y 1960 para saber si la opción (3) es correcta (no es un enunciado correcto). Aunque la gráfica muestre que la nación estaba en deuda durante los años listados, ésta no muestra todos los años, así que la información de la gráfica no apoya directamente la opción (5).

7. **(1) a los aumentos mensuales en el saldo de una tarjeta de crédito** (Aplicación) Los préstamos continuos que aumentan la deuda nacional son parecidos a los cargos continuos en una tarjeta de crédito. Aunque las opciones (2) y (3) incluyen una deuda, no tienen nada que ver con una deuda en continuo aumento. De hecho, ambas comprenden una disminución en el monto de la deuda. Las opciones (4) y (5) no tienen nada que ver con la deuda.

8. **(5) Se acumularon más intereses sobre la deuda nacional durante 1999 de los que el gobierno pagó.** (Análisis) La deuda nacional se parece mucho a la deuda de una tarjeta de crédito. Si el pago de la deuda de la tarjeta es más lento que la acumulación de intereses, la deuda total aumentará a pesar de los pagos, incluso cuando no se cargue nada más en ella. Las opciones (1), (2) y (4) no se pueden determinar a partir de la información entregada. La opción (3) se contradice con el párrafo.

9. **(1) Se basan mayormente en los intereses particulares.** (Evaluación) Cada grupo se influencia por sus propias necesidades. Ninguna parte de la información apoya las demás opciones como factores generales. La opción (2) es incorrecta, ya que ninguna parte de la información tiene que ver con los partidos políticos. La información no menciona ni sugiere que los factores indicados en las opciones (3) y (4) influyan sobre la opinión política. Aunque la información incluye profesiones como ejemplos, la opción (5) no toca el principio que hay detrás de todos los ejemplos.

## Unidad 3 Repaso acumulativo
(Páginas 168 a 174)

1. **(1) Los líderes carismáticos del mundo** (Compresión) La mayor parte del texto se decida a identificar a algunos de los líderes carismáticos más grandes del mundo. Las opciones (2) y (4) no se analizan en el texto. La opción (3) es incorrecta, porque el tema apenas se menciona y no se explica. El texto entrega información sobre el lugar de procedencia de líderes específicos, pero no abarca el tema del origen de los líderes carismáticos en general, de modo que la opción (5) tampoco es correcta.

2. **(4) Mohandas Gandhi era una persona brillante.** (Análisis) Éste es un juicio que no se puede demostrar de manera segura. Las demás opciones son todos hechos, ya que es posible demostrar que son verdaderos. Las opciones (1), (3) y (5) son hechos históricos comprobados. La opción (2) se puede demostrar mediante las encuestas realizadas durante la presidencia de Reagan.

3. **(5) Los personajes políticos que se nombran son conocidos por los lectores.** (Análisis) La falta de información que identifica a estas personas indica que el escritor supone que serán reconocidos. No hay nada en el texto que sugiere las opciones (1), (2) o (3). La opción (4) es incorrecta, porque el texto explica lo que es carisma.

4. **(3) Todos son revolucionarios.** (Evaluación) Que algunos de los líderes carismáticos más famosos fueran líderes de revoluciones no significa que todos ellos lo sean. De hecho, algunos de los líderes mencionados en el texto fueron autoridades electas. Caracterizar a todos los líderes carismáticos como revolucionarios es un estereotipo. Las demás opciones son todos enunciados razonables basados en la información del texto. El texto enuncia la

opción (1) y sugiere la opción (2). Las opciones (4) y (5) son una parte importante de lo que define a las personas como líderes carismáticos.

5. **(3) la reglamentación de la industria bancaria federal** (Aplicación) Éste es un servicio público, altamente centralizado, del gobierno federal. Los bancos reglamentados deben cumplir el mismo conjunto de normas, sin importar su ubicación. Las opciones (1), (2), (4) y (5) son servicios prestados por los gobiernos locales o regionales. Los controles y las normas establecidas por dichos gobiernos varían de un lugar a otro.

6. **(2) El Servicio de Rentas Interna recauda los impuestos de las personas y las empresas.** (Análisis) Usted no podrá entender la caricatura a menos que ya sepa esto. La opción (1) es verdadera, pero no es un conocimiento previo necesario para entender la caricatura. La opción (3) puede o no ser verdadera; sin embargo, la ubicación del lazo debajo del tapete de bienvenida indica que el caricaturista considera que el Servicio de Rentas Interna, IRS (*Internal Revenue Service*) es una amenaza y no una ayuda para las personas. Las opciones (4) y (5) no tienen que ver con el contenido de la caricatura y no son suposiciones implícitas; además, ninguna es verdadera.

7. **(5) Las leyes fiscales federales hacen difícil administrar con éxito una empresa en Estados Unidos.** (Comprensión) El signo de libre empresa indica que la caricatura trata sobre las empresas y el lazo debajo del tapete de bienvenida del IRS es un símbolo de las leyes fiscales que ponen trampas a las empresas. La opción (1) se relaciona con el significado literal de la caricatura en lugar del significado simbólico. El lazo debajo del tapete de bienvenida sirve como una advertencia contraria a la opción (2). Ninguna parte de la caricatura indica que los empresarios sean corruptos, de modo que la opción (3) es incorrecta. Las indicaciones de que la opción (4) es incorrecta incluyen los signos "ojo izquierdo" y "ojo derecho" en el recipiente de depósitos nocturnos. Éstos demuestran que el caricaturista piensa que el IRS exige el pago de impuestos injustificadamente altos a las empresas. (Cuando algo tiene un alto costo, se dice que "cuesta un ojo de la cara").

8. **(3) El Servicio de Rentas Interna es justo en sus tratos.** (Análisis) El lazo y la caja de depósitos para ojos indican claramente que el caricaturista piensa que el IRS pone trampas a los contribuyentes y les hace pagar enormes sumas en impuestos. Las opciones (1) y (2) son incorrectas, debido a que no son opiniones, sino hechos. La opción (4) es una opinión con que el caricaturista estaría de acuerdo. No hay información suficiente en esta caricatura como para sugerir si el caricaturista estaría o no de acuerdo con la opinión expresada en la opción (5).

9. **(3) Ha habido un aumento repentino en la cantidad de personas de edad avanzada.** (Análisis) Ésta es la única explicación razonable. Durante las últimas décadas, el estándar de vida más alto y la mayor expectativa de vida han provocado un aumento en la población de estadounidenses de edad avanzada, lo que ha significado una presión para el programa Medicare aumentando el monto total de beneficios que debe pagar. Las opciones (1) y (5) son opiniones que no explican las causas de los problemas de este programa. Si la opción (2) fuera verdadera, esto habría tenido un efecto contrario al que ha tenido sobre Medicare. No hay ninguna relación de causa y efecto entre la opción (4) y la condición financiera de dicho programa.

10. **(3) 1976, 1992 y 1996** (Comprensión) Los números ubicados sobre las barras muestran que los candidatos demócratas obtuvieron más votos populares que los republicanos en esta combinación de años de elecciones. La opción (1) es incorrecta, puesto que el candidato republicano recibió más votos que el demócrata en los años 1980 y 1984. La opción (2) es incorrecta, ya que en las tres elecciones ganaron los candidatos republicanos. La elección de 1980 se ganó por un candidato republicano, de modo que la opción (4) es incorrecta. Lo mismo sucedió en la elección de 1988, por lo cual la opción (5) es incorrecta.

11. **(5) El candidato republicano tuvo un mayor margen de victoria en 1984 que en 1988.** (Evaluación) Éste es el único enunciado que apoya la gráfica. En 1984 el candidato republicano recibió 16 millones de votos más que el candidato demócrata, en comparación con los 6 millones más del año 1988. Esto indica un mayor margen de victoria para los republicanos en 1984 que en 1988. La opción (1) es incorrecta, ya que el número de votantes de los partidos alternativos disminuyó a 10 millones entre 1992 y 1996. La opción (2) es incorrecta, porque la gráfica muestra que los republicanos ganaron tres elecciones durante ese período (1980, 1984 y 1988). La opción (3) es incorrecta, puesto que los demócratas no ganaron la elección de 1980. La opción (4) no se puede determinar a partir de la información de la gráfica. Hubo más votantes de otros partidos en 1996 que en 1980, pero la gráfica no muestra si dichos votantes hubieran apoyado a republicanos o demócratas si no hubiera habido candidatos de los partidos alternativos.

12. **(4) 1992** (Análisis) En 1992, el total de votos republicanos y de otros partidos sumaron 55 millones, mientras que los demócratas recibieron 45 millones de votos o menos que la mitad del total. Las demás opciones son incorrectas, ya que el candidato ganador de 1976 obtuvo 40 millones de votos y el perdedor recibió 39 millones; el ganador de 1980 obtuvo 44 millones de votos, comparados con los 42 millones que obtuvieron los dos candidatos perdedores; el ganador de 1988 obtuvo 49 millones de votos, comparados con los 43 millones del otro candidato; y el ganador de 1996 obtuvo 48 millones de votos, comparados con los 45 millones de los otros dos candidatos.

Respuestas y explicaciones

**13. (3) mejores condiciones de seguridad** (Análisis) Gracias a que OSHA se creó con el fin de supervisar la seguridad, las mejoras en las condiciones de seguridad que se han realizado pueden ser relacionar con sus actividades. La opción (1) es un resultado poco probable. Las opciones (2), (4) y (5) no se relacionan con la seguridad en el lugar de trabajo.

**14. (4) la libertad religiosa** (Aplicación) Quienes se oponen a rezar en las escuelas se apoyarían en la "cláusula de establecimiento" de la Primera Enmienda ("el Congreso no elaborará ninguna ley [que requiera] con respecto al establecimiento de una religión"), mientras que los partidarios de rezar en las escuelas citarían la "cláusula de libre práctica" (que nada pueda prohibir "la libre práctica [de culto]"). A pesar de que los partidarios de rezar en las escuelas podrían apoyar la opción (1), quienes se oponen no lo harían. Las opciones (2), (3) y (5) no se relacionan con el contexto de esta situación.

**15. (3) la libertad de asociación** (Aplicación) El derecho de las personas de pertenecer a cualquier partido político depende de esta libertad, incluso si el partido se opone al orden social y económico de la nación. Aunque la opción (1) es un derecho relacionado, la libertad de asociación es el derecho principal en esta situación. Las opciones (2), (4) y (5) no se aplican en este contexto.

**16. (5) igual protección ante las leyes** (Aplicación) Ésta es la única opción que se aplica directamente. La discriminación contra una persona debido a su raza o a que la persona sea mujer u hombre priva a la persona de un tratamiento igualitario bajo la ley. Las opciones (1), (2), (3) y (4) no se aplican a esta situación.

**17. (2) la libertad de prensa** (Aplicación) La libertad de prensa permite a los periódicos, a las revistas y a los programas de noticias de radio y televisión informar acerca de las actividades de las autoridades gubernamentales. Los temas de la libertad de expresión no se incluyen porque el comentarista informa acerca de las noticias sin expresar una opinión individual, por lo tanto, la opción (1) es incorrecta. Las opciones (3), (4) y (5) no se aplican a este contexto.

**18. (5) la educación** (Evaluación) Estar bien informado antes de tomar una decisión requiere que la gente se eduque en ciertos temas, sea capaz de razonamiento crítico y tenga una gran habilidad en la toma de decisiones, cosas que a menudo se vinculan con la educación. Los valores enumerados en las opciones (1), (2), (3) y (4), a pesar de ser importantes o útiles para otros aspectos de la vida, no necesariamente llevan a las personas a estar bien informadas o a tomar decisiones correctas.

**19. (3) 2,114,000** (Comprensión) Esta cifra aparece en la columna "Estatal" de la tabla, en la fila "Educación". Todas las demás opciones implican una mala interpretación de la información de la tabla.

**20. (1) la construcción de escuelas primarias, secundarias y preparatorias y la contratación de profesores** (Aplicación) La tabla muestra que un total de 9,209,000 personas trabajan en la educación a nivel estatal y local, en comparación con las 11,000 a nivel federal, lo que indica que ésta es principalmente una función estatal y local más que nacional. Las opciones (2) y (4) son incorrectas porque la tabla muestra que todos los trabajadores de la defensa y del servicio postal son empleados a nivel nacional. La opción (3) es incorrecta porque el gobierno nacional es responsable de pagar sus propias deudas, y en la tabla no hay información acerca de esta función. La opción (5) es incorrecta porque la Casa Blanca y los monumentos de Washington D.C. son estructuras nacionales, no estatales ni locales, por lo que el gobierno es responsable de su mantenimiento; además la tabla no proporciona información acerca de esto.

**21. (1) El gobierno tiene más trabajadores en la educación que en las demás categorías.** (Evaluación) La tabla indica que el gobierno tiene más trabajadores en la educación que en cualquier otra categoría de empleo. Las opciones (2) y (3) son incorrectas porque la tabla no contiene información acerca de las tendencias. La opción (4) no es correcta porque no se proporciona información acerca del salario. De acuerdo con la tabla, la opción (5) no es verdadera.

**22. (4) convencer a los dirigentes del gobierno para que apoyen ciertas causas** (Comprensión) Éste es el trabajo, como se especifica en el párrafo. Las opciones (1) y (2) se relacionan con la política, como lo hace el trabajo del miembro de un grupo de presión, pero estas opciones no son el trabajo del miembro de un grupo de presión. No hay nada en el texto que apoya la opción (3). A pesar de que los miembros de un grupo de presión viajan alrededor del país, viajar no es su trabajo, de modo que la opción (5) es incorrecta.

**23. (2) escribir una carta a un funcionario de gobierno que presenta su posición sobre un tema que genera polémicas** (Aplicación) Cuando usted trata de convencer a la autoridad de su posición, está actuando como un miembro de un grupo de presión. La opción (1) no es hacer presión, porque sólo informa sobre las actividades del gobierno y no trata de influenciar a los líderes. Las opciones (3) y (4) expresan una posición pero no involucran contacto con una autoridad de gobierno. La opción (5) es incorrecta porque el mero acto de unirse a un grupo de interés no constituye hacer presión.

**24. (2) El papel del Presidente en la política exterior** (Comprensión) Este título cubre los temas básicos del texto. Las opciones (1) y (3) son demasiado generales. Las opciones (4) y (5) reflejan temas que no están cubiertos en detalle en el texto.

25. **(1) El presidente tiene más responsabilidad por la política exterior de la nación que ninguna otra persona.** (Análisis) Todas las demás opciones son detalles, ejemplos y explicaciones de los poderes y funciones que apoyan la conclusión de que el presidente es el líder más importante del país en cuanto a la política exterior.

26. **(5) la facultad para dirigir los asuntos de Estados Unidos con las demás naciones** (Aplicación) Al retirar la participación de Estados Unidos en los Juegos Olímpicos, Carter estaba demostrando el descontento del país con la Unión Soviética debido a que había invadido Afganistán. En esta situación, él no utilizó a las fuerzas armadas como instrumento de política exterior, de modo que la opción (1) no es correcta. La respuesta de Estados Unidos no involucró el reconocimiento ni el retiro de embajadores, lo que elimina las opciones (2) y (3) como respuestas correctas. La opción (4) no es correcta porque el presidente no tiene este puesto.

27. **(1) Los miembros del Congreso se presentan a sí mismos como independientes, aun cuando siguen los consejos de grupos de intereses especiales.** (Análisis) La caricatura muestra que el congresista ni siquiera puede declararse independiente sin que el miembro de un grupo de presión le indique lo que debe decir. Las opciones (2) y (3) son hechos. La caricatura no apoya la opción (4). La opción (5) podría o no ser cierta, pero las afirmaciones del personaje de la caricatura no la sugieren.

28. **(4) $722,000,000** (Comprensión) En la tabla se indica que las cifras están expresadas en millones de dólares. Indica que California tuvo $722 millones para financiar otras operaciones y programas después de que se pagaron los gastos de la lotería y los premios de los ganadores. Las opciones (1), (2) y (3) indican una mala interpretación de la tabla. La opción (5) es el monto total que obtuvo la lotería antes de que se sacaran los premios y los gastos. No todo el dinero habría estado disponible para financiar otras operaciones estatales.

29. **(2) Las loterías pueden suministrar millones de dólares en ingresos fiscales a algunos estados.** (Evaluación) Los datos de la tercera columna de la tabla apoyan este enunciado. Las opciones (1) y (4) son opiniones que no se apoyan por la información disponible, que no define "suficientes ingresos fiscales" ni explica cómo determinar cuál es el "mejor" sistema de lotería. Las opciones (3) y (5) se contradicen con el texto.

30. **(1) Massachusetts** (Análisis) Esto se demuestra por el hecho de que la lotería de Massachusetts tiene la mayor disparidad (en la cantidad de dólares) entre sus ingresos fiscales y sus utilidades netas después de gastos. Las opciones (2), (3), (4), y (5) muestran utilidades ligeramente menores que las de Massachusetts, pero todas ellas también tienen mucho menores ingresos fiscales totales por la venta de boletos.

31. **(2) Los presidentes han enviado fuerzas estadounidenses a combate sin una declaración de guerra.** (Comprensión) Éste es el único enunciado que está implícito en la información. La opción (1) se contradice con la información. La opción (3) no es verdadera, como lo indican los nombres de ambos conflictos. Ninguna parte de la información sugiere que las opciones (4) y (5) sean verdaderas.

## UNIDAD 4: ECONOMÍA
### Lección 15
**Enfoque en las destrezas de GED (Página 179)**

1. **a.** Cambiar su brócoli por el pan de Paula; luego, cambiar el pan por la carne molida de María.

   **b.** Cortar el césped de María a cambio de su carne molida.

2. **a.** *T:* Daniel permite que Paula use su camioneta para repartos a cambio de 500 libras de col.

   **b.** *D:* María vende su tienda a Paula y negocian el precio de compra.

   **c.** *D:* Paula pide dinero prestado a María y lo usa para comprar la camioneta para repartos de Daniel.

   **d.** *D:* Daniel baja el precio del brócoli para persuadir a más clientes que lo compran.

   **e.** *T:* Paula paga el préstamo que le hizo María permitiéndole utilizar la camioneta para repartos una semana de cada mes.

**Enfoque en el contenido de GED (Página 181)**

1. **(2) la demanda que existe para el producto, en comparación con la oferta disponible para la compra** (Comprensión) Esta relación se resume en el primer párrafo del texto. La opción (1) es incorrecta porque es una definición de *oferta* y no explica la relación entre oferta, demanda y precio. Ninguna parte del texto sugiere que las opciones (3), (4) y (5) afecten el precio de un producto.

2. **(1) La demanda del producto aumentará.** (Comprensión) Esto se comenta en el párrafo 2 y lo establece la curva de la demanda que ilustra el principio de que, mientras menor es el precio de un producto, mayor será la demanda del mismo. De modo que cuando baja el precio de un producto, aumenta su demanda. Las opciones (2) y (3) se contradicen con la información en la curva de la demanda. Las opciones (4) y (5) se contradicen con la información en la curva de la oferta.

3. **(3) a un precio alto** (Comprensión) Esta relación queda establecida en el párrafo 3 y se aprecia en la curva de la oferta. Las opciones (1) y (2) se contradicen con la curva de la oferta. Las opciones (4) y (5) mencionan factores acerca de los cuales no hay información en la curva de la oferta.

4. **(1) cuando la demanda del producto disminuye** (Análisis) Cuando la demanda disminuye, esto quiere decir que menos compradores quieren comprar el producto. En consecuencia, algunos de los productos quedarán sin venderse (en otras palabras, se producirá un excedente). La opción (2) es incorrecta porque, cuando aumenta la demanda de un producto, es más probable que se produzca una escasez y no un excedente. La opción (3) es incorrecta porque es más probable que un precio más bajo estimule la demanda y, al igual que en el caso de la opción (2), es más probable que se produzca una escasez en lugar de un excedente. La opción (4) es incorrecta; es más probable que se produzca una oferta baja con altos precios cuando la demanda es alta y, nuevamente, se producirá una escasez en lugar de un excedente. La opción (5) es incorrecta porque el precio de equilibrio se produce cuando la oferta y la demanda son iguales y, en estas circunstancias, es poco probable que se produzca un excedente o una escasez.

5. **(2) $2** (Comprensión) La gráfica muestra que la curva de oferta y la curva de demanda se unen en este nivel de precio. De acuerdo con el texto, éste es el punto de equilibrio para las golosinas y el precio por el cual los compradores están dispuestos a comprar la totalidad de las golosinas que el vendedor está dispuesto a vender a ese precio. Las opciones (1), (3), (4) y (5) son incorrectas porque la curva de la oferta y la curva de la demanda no se unen (la oferta no es igual a la demanda) en esos niveles de precio.

6. **(4) Bajaría la demanda y bajaría el precio de equilibrio.** (Aplicación) Una asociación como ésa entre el herpes labial y el comer golosinas, si se demostrara que es cierta, probablemente haría bajar la demanda de golosinas, lo que produciría una baja en el precio de equilibrio. La opción (1) es lo contrario a lo que ocurriría. Las opciones (2) y (3) son imposibles, teniendo en cuenta la definición de precio de equilibrio. La opción (5) es incorrecta, porque en esta situación bajaría la demanda de golosinas y el precio de equilibrio también, como se explicó anteriormente.

### Práctica de GED (Páginas 182 y 183)

1. **(5) maestro y naturalista de parques** (Análisis) La gráfica muestra que el salario inicial promedio para ambas ocupaciones es de $22,000 al año. La opción (1) es incorrecta porque hay una diferencia de $4,000 entre el salario inicial de los maestros ($22,000) y el de los higienistas dentales (18,000). La opción (2) es incorrecta porque hay una diferencia de $1,000 entre el salario inicial de los ilustradores médicos ($11,000) y el de los vendedores ($10,000). La opción (3) es incorrecta porque hay una

diferencia de $2,000 entre los mensajeros ($14,000) y los mecanógrafos ($16,000). La opción (4) no se puede determinar, puesto que ni el texto ni la gráfica indican los ingresos de los médicos o de la persona que trabaja como recepcionista de consulta médica.

2. **(2) Hay menos demanda de ilustradores médicos.** (Análisis) La única explicación es que debe de haber muy poca demanda de ilustradores médicos o una alta demanda de mensajeros con relación a la cantidad de personas disponibles para esos empleos. Si se aplican los mismos principios de oferta y demanda al resto de las opciones, éstas se excluyen. Las opciones (1) y (5) son incorrectas puesto que serían razones para que los ilustradores médicos tuvieran salarios más altos; ambas opciones limitarían la oferta de personas para llenar los puestos como ilustradores. La opción (3) aumentaría la oferta de personas que querrían ser mensajeros, lo que haría que disminuyeran los salarios en esa profesión. La opción (4) no es una explicación, puesto que lo que establece el salario para un empleo es la demanda de personas para llenarlo en comparación con la oferta de personas dispuestas a hacerlo, no la cantidad de personas en términos absolutos.

3. **(1) El trabajo de agente de policía es peligroso.** (Aplicación) La oferta es el principio básico que se aplica en este caso. El texto indica que el peligro hace que algunos empleos sean difíciles o no deseados, lo que restringe la oferta de trabajadores disponibles y, al mismo tiempo, aumenta la paga. Cuando hay una escasez de trabajadores, los empleadores ofrecen salarios más altos para atraer a más personas que buscan empleo. No hay nada en el texto que sugiere la opción (2), la cual, de ser verdadera, haría que el salario fuera menor, puesto que la oferta de agentes de policía potenciales será mayor que la demanda de ellos. La opción (3) es incorrecta porque la mayoría de los empleos requieren alguna capacitación y muchos no se pagan tan bien como el trabajo de agente de policía. Ni en el texto ni en la gráfica se comenta el efecto del género en el salario, de manera que la opción (4) es incorrecta. La opción (5) es incorrecta porque no hay evidencia en el texto ni en la tabla que compare los salarios y el servicio que prestan a la sociedad los agentes de policía y los médicos.

4. **(4) Era mejor antes que ahora.** (Evaluación) El texto indica que, cuando hubo una escasez de abogados, el salario era alto; ahora que hay un excedente de abogados, los salarios están sometidos a las fuerzas de la oferta y la demanda. Esta información apoya la idea de que los salarios iniciales para los abogados pueden haber disminuido. No hay información suficiente en el texto y en la gráfica para apoyar las opciones (1) o (5). El texto indica que la tendencia sería la opuesta a la indicada en la opción (2) La opción (3) es verdadera, pero no se puede sacar como conclusión a partir de la información que entregan el texto y la gráfica.

5. **(3) cambiante** (Comprensión) El patrón es de cambio (de mucha actividad económica a poca y

luego, nuevamente, a un aumento en la actividad económica). Las opciones (1) y (2) son opiniones acerca del ciclo que el texto no apoya. La opción (4) es contraria a lo que describe el texto. El texto no trata sobre el tamaño del ciclo de negocios, de modo que la opción (5) es incorrecta.

6. **(3) seno** (Análisis) La tabla sugiere que recesión y depresión son puntos bajos en la economía que se diferencian en su grado de severidad. Esto indica que ambas se presentarían en el punto mínimo del ciclo. La opción (1) es incorrecta porque ni en la tabla ni en el texto se unce a la inflación con la depresión o la recesión. Las opciones (2), (4) y (5) se relacionan con períodos de prosperidad económica, lo opuesto a recesión y depresión.

7. **(1) inflación** (Aplicación) Ésta es la única opción que produce precios más altos. Las opciones (2) y (3) están relacionadas con bajas económicas en las cuales las personas tienen menos dinero lo que haría improbable un aumento en el precio. Las opciones (4) y (5) no están correlacionadas, definitivamente, con lo que sucede a los precios de los bienes en particular.

8. **(5) No se ve seriamente afectada por cambios menores en el patrón.** (Análisis) El texto indica que el ciclo de negocios, y con éste la economía estadounidense, continúa su patrón general a pesar de las frecuentes alzas y bajas. En el texto no se trata del estado actual de la economía o el efecto que tiene la inflación sobre ella, de manera que las opciones (1) y (2) son incorrectas. La opción (3) es una opinión que no se puede extraer como conclusión a partir de la información entregada. La opción (4) se contradice con la información del texto.

## Prueba corta de GED (Páginas 184 y 185)

1. **(2) 1933** (Comprensión) La mayor cifra de desempleo fue 24.9 por ciento en 1933. Las cifras en las opciones (1), (3), (4) y (5) son todas inferiores.

2. **(4) Las tasas de la década de 1990 son menores que las tasas de la década de 1930.** (Análisis) La tabla muestra que las tasas de desempleo fueron de más del 14 por ciento en la década de 1930 en comparación con menos de un 8 por ciento en la década de 1990. Esta relación hace que las opciones (3) y (5) sean incorrectas. Las tasas para 1929 y 1943 hacen que la opción (1) sea incorrecta. Las tasas para cada año en la década de 1930 hacen que la opción (2) sea falsa.

3. **(3) el año en que Estados Unidos entró a la guerra** (Evaluación) Saber que Estados Unidos entró a la guerra en diciembre de 1941 permitiría concluir que la guerra disminuyó el desempleo. La opción (1) no proporciona suficiente información por sí sola para permitir llegar a esta conclusión. Conocer las opciones (2), (4) y (5) no proporciona el tipo de información que se necesita para llegar a esta conclusión.

4. **(1) la relación entre la oferta y la demanda** (Análisis) Las cifras de desempleo en la tabla indican que, en comparación con la cantidad de empleos, la oferta de trabajadores disponibles fue mayor en 1939 de lo que había sido en 1929. Las opciones (2), (4) y (5) son conceptos económicos que no se relacionan con los niveles de los salarios. La opción (3) se contradice con la información entregada en la pregunta; si la opción (3) fuera verdadera, los salarios de los trabajadores en 1939 habrían sido mayores que en 1929, pero, por el contrario, fueron menores.

5. **(5) 6 por ciento, interés compuesto** (Aplicación) Como el porcentaje de interés en las opciones (4) y (5) es el mayor, una de estas opciones debe de ser la correcta. La opción (4) no es correcta porque Alicia ganará el 6 por ciento solamente sobre los $1,000 originales. Con la opción (5) ganará el interés no sólo sobre los $1,000 que tenía, sino también sobre el interés que ya se ha pagado. Con el tiempo, esta cuenta será la que le dará más dinero. Las opciones (1), (2) y (3) pagarán menos porque ofrecen tasas de interés más bajas.

6. **(5) Los propietarios de cada una de ellas obtienen las utilidades.** (Comprensión) De acuerdo con el texto, en una empresa unipersonal es el propietario único quien obtiene las utilidades y, en una asociación, éstas se comparten entre todos los propietarios. No se ha dado ninguna comparación de tamaño, de manera que las opciones (1) y (2) son incorrectas. La opción (3) es incorrecta porque, en una asociación, la administración se comparte. La opción (4) se contradice con el texto.

7. **(3) la responsabilidad por las deudas de la empresa** (Análisis) De acuerdo con el texto, los socios son responsables por las deudas de la empresa; sin embargo, los propietarios de una sociedad anónima no tienen responsabilidad personal. La opción (1) es incorrecta porque el texto no compara el tamaño de las asociaciones y las sociedades anónimas. La opción (2) es incorrecta porque en ambos casos las utilidades se dividen entre los propietarios o inversionistas, de acuerdo con la parte de la empresa que les corresponde. La opción (4) no se puede determinar a partir de la información en el texto. La opción (5) es incorrecta porque las asociaciones y las sociedades anónimas tienen más de un propietario.

8. **(4) que se pondrán de acuerdo acerca de las decisiones de la empresa** (Análisis) Debido a que el acuerdo de negocios entre Ana y Daniel es una asociación, ninguno de ellos puede tomar las decisiones por sí solo. Si son incapaces de llegar a un acuerdo, no se puede hacer nada. La opción (1) es incorrecta porque, a no ser que Ana y Daniel lleguen a otro acuerdo, en una asociación las utilidades se dividen de acuerdo con el porcentaje que cada socio posee. La opción (2) es una opinión y no hay apoyo para ella. La opción (3) es incorrecta porque en una asociación todos los socios son responsables legalmente de las deudas de la empresa. La opción (5) sería verdadera solamente si ambos socios llegaran a ese acuerdo.

**9. (2) las personas piden más dinero prestado**
(Comprensión) El párrafo establece que menores tasas de interés estimulan a las personas a pedir dinero prestado y a gastarlo. Las opciones (1) y (3) son incorrectas porque plantean lo opuesto a lo que sería verdadero en esta situación. No hay nada en el párrafo que sugiere la opción (4) o (5); en realidad, lo opuesto sería lo verdadero en esta situación.

**10. (3) que tendrá menos clientes** (Análisis) El párrafo plantea que, cuando aumenta el desempleo, las personas tienen menos dinero para gastar. También insinúa que cuando las personas tienen dificultades económicas tienden a comprar menos cosas que no son esenciales. Esto probablemente significa menos comidas en los restaurantes. Tal como lo indica el párrafo, la opción (1) es lo opuesto a lo que generalmente sería verdadero cuando aumenta el desempleo. No hay nada en el párrafo que sugiere una relación entre las tasas de desempleo y las tasas de interés o los precios, de manera que las opciones (2) y (4) son incorrectas. No es probable que ocurra la opción (5) cuando aumenta el desempleo.

## Lección 16
### Enfoque en las destrezas de GED (Página 187)
1. **a.** $495 mil millones.

   **b.** $394 mil millones.

   **c.** $100 mil millones negativos.

2. La nación tiene un balance de comercio **negativo** desde el año **1990** hasta el año **1998**.

3. **b.** El balance de comercio es un asunto problemático para la economía estadounidense.

   **c.** En general, el valor de las exportaciones estadounidenses ha estado aumentando.

### Enfoque en el contenido de GED (Página 189)
1. **(3) piden dinero prestado a la Reserva Federal y lo prestan a sus clientes**
(Comprensión) Esto se establece en el primer párrafo del texto. El texto sugiere lo opuesto a las opciones (1) y (2), porque ninguna de estas dos opciones disminuiría las ganancias de los bancos. Las opciones (4) y (5) son incorrectas porque el texto plantea que es la Fed la que las fija y no los bancos por su cuenta.

2. **(5) cuando la Fed aumente la tasa de descuento** (Comprensión) Esta información se encuentra en el tercer párrafo del texto. El texto sugiere que lo opuesto a las opciones (1) y (4) sería lo cierto. El texto no entrega información directa con respecto a las tasas de interés sobre préstamos personales y a la depresión económica, de manera que la opción (2) es incorrecta; en efecto, se sugiere lo opuesto a lo indicado en la opción (2). La opción (3) es incorrecta porque el texto plantea que son los bancos privados los que fijan la tasa de interés preferencial, no la Fed.

3. **(5) El número de préstamos baja.**
(Comprensión) Las dos últimas oraciones del tercer párrafo lo sugieren. Si las altas tasas de interés desalientan a las personas a pedir dinero, el resultado será que se pedirá menos dinero prestado. Las opciones (1), (2) y (4) se contradicen con la información del texto. La opción (3) es incorrecta porque no hay información en el texto con respecto a las tasas de interés para las cuentas de ahorro, a pesar de que tasas de interés más altas sobre los préstamos conducen, generalmente, a que los bancos paguen mayores, no menores, tasas de interés sobre los ahorros.

4. **(3) Las tasas sobre préstamos permanecieron prácticamente iguales.** (Comprensión) La gráfica muestra que entre 1995 y 1998 la tasa de interés preferencial sobre los préstamos rondó el 8.5 por ciento. Las opciones (1) y (5) se contradicen con la información de la gráfica. Las opciones (2) y (4) son incorrectas porque la tasa preferencial se carga sobre los préstamos, de manera que la gráfica no se relaciona directamente con la tasa de interés para las cuentas de ahorro y, de cualquier manera, si las tasas de interés preferenciales se mantuvieran estables, no se esperarían cambios en las tasas de interés para las cuentas de ahorro.

5. **(1) Aumentó la tasa de descuento.** (Análisis) La gráfica muestra que la tasa de interés aumentó drásticamente con respecto a la cifra en 1994. El texto plantea que los bancos traspasan los incrementos en la tasa de descuento hacia sus clientes en forma de mayores tasas de interés sobre los préstamos. De manera que el aumento en la tasa de interés preferencial podría ser el resultado de un aumento de la tasa de descuento por parte de la Fed. Si la opción (2) fuera correcta, la tasa de interés preferencial habría caído en lugar de subir. La opción (3) sería, probablemente, el resultado de una caída en la tasa de interés preferencial, no de un alza, puesto que la cantidad de dinero disponible para los préstamos tendería a aumentar. Las opciones (4) y (5) son incorrectas porque la Fed no hace exigencias en cuanto a la forma en que los bancos fijan la tasa de interés preferencial.

6. **(4) La cantidad de dinero en la economía aumentó.** (Análisis) La gráfica muestra que la tasa de interés preferencial bajó drásticamente con respecto a la cifra del año anterior. Esto indica que la Fed bajó la tasa de descuento. De acuerdo con el texto, los efectos de una tasa de descuento menor son una tasa de interés preferencial menor y un mayor nivel de préstamos, lo que tiene como consecuencia un aumento en la oferta monetaria. Las opciones (1) y (2) son lo opuesto a lo que ocurriría debido a la caída en la tasa de interés preferencial. La opción (3) habría llevado a una tasa de interés preferencial mayor en 1986 y la gráfica muestra que eso no es lo que sucedió. La opción (5) es incorrecta, porque la gráfica no muestra una caída tan drástica en las tasas de interés en 1985 que refleje el comienzo de una depresión.

7. **(3) El dinero estará disponible inmediatamente para cubrir las deudas del**

**banco.** (Evaluación) Ésta es la única razón que se apoya en la evidencia del texto. Está insinuada en el planteamiento de que una de las principales funciones de la Fed es supervisar las operaciones de los bancos privados. No hay pruebas en el texto para considerar las opciones (1), (2) o (5) como una razón. La opción (4) no tiene apoyo, porque nada en el texto indica que la Fed trate directamente con los consumidores.

8. **(1) un banco miembro de la Fed** (Aplicación) La Fed supervisa de cerca a los bancos que son miembros de ella, lo que sugiere que son más estables y seguros que los bancos que no son miembros. La opción (2) es incorrecta porque un banco que mantuviera todo su dinero en su bóveda de seguridad no ganaría nada, de manera que no sería el mejor lugar para poner los ahorros, puesto que el banco no pagaría intereses sobre el dinero. El texto no hace conexión alguna entre la entrega de préstamos y la calidad, o falta de ella, de los bancos, de manera que las opciones (3) y (4) son incorrectas. La opción (5) no es correcta, pues el texto plantea que los bancos de la Reserva Federal son bancos para los banqueros y no para los consumidores.

**Práctica de GED (Páginas 190 y 191)**

1. **(4) el PIB ajustado por el aumento de precios producto de la inflación** (Comprensión) Esta definición se ofrece en el último párrafo del texto. La opción (1) se define en el texto como el PIB. En el texto no hay nada que indica ni que insinúa que las opciones (2), (3) o (5) sean una definición de PIB real.

2. **(3) una mazorca de maíz cultivada en Illinois** (Aplicación) El texto define los bienes como objetos físicos y plantea que el PIB es el valor de todos los bienes y servicios que se producen en Estados Unidos durante un año. La mazorca de maíz es un objeto físico que se produjo y, por lo tanto, es un bien. También es un alimento, una de las cosas citadas como tipos de bienes. La opción (1) también es un bien, pero como es un automóvil antiguo usado, debió haber sido considerado en el PIB correspondiente al año en que fue fabricado. Las opciones (2) y (4) son servicios, no bienes, porque no son objetos físicos. La opción (5) no se incluiría porque se trata de un producto fabricado en Japón y no en Estados Unidos.

3. **(2) La economía de la nación creció constantemente.** (Comprensión) Se puede apreciar en el aumento constante en la gráfica de las líneas correspondientes al PIB y al PIB real. Ninguna de las demás opciones, aun si fueran verdaderas, se podría inferir a partir de la información en la gráfica.

4. **(1) Casi un tercio del crecimiento del PIB se debe a la inflación.** (Evaluación) La prueba para este planeamiento se encuentra en el área sombreada de la gráfica, que representa la porción del PIB resultado de la inflación (la diferencia entre el PIB y el PIB real). La gráfica indica que es igual a

un tercio, aproximadamente, del crecimiento del PIB. Las opciones (2) y (3) no pueden ser consideradas como conclusiones a partir de la gráfica porque ésta no proporciona información acerca de la década de 1980. Las opciones (4) y (5) son verdaderas, pero tampoco se apoyan en la gráfica.

5. **(5) Sin la protección del gobierno, las empresas podrían vender a sabiendas productos dañinos para las personas.** (Comprensión) Esto se insinúa en la última oración del primer párrafo del texto. El enfoque del texto en las instituciones gubernamentales de protección al consumidor sugiere que el escritor no está de acuerdo con las opciones (1) y (4). La opción (2) es incorrecta porque ni en el texto ni en la gráfica se compara la eficacia de la FDA con la de la FAA en la protección al consumidor. La opción (3) es incorrecta porque, a pesar de que se mencionan muchas veces los artículos alimenticios en el texto y en la tabla, nada en ellos sugiere que el escritor considere los alimentos como el problema más serio de seguridad de los productos.

6. **(3) los consumidores** (Aplicación) Esto se puede determinar si se aplica la información de que los dueños de las tiendas de abarrotes calculan el costo anticipado de sus pérdidas por alimentos "en mal estado" cuando fijan los precios, por lo que traspasan el costo de estas pérdidas al consumidor. No hay nada en el texto ni en la tabla que sugiere que las opciones (1), (4) o (5) sean la respuesta correcta. La opción (2) es incorrecta por la información que se entrega en el texto acerca de los costos que se traspasan al consumidor.

7. **(5) ayudar a evitar que los estadounidenses compren bienes y servicios posiblemente dañinos** (Análisis) Cada una de las instituciones mencionadas en la tabla establece y hace cumplir reglamentaciones y normas de calidad, seguridad y etiquetado que cumplen esta función en algunas categorías de bienes o servicios. La opción (1) es incorrecta porque en la tabla se indica que sólo la FSIS, la FDA y la FTC regulan la publicidad, directa o indirectamente (a través del etiquetado). La opción (2) es incorrecta porque la tabla indica que sólo la FTC está involucrada en evitar que los precios se fijen entre competidores. La opción (3) es una función solamente de la FSIS y de la FDA. La opción (4) es falsa y ni siquiera se sugiere en la tabla.

## Prueba corta de GED (Páginas 192 y 193)

1. **(3) Los pequeños negocios pueden competir.** (Análisis) Esto es correcto porque el texto plantea que el socialismo permite cierta competencia. El autor asume que usted sabe que la competencia es una característica del sistema de "libre empresa" del capitalismo. Las opciones (1) y (2) son incorrectas porque son características del socialismo y del comunismo, no del capitalismo. A pesar de que proporcionar a las personas todo lo que necesiten es parte de la teoría del comunismo, el texto no indica que ningún sistema, capitalista, socialista ni

comunista, lo haga, de manera que la opción (4) es incorrecta. La opción (5) sólo se refiere al capitalismo.

2. **(4) Son sistemas económicos.** (Análisis) Es lo único que tienen en común. El comunismo y el capitalismo son sistemas totalmente diferentes en prácticamente todo. La opción (1) sólo se aplica al capitalismo. La opción (2) es verdadera, en teoría, sólo para sistemas comunistas, no para sistemas capitalistas. La opción (3) es cierta con respecto al capitalismo, pero no al comunismo. Este último, debido a que depende fuertemente de una planificación central, funciona mejor en una dictadura. La opción (5) es verdadera en sistemas comunistas, pero no en los capitalistas.

3. **(1) La libertad individual se asocia al capitalismo.** (Evaluación) De acuerdo con el texto, la propiedad privada y la libertad económica son la característica principal del capitalismo, de modo que la libertad individual también debe ser parte de él. La opción (2) es incorrecta porque el texto nada tiene que decir acerca del éxito o del fracaso del socialismo. El texto no apoya la opción (3), el cual sólo dice que, en teoría, bajo el comunismo todos obtienen lo que necesitan. La opción (4) se contradice con la información de que el capitalismo está unido a la democracia. La opción (5) es incorrecta porque el último párrafo indica algunos vínculos entre los sistemas político y económico.

4. **(3) cuál es la realidad del comunismo** (Evaluación) Información acerca de la realidad del comunismo, la cual no ofrece el texto, es necesaria para sacar una conclusión acerca del modo en que difiere de la teoría presentada en el texto. De modo que la opción (1) es incorrecta. La opción (2) no es suficiente para permitir una comparación entre realidad y teoría. En el texto se incluyen algunos detalles de la teoría, pero ninguna información acerca de la realidad, de modo que la opción (4) es incorrecta. La opción (5) no conduciría a una conclusión acerca de la práctica y la teoría comunista.

5. **(2) la protección al consumidor** (Aplicación) Una garantía protege al comprador en caso que el producto no funcione correctamente o tenga algún defecto. Las garantías no se relacionan con sistemas económicos, de modo que las opciones (1) y (5) son incorrectas. Las garantías no se relacionan con la economía nacional o con las fuerzas del mercado, de modo que las opciones (3) y (4) son incorrectas.

6. **(5) El número de canales de televisión ha aumentado desde 1950.** (Comprensión) La gráfica muestra que el número de estaciones ha aumentado más de 10 veces desde 1950, desde aproximadamente 106 hasta más de 1,100. Las opciones (1), (2) y (4) son opiniones que la información de la gráfica no apoya o siquiera menciona. La opción (3) no es información

implícita, ya que se entrega directamente en la gráfica.

7. **(1) Algunos negocios estaban funcionando contra el interés público.** (Análisis) Es una causa implícita que se supone por la naturaleza de las comisiones reguladoras. No existe apoyo para las opciones (2), (3), (4) ni (5) como razones para la formación de las comisiones reguladoras.

8. **(4) los ciudadanos y una estación de radio** (Comprensión) El texto enuncia que una de las funciones de una comisión reguladora es calmar disputas y discutir la probabilidad de que una estación interfiera con la transmisión de otras y arruinar el entretenimiento de las personas. Si la gente se queja de una estación, FCC intervendrá. Aunque el texto nombra ciertas industrias en que las comisiones reguladoras son más prominentes, nada en la información sugiere que FCC mediaría en una disputa entre industrias que no sean de transmisión, de modo que las opciones (1) y (3) son incorrectas. Las opciones (2) y (5) son incorrectas porque FCC no es responsable de resolver disputas políticas.

9. **(3) Las longitudes de onda de transmisión se deben compartir cuidadosamente.** (Evaluación) La información del texto apoya esta opción, pues enuncia que las longitudes de onda son limitadas en número e implica que pueda haber interferencia de señales, y la gráfica muestra el gran número de canales de televisión. No existen pruebas en el texto que apoyen la opción (1), (4) o (5). El texto establece que FCC es poderosa, pero no hay información que conduzca a la opción (2) como conclusión.

## Lección 17
### Enfoque en las destrezas de GED (Página 195)

1. **a.** 82% aproximadamente.

   **b.** 25% aproximadamente.

2. **a.** En el año 1990, los trabajadores agrícolas formaban una parte mucho menor de la fuerza laboral de Estados Unidos que cien años atrás.

3. **a.** *V*: En los dos siglos transcurridos desde la fundación de Estados Unidos, la composición de la fuerza laboral ha cambiado.

   **b.** *V*: Hasta fines del siglo XIX, la mayoría de los trabajadores de Estados Unidos eran agricultores.

   **c.** *F*: Después de la industrialización de Estados Unidos a fines del siglo XIX, la mayoría de los trabajadores de la nación trabajaban en industrias manufactureras.

   **d.** *X*: A comienzos del siglo XX la automatización había afectado profundamente al sector manufacturero.

   **e.** *X*: Hoy en día, las ocupaciones de más rápido crecimiento se encuentran en el sector de servicios de la economía.

1. **(2) La mano de obra es más barata en el extranjero.** (Comprensión) Esto se establece en el párrafo 2 del texto. Los temas de las opciones (1) y (5) no se tratan en el texto, de modo que estas opciones son incorrectas. El texto implica que la opción (3) es incorrecta acerca de los trabajadores de las fábricas de Estados Unidos. La opción (4) es incorrecta porque el texto enuncia que muchos de los bienes hechos por empresas estadounidenses en el extranjero se venden en Estados Unidos.

2. **(4) trabajador agrícola** (Comprensión) La gráfica muestra que el porcentaje proyectado más bajo de trabajadores en el año 2008 será en agricultura, silvicultura y pesca. Por ende, se proyecta que las oportunidades para los trabajadores agrícolas serán muy limitadas. Las opciones (1), (2), (3) y (5) son todos trabajos que entran en categorías que están proyectadas para conformar una proporción más alta de la fuerza laboral de Estados Unidos 2008.

3. **(1) apoyo administrativo y oficinistas** (Análisis) Esto puede determinarse comparando los valores de cada área para 1988 y 2008. Para 2008 se proyecta que los oficinistas y el apoyo administrativo conformen un 1.9 por ciento menos de fuerza laboral que la que conformaron en 1988. Ésta es la mayor disminución en la gráfica. Se proyecta que la opción (2) aumente, mientras que la opción (3) disminuirá en 1.4 por ciento y la opción (4) en 1.5 por ciento. La opción (5) será la que menos disminuirá en cuanto a porcentaje.

4. **(5) La necesidad de operadores, fabricantes y obreros ha decaído.** (Análisis) El texto enuncia que la transferencia de trabajo hacia el extranjero está reduciendo el sector manufacturero y esta tendencia se refleja en los datos para operadores, fabricantes y obreros en la gráfica. Ninguna parte de la información sugiere que las opciones (1), (2) y (4) sean consecuencias de la transferencia de trabajo hacia el extranjero. El texto enuncia que la opción (3) también ha reducido las oportunidades de trabajos de manufactura; sin embargo, esta opción es incorrecta porque no es resultado de que el trabajo se haga en el extranjero.

5. **(2) No hay suficientes estadounidenses nativos que tengan la capacitación técnica necesaria.** (Análisis) Ésta es la razón fundamental de esta tendencia. El texto enuncia que los empleadores deben contratar extranjeros para ocupar estos puestos. Pero la opción (1) es el *efecto* de la opción (2), no la razón por la cual los inmigrantes hacen estos trabajos. La opción (3) es incorrecta porque el texto sólo enuncia que la gente capacitada en el extranjero ocupa estos puestos. No compara su capacitación con la de los trabajadores nativos. La opción (4) es verdadera, pero no se aplica a esta situación porque el trabajo se lleva a cabo en Estados Unidos. Ninguna parte de la información sugiere que la opción (5) sea verdadera.

6. **(3) Los trabajos de manufactura tienen una importancia menor en la economía de Estados Unidos.** (Evaluación) El texto enuncia que los trabajos de manufactura se trasladan al extranjero y asimismo desaparecen como resultado de la mecanización de las fábricas de Estados Unidos. Además, la gráfica muestra que los operadores, fabricantes y obreros se están transformando en un segmento más pequeño de la fuerza laboral. Los tres puntos proporcionan sólidas pruebas para apoyar esta conclusión. No hay pruebas en el texto ni en la gráfica que apoyen la opción (1). Los datos de la gráfica se contradicen con las opciones (2) y (5) debido a que muestran que el tamaño del sector gerencial está aumentando como un porcentaje del mercado laboral, y que de los cuatro sectores de la economía que están creciendo, los sectores gerencial y de mercadotecnia y ventas están creciendo más lentamente que el sector de servicios. No hay pruebas en el texto ni en la gráfica que apoyen la relación de causa y efecto sugerida en la opción (4).

7. **(5) El mejor trabajo para el cual prepararse, es el que requiere capacitación técnica y profesional.** (Evaluación) Las tendencias laborales de las que habla el texto indican que hay escasez de trabajadores profesionales y técnicos en Estados Unidos y que se deben contratar trabajadores extranjeros; la gráfica muestra que éste es el segmento de más rápido crecimiento de la fuerza laboral. Estas dos informaciones entregan sólidas pruebas para apoyar esta opinión. Ninguna información del texto apoya la opción (1), tampoco los datos de la gráfica indican que la gente que trabaja actualmente en este sector se vea amenazada por la pérdida del trabajo o con otros tiempos económicos difíciles. El texto sugiere que ambas ocupaciones de la opción (2) son buenos campos en los cuales trabajar debido a la escasez de trabajadores locales en estas áreas. Sin embargo, no se presenta información que apoye el juicio de que una de estas áreas tenga mejores oportunidades de empleo que la otra. No se presentan pruebas en el texto ni en la gráfica que apoyen las opciones (3) y (4).

1. **(1) cuando la empresa que se está comprando no desea ser comprada** (Comprensión) Esto se implica en la última oración del primer párrafo. No hay nada en el texto ni en la tabla que sugiere que las opciones (2), (3) y (4) sean necesarias para una adquisición hostil. La opción (5) no tiene nada que ver con el hecho de que una adquisición sea o no hostil.

2. **(3) Los consumidores tendrán menos opciones de productos.** (Análisis) Esto es cierto porque la empresa compradora probablemente eliminará algunos de sus productos, o los de la antigua empresa rival, que sean similares y que solían competir. Esto resultará en menos opciones de productos. Ninguna parte de la información sugiere que las opciones (1), (4) o (5) podrían ocurrir. El texto sugiere que probablemente ocurriría lo contrario a lo que dice la opción (2).

3. **(5) sólo la información que está en la tabla** (Evaluación) Los números de fusiones en la tabla y en

UNIDAD 4

la tendencia que establecieron son pruebas que se necesitan para apoyar el enunciado de que las fusiones y las adquisiciones se han convertido en hechos de la vida económica estadounidense. Las opciones (1) y (2) son incorrectas porque saber los nombres de las empresas involucradas en fusiones o saber cuántas adquisiciones fueron hostiles no es necesario para apoyar esta conclusión. La conclusión no menciona las pérdidas de trabajos, de modo que la opción (3) es incorrecta. La opción (4) por sí sola no proporciona suficiente información para apoyar la conclusión. La tabla es valiosa como prueba sin ellos.

4. **(2) la información del tercer párrafo** (Evaluación) Ésta es la mejor prueba, ya que entrega estadísticas de acontecimientos pasados similares con los cuales los empleados pueden medir la probabilidad de mantener sus trabajos. Las opciones (1) y (3) no son de utilidad porque tratan de los que pasaría y de lo que pasa a veces sin datos sólidos para proporcionar una idea de cómo suceden a menudo estas cosas. Las opciones (4) y (5) proporcionan datos sólidos, pero no del tipo que brinda información acerca de lo que sucede con los empleados de las empresas involucradas en fusiones.

5. **(3) 1993** (Comprensión) La tabla indica que el 12.3 por ciento de todas las familias vivía en la pobreza en 1993. La opción (1) es el año con la tasa más baja. Las opciones (2) y (4) son años que se citan en el párrafo para estadísticas de distribución de los ingresos, pero las tasas de pobreza en esos años eran más bajas que la tasa de 1993. La opción (5) es incorrecta porque, aunque una de las cifras citadas en el texto es más alta que 12.3 por ciento, es la tasa para niños, no las tasas familiares que se enumeran en la tabla.

6. **(1) Todas las personas gastarían una proporción similar de sus ingresos en alimento y vivienda.** (Aplicación) Estas dos áreas son necesidades vitales en que todos invierten dinero. Si todos tuvieran una cantidad de dinero parecida, la proporción de sus ingresos que destinarían a estas necesidades sería similar. Esto contrasta con Estados Unidos, donde la gente con menos dinero invierte una proporción más alta de sus ingresos en necesidades que la gente más adinerada. Las opciones (2) y (5) no son necesidades, de modo que habría más diferencia en las personas que invierten en estas áreas, dependiendo de sus gustos y valores. Las opciones (3) y (4) son incorrectas porque ni el tamaño de la familia ni el nivel de educación están directamente ligados a la cantidad de dinero que tiene una persona.

7. **(2) La mayoría de las familias pobres tienen más de un hijo.** (Análisis) Para el análisis matemático del porcentaje de familias que viven en la pobreza, la familia se considera como una unidad. Si la mayoría de las familias pobres tienen más de un hijo, esto explica por qué el porcentaje de niños pobres es más alto que el porcentaje de familias pobres. La opción (1) no explicaría este resultado porque se aplica a casi todos los niños sin importar su nivel económico. Las opciones (3) y (4) pueden ser ciertas, pero ninguna explica la diferencia en las tasas de pobreza infantil y familiar. La mayoría de los niños no trabajan, de modo que la opción (5) no puede ser la razón.

8. **(4) No, porque la tabla muestra que las tasas de pobreza han sido más bajas en general durante los últimos años.** (Evaluación) Los datos de la tabla muestran que el porcentaje de familias que viven en la pobreza es prácticamente el mismo que hubo durante la mayor parte de las décadas de 1980 y 1990. De hecho, las tasas, en general, han estado disminuyendo desde 1993. Por esta razón, la opción (1) es incorrecta. La opción (2) es incorrecta porque el texto sí hace esta conexión, pero esta información se contradice con los datos de la tabla, los cuales muestran que la pobreza está disminuyendo. La opción (3) es incorrecta porque el escritor no conectó la información en una relación de causa y efecto a las tasas de pobreza. La opción (5) es incorrecta porque esta información no muestra que las tasas de pobreza estén aumentando.

## Prueba corta de GED (Páginas 200 y 201)

1. **(3) como un problema de administración justa en oposición a una administración injusta** (Comprensión) El texto enuncia que el Departamento del Trabajo buscaba un modo para permitir que los empleadores justos de trabajadores a domicilio continúen trabajando. La opción (1) es incorrecta porque sólo un sindicato, el ILGWU, se menciona en el texto. En el texto no hay información que indique que el Departamento del Trabajo consideró las opiniones expresadas en la opción (2). La opción (4) es incorrecta porque no tiene sentido y porque el texto implica que las fábricas donde se explota a los trabajadores y donde se trabaja a destajo son similares. La opción (5) es incorrecta porque nada en el texto sugiere que el conflicto se basara en un reclamo de discriminación.

2. **(4) una vendedora cuyos ingresos son un porcentaje del total que vende** (Aplicación) En el trabajo a destajo, como la venta por comisión, se paga sobre la base de la producción del trabajador. Para una vendedora, la "producción" es la cantidad de productos que vende. Para los trabajadores a destajo de Bordeaux, era la cantidad de ropa deportiva que producían. La opción (1) es un ejemplo de trueque, no de trabajo a destajo. Las opciones (2) y (5) se aplican a los principios de oferta y demanda. La opción (3) es incorrecta porque al trabajador se le paga por hora más bien que por la cantidad que produce.

3. **(5) Quería terminar la fabricación de ropa de mujeres por parte de trabajadores a domicilio.** (Análisis) El texto enuncia que la base de la queja de ILGWU era que la empresa violaba las leyes que prohíben la confección de ropa femenina por parte de trabajadores a domicilio y que el sindicato quería que el Departamento del Trabajo

defendiera estas restricciones federales. Esto sugiere que el sindicato trataba de terminar con la práctica del uso de trabajadores a domicilio, quienes tomaban trabajos que, de otro modo, podían ser hechos por los miembros del sindicato que trabajan legalmente en las fábricas. No hay nada en el texto que sugiere que la opción (1) o (2) estuviera detrás de la acción del sindicato, aunque los salarios ilegalmente bajos eran la base de las quejas de los trabajadores a ILGWU. La opción (3) es incorrecta porque el reclamo, indicados al comienzo del texto, especifica un resultado final deseado, no los medios para obtener ese resultado, que corresponden a lo que es una demanda. La opción (4) es incorrecta porque el sindicato no se quejó de los salarios de los trabajadores, y el texto indica que no estaba clara la cantidad exacta que un trabajador a domicilio realmente ganaba.

4. **(5) la que habla sobre el futuro de los adolescentes que abandonan la escuela** (Evaluación) La estadística de que el 15 por ciento de los adolescentes que no completan sus estudios esté desempleado indica un problema, pero no apoya el juicio de que es un motivo de alarma. Para asignarle al problema la categoría de "alarmante" se necesita de datos que comparan la tasa actual de deserción escolar, datos que ligan las tasas de deserción escolar y delictiva o más información no estadística acerca del estilo de vida de quienes no completan sus estudios, su conexión con el ciclo de pobreza y otros. La opción (1) proporciona información que sólo toca una parte del problema, es decir, los ingresos. La opción (2) plantea el problema, pero no proporciona información específica suficiente para catalogar el problema como alarmante. La opción (3) sólo se relaciona con algunos adolescentes y por ello sólo a un aspecto de la vida que podría causar preocupación financiera para algunos adolescentes que no completaron sus estudios. La opción (4) es incorrecta ya que esta información sólo toca algunos aspectos de posibles problemas relacionados con la tasa de adolescentes que no completan sus estudios.

5. **(3) el nivel de educación** (Evaluación) La gráfica apoya esta conclusión mostrando que el nivel de ingresos aumenta para hombres y mujeres a medida que aumenta el nivel de educación. Esta información elimina la opción (1) como respuesta correcta. No se citan pruebas en el texto o gráfica que apoyen las opciones (2) o (4). La opción (5) no se puede concluir porque la gráfica muestra que, aunque no graduarse limita el potencial de ingresos, la gente que fue más allá de la educación secundaria gana mucho más dinero que aquella que dejó sus estudios cuando consiguió su diploma de enseñanza secundaria.

6. **(2) más niños pobres** (Análisis) El texto sugiere que los hijos de adolescentes que dejaron sus estudios secundarios son más propensos a tener un apoyo financiero inadecuado y, por lo tanto, son más propensos a vivir en la pobreza. El texto implica que la opción (1) es una causa del problema, no un

efecto. El texto no muestra relación alguna entre los salarios de quienes abandonaron su enseñanza secundaria y aquellos que se graduaron, de modo que la opción (3) es incorrecta. El texto indica que lo opuesto a las opciones (4) y (5) es verdadero.

7. **(4) Es popular la educación para adultos.** (Evaluación) Esto se puede concluir de los altos niveles de inscripción que indican los datos. La información no incluye material acerca de motivaciones o estilos de vida, de modo que las opciones (1) y (5) son incorrectas. La opción (2) no se puede determinar sin saber las cifras de población de cada grupo. No hay datos ni otra información que apoye la opción (3).

## Unidad 4 Repaso acumulativo
(Páginas 202 a 206)

1. **(2) Subieron, pero más lentamente de lo que aumentó la existencia.** (Comprensión) Esta relación se muestra en las líneas azules, enteras y punteadas. La gráfica muestra que los precios aumentaron en 25 por ciento aproximadamente entre los años 1 y 10, pero la oferta monetaria creció en casi 100 por ciento durante el mismo período. Las relaciones sugeridas en las opciones (1), (3), (4) y (5) se contradicen con la gráfica.

2. **(1) La inflación hace que los precios suban bruscamente.** (Análisis) Las líneas de la gráfica muestran que entre los años 10 y 15, la oferta monetaria creció mucho más rápido que la producción; desde menos del 100 por ciento a casi 200 por ciento para la oferta monetaria, comparada al crecimiento de la producción de 125 por ciento a sólo 175 por ciento; ésta es la condición bajo la cual se produce la inflación. Al mismo tiempo, la línea de precios de la gráfica muestra un aumento de los precios (la definición de inflación), durante ese período de 5 años, casi tan grande como el que tuvieron durante los 10 años previos. Los datos de la gráfica contradicen las opciones (2), (3) y (4). La opción (5) es incorrecta porque hay suficiente información para determinar cómo se relacionan los cambios en la producción, la oferta monetaria y los precios. Éste es el punto central de la gráfica.

3. **(5) No hay información suficiente para determinar la relación.** (Evaluación) Aunque los datos de la gráfica muestran cómo cada uno de estos tres factores cambia mientras los otros lo hacen, no proporcionan la información adecuada para determinar cuáles cambios son causas y cuáles son efectos. Por ello, las opciones (1), (2), (3) y (4) no se pueden determinar a partir de los datos entregados. Se necesita más información.

4. **(3) Los hogares encabezados por mujeres tienen un menor estándar de vida.** (Análisis) El menor poder salarial de las mujeres significa que los hogares en los que una mujer es la fuente principal de sustento generalmente tienen un estándar de vida más bajo que aquellos en que un hombre es el sustento. La opción (1) se contradice con la

información proporcionada. Tampoco hay fundamento para concluir la opción (2). La opción (4) es incorrecta porque, si una mujer gana menos, también pagará un menor impuesto a la renta. La opción (5) no se puede relacionar con las diferencias en los pagos.

5. **(2) Los cupones y los reembolsos** (Análisis) Ambas técnicas involucran la reducción de los precios para hacer sentir al consumidor que ha recibido una ganga. Ninguno de los demás pares de técnicas tienen un acercamiento similar a la mercadotecnia.

6. **(5) el costo de la búsqueda de nuevos mercados** (Comprensión) Esto puede entenderse desde la idea principal del texto: mientras más bienes se producen, más gente se encontrará comprándolos. La opción (1) sería un costo sólo cuando la producción sea restringida. Las opciones (2), (3) y (4) siempre serán costos de fabricación; por ello, no son específicamente preocupaciones acerca de nuevos mercados.

7. **(1) La mercadotecnia es un factor económico del sistema empresarial.** (Análisis) El escritor acepta la mercadotecnia de productos como un hecho económico. Ningún enunciado del texto sugiere que el escritor está haciendo las suposiciones de la opción (2) o (3). La opción (4) es un hecho enunciado en el texto, de modo que no es una suposición. El texto implica lo contrario a la opción (5).

8. **(3) anuncia productos para la oficina a los usuarios en su hogar** (Aplicación) Éste es un ejemplo de intentar vender un producto en un nuevo mercado: el hogar. Las opciones (1) y (4) son incorrectas, debido a que involucran a los clientes existentes, no a los nuevos. La opción (2) es incorrecta porque usted no puede determinar si el anuncio alcanzará el nuevo mercado. La opción (5) no necesariamente atrae, o está hecha para atraer, un nuevo mercado para un producto.

9. **(2) que es el mercado de valores** (Análisis) El término mercado de valores a menudo se reduce a mercado. Claramente son dos hombres de negocio conversando en una oficina, de modo que esta opción tendría sentido. Las opciones (1) y (4) se basan en diferentes significados de las palabras *mercado* y *mercadotecnia* que están implícitas en la caricatura. La caricatura no apoya la opción (3). La opción (5) se basa en la palabra heredarán más que en la caricatura en su conjunto.

10. **(5) El sindicato de los profesores negociaría con la junta escolar.** (Aplicación) Por ley, el sindicato de profesores negociaría antes de hacer una huelga, de modo que la opción (1) es incorrecta. También intentaría negociar antes de aceptar la opción (2) o llevar a cabo la opción (3). Ya que una junta escolar no querría cerrar una de sus escuelas, probablemente intentaría negociar antes de cumplir la opción (4).

11. **(1) Son demasiado poderosos.** (Análisis) Esto es sólo un juicio con el que no todos estarán de acuerdo. Un trabajador cuyo sindicato ha perdido una huelga, por ejemplo, no compartiría esta opinión. La opción (2) se apoya por las pruebas de salarios más altos, condiciones laborales mejoradas y otros beneficios que los sindicatos han obtenido para los trabajadores. Las opciones (3), (4) y (5) son hechos que se indican en el texto.

12. **(4) el compromiso** (Evaluación) El texto indica que la negociación colectiva es aquella en que cada parte a menudo debe ceder en algo, si quiere, para que el proceso pueda continuar. Esto muestra una fuerte responsabilidad con el principio del compromiso. Este proceso no funcionaría si las opciones (1), (3) o (5) fueran las más importantes, ya que en un contrato sindical cada parte renuncia a su capacidad para actuar en forma independiente en problemas relacionados con el trabajo y el lugar de trabajo. Aunque los problemas monetarios siempre se encuentran entre los más importantes en las negociaciones entre sindicatos y ejecutivos, nada en el proceso o el texto sugiere que la opción (2) se valore más que el compromiso en una negociación colectiva exitosa.

13. **(3) Los sindicatos no representan verdaderamente los intereses de los trabajadores porque los dirigentes sindicales son corruptos.** (Evaluación) Este enunciado es el resultado de estereotipos y de simplificación excesiva. Catalogar a todos los líderes sindicales a partir del mal comportamiento bien conocido de unos pocos infames es hacer estereotipos. Y no existe una relación directa entre un comportamiento corrupto y la mala representación de los miembros del sindicato. La opción (1) es un hecho. La opción (2) es un enunciado de causa y efecto bien razonado, porque los salarios son un costo de producción y las empresas toman en cuenta sus costos cuando ponen los precios. La opción (4) es una generalización razonable porque, como el texto lo indica, la amenaza de huelga a menudo puede causar que la administración esté de acuerdo con las demandas sindicales. La opción (5) es una generalización razonable dado que el texto indica que una vez que se ha formado un sindicato, el empleado ya no tiene la autoridad absoluta sobre sus empleados, sus salarios y sus condiciones laborales.

14. **(2) el porcentaje de trabajadores que son miembros de un sindicato en la actualidad y en décadas anteriores** (Evaluación) De las opciones enumeradas, esta sería la mejor medición del poder sindical. La opción (1) no mostraría si el poder sindical estaba aumentando o disminuyendo sin saber los resultados de las huelgas. Los sindicatos no influyen directamente sobre la opción (3), de modo que no es una buena medición de su fuerza. La opción (4) no es la mejor prueba porque la fuerza sindical es sólo un factor menor que puede ayudar a aumentar la seguridad laboral; factores más importantes se relacionan con avances técnicos y la

promulgación de leyes de seguridad. La opción (5) es la prueba más carente, porque los discursos no serán objetivos ni imparciales.

15. **(5) Las negociaciones mantienen falsamente la imagen de una negociación maratónica.** (Comprensión) No coincide lo que dice la persona que habla en la caricatura con lo que vemos en ella. Esto indica que sus palabras son falsas. Las opciones (1) y (4) son detalles que tienen poca relación con el tema de la caricatura. Las opciones (2) y (3) no se implican por la caricatura, especialmente si se toma en cuenta que no se sabe de manera clara si la persona que habla representa los trabajadores o el equipo administrativo.

16. **(1) no progresan nada.** (Evaluación) Han estado negociando por mucho tiempo sin lograr ningún resultado y están cansados, pero no quieren que el público se entere de su falta de progreso. Es por eso que no dicen la verdad a la prensa. La opción (2) es una mala interpretación de los detalles de la caricatura que muestran que los negociadores están acostados. La opción (3) no es probable porque si estuvieran a punto de llegar a un acuerdo, estarían dispuestos a seguir adelante y contarlo a la prensa. Las opciones (4) y (5) son incorrectas ya que se contradicen por la leyenda de la caricatura.

17. **(3) que el hombre que porta un cuaderno de notas es un reportero** (Análisis) El señor que se encuentra afuera del cuarto está tomando apuntes en un cuaderno y obviamente ha hecho una pregunta, así como hacen los reporteros. La falta de leyendas en la caricatura indica que se refiere a las negociaciones entre los sindicatos y la administración a nivel general y no a una situación específica, así que las opciones (1), (2), (4) y (5) son incorrectas.

18. **(2) decir "El cheque está en el correo"** (Aplicación) Ambos mensajes pretenden darle confianza a la persona que escucha mientras dan a la persona que habla algo más de tiempo. La opción (1) causaría pánico. La opción (3) podría iniciar una discusión. La opción (4) haría que la persona que escucha pone en duda la inocencia de la persona que habla. La opción (5) es el opuesto del mensaje deseado.

19. **(3) Ha habido una declinación en la cantidad de paros laborales desde 1970.** (Comprensión) Debido a que los paros estuvieron en su punto más alto en el año 1970 y bajaron de manera significativa en 1998, la tendencia general tiene que ser una disminución. La opción (1) es incorrecta debido a que se plantea en el párrafo que 1970 fue el año más alto. La opción (2) se contradice por los datos. Las opciones (4) y (5) no se pueden concluir según el párrafo.

20. **(1) ¿Qué se va a producir?** (Aplicación) Cuando tiene que decidir entre pelotas de béisbol y pelotas de fútbol, Sam está decidiendo qué producir. La opción (2) es incorrecta ya que Sam está decidiendo qué producir, no cuánto producir. La opción (3) es incorrecta ya que Sam no está decidiendo cómo debe producir su producto. La opción (4) es incorrecta ya que Sam no está pensando en quiénes van a ser sus clientes. La opción (5) es incorrecta ya que a Sam no le interesa el cambio económico en general.

21. **(4) ¿Quién lo va a recibir?** (Aplicación) La compañía de Parker está pensando buscar una nueva clientela. La opción (1) es incorrecta ya que el producto no está cambiando. La opción (2) es incorrecta ya que las cantidades no se consideran. La opción (3) es incorrecta debido a que no están pensando cambiar de métodos productivos. La opción (5) es incorrecta ya que no están haciendo una pregunta de economía general.

22. **(2) ¿Cuánto se debe producir?** (Aplicación) Patricia está pensando en si debe o no producir más de su producto. Las opciones (1) y (3) son incorrectas ya que no hay cambio en el producto ni en cómo se produce. La opción (4) es incorrecta ya que las mismas personas van a comprar las papas; lo que sucede es que van a comprar más de ellas. La opción (5) es incorrecta ya que a Patricia no le interesa el cambio económico general.

23. **(3) Durante más de 60 años se ha aplicado una ley sobre el salario mínimo a la mayoría de los trabajadores estadounidenses.** (Comprensión) El enfoque del párrafo es el hecho de que una ley respecto al salario mínimo que se aprobó en el año 1938 todavía tiene vigencia para muchos trabajadores estadounidenses. La opción (1) es incorrecta ya que tiene que ver con la excepciones a la ley. Las opciones (2) y (4) tienen que ver únicamente con la historia de la ley, lo que no es el tema central del párrafo. No hay información en el párrafo respecto a la opción (5).

24. **(5) La Ley sobre el salario mínimo garantiza que el estándar de vida de los trabajadores de Estados Unidos no caiga por debajo de un cierto nivel.** (Análisis) Muchos de los detalles del párrafo apuntan y apoyan a esta afirmación. Las opciones (1), (2), (3) y (4) ofrecen algunos de tales detalles.

# UNIDAD 5: GEOGRAFÍA

## Lección 18

### Enfoque en las destrezas de GED (Página 211)

1. **b.** El mapa muestra las principales ciudades y carreteras interestatales de Texas y Oklahoma.

2. **a.** *F*: San Antonio se ubica en la unión de las carreteras interestatales 20 y 35.

   **b.** *V*: Austin es la capital de Texas y se ubica al oeste de Houston y al sur de Dallas.

   **c.** *V*: Lubbock es una ciudad de Texas que se ubica casi en la mitad entre Oklahoma City y El Paso.

   **d.** *F*: Forth Worth, Texas, está más cerca de El Paso, Texas, que de Ponca City, Oklahoma.

e. *F:* San Antonio, Texas, se ubica casi a 200 millas al sudoeste de Houston.

   f. *V:* El estado de Texas es más del doble del tamaño del estado de Oklahoma.

   g. *V:* Dallas se ubica en la carretera interestatal 35 casi a medio camino entre Austin y Oklahoma City.

3. Conduzca hacia el sur por la 1-35 desde Oklahoma City hasta la unión con la 1-20 en Fort Worth, Texas. Tome la 1-20 al oeste durante más de 400 millas hasta que termina en la 1-10. Continue por la 1-10 por casi 150 millas más hasta que llegue a El Paso.

### Enfoque en el contenido de GED (Página 213)

1. **(4) Los lugares deben tener algunas características o rasgos en común.** (Comprensión) El texto expresa que una región es un área cuyos lugares comparten características y rasgos que los hacen distintos de las áreas que los rodean. Estas características comunes no se limitan a idioma, religión o características físicas, de modo que las opciones (1) y (2) no son correctas. La opción (3) es incorrecta porque las características comunes que identifican a las regiones no tienen que incluir a las personas, como lo ejemplifican las regiones físicas y las climáticas. La información del mapa que muestra sólo una región climática de casi todo el norte de África deja en claro que la opción (5) no es verdadera.

2. **(4) un idioma o religión común** (Comprensión) El texto expresa que las regiones culturales pueden definirse por el idioma, por agrupaciones étnicas o raciales o por otras características de la cultura humana. La religión calificaría como un aspecto de la cultura humana. La opción (1) define una región política, no una cultural. Las regiones de todos los tipos tienen límites, por lo que la opción (2) es incorrecta. La opción (3) define una región física, no una cultural. La opción (5) define una región climática, no una cultural.

3. **(1) Rusia** (Aplicación) Rusia es un país, por lo tanto es una región política. Las opciones (2) y (5) son características físicas, no políticas. Las opciones (3) y (4) describen unidades geográficas más grandes, las que no son regiones políticas.

4. **(5) un clima húmedo y cálido** (Comprensión) Esto puede determinarse a partir de la información del mapa. La opción (1) no se aplica a la costa este de Australia, más bien al interior del país. Las opciones (2) y (4) no se encuentran en Australia. De acuerdo con el mapa, la opción (3) se aplica sólo a una pequeña parte de la costa este de Australia.

5. **(4) La zona central de la India tiene un clima seco mientras que en las costas llueve mucho.** (Comprensión) El mapa muestra gran parte de India, incluyendo las costas que tienen un clima lluvioso y tropical y la sección central que posee un clima seco. El mapa muestra que gran parte de India tiene un clima seco y no muestra nada acerca de los bosques, de modo que la opción (1) es incorrecta. El mapa

muestra que Gran Bretaña y Nueva Zelanda tienen un clima cálido y húmedo, de modo que la opción (2) es incorrecta. Ya que la Meseta del Tíbet tiene un clima montañoso y la planicie de China del Norte posee un clima cálido y húmedo, la opción (3) es incorrecta. La opción (5) es incorrecta porque el norte de Asia tiene un clima polar y el norte de África tiene un clima predominantemente seco con algunas regiones cálidas y húmedas.

6. **(2) La parte noreste de Europa tiene un clima frío, mientras que el resto del continente tiene un clima cálido.** (Análisis) La clave del mapa indica un clima húmedo y frío y un clima cálido y húmedo. Las opciones (1) y (3) son incorrectas porque se basan en una mala lectura del mapa. Las opciones (4) y (5) no se pueden determinar a partir del mapa, por lo tanto son incorrectas.

7. **(2) mapas físicos y políticos** (Aplicación) Un mapa físico mostraría los accidentes geográficos de cada continente y otra característica natural, mientras que uno político localizaría los países y las ciudades en cada continente. Los mapas podrían entonces compararse con el mapa climático de la página 212 para determinar cómo las características físicas afectan la ubicación de las ciudades principales en África y Asia. Las opciones (1), (3), (4) y (5) son incorrectas porque los mapas culturales y los de carreteras no muestran con consistencia las características físicas y las ciudades principales, información necesaria para tomar la determinación que se formula en la pregunta.

### Práctica de GED (Páginas 214 y 215)

1. **(2) Illinois.** (Comprensión) El mapa muestra que la población de Illinois promedia más de 25 personas por milla cuadrada. Las opciones (1), (3) y (4) tienen regiones más pequeñas con esta densidad de población y la mayoría de las áreas en este estado contienen menos de 25 personas por milla cuadrada. La opción (5) no tiene áreas donde la densidad de población sea superior a la de Illinois.

2. **(1) La zona del este de Estados Unidos tiene una mayor densidad de población que la parte occidental.** (Comprensión) El mapa muestra que las áreas más grandes de baja densidad de población están en el Oeste y que la densidad de población del Este es generalmente superior a la global. La opción (2) se contradice con el mapa porque el área más grande de alta densidad de población no está en la Costa Oeste, sino en el área de Nueva Jersey y Nueva York, en la Costa Este. Las opciones (3) y (4) no pueden determinarse a partir del mapa. La opción (5) es una opinión y no un replanteamiento de la información entregada en el mapa.

3. **(5) Hay ciudades importantes en estas áreas.** (Análisis) La ciudades son lugares donde grandes cantidades de personas viven cerca, por consiguiente crean áreas de alta densidad de población. La opción

(1) es incorrecta porque los turistas son visitantes temporales, de modo que el turismo no afecta la densidad de población. La opción (2) no puede determinarse a partir del mapa y en cualquier caso, es poco probable que grandes cantidades de personas vivan en un área montañosa. La opción (3) no es verdadera porque algunas de las áreas de más alta densidad no están ubicadas en áreas de tiempos cálidos. La opción (4) es poco probable porque las áreas rurales son regiones donde la gente se ha expandido y no se encuentra hacinada.

4. **(3) Ohio** (Aplicación) El mapa muestra que Ohio tiene una densidad de población de todo el estado superior a la de las otras elecciones. Tener muchas personas viviendo en el área sería importante porque se necesitaría de los clientes para que todos los restaurantes fueran exitosos. La opción (1) no es la mejor selección porque la mayoría de las personas de este estado viven en un área pequeña y el resto del estado está escasamente colonizado. Las opciones (2) y (5) tienen densidades de población superiores a la de la opción (1), pero aun inferiores a la de Ohio. Al igual que la opción (1), la opción (4) está muy escasamente colonizada excepto por una región.

5. **(4) Varía de norte a sur.** (Comprensión) El texto expresa que en la isla del Norte de Hokkaido hace frío, mientras que la del sur de Kyushu tiene un tiempo subtropical. La opción (1) es incorrecta porque nada en el texto sugiere que las erupciones volcánicas de Japón influyen en su clima. La opción (2) consiste en que es el terreno montañoso de Japón, no su clima, la razón de por qué el país tiene pequeñas tierras de cultivo, de modo que la opción (3) es incorrecta. La opción (5) es incorrecta porque el texto no entrega información acerca de la distribución de las ciudades japonesas.

6. **(2) Tokio es una ciudad más importante que Kobe.** (Análisis) Que Tokio sea una ciudad más importante, es un enunciado de opinión con el cual no todos concordarían. El mapa y el texto establecen la opción (1) como un hecho Las opciones (3), (4) y (5) son hechos que se establecen en el texto.

7. **(3) Las principales islas de Japón están formadas por cerros montañosos rodeados por planicies costeras donde vive la mayoría de las personas.** (Comprensión) El mapa muestra que las islas principales están formadas por una hilera de montañas rodeadas por planicies costeras, donde se localizan las ciudades más importantes de la nación. Las opciones (1) y (2) se contradicen con la información del mapa. La opción (4) no se relaciona con el tema del mapa. Los mapas no muestran información acerca de los volcanes, de modo que la opción (5) no es correcta.

8. **(5) Más japoneses viven en Honshu que en cualquiera de las demás islas.** (Evaluación) El mapa muestra que Honshu es la isla más grande y que contiene la mayoría de las ciudades de la nación, por lo tanto, esta es una conclusión

razonable que se obtiene a partir de la evidencia entregada. El mapa no marca las montañas más altas de Japón, de modo que la opción (1) no puede concluirse del mapa. La opción (2) se contradice con la evidencia del mapa; la isla de Shikoku es claramente más pequeña que la isla de Kyushu. Las ciudades más importantes se encuentran en las costas Oeste y Este de las islas más importantes de Japón y las regiones agrícolas no aparecen, por lo tanto la opción (3) no puede concluirse de la información del mapa. La opción (4) es incorrecta porque el mapa no proporciona información acerca de la economía de Japón.

## Prueba corta de GED (Páginas 216 y 217)

1. **(3) Los Montes Trasantárticos la dividen en las regiones oriental y occidental.** (Comprensión) El mapa muestra que estos montes forman el borde entre las dos regiones, las cuales están identificadas en el mapa. Ninguna parte del mapa sugiere la opción (1), la que de hecho es incorrecta. Las opciones (2) y (4) se contradicen con el mapa. La opción (5) es incorrecta porque el mapa muestra que el Polo Sur no está localizado en las áreas montañosas de la Antártica.

2. **(5) Un desierto es un lugar con poca precipitación.** (Comprensión) El texto implica que la Antártica es desértica porque cada año caen muy pocas precipitaciones. Esto sugiere que un nivel bajo de precipitación es la característica que define a un desierto. Ninguna parte del texto sugiere que las opciones (1), (3) o (4) sean verdaderas (no lo son). La opción (2) es incorrecta, porque se contradice con el texto; es el nivel de precipitación, no la temperatura, lo que define a un desierto.

3. **(4) El interior no tiene buenas fuentes de alimento.** (Análisis) El texto expresa que sólo unas pocas plantas existen en la Antártica y sólo unos cuantos insectos viven más allá de los límites del continente, de modo que los animales grandes no tienen ninguna fuente de alimento. Los animales grandes son capaces de sobrevivir en otras regiones polares frías y en montañas escarpadas, de modo que las opciones (1) y (2) son incorrectas. La opción (3) no explica por qué los animales grandes no viven tierra adentro, puesto que el texto expresa y el mapa muestra que gran parte del continente está cubierto por una gruesa capa de hielo. No hay información que apoye la opción (5). (No es verdadera).

4. **(1) la curiosidad: aprender más sobre el continente** (Evaluación) El mapa ofrece información acerca de que los asentamientos en la Antártica son estaciones de investigación. Esto indica que las naciones que las patrocinan quieren aprender más acerca del continente. La opción (2) podría ser un motivo para que los individuos (no la nación a la que pertenecen) que viven en la Antártica, instalen estaciones de investigación. La opción (3) es incorrecta porque, como indica el texto, nunca hubo asentamientos permanentes en la Antártica. La opción (4) es incorrecta porque los

animales de la Antártica no están en peligro y nada en el texto indica lo contrario. La opción (5) es incorrecta porque los asentamientos son estaciones de investigación, no lugares industriales, para los cuales sería difícil funcionar en un entorno extremadamente frío.

5. **(2) El clima varía debido a las características del terreno.** (Comprensión) Éste es el punto principal de la información que contiene el texto. El texto no compara al tiempo y al clima, por lo que la opción (1) es incorrecta. La opción (3) es un detalle que ayuda a explicar el clima de Estados Unidos, no es un resumen del texto. La opción (4) se aplica sólo a la discusión de las áreas costeras. La opción (5) es generalmente verdadera en Estados Unidos, pero no es un resumen del texto.

6. **(5) Gran parte del clima es subtropical húmedo o continental húmedo.** (Comprensión) El mapa muestra que estas dos regiones climáticas juntas cubren más de la mitad de Estados Unidos. Las opciones (1) y (4) se contradicen con la información del mapa. El mapa no muestra información suficiente que apoye las opciones (2) o (3).

7. **(3) Los océanos tendrían un mayor efecto.** (Aplicación) El texto expresa que las montañas bloquean el aire oceánico que se mueve tierra adentro, el que da a la Costa Oeste sus climas únicos. Si estas montañas fueran de este a oeste, no tendrían un efecto bloqueador tan fuerte, lo que permitiría que los océanos tuvieran mayor influencia en el clima de la nación. El texto no apoya las opciones (1), (2), y (4). La opción (5) es incorrecta porque el texto implica que habría un cambio.

8. **(4) caminos.** (Aplicación) Los mapas físicos son mapas que muestran los accidentes geográficos y otras características de la geografía física. Ésta es la única opción hecha por la mano del hombre. Las opciones (1) y (2) son accidentes geográficos. La opción (3) es un tipo de región física. La opción (5) es un clima.

## Lección 19

### Enfoque en las destrezas de GED (Página 219)
1. **b.** El comercio florece cuando existe un buen transporte.

    **c.** El comercio próspero atrae más gente al área, ya que pueden conseguir trabajo o abrir nuevos negocios.

2. **b.** Las ciudades más importantes de Estados Unidos existen debido a que los comerciantes, mercaderes y trabajadores podían llegar a ellas fácilmente.

3. **c.** Jamestown.

### Enfoque en el contenido de GED (Página 221)
1. **(2) Los recursos ayudan a determinar dónde viven las personas, pero la tecnología ha hecho de ellos un factor menos importante.** (Comprensión) Ésta es la idea principal del párrafo. La mayoría de los detalles y ejemplos del texto apoyan este concepto. Las opciones (1) y (4) se discuten, pero no son el punto central del texto. Las opciones (3) y (5) no se discuten ni se implican en el texto.

2. **(5) oro** (Aplicación) La tabla sugiere que los recursos no renovables tienden a ser recursos minerales, de los cuales el oro es un ejemplo. La opción (1) viene de una planta, la cual la tabla indica que es un recurso renovable. Las opciones (2) y (3) son un animal y un producto animal respectivamente, de modo que son recursos renovables. La opción (4) viene de los árboles, y la tabla enumera a los bosques como recurso renovable.

3. **(1) La disponibilidad de recursos ha influido en el lugar donde viven las personas.** (Análisis) La otra información del párrafo lleva a esta conclusión. Las opciones (2), (3), (4) y (5) son detalles de apoyo que ayudan a explicar cómo y por qué la conclusión es verdadera.

4. **(3) Los peces son una fuente importante de alimento para mucha gente en el mundo.** (Análisis) Si no tiene conocimiento de esto, no será capaz de comprender por qué las regiones costeras densamente pobladas apoyan la conclusión de que "el número de personas que vive en un área a menudo está directamente relacionado a sus recursos". La opción (1) es incorrecta porque no hay información en el texto que implique cuántos habitantes costeros se gana la vida pescando, y no es verdadera. La opción (2) es verdadera sólo para algunas regiones costeras y además no ayuda a comprender la conclusión. La opción (4) es incorrecta, debido a que esto se indica en el texto. La opción (5) es verdadera, pero conocer esta información no le ayuda a entender la conclusión del párrafo porque el texto establece que las regiones polares están escasamente pobladas.

5. **(4) Poca gente vivirá en un lugar si éste carece de un recurso importante.** (Análisis) Los párrafos dos, tres y cuatro entregan información que apoya esta conclusión. La opción (1) se contradice con la información del texto. Las opciones (2) y (3) son juicios (opiniones) que no tienen apoyo ni en la información del texto ni en la tabla. La opción (5) se contradice con la información del texto. A pesar de que la mayoría de los recursos renovables son agotables, no todos lo son. Por ejemplo, la energía solar no puede agotarse por uso excesivo.

6. **(2) La gente de regiones desérticas y polares vive en condiciones primitivas y de aislamiento.** (Evaluación) Esta conclusión es el resultado de simplificación excesiva y de estereotipos. Hoy en día es posible vivir cómodamente en aquellas regiones porque la tecnología hace posible llevar comida, calentar o instalar aire acondicionado y otras comodidades parecidas en las viviendas. De igual manera, las personas de aquellas regiones no se encuentran

aisladas porque pueden usar la tecnología para trasladarse y comunicarse con otras personas de todo el mundo. La opción (1) no es un ejemplo de lógica incorrecta porque es un hecho demostrable. Las opciones (3) y (4) no son ejemplos de lógica incorrecta porque son conclusiones razonables basadas en los ejemplos y en otras pruebas presentadas. La opción (5) no es un ejemplo de lógica incorrecta porque se apoya por la información del quinto párrafo del texto.

### Práctica de GED (Páginas 222 y 223)

1. **(2) cómo la disminución de los recursos influye en el asentamiento** (Comprensión) La historia que se cuenta en el párrafo se centra alrededor de esta idea. La historia de Nelsonville hace que la opción (1) sea incorrecta. La opción (3) es incorrecta porque este texto no sólo tiene que ver con los acontecimientos de estos dos pueblos. La opción (4) se discute, pero no es el punto central del texto. La opción (5) es demasiado amplia y no el punto central del texto.

2. **(1) El paisaje de Estados Unidos está cubierto de pueblos que no lograron sus sueños.** (Análisis) Esta opinión es una generalización amplia que requiere de apoyo para hacerla creíble. Las opciones (2), (3), (4) y (5) son todas detalles que contienen un ejemplo de por qué el primer enunciado es verdadero.

3. **(2) La minería era la base de sus economías.** (Análisis) Ésta es la única similitud que se presenta en el texto. La opción (1) es incorrecta porque el texto no contiene información acerca de los orígenes de Nelsonville. La opción (3) es incorrecta porque aunque Nelsonville declinó, no se le describe como un pueblo fantasma. La opción (4) se contradice con el texto. La opción (5) es incorrecta porque, aunque el texto describe similitudes entre los dos pueblos, no indica que las mismas personas vivieron en ambos pueblos.

4. **(3) Muchos restaurantes de lujo se construyeron ahí.** (Evaluación) Ésta es la única opción que proporciona una prueba directa de riqueza. Sugiere que los ciudadanos deben haber tenido mucho dinero para gastar y así poder frecuentar esos lugares. La opción (1) es incorrecta porque el texto no da pruebas acerca de si los mineros que fundaron el pueblo eran ricos. La opción (2) es incorrecta porque la población de un lugar no es una prueba de cuán rica es su gente. La opción (4) no es una buena prueba ya que no indica si la riqueza obtenida gracias a la minería de oro y plata se quedó en la ciudad de Virginia o si se fue con los dueños de las minas a alguna localidad distante, haciendo que *ellos* fueran los ricos. La opción (5) es incorrecta porque se relaciona con la decadencia del pueblo y no apoya la conclusión de que el pueblo era un centro de riqueza.

5. **(5) Una fábrica despide a sus trabajadores porque la gente ya no usa el producto que fabrica.** (Aplicación) La decadencia que ocurrió en las tres situaciones es parecida, como también lo es la idea de depender de sólo un recurso o producto. La opción (1) es incorrecta porque lo que sucedió con los pueblos no fue el resultado de una acción de los trabajadores. La opción (2) es incorrecta porque describe un acontecimiento exitoso, lo opuesto a lo que ocurrió con los pueblos. La opción (3) es incorrecta porque ninguna ciudad declinó cuando una empresa adquirió un monopolio sobre la producción de un bien específico. La opción (4) es incorrecta porque ninguna de las caídas de las ciudades fue el resultado de altos impuestos o de una acción del gobierno de la ciudad.

6. **(2) La mayoría de las ciudades se encuentran millas hacia adentro, sobre una línea de caída que separa los planicies de la Costa Este de la sierra del interior.** (Comprensión) Éste es el único enunciado que describe la información del mapa acerca de donde se localizan las ciudades del este. Las opciones (1) y (5) no tienen nada que ver con la información del mapa. La opción (3) explica por qué estas ciudades están donde están, pero no resume ninguna información que aparezca en el mapa. La opción (4) es incorrecta porque, a pesar de que el mapa muestra los ríos y la línea de caída, no proporciona información contenida en el enunciado.

7. **(3) En un comienzo, viajar por tierra desde la costa hacia el interior era difícil.** (Comprensión) La información de que los colonos viajaron tierra adentro por el río y se detuvieron cuando ya no podían seguir avanzando por agua implica que el viaje por tierra era difícil. Ninguna parte del texto sugiere la opción (1). Las opciones (2) y (5) se contradicen con los hechos expresados en el texto. La opción (4) es incorrecta porque el texto no proporciona información acerca de las áreas fuera de la región.

8. **(5) Los recursos hidráulicos crearon la mayoría de las ciudades que hoy existen a lo largo de la costa marítima del este.** (Análisis) La mayor parte de las demás oraciones del párrafo llevan a esta conclusión. La opción (1) proporciona información que explica el papel que jugó el agua en la fundación de estas ciudades. Las opciones (2), (3) y (4) establecen una relación de causa y efecto que explica cómo el agua ayudó a estos lugares a convertirse en ciudades, mientras que la mayoría de los pueblos de la costa no lograron.

### Prueba corta de GED (Páginas 224 y 225)

1. **(4) Las crecidas permitían que los granjeros produjeran más cultivos.** (Análisis) Este efecto se sugiere por la segunda oración del segundo párrafo. Ninguna parte del texto sugiere que las opciones (1) o (3) sean resultado de la inundación. Las opciones (2) y (5) se contradicen con el texto.

UNIDAD 5

**2. (5) Los granjeros a lo largo del Nilo han tenido que enriquecer su tierra con costosos fertilizantes químicos.** (Evolución) Este detalle ofrece un ejemplo de cómo al cambiar el Nilo con una represa ha afectado a algunas personas. Las opciones (1) y (2) establecen formas en que puede cambiar un río, pero no ofrece información sobre cómo estos cambios afectan a las personas. La opción (3) es un ejemplo de cómo un río cambia su curso, pero no ilustra ni explica cómo se ven afectadas las vidas de las personas. La opción (4) describe al río y el estilo de vida de las personas antes del cambio. No apoya la conclusión de que una alteración en el curso de río cambia las vidas de las personas.

**3. (2) Los ríos son económicamente importantes.** (Evaluación) Los granjeros, pescadores y otros egipcios dependían del Nilo por la electricidad y para mantener sus estilos de vida. No hay pruebas en el texto que apoyen las opciones (1) o (3). La opción (4) no se puede determinar a partir del texto. La opción (5) se contradice con el texto.

**4. (3) Los cambios de la Tierra se producen por la naturaleza o las personas.** (Comprensión) Ésta es la idea general del párrafo. Las opciones (1), (2) y (5) son detalles que apoyan esta conclusión. La opción (4) es incorrecta debido a que no se indica en el párrafo y no es verdadera.

**5. (4) la Costa este de Estados Unidos** (Comprensión) Ésta es la única área que indica la leyenda del mapa como una casa de invierno para las mariposas. El mapa muestra que las opción (1) es parte de las zonas de las monarcas en los climas cálidos. El mapa no indica que las opciones (2) y (3) tengan que ver con las mariposas monarcas. La opción (5) corresponde al primer territorio al que llegan las monarcas cuando cruzan el Golfo de México, pero el mapa no indica que permanecen allí.

**6. (5) Una monarca tiene alas de colores naranja y negro.** (Análisis) Saber esto es necesario para entender la referencia del autor sobre el cielo naranjo y negro. La relación entre las mariposas y las aves no entrega información útil, por lo que las opciones (1) y (4) son incorrectas La opción (2) no se discute directamente en el texto. Ninguna parte del texto sugiere que la opción (3) sea verdad.

**7. (2) una reserva de fauna silvestre** (Aplicación) Ésta es una tierra separada por el gobierno para proteger plantas y animales, como el objetivo que tiene la reserva de México. La opción (1) es incorrecta debido a que las monarcas no pueden estar en cautiverio. Ninguna parte del texto sugiere la clase de agricultura en la reserva mexicana, por lo que la opción (3) es incorrecta. Aunque hay turistas en la reserva, el texto no indica que ésta fuera creada como complejo turístico ni que ofreciera establecimientos y actividades recreativas, lo que descarta las opciones (4) y (5) como respuestas.

**8. (1) La tala de árboles del bosque amenaza el bienestar de las monarcas.** (Análisis) El texto indica que las monarcas viven en los troncos y ramas de los árboles. Si se talan los árboles en sus bosques se las dañará por la destrucción de su hábitat natural. La opción (2) es incorrecta porque el texto no entrega información de que el gobierno mexicano creara la reserva de las monarcas a petición de los turistas. El texto da a entender que el gobierno creo la reserva para detener la tala, por lo que la opción (3) es incorrecta. Ninguna parte del texto sugiere que la opción (4) sea verdad. La opción (5) contradice la información del texto sobre la continuación de la tala en la reserva.

## Lección 20
### Enfoque en las destrezas de GED (Página 227)
**1. b.** Las personas que reciclan se preocupan por cuidar y conservar los recursos del país.

**2. a.** En nuestra sociedad desechable, la persona promedio produce 1,500 libras de basura al año.

**c.** Algunos estados, más ingeniosos, exigen que se deposite en contenedores para desechos metálicos y botellas de vidrio.

**d.** Esto estimula al público inconsciente a devolver estos artículos en lugar de desecharlos.

**3. a.** jugo de manzana en una botella de vidrio con tapa metálica

**4. a.** Las personas que desechan los recursos tienen un mal comportamiento; las que no lo hacen, tienen un buen comportamiento.

### Enfoque en el contenido de GED (Página 229)
**1. (1) el nordeste** (Comprensión) El mapa muestra que el daño de la lluvia ácida es peor o esta sobre el promedio en la mayoría de los estados del cuadrante noreste de Estados Unidos. Las opciones (2), (3), (4) y (5) son incorrectas porque el daño en estas áreas no es, por lo general, tan malo como en el noreste.

**2. (5) Algunos desechos químicos son dañinos para las personas.** (Comprensión) Esta información da a entender que las sustancias químicas en el pescado de algunos lagos contaminados son tan dañinos a los humanos que no se debería comer esta carne. Las opciones (1) y (3) no se enuncian directamente en el texto. La opción (2) es incorrecta, porque esta generalización no se apoya en el texto. El texto no compara los niveles de contaminación del aire o el agua, por lo que la opción (4) es incorrecta.

**3. (3) centrales energéticas por combustión de carbón** (Comprensión) Este texto señala que una de las causas de la lluvia ácida es la combustión de carbón. El mapa muestra que la mayoría de los estados con importantes daños por la lluvia ácida tienen grandes centrales energéticas por combustión de carbón. No hay nada en este texto ni en el mapa que apoye las opciones (1), (2), (4) o (5) como una fuente para la lluvia ácida.

4. **(2) La contaminación se puede extender a grandes distancias.** (Evaluación) Tanto el texto como el mapa apoyan esta conclusión. La opción (1) no apoya la información del texto, la cual establece que la contaminación del agua es un problema grave. La conclusión de la opción (3) no se puede sacar a partir de la información dada. Nada en el texto ni en el mapa apoya las opciones (4) y (5) como buenas conclusiones.

5. **(3) La salud pública es importante.** (Evaluación) El colocar señales de advertencia para evitar la ingesta de pescado demuestra que la protección de la salud humana es el tema de mayor preocupación para las autoridades de gobierno. Las opciones (1) y (2) son incorrectas debido a que estas señales no tienen nada que ver con la conservación de los recursos y no están motivadas por el deseo de proteger a los peces. El colocar señales en postes no indica acuerdo con los juicios expresados en las opciones (4) y (5).

6. **(4) usar sustancias químicas en su césped** (Evaluación) El texto establece que los derrames químicos son una fuente de contaminación del agua. La opción (1) es incorrecta debido a que esta actividad muestra una preocupación por el ambiente. Las opciones (2), (3) y (5) son incorrectas debido a que estas actividades en sí no representan daño al ambiente.

7. **(2) Sí, porque los estados que se encuentran al este de aquellos con la mayor cantidad de centrales energéticas por combustión de carbón, presentan una tendencia a tener un daño por lluvia ácida superior al promedio.** (Evaluación) Éste es el patrón general indicado en el mapa. Las opciones (1) y (5) son incorrectas debido a que la razón que cada una entrega para señalar que el mapa no apoya al texto es insuficiente para desmentir la afirmación del texto, dado la otra prueba del mapa. La opción (3) está equivocada debido a que su información contradice al mapa. Debido a que este mapa no muestra cuáles son las regiones mineras de carbón, no hay suficiente información para evaluar la certeza de la opción (4).

**Práctica de GED (Páginas 230 y 231)**

1. **(3) La contaminación del agua es un problema generalizado.** (Comprensión) Esto expresa la idea principal del párrafo. Las opciones (1) y (2) son detalles, no la idea principal. La opción (4) no se sugiere en el texto. La opción (5) es una opinión relacionada a una circunstancia específica y no la idea principal del texto.

2. **(4) Las personas que obtienen agua potable de pozos deberían hacer que se analizara periódicamente.** (Evaluación) El texto señala que las sustancias químicas peligrosas pueden penetrar hacia las aguas subterráneas y luego, pueden llegar a los pozos, lo que puede ser peligroso para la salud humana si se llegara a consumir esa agua. La opción (1) se contradice con la información del primer párrafo del texto. Las opciones (2) o (3) son

incorrectas debido a que el texto no hace juicios sobre si las fuentes de agua están más contaminada. La opción (5) no se puede concluir debido a que el texto establece que las consecuencias de la contaminación por plomo ocurre en el tiempo y que sólo algunos hogares antiguos presentan potenciales problemas por contaminación de plomo.

3. **(1) su salud** (Evaluación) El texto indica que el motivo detrás de beber agua embotellada es evitar beber agua contaminada, la que puede contener sustancias peligrosas para la salud. Ninguna parte del texto sugiere que la opción (2) sea correcta. Aunque las tuberías de plomo en las antiguas casas se mencionan como fuentes de contaminación en las casas, la opción (3) es incorrecta debido a que el texto indica que muchas personas beben agua embotellada por la preocupación sobre el agua subterránea, por lo que el plomo que existe en los hogares antiguos no es la única razón para beber agua embotellada. Las opciones (4) y (5) son incorrectas debido a que beber agua embotellada no conserva los recursos hidráulicos ni ayudan a limpiar el ambiente.

4. **(5) Sí, porque las aguas pluviales al escurrirse arrastran estas sustancias químicas hacia las aguas subterráneas.** (Análisis) Esta relación de causa y efecto se puede inferir a partir del análisis sobre el agua subterránea y sus fuentes. La información dada en las opciones (1), (3) y (4) puede ser cierta, pero esta información no tiene nada que ver con que si el entierro de sustancias químicas es la fuente de la contaminación del agua. La opción (2) contradice al texto.

5. **(3) Atrapan la arena.** (Comprensión) La ilustración muestra que los malecones atrapan la arena que de otra forma se llevaría por las olas de las corrientes costeras. La opción (1) es incorrecta debido a que describe los efectos del rompeolas, como muestra las olas que regresan al mar desde la costa. La opción (2) es incorrecta debido a que el diagrama muestra que los malecones afectan las olas reflejadas en la costa y no las olas entrantes. La opción (4) es incorrecta puesto que, como indica el texto, las corrientes costeras son producto de las olas que chocan con la costa en ángulo, no por los malecones. La opción (5) es incorrecta porque, según el texto, se crean los arenales por las olas que golpean la tierra directamente, lo que no tiene que ver con la función de un malecón.

6. **(1) La protección de la propiedad es importante.** (Evaluación) El texto deja en claro que la razón principal para prevenir la erosión en la playa es proteger los hogares, empresas y otros lugares a lo largo de la costa. Este desarrollo y los esfuerzos para protegerlos hace que sea incorrecta la opción (2). La construcción de estos mecanismos contradice la opción (3). La opción (4) es incorrecta porque estos mecanismos cambian la costa y pueden considerarse monstruosos. Ninguna parte del texto sugiere que la opción (5) es un valor relacionado con la construcción de dichos mecanismos.

7. **(4) el muro de protección a lo largo de una autopista** (Aplicación) Ambos son mecanismos de protección que redirigen la energía de objetos o sustancias entrantes. La ilustración muestra que el rompeolas detiene las olas que entran hacia la playa y las redirige hacia la playa. Un contrarriel en una autopista evita que los vehículos se salgan del camino a cambiarles la dirección cuando lo golpean. Las opciones (1) y (2) son incorrectas porque no son elementos de protección sino que de transporte, que sólo tiene la intención de mover algo desde un lugar a otro. La opción (3) no es un elemento de protección. La opción (5) es un elemento de protección pero no cumple la misión de redirigir la energía como lo hacen el rompeolas y el contrarriel.

8. **(5) Los rompeolas y los malecones aceleran la erosión.** (Análisis) La frase "algunos expertos piensan" en el texto indica que esta información es la opinión de alguien. Además, la otra información sugiere que el rompeolas y los malecones tiene efectos opuestos. El texto y el diagrama señala que las opciones (1), (2), (3) y (4) son hechos más que opiniones.

## Prueba corta de GED (Páginas 232 y 233)

1. **(4) Un señor pescó un pez que ha comido la basura de las personas.** (Comprensión) Esta descripción cubre el punto importante de la caricatura. Las opciones (1) y (2) no se apoyan por la caricatura. La opción (3) no describe la acción principal mostrada en la caricatura. La opción (5) es incorrecta porque no se usa al pez para limpiar los océanos.

2. **(2) Los océanos del mundo están contaminados.** (Análisis) El caricaturista retrata al pez escupiendo un gran montón de basura que come en el océano presumiblemente. No hay pruebas en la caricatura para apoyar las opiniones expresadas en la opciones (1), (3), (4) o (5).

3. **(3) No importa dejar desperdicios si no se ven.** (Evaluación) Ésta es la actitud común entre la gente que arrojan botellas vacías, latas y otras basuras al agua, y la basura del agua es el tema de esta caricatura. Las opciones (1), (4) y (5) también son opiniones que tienen algunas personas, pero ninguna de ellas se sugiere en la caricatura. Tampoco hay nada que sugiera la opción (2) de la caricatura.

4. **(5) La contaminación afecta a los animales del océano.** (Evaluación) La caricatura muestra que al pez perjudicado por la basura que la gente arroja al océano. Ninguna parte de la caricatura sugiere que la opción (1) o (2) sea la correcta. La caricatura no es una crítica a los métodos de pesca o a la pesca en sí, por lo que las opciones (3) y (4) son incorrectas.

5. **(3) una ventana.** (Aplicación) Al igual que una ventana, los satélites de comunicaciones permiten que las cosas que suceden en un lugar se puedan ver y/o escuchar en otro. La opción (1) es incorrecta debido a que es una barrera como el océano o el desierto que impide las comunicaciones desde un lugar a otro. Las opciones (2), (4), y (5) son incorrectas debido a que estas estructuras, por lo general, impiden más que facilitan las comunicaciones entre las personas que se encuentran en distintas partes.

6. **(5) La mayoría de los estadounidenses viven en zonas urbanas, las que forman parte del medio ambiente.** (Comprensión) El párrafo señala que las ciudades son parte del medioambiente e indica que las mayoría de los estadounidenses viven en zonas urbanas. La opción (1) es incorrecta debido a que es un detalle que apoya la idea principal del párrafo. La opción (2) es incorrecta debido a que el texto no compara el número de personas que viven en los suburbios con el número que vive en las ciudades. La opción (3) es incorrecta debido a que el texto no compara la cantidad de esparcio que ocupan las ciudades y las granjas, sólo compara las poblaciones relativas e las zonas rurales y urbanas. La opción (4) es incorrecta debido a que el texto indica que toda la tierra es parte del medioambiente, no sólo la tierra urbana y suburbana.

7. **(3) Los problemas urbanos resultan de la gran concentración de personas en áreas reducidas.** (Análisis) Se entrega esta conclusión en el párrafo 2. Las opciones (1), (2), (4) y (5) son detalles que apoyan a esta conclusión.

8. **(2) el exceso de gente** (Análisis) Si la ciudad tiene demasiada gente para la cantidad de agua disponible, habrá problemas de suministro de agua. Las opciones (1) y (3) puede terminar en problemas de suministros de agua, pero esto no ocurre en todas las ciudades y no son la causa general de dichos problemas. Las opciones (4) y (5) pueden ser problemas para algunas ciudades en ciertas ocasiones, pero no deberían tener un efecto negativo en el suministro de agua.

9. **(3) El crecimiento urbano no ha sido bien planificado.** (Análisis) A pesar de los problemas urbanos citados en el texto, la calidad de la preparación nacional frente al crecimiento urbano es la opinión del autor, con la que algunos pueden estar en desacuerdo. Las opciones (1) y (2) corresponden a hechos establecidos en el texto. La opinión (4) es un hecho que se puede confirmar al ver que algunos políticos han trabajado en programas urbanos y legislaciones. La opción (5) es un hecho que se puede demostrar al confirmar la existencia de dichas leyes.

10. **(3) La toma de conciencia de los estadounidenses sobre los problemas urbanos los lleva a ejercer presión en el gobierno para que haga mejoras urbanas.** (Análisis) El texto sugiere que mientras más votantes vayan a vivir en las ciudades y mientras más tomen conciencia sobre los problemas urbanos, los funcionarios elegidos estarán más preocupados frente a dichos problemas y tendrán más voluntad para solucionarlos. Aunque el texto establece que la cantidad de tierra ocupada por las ciudades es pequeña, nada indica que la opción (1) sea incorrecta. No hay información que apoya las opciones (2) y (5). Ninguna parte del texto sugiere que los ciudadanos están descontentos, por lo que la opción (4) también está incorrecta.

11. **(1) El derrame de petróleo fue un desastre ambiental.** (Evaluación) La información que indica que fue el peor derrame de petróleo de Norteamérica junto con las estadísticas que hablan de sus dimensiones y consecuencias apoyan esta conclusión. No se puede apoyar la opción (2) sobre la base de un sólo incidente. No se entregan suficientes detalles para comprobar que las opciones (3) y (4) sean verdaderas. Ninguna parte del texto apoya la opción (5) como conclusión.

## Unidad 5 Repaso acumulativo
(Páginas 234 a 237)

1. **(5) Los inmigrantes son las personas que no nacieron en el país donde viven actualmente.** (Comprensión) Se sugiere esto por la forma en que el escritor usa el término en el texto. Las opciones (1), (2) y (4) son incorrectas debido a que en ninguna parte del texto se ofrece información sobre cómo los inmigrantes llegaron a Estados Unidos, donde se radicó la mayoría o en qué condición económica estaban cuando llegaron. El texto se centra en los inmigrantes que llegaron a Estados Unidos y no ofrece información sobre inmigrantes de otras regiones, por lo que la opción (3) también es incorrecta.

2. **(1) Todos los estadounidenses tienen antepasados provenientes de otros lugares.** (Análisis) La mayor parte de la información del texto de una u otra manera entrega pruebas que apoyan esta oración. Las opciones (2), (3) y (4) son detalles que conducen a esta conclusión. La opción (5) es información adicional que no está ligada directamente a la conclusión.

3. **(4) Francia** (Aplicación) Este texto sugiere que en los últimos años, la mayoría de los inmigrantes vienen de lugares distintos de Europa y África. Las opciones (1) y (5) no se pueden descartar debido a que el texto señala que Asia es una de los principales lugares de donde vienen los inmigrantes y la mayoría se radica en California. La opción (2) no es correcta debido a que el texto identifica a México como una fuente importante de inmigración. El texto no entrega información para creer que la opción (3) sea probablemente correcta.

4. **(3) Los estadounidenses compran muchos artículos plásticos desechables.** (Comprensión) La gráfica muestra que se arrojan millones de toneladas de plástico anualmente. Esto sugiere que los estadounidenses compran y usan gran cantidad de estos elementos. La gráfica entrega cifras sólo para los pañales, no para los bebés, por lo que la opción (1) es incorrecta. La opción (2) no se puede inferir a partir de la gráfica. La gráfica implica lo contrario a la opciones (4) y (5).

5. **(4) La gasolina, que hace funcionar los automóviles, es un combustible fósil.** (Análisis) A menos que sepa esto, no puede apreciar el significado de la leyenda en la caricatura. El centro del a caricatura no está en los recursos del agua, por lo que las opciones (1) y (2) son incorrectas. (Además, la opción (1) no es correcta debido a que el agua no es un combustible) Las opciones (3) y (5) pueden ser o no ciertas, pero no ayudan a comprender la caricatura.

6. **(1) Dependemos demasiado de los combustibles fósiles.** (Evaluación) Esta oración se apoya en la información en que poca energía viene de otras fuentes, aunque algunos expertos creen que los combustibles fósiles se acabarán muy pronto, y por la escena y la leyenda de la caricatura. Aunque la opción (2) puede ser una buena idea, ningún hecho dado en el texto ni las opiniones expresadas en la caricatura llevan a esta conclusión. La opción (3) contradice al texto. No se ofrece ninguna información que lleva a las conclusiones de las opciones (4) y (5).

7. **(4) lejos del ecuador a gran altura** (Aplicación) Según el texto, los lugares más altos son los más fríos y, los lugares más cercanos al ecuador son los más cálidos. Por lo tanto, si nos alejamos del ecuador encontraremos lugares más fríos. La combinación de distancia del ecuador y altitud producirá el lugar más helado. Las opciones (1), (2), (3) y (5) no entrega la combinación correcta para la temperatura más fría.

8. **(1) Los variados parajes de Estados Unidos ofrecen vacaciones de todo tipo.** (Comprensión) Esta idea se expresa en la primera oración, el cual es la oración temática del texto. La opción (2) es una opinión que relaciona a dos áreas geográficas específicas. Las opciones (3) y (4) son detalles sobre parajes específicos. No se analiza la opción (5).

9. **(3) Vermont y la Montaña Blanca en Arizona** (Análisis) El texto da a entender que ambas son áreas montañas. Los lugares enunciados en las opciones (1), (2), (4) y (5) no son parecidos debido a que tienen características geográficas opuestas.

10. **(5) Ir de campamento generalmente es más barato que alojarse en un hotel.** (Análisis) Éste es el único enunciado que se puede comprobar que sea cierto. Todas las demás opciones son opiniones. La opción (1) es una opinión (clave= *emocionante*)

Respuestas y explicaciones

debido a que algunas personas encuentran esta actividad aburrida o aterradora. La opción (2) es un punto de vista (clave=*disfrutan*) que sólo tienen aquellos que disfrutan las vacaciones al aire libre. Algunas personas pueden pensar que las playas en Virginia, Carolina del Norte, u otros lugares son mejores, por lo que la opción (3) no es un hecho (clave=*mejores*). No todos pueden estar de acuerdo con la opción (4) (clave= *peligroso y costoso*); por ejemplo, las personas con dinero pueden que no consideren que el esquí sea muy costoso.

11. **(4) la riqueza** (Evaluación) El texto establece que ellos iban a buscar fortuna, lo que indica que valoraban los minerales de la región por sobre el aspecto natural del área o los desafíos de explorar la región. Esto hace que sea incorrecta las opciones (1) y (2). Ninguna parte del texto sugiere que las opciones (3) y (5) sean verdaderas.

12. **(2) Las personas pasan sus vacaciones al aire libre porque aman la aventura.** (Evaluación) El asignar esta razón a todas las personas es simplificar excesivamente los motivos porque las personas salen de vacaciones al aire libre. La gente sale de vacaciones al aire libre por otras razones, por la aventura de lanzarse en balsas río abajo, por ejemplo, o para relajarse en la playa. La opción (1) es un enunciado de hecho. Las opciones (3) y (4) no son simplificaciones excesivas debido a que sólo se aplican a algunas personas. La opción (5) es una opinión basada en el hecho de que el excursionismo requiere una tremenda actividad física.

13. **(3) Las mujeres tienen tendencia a vivir más que los hombres.** (Evaluación) La información en la tabla apoya esta generalización debido a que, en cada país citado, la esperanza de vida de las mujeres es mayor que la de los hombres. Las opciones (1) y (2) no son ciertas de acuerdo con la tabla. La opción (4) no se puede determinar porque la tabla no relaciona estos datos con el clima. La opción (5) no se puede concluir debido a que la tabla no entrega cifras de esperanza de vida en otros países sudamericanos.

14. **(1) Olas migratorias en el mundo** (Comprensión) El mapa muestra a personas que se desplazan por todo el mundo. Las opciones (2) y (4) son incorrectas porque el mapa no indica el pasado o el futuro. Las opciones (3) y (5) son incorrectas debido a que el mapa muestra más que la inmigración a Estados Unidos o los patrones del asentamiento europeo.

15. **(5) Australia y Norteamérica** (Comprensión) Las flechas del mapa muestran cómo las personas van a esos continentes y no se mueven de allí. En ninguna de las otras opciones muestran ambos continentes esta característica. La gente que se va de Europa, hace que sea incorrecta la opción (1), y África y Asia hacen incorrectas las opciones (2), (3) y (4).

16. **(3) La inmigración afecta a todos los continentes.** (Comprensión) Todos los continentes tienen flechas, lo que indica que la gente se ha desplazado hacia o desde ellos. Las opciones (1) y (2) son incorrectas debido a que los mapas no muestran patrones en el tiempo. La opción (4) es incorrecta debido a que el mapa muestra a los inmigrantes africanos que van también a Norte y Sudamérica y no indica números relativos de inmigrantes. La opción (5) es incorrecta debido a que el mapa no sugiere porque se traslada la gente.

17. **(2) Gran parte del daño al medio ambiente es el resultado del afán de las personas por tener vidas más cómodas.** (Análisis) La idea básica del texto es que las personas han dañado la Tierra y reducido sus recursos debido a la búsqueda de un estilo de vida mejor, el que hace posible la industrialización. Nada en el texto sugiere la opción (1). La relación causa y efecto extendida en las opciones (3), (4) y (5) están todas expresadas explícitamente en el texto.

## Prueba final (Páginas 240 a 255)

1. **(1) el poder potencial de las colonias unidas** (Comprensión) Divididas en "piezas" separadas, las colonias tenían poco poder. Con la forma de una sola serpiente, se volvieron muy poderosas. La opción (2) es incorrecta porque las colonias se muestran como partes de una sola cosa. La opción (3) es incorrecta porque la serpiente está dividida en piezas, en lugar de ser una sola unidad. No hay nada en la caricatura que apoya las opciones (4) y (5).

2. **(4) Las colonias debían unirse contra Gran Bretaña.** (Análisis) El uso que el editor hace de la caricatura muestra su opinión de que las colonias debían unirse. Las opciones (1), (2) y (3) son hechos y no son relevantes para el punto central de la caricatura de que las colonias necesitan unirse. La opción (5) es una opinión pero nada tiene que ver con la caricatura ni con el uso que le da el editor en el encabezado del periódico.

3. **(2) Los trabajadores de una empresa forman un sindicato y exigen cambios a su empleador.** (Aplicación) Al igual que las colonias, los trabajadores tendrían más poder si se unieran contra el empleador que si hicieran sus demandas por separado. Ninguna de las demás opciones expresa la idea de unirse para incrementar el poder y la fuerza para alcanzar una meta. Las opciones (4) y (5) también son incorrectas porque la caricatura no trata acerca de serpientes. La serpiente es sólo un símbolo que el caricaturista ha utilizado para expresar una idea.

4. **(2) aproximadamente el 15 por ciento de todos los niños** (Comprensión) Esto se puede determinar a partir del valor de la línea de color de la gráfica en el año 1971. La opción (1) es la tasa entre las edades de los estadounidenses de 18 a 64 años. La opción (3) es la tasa de pobreza en el año 1971 de las personas de 65 años y más. La opción (4) es la tasa de pobreza para las personas de 65 años y más en el año 1969. La opción (5) es el rango superior de los valores de la gráfica.

5. **(3) La tasa de pobreza para los estadounidenses de edad avanzada muestra el mayor mejoramiento a través del tiempo.** (Evaluación) Esto se apoya por la línea de la gráfica para las personas de 65 años y más, la que muestra que la tasa de pobreza baja de alrededor de un 28 por ciento de toda las personas mayores en el año 1966 a menos del 10 por ciento en 1999. La opción (1) es incorrecta porque la gráfica muestra que la tasa de pobreza en los niños de un 17 por ciento en el año 1999 era la más alta de los tres grupos que muestra la gráfica. La opción (2) es incorrecta porque la gráfica muestra que la tasa de pobreza entre este grupo ha sido consistentemente inferior que la de los niños e inferior o casi igual a la de los estadounidenses mayores. La opción (4) no puede determinarse a partir de la gráfica porque ésta trata de los porcentajes de un grupo. La opción (5) se contradice con la gráfica, ya que la tasa de pobreza de los niños aumentó a comienzos de la década de 1990 y sólo en 1999 disminuyó a menos de lo observado en el año 1966.

6. **(2) El presidente Johnson dio curso a una serie de programas contra la pobreza en 1964.** (Análisis) Después de que el gobierno declaró la guerra contra la pobreza en 1964, las tasas de pobreza en las tres categorías que aparecen en la gráfica bajaron, en general, durante los siguientes años. Esto sugiere que los programas contra la pobreza del gobierno tuvieron el efecto esperado. La opción (1) no habría tenido efecto directo en la pobreza. Los datos de la gráfica no sugieren ninguna relación de causa y efecto entre los cambios en las tasas de pobreza en los tres grupos de edad y las opciones (3) y (5). Si la opción (4) estuviera relacionada con las tasas de pobreza, se esperaría que las tasas entre los trabajadores estadounidenses y sus hijos declinaran, ya que los graduados universitarios generalmente ganan más que los que no han recibido educación universitaria.

7. **(5) Europa** (Comprensión) La leyenda del mapa muestra la clave para las tasas de crecimiento de la población de cada continente. Muestra que la población de Europa tiene una tasa de crecimiento anual negativa y por lo tanto va disminuyendo. A pesar de que la tasa de crecimiento de la opción (1) es baja, no es tan baja como la de Europa. Las tasas de crecimiento de las opciones (2) y (4) están en un rango incluso más alto. La opción (3) es incorrecta porque tiene la tasa de crecimiento más alta, no la más baja.

8. **(1) el director de una institución de servicio social de la Organización de las Naciones Unidas** (Aplicación) Una persona como ésa se interesaría en las proyecciones de población internacional para los objetivos de planificación. Las opciones (2), (3), (4) y (5) son incorrectas porque un historiador, un sismólogo, un psicólogo y un especialista en los recursos marítimos no se interesarían en las cifras de la población actual y futura de una región.

9. **(2) La población de América Central y África está aumentando más rápidamente que las de otras regiones.** (Evaluación) Esta dos regiones son las únicas que tienen una tasa de crecimiento del 2.1 al 3 por ciento, como indica el mapa. La opción (1) es incorrecta porque Australia también cae en el mismo rango de crecimiento relativamente lento de Norteamérica, pero la población de ambos continentes crece menos lentamente que la de Europa. Tanto Asia como Sudamérica aparecen con un crecimiento de entre 1.1 y 2 por ciento, de modo que no es posible determinar si la opción (3) es verdadera. Las opciones (4) y (5) son incorrectas, a pesar de que son verdaderas, porque no se dan las cifras de la población total para los continentes.

10. **(1) El gobierno de Estados Unidos trata esforzadamente de proteger a los estadounidenses contra el fraude o contra prácticas o productos peligrosos.** (Análisis) La otra información del párrafo apoya la conclusión de que el gobierno trata de proteger a los consumidores. Las opciones (2), (3) y (4) son detalles de apoyo porque indican cómo el gobierno trata de proteger a los consumidores. La opción (5) también es un detalle, porque proporciona un ejemplo de lo que hace FTC.

11. **(5) comerciales de televisión que aseguran que un cereal para el desayuno previene las enfermedades coronarias** (Aplicación) El párrafo expresa que el trabajo de FTC es proteger a los consumidores de la publicidad falsa o engañosa. Ya que es un asunto que involucra la publicidad de los productos, le correspondería a FTC investigar esta queja. Las opciones (1) y (3) son asuntos que se relacionarían con FDA. La opción (2) no caería en la jurisdicción de ninguna de estas agencias, sino que, al contrario, interesaría a alguna otra agencia gubernamental de protección al consumidor. Ya que la opinión (4) afecta la seguridad de los pasajeros de una línea aérea, sería un problema de FAA.

12. **(3) la seguridad de los ciudadanos** (Evaluación) Esto está indicado por los esfuerzos de estas agencias gubernamentales de proteger al pueblo estadounidense de bienes y servicios potencialmente dañinos. No existe información en el texto que indique que las opciones (1), (2) y (3) se refieran a las agencias mencionadas. La opción (4) debe ser del interés de FDA y FTC, pero para estas agencias reguladoras son menos importantes que la seguridad del consumidor.

13. **(2) Después de la ocupación comunista de Corea del Sur, las fuerzas de la ONU hicieron retroceder a los invasores hacia las fronteras con China.** (Análisis) El primer mapa muestra la invasión de Corea del Sur por parte de las tropas comunistas del norte, y el segundo mapa muestra la recuperación del territorio por las fuerzas de la ONU, las que cruzaron Corea del Norte, alcanzando el borde chino en la parte oeste del país. Las opciones (1), (3), (4) y (5) son detalles que apoyan esta

conclusión y cada una aparece en sólo uno de los dos mapas.

14. **(2) extensión de la esclavitud** (Aplicación) Al prohibir la esclavitud en los estados que aún no se habían formado, el Acuerdo de Missouri trataba sobre el problema de la extensión de la esclavitud en el nuevo territorio. La opción (1) es incorrecta, ya que el acuerdo no terminó con la esclavitud donde ésta existía. La opción (3) no es correcta, porque el acuerdo no tenía nada que ver con los impuestos sobre los bienes importados. La opción (4) es incorrecta, debido a que no se implica el cuestionamiento de la legitimidad de una ley federal existente. La opción (5) es incorrecta, puesto que el acuerdo tenía que ver con la admisión de nuevos estados a la Unión, no con que un estado la dejara.

15. **(1) el abolicionismo y la extensión de la esclavitud** (Análisis) Ambos se ocupaban de tomar alguna medida relacionada con la esclavitud. Las opciones (2), (3), (4) y (5) no se relacionan en absoluto como temas.

16. **(2) La mayoría de los blancos en el Sur estaban a favor de extender la esclavitud hacia los territorios del Oeste.** (Evaluación) El texto establece que la limpiadora de algodón expandía el crecimiento del sistema de plantaciones y del algodón. Esto haría que los sureños blancos (que dependían del trabajo de los esclavos en las plantaciones) apoyaran la expansión de la esclavitud a medida que se plantaban nuevas tierras con algodón. Las demás conclusiones son incorrectas, ya que se basan en una lógica incorrecta. Las opciones (1) y (3) son generalizaciones incorrectas basadas en estereotipos. Muchos norteños no se oponían a la esclavitud y la mayoría de los esclavos trabajaban tan duro como los trabajadores de las fábricas del Norte (si no más). Las opciones (4) y (5) son simplificaciones excesivas. Además de los temas y acontecimientos relacionados con la esclavitud, otros no relacionados con ella también llevaron a la secesión de los estados del Sur y a la Guerra Civil.

17. **(2) tener suficiente dinero** (Comprensión) En la caricatura, el dinero se representa por el primer obstáculo y el gran foso detrás de éste, en el que caerá el corredor a menos que salte extraordinariamente bien. El corredor debe ser capaz de superar este obstáculo con el fin de seguir en carrera hacia Iowa y New Hampshire. La caricatura no hace referencia ni a la opción (1) ni a la (3) como una dificultad u obstáculo. Las opciones (4) y (5) se presentan como obstáculos, pero no tan difíciles como el del "dinero".

18. **(5) Se refiere a lograr la nominación para presidente de Estados Unidos de un partido político.** (Análisis) Las pistas incluyen el año de la elección en la tarjeta del funcionario y los obstáculos con las etiquetas Iowa y New Hampshire, que son los dos primeros estados que eligen a candidatos republicanos y demócratas para la nominación. Si

no se sabe esto, la caricatura no tiene sentido. En la caricatura no hay nada que apoye las opciones (1), (2), (3) o (4).

19. **(3) precios más altos para los consumidores** (Análisis) Una forma en que los vendedores consiguen que más consumidores compren sus productos, en lugar de los de sus competidores, es bajar los precios. Sin embargo, no hay competencia en una situación de fijación de precio, de modo que es probable que el precio se mantenga alto. Esto descarta la opción (1). Ya que los precios se relacionan directamente con las ganancias, la opción (2) es poco probable en una situación en que no hay competencia. La opción (4) tampoco es probable, debido a que sin competencia los vendedores no tendrían un incentivo para mejorar su producto. La opción (5) es incorrecta, ya que uno no espera que los vendedores que fijan los precios produzcan más de lo que pueden vender.

20. **(4) A mediados de 1975, las tropas de Vietnam del Norte habían invadido a Vietnam del Sur.** (Evaluación) El mapa muestra muchas ciudades de Vietnam del Sur, entre ellas la capital, Saigón, que cayeron en manos comunistas en la primavera de 1975. También muestra que la mayor parte de Vietnam del Sur estaba bajo el control comunista en esa época. Las opciones (1), (2), (3) y (5) son verdaderas, pero el mapa no las apoya.

21. **(1) una nación más fuerte y estable** (Comprensión) Una pista se encuentra en la frase "formar una unión más perfecta". Esto implica que la nación ya existía y los demás objetivos del Preámbulo sugieren que la nación estaba asolada por el descontento y los disturbios. Por ello, las opciones (2) y (4) son incorrectas. Aun cuando el Preámbulo menciona la "defensa común", no hay nada que indique que la opción (3) fuera un objetivo. Ninguna parte del Preámbulo sugiere la opción (5).

22. **(3) Durante la mayor parte de su historia, Estados Unidos ha tenido un sistema bipartidista.** (Comprensión) Sólo este enunciado revela el punto principal de la información. De acuerdo con la información, la opción (1) es falsa. La opción (2) no se menciona en el párrafo. La opción (4) en general es cierta en la actualidad, pero es un detalle y no el punto principal del párrafo. La opción (5) es un replanteamiento de la opinión de John Quincy Adams.

23. **(3) durante el debate de la Cámara sobre el proyecto de ley** (Aplicación) De las opciones enumeradas, ésta es la primera vez que el representante B puede influenciar en la ley. En esta etapa, el representante puede tratar de convencer a los demás miembros de la Cámara de su posición sobre la ley durante el debate y/u ofreciendo enmiendas en el hemiciclo de la Cámara. Las opciones (1) y (2) son incorrectas, puesto que hacen referencia al proceso en el Senado, del cual este

representante no forma parte. Las opciones (4) y (5) describen procesos de la Cámara que suceden después del debate sobre la ley.

24. **(2) el espíritu de llegar a un acuerdo** (Evaluación) La tabla muestra que el paso 12 es aquél en que un comité de conferencia resuelve las diferencias que existen entre las versiones de la ley que la Cámara y el Senado han aprobado. Se necesitará la voluntad de lograr un acuerdo sobre las diferencias para crear una versión revisada de la ley que será aceptable tanto para la Cámara como para el Senado. Las opciones (1) y (5) no tienen mucho que ver con lograr la reconciliación de las diferencias de la Cámara y del Senado con respecto a la ley. Otorgar demasiada importancia a las opciones (3) y (4) podría hacer que una versión de la ley del comité de conferencia no fuera aprobada en el Senado si los miembros del comité pusieran demasiada atención a la voluntad de la Cámara sobre la ley o viceversa.

25. **(5) el presidente** (Análisis) La tabla muestra que si el presidente veta la ley, ésta todavía se puede convertir en ley si la Cámara y el Senado la aprueban con una mayoría de dos tercios. De acuerdo con la tabla, las medidas expresadas en las opciones (1), (2), (3) y (4) evitan que el proyecto se convierta en ley. Si el comité de la Cámara o el Senado no aprueba una ley o bien ambas cámaras completas la aprueban, ésta no avanzaría al siguiente paso en la tabla.

26. **(3) el río Essequibo** (Comprensión) Éste marca la extensión más oriental del territorio que ambas naciones reclamaban. Las opciones (1), (4) y (5) son incorrectas, ya que no se encuentran en el territorio en disputa. La opción (2) está cerca del límite de dicho territorio, pero no tiene sentido que Venezuela reclamara este límite, ya que cedería todo el territorio en disputa.

27. **(1) Estados Unidos tuvo poca influencia en la resolución de la disputa.** (Evaluación) El texto establece que Estados Unidos se puso de parte de Venezuela, pero el mapa muestra que la mayor parte del territorio en disputa se había entregado a Gran Bretaña. Esto sugiere que la disputa no se estableció en la forma en que Estados Unidos quería. Ni el texto ni el mapa entregan pruebas que apoyen las opciones (2) y (5), y ambas opciones son falsas. La opción (3) es verdadera, pero tampoco se puede determinar a partir de la información ofrecida. La presencia de la Guayana Holandesa en el mapa indica que la opción (4) es falsa.

28. **(4) dos vecinos que discuten sobre dónde levantar una cerca que separará sus patios** (Aplicación) Ésta es la única opción que incluye una disputa de límites. Las opciones (1) y (5) no tienen casi nada en común con la disputa entre británicos y venezolanos. La opción (2) es un conflicto sobre el uso de un recurso común y no su propiedad o división. La opción (3) es una disputa relacionada con Sudamérica, pero no es un argumento que involucre los límites entre los territorios.

29. **(5) La nación sudamericana de Guyana una vez fue colonia inglesa.** (Análisis) Las últimas dos oraciones del texto, al combinarse con la información del mapa, lleva a la suposición de que Guyana solía ser Guyana inglesa, y por lo tanto, colonia británica. No hay nada en el mapa ni en el texto que sugiere que las opciones (1), (2), (3) o (4) sean ciertas.

30. **(4) disminuya, el presupuesto de publicidad aumentará.** (Evaluación) La publicidad es un costo fijo puesto que cuesta lo mismo hacer publicidad a un producto si se producen 100 o 100,000. Además, y debido a que es el dueño quien puede controlar el costo, es ilógico suponer que aumentará el presupuesto de la publicidad si tiene menos productos para vender. Las opciones (1) y (5) son suposiciones lógicas debido a que son costos variables que aumentarán o disminuirán con la producción. Las suposiciones en las opciones (2) y (3) también son lógicas debido a que, como costos fijos, no habrá cambios sin importar lo que ocurra con la producción.

31. **(3) que los miembros representan regiones geográficas** (Análisis) La tabla indica que el pueblo del estado elige a los senadores y que la gente de un distrito dentro de un estado elige a los miembros de la Cámara, por lo que cada uno representa a un grupo de votantes específicos. Ésta es la única similitud entre los dos cuerpos legislativos que se señalan en las opciones. La opción (1) es incorrecta debido a que los senadores están en el cargo por un período de seis años y los miembros de la Cámara sólo por dos. La opción (2) también es una forma de explicar en que se diferencian los dos cuerpos legislativos, no en que se parecen. La opción (4) es incorrecta debido a que el líder del Senado es el vicepresidente de Estados Unidos, mientras que los miembros de la Cámara eligen al Vocero de la Cámara. La opción (5) es incorrecta debido a que la tabla muestra la elección de una nueva Cámara cada dos años, comparado con sólo el tercio del Senado.

32. **(3) una región muy industrializada y con lluvias promedio, como Alemania y Europa Central** (Aplicación) La descripción en el texto incluye los dos factores de la industria y las lluvias. Sólo esta opción incluye ambos factores. Ninguna de las demás opciones presenta esta combinación de factores geográficos. La opción (1) es incorrecta debido a que no hay industrias en las regiones donde se originan los vientos. A la opción (2) le faltaría la lluvia que se necesita para traer de vuelta los contaminantes a la Tierra. A la opción (4) le falta la industria. La opción (5) es incorrecta debido a que es probable que tierras tan pequeñas rodeadas por grandes masas de agua tengan las concentraciones industriales que provoquen los problemas de contaminación. Las grandes masas de agua servirían para disipar o alejar, y no para contribuir más o concentrar cualquier tipo de contaminación generada.

33. **(4) Los Ángeles y Atlanta** (Análisis) El mapa indica que ambas ciudades estarán parcialmente nubladas y secas con máximas de 60 grados. La opción (1) es incorrecta porque el mapa muestra que Seattle estará nublado, con lluvia y con bajas temperaturas, mientras que San Francisco estará parcialmente nublado, seco y cálido. La opción (2) es incorrecta porque Nueva York estará soleado y más frío que San Francisco. La opción (3) es incorrecta porque Richmond estará soleado y en Chicago habrá lluvia. La opción (5) es incorrecta porque Dallas estará más nublado y cálido que Denver.

34. **(1) La nieve retrasa los vuelos en el aeropuerto de Minneapolis.** (Análisis) El mapa muestra nieve y temperaturas bajo cero en Minneapolis, lo que indica que es posible que se produzcan acumulaciones y demoras en los vuelos. Las opciones (2) y (4) son incorrectas porque el mapa muestra que Denver y Nueva York tendrán una temperatura media y estará soleado. La opción (3) no se puede determinar a partir de la información del mapa. En el mapa no hay información acerca de huracanes, por lo que no se apoya la opción (5).

35. **(3) Las precipitaciones ocurren a menudo cuando el aire frío y el aire cálido se encuentran junto a los frentes fríos.** (Evaluación) Esta conclusión se apoya en la información en el mapa que muestra dos frentes a lo largo de los cuales hay precipitaciones en forma de lluvia o de nieve. La opción (1) se contradice con la información del texto. No se presenta información para apoyar la opción (2). No se puede sacar como conclusión la opción (4) puesto que el tiempo de un día no indica el clima general de una región. La opción (5) se contradice con el mapa.

36. **(2) La ruptura del Imperio Austro-Húngaro fue un resultado de la Primera Guerra Mundial.** (Análisis) El mapa de la izquierda muestra el Imperio Austro-Húngaro antes de la Primera Guerra Mundial y el mapa de la derecha muestra muchas naciones pequeñas que ocupan el mismo territorio después de la guerra. Esto lleva a la conclusión de que un resultado de la guerra es la división de este imperio. La opción (1) es un detalle del mapa que apoya el estado del Imperio Austro-Húngaro antes de la guerra, mientras que las opciones (3), (4) y (5) son detalles del mapa acerca de Europa después de la guerra. Todos estos detalles apoyan la conclusión de que, como resultado de la guerra se dividió el Imperio Austro-Húngaro.

37. **(4) publicidad y mercadotecnia mejores** (Aplicación) Iacocca dice que los estadounidenses no saben lo buenos que son los automóviles fabricados en EE.UU. y que se les debe hacer saber. Sugiere que si los fabricantes de automóviles estadounidenses pudieran hacer llegar este mensaje a los consumidores, los estadounidenses comprarían más automóviles nacionales en vez de los que se fabrican en Japón. Las opciones (1) y (2) son incorrectas porque Iacocca piensa que los fabricantes de automóviles estadounidenses ya están produciendo vehículos de alta tecnología. Las opciones (3) y (5) son incorrectas porque no indica que los salarios o los precios formen parte del problema.

38. **(5) La mayoría de los trabajadores sureños debían trabajar todo lo que su empleador les exigiera.** (Análisis) El mapa muestra que, en la década de 1920, la mayoría de los estados del sur no tenían leyes para restringir la duración de la jornada laboral. Esta información establece que el planteamiento en la opción (5) es un hecho. La opción (1) es una opinión que no se puede comprobar a partir de la información en el mapa y, además, es un tema de juicio con respecto a lo que hace a uno "estar mejor". Trabajar menos horas sería mejor para la salud de los trabajadores, pero para los empleados que trabajan por hora significaría un sueldo reducido. Las opciones (2) y (4) también corresponden a juicios, no a hechos que se apoyen en el mapa. El solo hecho de que una empresa se encuentre en un estado que no tiene límites sobre la jornada laboral no significa que el empleador no se preocupe por sus empleados; tampoco el hecho de trabajar muchas horas hace necesariamente que un trabajador sea mejor que otro que trabaja menos tiempo. La palabra "probablemente" identifica la opción (3) como una opinión que tampoco se puede comprobar a partir de la información en el mapa.

39. **(2) el crecimiento industrial del Medio Oeste** (Análisis) El párrafo cita a la industrialización como la principal razón para el crecimiento urbano, a pesar de que en las tres regiones no se produjo un crecimiento homogéneo. De manera que la conclusión lógica es que el crecimiento en los pueblos y ciudades del Medio Oeste fue el resultado de la industrialización en la región. No hay base en la información que sugiera que las opciones (1), (3), (4) o (5) sean la causa de este crecimiento.

40. **(3) Gore obtuvo una impresionante victoria en tres de estos estados, Bush ganó en forma arrolladora en uno de los estados y el quinto estado se disputó estrechamente.** (Comprensión) La tabla muestra que Gore ganó ampliamente en California, Illinois y Nueva York y que Bush ganó ampliamente en Texas. En Florida la contienda fue más estrecha. Las opciones (1), (2) y (4) se contradicen con la información de la tabla. La opción (5) es verdadera, pero no constituye un resumen de la información de la tabla.

41. **(5) El consumo de energía por persona varía ampliamente entre las naciones del mundo.** (Análisis) El uso de la energía entre los países que se aprecia en la gráfica varía ampliamente, lo que lleva a esta conclusión. Las opciones (1), (2), (3) y (4) son detalles de la gráfica que apoyan esta conclusión.

42. **(1) el crecimiento de las instituciones democráticas en la antigua Atenas** (Comprensión) Todos los acontecimientos registrados en la tabla muestran movimientos a favor de la democracia en la antigua Atenas. Las opciones (2) y (5) son incorrectas porque la tabla

trata solamente el tema en la antigua Atenas y no de la totalidad e Grecia o todos los períodos de su historia. La opción (3) es incorrecta porque en la tabla no hay información acerca del gobierno en Grecia moderna. La opción (4) se trata en la tabla pero se centra principalmente en las formas en que el gobierno se volvió más democrático.

43. **(5) Los estadounidenses gastan la mayor parte de lo que ganan en sus necesidades básicas de vida.** (Análisis) La gráfica indica que casi el 60 por ciento de los ingresos anuales familiares típicos se invierte en alimentación, vivienda, vestuario y transporte, todos necesarios para sobrevivir y desenvolverse. Las opciones (1), (2), (3) y (4) son todos detalles que apoyan la conclusión de la opción (5). La opción (1) establece que la mayoría de los estadounidenses gastan muy poco de sus ingresos en lujos como entretenimiento. Las opciones (2), (3) y (4) establecen cuánto de sus ingresos gastan los estadounidenses en cada necesidad: alimentación, refugio y transporte.

44. **(4) El gobierno debe poseer y manejar los medios de producción básicos.** (Comprensión) Éste es un replanteamiento de la información acerca del socialismo que se ofrece en la tabla. La opción (1) es incorrecta porque es una definición de planificación económica y se aplica a la teoría del comunismo como también al socialismo. La opción (2) es incorrecta porque describe lo que ocurre en naciones que siguen la teoría económica capitalista, más que la socialista. La opción (3) es incorrecta porque es un replanteamiento de la teoría económica comunista. La opción (5) es incorrecta porque es un replanteamiento de la teoría económica capitalista.

45. **(2) socialismo y capitalismo** (Aplicación) En ambos sistemas, al menos algunos de los recursos productivos son controlados en forma privada. Esto significa que, hasta cierto punto, la doctrina de dejar hacer funciona en ambos sistemas. Las opciones (1), (3) y (4) son incorrectas porque el gobierno controla toda la planificación económica en un sistema comunista. La opción (5) es incorrecta porque la doctrina de dejar hacer también es importante en un sistema capitalista.

46. **(1) Es la libertad de la empresa privada para funcionar competitivamente por una ganancia con muy poca regulación del gobierno.** (Análisis) El párrafo implica que la libre empresa se opone a la planificación económica y supone que el lector se da cuenta que la libre empresa se relaciona con una relativa carencia de control gubernamental sobre la economía. La opción (2) es incorrecta porque la oración habla de que la libre empresa implica lo contrario. Las opciones (3), (4) y (5) son incorrectas porque no tienen sentido en el contexto de estas oraciones que hablan de la libre empresa y la oración final del párrafo.

47. **(4) la Ley de Derechos Civiles de 1964** (Aplicación) El tema del discurso de Kennedy fue la raza. Esta ley es la única opción que trata directamente de la raza y protege los derechos civiles prohibiendo la discriminación racial. Por ello, las opciones (1), (2), (3) y (5) son incorrectas.

48. **(3) para trasladar los productos de las empresas estadounidenses hacia allá para exportar y vender a Estados Unidos** (Análisis) La gráfica muestra que las empresas estadounidenses que tienen grandes inversiones en minería, petróleo y agricultura. En un país con una economía en desarrollo, se necesitaría construir calles y ferrocarriles para transportar el petróleo, el mineral y los bienes agrícolas producidos por estas inversiones de modo que se pudieran vender. Las opciones (1) y (4) no son probables porque la gráfica muestra que Estados Unidos había invertido bastante en transporte. No hay nada en el párrafo ni en la gráfica que indica un interés de Estados Unidos por aumentar el ingreso de los países latinoamericanos, de modo que la opción (2) es incorrecta. La opción (5) no es probable porque el párrafo sugiere que las empresas tenían poca consideración por el bienestar de la gente en los países en que invirtieron.

49. **(2) A partir de 1910, la población en el Sur y en el Oeste ha crecido más rápido que en el Norte y en el Este.** (Evaluación) Esto puede explicar el hecho de que el mapa muestra que el centro de población de la nación está cambiando sin cesar hacia el Sur y el Oeste desde 1910. La opción (1) se contradice con el párrafo y el mapa. Las opciones (3) y (5) son incorrectas porque estos lugares son el centro de población de la nación, no el lugar donde vive la mayoría. Aunque la opción (4) es verdadera, no se puede concluir basándose en la información proporcionada.

50. **(1) Pasar por alto a sus representantes.** (Análisis) En la iniciativa y el referendo, las personas tienen voz directa en lo que ocurre. Sólo un referendo permite a los votantes revocar leyes, eliminando la opción (2). Sólo una iniciativa permite a los votantes proponer leyes, lo que elimina la opción (3). Ni la iniciativa ni el referendo se relacionan con las opciones (4) y (5).

## Prueba simulada (Páginas 258 a 273)

1. **(2) Latinoamérica** (Comprensión) La gráfica para 1998 muestra que el 43 por ciento de los inmigrantes provienen de Latinoamérica. Éste es el porcentaje más grande de los grupos que se muestran en la gráfica moderna. Las opciones (1) y (3) representan porcentajes menores de inmigrantes. La opción (4) no se encuentra en la gráfica. La opción (5) no es verdadera.

2. **(1) El porcentaje de inmigrantes que provienen de Asia aumentó considerablemente durante el siglo XX.** (Análisis) Éste es un hecho que se puede comprobar comparando las gráficas circulares. Las opciones (2), (3), (4) y (5) son opiniones que no se basan en la información objetiva que se presenta, y con las cuales no todos estarían de acuerdo.

3. **(3) Estados Unidos se ha convertido en una nación de mas diversidad étnica y cultural.**

(Análisis) Desde todas partes del mundo, los inmigrantes traen consigo elementos de su propia cultura y, por consiguiente, hacen más variada la cultura de Estados Unidos. No hay nada en el texto ni en la gráfica que sugiere que las opciones (1) o (2) sean efectos de la inmigración, ni tampoco que sean ciertas. (Ninguna de las dos es cierta). La opción (4) no se puede determinar porque las gráficas no entregan información acerca del cierre de Angel Island o de lo que le ocurrió al número o porcentaje de inmigrantes asiáticos desde que cerró. No hay nada en el párrafo ni en la gráfica que apoya la relación de causa y efecto enunciada en la opción (5).

4. **(2) Europa ya no es la fuente más importante de inmigrantes hacia Estados Unidos.** (Evaluación) Esto se apoya en las pruebas de la gráfica que indican que aunque Europa entregó cerca del 85 por ciento de los inmigrantes en el año 1900, actualmente sólo constituye el 1.4 por ciento. La opción (1) no tiene apoyo porque no se entrega información acerca del lugar de Estados Unidos en que se establecieron los inmigrantes asiáticos. La opción (3) es incorrecta porque las gráficas comparan la composición de la inmigración pero no proporcionan los números totales de inmigrantes para los años analizados. No hay información en el párrafo que indique si las opciones (4) o (5) son verdaderas.

5. **(4) la organización** (Evaluación) Todas las actividades y logros descritos involucran un alto grado de organización. La opción (1) es incorrecta porque, aunque se mencionan los ejércitos, no se sugiere que se asigne ese alto valor al hecho de declarar guerras. El párrafo no da pruebas de que las opciones (2), (3) o (5) fueran especialmente valoradas.

6. **(3) que la Segunda Enmienda otorga a las personas el derecho a portar armas** (Análisis) La caricatura expresa que la opinión acerca de la tenencia de armas en Estados Unidos no está funcionando como se pretendía con la Segunda Enmienda. Los lectores no comprenderán este mensaje a menos que sepan que la Segunda Enmienda implica el derecho a portar armas. Las opciones (1), (2) y (4) son verdaderas, pero saber estas cosas no ayuda a entender el significado de la caricatura. La opción (5) es incorrecta porque no es verdadera y no está relacionada con el tema de la caricatura.

7. **(5) Las actuales ciudades costeras de la parte oriental de Estados Unidos se inundarán.** (Análisis) El mapa muestra las orillas oriental y sur de Estados Unidos. De acuerdo con el mapa, la orilla se ha movido tierra adentro durante los últimos 15,000 años y continuará haciéndolo. El efecto será que las ciudades de la costa oriental quedarán bajo el agua. Ninguna parte del mapa sugiere que se producirán cambios de temperatura y terremotos, lo que elimina las opciones (1) y (2). En la orilla no se producen cambios necesariamente a causa de cambios en la población en el país entero, de modo que las opciones (3) y (4) son incorrectas.

8. **(1) el presidente** (Aplicación) Al igual que el gobernador de un estado, el presidente es el más alto funcionario de la rama ejecutiva del gobierno. La opción (2) es incorrecta, debido a que el vicepresidente es el segundo en la línea de mando. La opción (3) es incorrecta porque el secretario de estado no es el jefe de estado del gobierno nacional y porque el secretario de estado de Estados Unidos se encarga de los asuntos exteriores. Las opciones (4) y (5) son incorrectas porque éstos son funcionarios del poder legislativo, no del ejecutivo.

9. **(5) contralor y tesorero** (Análisis) Ambos funcionarios tienen funciones parecidas, la mayor parte de las cuales gira en torno a la recepción y el gasto de los dineros fiscales. En la tabla no se observan similitudes entre los funcionarios de las opciones (1) y (2). Los funcionarios de la opción (3) se parecen sólo en que ambos mantienen registros. En la opción (4), el trabajo del contralor es revelar el mal desempeño, mientras que el procurador general representa al estado en los tribunales.

10. **(2) asegurar de que el gobernador no tenga demasiado poder** (Análisis) El texto afirma que estos funcionarios se eligen por el pueblo o se designan por el gobernador. Si el gobernador designa a estos funcionarios clave escogerá sólo a personas que apoyan sus acciones y posiciones. El efecto sería que el gobernador tendría mucho más poder que si estos funcionarios fueran elegidos. De modo que elegir a estos oficiales sirve como control del poder del gobernador. La opción (1) no sería un efecto de escoger funcionarios de estado por medio de una elección, más que de una designación, ya que el costo de realizar una elección es mayor que el de designar a un titular. No existe ninguna relación de causa y efecto entre elegir a los funcionarios estatales y las opciones (3) o (5). La opción (4) puede ser cierta, pero no resulta del abuso de poder mencionado en la opción (2).

11. **(5) trabajadoras mujeres de raza negra** (Comprensión) Esto puede determinarse con una interpretación correcta de la gráfica, que muestra que, en promedio, las mujeres de raza negra sólo ganan un poco más de $20,000 al año. Esto es menos del ingreso anual promedio que muestra la gráfica para las opciones (1), (2), (3) y (4).

12. **(2) la práctica de no ascender por encima de cierto nivel a empleados mujeres o de minorías** (Comprensión) Esta conexión está implícita en la referencia que hace el escritor sobre "una barrera invisible" que bloqueaba el avance de la carrera de las mujeres y las minorías por encima de cierto punto en la administración. El texto enuncia que los prejuicios y temores son una causa del techo de vidrio, no su definición, de modo que la opción (1) es incorrecta. Ninguna parte del texto sugiere la opción (3), la que solamente tomó su nombre del término. La opción (4) es un resultado del techo de vidrio, no el significado del término. La opción (5) es incorrecta porque el texto enuncia que las mujeres forman el 40 por ciento de la fuerza laboral y que las minorías han obtenido puestos de nivel medio.

13. **(4) Ambos grupos ganan menos como promedio que los trabajadores hombres de la misma raza.** (Análisis) La gráfica muestra que los ingresos anuales promedio de las trabajadoras blancas son menores que los de los trabajadores blancos y que las trabajadoras de raza negra tienen ingresos anuales promedio más bajos que los hombres de la misma raza. La opción (1) no es una similitud porque el texto enuncia que las mujeres blancas ocupan el 5 por ciento de los mejores puestos ejecutivos, mientras que las minorías sólo ocupan el 3 por ciento y la mayoría de estos puestos ejecutivos altos los ocupan hombres. No hay nada en el texto ni en la gráfica que apoya la opción (2). El texto indica que los ejecutivos mujeres y de minorías generalmente son de puestos medios, no que la mayoría de las trabajadoras mujeres tienen empleos de este nivel, de modo que la opción (3) es incorrecta. La opción (5) se contradice con la información del texto.

14. **(5) La diferencia de pago para ejecutivos hombres y mujeres fue mayor que el de los demás grupos de la gráfica.** (Evaluación) El techo de vidrio se refiere a la incapacidad de las personas de ciertos grupos de raza o género para alcanzar puestos de trabajo de alto nivel. La mayor diferencia en los ingresos entre ejecutivos hombres y mujeres, comparada con la diferencia en los ingresos de trabajadores hombres y mujeres en general, sugiere que no muchas mujeres ejecutivas ocupan puestos de altos ingresos. Esto también implica que aún en el año 2000 existía un techo de vidrio para las mujeres. Las opciones (1), (2), (3) y (4) comprenden lecturas correctas de la gráfica, pero dichas relaciones no entregan pruebas de si seguía o no existiendo un techo de vidrio para las mujeres.

15. **(2) la costa occidental de Sudamérica** (Comprensión) El mapa indica que la costa occidental de Sudamérica se ubica en una zona de actividad volcánica y sísmica. No existe una zona así en la costa oriental de Sudamérica, por lo que la opción (1) es incorrecta. De acuerdo con el mapa, las opciones (3) y (5) se encuentran cerca de regiones con altas tasas de terremotos, pero ninguna se ubica en una zona con estas características. La opción (4) también se encuentra fuera de las zonas de alta actividad volcánica y sísmica.

16. **(1) Pronto ocurrirá un gran terremoto a lo largo de la Costa Oeste de Estados Unidos.** (Análisis) De acuerdo con el mapa, ésta es un área de muchos terremotos y volcanes, de modo que parece posible que ocurra un terremoto en esta área, pero no podemos saber cuándo o si ocurrirá. Por lo tanto, este enunciado es una opinión. El mapa confirma que las opciones (2), (3), (4) y (5) son hechos.

17. **(5) La mayoría de las erupciones volcánicas y terremotos se producen en los océanos y no en tierra firme.** (Evaluación) Esta conclusión se ve apoyada por el hecho de que el mapa muestra que la mayoría de las zonas de alta actividad se encuentran en los océanos y no en tierra firme. El mapa no sugiere nada acerca de terremotos "que no se noten", lo que descarta la opción (1). Esto tampoco brinda información sobre la predicción de erupciones volcánicas, de modo que la opción (2) es incorrecta. Uno no puede decir a partir del mapa cuántos volcanes activos hay o el grosor relativo de la corteza terrestre en el fondo del océano y en tierra firme, así que el mapa tampoco apoya las opciones (3) y (4).

18. **(5) Los votantes no votarán por alguien que saben tiene pocas posibilidades de ganar.** (Análisis) El escritor explica que incluso expresidentes no han sido elegidos después al presentarse como candidatos de otro partido y que ningún candidato de otro partido ha sido elegido presidente, de modo que los votantes no están dispuestos a apoyar a alguien de quien piensan que tiene pocas posibilidades de ganar. La opción (1) es un detalle que introduce al análisis de otros partidos. Las opciones (2), (3) y (4) son detalles que entregan pruebas que apoyan la conclusión del escritor.

19. **(4) En algunos estados que permanecieron en la Unión existía la esclavitud.** (Evaluación) Ésta es una prueba directa de que hubo consideraciones distintas a la esclavitud en la decisión de un estado de apoyar a la Unión o a la Confederación. Las opciones (1), (2), (3) y (5) son verdaderas, pero no apoyan el enunciado de que la esclavitud no fuera el único problema de la Guerra Civil.

20. **(2) La zona oeste de Estados Unidos** (Aplicación) El trigo resistente a la sequía tendría más posibilidades de crecer en áreas de escasa lluvia. Tal como el mapa indica, en la zona occidental de Estados Unidos cae menos lluvia que en cualquiera de las regiones indicadas en las opciones (1), (3), (4) y (5).

21. **(3) para crear un sistema de distribución de agua** (Comprensión) Esto se establece en el primer párrafo, el cual indica que las primeras leyes abordaban el regadío y que éstas eran necesarias para garantizar el uso justo del agua. El texto no indica ni sugiere que las opciones (1), (2), (4) o (5) fueran el objeto de la creación de las leyes, aun cuando el antiguo Egipto desarrolló posteriormente leyes relacionadas con el comercio y la construcción de edificios con fines religiosos y de gobierno.

22. **(2) El suelo fértil producía cosechas abundantes.** (Análisis) Ésta es la causa fundamental para el superávit de alimentos, el que a su vez permitió desarrollar las artes y las artesanías y llevó al comercio y al intercambio de ideas e invenciones. Las opciones (1), (3) y (4) son los efectos de esta causa fundamental. No hay ninguna prueba en el texto que apoye la opción (5).

23. **(1) la cooperación** (Evaluación) El texto señala que los sistemas de regadío que fueron clave para la prosperidad de Egipto surgieron gracias a que las personas trabajaron en conjunto. Ninguna parte de la información sugiere que las opciones (2), (3), (4) o (5) sean especialmente importantes.

24. **(3) Una persona es inocente hasta que se demuestre su culpabilidad en un tribunal de justicia.** (Comprensión) La enmienda exige un "debido proceso legal". En otras palabras, antes de que una persona se declare culpable de un delito y privada de "vida, libertad o propiedad", debe tener la oportunidad de participar en un juicio justo que siga un procedimiento establecido. La opción (1) no está implícita siempre y cuando se efectúe el debido proceso legal. Las opciones (2), (4) y (5) son ideas que esta enmienda no trata.

25. **(4) María ha trabajado como carpintera durante tres años y tiene sus propias herramientas y un automóvil.** (Aplicación) María tiene un año de experiencia menos que lo exigido para un aprendiz, pero cumple con más requisitos laborales (experiencia, herramientas, automóvil) que los candidatos de las opciones (1), (2), (3) y (5).

26. **(5) Dallas** (Aplicación) La gráfica enumera los niveles de pH de varias ciudades e indica que mientras más cercano a 5.6 sea el pH de la lluvia, menos ácida es, de modo que hay un menor daño potencial para la vida animal y vegetal. De las ciudades enumeradas, Dallas tiene la lluvia con el pH más cercano a 5.6, de modo que las verduras deberían resultar menos dañadas. Las opciones (1), (2), (3) y (4) tienen valores de pH inferiores, así que la lluvia es más ácida y potencialmente más dañina para las plantas.

27. **(5) La población de Noruega tiene una mejor educación que la de Estados Unidos.** (Evaluación) Esta conclusión se apoya en los datos de la gráfica que indican que un mayor porcentaje de noruegos han completado la escuela primaria y secundaria que los estadounidenses. La opción (1) no se puede concluir, ya que en la gráfica no aparecen todos los países del mundo. La opción (2) es incorrecta, ya que el porcentaje de personas educadas en cada nivel no es un indicador de cuánto dinero gasta una nación en educación. Las opciones (3) y (4) no tienen fundamento, ya que ningún dato de la gráfica establece relaciones entre el porcentaje de personas que asisten a las escuelas del país y la calidad de dichas escuelas o entre el nivel de educación y el nivel de ingresos de una nación.

28. **(2) La enmienda establece los derechos de las personas que son sometidas a juicio por un delito.** (Comprensión) Éste es el único enunciado que aborda todos los contenidos de la enmienda. Las opciones (1) y (5) indican sólo parte de las garantías que contiene la enmienda. Las opciones (3) y (4) indican protecciones que aparecen en otras enmiendas de la Declaración de Derechos. Éstas no aparecen en la Sexta Enmienda.

29. **(3) Si una persona acusada de un delito no puede pagar un abogado, el tribunal designará uno sin costo para ella.** (Aplicación) La Sexta Enmienda establece que una persona acusada de un delito tiene el derecho a "tener la asistencia de un abogado en su defensa". En 1963, la Tribunal Supremo dictaminó en el caso *Gideon contra Wainwright* en Florida que, si un acusado no puede costear un abogado, el estado debe brindarle uno en forma gratuita. Las opciones (1), (2), (4) y (5) comprenden principios legales establecidos por las decisiones de la Tribunal Supremo que surgen a partir de la interpretación de las demás partes de la Constitución, específicamente, las enmiendas primera, quinta, cuarta y decimocuarta respectivamente.

30. **(1) la aplicación justa de la ley** (Evaluación) La Sexta Enmienda detalla las cosas que se deben hacer si alguien es acusado y enjuiciado por un delito con el fin de garantizar que la ley se aplique a todas las personas de la misma forma. Las opciones (2), (3), (4) y (5) no se tratan en la Sexta Enmienda, sino en otras enmiendas, otras partes de la Constitución de Estados Unidos y en las decisiones específicas de la Tribunal Supremo relacionadas con dichos valores.

31. **(3) Búfalo y Chicago** (Análisis) Estas dos ciudades tienen las temperaturas mínima y máxima promedio más cercanas en las cuatro estaciones representadas en la tabla. La opción (1) es incorrecta, ya que Bismarck tiene temperaturas más frías en enero que Indianápolis y es algo más frío en octubre. La opción (2) es incorrecta, porque Las Vegas es mucho más fría en enero y más calurosa en julio que Brownsville. La opción (4) es incorrecta, puesto que las temperaturas de Cheyén son más frías que las de todo el año en El Paso. La opción (5) es incorrecta, ya que las temperaturas de Los Ángeles también son más frías que las de Miami en todos los meses que aparecen en la tabla.

32. **(4) las características geográficas** (Comprensión) Casi todas las regiones culturales reciben su nombre según dichas características geográficas como los rasgos topográficos (por ejemplo, meseta y llanura), la ubicación (por ejemplo, noreste y sudoeste) o el clima (por ejemplo, ártico o subártico). El mapa no muestra regiones culturales cuyo nombre se determine según las opciones (1), (2), (3) o (5).

33. **(2) Muchos europeos creían que eran superiores a los indios americanos en lo cultural.** (Análisis) El texto establece que los europeos pensaban que los "nativos eran salvajes incivilizados". Por lo tanto, es un hecho que ellos tuvieran esta opinión. La opción (1) es una opinión, no un hecho. Las opciones (3) y (4) son opiniones cuya precisión no se puede determinar a partir de la información que se entrega. La opción (5) es una opinión sin fundamento que los europeos tenían.

34. **(4) impuesto sobre el consumo** (Aplicación) Este impuesto lo paga el fabricante y se incluye en el precio del producto, de modo que el consumidor no tiene forma de saber la cantidad exacta del impuesto. En las opciones (1), (2), (3) y (5) la persona que paga el impuesto conoce exactamente el monto, así que no son impuestos indirectos.

35. **(2) Los impuestos imponen una carga injusta sobre todos los estadounidenses.** (Evaluación) Ésta es una generalización apresurada. Muchos estadounidenses (como los niños, por ejemplo) no pagan casi nada de impuestos y los estadounidenses adinerados pueden pagar impuestos con facilidad. La opción (1) es una conclusión razonable, ya que el impuesto sobre las ventas es el mismo sin importar los ingresos del comprador (a diferencia del impuesto sobre la renta). De modo que una persona pobre que compra una máquina de lavar, por ejemplo, paga el mismo impuesto que una persona adinerada que compra el mismo artefacto. Con el impuesto sobre la renta, las personas más pobres pagan menos impuestos que las adineradas. Las opciones (3), (4) y (5) también son conclusiones razonables, basadas en la información.

36. **(5) Indias Occidentales** (Comprensión) El mapa muestra que algunos barcos de esclavos que viajaban hacia el noroeste desde África a través del Atlántico tenían como destino las Indias Occidentales. El párrafo indica que las opciones (1) y (2) eran países que obtenían ganancias del comercio de esclavos, lo opuesto a ser el destino de ellos. El mapa muestra que desde Norteamérica hacia Gran Bretaña sólo se enviaba materia prima y no esclavos, de modo que la opción (3) es incorrecta. No hay nada en el párrafo ni en el mapa que apoya que Francia fuera destino de los esclavos africanos, así que la opción (4) es incorrecta.

37. **(3) Los esclavos que iban a Sudamérica y los que iban a Norteamérica provenían de distintas regiones de África.** (Análisis) El mapa indica que los esclavos que llegaban a Sudamérica venían de Angola, mientras que aquéllos transportados hacia Norteamérica provenían de Senegambia y Guinea-Bissau. Las opciones (1) y (4) son incorrectas, puesto que a partir del mapa no se puede determinar ni el número de esclavos llevados a cada continente ni su precio de venta una vez allí. Ni el texto ni la información del mapa entregan datos sobre la nacionalidad de los barcos de esclavos que apoye la opción (2) como una diferencia. El mapa muestra que la opción (5) no es verdadera.

38. **(1) Muchas mujeres crían solas a sus hijos y luchan para sacar a adelante a sus familias.** (Análisis) La gráfica muestra que casi la mitad de las mujeres que trabajan en dos lugares distintos buscaron un segundo trabajo para satisfacer los gastos del hogar o para pagar deudas acumuladas. Dado que los padres que crían solos a sus hijos son en su tremenda mayoría mujeres, ésta es la relación de causa y efecto más lógica de las opciones enunciadas. No hay información en la gráfica que sugiera la existencia de una relación de causa y efecto entre las opciones (2) o (3) y una persona con múltiples trabajos o incluso que alguna de estas opciones sea verdadera. De acuerdo con la gráfica, las opciones (4) y (5) son motivos establecidos, pero no son una explicación tan común para que las mujeres tengan varios trabajos como lo es tratar de satisfacer los gastos actuales del hogar y pagar sus deudas.

39. **(4) el florecimiento de la primera civilización en el antiguo Egipto** (Aplicación) Al igual que la civilización del Indo, que según el mapa se desarrolló alrededor del río Indo, los primeros egipcios también desarrollaron su civilización en el valle de un río. En el caso de Egipto fue el río Nilo. Las opciones (2) y (3) son incorrectas, puesto que el mapa no muestra la conquista de un pueblo por otro ni la creación de un imperio. La opción (1) es incorrecta, ya que las culturas de los nativos americanos se dispersaron a través del continente en todas las regiones geográficas y muy pocas se concentraron en los valles de los ríos. La opción (5) es incorrecta, debido a que la mayoría de los primeros colonos británicos en Nueva Inglaterra se establecieron en la costa y no en el valle de un río.

40. **(4) los derechos de los ciudadanos como individuos** (Evaluación) Garantizando un número de importantes libertades personales (para cada individuo), esta enmienda muestra que los miembros del Congreso dieron un alto valor a estos derechos de cada persona. Las demás opciones nada tienen que ver con el contenido de la enmienda.

41. **(3) un aumento en la producción de petróleo en Estados Unidos** (Análisis) La gráfica muestra que el precio del petróleo cayó en 25 por ciento en 1986. La causa más probable de este cambio podría haber sido un aumento importante en la oferta disponible de petróleo. La opción (1) es incorrecta porque la caída de los precios del petróleo es mucho más profunda que la caída general de los precios. Si hay una relación de causa y efecto entre estos dos cambios, es probable que la abrupta caída en los precios del petróleo causara una caída en el índice general de precios al consumidor. Las opciones (2) y (4) son incorrectas porque la escasez de petróleo que habría resultado de cada una habría aumentado los precios en vez de bajarlos. La opción (5) no se relaciona con los precios del petróleo.

42. **(5) La doctrina Truman** (Aplicación) La tabla indica que la doctrina Truman ofreció la ayuda de Estados Unidos a países que tratan de evitar que los comunistas tomaran el poder. Ya que la amenaza de fuerza de Estados Unidos no se involucró, la opción (1) no se aplica. La opción (2) es incorrecta porque Reagan no usó la inversión ni el comercio para influenciar los acontecimientos en El Salvador. La intervención de Estados Unidos en los asuntos de otras naciones elimina la opción (3) como base de la acción de Reagan. La opción (4) es incorrecta porque la acción nada tenía que ver con la Segunda Guerra Mundial.

43. **(3) la política de buena vecindad** (Aplicación) Al retirar las tropas de Estados Unidos, el presidente

estaba probando que respetaba la independencia y los derechos de Nicaragua y Haití. Las opciones (1) y (5) son incorrectas porque Estados Unidos no estaba usando la fuerza ni amenazando con ella, sino que la estaba retirando. La opción (2) es incorrecta debido a que la medida no incluía el comercio ni la inversión en las naciones. La opción (4) es incorrecta debido a que la acción no comprendía ayuda económica ni tenía que ver con la Segunda Guerra Mundial.

44. **(5) la doctrina Truman** (Aplicación) Ambas políticas están unidas por fines mutuos para prevenir que el comunismo tome el poder en países donde aún no tienen el control. Las opciones (1), (2) y (3) no estaban impulsadas por este motivo. La opción (4) está relacionada indirectamente con la prevención del comunismo en los países devastados por la Segunda Guerra Mundial, pero su propósito principal fue reconstruir estos países y sus economías.

45. **(2) un terrorista** (Comprensión) Está claro a partir del letrero en la camioneta y la bomba a punto de estallar que va detrás que es un terrorista quien va conduciendo. El letrero y la falta de cualquier otro rasgo distintivo en la camioneta indican que las opciones (1) y (5) son incorrectas. Las opciones (3) y (4) son improbables debido a que la camioneta se mueve hacia los excursionistas y no los salva del peligro al lanzar la bomba lejos.

46. **(5) Las personas llegaron a este lugar aislado para huir del terrorismo y del delito.** (Análisis) A pesar de que los excursionistas creen que este lugar es seguro, una camioneta que lleva una bomba sube la montaña hacia ellos. Sin la suposición establecida en la opción (5), la caricatura no tiene sentido. Esta comprensión es central para el mensaje del caricaturista de que no hay lugar seguro contra el terrorismo. El caricaturista no sugiere las opciones (1), (2) y (4). El suponer que la opción (3) sea la correcta no ayuda a comprender la caricatura.

47. **(1) Se construyeron los primeros rascacielos en las ciudades estadounidenses.** (Análisis) La gráfica muestra que la producción de acero en Estados Unidos aumentó. Esto hizo que hubiera más acero disponible para la construcción, específicamente para las vigas de acero y las vigas maestras que se necesitan para la construcción de rascacielos. No existe ninguna relación de causa y efecto entre el aumento de la producción de acero y las opciones (2), (3) o (4). La opción (3) es lo contrario al efecto que tendría el aumento en la producción de acero en la industria.

48. **(3) La fotografía mostraba una victoria importante y estratégica para los aliados.** (Análisis) El capturar una isla en el Pacífico era crucial en 1945 para las fuerzas estadounidense debido a su proximidad con Japón. Ni la fotografía ni el texto apoyan a las demás opciones.

49. **(3) El desempleo es mucho menor entre las personas de raza blanca que las de raza negra.** (Análisis) La gráfica muestra que las tasas de desempleo para las personas de raza negra son casi el doble de su contraparte blanca. Las opciones (1), (2), (4) y (5) son detalles de la gráfica que se atienen a los hechos y que apoyan esta conclusión.

50. **(5) Los actuales cheroquíes del Medio Oeste son descendientes de los cheroquíes del sur.** (Análisis) Esto se puede concluir a partir del mapa, el que muestra al pueblo cheroquí que se traslada del noroeste de Georgia y se acerca a lo que hoy es Oklahoma. Las opciones (1), (2), (3) y (4) son detalles del mapa sobre el lugar de origen de los cheroquíes, el hecho de que se trasladaran y el lugar donde se reubicaron. Estos son detalles que apoyan la conclusión de la opción (5).

# Glosario

**abolicionista** persona que desea acabar con la esclavitud

**adquisición** acto de asumir el control o posesión, como la confiscación militar de un gobierno o la adquisición de una empresa por otra

**adquisición hostil** proceso en el cual una empresa compra o, de otro modo, obtiene el control de otra contra la voluntad de quienes trabajan en ella

**agua subterránea** agua que proviene de fuentes subterráneas como pozos, manantiales o acuíferos

**agua superficial** agua presente en los ríos, arroyos, océanos, mares, lagos y lagunas de la superficie de la Tierra

**aparcería** sistema en el cual un terrateniente entrega tierra, vivienda, herramientas, semillas y suministros a los granjeros a cambio de compartir la cosecha

**arenal** cadena de arena creada sobre el nivel del mar en un río o cerca de la línea costera por efecto de las corrientes

**aristocracia** clase social más alta, generalmente miembros de la nobleza; significa "gobernado por el mejor"

**Artículos de la Confederación** primera constitución de Estados Unidos (1781 a 1789), que estableció una confederación de estados soberanos

**autogobierno** sistema político en que una sociedad dirige las funciones del gobierno mismo o elige a dirigentes para que realicen dichas funciones

**autoridad** poder para dar órdenes, tomar medidas y exigir obediencia; persona que tiene este poder

**autoridad legal** autoridad basada en la ley y permitida por la ley

**autoritario(a)** que exige obediencia; no permite la libertad personal

**balanza de comercio** diferencia entre el valor total de bienes y servicios exportados y el valor total de bienes y servicios importados

**bicameral** compuesto de dos cuerpos legislativos

**bienes** cosas físicas que la gente produce y usa

**bienestar social** servicios públicos o privados organizados que ayudan a personas o grupos desfavorecidos

**Bloque comunista** grupo de naciones aliadas con la Unión Soviética durante la Guerra Fría

**boicot** forma de protestar en que un grupo se niega a comprar los productos de un país o empresa hasta que esto produce algunos de los cambios que se demandan

**caballeros** en el feudalismo, guerreros montados de Europa, quienes estaban en el nivel más bajo entre las personas que obtenían tierras a cambio de servicios militares

**Cámara de Representantes** cámara o asamblea del Congreso de Estados Unidos en el cual cada estado tiene una cantidad de puestos asignados de acuerdo con su población

**carrera armamentista** competencia (décadas de 1950 a 1980) entre Estados Unidos y la Unión Soviética por desarrollar armas nucleares

**causa** lo que hace que algo ocurra o que produce un resultado o consecuencia

**causa implícita** razón que no se expresa directamente, sólo se sugiere o insinúa

**ciclo de negocios** aumento y disminución de la actividad económica a través de cuatro fases: expansión, cima, contracción y seno

**ciudad-estado** forma temprana de organización y gobierno; pueblo o ciudad y la tierra que controla

**civilización** sociedad avanzada y altamente organizada; cultura, sociedad y modo de vida en un lugar determinado en un tiempo determinado

**clan** grupo de personas con un antepasado común

**clima** condiciones generales de tiempo de un área en un período de tiempo largo

**colonial** relativo a colonia o área controlada y colonizada por gente de otro país

**colonización** envío de personas con el fin de establecer el control político, cultural y económico sobre otra área

**colonos** personas que dejaron su propio país para establecerse en una colonia

**combustible fósil** clase de materiales combustibles (carbón, gas natural y petróleo) formados a partir de plantas y animales prehistóricos

**comparar** identificar en qué se parecen las cosas

**comunismo** sistema económico en el cual el gobierno es propietario de los medios de producción y planifica la economía de la nación

**concepto** idea o principio que se aplica a una variedad de diferentes situaciones o circunstancias

**conclusión** juicio o decisión basada en hechos y detalles

**conservación** uso cuidadoso o protección de recursos naturales

**constitución** plan que proporciona las reglas y organización fundamentales de un gobierno

**constituir** formar un gobierno en una ciudad, comunidad legal o empresa que tenga las protecciones y la organización legal de una sociedad anónima

**contaminar** hacer que algo sea menos puro agregándole substancias dañinas

**contexto** circunstancias o escenario en el que ocurre un acontecimiento

**continentes** siete grandes masas terrestres sobre la Tierra

**contracción** reducción en la actividad económica

**contrastar** buscar diferencias en las cosas

**corriente costera** corriente que fluye paralela a la línea costera de una gran masa de agua

**Cruzadas** expediciones desde Europa al Medio Oriente (siglos XI al XIV) para imponer el cristianismo en áreas musulmanas

**cuerpo legislativo** grupo de personas que hacen las leyes de una nación o estado

**cultura** conocimientos, creencias, artes, moral, leyes y costumbres de una sociedad

**daimyo** señor feudal en Japón entre los siglos IX y XVI cuyo poder provenía de los guerreros samurai leales a él

**datos** hechos, medidas o estadísticas usadas como base de razonamiento, de discusión o de cálculos

**Declaración de Derechos** primeras diez enmiendas a la Constitución de Estados Unidos que enumeran los derechos de los individuos

**demanda** cantidad de bienes o servicios que el consumidor está dispuesto a comprar a un cierto precio

**democracia** gobierno del pueblo

**depresión** condición que resulta de una reducción grave de la actividad económica

**derechos civiles** derechos y libertades que los gobiernos democráticos garantizan a todos los ciudadanos

**derogar** revocar o eliminar una ley

**desechos inorgánicos** artículos de desecho fabricados con materiales que jamás estuvieron vivos

**desierto** gran área de tierra que recibe pocas precipitaciones al año

**destino manifiesto** creencia del siglo XIX de que Estados Unidos se expandiría desde la costa del Atlántico a la del Pacífico

**detalles de apoyo** pruebas o hechos que conducen a una conclusión

**deuda nacional** cantidad de dinero total que debe el gobierno de una nación

**dictadura** sistema de gobierno en el cual una persona (no un rey o reina) o un pequeño grupo gobierna, generalmente a través del miedo y la fuerza; generalmente no responde a la voluntad del pueblo

**dinastía** familia gobernante cuyos miembros gobiernan uno tras otro por largos períodos de tiempo

**dique marítimo** muro o dique construido sobre la tierra para proteger la orilla de la erosión de las olas

**discriminación** tratamiento desigual de los individuos basado en raza, sexo, etnia, edad, religión, discapacidad u orientación sexual

**distrito** la más pequeña de las áreas de votación

**economía de dinero** sistema mediante el cual los bienes y servicios se compran con dinero

**economía global** interdependencia económica aumentada de las naciones del mundo

**Edad Media** período de la historia europea que comenzó con el colapso del Imperio Romano y que finalizó con el Renacimiento en el siglo XIV

**efecto** algo que es producido por una causa; resultado o consecuencia

**enmienda** adición o cambio a la constitución

**equilibrio** condición existente cuando la oferta y la demanda de un producto o servicio son iguales

**Era de las grandes exploraciones** período durante el cual las naciones europeas financiaron expediciones por mar a zonas del mundo desconocidas (siglos XV a XVII)

**erosión** desgaste de la tierra, generalmente por la acción del agua, el viento o el hielo

**escasez** situación en la cual la demanda por un bien o servicio excede la oferta disponible

**esclavitud** práctica en la cual una persona es propiedad de otra y está obligada a trabajar para ésta

**esfera de influencia** área sobre la cual una nación ejerce el control político o económico

**estado** territorio con límites definidos dentro del cual funciona un gobierno

**estándar de vida** calidad de vida, determinada por las necesidades y lujos que se posee

**estatuto** documento que crea una organización, como una ciudad o una sociedad anónima y define el tipo de organización y el propósito

**estereotipo** idea o imagen fijas de un tipo particular de persona o cosa que a menudo no es cierto

**étnico(a)** relativo a una nación o raza que tiene una tradición cultural común

**expansión** fase del ciclo de negocios caracterizada por un aumento en la actividad económica

**exportaciones** bienes producidos en un país y enviados a otro para su venta

**fábrica donde se explota a los trabajadores** fábrica o empresa en la que los empleados trabajan durante largas horas con bajos salarios y bajo condiciones insalubres

**faraón** título otorgado al gobernante del antiguo Egipto

**federal** sistema de gobierno en que varios estados se unen pero mantienen un amplio control sobre sus propios asuntos; gobierno nacional de Estados Unidos

**feudalismo** sistema de gobierno basado en la donación de tierras a cambio de ayuda militar

**fuerza** medios por los cuales el gobernante, gobierno u otra parte usa el poder, a menudo a través del miedo, para dar forma al comportamiento de otros en contra de su voluntad

**fusión** unión de dos a más empresas para formar una, generalmente llevada a cabo cuando una empresa compra a otra

**gabinete** grupo de asesores de un jefe de estado

**generalización** enunciado amplio que se aplica a toda una clase de cosas o personas

**gobierno centralizado** tipo de gobierno en el que el poder político se mantiene en un punto

**gobierno democrático** sistema de gobierno en el que el pueblo gobierna, ya sea en forma directa o por medio de representantes electos

**gravar** colocar y recaudar una contribución legal; imponer

**grupo de intereses especiales** organización que ejecuta programas para influir en las políticas del gobierno con el fin de beneficiar a sus miembros

**Guerra Civil** conflicto entre fracciones entre los estados del norte y del sur (1861 a 1865)

**Guerra Fría** lucha por el poder mundial entre Estados Unidos y la Unión Soviética (1945 hasta el colapso de la Unión Soviética en 1989)

**hecho** episodio o acontecimiento real

**huelga** retiro de los servicios de mano de obra que busca presionar al empleador para que acepte las exigencias de los trabajadores

**humanismo** movimiento que comenzó en Italia en el siglo XII centrado en el estudio de la literatura antigua griega y romana y poniendo énfasis en la dignidad de los valores humanos

**idea principal** tema sobre el cual trata un párrafo o un artículo; la idea más general e importante

**ideología** conjunto de creencias fundamentales acerca de la vida, la cultura, el gobierno y la sociedad

**imperialismo** práctica en la cual una nación usa el poder para controlar el territorio

**imperio** grupo de países o territorios que están unidos bajo un gobernante o gobierno

**implicación** algo que no se expresa abiertamente pero sí se da a entender o se sugiere

**importaciones** bienes que se llevan a un país que se producen en otro

**impuesto indirecto** impuesto sobre producción, transporte, venta o consumo de cierto bien o servicio

**impuesto para votar** impuesto que las personas tenían que pagar para poder votar, abolido en 1964 por la vigésimo cuarta enmienda

**inflación** aumento general en los precios debido principalmente a un descenso en el valor de la moneda

**inflación impulsada por costos** precios más altos a causa de una presión por salarios más altos (espiral de precios y salarios)

**inflación impulsada por la demanda** condición de precios más altos debido a la demanda de bienes escasos

**influencia** poder para afectar las acciones o creencias sin usar amenazas o fuerza

**información adecuada** información que apoya una idea, generalización o conclusión

**inmigración** proceso por el cual la gente deja un país para establecerse en otro

**leyenda** herramienta de un mapa que explica el significado de los símbolos que aparecen en él

**leyes de Jim Crow** leyes de muchos estados del sur que reforzaron la segregación del pueblo afroamericano y la población blanca

**límites de mandato** disposiciones de una constitución o estatutos que limitan a las autoridades elegidas a un número determinado de mandatos en el cargo

**línea de caída** límite entre una región alta y una región baja marcada por caídas de agua y rápidos que resultan de los cambios de elevación

**lugar** ubicación específica de la Tierra descrita según su posición en grados de longitud y latitud

**lluvia ácida** tipo de precipitación acidificada por los contaminantes del aire como resultado de la quema de combustible fósil

**malecón** estructura que se extiende desde la tierra en una masa de agua que afecta el flujo de ésta para proteger la tierra

**masa continental** parte de la Tierra sobre el agua

**medio ambiente** todas las cosas que conforman nuestra existencia sobre la Tierra, incluyendo tierra, aire, agua, plantas, animales, ciudades y pueblos

**miembro de un grupo de presión** persona que intenta influir la votación de quienes están en el gobierno

**misionero** persona enviada a enseñar la religión cristiana a personas que no lo son

**monarquía absoluta** gobierno autoritario en el cual toda la autoridad está en manos de un rey o una reina

**moneda** sistema de dinero de un país

**monopolio** condición en la que una empresa tiene el control absoluto sobre un bien o servicio

**nación** comunidad grande de personas cuya cultura, idioma e historia es común a todos y que viven en un área determinada bajo el mismo gobierno

**nación en desarrollo** país con pocas industrias manufactureras en los cuales la mayor parte de la gente vive principalmente de la agricultura

**nación satélite** nación comunista de Europa oriental cuyo gobierno era controlado por la Unión Soviética durante la Guerra Fría

**naciones no alineadas** naciones que no se pusieron ni de parte de Estados Unidos ni de la Unión Soviética durante la Guerra Fría

**negociaciones colectivas** negociación entre empleadores y líderes sindicales con respecto a las condiciones laborales, pagos y otros asuntos

**noble** persona que tiene un alto nivel social debido a su nacimiento por lo general; persona que pertenece a la nobleza

**nominar** elegir a un candidato de un partido político para que se presente a un cargo electoral

**oferta** cantidad de un bien o servicio que los vendedores están dispuestos a poner en venta a cierto precio

**opinión** creencias o sentimientos acerca de algo

**oración temática** oración que indica al lector acerca de qué trata el párrafo

**parcialidad** fuerte opinión que tiene una persona acerca de un tema, a veces injustamente o sin una buena razón

**participación de las masas** activismo político o social ejercido por diversos grupos grandes, más que por grupos pequeños o elites

**partido alternativo** cualquier partido político en Estados Unidos distinto a los dos mayoritarios

**partido político** grupo organizado que nomina a candidatos para que se presenten a cargos electorales, ganen elecciones y dirijan el gobierno

**plantación** granja grande en la que el trabajo es realizado por trabajadores que viven en la propiedad

**plataforma** declaración de las creencias y posiciones básicas de un partido político

**poder** capacidad para tomar medidas o ejercer el control; posesión de la autoridad, influencia o control sobre los demás; autoridad o derecho legal u oficial

**poder legítimo** poder ejercido por un líder con la autoridad para tomar decisiones que la gente seguirá

**precipitación** gotas de agua que caen en forma de lluvia, nieve, aguanieve o granizo

**primer ministro** líder del poder ejecutivo en un sistema parlamentario de gobierno

**Producto Interno Bruto (PIB)** valor monetario total de bienes y servicios producidos en una nación durante un año

**Producto Interno Bruto real** valor de la producción de bienes y servicios de una nación durante un año, corregida según los efectos de la inflación

**prueba de alfabetismo** prueba que limita la votación a aquellos que pueden leer; usada principalmente para negar el derecho a voto a los afroamericanos del sur luego de la Guerra Civil

**radical** persona que apoya los cambios extremos en las políticas y prácticas tradicionales

**ratificar** aprobar algo formalmente, como una enmienda constitucional o un tratado

**recesión** período en que la producción baja y las personas tienen menos dinero

**reciclar** reutilizar desechos sólidos y no sólidos para el mismo propósito o para uno nuevo

**Reconstrucción** período de reconstrucción de la sociedad y de la economía del Sur después de la Guerra Civil

**recurso renovable** algo que la Tierra puede reemplazar mediante procesos naturales

**recursos** algo disponible para el uso, puede ser natural o financiero

**recursos naturales** materiales que las personas utilizan y que los provee la naturaleza

**recursos no renovables** recursos naturales que no se reemplazan mediante procesos naturales o que se reemplazan a una velocidad extremadamente lenta

**referéndum** elección que permite a los ciudadanos aceptar o rechazar una ley que el estado o el gobierno local ha propuesto o aprobado

**región** área con características comunes que la diferencian de otras áreas

**reino** área gobernada por un rey o una reina

**Renacimiento** reavivamiento del interés en el arte y el conocimiento que empezó en Italia, Europa, a comienzos del siglo XIV y que duró hasta el siglo XVI

**replantear** presentar información en otra forma

**república** gobierno en el que los ciudadanos tienen el poder y lo ejercen mediante representantes elegidos

**reserva** extensión de tierra federal apartada para que la utilice un grupo específico o para un propósito específico; tierra federal apartada para los indios americanos

**reserva obligatoria** porcentaje de sus depósitos que los bancos miembro deben mantener disponibles en un banco de la Reserva Federal

**resumen** descripción breve de la idea principal de una narración o de una gráfica

**revisión judicial** poder de los tribunales para declarar acciones legislativas y ejecutivas como violación a la Constitución

**Revolución Industrial** período en que las máquinas reemplazaron la mayor parte de la producción manual

**rompeolas** muralla construida en un lago o mar para proteger una orilla de la fuerza de las olas

**rosa de los vientos** herramienta del mapa que indica las cuatro direcciones principales: Norte, Sur, Este, Oeste

**salario mínimo** el salario más bajo que por ley se le puede pagar a un trabajador

**samurai** guerrero del Japón feudal, similar a un caballero de la Europa feudal

**sector de servicios** parte de la economía que no produce bienes físicos, sino que realiza funciones que satisfacen necesidades humanas

**segregación** separación de un grupo del resto de la sociedad debido a diferencias religiosas, culturales o raciales

**Senado** asamblea o cámara "alta"; en el Congreso de Estados Unidos cada estado está representado en forma igualitaria con dos miembros

**separarse** retirarse de una organización o una federación

**servicios** cosas que no son físicas ni materiales y que las personas producen y utilizan

**shogún** jefe militar y oficial del gobierno del Japón feudal

**siervo** persona en la sociedad feudal que tenía la obligación de quedarse en la tierra de su dueño y de servir a éste

**simplificación excesiva** descripción que hace que un concepto parezca menos complejo de lo que realmente es

**sindicato** grupo de trabajadores organizados para mejorar las condiciones laborales de sus miembros

**sistema bipartidista** sistema político dominado por los dos partidos mayoritarios, tal como los partidos Republicano y Demócrata en Estados Unidos

**Sistema de la Reserva Federal (la Fed)** autoridad bancaria central en Estados Unidos, que supervisa los bancos comerciales revisando las cuentas y controlando las tasas de interés

**sistema de trueque** sistema económico en el cual los bienes y servicios se intercambian entre dos partes, en vez de que se pague con dinero

**sistema multipartidista** sistema político en el cual tres o más partidos políticos ejercen el poder en el gobierno

**sistema parlamentario** forma de gobierno en la cual las funciones ejecutiva y legislativa las realiza el cuerpo legislativo o parlamento

**sistema presidencial** forma de gobierno en la cual las funciones ejecutiva y legislativa están separadas y son ejercidas por ramas del gobierno iguales e independientes y en la cual el pueblo (no el poder judicial) elige al jefe de estado

**subsidio** incentivo financiero del gobierno otorgado para motivar una actividad que beneficia a las personas

**superávit** exceso en la oferta de un bien o servicio

**suposición** idea, teoría o principio que una persona cree que es verdadera; algo que se da por sentado y que no se explica

**tarifa** impuesto sobre los bienes importados que representan una fuente de ingresos y un medio por el cual el gobierno reglamenta el comercio y reduce la competencia extranjera

**tasa de descuento** tasa de interés que un banco de la Reserva Federal cobra a otros bancos

**tasa de desempleo** porcentaje de personas consideradas dentro de la fuerza laboral que no tienen trabajo, pero que están buscando uno

**tasa de interés preferencial** tasa de intereses más baja que los bancos cargan a sus mejores clientes

**terreno público** terreno que pertenece directamente al gobierno y que, por lo tanto, pertenece a toda la nación, estado o comunidad

**totalitario** gobierno centralizado que no tolera las opiniones políticas de la oposición

**trabajo a destajo** sistema salarial en el cual al trabajador se le paga por cada unidad que produce

**transcontinental** que cruza un continente entero, tal como un sistema transporte

**tribu** grupo de varias familias y clanes con lazos culturales o étnicos comunes

**unicameral** compuesto por una sola asamblea o cámara legislativa

**urbano** relacionado a la ciudad o las ciudades

**valores** objetivos e ideales; lo que la gente considera importante, bueno, que vale la pena o es sagrado

**vasallo** persona en una sociedad feudal que recibe tierra de parte de un señor a cambio de sus servicios

**vecindad** edificio de departamentos de una ciudad en condiciones de hacinamiento y que cuenta con un mínimo de normas sanitarias y de seguridad

# Agradecimientos

Esta página constituye una extensión de la página de propiedad intelectual.

Agradecemos especialmente a los siguientes autores, agentes y editores por autorizar el uso de materiales registrados. Se han hecho todos los esfuerzos por averiguar la propiedad de todo el material registrado y para garantizar la obtención de los permisos necesarios para su reimpresión. Ofrecemos nuestras disculpas por adelantado en caso de cualquier error u omisión. Cualquier descuido se corregirá en ediciones futuras.

"Conferencia de países no alineados". Por Jerry Barnett, tal como se presenta. Jerry Barnett, *The Indianapolis News*, 1987. Reproducido con autorización. (pág. 122)

"Como miembro del Congreso me siento profundamente ofendido… ". Por Clay Bennett, tal como se presenta. Clay Bennett, *North America Syndicate*. Reproducido con autorización del caricaturista. (pág. 173)

"Este inocente no está realmente muerto. Sólo duerme". Por Linda Boileau, de *Frankfort State Journal*. Linda Boileau, *Frankfort State Journal*. Rothco Cartoon Syndicate. Reproducido con autorización. (pág. 126)

"Pensamos negociar toda la noche hasta que lleguemos a un acuerdo" de *Can Board Chairmen Get the Measles?* Editado por Charles Preston, tal como se presenta. De *The Wall Street Journal*, con autorización de Cartoon Features Syndicate. (pág. 205)

"Voto de Sudáfrica" por Jack Higgins, © 1994 *Chicago Sun-Times*. Jack Higgins, cortesía del *Chicago Sun-Times*. (pág. 132)

"Le salió el tiro por la culata a la segunda enmienda". Por Ed Stein, 1993, tal como se presenta. Ed Stein. Reproducido con autorización de *Denver Rocky Mountain News*. (pág. 259)

"En virtud de la autoridad que se nos ha conferido, nos declaramos unidos por la billetera". Por Draper Hill © 1997. Reproducido con autorización de *The Detroit News*. (pág. 159)

"¡Petróleo!" por Bob Gorrell, 03/08/90, *The Richmond News Leader*/Copley News Service. Reproducido con autorización de Bob Gorrell y Creators Syndicate, Inc. (pág. 121)

Colección Granger , Nueva York para "Miembros de la comisión estadounidense para las negociaciones preliminares de paz con Gran Bretaña". Por Benjamin West. (pág. 45) Bostonianos que pagan al recaudador de impuestos. (pág. 86)

"¿Crees que tenga algún significado el hecho de que nosotros conseguimos los tranquilizantes justo antes que ellos los spútniks?" Por Phil Interlandi. Reproducido con autorización de Phil Interlandi. (pág. 123)

"Ahora dense las manos… suavemente". Por Jim Borgman. Reproducido con autorización especial de King Features Syndicate. (pág. 124)

"Muro de Berlín". Por Jeff Koterba © 1989. Jeff Koterba/*Omaha World-Herald*. Reproducido con autorización. (pág. 127)

"Aquí estaremos seguros". © 1995 por Mike Luckovich, tal como se presenta. Reproducido con autorización de Mike Luckovich y Creators Syndicate, Inc. (pág. 272)

"¡Cuidado, serbios de Bosnia!… ¡Esta es la última oportunidad para que bajen sus armas!" Por Malcom Mayes de *Edmonton Journal*. Malcolm Mayes/artizans.com. (pág. 125)

"Servicio de Rentas Internas" por Wiley 17/02/95. NON SEQUITUR © Wiley Miller. Distribuido por UNIVERSAL PRESS SYNDICATE. Reproducido con autorización. Derechos reservados. (pág. 169)

"¿Ya has pensado…" por Koren © 1973, tal como se presenta. © Colección New Yorker 1973 Edward Koren en cartoonbank.com. Todos los derechos reservados. (pág. 235)

Colección de grabados, Miriam e Ira D. Wallach, División de arte, grabados y fotografías, Biblioteca pública de Nueva York, Fundaciones Astor, Lenox y Tilden. (pág. 73)

"Cuando los candidatos presidenciales finalmente se encuentran cara a cara, un silencio cae sobre la nación" por Scott Nickel, 1996. Scott Nickel. Reproducido con autorización. (pág. 153)

Caricatura por Peter Porges, © 1975, tal como se presenta. Reproducido con autorización. (pág. 232)

Huelga del acero. STOCK MONTAGE. (pág. 82)

"Partida… Dinero" © 1995 por Jeff MacNelly, tal como se presenta " Tribune Media Services, Inc. Todos los derechos reservados. Reproducido con autorización. (pág. 245)

*Austin American-Statesman* por Ben Sargent, 06/10/93. SARGENT © *Austin American-Statesman*. Reproducido con permiso de UNIVERSAL PRESS SYNDICATE. Derechos reservados. (pág. 120)

"Unión Soviética" © 1986 por Joseph Szabo, tal como se presenta. "Unión Soviética" © 1986 Joe Szabo. Reproducido con autorización. (pág. 25)

"Los mansos heredarán la tierra, pero NUNCA el mercado". 14 de septiembre de 1989 por Dean Vietor, tal como se presenta. © 1989, *USA TODAY*. Reproducido con autorización. (pág. 203)

Los números de página entre parentesis se refieren a páginas del libro *GED Estudios Sociales de Steck-Vaughn*.

# Índice

## Prueba de Estudios Sociales de GED

Nombre: _____ Clase: _____ Fecha: _____

○ Prueba preliminar    ○ Prueba final    ○ Prueba simulada

| | | | | |
|---|---|---|---|---|
| 1 ①②③④⑤ | 11 ①②③④⑤ | 21 ①②③④⑤ | 31 ①②③④⑤ | 41 ①②③④⑤ |
| 2 ①②③④⑤ | 12 ①②③④⑤ | 22 ①②③④⑤ | 32 ①②③④⑤ | 42 ①②③④⑤ |
| 3 ①②③④⑤ | 13 ①②③④⑤ | 23 ①②③④⑤ | 33 ①②③④⑤ | 43 ①②③④⑤ |
| 4 ①②③④⑤ | 14 ①②③④⑤ | 24 ①②③④⑤ | 34 ①②③④⑤ | 44 ①②③④⑤ |
| 5 ①②③④⑤ | 15 ①②③④⑤ | 25 ①②③④⑤ | 35 ①②③④⑤ | 45 ①②③④⑤ |
| 6 ①②③④⑤ | 16 ①②③④⑤ | 26 ①②③④⑤ | 36 ①②③④⑤ | 46 ①②③④⑤ |
| 7 ①②③④⑤ | 17 ①②③④⑤ | 27 ①②③④⑤ | 37 ①②③④⑤ | 47 ①②③④⑤ |
| 8 ①②③④⑤ | 18 ①②③④⑤ | 28 ①②③④⑤ | 38 ①②③④⑤ | 48 ①②③④⑤ |
| 9 ①②③④⑤ | 19 ①②③④⑤ | 29 ①②③④⑤ | 39 ①②③④⑤ | 49 ①②③④⑤ |
| 10 ①②③④⑤ | 20 ①②③④⑤ | 30 ①②③④⑤ | 40 ①②③④⑤ | 50 ①②③④⑤ |